守望秦岭

（上）

乐 途 著

西安地图出版社

图书在版编目（CIP）数据

守望秦岭 ：上下 / 乐途著. -- 西安 ：西安地图出版社，2021.4（2023.8 重印）
ISBN 978-7-5556-0673-4

Ⅰ. ①守… Ⅱ. ①乐… Ⅲ. ①秦岭－通俗读物 Ⅳ. ①K928.3-49

中国版本图书馆 CIP 数据核字(2020)第 257787 号

著作人及著作方式：乐途　著
责任编辑：杨芸

书　　名	**守望秦岭（上下）** SHOUWANG QINLING（SHANG XIA）
出版发行	西安地图出版社
地址邮编	西安市友谊东路 334 号　710054
印　　刷	陕西海丰印刷有限公司
开　　本	787 mm×1092 mm　1/16
印　　张	43.25
字　　数	720 千字
版　　次	2021 年 4 月第 1 版　2023 年 8 月第 2 次印刷
书　　号	ISBN　978-7-5556-0673-4
定　　价	96.00 元

快乐在途中

王安泉※

他发微信，自称乐途。朋友微信，呼他乐途。他的网名，署的是乐途。驴友相见，叫他乐途。于是，就这么乐途、乐途地叫开了。乐途眯起眼睛笑笑，乐意也享受。一直这么叫，渐渐忘了他的真姓名。

知己驴友组队出行，出彩的要算乐途了。

乐途个子高，人瘦削。挽起袖子，他的胳膊肉虽少，却像石雕般瓷实。摘了帽子眼镜，他的眼窝深、鼻子尖、颧骨高、腮肉少、额颅宽。从鼻翼刻到唇边的线条，显出几分刚毅干练，透出几分幽默慧心。这些面相特点，衬托出他饱经高山峡谷的风霜冰雪浸染的脸色，有了铮铮铁骨的棱角，透着千磨万击还坚劲的意志。

乐途瘦得特别。或许是他酷爱爬山练成的，或许是他做行前准备攻略操劳的，或许是他途中跑前跑后照顾驴友疲惫的，或许是生活磨砺、工作重压形成的。乐途徒步爬山起步早，是西安驴友中爬出了大名堂的人。过往的年月，穿越秦岭成了他的正经事。聚会时，和朋友聊的是爬山。有人提起其他话头，他立马说跑题了，咱谝正经事。驴友谝山上的奇遇和险境，探讨应当

※ 王安泉，陕西书画院副院长兼秘书长，陕西山水画研究院常务理事，陕西登山协会常务理事，西安财经大学知行学院教授。

如何沉着机智果断地应对。扯起山上的美景和文化，说的糗事好多好幽默。驴友议论下一次爬山路线，你说这儿，他说那儿，一时没有个定准。争论起来，总是搬出乐途拿主意，说去哪儿就去哪儿。三句话不离本行，乐途的微信不是说人家爬山的经验，就是谈装备用途的更新；不是晒爬山的美图和速写，就是写爬山的美文，忙忙乎乎的。

上了路，乐途重要的事情多着呢！运气好的时候，风和日丽，驴友一路轻松畅快。运气不好的时候，老天不帮忙，走进大雾里、云彩中、阴雨天、风搅雪、石海畔、密林间、荒草丛，很容易迷路，四面看不清，路面看不准，下一步不知道该咋走。这时，千万得沉住气，可不敢凭一时冲动，拍脑袋、拍胸口贸然抬脚，一旦走错路，一步走错步步错。驴友看地图路线的，用指南针定方向的，凭经验选择路线的，翻查手机导航图片的，什么八脚爪谷歌地图、腾讯地图挨个儿查。到底怎么走，各说各的，意见分歧，甚至针锋相对，怎么办？大家信谁呢？眼睛一起看着瘦削的乐途斟酌定夺。乐途考量驴友的意见，拿出他的见解，谁若不服气，也得保留意见跟着驴队走。大家检查行李，背起装备，抡起手杖，跟着乐途开走了。徒步穿越，谁也不许拉单帮，惨痛亡命的教训太多了。

谁敢拍胸口说不迷路？除非神仙。那次走大寺，上了大梁，大家心情超级好。开心地照相啊！说啊！唱啊！乐途一路思量，这条路是他首开的，老是原路走来走去，转个大弯没劲，咋不来点创新的。这话提出来，驴友响应，那就从大梁直切下去，走个捷径，创条新路。

其实，乐途在地图上做过功课，估摸捷径的风险系数可以忽略。可是，预测的路线和实际相差还是蛮大的。乐途走过千山，经过万险，沉着冷静地说：“没有路，蹚出来！”

西安的户外爱好者谁不梦想穿越秦岭。乐途践行这个梦想，筹划穿越著名的秦岭太白山与六条古道遗迹。六条古道，乐途耳熟能详，同是从关中到汉中，傥骆古道的路途比其他古道少了一二百里。路短，山大，崖陡；水深浪大流更急，咋过啊？加上两地通了公路、铁路，这条古道废弃了几十年，桥塌路基垮，荆棘杂树生，塌方乱石堆。前些年，几个贩牛人走过这条古道，乐途去找，没寻见贩牛人。骆峪村的马支书热心，和原先住在古道边的一位村民说，去给乐途他们带路。时间选在元旦，走骆峪到厚畛子一段，春节走秦岭到傥峪一段。

我的天，咋能选秦岭最冷的天气呢？乐途说，寒冬林子草丛落了叶，视野开阔看得远，古道从荒草杂树中露出身，驴友前后好照应。乐途一行摸黑到八斗河。精疲力竭的乐途，看见宝刚和我，高兴地扑过来握手、拥抱、拍肩膀。宝刚驾车和我进山，车子停在八斗河，我俩安排了晚饭，又步行了十来里，跨河攀山越岭，接上跋涉了几天的山中众驴友。晚上吃了一顿热乎饭，喝酒解乏，歇在村民家里。

好友宝刚热心肠，在一家画报社当过摄影师，是驴友乐途的铁杆粉丝，给驴友照了一大堆美图。乐途一行穿越秦岭，大都由他驾车送迎。乐途组织穿越，攻略总是做得详细扎实，如有拿不定主意的地方，总会请教喀什、豹子、同行、宝刚等人，他们也都能给出一些“金点子”。喀什、零三、同行和宝刚一些山友又都做得一手好菜，途中只要时间允许，品尝他们的美食，是旅途上大家的期望、乐趣和福分。像他们这样的铁杆粉丝，乐途有一大群。

乐途是驴友中的驴头，是驴头中的强驴。乐途有个恒久不变的信念，识读、研究沿途的文化遗迹，探索沿途的历史、地理、人文，寻找社会皱褶里的文明碎片，深掘隐藏深处的人文信息。他走过秦岭，走过国内的著名线路，走过国外的一些线路。乐途的智慧是在穿越仙境和险境中显现的，每次遇到险情和不测，他都能镇定自若地处置，化险为夷。乐途的兴趣是广泛的，他在旅途中画了许多速写，为此在美院业余进修两年，绘画技巧和作品品位上升到新的境界。他每次行前阅读大量资料，带着思考去印证和解读途中的文化奇观，写下许多精彩的文字和思考。其中，穿越秦岭的文字，编成这本书的华章。

对了，忘记告诉你，乐途的本名叫李刚。

老家的乐途和我景仰的那种旅行

税晓洁※

乐途兄积数十年心血，用脚步丈量秦岭而来的这本书，是多年来，特别是近些年来，我所鲜见的书写秦岭的优秀著作。熟人知我看书杂且挑剔，好奇楚长城时，买了二百多本相关图书，但所赞者也着实不多。当然，评价一本书之优劣，是很个人化的事情。于我而言，为乐途兄这本书点赞，首先在于文字鲜活、流畅、生动、接地气，能看出他不仅要求自己言之有物，还力求言之有据、有理。

乐途兄的古道文字能做到重考据却不枯燥，实为我所羡慕。这种行走，脚踏实地并能使之充满乐趣，能让读者有所受益，弥足珍贵。话说到此，我之所以不吝溢美之词，赞美乐途兄这本书，正是因为该书极大地满足和激发了我对秦岭的好奇心，解答了很多存在我心中许久的疑惑。

秦岭在我们老家叫南山。小时候，因为嘴馋，我和邻居居正弟总喜欢去

※ 税晓洁，男，曾历时三年徒步长江，组织和参加过众多探险活动，出版有《雅鲁藏布江漂流历险记》《寻找野人》《发现山岩父系部落》《我难忘的 N 个隐秘之地》等书。曾为第六届湖北省优秀青年记者、第二届中国十大徒步人物、第六届“中国当代徐霞客”、中国户外金犀牛奖评委、中国国家地理非著名山峰评委、中国国家地理最佳拍摄地评委等。

山里转悠。我们村在美丽的关中平原边缘，往南走几里地，就是南山。我俩清早徒步出发，夜晚徒步归来，总不会空手，五味子、猕猴桃、野葡萄、八月炸等等野果子，那是“吃不了兜着走”。记得有一天，我俩发现一棵巨大的黑葡萄树，繁盛到使我俩犯了愁。吃到嘴里、胃里都泛了酸，再装满两个书包，直到天黑了才回到家，差点挨了揍，但这丝毫不影响我们愉快的心情。次日，我俩又徒步上山一趟，一人摘满了一蛇皮袋的黑葡萄，费九牛二虎之力扛了回来，我们决定酿造葡萄酒。找来一口大缸，说干就干，但是很遗憾，也许是因为没有耐心，或者是技术不过关，最后失败了……那时候徒步的经历使我觉得，山里的世界真奇妙。那时我便在想：更深更远的山里还有什么？山的另一边，又是一个什么样子？

真正到了山的另一边，是我读高一或者高二那年，骑自行车从陕西到湖北，有一半路是推着车子走的。我记得是个寒假，秦岭山上有很厚的积雪。印象中，一路上遇到较陡的上坡只能推车行走的时候，总有人陪着我聊天，不断给我核桃、柿饼之类的好吃的。在贾平凹的老家丹凤县，我还喝到了令人难忘而且至今回味无穷的葡萄酒……那一趟，现在想来，全是美好回忆。一路上总是逢凶化吉、遇难成祥。后来，我从河南一侧转到了丹江口水库，坐上大船后非常激动。虽然现在看来那只是一艘很小的客船，但在当时年少的我的心中，可真是个了不得的庞然大物，坐在船上我就想着要到更远的地方去，所以高中毕业那年，我就去远方看了海。

后来，我长期生活在山的那一边。刚参加工作的时候，还沿着汉江走了几个月，这时才慢慢知道有古栈道这回事，故乡的西骆峪水库，就是傥骆古道的北口。我所作的《古栈道》，就曾试图阐述不同历史时期，贯穿汉江的褒斜、故道、傥骆、子午、荔枝、文川、金牛、米仓、阴平等等十余条古栈道，说一说秦蜀之间，江为横，道为纵，构成的联络四方的庞大网络。

后来，我认识了乐途兄，交谈便也围绕着这些。观其文字，大喜，心想这是个有趣的人。

这本书的上册，就是集秦岭古道大成之系统呈现，给我极大的满足感，读起来很过瘾。下册可谓一本秦岭探险的指南，在乐途兄娓娓道来的故事中，有极其丰富的一手的野外经验。按流行的观点，乐途兄该是那种“殿堂级老驴”了。

我们无法左右生命的长度，却可以拓展生命的宽度——多年前听到的一句话，深以为然，与诸君共勉。

乐途兄的这本书里，就有很多探索秦岭的现实例证，可谓徒步秦岭的指南。

自　序

守望，汉语最早的意思是“看守瞭望”，出自《孟子·滕文公上》“出入相友，守望相助”。然而随着时间的推移，人们给“守望”赋予了新的内涵——守卫与渴望。

我这一生都沉浸在大自然的壮阔美丽之中，山石树木、飞禽走兽，甚至连花草鱼虫都深深镶嵌于我的记忆里。

伴随着我对大自然的一腔热血，一心冒险的激情，我携带着梦想、理想和冲动走进了户外的广阔天地。我羡慕并追求亲密接触大自然的户外旅行生活，只要行走得够远，攀爬得够高，无论去哪里都是最好的选择。

随着户外探险旅行在中国流行，国内出现了关爱自然、保护生态的先行者，例如徒步中国为生态环保呼唤呐喊的余纯顺、雷殿生和李亚平，为保护传统历史文化徒步长城的刘雨田，为保护水资源漂流长江黄河的杨欣和闪米特……他们一个个高大的形象，像一座座凌云绝顶的峰峦耸立在我的心中。出于对大自然的热爱和保护意识，我暗下决心要去探索广阔的世界。要去走，千山万水的辽阔；要去行，沧海桑田的寂寞。

我的第一次户外探索旅行，是从一九九八年游走秦岭开始的，走过了挺拔俊秀的华山，浩瀚苍茫的终南山，巍峨雄壮的太白山，寥廓大气的鳌山，秦岭的每一座山峰，每一条古道都深深地印在我的心中。

秦岭不但拥有绮丽壮美的自然生态景观，还拥有悠久绵长的历史文化，所到之处，不是奇峰秀石、国之四宝，就是老村古道、历史典故，这让秦岭拥有了独一无二的优势地位。

于是，我便一发不可停歇，从东到西走遍了秦岭。路途上的所有艰辛，都转化为对秦岭的守望；旅程中所有的眺望，都是我对秦岭的致敬！

二十多年来，我守望秦岭的脚步不曾停歇，时至今日，我依然用脚步、用文字、用画笔行走在秦岭的山川林泽、旷野河谷。

我渴望用我的真实记录抵达人们的心扉，用我真挚的语言诉说秦岭的大美，让我们一起来保护、爱护、珍惜我们自己的“国家中央公园”——秦岭。

感谢路途上遇到的每一个人，感谢与我一同体验旅途上艰难险阻的旅伴，这本书是写给你们的。

守望，多么美好的两个字，它包含了你的梦想、我的梦想和我们期盼的青山绿水。

愿秦岭青山绿水永驻！

悠闲的行走，或者是艰苦的旅行，都是力求从不同的角度来理解“旷野”这个生动的词。

相对于重装徒步旅行，遛腿散步则显得轻松自如。

都是在蓝天下，都是在旷野中，我在孤独中清楚地编织着自己的梦。

走着走着，旭日朝霞便成了斜阳落日。

不经意回头看，自己的身影已经拉得老长老长。

乐途
2021 年 1 月 5 日，于西安曲江

目　录

上　册

下　册

由函谷关出发

——崤函古道行

崤函古道示意图（乐途绘制）

向往函谷关

因为喜欢历史，一直以来我醉心于古道关隘的探究。其中尤其向往充满传奇色彩的函谷关。二十年前我曾两次登临函谷关城楼，在城楼的碑文中读到这样一句话：桃林大路，东自崤山，西至潼津，通名函谷，号曰天险。

我站在城楼上眺望历史，被一条深深的沟壑小道吸引，不由得联想到曾经被漫漫黄沙尘封的函关古道，千年前的雷鸣战鼓、震天杀声似乎就在眼前。面对苍茫荒芜的函谷关古战场，我发誓，一定要亲自走一趟崤函古道。

城关门楼上有历代石碑，第一通便是唐太宗李世民的《入潼关》——崤函称地险，襟带壮两京，霜峰直临道，冰河曲绕城……弃繻怀远志。封泥负壮情……唐太宗在隆冬季节走过崤函古道，被雄伟的函谷关和千里冰封的黄河所震撼，字里行间流露出称雄天下的豪盛气势，成就千古帝业的伟大抱负，尽显一代王者风范。

在众多碑刻中有一通石碑，尤其引人注意，这是元代官吏及诗人张养浩写的《潼关怀古》：峰峦如聚，波涛如怒，山河表里潼关路。望西都，意踌躇。伤心秦汉经行处，宫阙万间都做了土。兴，百姓苦；亡，百姓苦。

凝视之中，不觉心里寒凉，一朝兴盛，百姓受苦；一朝灭亡，百姓依然受苦。看罢，不由得长叹一声，赞叹他怜民爱国的情怀。

登罢城楼，北去黄河，跳进浑浊的大河，洗了个正宗的黄沙泥浴，然后坐在灵宝老城墙上，眺望大河对岸的中条山脉。

时光转换，谁曾料想，探秘秦岭古道的第一站就从函谷关开始。

约上同样热爱历史的方公子和王领导一同出发。

回望一眼身后的城市，这种没有仪式感的告别很特殊，有一种逃离或者挣脱的感觉，随之而来的便是内心深处释放出的轻松感。

豫西小城灵宝

长途车晃了三个多小时，下午五点我们到达河南省灵宝市。这里年味很浓，大街小巷各家门前张贴着对联，悬挂着灯笼。

我们背着大包、小包，寻找可以填饱肚子的地方。转了半天，才在街边找到一家四川饭馆。三个人围桌坐定，跑堂的端上茶水，问我们来些什么菜。王领导说："简单点吧，就来三份罐罐面。"

我们拼了一盘凉菜，叫了一瓶双沟大曲，在豫西小城的黄昏中举杯碰盏，寻找过年的感觉。小城虽然寂寥，小店虽然空荡，但我们三人却是那样的快活，尽情享受着小城年夜的幸福时光。老板娘闲来无事，端杯热茶凑过来，问我们是不是要去老灵宝玩。

我没有听说过老灵宝，赶紧问老板娘："老灵宝在哪里？"

老板娘拉个凳子过来，卸了围裙，点燃一支香烟，坐在炉子旁边对我们说："灵宝老县城原来在黄河边，中华人民共和国成立后修建三门峡水电站，才将县城迁移到现在这个位置。"她弹去烟灰，继续说道："其实，后来黄河水根本没有淹到老县城，老城拆了实在是可惜，你们知道灵宝原来叫啥吗？"

我摇摇头说："不知道。"

老板娘说："灵宝原来叫桃林县。你们知道远古时期的神话传说'夸父逐日'吗？传说就是那个逐日的夸父把手杖撂到这里，这地方就变成了一片桃林。唐朝以前这里就叫桃林，唐朝开元年间，唐玄宗收到了老子托来的一个梦，说是当年他著经之地，也就是今天的函谷关，藏有灵符一枚，得此灵符者可永享江山。于是，唐玄宗赶紧命人去寻找，果然得到一个桃木简符。梦应验后唐玄宗随即将年号开元改为天宝，又将桃林县改为灵宝县。"她说完，脸上带着满意的微笑。

我对老板娘说："我们想去走一趟函谷关古道。"老板娘笑着说："那挺好啊，我们把那条古道叫'崤函古道'，至少有几千年的历史了。古时候从中原去关中，中间隔着一座地势险要、易守难攻的崤山，崤山是从秦岭山脉延续过来的一条支脉，横在陕西和河南之间，与黄河北岸的中条山遥相呼应，函谷关就位于崤山的最大的一条山谷里。函谷关是古时候人们进出关中唯一便捷的通道，'一夫当关，万夫莫开'就是形容函谷关的。秦国之所以成就了霸业，也是因为据守函谷天险，可以虎视六国。"

老板娘看上去有五十多岁，穿着整洁，不像个生意人，倒像个文化人。在好奇心驱使下，我忍不住问她："您以前一直做餐饮吗？"

"以前不做。"她笑笑，说道："以前我在县委档案馆工作，现在档案馆升格了，改成了档案局。前年退休，闲了就来给儿媳妇帮帮忙，他们一家三口过年回她娘家去了，媳妇家在山西永济。"

临出门，她又叮嘱我们："函谷关，你们一定要去，看看老子写《道德经》的地方。没有函谷关，也就没有你们关中的历史。"

突然，我对眼前这位侃侃而谈的老板娘有点儿刮目相看，心中暗暗佩服。我点点头说道："我们一定会去的。这次来就是要从函谷关走到关中去，亲身体验寻找函谷关遗留下来的丰富历史。"

消失在古道上的王垛村

走出饭馆，去函谷关的9路车已经下班，无奈之下花二十五元拦下一辆出租车，赶夜路去函谷关。匆匆来又匆匆走，我不由得回望一眼寒冬里的灵宝，夜幕下的豫西小城从我们的视线中渐渐隐去，化作暗夜中的淡淡雾气，随风飘散。

我们来到函谷关东城门下，巨大的城门虚掩着，没有人看守，黑暗中我们轻步走进城关，眼前黑黝黝一片，没有一点儿灯火，异常安静。

摸黑在林子四周转悠许久，无论我们如何寻找，都没有看到窑洞和农舍。黑暗中我们穿过西城楼，一直向沟壑深处走去，道路越走越窄，寻不见村子，便不敢再贸然前行。我们决定退回西城关楼宿营，过了今晚再说。

夜宿关楼

在阁楼里支好帐篷已是夜里十点，小阁楼虽然门窗严密，但还是异常寒冷，哈气成霜。静静的寒夜，我们席地而坐，将从西安带来的吃食全部拿出来铺在地上，再取出半瓶白酒，举杯庆贺新年。

我问方公子："你知道以前陕西的东边界在哪里，我们陕西为什么叫陕西？"

他摇摇头说："不知道。"

我指着城楼说道："就在这里，函谷关是秦帝国的东大门，它始建于周朝。以前灵宝属于陕西管辖，后来不知什么时候才划归河南省。你们有没有注意到，灵宝人说话的口音带有陕西关中方言的味道呢。历史上，函谷关称为秦函谷关，就是这个意思。灵宝东面原来有一个地方叫陕县，也就是现在的三门峡西，陕县之西为陕西。我从知道函谷关，到真正走进这里，用了整整前半生的时间。"

我一仰头饮了杯中酒，问他们："你们知道老子吗？"

方公子说："当然知道了。春秋时代的思想家、哲学家，《道德经》就是他写的嘛。"

我问他："你知道《道德经》是在什么地方写的吗？"

他摇摇头说："不知道。"

我抿了一口白酒说道："老子的《道德经》就是在这里写成的。"我得意地瞅了他们一眼，撕下一只烤鸭腿，美美地嚼了一口，继续说道："咱们现在可是睡在圣人曾经待过的地方啊，传说东周时老子弃官，那年他已经八十岁，看到周朝慢慢衰退，他便离开了洛阳，骑着一头大青牛，驾着祥云，由东往西到了函谷关，成语'紫气东来'就是说老子来到函谷关。在函谷关，他遇到了守卫城关的尹喜，这个当官的是个文化人，知道大名鼎鼎的老子，于是就挽留老子，请老子住在函谷关一个叫太初宫的驿馆里专心撰写著述。老子在这里一住就是七个多月，写就了博大精深的《道德经》。老子思想对中华文明的影响，那真是根深蒂

函谷关城门

固，道教庙宇里供奉的太上老君就是老子的化身。”

我一口气把我所知道的老子毫无保留地介绍给他俩。

方公子说：“大过年的，不在城里看热闹，跑到这个荒僻的地方，坐在黑暗寒冷的函谷关讲老子，这是一种什么样的旅行？是不是一种文化之旅？”

为了让他们觉得此行不虚，我将我所知道的有关函谷关的历史传闻全都兜出来，比如“丸泥可封”“紫气东来”“鸡鸣狗盗”“老子著经”“白马非马”“作法自毙”“合纵攻秦”等等历史典故的来由。虽然我讲述的内容不一定准确，却让大家沉浸在厚重的历史氛围之中。

远处传来有一声没一声的狗吠声，仔细听，没错，就是狗吠声。我说：“说不定这狗吠声就是两千年前孟尝君门下食客留下的余音，是不是感觉中国历史上著名的狗盗之事就发生在我们眼前？”

夜晚的函谷关处于极静之中，让我们感觉到了时空倒流，似乎回到了遥远的古代。偶尔有风吹树梢发出的啸叫声，静默之中，又好像身处鬼蜮之城，竟然有点儿毛骨悚然。

关隘鸡鸣

记不清一晚上被冻醒了多少次，半夜起来穿上衣服再钻进睡袋，凌晨的等待是一个痛苦而漫长的过程。帐篷里温度为零下一度，不算很低，但是身处涵道一样的山谷，寒冷的穿堂风呼呼地从空洞的窗棂吹过，带走了阁楼里仅有的一点儿热气，冰冻的黑夜是那样漫长。

暗夜中，从远处传来了鸡叫声，那一阵接一阵的啼叫声在冷清的寒夜里特别清晰。我蜷缩在睡袋里聆听着鸡鸣，想到了当年寒冬深夜，孟尝君一行从咸阳一路奔来函谷关。遇到关门紧闭，为了尽快逃出函谷关，不让秦兵抓住，孟尝君手下有一个善学鸡鸣者登上高台学鸡鸣，引起四周群鸡齐鸣，就像现在，鸡叫声此起彼伏，回响在函谷关的上空。守城的官兵听到鸡叫声，以为天快亮了，就开启了关门，孟尝君一行人便得以逃出函谷关。他们这一走就是两千多年，而这鸡叫声也延绵千年而不绝。

自古以来的兵家必争之地

方公子终于被冻醒了，缩在帐篷里说道：“咱们平常睡在雪窝子里，也没有感觉到这么冷，这是咋回事呢？”

我说：“咱们的城关楼建在壕沟里，这壕沟犹如一个冷气涵道，焉能不冷？”

王领导裹着睡袋说：“这里曾经是古战场，兵家必争之地，自古以来，不知道有多少人战死在这里，所以才会阴森寒冷。”

我说：“是啊，自古以来，这里经历了无数次残酷的战斗，光是有记载的战斗就有两百多次。几千年的腥风血雨，让这里的空气弥漫着血腥气息；几千年的刀光剑影，让这里的土地浸透着将士的鲜血。”

方公子说：“能不能举个例子？”

我说：“最著名的例子就是春秋时期的函谷关之战。函谷关之战是前 318 年，赵、楚、魏、韩、燕五国联合起来进攻秦国。当年的主战场就在现在的王垛村。当年，秦穆公从晋国手中夺取了崤函之地，在这里设置了函谷关。因为当时秦国在张仪连横策略的指导下大力向东扩张，这严重威胁到东方各国的利益。周慎靓王二年（前 319），在齐、楚、燕、赵、韩等国的支持下，魏王驱逐了张仪，改用公孙衍为相，他提出用‘合纵’之策来对付秦国。周慎靓王三年（前 318），在合纵攻秦之战中，魏、赵、韩、燕、楚五国军队在函谷关进攻秦军。周慎靓王四年（前 317），在公孙衍的推动下，魏、赵、韩、燕、楚五国共推楚怀王为纵长，组织联军进攻秦国。公孙衍还联络秦国北方的义渠国配合联军由侧背进攻秦国，秦国为了避免腹背受敌，送给义渠国‘文绣千匹，好女百人’，以缓解威胁，然后发兵函谷关迎战五国军队。各国军队因各有所图，步调不一，进

乐途（左）、方公子（中）与王领导（右）在函谷关古道

攻迟缓，尤其是楚、燕两国因暂时受秦国的威胁较小，基本上持消极态度。只有魏、赵、韩三国军队与秦军正面交战，结果被秦军虎狼之师所击败。溃不成军的军队一直向东撤退，退到了现在的新乡。正当秦军与各国军队酣战时，义渠国王认为秦国送厚礼实是暂缓策略，秦国强大后终会对自己不利，于是他便乘五国攻秦之机，出兵袭击秦国。一支秦军与义渠国军队仓促迎战，结果大败。然而，秦国的这次败仗并没有影响战争的全局。第二年，秦遣庶长樗里疾率军出函谷关反击韩、赵、魏三国军队，于修鱼大败五国军队，斩杀魏军主力八万多人。其中韩国部队败退到观泽，就是现在的濮阳，秦军追到观泽后再次大败韩军，斩首超过三万，俘虏了韩国统帅，关东各国大为震恐。函谷关之战，奠定了秦国日后横扫六国的基础。”

他们俩听得入神，这时候关隘的鸡鸣声在清晨中慢慢隐去，取而代之的是清脆的鸟叫，天空渐渐亮起，直到阳光照进阁楼，我们才拔营出发。

寻不见的古道

我们背上行囊，来到城关附近一孔窑洞的水井前，做了早饭吃，然后来到城门洞，向守城门的一位中年妇女打听王垛村。

中年妇女一边将书摊从屋里往外搬，一边说：“王垛村早拆了，那年搞景区建设就拆了。你们从哪里来，买一本《道德经》吧，来一趟函谷关也不容易，留个纪念吧。”我说：“我们从西安来，想从函谷关走到老潼关，不知从哪里走？”中年妇女看了我一眼随口说道：“不知道。”停了一下，她好像又想起了什么，高声叫来远处另一位中年妇女，对她说道：“这几个人要去走古道，你给他们说说咋走。”

那女人的嗓门儿比这女人的嗓门儿更高，生怕周围的人听不见：“不行，走不成。这去潼关的古道将近一百多里路，十几里外就将老路封了，修了栅栏门，你们过不去。即使你们翻过了栅栏，走不了十几公里就是塌方绝壁，你们根本过不去。真要去走，那也没有啥意思，原来的古道有很多都在黄河边被县道占了，你们走大路多好，那老路有啥好走的嘛。”

听了她这一席话，我心里瞬间凉了半截。

本来计划在王垛村吃个午饭，顺便再打听一下古道的情况，现在看来已经没有必要了。

我拎着背包，站在城墙下，一副失落的样子。

记得十多年前在王垛村听一位老乡说过，函谷关里的老路一直可以通到老潼关。时至今日，世事变迁，许多老路都消失了，这样的信息，将我探索古道的热情浇灭了一大半。

王领导笑着说："看老大失落的样子。"

那位更高嗓门儿的妇女提过来一个热水瓶对我说："给你们把开水灌上再走吧，路上注意安全。"

临走前，我去城关外转了一圈，看了一眼对面被阳光照射泛着亮光的弘农涧河，以及河对岸隐藏在雾霭之中的山峦，起伏的山峁留下淡蓝色的轮廓。

我掏出速写本，画了一座伫立在广场上的老子雕塑。手指冻得无力，笔画也不连贯。正画着，方公子走过来问我咋办。

我合上画本，坚定地说："走，我们去走古道，走到哪儿算哪儿。"

在看守城门的中年妇女那里买了一本《道德经》，离开"道家之源"函谷关，去行走千年古道。就在我迈开脚步的一刹那，似乎听到了一连串数也数不清的名字：女娲、后羿、夸父、仓颉、平王、老子、秦王、商鞅、张仪、秦始皇、刘邦、项羽、刘彻、刘秀、曹操、隋炀帝、唐太宗……

谁道函关千古险，回看只见一泥丸

函谷关是中国古代最为重要的军事通道之一，因为处于险要之地，西据崤山，东临绝涧，南接秦岭，北塞黄河，关卡设在谷口，古道行于深壕，深险如函，故而得名。据记载，历史上共有三个函谷关：汉函谷关、魏函谷关和秦函谷关。我们所走的是秦函谷关。

走进函谷关东城楼，沿路穿过一片松林，发现路边碑亭里立有几通发白的石碑，上面大多是唐朝那些耳熟能详的大家诗作。自古以来，历史名胜少不了文人墨客的万千感慨，历代如此。

西城关楼下立有一通黑色的“函关古道”石碑，碑面覆盖了一层厚厚的灰尘，尘土下雕刻着几十行文字：“中国历史上著名的崤函古道是通往东西两京洛阳与长安的必经之路，函关古道是其中重要一段，谷深漫长、壁陡峭隘、松柏蔽日、幽邃莫测，素有‘车不双轨，马不并鞍’之称。古道东起弘农涧西岸的函谷关东门，横穿关城向西，由王垛村的果沟、黄河峪、西寨、狼皮沟至古桑田（今稠桑），全长十五公里。函关古道是这一带唯一的东西通道，谷底有蜿蜒道路相通，崎岖狭窄，空谷幽深，人行其中，如入函中，关道两侧，绝壁陡起，峰岩林立，地势险恶，地貌森然。‘一泥丸而东封函谷’，函谷关建于西周末，历史称其为‘秦函谷关’，民国时期因修建陇海铁路而废关，经历两千余年历史。”

我们沿着梁家沟古道向前走，沿途道路基本荒芜，但还是可以看出古道曾经的规模。壕沟底部的路基有三四米宽，两侧几十米高的土崖近乎垂直，透过崖上这些枯草干枝，可以看到一线蓝色的天空。寒冬时节的古道充满了萧瑟气息，让人感受到荒凉和冷寂。

看着狭窄的壕沟，心想如果古时候大军从这里通过，一定是前呼后拥，非常拥挤，如果崖顶有埋伏，大军将万劫不复。

正在我发挥想象力时，远处一位老汉牵着一匹白马迎面走来，马背上驮着一个陈旧的帆布褡裢。老汉裹了一身黑色棉衣，腰上勒了一条深蓝色腰带，头顶缠了一条已经发黑的白毛巾。他一手牵马，一手拿着烟锅，笑着问我们：“你们这是去哪里？”

方公子回答说：“我们去老潼关，这里距离黄河边还有多远？”

老汉停下来，点着烟锅，圪蹴在一块土堆上对我们说：“天还早，歇会儿吧，大过年的，你们不待在家，跑这里干啥。老潼关离这里最少还有上百里路程，平常从函谷关去老潼关，我们都得好好走上一整天才能到，不是你们想象的那么近。远得很呢，就你们这速度，走到天黑都不一定能到。你们要去黄河就得从前面黄河峪沟右拐进去，爬到塬上，一直朝北走，怕至少都有十多里路呢。”

十多里路，也不过一两个小时的路程，没有多远。我对方公子说：“我们晚上可以在黄河边安营扎寨了。”老汉在石头上敲了烟灰，起身和我们告别，说还要赶路去走亲戚。

看着老汉走远，我们继续沿着狭窄的古道向前走。走了一个多小时，被前面峡谷中央伫立的一道木栅栏挡住。它就像古代的寨墙，碗口粗的柱子一根紧挨着一根，每根都有三米多高，并且每根柱子顶端都削得异常尖利。

站在栅栏下无法跨越，心里纳闷起来，刚才那老汉和马匹是怎样过来的，旁边一定还有捷径。方公子爬上左侧土崖，站在半山腰的草亭子里喊道：“有小道，你们快上来。”我和王领导顺着方公子的声音，从被蒿草覆盖的小道一直盘绕上了伫立在半山腰的草亭子。亭子有三米见方，建在悬崖中部，亭子上方檐下悬挂着一块不大的匾额，上面书写着四个大字“泥封函谷”。两根柱子上刻着一副对联，上书：“魏乎直同百二险，焕然重筑一泥丸。”对联字体雄浑，笔力遒劲，落款是康有为。亭子中央立了一通石碑，石碑上有司马光手书“一夫当关，万夫莫开”几个大字。

莫非这里就是历史上著名的“一泥丸而封函谷”的古战场？我看着幽深的古道，抚摸着冰冷的石碑，心中感慨起伏，追念着千年过往。在漫长的中国历史上，不知道有多少次军事冲突都发生在这里，光是有历史记载的大战就不下几百次。例如，周慎靓王三年（前 318），楚怀王举六国之兵伐秦，秦依函谷关天险，使六国军队“伏尸百万，流血漂橹”。秦始皇六年（前 241），楚、赵、魏等五国犯秦，亦是行走到函谷关，皆大败而归。秦末，刘邦进关中，为避函谷关之天险，绕道武关进入关中。建安十六年（211），曹操讨汉中，途经函谷关，久攻不下，才绕道黄河破马超。东魏天平三年（536），高欢发军三路进攻关中，在函谷关遭遇宇文泰死守阻击，高欢全线兵败。隋末，李渊入关中，派李建成率兵把守函谷关，抵御王世充的反扑……岁月流逝，往后的一千四百余年中，函谷关同样经历了无数的风雨沧桑，直到陇海铁路建成，310 国道修通，函谷关才结束了它漫长的历史使命。

我们坐在草亭里休息，我对他俩说：“你们看，下面的山谷很窄，只能勉强容一辆车通过，历史书籍描写这里是‘车不分轨，马不并鞍’，如果在这里设立关卡，连鸟都难以飞过去。所谓的‘一泥丸’也是形容这里狭窄得只需要一颗泥丸就可以阻挡人们通行，更何况是百万大军。‘泥封函谷’这个成语是有来历的，说的是东汉初年群雄割据，汉光武帝想招降盘踞在陇东天水的军阀隗嚣，隗嚣犹豫不决，他手下的大将王元劝说隗嚣拒绝招降，王元说：‘元请以一泥丸为大王东封函谷关。’”

绕过栅栏，我们又下到谷底，前面的古道更加荒芜，山谷比刚才稍宽，杂草丛生、林木稀疏，从草丛间走过，便会扬起千年的土腥味儿，呛得人闭气。走出去不远，一座高速公路大桥从我们头顶横跨过峡谷，可以听到汽车从桥上隆隆驶过的声音。仰头看看，不禁笑了，过去和现在，古代和当代，衰败和兴盛，对比如此强烈，也许这就是我们经常说的历史变迁吧。

郭丹的励志故事

古道依稀，野草荒芜，山崖崩塌，过去的一切都湮没在了历史的风尘之中。突然，一群野鸡从蒿草中“扑棱棱”飞起，在土崖绝壁间扇动着翅膀，飞向了远处。我们被这突如其来的野禽吓了一跳，停下脚步，凝视野鸡飞去的方向，不由得笑笑，古道真的废弃了。

两只黑白相间的喜鹊在我们前面“叽叽喳喳”飞过，落在一棵低矮的树枝上。王领导说：“喜鹊唱枝头，我们有好兆头。”

我们正在壕沟里悄然前行，就听到走在前面的方公子喊叫：“你们快来看，这里好像有一通石碑。”我急忙走过去拨开杂草看，一块风化严重的石碑倒卧在黄土中。扒开黄土，露出被土掩埋的部分，有几行字迹，虽然模糊不清，但经过仔细辨认，还是能够看出大概内容。我掏出笔记本，蹲下来，抄写了碑文。石碑上是清朝康熙年间不知道什么人抄录的唐朝岑参的文章，繁体字，大概内容是：“君不见函谷关，崩城毁壁至今在。树根草蔓遮古道，空谷千年长不改。寂寞无人空旧山，圣朝无事不须关。白马公孙何处去，青牛老人更不还。苍苔白骨空满地，月与古时长相似。野花不省见行人，山鸟何曾识官吏。古人方乘使者车，吾知郭丹却不如。请君时忆关外客，行到关西多致书。”碑文没有标点符号，抄完后我试着以文字的韵律将这篇文章断了句。

初看这首诗，好像是一篇送行的文章，但是仔细阅读后，就会注意到岑参明写郭丹，却暗喻自己的理想抱负。郭丹少时贫寒，后入关求学，经过函谷关时他发誓："丹不乘使者车，终不出关。"后来经过刻苦努力，郭丹成了汉朝的谏议大夫，持节乘高车出函谷关，遂了平生愿望。岑参在函谷关与朋友道别，不由得想到了郭丹，也想学习郭丹成就一番事业，就写下了这首送别诗以自励。

看到了这通石碑，不由得让我感叹："这条古道上不但到处掩埋着古代将士的白骨,还隐藏着丰富而悠久的文化,崤函古道的历史就是一本厚重的史书。"

冬日阳光煌煌，山谷间好静，草叶纹丝不动，许久才从峡谷那边吹来一阵微风，将满川的狼尾巴草轻轻抚动。

行走在古道上的感觉真好，我们好像又回到了远古时代。在行走中，体验着古人的旅途；在探索中，寻找这里的历史足迹。

古战场

翻上一道崩塌的土崖，再向前几里路，我们又发现了一通倒卧在荒草中的石碑。我来到石碑前，不禁赞叹道："这真不愧是中国古代最著名的道路。"陈旧的石碑上密密麻麻详细记述了东周时"虢公败戎"的经过。也许因为时间太久，石碑上的字迹已经模糊不清，通过残破的文字，大概知道这里在东周时期是一个古战场。当年虢公率领大军在距离这里不远的绸桑村北打败了戎，《左转》记载"僖公二年（前 658）虢公败戎于桑田"，指的就是这个地方。历史很有意思，虽然虢公打败了戎人，但是，三年后他还是被晋献公打败，虢国从此灭亡。

记得那年在王剁村听老乡讲他们在田间劳动时，曾刨出许多古代人的遗骨，好多尸骨上都有中箭的伤痕。后经文物部门鉴定，死者身上的箭镞为春秋时期制品。函谷关遗留的这些白骨诉说着当年战争的残酷和频繁程度。

前方的壕沟开阔了许多，两侧的崖壁高耸接天，褐色的黄土和蓝色的天空一直延伸到了远方。一只蓝白相间的野鸡拖着长长的尾巴从草丛中窜起，拼命向前方飞去。大伙儿仰着头，看着那只惊慌失措的野鸡从我们头顶飞过，消失在了山沟的那头。

在野外与野生动物相遇，实属偶然，也非常幸运。如今，人们很难再在荒野之中遇到野生动物。而今天我们两次偶遇野鸡，说明这地方生态环境不错，至少还有野生动物的生存空间。我真心希望那些生活在山野中的动物，能与人类持续和谐共处下去。只要我们人类积极努力，天地间和谐共处就还是大有前途的，人类的发展前景也就一定光明璀璨。

绝路逢生

爬上一道坡，只见山谷前方不远处横亘着一道高高的绝壁，方公子下去观察后说，道路断绝过不去了。我想北去黄河，但是他俩却不想冒险。方公子爬上旁边的陡坡，站在十几米高的悬崖上对我说："这里应该可以爬上去，就是有点儿难度，大家注意点就是了。"还没等我发话，王领导就背起大包爬了上去，看着他俩已走，没有别的选择，我只好背上沉重的大包跟上去。

山坡陡峭，必须手脚并用，中间没有缓冲和歇脚的地方，趴在光秃秃的山坡上，看着深深的谷底，心里后悔答应他们走这条路。

满头大汗地爬着，寻找着陡坡上的沙荆和草根，那些手指粗细的荆棘稀疏地分布在土崖上，经常是跪着爬也够不着那些可以借力的草根细枝，此时的我完全像是一支射出的箭，没有回头路可走了。

方公子和王领导站在距离崖顶不远的一个小小平台上，咫尺距离他们却无法爬上去，三个人互相看看，深感无能为力。

我费尽全力慢慢地爬到了只能容下两个人的小平台上，紧紧靠着崖壁。看着崖顶两米多高的直坎，想着如何才能爬上去。正在我发愁的时候，崖畔上奇迹般地出现了一个人影。仔细看，是一位上了年纪的老先生。老先生站在崖顶问我们："你们干啥呢,咋走到这里来了,这就不是路嘛,你们爬到这么危险的地方干啥呢？"

看到突然出现的老人，好像看到了救星。我颤巍巍地爬到土坎下面，仰起头对站在土崖上的老先生说："麻烦您拉我一把。"老先生跪下来，趴在崖边，伸出手先将我那沉重的背包拉上去，一边拉，一边说："我的妈，里面装的啥东西，这么重，你们厉害得很嘛。"我抓住老先生伸下来的手，用力爬上去，再和老先生将他俩依次拉上来。

崖畔上是一条平坦的公路，路边停放着一辆红色摩托车。

我递给老先生一根烟，问他：“你咋知道我们在下面？”老先生接过烟，点着后说：“我去灵宝回来时，路上摩托车胎坏了，大过年的也没有地方补胎，没有办法就推着车往回走，走到这里听见崖下有人说话，感觉奇怪，就过来看看。你们过年不在家待着，跑来这里做啥？你看这里危险不，咋能走这里呢，唉。”

老先生停了一下说道：“我家就在前面，你们到我家歇一下。”

西寨子村

老先生姓索，就住在前面不远的村庄，看老索真心相邀，盛情难却，我们就答应了他。

老索推着那辆瘪了胎的红色摩托车在前面走，我们几个跟在他身后。他一边走，一边自言自语道：“我的神，你们咋能从这里上来，这太危险了，太危险了。”他不住地念叨着，对我们这样的户外旅行无法理解。

冬日的阳光携着一丝温暖，铺洒在豫西古老的大地上，道路两旁成片的果树林在寒冬里与我们形影相随。隐藏在深谷里的古道慢慢向上延伸，最后消失在一片红砖白墙的村庄里。小村庄横在古道上方，函谷关悠久的历史在这里被永远地湮没。在这座名称古老、建筑崭新的村落之下，寻不见古道的点滴痕迹。

老索边走边说：“过去的古道就从我家院子中间穿过。”

街道边有几个妇女坐在墙根晒太阳，从老远就死盯着我们一行，不眨眼地一直看着我们走过来，其中一个妇女忍不住问老索：“他们是干啥的？”

“考察古道的。”

“哦，要开发吗？”

“可能吧。”

墙边坐了一位小脚老太太，我很好奇，举起照相机准备拍照。老太太眼尖，立即转过脸去，旁边一位妇女笑着对老太太说：“你就让人家拍一下嘛。”

老太太笑着摆摆手说：“不拍，有啥好拍的嘛。”

那妇女转过脸对我说：“你猜这老太太多大年纪了？”

我说："看不出来。"

妇女神秘地说："老太太都九十三岁了。"

我点点头说："是看不出来，不过老人家的这双小脚却暴露了她缠足的信息。"

小村子很安静，安静得不像是过年。

老索

院里的向阳处有几个人在打麻将。老索媳妇搬来一个小方桌放在院子当中，叫女儿端来一壶热茶。我们三人围着桌子坐下，品着略带苦味的农家茶水，享受着冬日里暖暖的阳光。

乡里人误以为我们是重修古道的，盼望我们能尽快将崤函古道开发出来，也好惠及这个小小的古老村庄。当我们说我们是来古道旅游的时候，有人惊讶，有人不解："你们旅游咋能跑到这个偏僻的地方来？"

老索说，这里距离黄河很近，距离老潼关大概只有三四十公里路，步行也就是大半天的时间。他说，黄河边还残留着一九四八年民国政府修建的铁路。不过，那段铁路已经没有了金属的影子，一九五八年大炼钢铁时全拆毁了，只剩下一个个破烂的水泥墩子。

王领导给院子里玩耍的孩子们发了水果糖，孩子们高兴地品尝着过年的甜蜜味儿。

我对老索说："我们非常想走走过去的古道，不知道前面还有没有？"

老索说："从我们村开始，古道都被硬化了，修了大路，前面过了狼皮沟都是柏油路，已经看不到过去的一点儿影子了。"

看看表，时间不早了，我悄声对王领导说给老索 50 元钱。

我们与老索（左二）的合影

老索见状，腾地从地上跳起来，说什么也不要钱，他高声地说："你们这样是看不起我老索，大过年的远客走上我家的门，那是我们的贵客，是给我们家带来了吉祥和福气，预示着我家今年有好运。"

看老索如此固执，我们也就不勉强他了。

下午两点半，我们告别老索，继续我们的古道旅行。

老索执意要带我们去黄河边看看古道的痕迹。

我们出了村子，穿过城门洞，向右拐去是一条通向黄河的长长峡谷。老索背着手走在路中间，他看着远方对我们说："前面这条沟就是古道上著名的狼皮沟，你们前面的路还长着呢。老索送你们一句话，路上遇到大事、小事不要着急，慢慢想法子去解决，生活中也是一样。"

我点点头，眼睛有点儿湿润，感觉老索犹如自己的父亲，说的每一句话都饱含着关心和爱护，令身在他乡的我也体会到温暖之情。

山谷的高处是一架横跨峡谷的高速公路大桥，远处就是闪着亮光的黄河。我们静悄悄地行走在千年古道上，体会着悠远，感受着沧桑。

浩浩荡荡的黄河从西面而来，在深深的峡谷里翻滚着白色的冰凌，向东流去。河对面是山西的芮城，一眼望不到边的河床滩涂沉在朦胧的烟波里，中条山只是一条淡淡的轮廓线，阻挡了去往山西的路径。

冬季的黄河水，由于没有雨季的肆虐，河水清澈许多。自古以来人们一直赞颂这条静静流淌的大河，是它孕育了中华文明，是华夏民族的母亲河。我们站在高耸的崖壁之上，俯视着烟波浩渺的黄河，心中涌动起一股包含虔诚爱意的暖流。

天鹅与化石

我们在黄河边与老索依依不舍地告别。临走老索指着黄河边上的一条土路说："你们沿着这条路走，今晚可以住在绸桑或者西闫，明天一天就会走到老潼关。"和老索告别后，我们沿着黄河南岸残留的古道继续向西走。绵延几千年的古道在黄河岸边起伏着伸向远方，路的尽头融入了黄河。

我们在寒风中默默地行走，向着模糊不清的目标，走得有点儿茫然。越往前走道路越不明显，直到古道完全与柏油路重叠，古道不见了。看不见古道，便没有了方向，也就无法体会行走古道的意义，大家走得全然没有了信心，方公子问我："这样的柏油路，还值不值得我们去走。"面对如此窘境，我的心当然不甘，停下来，坐在公路边，对着斜阳，思忖着下一步该往哪里走。

路上偶尔走过的人们用异样的眼光看着我们三人。

前面不远处有一户人家，是不是应该去那里打听一下。我走过去轻轻敲响了紧闭的红色铁皮大门，从里面走出来一位中年男人，他问我："做什么？"我说："我们是从西安来考察古道的，走累了，想在您这里歇歇脚。"中年男子将我们让进院子，坐在廊下的方桌前。因为是过年，他从屋里端出了热茶和水果，那热情劲真让我们受宠若惊。

主家姓陈，五十多岁，家里的田地都在黄河滩上。他对我们说："我们一年种的粮食七八年都吃不完，多亏了政府的农业政策好，让我们过上了好日子。我们种的经济作物主要是棉花，农闲了去城里干点儿零活。我们这个地方叫张家嘴村，村子住户分散，沿黄河边几十里，我们家是最后一户人家，老婆走亲戚去了，两个儿子都在外地打工，过年都没有回来。一个在江苏，一个在宁波，娃娃都很听话，各人也都干得不错，从事技术活。一个在四方集团工作，一个搞钢结构，一个月挣三四千也不够花，现在的娃娃们手大。"

聊了一会儿，老陈突然问我们，想不想去看天鹅。

我说："天鹅，当然想了，在哪里？"

老陈说："就在我家房子背后的黄河滩上。"

老陈很热情地带我们去看天鹅，这真是一个意外的惊喜，我们仨立即跟着老陈出门，顺着一条长满仙人掌的土壕往黄河边走去。

黄河边空气燥热，土地干旱，黄土山崖上长满了干瘪的仙人掌和灌丛荆棘。我们穿过一道长长的土崖，来到黄河边，站在高耸的崖畔上，面对空旷冷寂的冰封黄河。

俯视滩涂，静静的黄河滩上除了白色的冰凌，其他什么也没有。

老陈纳闷地伸长脖子左瞧右看，怎么也找不到天鹅的踪影，他自言自语道："也许是河面冰封了，天鹅逮不上小鱼，都飞跑了。"

我们四个人站在黄河边的高崖上，没有言语，只是呆呆地凝视着宽阔浩渺的黄河，眺望着迷蒙荒芜的对岸。此时夕阳很美，将高耸的土崖涂抹上一层暖暖的金色，大河上下一切都被红色包围着，天地间充满了黄昏时的瑰丽和黑暗前的辉煌。

大伙儿悻悻然回到老陈家，准备背上包出发。

临走前，老陈让我们等等他，几个人互相看看，正在疑惑时，只见老陈快步从屋子里走出来说道："让你们看个东西。"说着从塑料袋里取出十几块尖尖的石头："这些石头是我在黄河边挖的类似化石的石头。"说完后他将那些化石小心地摆在小桌上，然后对我们说："大过年的，你们来到我家，我也没有啥送你们的，你们也不吃饭，就把这些化石拿走吧，做个纪念。"

我们互相看看，十分惊讶，不相信自己的耳朵。

老陈见我们那样的表情，重复着刚才的话："没有啥，这些东西送给你们，你们拿走吧，放在我这里也没有啥用。"

见老陈这样诚心，我们也不说多余的客气话，将化石分成三堆装进包里，然后与老陈握手道别。

老陈将我们送出大门，指着前方的路说道："这条 007 县道基本上就是在原来古道基础上修建的，今晚你们可以走到西闫。其实，这路也没啥走的，你们可以搭车去老潼关。"说完他又指着大门外正在建设的高速公路和高速铁路说："社会进步真的太快了，再过一两年，郑州到西安的高铁就通了。"

我望着一字儿排开的水泥桥墩说道："现代化的交通设施迅猛发展，完全不可阻挡，这是历史发展的趋势。现代交通替代古代交通，这是现代和历史的必然碰撞，未来的发展也必然会和过去不断地纠缠，人类社会的发展自始至终都是如此。再过一百年，这些现代交通设施又会被新的交通方式所取代。"

黄河岸边

夜宿豫灵

由于时间的关系，担心走不到西闫乡，按照老陈的吩咐，我们在他家门口搭了一辆中巴车，去一个叫弯道的地方，听说那里离老潼关很近。

中巴车非常拥挤，大人、小孩都穿着崭新的衣服，手里提着走亲戚的礼物，我们被夹在人群当中，盼望早点儿到达弯道。然而事与愿违，我们的中巴车一路上转了几个村子，从天亮晃到了天黑，好久才听到司机喊道："大字营的弯道到了，那几个背包的赶快下车。"

夜色中，我们提着大包小包，站在弯道的马路边，想打听问路，却连一个人都见不着。天彻底黑了，荒凉的三岔路口既没有灯光也没有行人，寒风冷飕飕地直往脖子灌。正在我们东张西望时，过来一个骑三轮摩托的人询问我们去哪里。

我们说想去老潼关。他说："现在太晚了，没有去那里的车，你们可以搭车去豫灵，在马庄下车再倒车去潼关。"

这里的人没有老潼关与新潼关的概念，只知道一个潼关。于是我们又开始瞎跑，稀里糊涂挤上一辆不知去哪里的长途车。

又是满满一车人，光是驾驶员周围就挤了十多个人，我们站在人堆里动弹不得，只希望早点儿到达那个叫马庄的地方。

摇晃了一个多小时后，终于听见有人说马庄到了。

我们三个人又站在了一片漆黑的三岔路口，仍旧搞不清东南西北。

黑暗中站了好久，才发现远处有一个小商店，跑去问路。老板说："早就没有去豫灵的车了。你们走去吧，不远，大概十里路。"

看来没有选择，三个人只好背起大包，沿着公路向豫灵走去。我们默不作声地在漆黑的公路上走了一个多小时，才看见秦岭山下一片明亮的灯光，我猜想这一定是豫灵。

我们拖着沉重的双腿在长途车站前找到了一家招待所住下，五块钱一个床位，还有电视机。

我们放下背包后的第一个任务就是夜逛豫灵，填饱肚子。

豫灵是豫陕边境的一座小镇子，背靠秦岭，面对黄河。小镇灯火辉煌，人来人往，热闹程度不亚于一座县城。饭店旅社、足浴美容、菜馆酒店、专卖店、银行等门面林立，鳞次栉比。走在这陌生的大街上，却没有陌生冷清的感觉，到处闪烁的霓虹灯将冬夜的寒冷驱散。

我问一个小吃摊老板："为什么这里这样热闹？"

老板说："因为这里有金矿，所以热闹。"

繁荣是因为金矿。

回到旅社与老板闲聊，得知秦岭山脉的金矿矿脉大多集中于豫灵，自古以来就有。几条山谷集中了国营的、私营的、集体的、个人的矿场，矿主多得数不清。天南地北的人都来这里挖金，一时间，秦岭深山热闹非凡，混乱中的无序开发，让生态环境遭到了严重破坏。后来经过严厉的整治，生产秩序和自然环境得到了很大改善。

十几年前，我就在灵宝听说过，秦岭山脉出金子，豫西各县的经济支柱产业，除了粮食、苹果，就是黄金。

明天计划去老潼关和风陵渡。

十二连城的烽火

早晨起来，匆匆吃了早餐我们就去路边找车。

在丁字路口碰见一辆要返回老潼关的小轿车，只要二十元钱就可以把我们拉去老潼关。旁边一位热心人对我们说："坐长途车，你们每个人要六元车票，三六一十八元，和二十元没有多大区别，长途车只把你们拉到黄河桥头，这车可以一下子把你们拉到老潼关的城楼下，你们转完了再把你们拉到风陵渡，还是划得来嘛。"

我们没有犹豫，决定坐小车去老潼关。

司机姓任，山西永济人。一路上，他热心地介绍潼关及崤函古道的历史。他说道："古道从阌桑过来基本都让县道占了，闫西原来有很老的戏楼也拆了，路上看不到啥。就连老潼关的一些东西都快没有了，二十世纪五十年代因为修建三门峡水库，将老潼关的北城门拆了。后来不知是什么年代又把西门拆了，现在只剩下南门和水关，还有十二连城，就是十二个烽火台，这些烽火台从南门一直排列到秦岭山根，其他的古迹都没有了。”

郑州至西安的高铁水泥桥架从远方延伸过来，又从我们的头顶延伸到了远方。他说，高架桥下就是千年古道。

将近中午十二点，我们进入陕西境内第一个村庄——西北村。

老任说：“还是你们西安好，我的一个老乡在西安卖凉皮，一年随便就能挣二十万。”大家互相看看，没有作声。

陕西、河南两个省的接壤地区，看上去没有任何区别，从民居形式到风俗习惯，以及方言口音。

从黄河边走过，望着泥浆浩荡的母亲河，有点儿说不上来的滋味。亿万年的奔腾，千百年的孕育，造就了伟大的中华民族。历史好短，曾经发生在黄河边轰轰烈烈的故事，好像就在昨天。

无边的滩涂枯黄一片，广阔的河面烟波浩渺，对面山西的普就寺笼罩在一片迷蒙之中。

中午十二点，我们到达老潼关南城门。

城门洞里住着一户人家，主人姓刘，他热情地让我们坐下，然后给我们讲述老潼关的历史。他坐在热炕上，吸着呛人的旱烟锅，吹出一口浓烟后说道：“原来潼关的城门不但都有，而且大得很，和你们西安的城门有一拼。南门朝南，但是北门却面朝西，因为北面是黄河嘛。北门瓮城大得很，但是北门的路进不了城，进城只能走西门。你们信吗，西门的城门却面朝南，和这个南门是并排的。东门很特别，有两道城门，在东门的城门上有康有为题写的‘天下第一关’匾额。潼关南面是秦岭华山，北面是黄河，自古以来易守难攻，是天下著名的关口。可惜老县城的那些东西现在都没有了，抗日战争时期潼关的城门城墙都没有被日本人攻破炸毁，后来都在修三门峡水库时遭到了毁灭，实在是可惜啊！过去有一句话，铁函关，土潼关，一马平川到长安。过了潼关，就是八百里秦川，很容易就到了咸阳和长安。”

说到这里，老刘叹口气，换上一锅旱烟继续说道：“现在保留下来的东西只有三孔水关和十二连城了。”

我问老刘：“十二连城是不是十二个烽火台？”

他一边磕烟锅，一边回答：“那不是一回事，连城过去都有城墙连着，所以才叫连城，它从秦岭山一直连到南城墙，过去打仗敌人根本过不来。”

我听了烽火台和十二连城的区别和关系后，怀着一丝惆怅的心情和老刘告别。我们来到小巷里，路过一座已经毁坏的城门偏洞，询问两名路过的年轻人：“这里原来是不是城门洞？”

年轻人回答说：“是的。”

我问：“怎么塌了？”

年轻人回答：“不是塌了，是这个城门洞太小，影响汽车通过，后来拆了。”

我轻轻叹了一口气，走出窄窄的巷道，去看水关。所谓水关，是城墙的一个组成部分，就是在城墙的青砖墙体上建有三孔专门流水的洞，名曰水关。站在水关外的大路上，一个行人给我指点了十二连城：“就在那边禁沟的麦地里。”

禁沟旁的山塬之上伫立着十二座土墩，它们北接黄河，南连秦岭，这些一个个独立的烽火台一字儿排开，依秦岭而扼黄河，蔚为壮观。烽火台的土墩没有青砖外衣，裸露着干涩的黄土，伫立在田野之上，两座烽火台之间的距离大概有二三里路，是古代重要的军事防御工事。

我沿着连城烽火台上坎下沟走了许久，直到汗水浸透了头发，才在对秦岭的凝视中，停下了脚步。站在麦地里，却寻不到可以拍照的角度，无法望尽十二连城的壮观。

我在寒冬里想象着古时候“飞鸟不能逾”的坚固防线，不禁感慨万千。田野中的绿色麦苗在寒风中瑟瑟发抖，历史的长风从身旁吹过，思绪被牵回遥远的过去，想象中的画面一片迷蒙，分不清是哪个朝代。

我怀着少有的轻松心情，离开了老潼关，离开了崤函古道，结束了寻古探幽的旅途。

走过历经千年的函谷关，犹如翻阅了绵长的中国历史。崤函古道见证了中国历史发展的沧桑巨变，向我们诉说着过往千年的悠悠岁月。

我走进载满中国历史的这扇关门，又从这扇收藏岁月的关门走出。

2009 年 6 月 3 日

寻梦长亭问古道

——子午古道支线行

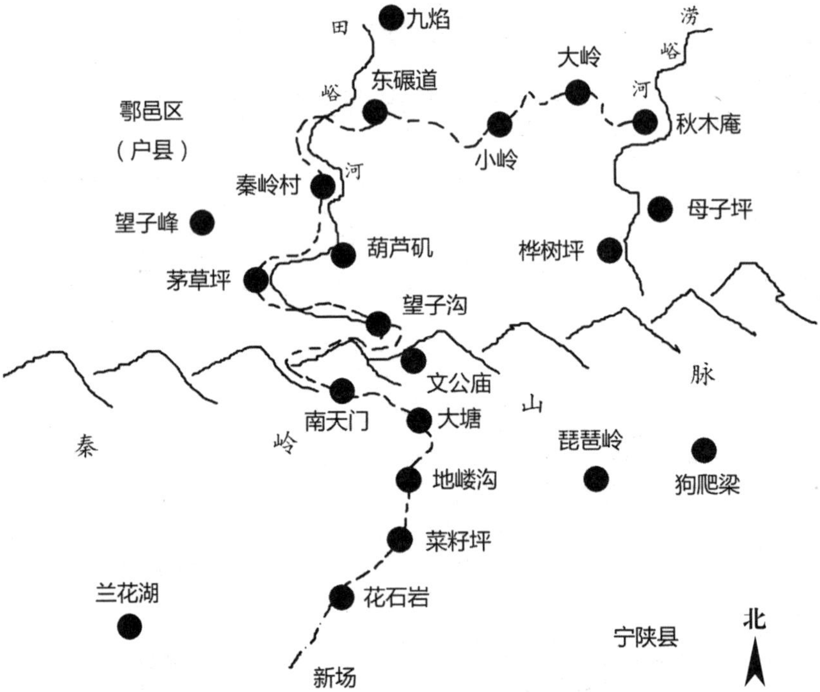

子午古道支线行示意图（乐途绘制）

痴迷古道

我对古道的痴迷，是与生俱来的。走在古道上，我爱天南海北地遐想，一会儿在上下五千年中穿梭，一会儿又东西绵延万里地畅想。

身处关中，最大的优点就是可以与厚重的历史为伴，这里沉淀了太多悠久的文化元素，古迹与历史故事遍布三秦大地。在其中掂来算去，还数古道最合我意。秦岭山脉中有许多穿山越岭的古道。在古道上行走之后，可以换来探古的愉悦，那种兴奋，那种满足，能够让我回忆一生。

今年原本计划攀登慕士塔格，可是无端地跌了一跤，便将我的慕士塔格计划跌到了九霄云外。遥望梦想中的雪山，心中有许多无法言明的痛楚，面对现实，被迫放弃计划，不再去想雪山。于是决定潜下心去走走那些古老的道路，诸如茶马古道、秦蜀古道、崤函古道、子午古道、傥骆古道。

还好，每次行走都能安全返回，所有牵挂的心都会安然落下。

我以为行走古道最重要的目的，不仅仅是探寻过去和重复历史，更是认真地去发现和保护。只要遗迹还存在，古道就不会被遗忘。从古至今，所有古道老路，无论以何种形式显现，都是一种记忆的痕迹，体现人们为了生存和欲望，甚至为了权力而行走的初衷。

秦岭山脉中的许多古道，都是关中平原为了将自己的中心地位与四周边缘连接起来，便于交通往来和管理统治而修建的一条条山路。秦岭山脉南北的人们，跨越重重障碍险阻，将秦巴山区纳入道路的中心，缩短了秦楚、秦蜀之间的距离，这是人类道路史上的伟大创举。“秦为驰道于天下，东穷齐燕，南极吴楚。”道路在此便成了权利与统治的象征，秦岭古道在历史长河中繁盛了几千年。时光流逝，古道随着时代发展慢慢落下历史帷幕，渐渐被人们遗忘，任青草黄了又绿，绿了又黄。

我爱山野中的古驿道，深恋着那些弯弯曲曲、高高低低、坑坑洼洼难以行走的羊肠小路，喜欢站在古道上联想，仿佛时光倒流：赶路的、出差的、背负的、吆马赶骡子的……尤其是走在那些被踏踩过千百年的光滑石板路面上，我定会浮想联翩。

子午古道支线的传说

我曾经在新场听到乡领导叙述有关子午古道的情况。他们说："新场和菜籽坪有一条古道可以通往户县（现为鄠邑区）和周至县，那是子午古道的一条支线。"我当时对他们所说的话嗤之以鼻，不屑一顾，根本不相信还有个"子午支线"。

虽然新场乡有几座明清时期的豪门大院，但我还是想不通，在这偏僻闭塞的秦岭深山怎么会有大户宅邸。这里既没有四通八达的交通，也没有丰富独特的物产，并且在它周围，从东到西耸立着无数高山峻岭，这些海拔在两三千米以上的高山，像铁桶似的紧箍着菜籽坪和新场，让它们与世隔绝。

所以，一直以来我非常怀疑新场是秦岭深山贸易集散地的传闻。没有道路，如何互市？实在想不通郑家、陈家等大户人家，是如何在深山老林中做着那些大买卖的。

虽然疑惑很多，但是现实摆在眼前，放下偏执后，我还是想去寻找那条传说中的子午支线。

记得筒车湾的老贺说过，有一条老路从宁陕县出发，经过筒车湾、茅草坪、大化坪、新场、菜籽坪、地嵝沟、大塘、南天门、下田峪，或走九焰，或走涝峪，一直可以到山外。那时候，山里人把周至和鄠邑区统称为"山外"。一般从筒车湾走到山外需要七天时间，来回就得半个月。

莫非这就是他们所说的"子午支线"。

有一次，去秦岭深处花石岩村探洞，村主任老全也说他们这里还有一条子午古道支线，沿途有客栈、石板路、文公庙等等。古道北起涝峪口，途经西河、秋木庵、东碾沟、望子沟、文公岭、大岭、菜籽坪、新场、鹿子坪、甘家砭、筒车湾，最后抵达宁陕县……全长三百多里路。这些信息比乡领导们的叙述详细了许多。然而，无论他们多么认真地重复描述"子午支线"，我还是看不清古道的清晰脉络，感觉不到古道的质感。也许只有亲自去走，才能对"子午古道支线"有整体和全面的了解。

我根据他们的叙述，勾勒出了古道北段的大致方向，决定立即出发，去寻找传说中的子午古道支线。

向导老陈

五月一日，相约十几个朋友，一路驾车狂奔，来到了深山中的花石岩村，见到了预先约好的向导老陈。老陈五十多岁，身穿一件褐色夹衣，脚蹬一双迷彩军胶鞋，手提一把厚重的砍刀，不问报酬，背上包转身就带着我们出发。

路上，老陈问我："你们为啥放着好路不走，非要走这条没人走的老路。"

我说："走这路，主要是想看看过去山里人是如何翻山越岭讨生活的。"老陈用不解的眼光看看我，叹口气说道："过去人活得难，大路没有修好之前，出山都是走这条老路。我年轻时经常背木枋走这条路去山外楼观台卖，一次背三块长两米四、宽六十厘米的木板，三块木板有几百斤重，一般三天时间就可以走到楼观台木材集市，真是不容易得很。"

我问老陈："田峪河都是深涧峡谷，雨季十分危险，怎么走？"

他说："因为走田峪河路近些，走秋木庵翻山越岭绕路远，一般夏季水大了我们就走秋木庵出涝峪，春、秋、冬三季都是走田峪，你走那里，有没有发现崖上好多地方都有石榫架的木栈道，河道水深了我们就走那上面。"

鞋带问老陈："你们路上吃啥，跑一次能挣多少钱？"

老陈耸耸肩上的包说："那时候，有啥好吃的，带几块锅盔，再炒一些麦粉带上，住店时用开水冲炒面就锅盔。那时候，一天能挣几毛钱心里都是高兴的，我们一般都是用木板换些盐巴、老布和种子带回来。"

顺着林区大路，我们走了一个多少小时，来到了菜籽坪。山谷里一大片红砖建筑伫立在溪流两岸，原来林业局的篮球场上已经长满了半人高的野草，整个山谷异常幽静。这片开阔的山谷曾经是陕西省宁西林业局所在地，封山育林后，宁西林业局搬去了山外，偌大一片建筑人去楼空，静悄悄地没有一丝喧嚣。我望了一眼宁静中的菜籽坪，问老陈："这地方为什么叫菜籽坪？"

老陈笑着说："因为菜籽坪周围的山坡上生长着一种菜籽，这种菜籽的叶可以食用，籽可榨油，而且花又长得好看。我们这里有个老话说，‘菜籽坪的铁菜籽，不用播种自开花’。”

想起以前路过菜籽坪，在宁西林业局招待所吃了三元一大老碗的美味臊子面，还有桥头东北老两口卖的美味水饺，不禁笑一笑，轻轻咽了口水。岁月流逝，我对菜籽坪的所有印象，都随着我们远去的脚步成为遥远的记忆。

菜籽坪古道

初入古道

下午两点多，我们离开林区大道，向左钻进了蛮荒悠长的地嵝沟，地嵝沟沟口海拔一千六百米。走进野草覆盖绵延弯曲的古道，我的心不由得一阵兴奋，怀旧的情绪跟着山涧溪流缓缓流淌过心田。我们的行走像是翻阅一部历史图书，认真地踏过一个个圆滚光滑的石头，走过一段段印着古人足迹的荒芜道路。在清澈的溪流和翠绿的兰草中，辨认着隐藏在字里行间的点滴故事。

初夏的秦岭峡谷凉爽宜人，粉色的桃花、白色的梨花和杏花正当盛开季节。

我们行走在缤纷璀璨的山谷里，一边观花，一边闻花，早已醉心不已。也许是因为海拔高的缘故，迟开的山花灿烂妩媚。

一丛丛兰草分布在小溪两岸的疏石碧草之间，这些兰草虽然还没有开花，但依然让人感觉到花香的清远。听说花香鼻祖就是眼前不起眼的兰花，名曰“香祖”。人们评价绝顶的好文章为“兰章”，意气相投的朋友叫“兰交”，结拜兄弟的谱帖叫“兰谱”。中国传统文化对兰花有很高的评价。

我们在山谷里一口气疾行了一个多小时，许多人走得又热又累，队伍不得不停下来休息片刻。我坐在老陈旁边，指着古道问他：“这古道过去能不能走骡马？”

“可以走啊。”老陈说道：“过去这就是一条骡马大道，人来人往，热闹得很。”

我看着眼前荒芜的山谷，调动所有的想象力，也无法在心中勾勒出古道当年的繁盛景象。

古道上的生命轮回

休息后，我们继续赶路。随着时间的推移，队伍再也没有初入古道时的兴奋情绪。山谷里鸦雀无声，掠过我们耳旁的只有“噼里啪啦”树棍折断的声音和脚底板踏过腐枝烂叶的“沙沙”声。

我突然嗅到一股浓重的腐臭味道。向前张望去，发现一头巨大的羚牛尸体横躺在小路上。羚牛已经死去一段时间，白骨翘起，没有肌体，剩下一堆恶臭的皮囊。在古道上突然面对一个逝去的生命，不觉有点儿伤感，这具羚牛尸体过不了多久就会慢慢消失，化为尘土，回归生养它的山野，这就是所谓的生命轮回吧。

山谷的地面上落满了山毛榉的果壳，经历了一个冬天，果壳早已腐败，踩上去软绵而富有弹性，不再有坚硬刺头的感觉，与那头羚牛一样，回归尘土是它最后的生命终结。

秦岭里的古道大多有几千年的历史。兴旺几千年的古道，终于在现代化交通的快速发展下完成了它的历史使命，回归了大自然的沉寂，世间万物都会有始有终，有生命的和无生命的都一样。

我行走在山野古道上，有一种回归故土的感觉，那感觉很自然也很强烈。我与山野有一种说不明道不白的纠缠。我总会不定时地来与它约会，每次见面，我都会情不自禁地开心和激动——我的生命属于大自然。

大塘营地

我们一口气走了三个小时后来到了一块山谷平地，老陈建议今晚就在这里扎营。营地位置虽然很不错，可惜附近没有水源。老陈让大家只管放心在这里建营地，自己则提了几个水壶去寻找记忆中的山泉水。几十分钟后，老陈提着空桶转回来，沮丧地说："泉水干了，叫几个人跟我去下面远一点的地方打水。"老陈集中了所有盛水的用具，带着老羊倌、大疙瘩一起去河流下游取水。

宿营地名叫大塘，至于为何叫大塘，老陈也说不清楚，只记得小时候父亲带他去山外见世面，天黑时在这里的客栈歇息，客栈只提供睡觉的大铺和做饭的锅灶，吃的东西都要自己背上，自己做饭。

老陈生起篝火，大家围坐在一起，将各自携带的美食一并铺开，共同分享。老陈不好意思与我们一起晚餐，他摆摆手说："你们吃，不管我。"我知道老陈客气，对他说："你一定要吃，不吃就不给你发工钱。"

这话当然很灵光，老陈一边吃，一边述说着记忆中几十年前的大塘。他说："那年冬天我们走到大塘客栈，晚上睡在热炕上，烫得我屁股烧了泡，印象特别深。"

一弯月亮悬挂在夜空中，周围笼罩着一圈金黄色的月晕，明亮的月光透过树林，将清冷的水色倾泻在山谷里，银光柔和，如同白昼。

同行仰着头指着夜空说："北斗星。"

大家好像都微带醉意，在恍惚中凝视着无尽的天空。夜空，朦胧又清丽。

月明星稀，久久仰望，也看不清北斗七星在哪里。

月亮正在兴致上，号召大家搞个晚会，并且大声声明："一个人也不能漏。"

在令狐的鼓动下，大家齐声让我先来一首。作为领队，我不好推脱，于是拉开嗓门儿唱了一曲《假行僧》。因为不停地走调，同行调侃道："老大这机子不但老了，还卡带。"

我问老陈："你们山里人喜欢唱山歌，你能不能给大家来一首？"

老陈低头拨弄着篝火，咧嘴一笑说：“我们宁陕人的歌，恐怕你们听不来。”

我拍拍老陈的肩膀鼓励他：“你只管唱，我们能听懂。”

老陈不好推辞，清清嗓子说道：“我就唱一首《送郎歌》。”

送郎送到床铺头
伸手打倒一盏油
这是我郎好兆头
送郎送到箱子边
伸手取了二百钱
拿到路上做盘缠
送郎送到大门外
伸手拉住郎腰带
姐问亲哥几时来
送郎送到院坝边
脚踩磉磙发誓言
一年不来等十年
送郎送到五里坡
郎的包袱姐背着
再送五里也不多
送郎送到大河边
叫声太公把船弯
叫声亲哥明年你又转来玩……

老陈还没有唱完，大家便送给他热烈的掌声。

我一边鼓掌一边说：“太好听了，陕南民谣，我喜欢。”并要求老陈再来一首。一阵热烈的掌声后，老陈说，那就再来一个《姐儿歌》。

人人说我爱凤姐
我对凤姐费了心
走了多少里夜路
站了多少冷墙根

站得又是蚊虫叮

蹲得又是蚂蚁咬

打死的蚊虫有四两

打死的蚂蚁有半斤

你看费心不费心

……

唱到这儿，老陈摆摆手说："后面的歌词记不住了，也不晓得你们听不听得懂啊。"我说："听得懂，非常好听。"递给老陈一杯热水："这是我第三次听到真正的陕南民歌，太棒了，纯正的原生态歌曲，悠扬、细腻、委婉，正好与陕北民歌相反。陕北民歌粗犷、高亢、直接，富有一种高原上的野性。一南一北，特色鲜明。"

我心里特别欣赏山里人豁达乐观的生活态度。我终于明白他们能在这艰苦的环境中世世代代生存下来的原因。

围着篝火，大伙儿聊到很晚，一直到山风吹起，老林响起了咿呀的吟唱。这山野夜语，没有歌词，没有曲调，只有起伏单调的韵律和"呜呜"的风声。在风的和声里还伴有"咕咕"的鸟叫声。夜风搅动森林的树梢，裹挟着夜色，从山谷顶部吹过，填满了沟沟岔岔，摇撼着无尽的山野。

寒冷袭来，浑身抖动，牙齿磕得山响。眼看夜风带走了营地的温暖，我赶紧钻入帐篷，将睡袋裹上。迷糊中听到帐篷外"呜呜"的风声，高高低低、断断续续、时缓时急，一阵一阵摇动着帐篷。

梦中的黄桶梁

深山的清晨很静，几声鸟儿的啾鸣在峡谷里回响。

听见有人起来走动，从篝火那边传来了"噼噼啪啪"的燃烧声。早餐非常丰富，有豆豆做的醪糟鸡蛋汤，月亮做的甜汤，王领导做的油茶……品尝过后，不忘赞赏一番，大伙笑着说不用客气，这都是为了"减负"。

大塘营地海拔两千零一十五米。

上午八点四十分拔营出发。

太阳一蹦便升上了秦岭山顶，刚才还昏暗的山谷，突然亮堂了许多。队伍一溜儿撒开，向着高高的山垭口前进。山路很长时间没有人走动，古道的痕迹已经被岁月消磨殆尽。山谷里野草遍地，藤蔓纵横，偶尔会在荒芜中看见一溜儿青石板台阶。

山路嵯峨，蛇径盘道。

一路拔高，队伍由谷底向上辗转迂回，钻过一片灌木林，再爬过一堆石海，最后翻上了林区公路。

我问老陈，古道怎么不见了？

老陈说，就在脚下。

我纳闷地张望，只有近在咫尺的黄桶梁草甸石海，根本看不出古道的任何遗迹。老陈肯定地说："脚下就是古道，被车道占了。"

我站在被荒草覆盖的山路上，思绪像长了翅膀……我似乎看到了那条铺满青石板的悠悠古道，翻过黄桶梁，蜿蜒曲折去了远方。

古道长亭

顺着林区道路拐过一个大弯，我们来到了一座小亭子前。记得有一年带着父亲来菜籽坪游玩，曾坐在这个亭子里吃过西瓜。感觉那些都是很久以前的事儿，曾经走过的许多地方，再来时，就只剩下一些记忆的碎片。

亭子海拔两千两百一十米，虽然阳光强烈，但吹过的风还是带有钻心的凉意。碧蓝的天空，没有一片白云，太阳发出刺眼的光芒，催醒了高海拔的生命，灌木树枝绽露初春的嫩芽。

因为这里少有行人的足迹，风中的亭子便显得异常寂寞和孤独。

亭子总是与旅途有关。古时候十里一亭，专为跋涉于路途上的人们修建，旅人可以在亭子里避雨歇脚。时光转换，如今的古道体验之旅又让我们坐在这座亭子里，前后张望，不见故人，也不见来者。

上午十点整，我们翻过了海拔两千四百米的南天门，沿着山路向北而去。走

南天门垭口

在半山腰上俯视幽深的峡谷，不禁感慨过去人们翻山越岭的艰辛。老陈说，他们当年从新场走来，一路上要走二十四道峡谷，上上下下，非常累人。

山谷中弥漫的草腥味儿，被山梁上的大风一吹，散得一干二净。透过清新空气，呈现在我们眼前的是一眼望不到尽头的山峦和深不可测的峡谷，所有山峰峡谷都是野绿野绿的，此时，甚至连我的心也呈现着茸茸绿色。

大疙瘩背着大包，站在高高的崖边不停地向西张望。

问他看什么。

他回答说看玉皇岭。

山垭口西面是一溜儿陡峭的山脊，无数灰色岩壁直立挺拔、犬牙交错、巍峨壮观、高不可攀。

看得出来，他的心此时正在那几个山尖儿上徘徊。

巍峨的玉皇岭，是田峪河的源头。

文公庙

横切的山路一直在半山腰向前延伸，一边是高耸的山峦，一边是深深的峡谷，行走中有居高临下的豪迈之情。向北眺望，一览无余，朦胧的山野，耸立着千山万峰，山峦一层层排列去，一直到达遥远的天边。

穿过半山腰一片巨大的石海（第四纪冰川遗迹），老陈指着石海上方十多米高的地方对我说："你看，那个石头砌成的房基，就是原来的文公庙。以前赶路的人从这里路过时都要烧一炷香，祈求路途平安顺利。"

向上瞅去，一圈石砌的残破墙壁，孤独地伫立在巨大的石海上，想爬上去看个究竟。老陈劝我别上去，说那里现在啥都没有了。我心有不甘，一定要上去看个究竟。

我手脚并用爬上去，真的什么也没有，除了石墙上布满的累累苍苔，就是沉默的大石头。然而，当我拨开草丛向里细瞧时，竟有了新的发现。一块倒卧的巨石上残留有雕琢的文字，仔细看是清乾隆年间刻录的白居易的诗“西当太白有鸟道，可以横绝峨眉巅”。白居易曾在周至县做过县尉，此文公庙是不是为了纪念他就不得而知了。我抚摸着残破的石墙，站在石台上，听耳旁万壑松风，看眼前山涛云浪，不觉心中万里江山。

四周一片寂静。在过去漫长的岁月中，秦岭古道上有许多山隘关口都建有“文公庙”。世事变迁，那些曾经香火旺盛的文公庙，大多已成残垣断壁，既寻不见人们祭祀的偶像，也不知道神龛上的“文公”到底为何人，是韩愈还是白居易。

古道上又剩下了我一个人，这种感觉真好，凄美、苍凉、冷寂。

回首万里，故人长绝。

望子峰

我在一个岔路口追上了大部队。老陈说，他们管这地方叫“蒲金”，大概就是铺满黄金的地方。走在前面的人已经陆陆续续下到了望子沟谷底，一溜儿彩色的服装点缀着荒芜的山野。

前方视线所及的那座高峰叫望子峰，海拔两千五百六十八米。每次走过这里，我都会遥望峰顶上平坦的草甸，想象峰巅之上的凌云，感受那壮阔和孤独。每每路过，就想去攀登，然而迎接我们的不是暴雨，便是大雪。多少年来，望子峰不停地诱惑着我。不能登上它的顶峰，我甚至感到了一丝痛苦。

幽深的峡谷和雄伟的峰峦，一如既往地空旷宁静。还是这个崖畔，还是这个角度，顺着前方望过去，我的视线翻山越岭，仿佛看到了我心中的期盼。我站在这里，内心异常地安静，犹如这深沉的旷野，以及天空上飞流的白云，一切都在沉默中涌动着。

我们顺着望子沟向下走去，山坡上原来茂密的竹林已经被砍伐尽光，稀疏的灌木林里也被挖出许多鱼鳞状的深坑，里面种植了许多新竹苗。据说，竹子的生长速度快得惊人，生长时会听到拔节的声音，一天长一尺。我喜欢竹子，喜欢它的挺拔、青翠、美丽，喜欢它的顽强和坚韧。

耳边飘过了一句话——宁可食无肉，不可居无竹。

田峪河上游

正走着，脚底突然传来“咕咚咕咚”的声响，有溪流从乱石堆下淌过。还没走出去多远，只见一道清泉涌出地面，清凌凌的溪水在裹满青苔的石头缝隙间流淌跌落，在山谷底部汇集成一条蜿蜒的河流。据说，这就是田峪河的上游。

顺着田峪河我们继续在望子沟里穿行,古道从半山腰一直迂回盘旋到了沟底。一块略微平展的空地上有一间废弃的茅草屋。老陈说，这地方叫茅草坪。

正在闷头行走，不知谁说了句：“美极了。”

惊回头，我被眼前的景色震撼了，真是太美了，错觉中竟然不知道自己现在身处什么季节。

山谷四周，耸立着无数绿色的孤峰，峰峦之上是深邃碧透的蓝天，层峦叠嶂中是一片晚春的油油绿色。这里完全是绿色的世界，绿色由深到浅，深绿、浅绿、翠绿，间或露出一片片褐红、橘红、柠檬黄、银杏黄。色彩缤纷的世界焕发着耀眼的璀璨光芒，我们被春日的绚烂包围着。宽阔的谷底蜿蜒流淌着一条清澈的河流，清溪穿流过树木芳草映衬着天空，河岸两侧的山坡上开满了粉色的杜鹃花和红色的芍药花。此时，我们身处“万壑树参天，千山响杜鹃”的幽谷佳境之中，好似来到琼瑶秘境，仙山圣水，竟忘记了奔波的疲劳。拿起相机贪婪地拍照，恨不能把所有看到的东西全部装进我的心中。

看到我们对景色不由得赞叹，老陈说，这条山谷以后要建国家级植物园，到那时候就不能随便进来了。

葫芦矶的绝世美景

我们向前走不远，原本开阔的山谷突然收窄，两侧耸立的百米花岗岩崖壁如斧劈刀削，似一道石门。老陈说这里叫“葫芦矶”，因为峡谷形状像一个葫芦。

葫芦矶峡谷幽暗沉寂，悬崖峭壁上依稀可见一排排古栈道孔迹，从上到下一串深潭，墨绿的水面波光潋滟，水潭下游有巨石立于谷底，水流冲下，溅起万千水珠，迷蒙的水雾笼罩着幽暗的峡谷，水汽在阳光下呈现出五色彩虹。

老羊倌情不自禁地说道：“这里真是太美了，美得没法说啊。”

同行、豆豆、零三几乎同时说道：“这不是错觉吧，以为是遇到了灿烂的秋天，走在这里，好像是走在了梦境之中，展现了秦岭一年四季的美丽景色。”

我总感觉不管站在什么角度，都不能完整地收纳眼前的美丽。于是，放下手中的相机，用心去看、去品味、去欣赏。

因为偶然遇到的景色太过震撼，队伍几乎停下了前进的脚步。

遭遇土蜂袭击

下午四点，我们走到废弃的金矿。金矿旁住着一户农家，主家姓郑，六十多岁，一个人住在这里以养土蜂为生。几个队员以为很快就会到达今晚的宿营地，就在老郑这里买了许多土蜂蜜，五斤、十斤收不住手。郑老汉忙着数钱，完全忘记告诉我们，下个营地距离这里还有多远。

告别郑老汉，我们继续赶路，虽然许多人背了沉重的土蜂蜜，但是速度却不能减慢，大伙儿紧跟着寸步不离地赶往营地。

横切在山坡上的小道好像有人重新修整过。我们顺着小道大概走了一个多小时，来到了一块宽阔的坪坝上。老陈说，这地方就叫“秦岭村”。山坡上的几块梯田早已荒芜，上面长满了一人多高的野草。远远瞧见了一户人家，队伍立刻洋溢起兴奋的欢笑，大家都以为到了今晚的宿营地。

山谷的向阳坡上盛开着一大片金黄色的油菜花，无数的花儿竞相开放，使得整条峡谷都映在了璀璨之中,漫山遍野的油菜花与夕阳争夺着黄昏前的灿烂时光。

正当大伙儿兴高采烈，准备在这块世外桃源安营扎寨时，突然听到一阵铺天盖地的“嗡嗡”声，空中一片黑压压的东西向我们袭来，人群中发出了尖叫声。我知道是蜂群来袭，叫大家不要惊慌，用东西遮住头、手，赶紧撤离此地。

大伙儿此时也顾不上各自的装备，抱住头四下逃窜。大疙瘩的光头被蜂蜇了三下，自然的脸被蜇了一下，自然惊恐地问我：“哥，快看我脸上有没有。”看他左脸上有一颗小米粒大小的白色东西，一定是蜂刺。

第一次见到蜂刺，不知道该咋办，赶紧叫来老陈。老陈用手将蜂刺拔出来说：“没得关系，这不是野蜂，家养的土蜂威力不大。”正在这时候，从一座茅草棚里走出一位老汉，我们赶紧走上去求救。老汉姓谢，在这里养蜂。谢老汉一看这情形，赶紧对我们说：“这地方不能待，这都是生蜂，不是熟蜂，你们得换个地方。”

我问他，哪里可以扎营。

他回答说，在前面。

我问有多远。

他说十里以外的东碾头。

我的天！

偶遇谢老汉

隐隐约约记得那个叫作东碾头的地方，很多年前在那里扎过营，不知道此去的具体路况和路程。现在是六点二十分，十里路我们得走一个半小时才能到达，那时候应该是快到八点，深山峡谷里，八点早就黑得什么也看不见了。没有犹豫的时间，我请向导老陈在前面领路，立即出发。然而，老陈却摆手说，他对前面的路并不熟悉。闻言，我脑壳立刻发麻，头发竖立。

怎么会这样？

在菜籽坪问他有没有走过这条路，他回答去年还走过，现在关键时刻他却说前面的路不清楚。一时间我真想发火，好在以前也遇到过类似的问题，于是转而向老谢求救，请老谢带我们去东碾头。

老谢说他正在招野蜂，没有时间。

我恳求老谢给我们帮帮忙，我说：“我们相遇也是缘分，前面的路都是峡谷深潭，队伍里还有几名‘娘子军’，你只要带到地方就可以了，不会让你白忙活。”老谢面有难色，最后我几乎是用乞求的口气对老谢说：“您就行行好吧，绝不让您白跑。”

老谢本来为难的眼睛突然放出了光亮，问能给他多少钱。

我说你自己说个价，我绝对不还价。

老谢憋了半天说：“二十！”

我立即说：“行，给你再加十元，三十元，咋样？”

老谢站起来，满面堆着笑容说可以。然后问我：“那晚上我回不来，咋办？”

我说：“全管，管吃管住，尽管放心好了。”

老谢说：“你们前面先走，我去山坡林子翻个蜂箱，两分钟就来。”我还没有听清楚老谢说的啥话，就不见了人影，老人家的腿脚还挺麻利。

我心里自语道：“谢天谢地，今天幸亏遇到了老谢。”

险谷危路

老谢刚转身，我们就走错了路。

零三站在半山腰上喊我们回来，让走上面，说那是弓弦，这边是弓背，谢老汉让我们走弓背。

我赶紧将队伍撤回来，颤巍巍地行走在悬崖边的小路上。

小路应该很长时间没人走过，荒芜而破烂，走在这样的峡谷深涧，心里恐惧的细胞不由得蔓延。天色将黑时，老谢赶来带队，老陈在后面压队。我们一行人在弯曲的山道上奋力疾行。虽然没有人催促，但是大家心里都明白一个事实——绝对不能在这条路上走夜路。我的汗水早已湿透了衣裳，连眼睫毛上都是涟涟水珠。

峡谷有几十米深，脚下就是墨黑色的深水潭和白灰色的岩壁，两边山崖夹着一条白色激流，耳边传来的尽是激流撞击岩石发出的隆隆声。湿漉漉的小路不但掩着虚土，而且路面也积了厚厚的枯叶，分不清小路与崖边。我前后呼唤大家注意把身子往里靠，向里踏，集中精力走好路。看着峡谷对面的悬崖峭壁，庆幸走了弓背，如果走弓弦，那可就惨了。

就在汗水在脸颊上纵横、浑身麻木的时候，我突然看到了峡谷里白色的激流

远眺望子峰

和堆满卵石的河滩，终于松了一口气。

天色渐暗，恐惧黑夜的心情慢慢袭来，我们在河滩的乱石堆上飞快地向前跳跃。不经意抬头看，发现一个黄色的人影坐在河滩上，那是老谢。

老谢向我喊道："到了到了，再有几十米远，过了河就是碾头。"

闻言，我揪着的心松弛了下来，瘫软地坐下来向后倒去，躺在河滩的石头上。天色一晃就黑了，清澈的河水映照着峡谷上方的一线亮光。两面的山崖愈来愈暗，黑色淹没了整座森林山峦，分不清哪里是黑色，哪里是绿色，转瞬间河谷里只剩下灰色的卵石和清冷的月光。

我督促老谢和老陈去接应后面的队员。等待队员的焦急心情，此时无可言状，大疙瘩站在河中央的一块石头上，不停地向山涧里张望。许久，自然从夜色中摇晃着走了过来，一屁股坐在石头上说："算我命大，就差那么一点点。"

又有人影和灯光在山腰上晃动，是鞋带，还有可可西里和王领导，一颗高悬的心终于落了下来。

我闭上双眼，长出了一口气。

东碾头营地

晚上八点整我们到达东碾头。

我站在草丛中环顾四周，看不见七年前那座老屋，只是几年光景，一切都坍塌在了记忆之中。

夜色中，我们在一片荒草地上安营扎寨。

老谢竖起大拇指说："你们今天走了将近八十里路，厉害得很。"

好自豪，好困顿，好疲惫。

在大伙吃饭的空儿，我与老谢商量了明天的路程，希望他还能给我们带路去秋木庵。老谢很为难地说，明天早晨八点他还要起蜂箱，恐怕没有时间给我们带路，给多少钱也不行。我从老谢的语气中看得出他在犹豫，善良的人总是架不住别人的苦苦哀求。我问老谢，路上岔路多不多。他说，岔路多得很，走不好就会跑到南沟北沟了，绝对不好走。

听了老谢的话，我越发谨慎起来，心里想着如何才能让老谢带路。不管三七二十一，我先给两位向导把帐篷支起来，将老陈和老谢两人睡觉的问题解决好，然后让王领导给他们煮了一锅香喷喷的臊子面。一切安排妥当，我和老谢开始研究明天的行程。老谢说，如果明天凌晨五点出发，可以考虑带路。我说，大家都累了，不能那么早出发，又不是万不得已。

我坐在帐篷前与老谢对视着，好像没有解决的办法。

停了一下，我脑子一转，突然眼前一亮，对老谢说："你可以早点儿走，带上白字条，一路插上标识，一直插到大岭的垭口。到了大岭，我自有办法走到秋木庵，不会耽误你的时间，就这么定了，你说给你多少钱吧。"

老谢想了想，笑着说："一百咋样？"

我笑着说："谢大哥！咱也别来回说了，连今天晚上的报酬加在一起，一共给你一百五十元。"

老谢高兴地说那可以。他要了一根纸烟，笑眯眯地咂在嘴上。

给老谢准备了手电筒、烧饼和字条，并定了闹铃，明早四点五十分叫醒老谢。

安排好了明天的事儿，才顾得上瞅一眼那堆跳跃着金黄色火焰的篝火。我走过去将屁股对着火堆，享受着流遍全身的暖意。营地的夜色非常美妙，清冷的月光照耀着山谷，一片灰色的云飘过头顶，在对面的山峦上留下一道逶迤起伏的剪影。

王领导说："今天真的很冒险，没有出事是你的幸运。"

隔壁帐篷的同行说："一切都很好，这种冒险也是被偶然情况逼出来的，最终还是化险为夷。"

碧水说："也许你在你的冒险生涯中，可以领会到一种永恒的最高境界。"

我说："我没有那样高尚的境界。只不过不想过那种年复一年、日复一日的枯燥生活。"

呼噜声又开始此起彼伏地四散开，营地进入休眠状态。当月亮再次从云层钻出来时，帐外帐里都被照耀得明晃晃、亮堂堂。远处传来麂子一声紧似一声的呼唤，那声音似孩子的哭泣般揪着人心。一阵阵淡淡的草腥味儿随着夜风飘来，穿过帐帘，滞留在帐篷里，并慢慢浓郁起来。

睡梦中听见月亮叫我，看看表，四点五十分，赶紧喊老谢起床。不一会儿听见老谢出了帐篷，拄着棍子出发了。

一觉醒来，又听见老谢在外面说话，他说他刚放完路标回来。现在七点整，来回四五十里山路用了两个小时，真佩服山里人，一个个都是飞毛腿。

王领导给老谢做了一碗热醪糟汤，待老谢吃完，月亮给他付了报酬，老谢揣上钱，笑眯眯地和我们挥手道别，临走不忘说一句："春节前来县上，给你拿土蜂蜜。"

翻越秋木庵垭口

多亏老谢，我们可以按照原计划继续走"子午古道支线"。老路在东碾头分了岔，一条路继续向北，走田峪水路出山；另一条路向东，走秋木庵旱路去涝峪。

凌晨的山谷湿气、冷气混合，我收拾了湿淋淋的帐篷，才顾得上瞅一眼那间孤独的房屋。老屋早已坍塌，瓦片、青砖散落一地，只剩下一堆木架。东碾头海拔一千三百米。

上午九点三十分，我们出发。

不知道什么时候走错了路，一口气爬上了一线崖，许久寻不着正确的方向。再翻过前面海拔一千六百八十五米的小垭口，依然没有发现路的痕迹，只好原路退回。突然听到大疙瘩的叫声，他说发现了老谢的路标。

地蝼沟

我们重新翻上山崖，顺着起棱沟往上爬去。这时候太阳已经升起，几个背着沉重土蜂蜜的队员，脸上写满了崩溃和懊悔，汗水顺着他们的脸颊和鼻尖滴下，红的脸，白的唇，青的眼圈。可可西里扶着手杖看着地面说："我的头发已经像水洗的一样，我们好像是在登天。"我问可可西里："现在你的感觉是精神愉悦的美，还是身体被折磨而痛苦不堪？"

他笑着回答："当然是美大于痛苦了。"

同行满脸汗水地说："我的腿在不停地颤抖。"说完他躺在一块石头上，仰望着蓝天和白云，有气无力地说："如果现在有一口冰镇啤酒，那该多好呀！平常现在正是我午觉的时候，可是现在……"

我对他们说："想想人家谢老汉两个小时走了这么多的路程，爬了这么高的山，人家是咋上去的。"

几个人正在无奈地攀爬时，山坡上下来了几个队员来协助我们。大疙瘩、零三和老陈一边往下走，一边喊道："大家再加一把油，垭口马上就到，大概还有五百米。"

鼓足力气，爬了两个五百米后，中午两点我们到达海拔两千一百九十米的秋木庵垭口。站在高高的垭口上，我的心情是那样的舒畅，那样的满足，踮起脚尖尽力远望，朝着目极之处。记得尼采曾经这样描绘哥伦布："他永远凝视着一片蓝天，远方已摄走了他的灵魂。”

透过冷杉枯枝的缝隙，顺着秦岭雄伟的山脊向东眺望，冰晶顶、麦秸摞、牛背梁……前方一字儿排开的是秦岭那气势磅礴的千山万壑。每每登临秦岭的高峰，总要登高远望，想看尽眼前的万千峰峦，想看到峰峦之上的峥嵘气势。

俯视山谷，看见了那个叫秋木庵的小山村，几片田地、几间农舍、几棵古树，还有在田间劳作的点点身影。终于到了，迢迢古道上的一个节点。不想挪开视线，害怕一旦走去，我梦中的意象就会灰飞烟灭，永远地消失了。

走过盘旋于悬崖峭壁上的古道，一位老者背着盛满生活用品的背篓，一步一步爬上垭口，说是要去秦岭村送货。我一口气跑下山，忍着火辣辣的脚痛，走过恬静的村庄，路经那间草棚，还有那道栅栏和那一片果树林，这是我记忆中的秋木庵。

告别古道

走过小山村，忘记了脚底板的疼痛，疾步在峡谷曲折的山路上。拐过一个弯，又是一个弯；翻过一道梁，又是一道梁。突然，一个光头男人闪现在山嘴，初以为是大疙瘩，定睛看时，原来是接我们的朱哥，我跑上去热情地拥抱他。朱哥给大家带来了冰凉的啤酒和大西瓜，疲惫的伙伴们竟毫无顾忌地用西瓜皮擦拭脸上的汗水。

坐在车上，回头望一眼古道，不由得发出心满意足的笑声。终于达成一桩心愿，将探寻“子午古道支线”的篇章轻轻翻了过去。

路途上三天没有下雨，全仗老天保佑。

进入五月，天空漏雨，阴雨连绵。据说是五十八年来没有过的强降水过程。老天似乎要将一年来积攒的雨水下个够，那就下吧，反正我要暂时停下行走的脚步。

枕石不眠听松涛，寻梦长亭问古道。

2009 年 5 月 9 日

蓝关落日映秦岭

——蓝关古道行

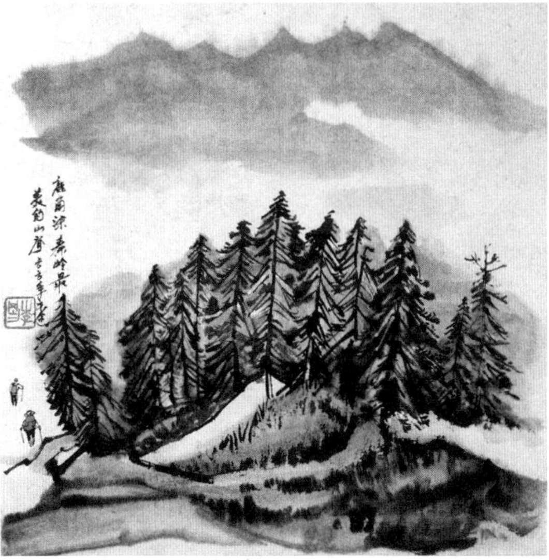

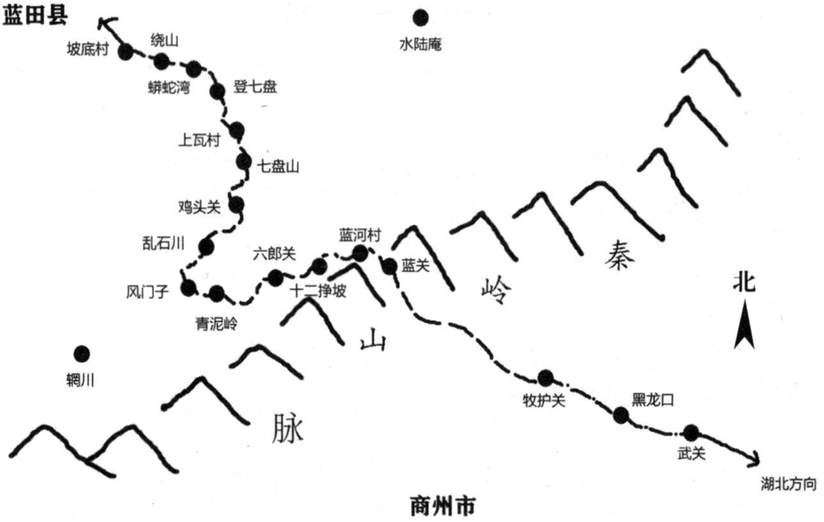

蓝关古道行示意图（乐途绘制）

最早知道蓝关，是在唐朝大文学家韩愈的著名诗词《左迁至蓝关示侄孙湘》里看到了“蓝关”两个字。每当我拜读这首诗词时，总会被其中两句深深打动：“云横秦岭家何在，雪拥蓝关马不前。”此诗虽然表面看是韩愈描写被贬潮州时路过蓝关遇到的纷飞大雪，但是其内涵则是对自己官场失意后的深深感慨，是对未来前途的沉重忧虑。

“云横秦岭家何在，雪拥蓝关马不前”。短短几个字便将韩愈被迫南下翻越秦岭的艰难与无奈，以及对秦岭山脉雄伟恢宏气势的真切描述，景阔情悲、蕴含深广，是中国文学史上的千古名句，感动了千百年来行走在这条古道上的每一个人。

对古道的执着

很久以来我对蓝关古道便怀有一种朝圣般的向往之情，希望有机会去那里走一走，看一看，探访千年古道的真实面貌，感受悠悠古道的绵长历史，闻听遗留在古道上的千年传说。

古蓝关位于蓝田县东南方向，几千年来它就是关中平原通往豫西南、鄂西北方向的重要门户。这座雄关天堑，自古以来守护着穿越莽莽秦岭的蓝关古道，并与牧护关和萧关遥相呼应，是中华人民共和国成立之前关中通往秦岭以南的一条重要官驿大道。

一直以来我心中便暗藏着一个宏伟规划，那就是走遍关中的八大关口，重温古道关隘的历史兴衰。其中，行走蓝关便是我长久规划中的一次圆梦之旅，临行前约上林夕，希望他能够与我一同前往秦岭深处探古寻幽，在行走的过程中增长知识，锻炼意志。

一起出行的有十多位朋友，大伙儿都有一个共同的兴趣爱好，那就是热爱自然，热爱历史。我们一行人一大早便从西安出发，乘坐一辆中巴车，一路颠簸去了蓝田县。也许是路途太过短暂，我还没有来得及品味旅途上的新鲜感觉和享受出游的兴奋心情，中巴车就停到了我们的徒步出发点——蓝田县大寨乡坡底村。

几千年来这个村子一直是南来北往行路人的聚散地，这里曾经集中了许多车

坡底村的蓝关古道

马店和旅店，只是随着近三十年来蓝商公路的贯通，才使得古道渐渐被荒废，村中的客栈和车马店也随之消失。现在坡底村的许多村民都已经将深深印在古老村落的悠久历史淡忘了，我向围观的村民打问了一圈，竟然找不到一个愿意为我们做向导的人，理由很简单——不认得路。

正当我们不知道具体该向哪里出发时，坐在一旁石阶上拿着一根旱烟锅带着一柄石头眼镜的花白胡子老者对我们说："那是一条大道，不用人领路，你们就顺着前面这条路放心地走，一直就把你们带到了商洛，不会走迷的。"

真诚地谢过老者，背上行囊，告别了坡底村。

刚走出村子不远，就看见麦田旁有一条铺着石板的小道。两米多宽的石板路向前延伸了几百米，然后收窄为一溜，歪歪斜斜向前，消失在冬日的荒芜中。我兴奋地走在石板路上，体验着脚底板与历史亲密接触的快感。脚底下这些积满泥土的石条、石板早已被千百年来的车轮和脚踏磨砺得浑圆光亮，那是一种熟透的光滑，毫无生涩的尖锐。迎着晨风的寒气，我走在远古的石板路上，思绪又一次回到了周、秦、汉、唐，突然想到了走投无路的商鞅，想到了抑郁而行的韩愈。历史就是这样，一切都是既成事实，无法更改。此时我心里竟然会滋生出一种与历史亲密会合的满足感。

探寻古道的古朴悠远

古道静悄悄地离开了关中平原，绕着圈子盘绕上前面的一座叫绕山的小山，几十个“之”字形旋转后，路过绕山顶上的山神庙，向着东南方向横切去。路旁一个小石碑上刻着几个字，仔细看才发现是“蟒蛇湾”三个字，字迹虽然模糊不清，但是从中依然能够看到字体的浑厚沧桑。

踏着荒芜的刺荆灌木，穿过几座低矮起伏的山峦沟壑，再钻过一片垂落的枯藤树蔓，我们一路向前，一口气就闯进了茫茫的秦岭之中。

冬日的阳光在澈蓝的天空上泛着耀眼的白光，气温开始渐渐升高，背负重装行走，汗水开始顺着帽檐发尖滴下。随着蜿蜒的古道，我们一步步拔高，热汗蒸腾中大伙儿便感觉渐入佳境，虽然古道沿途没有什么风景可言，并且枯叶败枝铺满了山路，但是在行走过程中，我还是通过迎面吹过的历史长风，感受到了古道的沧桑。在步履艰难的爬升过程中，我似乎看到了曾经走过这里的万千旅人，眼前闪过的一幕幕景象，就像是放电影，一个镜头，一个画面。

古道蜿蜒穿行于稀疏的林木之间，七转八弯在幽静的山野里，这里古时叫作“登七盘”，形容古道迂回绵长。我一边行走，一边欣赏着古道周围的自然风光，感受着深深刻印在古道上厚重的文化痕迹。面对绵延的古道，我试探着想从中探寻出深藏在古道上的幽静、苍凉、古朴、大气和悠远。

我坐在一块岩石上，看着荒草萦萦中的古道，不免有点儿伤感，岁月蹉跎，人生短促，千百年也不过转瞬即逝。徐徐微风掠过耳旁，我似乎听到了从远古传来的古老音律，在那断断续续的声音中，我好像感受到了蓝关古道的悠远。

侧耳静听，那是谁的声音？

我站起来，爬上山坡，四处遥望，在天悠悠而高远，地绵绵而广袤的山野之间，似乎听到了“发思古之幽情，吟独自之忧伤”的古歌诗韵，好长，好远。

山野古村

沿着山腰拐过一道山嘴，前方开阔了许多，在山远树稀的朦胧中远远就看见了坐落在深山中的一间农舍。我们从农家门前路过，翻上岩壁的高处，在面朝南的一道崖壁上看见雕刻的“署商州白捐修”几个大字，不知是什么意思。这里自古属于蓝田县管辖，怎么会出现“商州”。凝视片刻，不解其意，只好跟着大部队继续前进。前方不远处的小溪两侧有石砌的梯田，几间灰瓦土墙的老屋散落在山谷里。也许是很久以来没有外人从这里走过，几位身穿黑棉袄的老人从屋子里走出来，站在高高的院坝上用疑惑不解的眼神看着我们走过。

老冯说这是上瓦村，自从修建了 312 国道，走过小山村的行人就逐渐减少了，整条古道也就随之衰败了。是啊，随着时间的推移，古道上几乎行人绝迹，今天突然之间冒出来这么多背着行囊赶路的人，山民们除了迷惑地张望，就是窃窃私语。

乐途与重修的蓝关古道碑

昔日的古道充满了“衣化客尘今古道，柳含春意短长亭”的客舍情怀，然而时光反转，随着古道荒废，行人断绝，那些房舍客栈也就失去了存在的意义。

穿过上瓦村，我们费力地爬上了陡峭的七盘山，向上继续翻上崖顶，向着更高的鸡头关山脊而去。

我们四肢并用地爬过一片巨大的花岗岩石壁，再向右爬上陡峭的鸡头关垭口。背负重物奋力攀爬，让早已汗流浃背的我更加疲惫。我靠坐在山坡的背阴处休息，旁边残存的一片积雪，让偶尔吹过来的风含着一丝凉气，令人顿感轻松。

领队的督促声响起，我们又去翻越前方更高的山岭。宽阔的山谷里一会儿是枯黄的旱芦苇，一会儿是遍地竹笋般的石林，古道在山石间蜿蜒，听说这地方叫乱石川，真是实至名归。

穿过乱石川，在荒芜的山岭上走了两个多小时后，我们来到了一个叫“风门子”的狭窄山谷，这里寒风凛冽，风刀霜剑，“呜呜”的风声肆意地在山谷里呼啸。我听老乡说过，这里自古以来就是一个风口，尤其是冬春季节，风大得让人无法行走。我们低首疾行，快速走过风门子，来到了位于青泥岭半山腰的一处林场保护站，谁知孤零零的房门上挂了一把冰凉的大铁锁。

此时正值中午，领队宣布大伙儿就地路餐。寒冬季节的半山坡上没有水源，我跟大伙儿一样，只好啃了一块干烧饼，喝几口冰冷的果珍，也算是一顿饭。

古道旁的小屋

辋川别业

虽然青泥岭上风很大，但是坐在冬日的阳光下还是感觉非常舒适。在青泥岭上环顾四周，荒芜的山坡生长着一些稀疏的松树苗，真希望几十年后这些树苗能够变成参天大树，与千年古道相映成辉。

正在我面对沟壑纵横、层峦叠嶂，为壮阔的秦岭赞叹不已时，波涛指着远处一条山谷对我们说：“那个地方就是著名的辋川。”

我拉着林夕站起来，指着南面深深的峡谷对他说：“那里就是著名的辋川，唐朝的王维在那里隐居时写了空前绝后的《山居秋暝》。”

远眺荒凉的山谷，无论如何也想象不出来王维那句“空山新雨后，天气晚来秋。明月松间照，清泉石上流”描绘的是当年的秋色。不过王维那怡然自得的情怀，自古以来还是让无数人陶醉其中。

后来我专门去过辋川，想寻找王维的印迹，然而除了一棵巨大的银杏树和树下那通黑色的“王维故居”碑外，其他什么都没有了。

吃了路餐，我们告别辋川，继续向东去寻找蓝关和蓝桥。

青泥岭山势巍峨峥嵘，高耸挺拔，它托着蜿蜒的蓝关古道，一直送去山谷的尽头。

消失的六郎关

古道在青泥岭与新修建的乡道汇合，道路变得宽阔平展。

走在前面的人发现了什么，他们指着左面的崖壁说：“快看，摩崖石刻！”

我停下脚步，走上前去端详着花岗岩壁上一片模糊的字迹，不禁激动地说道：“这是蓝关古道的重要证据，有石刻为证。”

虽然过去了几百年，但是摩崖上的字迹仍然清晰可辨，石刻凿于清朝乾隆十一年（1746）六月仲夏，碑名叫《重修蓝关古道》，主要内容讲的是乾隆年间当地官员组织沿途百姓重修蓝关古道的大致过程。

当年整修蓝关古道犹如今天的人们整修高速公路，是需要当地政府调动大量人力物力认真对待的一项大工程，值得树碑立传，流传千古。

我站在古道之上，凝视着苍茫的过往岁月。

古道在山峦之间盘旋延伸至无尽的远方，而前面那个远方并不在我的视野之中，与以往一样，前方的一切都是未知。

沿着古道再往前走几公里，我们就来到了一座安静的小村庄，几十户农家散落在几十里长的山谷中。小村子地处著名的“六郎关”，因而人们也就叫这个村子为“六郎村”。寒冬中走得口渴，我去路旁一户人家讨水喝，屋里一位老太太倒水又让座，十分热情，我坐在炭火盆前询问老人家六郎关的来历。老太太笑着说：“听上辈人说宋朝的杨六郎在这里驻兵抗金。”具体细节她说不上来，我临走时，她对我说：“村民们想修复屋后的六郎庙，只是苦于没钱，今天好不容易遇到你这位戴眼镜的先生，想让你帮忙写一个‘集资建庙功德榜’，用来在四邻八乡筹集建庙的资金。”

我对着屋后那处只剩下三分之一山墙的废墟凝视了片刻，对老太太说：“这事儿您可以寻求各级政府的支持与帮助，理由是恢复六郎庙原貌有利于发展当地的旅游业。”老太太看我对建庙的事情不感兴趣，也就不说什么了。

六郎村的农舍散落在古道沿线，我路过一户人家时，被坐在屋檐下晒太阳的一位小脚老奶奶吸引。我走过去向老奶奶问好，老奶奶笑着问我：“你们去哪里？”我说去蓝关。老奶奶点点头，然后掰着手指头说她已经“一百五十岁”了。听闻此言我惊讶不已，以为自己听错了。正在纳闷时，旁边走过来一位老妇人，她笑着对我们说老奶奶是她的婆婆，今年已经八十四岁了，一九一七年生人，目前生活上依旧可以自理，她总是喜欢对外人说她一百多岁了。

我惊讶在如此清贫的生活环境里，竟有如此长寿的老人。临行前大伙儿都与老奶奶握手告别，希望能沾点儿长寿的“仙气”。

六郎村好长，我们用了三个多小时才走完这个超长的六郎村。过了六郎村，前面就是一座山垭口，一条大路从山谷里盘旋而上，将原先的古道冲断。要不是站在高处，根本无法看清古道的痕迹。

过了六郎关，就是一路下坡。前方深深的峡谷里盘绕着一条公路，古道在山坡上左拐右拐，若隐若现。领队波涛说这里就是“十二挣坡”，前面不远就是蓝河村。

重装徒步将近一整天，队员们已经疲惫不堪，队伍也慢慢拉开了距离，许多人一拐一瘸，波涛见状，对大家说：“前面不远处就是今晚的宿营地，大家再坚持一会啊！”

蓝河村的老蓝

走了许久我们才看见半山腰上那个叫蓝河村的小村庄。小山村属于蓝桥乡，是蓝关古道上一个重要的村落，过去赶路的人们从蓝田县出发，第一天都会在这里歇脚休息。

蓝河村南接巍峨的秦岭高峰，北连悠长的蓝河河谷，几户人家静悄悄地分散在蓝河两岸。一条黑黝黝的柏油公路从北面高山下的隧道里延伸出来，向南又伸向光线幽暗的山谷尽头。蓝河村就坐落在这两山夹一川的山谷里，它是蓝关的一部分，自古以来这里就是兵家必争之地。

落日余晖涂抹在河对面高耸的王顺山上，蓝色的天空，红色的山峦，黑色的川谷，三种颜色对比强烈，明显地划分着天空、大地和山峦。此时正值黄昏，许多农家屋顶都飘过一缕缕炊烟，使得山谷雾气霭岚，炊烟积聚不能飘散。弥漫在山谷中的空气，充满了浓烈的烧柴味儿，这是一种熟悉的气味，是农耕社会所特有的味道，这种味道已经在这里飘荡了几千年。

村子旁边的山崖上刻有“蓝关”两个大字，上面涂着红漆，听说这是后人所为。虽然这字不是原作，但是此时此地我仰望崖壁上的“蓝关”两字，心中不禁会被蕴藏在这里的绵长历史所纠怀，感慨不止：今天我终于来到了这个曾经令韩愈为难的雄关险隘。

今晚的营地建在蓝河村的麦场上，十几顶彩色的帐篷装扮着色彩单调的古村。大伙儿赶了一天路都懒得埋锅做饭，领队联系了土坎下一户农家安排我们的晚饭。约莫等待了一个小时，纯正的农家饭端上桌来：臊子汤面条、苞谷粥、锅盔、鸡蛋炒辣椒。不用说，饥饿的队员们立即狼吞虎咽，尽情享受着农家的饕餮大餐。

不知算不算巧合，我们的农家主人竟然姓蓝，不可思议。

饭后与老蓝聊天，他说祖上一百多年前就来到这里。至于为何来到这里他也回答不上来。“村子人多地少，每家只有一亩地。因为薄收，这一亩地也就仅仅够吃，至于生活上的现钱，那就要靠出门打工才能应付日常支出。不过农民嘛，消费成本低，平常要买的东西也不多，自己种一点儿菜，就买一些油盐酱醋。”

聊到高兴处，老蓝抱来一坛苞谷酒，给我们几个喝酒的人斟上，然后说道：“我们村子前面走半里路就是蓝关原址，原来路旁边还有一通大石碑，后来修公路把石碑炸毁了。”

雄关不再

晚上我们在麦场上生了篝火，大伙儿围坐在篝火旁，邀请来蓝河村村主任，让他介绍一些蓝关的情况。村主任五十多岁，穿着黑色的棉夹袄，他站在篝火前，搓着双手笑着说了一些客气话，然后说：“你们从古道一路走来很辛苦，现在我们农村人基本都不走那里了。我小时候见过蓝关的关门楼子，那时候蓝关也都快塌完了，那地方离我们村也就半里路。老人们讲，蓝关城门楼高大厚实，各朝代都有兵把守，南来北往的人都要经过这里才能北去关中，南去湖北。”

说到这里，村主任拉过身旁一位戴眼镜的先生说：“他是我们乡上的宣传干事，也是我们村的人，让他来给大家讲一讲。”宣传干事拗不过村主任的一再相邀，清清嗓子，一阵谦虚客套之后，他说道：“古时候在蓝关旁边有一个官方机构，名叫蓝桥驿，是当时秦楚古道中最重要的一个驿站，千百年来蓝桥驿都是秦岭深山中最有名的一个地方。蓝关一直存在了几千年，直到一九五八年，由于经济和社会发展的需要，地方政府在蓝关古道上修建一条可通拖拉机的简易道路至蓝桥，也叫峣山公路，这条公路覆盖了风门子以下的古道部分。一九七四年政府从古道东侧沿蓝水修建了一条从水陆庵至蓝桥的公路。一九九七年又修了一条从蓝田县李后乡到商县黑龙口小商塬的蓝小公路，现在残留的古道只作为历史遗迹供后人凭吊，明天你们可以路过那里。”

宣传干事说完，大家报以热烈的掌声。我们身后聚集了许多看热闹的村民，原本寒冷的麦场也显得热闹异常。熊熊篝火映照着每一个人的脸庞，“噼噼啪啪”的烧柴声淹没了人们的喧嚣。

林夕抱着双膝凝视着火焰问我：“当年韩愈也是冬天从这里走过的？”

“是啊，一千多年前的唐朝盛行佛教，举国敬佛，寺庙遍地，僧人众多，吃饭的人多，劳动的人少，国家消耗巨大，韩愈见此痛心不已，向唐宪宗进谏，阻止迎请法门寺的佛骨进入长安。此举触怒皇帝，几乎被处死。后来很多大臣求情韩愈才免于一死，最后被贬为潮州刺史。潮州就在今天的广东那边，十分偏僻遥远。那年冬天，韩愈牵着马出长安城去南方任上，路经蓝关遇到大雪阻道。那天晚上他也和我们一样，住在这里，一晃一千多年过去了。”

雪夜关隘

火光和灯光，人影和人声，喧嚣在蓝河村的营地。遥想当年，韩愈在蓝关的雪夜中，更多是无边的寂寥和失意之人的叹息，不知道在那冷寂的房间里会不会有一盆炭火伴他度过漫漫长夜。

头灯的光束照射着空中片片飘落的雪花，洁白的雪片在暗夜中轻轻飞扬，飘然落地。此时我的心也和这雪花一样，飘着飞着，寻找着落的地方。今晚雪夜蓝关，体会着韩愈那天夜晚里长吁短叹的情境，感触颇深。

荒山秃岭上没有更多的柴火可以燃烧，只好再花钱向老蓝家买了三百斤青冈木。火苗蹿起时，几乎将全村的老少爷们儿都吸引来，营地被围得水泄不通，熊熊火光映着那些好奇的脸庞。伙伴们在领队波涛的引领下，玩起“诗词接龙”的游戏，所有诗句都必须带有“雪”和“夜”，否则被罚唱歌。由于接不上龙的人多，游戏逐渐变成了篝火歌唱晚会，火光下一首首悠扬的歌曲在小村上空回响，大伙儿乐此不疲，小村今晚真热闹。

在雪花纷扬中我与同伴们喝了几口白酒，不胜酒力的我不一会儿就晕乎乎坐不稳。钻进帐篷时，看见林夕早已进入梦乡，不知道他此时是不是正与韩愈聊天，探讨蓝关的历史。外面刮起大风，歌声渐渐停止，老乡也慢慢散去。帐篷在大风中左右摇摆，狂风携着雪花扑打着外帐，“嘭嘭嘭”“哗啦啦”，响声不断……

牧护关

蓝关风雪一夜，凌晨被冻醒，空荡的麦场上覆盖了一层厚厚的积雪。

我飞快地收拾了营地，与伙伴们并排坐在老蓝家屋檐下懒洋洋地等待日出。

早晨在老蓝家吃了馒头和苞谷珍。馒头发黑粗糙，是麦粉磨过了头，口感不是很好，但是却有麦香味儿。

队伍在村口合影，告别了老蓝便出发了，按照老蓝的指引，我们穿过蓝小公路的涵洞，沿着蓝河一直向牧护关走去。

雪花飘飘洒洒，漫天飞舞，冲锋衣和背包上落了一层绒绒雪花。

在冬日的川道里走了一个多小时，还是看不见牧护关，老冯和卫东一口气爬上了七八十米高的崖顶，紧贴着陡峭的岩壁说望见了牧护关，还有二三里远。

他俩一上一下在此地就耽搁了一个多小时。知道了牧护关就在不远处，队伍快速向牧护关方向移动，下午三点到达此行的终点——牧护关。

牧护关城楼早已被夷为平地，听说是二十世纪五十年代初拆除的。站在古雄关遗址上，我眺望远古。

两山夹一川的牧护关，扼守着鄂陕咽喉，挟持着秦楚古道，历史上绝对是一道险关峻隘。

牧护关以东为商州地界，以西为蓝田地界，关口旁的悬崖下有一片老建筑，因为一直为乡政府所用，所以建筑物基本保存完好。这些老建筑均为砖木混合，瓦土搭配，进出几院，略有古韵。经打听这些老建筑都是清末民初修建。

我正在老院子里转悠，陕西广播电视台的记者小张要求采访我和林夕。我实在推脱不掉，就语无伦次说了一大堆所谓的感想，没想到后来这段采访视频还真的在省台播出了。

从乡政府大院出来，路旁有一户农家正在置办结婚酒席，满脸红润的主家邀请我们进去坐坐，喝点喜酒，因为时间关系我们婉拒了他的盛情相邀。他说：“牧护关属于商洛，过去人们从蓝关过来，经过牧护关一直向南，出了武关就可以到达湖北地界。”

我点点头，武关那边是楚地，秦楚自古结好。

站在蓝河边，我默默地向南张望，千山万壑挡住了我的视线，但却挡不了我奔腾的思绪。千百年来，绵延起伏的秦岭山脉，将荆楚大地、岭南百越与关中平原隔开，使得南来北往的人们叹息行路难，离别难，再见难。在那交通不便的年代，动辄天各一方，长时间不得相见。幸运的是，时代发展到今天，神州大地已经没有了地理上的阻隔，天堑变通途，一日千里成为现实。遍布大江南北的许多的古道，随着时间的流逝必将终结其绵延几千年交通南北东西的作用，慢慢沉入历史的烟波浩渺之中。

黄昏时我们告别故关，告别秦岭，返回暮霭沉沉的关中大地。两天时间，徒步四十余公里，沿着蓝关古道，走过大秦岭两道雄关，我心中充满了一种真实体验历史的喜悦。对古道的热爱让我不断前进，去寻找那些隐藏在秦岭深山里的古道雄关，去行走更遥远的路，探寻更古老的传说。

2001 年 11 月 26 日

秦岭独有终南远

——秦楚古道行

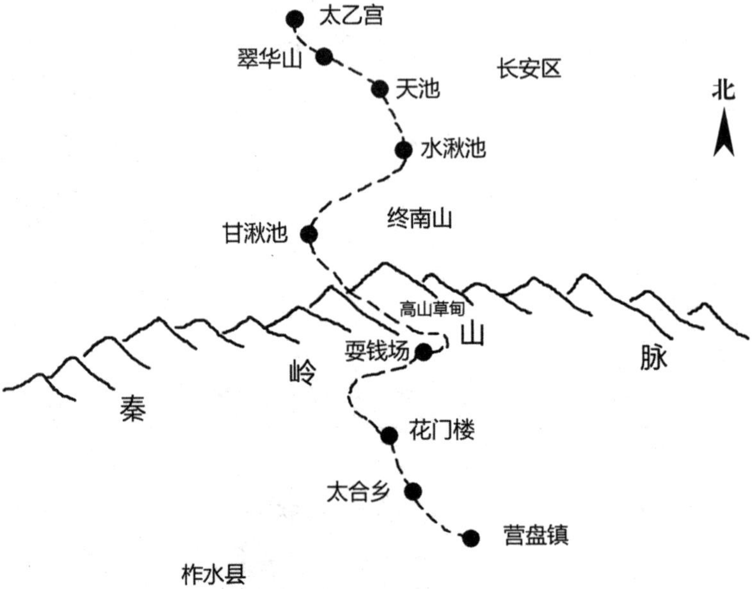

秦楚古道行示意图（乐途绘制）

夜色中的秦岭

终南山有许多神秘的传说。这些故事早已深深地印在了我的记忆当中。自古以来，终南山不但景色秀丽，也是修行隐士首选的居住之地。许多年来的耳濡目染，使得它在我心中更加神秘也更加遥远。我总在想，如果有机会一定要深入那里，去探访终南山，了解秦楚古道。

我们这支探寻秦楚古道的队伍晚上八点从西安出发，十七座的依维柯塞满了人和背包。所有人都一样，带着一丝兴奋，踏上了寻找古道、亲近大自然的旅途。

幽暗中的秦岭与天空相连，拔地而起的高山挡住了我的视线。远远看去，前方看似无路可行，然而一个转弯，我们便驶进了幽深的峡谷。千百年的子午古道早已湮灭在历史的尘埃之中，平平展展的柏油公路在百尺悬崖之上迂回，偶尔会在昏暗的半山崖上看见一排残留的古栈道痕迹。我们沿着子午古道去追寻终南山的传奇故事。

奔腾的沣河水从深深的山谷里传来一阵阵咆哮声，遮住了汽车引擎的巨大轰鸣声。公路崎岖蜿蜒，盘桓在悬崖之上，山谷里云雾缭绕，深邃的夜空清澈透明，满天繁星闪烁着点点光芒。山里的天气变化无常，刚过分水岭，便是大雾弥漫，能见度极低，山谷里云飞雾绕，一直绵延到黄花岭上。我们好像坐着飞机在空中翱翔，周围白茫茫一片，凭着一丝感觉，知道我们的车已爬上了云海之中。从黄花岭到乾佑河，黑暗中我们又好像是在茫茫大海中航行，风大浪急，把人们抛起来又摞下去，无尽的颠簸……

紧赶慢赶，到达营盘镇小峪村已是夜半三更，西康高速公路的建筑工地依然灯火通明。一座巨大的采石场挡住了我们的去路，大伙儿只好背上各自的装备步行去两公里之外的太合乡（秦丰村）露营。

太合乡营地

太合乡地处秦岭南麓，紧邻营盘镇，素有“终南首邑”“秦楚咽喉”之称，自古以来就是秦楚古道上的兵家必争之地。我们的营地设在太合乡一所已经废弃的学校院落中，两排老旧的土坯瓦房，一个野草纵横的花坛，看上去十分荒芜。听叶翎儿说，两旁的厢房里还住了许多筑路工人。为了不影响工人们休息，大伙儿都压低了说话的嗓门儿。

我的单杆帐无法在水泥地面支起，只好在房檐下裹着睡袋将就一夜。眼看着一顶顶帐篷熄灯，一阵阵呼噜声起，我却没有一丁点儿睡意。一丝凉气从脸庞掠过，四下里漫起了夜的潮气。我将睡袋口收紧，只露出一双眼睛，瞅着深邃的夜空。

一轮皎洁的明月从东方的树梢上悄然升起，慢慢地划过夜空，隐藏到西面的山头。明亮的月光从黑黢黢的西山背面泛出，照亮了大半个夜空，大地上银光一片。

不知什么时候被一阵鸡鸣声吵醒，我将睡袋拨开一条缝隙往外看，只见东面起伏的山脊上慢慢泛出一片儿鱼肚白。突然感觉到眼前一股凉风掠过，原来是一只小花猫，被惊吓出一身冷汗，也就全无睡意。厢房那边的门"咯吱咯吱"地响，已经有人准备去上工了。

听见了帐篷的拉链声，营地开始了一天的喧闹。这声音一直延续到八点半，终于等到了队伍出发的号令。

远去的花门楼

队伍刚从村子出发，就被三个骑摩托车的人挡住了去路。他们自称是森林保护站的工作人员，三人"一"字排开，站在路当中，无论如何不让我们过去。我们好说歹说，最后队伍中的几个人交出了打火机才让通过。临别时，这三人特别叮嘱我们千万要注意防火。有了这个经历，大家对于冬季防火的事更加警惕，巡山的，看山的，也就各自放心。

我今天的任务是负责和巡捕在前面探路，叶翎儿和流浪猪压队。

顺着大路，我们一会儿就来到了花门楼。据说，"花门楼"这个名字源自一个传说。故事大概是说清朝康熙年间有一家三口人从湖北来西安做官，因为一路劳累，走到这里时，当家的曹二爷病倒不能前行，全家人只好暂时停顿下来，借住于花门楼附近的一户刘姓人家。刘家有一个年方十六的闺女，名叫刘花儿，她心地善良，尊老爱幼，赢得邻里的称赞。因为曹二爷的妻子还在喂养怀里的孩子，经常无暇照顾病榻上的丈夫，刘花儿便自告奋勇去镇上请大夫抓药、煎药，并亲自将煎好的药端到曹二爷跟前。为了给曹二爷补身子，刘花儿又把自家唯一的老母鸡抓来炖汤给曹二爷喝，曹二爷和他家人十分感动。在刘家人的悉心照料之下，半月有余，曹二爷康复痊愈。回到西安的曹二爷始终不能忘记刘家的恩情，于是就出资在刘家门前的大路上建了一座非常气派的石雕门楼，取名为"花门楼"，用以表彰和宣扬刘花儿的感人事迹。然而历史变迁，岁月流转，当年的花门楼现在只剩下一个让人浮想联翩的名字。想起当年来这里探路，听说了"花门楼"的故事后，我感觉很新奇，心想那里一定有一个花团锦簇的高大门楼，于是将花门楼、耍钱场这几个很特别的地名牢记心中。

过去，花门楼是孝义厅到关中平原的第一站，行人在此休息，兵马在此补给，客商在此集散，一时间热闹非凡。然而，时过境迁，现在的花门楼，宽阔的山谷里散落着几户农家，静谧中偶尔传来几声狗吠。

秦楚古道

花门楼、耍钱场……这些名字串在一起，就是跨越秦岭主脊的官驿大道——秦楚古道。

秦楚古道上的终南山

秦楚古道也就是史籍记载的"商於古道"。这条古道是周、秦、汉、隋、唐时通往荆楚的一条官驿大道，是最早连接秦山楚水的交通要道，并与汤峪古道、蓝关古道，一同组成了关中向南的交通大动脉，为古代中国的政治、经济、文化和军事的发展作出了巨大贡献。

古道弯弯曲曲在树林间缓慢地向上延伸，道路陡而湿滑，走得颇为费力。悠长的山谷静默无风，光秃秃的树枝不遮阳光，林间充满了燥热。春日的阳光虽不毒烈，却也将皮肤炙烤得火辣灼痛。我一边四肢并用不停地向上攀爬，一边联想着过去的人们身背重物，用尽力气攀爬在古道上的情景。

一个人孤零零地走在古道上，不经意间想起了往事。我以前对“秦楚古道”总是不屑一顾，真以为它是一条“官驿大道”，今天走来，我才知道自己原来小瞧了它。

孤独、美妙的行走经历

我喜欢行走古道，因为在古道上可以遐想过去，想旧时人们行走在这条崎岖道路上的孤独，想他们当时背负重物的艰难，想他们身上穿什么衣物，脚上蹬什么鞋子，是否穿着布袜子，打着裹腿，如果刮风下雨，他们往哪里躲……一路上不停地在想，想着古道上遥远的过去。

古道四周静悄悄的，没有一点儿声音，偶尔有树叶被微风轻轻吹拂，还有从远处传来的一两声鸟鸣。

一个人行走在寂静的大山中，感觉非常美妙。

沿着历史的遗留，顺着古道一路而行。不停地下沟上坎，翻崖攀岩，驱赶着讨厌的蚊蝇。也许是因为汗味儿，几只牛蝇不停地在我眼前“嗡嗡”地飞，一会儿钻耳朵，一会儿钻鼻孔，让人心烦意乱，我只好摘来一片硕大的树叶不停地扇动。

也许因为四周过于安静，我心里竟然有点儿害怕，走不远就要向后面吆喝一声。一开始还能听见队员的回应，再往前走便听不到他们的声音。此时不但操心自己的安全，也开始担心走在前面的巡捕。想起了山野中带着幼崽的狗熊和落单的羚牛，心里祈祷千万不要与它们狭路相逢。这样想着，我不由得加快了脚步。

一口气走出去十来公里路，直到走得肚子饿了，才发现没有带野餐。腰包里仅有巡捕给的四颗大白兔奶糖和临走时母亲塞给我的两个苹果。肚子“咕咕”叫，额头虚汗直冒，拿出一个苹果连皮带籽下肚。昨晚没有休息好，走起路来直犯困，头昏脑涨又缺少能量补充，一个苹果支撑不了一个山头。

经过不懈地坚持，我终于爬上了半山腰的耍钱场。这时候，肚子又“叽里咕噜”地狂叫起来，双腿发软。拿出最后一个苹果端详许久，用手擦了又擦，怎么也舍不得吃。找到一处向阳的山坡坐下，拿出这个红彤彤的苹果，双手捧着，细细地咀嚼，慢慢地吸吮，品尝着甜蜜的果汁，体会着伟大的母爱。

荒废的耍钱场

眼前这一片长满青草、积满水洼的地方就是耍钱场。顾名思义，这就是一个赌博的地方。

吃完苹果，坐在草丛中，仔细观察起传说中的耍钱场。

耍钱场这个名字很特别，容易让人记住。据说，这里曾经是秦楚古道上的一处客栈，供来往客旅休息歇脚，同时，这里也是一个赌博耍钱的窝子。来自四面八方的赌徒不怕山高路远，怀揣银两会聚在这个“三不管”的地方。因为山路遥远，衙门也难以管控，远在营盘的孝义厅县太爷，也是鞭长莫及，难以治理。

传说，宋太祖赵匡胤由湖北去关中路过这里，好赌的他在耍钱场一住就是几日，赌博中输了还不给别人钱，别人向他要，他就打人家。俗语“输打赢要”便来自这里。

也许是因为年代久远的原因，荒草丛中并没有留下任何建筑的痕迹，寻不见一片瓦，找不到一块砖，过去的一切都湮没在历史的长河之中。如今的耍钱场只有汩汩流淌的一溪清水，以及草丛中几粒野羊粪蛋和几只羚牛蹄印儿。

那些赌徒，那些喧哗声，那些拍桌子、掸板凳的愤怒，那些走运赢得钱财的得意忘形……所有那些，连同那座赌屋，都成了久远的传说。

安静的大山没有一点儿声音，我为曾经的辉煌、如今的衰败，轻轻叹息一声。不敢耽搁太久，起身上路。走过一大片水泽草甸，沿着山坡向东钻进了一片树林，然后再穿过一片灌木丛和一片箭竹林。许久我才走出了竹林，暴露在强烈的阳光之下。眼前是一望无际的高山草甸，无遮无拦，汗水涔涔中也不知手中那片大树叶遗失在何方，讨厌的蚊蝇又在脸前“嗡嗡”飞转。

我一边走，一边用一根长木棍在草丛中敲打，以防遇到毒蛇。

空旷、壮阔的高山草甸

向阳的山坡有一行清晰的羚牛足印，在曲径小道上忽隐忽现。前方是一片光秃秃的大草甸。巨大的草甸一直连接到平缓的山顶，山顶上矗立着一堵光秃秃的灰白色岩壁，远看好似一堵密不透风的城墙，一直延伸到更远的山峰。这里大概就是老百姓所说的“小岭”。

行走在秦楚古道上

此时，苹果提供给我的能量早已消化殆尽。我饥饿难耐，几颗奶糖也无法阻挡饥肠辘辘，饥饿与疲惫轮番折磨着我的意志。我双腿发软，直冒虚汗，无奈之下，只好舔一舔水壶底残留的那一点儿湿润。

阳光下的山脊，辽阔而空旷，悠远而苍茫，云淡风轻中茸茸绿草连天接地。在享受着壮阔美景的同时，我的身影渐渐被阳光吞噬，进而融入高山上的彩色光影之中。

我不由得想起了陈子昂，想起了他那首流传千古的《登幽州台歌》。于是，便对着空旷山野高声朗诵："前不见古人，后不见来者。念天地之悠悠，独怆然而涕下。"荒野之中，我沿着迢迢古道而行，在孤独之中体验着壮士登高的奔放豪情。放眼望去，浩瀚的终南山尽显雄浑的境界，展现出一幅无比壮阔的美丽画卷。

杜鹃花

我正在高山草甸上踽踽独行时，忽然发现不远处的山坡上盛开着一大片灿烂的杜鹃花，不由得在心里欢呼起来："真美啊！"此时我的心，也像这盛开的花儿一样，绚烂无比。我忘却了饥饿，忘却了疲劳。

一直以来我就非常喜爱杜鹃花，特别是杜鹃花中的极品——高山杜鹃。我曾经在哈巴雪山、在亚丁神山遇见它们，并为它们的绽放，也为它们顽强的生命力而欣喜。以前，我有个认识上的误区，总以为杜鹃花是南方特有的植物，后来去了秦岭，在海拔两千五百米以上的区域看见了杜鹃花，方知美丽的杜鹃花也属于

终南山秦楚古道上的杜鹃花

我们北方。

杜鹃花有几百个品种，从高大的杜鹃树（秦岭山里人称为枇杷树）到低矮的高山杜鹃，在秦岭山脉海拔两千五百米以上都能看到这种常绿植物，每年五月底六月初，是杜鹃花盛开怒放的时节。每到这个时节，不同品种的杜鹃花相继盛开，鲜艳的花朵五彩缤纷，千姿百态，璀璨夺目，使得整座秦岭山脉变为花的海洋。

壮阔的秦岭山脉生长着大片杜鹃林，即使在高耸云端的巅峰之上，也有成片的高山杜鹃。每到春季，绵延千里的秦岭山脉主脊都会盛开杜鹃花，各色花蕾竞相怒放，铺满山野，有的艳如云霞，有的娴静淡雅。相较于姹紫嫣红的高山杜鹃花，紫色小叶杜鹃则低调许多，旷野里、寒风中，小叶杜鹃聚集一起，顽强地生长在海拔三千米以上的山峦峰巅。

我走进高山之巅的杜鹃林，欣赏着蓝天白云下的温婉和美丽，极度疲惫的身心享受着眼前花海的盛景，我被大自然的五彩缤纷、千姿百态和娇媚动人所感动。

在终南山上偶遇盛开的杜鹃花，这让我感到非常意外。在我的印象当中，这个季节的杜鹃花早已衰败，今天的巧遇纯属偶然。我被鲜花吸引着，挪不动脚步。放眼望去，整座辽阔的山脊到处都是杜鹃花，就连山脊岩石之间也开满了一丛丛、一簇簇绚丽多彩的杜鹃花。目睹如此多彩的景色，我不禁为之心动，放下背包，走上前去细嗅花儿那淡淡的芳香，轻抚油绿而肥厚的叶片，低声自语赞叹秦岭杜鹃花的大美。

山岭四周都被红色、粉色、紫色、淡黄色、白色的花儿覆盖，原本深山中单调的色彩，被杜鹃花的艳丽渲染，似艺术家手中的调色盘。

终南夕阳

离开杜鹃林，绕过一个山嘴，再钻过一片树林，前方又出现一片平坦的山谷。远远看见几个背包的人影在山坡上移动，我拿出救生哨使劲吹，犀利的哨声呼啸着划破天空，传向远方，却没有人回应，我眼看着那几个人影慢慢消失在了山垭口。

顺着古道，我一口气走到了山垭口上，却没有看到先前出现在这里的人影。

一个人坐在山崖上，有点儿沮丧。回过头，放眼来路，横亘在天边的秦岭山脉，一层层排列去，千山万壑，气势磅礴。细数一道道青色的山峦，似乎看到了古道上的山川河流，古镇街坊……目光所及之处，一直到达天边，逶迤的大地与辽阔的天空融为一体，尽显苍穹的寥廓。

一个人的大山，格外安静，山野古道上，我享受着午后斜阳的暖意。

横在前方的高山，是秦楚古道上终南山的最后一道山梁，也叫大岭。秦岭主脊山顶生长着绿茸茸的野草，漫山的芳草连接着碧蓝的天空。一整天的奔波后，我终于站在了秦岭山脉高高的山脊上。站在高处俯视去，我终于看到了前面那几个人，他们正在山凹面背风处支帐篷建营地。我一路辛苦追赶，受好奇心驱使，凑近搭讪。得知他们一共有六人，全是五十岁以上，今年开始接触户外旅行，此行是他们第二次徒步穿越，我发自内心地赞赏他们对户外旅行的热情。

下午三点我赶到大岭，巡捕已经在一片草地上支起了帐篷。我在山脊北面一片略微平展的地方支起帐篷，然后去半山腰寻找水源，为后续队伍的到来做好准备工作。一切准备就绪，才感到疲惫至极，钻进帐篷倒头睡去，一觉醒来才发现后续队伍已陆续赶到，他们比我们整整晚到了三个小时。

此时太阳已经西斜，夕阳将空中的云朵照耀得通红，也将山崖的阴影投放在了连天的草甸上。落日余晖映照着每一名队友的脸庞，成功登顶的喜悦，化成一串银铃般的笑声，快乐将所有的疲惫驱散。大伙儿拿起望远镜，站在高高的岩石上，北望狼牙锯齿般的嘉午台，以及关中大地上灯火辉煌的城镇和亮如丝绸的渭河。有人终究禁不住如此美景，陶醉其中，面对连绵不绝的山峰，白云缭绕的山谷，若有若无的关中平原，吟起了王维的诗句：“太乙近天都，连山接海隅。白云回望合，青霭入看无。分野中峰变，阴晴众壑殊。欲投人处宿，隔水问樵夫。”

古道月夜

我无力再去几百米外的山洼取水，用从太合乡背来的两瓶泉水煮了挂面。吃完饭，我坐在帐篷口静静地欣赏终南山的黄昏。一阵山风吹来，帐篷“呼啦”“呼啦”在风中抖动，像是和声伴奏，时有时无，断断续续。

此时天空与大地已经融为一体，高山上所有生命都融进了灿烂的晚霞之中，红彤彤的太阳飞快坠落，一眨眼的工夫，远近山峦便沉入暮霭之中，此情此景，让人们真切地感受到“夕阳无限好，只是近黄昏”的壮美情景。对时光瞬间流逝的怜惜之情和那种对辉煌无法挽回的追忆之思笼罩着我。

古道夜色前的一切灿烂，都永远地留在了人们的记忆当中。

西边日头刚刚落下，一轮灿亮的明月从东边雾霭中缓缓升起，在碧空中泛着冷光。

我坐在终南山高高的山脊上，俯视关中平原的万家灯火，追寻着千百年的历史传说，回望秦楚古道的萧瑟岁月。困乏袭来，我在高寒山川无限的寂静中，拥抱着厚重的大地，在梦中重温古道的沧桑岁月。

明天就要从山北的太乙宫下山，短暂的古道之行就要结束了。两天时间，我们从南到北，重温了秦楚古道绵长深厚的历史，体验了秦楚古道翻山越岭的艰辛，欣赏了秦楚古道壮丽秀美的景色，我们怀揣着满心欢喜，回归长安。

2005 年 5 月 30 日

青山一路到野村

——西江古道行

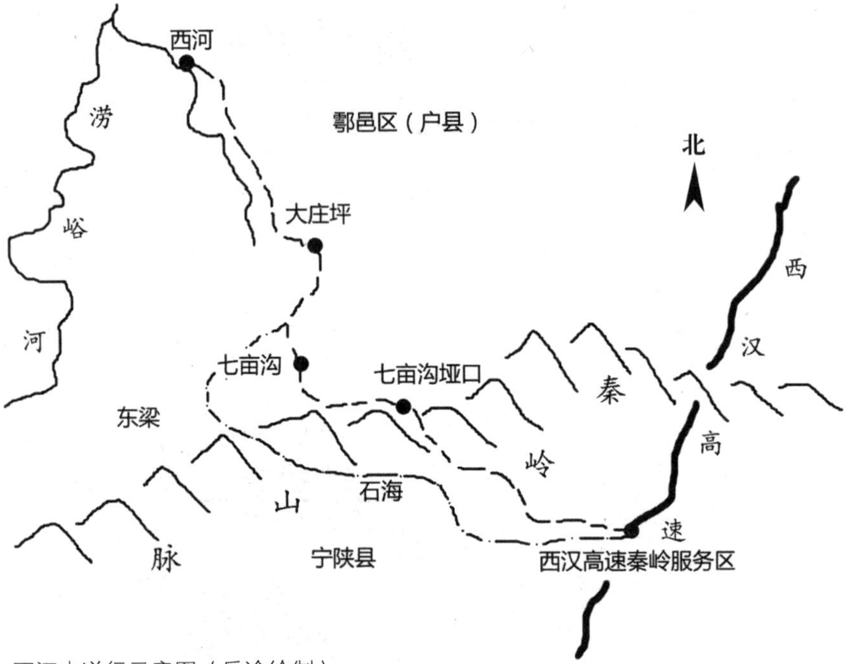

西江古道行示意图（乐途绘制）

偶尔听朋友说，秦岭深山里一个叫大庄坪的地方，不但自然风光美丽，而且历史悠久，有种世外桃源的感觉，非常值得去看一看，那也是从户县（今鄠邑区）去宁陕县的一条古道，是子午古道的一条支线，从涝峪的西河到宁陕县的江口，当地人叫它“西江道”。听了朋友的推荐，我决定去走走西江道。

春日的清晨，呼啸的大风裹挟着寒冷，柳絮横扬，疾驰的汽车像一个醉汉，忽快忽慢、忽左忽右。司机玛格纳说：“我的破车就是这样，没有什么大惊小怪的，只要耐着性子就好。”

穿行在偌大的秦岭里，我寻找着心中那片青山绿水。伴着初春的山风，透过远山迷蒙，我感受到了深山里的寒彻苍茫。

然而，当我们钻过一条长长的隧道，就好像来到了另外一个世界——突然展现在眼前的是山南那亮丽的天空和璀璨的阳光，以及漫山遍野的桃红柳绿。

碧蓝的天空下，山沟崖畔到处是粉色的桃花，绿色的山柳，黄色的朱萸，红色的紫荆……眼前所看到的一切，充满了无限生机。刚才还沉闷的心情陡然间兴奋起来，我睁大眼睛，饱览眼前的一切，享受着这山间的春色。

弯曲的小路起伏在长长的山谷里，我们不停歇地走了三个多小时，就在大家汗水淋淋地爬过一道山嘴后，就看见大路上横着一道木栅栏门。有栅栏门就说明距离村庄不远了，我们进了栅栏门，转过一道弯再爬上一面缓缓的山坡。山坡上的土地光秃秃的没有植物，田地旁围着歪歪扭扭的低矮栅栏，听说这样的栅栏可以防止野猪侵害庄稼。

顺着山路，我们又翻上一道土坡，远处向阳的山坡上有一户农家，场坝上站着几位山民正在晒太阳。我走上前去询问一位身着灰色棉衣裤的老汉，这里距离大庄坪还有多远。

老伯脸上布满了沧桑的皱纹，他笑着说：“这里就是大庄坪。”

我四下张望，传说中的大庄坪，就是这个偏僻的山野小村。

几片丘陵，四面环山；一侧临水，八峰林立。

蜿蜒的河谷之中，几株青松翠柏与清流相映，周围的山崖相峙耸立，淡云飘过，将山峦蒙上一层薄薄的面纱。浑圆的土丘上，几处野花叶蕊，春风中是芬芳的桃李和一片片璀璨的油菜花，香味郁然。敢与油菜花争艳的只有那一棵棵金黄

大庄坪古柳

色的山茱萸，灿烂又妩媚。

不远处的土丘上，一棵古老的大树和大树下面的碾盘，抓住了我的目光。

我走过去，端详这棵树。这是一棵很有年代的已经苍老的秃头柳，粗糙干裂的树皮裹着已经镂空弯曲的树干，干枯的枝杈上生长出许多新嫩的绿芽。在粗壮树干的阴影里，卧着一个巨大的碾盘，碾盘上的石碾静静地停留在曾经滚过的轨迹里。一阵风儿吹过，我好似听到了从远古传来的那种熟悉而又陌生的吱呀声。石碾静默着，原因是村子里有了电，电磨子的广泛使用，使得石碾盘和磨盘永远停留在了历史的记忆当中。

今天，我们就在山脚下的老张家门前扎营。

大庄坪真的令我眼界大开。我坐在房檐下与主家老张拉家常——通常情况下，与当地人聊天是徒步旅行中非常重要的环节，我们可以在漫无边际的聊天中了解当地的人文历史、风俗习惯、生活状态。

老张五十六岁，与八十多岁的父母亲住在一起。我对坐在廊檐下搓苞谷粒的两位长寿的老者赞叹不已。我问老张这个村子多少年了。老张咂着烟卷说："我们这个村子大概有上千年的历史吧。我们家已经在这里住了几百年了，祖上是从安徽迁来的。"

我吃惊地道："安徽，好远啊。"

老张一边招呼媳妇提热水瓶来给大家泡茶，一边笑着说："就是的，我们老张家是从安徽省潜山县张家湾迁来的。"

老张的父亲坐在门墩上用手比画着纠正道："你说得不完整，我们是从安徽省潜山县塔庄乡张家湾村过来的。"老张听了老父亲的话后，不好意思地挠挠头，转过脸来对我说："村子南头有我家祖先的石碑，是康熙年间立的，从祖先来这里到现在，已经十七代了，那上面刻有时间。"

我问："这村子都是你们张姓人吗，田地里的收获怎么样？"

老张说："没有，也有外姓人。村子现在有十五户人家，一百多亩土地，主要粮食是玉米和土豆，想吃白面了就用玉米到山外去换。多亏现在政策好，日子也好过多了，父母亲每个月还有几百元的养老金，孙子上学还有免费餐，还有土地证，还有林权证，最主要的是我们农民生病了还有合作医疗保障，这些好事，放到过去你想都不敢想。"

我看着满脸兴奋的老张，笑着点头："农村现在的变化真是翻天覆地，希望大家的日子越过越红火。"

我问老张的父亲这是不是一条老路。老张的父亲说："是的，过去户县人去宁陕基本上都走这条路，从户县县城过来进涝峪是一条直路，不绕路。"

我心里一直惦念着老张屋旁的那棵老树和碾盘，便拿出画本向老树走去。路过码放整齐的柴火堆时，看见老兔和唐唐坐在柴堆下，沐浴着暖暖的斜阳，一个看书，一个看着远处的猪和鸡发呆。

正当我在认真地画画儿时，老张走过来拉起我的胳膊说："走，我带你去看那通石碑。"

我合上画本，跟着老张一直走到村南头的一片荒地。杂草中有一块年久的石碑，石碑像一座微型门楼，雕有柱子和屋顶，石碑表面布满斑驳的青苔。老张蹲下身来，用手轻轻拂去石碑表面的尘土说：“这就是我们老祖宗的石碑。”

石碑两侧雕刻的对联虽然历经风雨而字迹模糊，但是还可以隐约辨认出几个字来，老张一边用手抹去浮土，一边念道：“千秋名扬远，万载世泽长。”他说，祖先是清嘉庆九年（1804）二月二十四日去世的，活了七十三岁。在那个年代，这算是长寿的了。石碑是后来祖先的儿子在道光五年（1825）岁次乙酉二月立的，应该是祖先去世后很多年的事情了。石碑最上面还有四个字“皇清上寿”。我问老张：“你知道这是什么意思吗？”老张摇摇头说：“不知道啥意思。”我说：“‘皇清上寿’就是指大清子民高寿。”老张若有所思地点点头。

我俩坐在坟头久了，被萧瑟的冷风吹得浑身哆嗦，早春的日头吝啬地收回了淡淡的温暖，我们起身往回走。路上老张指着周围的山峦对我说：“这条路以前是户县去宁陕的必经之路，从对面的乳牛沟出发，走二十多里路就可以到八里坪，然后再从右手边翻过东梁就可以去七亩坪。过去这地方四通八达，你信不信，东梁上还有唐朝伐木的遗迹呢，有好多人抱的大树墩，很有历史了。”

我看着四周的群山，思绪急速膨胀，大脑像是一条拉锯，被过往的历史牵扯不止。

当我们走过老张家的土地时，老张说：“现在，国家对农民太好了！不要小看这穷山沟，一年种的粮食几年也吃不完。这里虽然土地贫瘠，但是却能狠产土豆呢，一亩地能收获五六千斤，用这五六千斤土豆可以换取两千多斤麦子，一家人两年都吃不完。你想不到吧，原来我们这里也来过户县的知青，那五个年轻人在这里吃苦了，现在他们还偶尔回来看看，一个个都是快六十岁的老人了，时间快得很，这一晃就是几十年。”

路旁有一位山民正在用镢头费力刨着干硬的土地，边刨边捡拾着地里的小石块。老张说：“国家现在每年给我们一亩地五十七元的土地补偿费，土地管理得越好，粮食越多得吃不了，就是零花钱有点儿少。不过儿子在外打工，有时寄些钱回来，日子过得还可以。现在天气慢慢转暖了，就可以自己种点新鲜蔬菜吃，我们什么菜都自己种，完全自给自足，就是你们城里人说的绿色食品。”说完他嘿嘿一笑，将满足挂在了嘴边。

老张说，他去准备好吃的东西，晚上让我们尝尝。我独自一人又去村头，

大庄坪的清晨

坐在那棵秃头柳树下的石碾上，享受着夕阳最后的余晖。拿起速写本，将刚才没有画完的老树继续深入下去。我喜欢老树的沧桑，喜欢老树和石磨、碾子的完美搭配。

小小山村伫立在斜阳的辉煌之中，袅袅炊烟飘荡在山谷的上空，几只喜鹊在树上跳跃，偶尔从远处传来一声鸡鸣，整个山村即将沉入静谧的夜色之中。

一会儿，老张从厨房出来，端了一箩筐刚蒸好的土豆（洋芋），他拉上小胖孙子一起去磨子旁的石臼打糍粑。这里的人们，一年当中有一半时间的主食是洋芋。他们吃洋芋就像关中人吃面食，是一件很自然的事情，粗粮多了就要想法子变着花样做，这叫“杂粮细吃”，于是就有了“洋芋糍粑”这种美食。

老张教小胖孙子高高举起木槌用力去捣石臼里的洋芋，孙子没有力气，老张就抡起木槌自己捣。“嗵嗵嗵”锤了好半天，石臼里的洋芋终于变成了筋突突、光溜溜、白乎乎的黏稠团。老张的媳妇将捣好的洋芋糍粑从石臼里刮出来，送到灶房。

不一会儿，老张用木托盘端出来几碗热腾腾的洋芋糍粑叫大家品尝。我夹了一筷子送进嘴里：“嗯，真的很好吃。”不但糍粑筋道口感好，而且浇在糍粑里的汁料，更是香到了心里。一筷子糍粑入口，香喷喷，酸、辣、筋、光、软，越嚼越筋道，越嚼越辣，香得直抹口水，辣得直流眼泪，大伙儿端着碗，赞不绝口。

大伙儿来到了深山小村，看到一群群到处跑的草鸡，有人眼睛就发直了，想品尝山鸡，他们转着弯问老张：“你们这里有啥好吃的？”

老张说：“我们有自己酿的苞谷酒，酒里掺上土蜂蜜那就最好喝。不信你们试试。”说完，老张转身进屋端出几碗掺了土蜂蜜的苞谷酒让大家品尝。我看着碗里色泽金黄的土蜂苞谷酒，请求老张带我去看看他家的土蜂箱，老张爽快地答应了。他将我带到屋后不远处的石崖下，指着架在崖壁上的几十个粗壮的圆木对我说：“这些都是我养的土蜂，绝对是正宗不掺假的百花蜜，不像山外那些蜂蜜只吃单一的花蜜。政府现在鼓励我们养土蜂，我最近准备再增加十几箱蜂，弄好了，年底能卖上万元钱。”老张说完走到一个蜂箱前，轻轻地将蜂箱盖揭开一条缝隙，蜜蜂好像认得他，一点儿也不惊慌，依然从圆木的孔洞中飞出飞进。老张慢慢地在蜂箱里掰了一小块蜂巢，然后轻轻合上盖子，快速跑下来将指甲盖大小的一块蜂巢递给我：“你尝一下怎么样，直接放进嘴里。”我接过像黄蜡一样的蜂巢塞进嘴里，还没等我咀嚼，甜蜜的蜂巢就融化了。

我和老张往回走，他说：“我们秦岭里花草资源特别丰富，相传中国养蜂的始祖是姜嫄女，她最早就是在秦岭里开始养蜂，后来养蜂技术才传到外面去。长期喝土蜂蜜特别保健，长寿，我父母亲就是常年喝土蜂蜜，等到了秋天，你来我家拿土蜂蜜。”

刚回到院场上，就听到有人说：“好酒必须配上好吃的土鸡，才更有味儿。”

老张笑着说：“如果你们想吃，就自己去抓，抓到了你们便吃，抓不到就不要吃了。即使抓到了鸡，也得你们自己去做，我们山里人不会做鸡。不过，我们家里啥调料都有。”

老张说罢，他孙子便和几个人张开双臂在田地里追逐疯跑的土鸡。那边鸡还没逮着，这边老耿已经站在灶火旁，撸起袖子，对烧火的酱铺说：“上火，添硬柴，火要大些。”

听到说鸡逮着了，那边有人立即开始杀鸡拔毛，只有几分钟时间，一盆白花花的鸡肉便倒进了大铁锅。接着就听到一阵“滋啦啦”的响声，各种调料翻炒后的香味弥漫于灶房。天黑时，一大盆香喷喷的鸡肉端了上来，大伙儿邀请老张一家围在场院上，开始品尝农家美食，一直到了月上枝头。

说好了老张明天带我们去走古道，一直把我们送到秦岭服务区的磨子沟。对古道的憧憬，让躺在睡袋里的我一直惦记着明天的事儿。

一觉睡到日上三竿。

起来吃了一大碗老张媳妇做的臊子捞面，发自内心地赞扬了老张媳妇做饭的手艺高、香味足，这碗一定会让我牢记在心。吃完早饭，我们收拾了营地，坐在房檐下，等待刚从地里回来的老张收拾行装。老张放下锄头很快换上一双黄胶鞋，给腰间别上一柄砍刀，再提上一个装了几块锅盔的布口袋，就带领我们上路了。临走时，老张的媳妇和老父亲嘱咐我们路上走慢点儿，注意安全。

上午十点钟，我们从海拔一千四百米的大庄坪村老张家出发，二十来个人，

山村小院

一字儿排开，顺着弯曲的田埂向前面那条叫七亩沟的地方走去。

老张指着南面最高的山梁说："你们看，那里就是东梁，从那里可以去菜籽坪和新场，有机会带你们去看看，风景特别美。"

我点点头。

队伍一进山沟，便开始不停地过河。山与水永远相伴，没有山也就没有水。踏着山径堆积的腐叶，我们沿着古道慢慢向上攀登。古道荒废已久，早已变成了"兽道"，我们循着动物足迹而行。

道路两旁时常会有过去遗留下来的破败房基，石头垒砌的房基上长满了苔藓，由于时间久远，房基内已经长起很多巨大、挺拔的树木。

被植被覆盖的山沟很长，阳光透过密林的树梢，将光亮洒在谷底，形成一块块金色的斑驳。去年一整个冬天没有雨雪，落满山谷的枯叶早已干裂，踩上去就会发出"沙沙"的响声。

老张在前面提醒着："七拐八弯，前走后观。"

走不多远，老张指着一溜儿足印说道："这是黑熊的脚印，从这里过河去了。看样子，它走过去时间不长。"我问老张："狗熊现在还多吗？"老张说："以前熊多，困难时期，山里人有捕猎糊口的，后来退耕还林，天保工程，打猎的就少了。再后来，政府鼓励养殖和种植，人们有了经济来源，生活好了，也就不去打猎了。现在，那些野生动物也慢慢多了起来。"

大疙瘩说在路边看到了一只死狐狸。逆行好奇心陡起，放下背包，原路跑回去寻找那只死狐。好半天他跑回来，手上拎了一团毛茸茸的东西，说这就是狐狸，没有头，只是皮毛很漂亮。老张说这不是狐狸，是猪獾。我看着这只虽然皮毛还好，但是没有头骨和四肢的猪獾，完全想象不出它张牙舞爪的面目。

我在心里默默地祈祷秦岭里的野生动物们平平安安，繁衍壮大。

走了半天时间，我们来到了山谷的尽头，老张卸下大包，擦了把汗水说："前面走不成了，我们马上就要开始爬山，那是比较危险的路段，大家都要注意安全。"老张背上大包爬上陡坡，回头大声喊道："大家注意，开始爬山梁了，注意安全，手上攥紧，脚下蹬稳。"

我们拄着手杖开始爬上蛇径小道，"Z"形的山路在悬崖上左盘右绕。正埋头走着，听见前面有人喊叫。这是我在艰苦的旅行过程中，最喜欢听到的声音，直觉告诉我，顶峰垭口就要到了。

中午十二点五十四分，我们爬上了海拔一千九百六十米的七亩沟垭口。

一阵阵寒风吹起，卷起一片片枯叶，狂猛地往垭口北面挤进，将大伙儿逼到了垭口北坡的背风处，没有人敢露头。

在垭口休息了一会儿，大伙儿紧跟着老张撒开双腿一路小跑下山。中午队伍在小溪旁埋锅做饭。我什么都不想吃，只想喝水，那个渴啊，只要有水喝就满足了。吃了逆行的一颗鸡蛋，喝了老兔的一杯热茶水和粟米羹鸡蛋汤，然后铺上地席，就地躺在林间的山坡上，感受着春日阳光的温暖。又是一阵风儿吹过，风声由远及近，如雷声轰鸣，铺天盖地，舞动起满川的树梢，发出震撼的涛声，怒号的涛声犹如飞机发出的声音，我身在密林中却感受到了一丝恐惧。

老张说，这里的原始森林保存得相当完整，没有被砍伐过。放眼望去，垭口上的山脊一两人抱的树木比比皆是，二三十米高的大树在风中剧烈晃动，蔚为壮观。我躺在地上，眯着眼睛看直插云天的大树在风中晃动，好似是我自己在撼动那些原本岿然不动的大家伙。松涛声中，我享受着路途上最爽快的时刻。

一股清澈的山泉从石缝中汩汩流淌，在林间跌落，形成一个个微型瀑布。

等到后面的队伍下来，我们重新会聚在一起，跟着老张继续赶路。

路过一段非常险峻的峡谷，老张说，这里曾经有古迹。我张望了半天，才在垂直的崖壁上看到了几个栈道孔。峡谷里不见阳光，千仞壁立，一溪清流在石头崖缝间不断跌落，形成数十个漂亮的小瀑布，溪水一层层地落下水潭，更显得峡谷深邃和幽静。

当我们从峡谷里走出来，好像来到了另外一个世界，山谷里宽阔的河床上布满了白色的鹅卵石，没有水流，先前的溪流不知道流到了何方，老张说："这里就是七亩沟，翻过那道山梁就是朱雀的八里坪，我下午就从那里回家。"

我们顺着宽阔的河谷向东南方向走去，河谷的那一端就是我们的目的地——磨子沟。

老张说："过去我们走路去宁陕县城就从这里过去，晚上住在付家河，第二天赶到江口镇，第三天到月河，第四天就可以走到县城。如果有机会我带你们走一趟，这条路过去叫‘西江道’。”我非常高兴地说：“找个时间一定走一趟。”

很远就看到了高速公路大桥飞架天堑，时间改变了环境，古道的一切都在变化之中。这些变化不但包含高速公路和高速铁路上的滚滚车轮，还有人类世世代代行走在山野的脚步。在我们这些新时代探索者的脚步声中，回响着寻古探幽的旋律；在这些跋涉的脚印中，烙印着我们追求自然的痕迹。

老张把我们送到车上，顺便搭一截路，说他要从另外一条山沟赶天黑回到家，那十八里山路要好好走一阵子呢。云烟给了老张三百元辛苦费，老张说太多了，坚持只要二百元，他俩你让我推了半天，最后还是在大家的劝说下，老张才不好意思地收下报酬，憨厚的老乡总是让人不能忘怀。

走过了西江古道的一部分，对于在这条古道沿线生活的人们，以及自然地理地貌有了一些了解，大庄坪美丽、幽静、平淡、低调、淳朴。我希望有机会再从磨子沟走去江口和宁陕，了解更多有关子午古道支线的历史和现状。

2009 年 3 月 27 日

夜半明月照天华

——天华山古道行

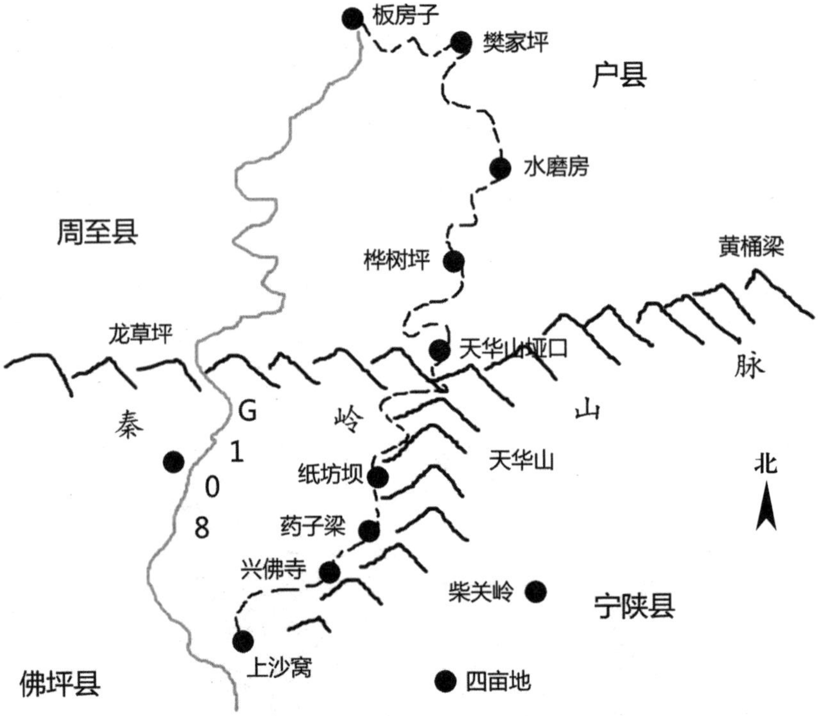

天华山古道行示意图（乐途绘制）

守望秦岭

我对秦岭的守望，经常是以心中的眺望和徒步旅行的方式来完成的。

天气晴朗时，我们可以清晰地眺望秦岭，看巍峨耸立的山峰，峰顶舒卷的白云，想象着张开双臂一路飞翔去了巅峰之上。我虽身在都市，而我的心却每时每刻随着大山的起伏，荡漾在秦岭深处。

两年前与学者王安泉闲聊，得知周至县有一条穿越秦岭天华山通往佛坪的古道。这条繁盛了几千年的古道，自从108国道通车后就荒废了，但是对于热爱秦岭历史的人们来说，废弃的古道依然是具有吸引力的，是值得去走一趟的。

一晃两年过去，偶然翻阅佛坪县《旅游总体规划》，其中，有一条写着“将发展天华山自然风光与悠久的古道历史结合起来，加速县域经济的发展”。为了体验开发之前的古道风韵，我决定立即去天华山，一睹它原始的面貌。

说走就走，约上几位热爱秦岭的朋友，乘夜色离开古城西安，车厢里除了飘扬着轻柔的音乐声外，一切都陷入了沉睡之中。

我们满怀希望地去感受古道气息，顺便探望传说中的天华山山鬼木客。

山中小镇

夜半三更我们来到深山中的小镇，是号称距离西安市区最远的一个乡村——板房子。找到事先联系好的森林保护站，工作人员将我们一行安排到了镇粮站院子里休息扎营。

满院子呼噜声此起彼伏，我度过了一个很不错的夜晚。天刚亮，我便打电话请来昨晚已经赶到这里的向导老张，然后呼唤大伙儿拔营准备出发。

清晨的深山小镇非常安静，两排传统的平房夹着一条108国道。路旁一间铺面亮着灯，门板开了一条缝隙，有人咳嗽，急喘的咳嗽声传遍整个小镇。

森林保护站的老李带着我们几个队员去街边一家杂货店买了土蜂蜜和木耳，他信心满满地说：“这里的东西是真货，尽管放心吃，保证你们吃了下次还会来这里买。”

站在空荡荡的街道上，没有感觉到传说中所描绘的热闹场景。它曾经的繁盛早已被清晨的风吹散在秦岭深处。

怀旧之旅

向导老张五十多岁，个子高挑，看上去是个利索人。他说今天要走将近二十公里路，基本都是过去的古道。保护站的老姚拍着老张的肩膀给我介绍说：“老张人特别好，是我们优秀的护林员。他对整座天华山了如指掌，走在山上，就像走在他家里。他带路，你们只管放心。”

我喜欢行走山间老路，在古道上行走，可以寻找到古道深厚的历史遗迹，聆听古道上久远的故事传说，在历史与自然中度过我们美妙的旅途。我们这些人，都有一个共同特点，那就是看见大山就会从内心深处迸发出一股激情，对大自然和历史的热爱，令我们内心平衡并满足。

时值中秋，草木初黄，绿色渐褪，灌木泛红，树木层叠，流水潺潺，两山夹一川，这是秦岭山脉永恒的景致。古道蜿蜒于河畔之上，路旁多有孤独的百年老树，岩壁上一排排古老的栈道孔向我们述说着古道的过去。踏着古人的脚印，重复着古人的足迹，让我们的寻古之旅拥有了真实感。

回家的感觉

穿过石门峡谷，我们来到了开阔的樊家坪坝。村头的田地里还留着发黄的豌豆和干枯的玉米，路两旁长长的木栅栏弯曲延伸，一直到达村子边缘。远远看到山坡上有几户人家，听到了卖土蜂蜜和天然木耳的吆喝声。山坡上有几只野外放养的土鸡，有人问老张是否可以买土鸡吃，老张说当然可以。路过一户农家时，三结义买了一只土鸡，老李说他晚上负责打理和烧制土鸡，山森在农家买了一袋新鲜木耳，说晚上可以做咖喱土豆牛肉木耳汤。

我们沿着古道继续走向深山，一口气走了十五公里，来到了大路尽头，那是向导老张家。老张回家背上几瓶陈年苞谷酒和几盒泡面，带着我们继续走进了前方更深更小的山谷。队伍沿着古道在密林里蜿蜒而上，老张说我们距离今晚扎营的地方还有近五公里路程。我们跟着老张走了大半天还没走到目的地，有人开始置疑老张说的里程数，问他还有多远。老张笑着回答："不远了，还有二里路。"

我们跟着老张又继续走了几个小时，爬上一道石坡后，秦岭松涛擦了一把额头上的汗水问老张："你这哪儿是二里路啊，至少有十多里路了。"

老张用砍刀砍去横在路上的枯枝，笑着回答说："拉直了不就是二里路嘛！"

听老张这样说，大伙儿都笑了，老张真幽默。

从远处飘来孔雀的声音，那种穿透力极强的女高音："这是什么路啊，把强驴都走成弱驴了。"说起孔雀，她可真是一头强驴，人到中年却还是那么精力旺盛，每次出行都和小孩子一样活蹦乱跳。她的背包总是沉甸甸的。据说里面全是吃的。老石说孔雀不一定哪天会把超市给背上山来。路上有她在，大家伙儿一般都不会饿肚子。

密林中很安静，水流潺潺，枯木苔藓，除了水流声，还能听到踩过枯叶的"沙沙"声。边走边张望，蛇径盘道没有尽头。但是，按照时间推算，距离营地应该不远了。

我停下来擦汗，透过密林的缝隙发现前方明亮了起来，一片巨大的草甸展现在我们的面前。紧走几步走出树林，眼前遍布枯草的草甸被斜阳的余晖照射着，变成了一块金黄色的大地毯。远处的山峦在落日辉煌里高高耸立着，好一幅生动的古道黄昏画卷。

有人兴奋地喊叫："到家喽，到家喽。"

我坐在草地上，仰望蓝天环顾大地，晚霞映空，风轻云淡，清澈飘逸，看大地苍茫，寥廓悠远，夕阳下的蓝天和大地紧密地融合在了一起。周围山峦上茂密的冷杉林，也在夕阳的照射中不断变换着绚烂的色彩，暮色中的山峦和森林一层层排列过去，直到遥远的地平线上。

就在我为天华山的天空和大地沉醉时，一大片五彩的帐篷从荒草丛中冒了出来，顷刻间广阔的草甸上充满了喧闹声。

我倒卧在草丛中，一边看着王领导烧水煮饭，一边嗅着野草的芳香，伸展着疲惫的身躯，享受着在古道上与大自然亲密接触的惬意时刻。

一阵风儿吹过，带来一声长长的吆喝："老三茶馆开张了！"

关于"老三茶馆"，说来话长。多少年来的户外旅行中，每一次在大家最疲惫和最困顿时，都可以喝到香喷喷的热茶水，让极度疲惫困苦的行走者恢复体力，走出困境。于是"老三茶馆"便成了我们旅途上的必备，也成了老三的一个符号。

老张砍来一根树枝，将营灯高高挂起。耀眼的灯光照亮了整个营地，辛苦了一天的队员们抓紧时间埋锅造饭、烹肉炒菜，草甸上空弥漫着诱人的香味，乐融融，暖烘烘。

老李一边炖土鸡，一边说道："身在山野，竟也有了一种回家的感觉。"

叶子说："我们人类原本就来自山野。所以，肯定就有一种回家的感觉喽。"

古道月色

不知什么时候东面山梁黑黝黝的森林缝隙间忽然闪现出一团白色光芒，那团白光慢慢地向上移动，不一会儿就变成一轮皎洁的明月。月光将深邃的夜空照得通亮，给大地铺上了一层洁白的薄纱，一切都显得空旷而宁静。我凝视着夜空，似乎看到了宇宙的浩瀚，全然忘记自己身处天华山静谧的古道之中。

老张走过来，坐在我旁边，问我："你听说过天华山古道的传说吗？"

我摇摇头说："不知道，你给咱讲一讲嘛。"

老张抿了一口热茶说道："自古以来，天华山就是川陕往来的交通要道。人们从四川过来，经过汉中、洋县，都要翻越天华山，从户县（鄠邑区）、周至到达西安。过去这条路热闹得很，早晚都有赶路的人，驮茶的，贩盐的，几百年都是这样。板房子、沙窝子、四亩地都非常热闹，米庄、布庄、钱庄、铁匠铺、车马店，啥都有，客流不断。那时候人们都管这地方叫'小上海'，你就知道有多热闹。那时候老路就从咱这里经过，在这草甸子上有几家客栈，过来过去的人们晚上都在这里歇脚，就像今天晚上这样热闹。"

我四处张望，问道："古道和客栈现在咋都没有一点儿痕迹了？"

老张说："那早就没有了，自从修通了 108 国道，这条路就废弃了。过去，这一路上除了旅店还有好多寺庙，有文公庙、菩萨庙、山神庙。后来，这些庙也都毁掉了。”

行走古道的人们，话题终究离不开古道和月亮。中秋前夜的天华山风光竟然这样让人迷恋。在这如此美妙的夜晚，在迢迢古道上，酒醉人，景醉人，久远的传说也醉人，天华山清丽的月色更醉人。

高山草甸

我正在酣睡中，就被灌木丛中的几声鸟啼催醒，躺在帐篷里，感受着清晨高山草甸上极致的安静。山顶无风，纹丝不动的草尖、树叶凝结着晶莹的露水。我爬出帐篷伸了个懒腰，顺着草甸向远处望去，天边尽头横亘着巍峨壮丽的秦岭高峰，我的心中也有了登临顶峰的快感。

云烟说昨晚坐在帐外煮茶，看见两头野猪在营地周围徘徊许久。

叶子说那肯定是营地的食物引起了野猪的注意。西浪醉眼惺忪地躺在防潮垫上，含糊不清地说浑身没有劲，想原路返回。我对他说，我们一起来，也要一起回去，不能单独行动。老杨将西浪的帐篷拿到河边冲洗干净，大家分担了西浪的东西，日上三竿后拔营出发。

我们告别了营地，踏着古道淡淡的痕迹，盘旋迂回在崇山峻岭之间，穿行攀登在峡谷山巅之上。我边走边想，边走边找，力图在荒芜的古道上寻找人类曾经一代一代走过的足迹，以及数不清的传说和闪烁着岁月光芒的历史故事。放眼望去，在天华山古道这个大舞台上，千百年来不知道演绎过多少烽烟弥散、落雪云飞的传说，发生过多少悲欢离合、沧桑变迁的故事。然而，所有的过往都发生在帷幕起落之间。

古道没有尽头。

古道秋色

队伍在高山草甸上行进了两个多小时后，便走进入峡谷密林之中，峡谷中清溪流淌，河水蜿蜒，幽静而湿润。沿着河谷行走就要不停地涉水过河，一口气蹚过了许多条溪流。不停地有人跌进水中，浑身湿透。三主猫和西浪走在最后，他俩走走停停，试图寻找最佳的行走状态，结果却始终不如意。三主猫在跨过最后一条小河后，自豪地大声宣布："我今天太有成就感了！"方公子看着她那兴奋的样子说："过河没有落水，就这样高兴，你如果登上高山顶峰，一定会欣喜若狂，那种巨大的成就感，你现在是体会不到的。"

古道在峡谷里继续延伸，整个队伍拉开了距离，首尾不见，慢慢地听不见孔雀的高亢声音。

阳光透过树林，照射在绿色的苔藓上，光影斑驳，翠绿可爱。一双双追随古道的大脚踏过林间的小径，踩过厚厚的腐叶，打破了林间的宁静。越往上行走，山野植被越丰富，前方慢慢有了高大的原始树木。看着这片原始森林，我在想是不是因为路途遥远，当年的伐木队没有来到这里，才让这些原始森林幸存了下来。

秋日的山林，到处缀满红色的果实，地面的苔藓上也落满了橙红色的五味子，红叶飘落处，满目秋韵。

突然山林深处传来一声声"呱呱"的叫声，紧接着一群金丝猴出现在远处的树梢上，它们在林间肆意地跳跃、呼唤，摇弄着树枝。这让我们无法看清它们的身影。不过，能听到它们美妙的呼叫声，我们也就心满意足了。

山脊竹林

离开河道后，我们开始在坡度很陡的山脊上绕行，呈"之"字形迂回上升。古道虽然已经非常荒芜，但仔细辨认，仍旧可以看出原始路基的痕迹。虽然密密匝匝的箭竹林遮挡了古道，但在凹下去的槽沟里，仍然可以窥见古道当年的大致模样。两侧山脊上生长着茂密的冷杉林，树干下岩石旁那些野生毛栗树，树干扭曲蜷缩，一副伸展不开的样子，与旁边挺拔的冷杉形成了鲜明的对照。

在山脊上行走，有一种豁然开朗的感觉，几棵巨大的油松遮住了半个山脊，地面铺满了褐黄色的针叶，透过油松树干的缝隙，我们可以看得很远很远。

边走边观景，顺着山脊一直往上走，直到被一块巨大的岩石挡住了去路。听

天华山

到对讲机里愚夫的呼叫，原来是我走错了路。横切返回到山腰的竹林，只见竹叶在晃，却不见人的身影。闷在几里长的竹林里，不仅令人厌烦而且让人恐惧。竹林小道积满了厚厚的枯叶，踩上去像是走在弹簧床上。竹林里人道、兽道混淆，走不好就会被动物的足迹误导，只有不停地呼唤队友，才能辨认正确的方向。

我们在布满箭竹的古道上行走了许久，爬过一座山脊上耸立的岩石，再钻过一片茂密的森林，前方终于出现了亮光，垭口快到了。我转身立即将这个喜讯告诉后面的队员："大家加油啊，垭口到了！"

登高才能远望

山垭口，是指两山之间相连的地方，也叫"山隘"。

中午两点四十分我们爬上了海拔两千五百米的天华山垭口。

马鞍形的山垭上长满了枯黄的草甸，草须被风吹往一个方向，如海浪一般。垭口两侧低矮的山脊上长满了灌木丛和冷杉树。从垭口向南望去，远处山坡上稀疏的冷杉孤独地伫立在光秃秃的山梁上，中间山洼的草甸上到处都是收获季节的果实，有野石榴、五味子、野山萸等，这些多彩的果实将山野涂染成了晚秋的暖色调。

一条小溪从竹林里钻出，穿过宽阔草甸上的红黄两色，在草丛中静静流淌。周围所有的山峰都被低矮的灌木丛覆盖，偶尔会有几棵枯萎的冷杉孤零零地从草丛中拔起。

我站在天华山古道的最高处，突然产生了一种回归故土的奇特感觉，心中漾起了一种与山林相约的喜悦和激动，随手捡起一颗褐色的橡果，好像这就是我与天华山古道相约的信物。

天华山上度中秋

我们顺着开阔的高山草甸进入天华山南坡，这里的感觉与山那边的感觉大为不同，包括地理地貌、气候植被。这里的山势不再陡峭，多呈丘陵状，平坦的山谷里密布着竹林和草甸。从远处翻滚而来的云雾，涌上草甸并飞快地飘走，一时间天空和大地被云雾笼罩了，一片朦胧，整个草甸显得宁静而神秘。

今晚我们的营地仍然建在一片很大的草甸上，面积大概有几百亩。老张说："这个地方以前叫道君荡，也就是所谓的迷魂阵，人们走到这里特别容易迷路。"我站在草甸上放眼望去，不辨东南西北，如若没有老张带路，我们肯定会迷途。

一会儿工夫，十几顶帐篷便在大草甸上撒开，老张一边支着帐篷，一边说道："三十多年前，这周围的山上全都是原始森林，一棵树几个人都抱不过来。以前这个地方真的很美，满山的老林草甸，羚牛、鬣羊、麻羊、麂子、狍子、麝、野猪多得很，还有豹子、黑熊、豹猫。听老人们讲，那时候

天华山草甸

天华山山脊

为了防止老虎伤人，走路的人白天都得结伴而行，而且手里还得拿上家伙，晚上一般都没有人敢走夜路。”

我听得出神，竟然忘记了搭建帐篷。停了会儿，老张又说：“原来这个地方有一个客栈，一栋木板房隔了三间，来往的客人都会在这里歇脚休息。小时候，我跟大人去沙窝子那边走亲戚，晚上就住在这里，大通铺，破被子，满屋子的臭脚汗味。这条路我走了几十回了，闭着眼睛也走不丢。”

我卧在草丛里，满脑子都沉浸在老张所述说的天华山古道的故事里。正在胡思乱想时，王领导提醒我今天是中秋节，我恍然大悟，赶紧拿出一袋月饼分发给大家。

山野古道上的中秋节很特别，宁静与热烈相互融合，静得安心恬荡，动得花天锦地，而此时唯一缺席的便是那一轮明月。

有人在唱月亮，左一首月亮右一首月亮，歌声传到夜空之上，云儿似乎明白了旅途上人们的祈盼，将云层一点点拨开，夜空逐渐晴朗起来，突然间一轮皎洁的明月从云层钻出，裹着一圈金黄色的月晕，静静地悬挂在墨蓝而纯净的夜空上，月光朦胧而飘逸。灰白色的夜云在开阔的山谷间缓缓流动，起伏的山峦呈现出一条青黛色的曲线，清冷的月光将空中飘浮的彩云照得雪亮。

在这辉煌的月光里，在这如诗如梦的中秋之夜，我被古道上美丽的景色感动，一丝苍茫而悠远的感觉掠过心扉。

古道没有尽头

清晨吃过饭，收拾了营地，从海拔三千四百一十米的山顶一路下撤。拐过一个长长山脚时，老张指着一棵不起眼的小树对我说："这就是红豆杉，国家一级保护植物。这种树现在已经很稀少了，能看到它也是你们的福气。"仔细看，绿色的针叶，圆形的树冠，胸径大概只有十几厘米，如果不是老张提醒，没有人会注意到它。在山里走了这么多年，第一次知道这就是红豆杉，真是不虚此行，大饱眼福后不禁赞叹起秦岭山脉近几年生态环境保护的巨大成果。

古道被一人多高的蒿草和竹林淹没，除了脚下的路，我们什么也看不见，无法环顾四周，只好放开脚步疾行，跟着飞毛腿老张一口气奔波过几十公里的野山峡谷，走过早已废弃的纸坊坝，穿过高耸的鹞子梁山脚，再经过正在大兴土木的兴佛寺，就来到了我们此行的目的地——沙窝子。古道在这里与大路衔接，前方没有了古道的印迹。

走过了天华山古道，我便了却了一桩心愿。虽然古道的荒芜，让我们这些追寻古道的人感到了一丝无奈，但是，我们一路走来，亲近了天华山的古道，邂逅了路途上的美丽，得到了精神上的释然。

上河保护站的工作人员说，我们三天走了将近七十公里路程，还是重装穿越，很厉害。

追寻天华山古道的旅行即将结束，路途上的所有景色和经历都将成为我们一生中美好的回忆，并给天华山古道之旅画上了一个完满的句号。

2008年9月19日

在秦岭深处追寻古老的传说

——佛坪古道行

佛坪古道行示意图（乐途绘制）

户外旅行

二〇〇一年七月，一次偶然的机会，喀什介绍我认识了“自由背囊”野外探险俱乐部的小张。小张说俱乐部近期要和雪鸟户外店联合组织一次“徒步穿越佛爷坪古道”的活动，希望我们能够参加。我和喀什没有犹豫，当即报名参加。

对于即将来到的古道探险活动，我既兴奋又激动。出发前的几天，我便彻夜难眠，就像回到了儿时，满怀激情地等待着出发的那一天。

七月二十日上午十一点，我按时赶到了集合地点，大巴车已经坐满了人。我旁边坐着一位短发女生，眼神中流露着出行的兴奋。她说这是她平生第一次去野外徒步旅行，对这次出行，她已经期待了许久。领队一声号令，我们一行二十多人便向着秦岭深山出发，目的地是秦岭腹地的老县城村（以下简称“老县城”）。

三个小时后，我们由周至县马召镇进入秦岭，汽车盘旋而上，翻上了仙游寺垭口，远远看到了法王塔下寺院白墙上书写的白居易《长恨歌》。相传，仙游寺是因为秦穆公女儿弄玉和萧史的爱情故事发生在这里而得名。在我的记忆里，仙游寺与白居易的《长恨歌》总是难以分开。

喀什因为单位临时有事，捎来话说晚上老县城见。

深山小镇厚畛子

打小我就热爱大山。不管是北方苍凉冷峻的山峰，还是南方葱郁秀丽的山峦，在我的心灵深处，对大山有一种莫名的喜爱，每当面对大山时，我总会情不自禁地说一声：“亲爱的，我来了。”

108 国道在深山峡谷间盘旋迂回。一面是高耸的山崖峭壁，一面是深谷中的激流险滩。莽莽秦岭笼罩着一片片茸茸绿色。这种色彩往往会让久困在城里的人们感受到自然的清新和醉心的美丽。

我不眨眼地盯着窗外，如醉如痴地饱览着眼前的壮美山河。此时此刻我已经完全忘记了自己的存在，生活中所有的烦恼都在这如画的美景中烟消云散。

我们顺着黑河水一直向南，路边偶尔有一座吊桥飞越峡谷，连接着山坡上的几户农家。看着巨大陡坡上的片片农田，心想山民们该如何耕种这土地，如何取得油盐酱醋，如此不便，世世代代为何不挪他乡。带着许多疑问，下午四点半，我们来到了厚畛子镇。因为路况原因，我们的大巴车无法继续前行，需要徒步去十几里外的厚畛子换乘车辆再去老县城村。

下午三点，我们到达厚畛子。厚畛子地处秦岭北麓深处，秦蜀古道之一的“傥骆古道”从小镇穿过。小镇安静得没有一点儿声响，一条坑洼不平的沙土路两旁是几间土坯灰瓦房，三位中年妇女站在缝纫铺外好奇地问我们：“你们大包小包是干啥的？”

一位同行的朋友说：“我们是来调查大熊猫的。”

旁边一个女人对另外一个女人说：“他们肯定是世界自然基金会的人。”

听说这里距离老县城还有二十公里山路，我担心喀什不能及时赶到今晚的营地。忧虑中忽然看见“丁”字路口拐角处有一个投币电话亭，赶紧给喀什拨电话，问他什么时候能赶到。喀什回话说正在业务考试，一下班即可出发，估计晚上九点左右能到老县城。

翻越秦岭

在厚畛子耽误了将近一个小时，五点多我们坐上了一辆从周至县城开过来的中巴车。虽然中巴车很破旧，但却很适合走这样狭窄的山路。据说，去老县城村的山路很难走，只能勉强通过一辆汽车，路上既无法会车，也无法超车，司机需要特别小心。

老县城（村）

出厚畛子不远便要钻过一个山洞，远看很像桂林的象鼻山，司机说：“这山洞是后来修路挖的，以前的老路要绕河边走。我们头顶上就是营盘梁，是清朝驻扎军队的地方。咱走的这条路就是傥骆古道，以前只是一条小路，后来县上出钱把小路拓宽成机耕道。你们咋想起来这里玩，以前很少有人来这里。”

大伙儿仍旧和先前一样，扒着车窗向外张望，没有人顾得上回答司机。这是我第一次知道“傥骆古道”这个名字，我在心中将想象中的“古蜀道”与眼前的傥骆古道进行着一番对比，面对这条坦途大道，我根本无法理解李白在《蜀道难》中所描绘的情景。

我看着道路两旁山坡上贫瘠的庄稼地，不解地问司机：“他们以什么为生，为什么还守着巴掌大的土地而不出山去谋生呢？”

司机说：“他们除了种些苞谷、土豆、红薯、豆子外，还去山里采点儿草药和山货。山里人苦惯了，几辈人都没有挪过窝。不过，这几年年轻人都出去了，剩下的都是老人们，他们不想出去，对外边的生活也不习惯，加上现在国家对农民的政策好，日子比过去好多了。”

沿途基本上没有看到想象中的原始森林，问司机怎么回事。司机说：“原始森林都在你看不见的地方，在深沟里，在梁顶上。”

中巴车颠簸着，大声吼叫着翻上了海拔两千一百四十米的秦岭大梁。山垭口伫立着一块黑色的石碑，上书“秦岭梁”三个大字，大伙儿无比兴奋地拥着石碑合影留念。由垭口向南望去，岭南的天空豁然开朗，整座秦岭山脉也显得悠远而明亮，远处山谷里的平坝上散落着几家农舍，空旷的河川笼罩着一层淡淡的雾霭，领队雪钻说那里就是老县城村。

下山的道路依然狭窄而陡峭，车后轮常在一百八十度的转弯处悬在半空，人们惊恐得不敢四下张望。我非常佩服司机的胆量，并叮咛他返程时一定注意安全。

司机笑着说：“没事，这路经常走。”

第一次走进老县城

汽车一阵旋风似地下到了山脚，来到湑水河畔，先前悬着的心这才安然落下。汽车摇晃着涉过清澈的湑水河，来到一片平川。这里的人们管山里的一块平地叫

老县城西门

“坪”。汽车停在老县城的西门洞外，我们在这里下车，准备步行去营地。

我仔细打量着眼前的老县城，怎么也不敢相信在这深山老林、穷乡僻壤之地，还有这么一座古老的城池。

西城门洞上方雕刻着“豊樂”两字，曰“豊樂門”。门外北侧立着一座“清官第弌”的石碑，是民国年间百姓为清官佛坪县知事孙培经立的功德碑。

一九九八年登太白山时就听喀什说过这座老县城，当时我就好奇地在心中勾勒着老县城的模样。在我的想象中，老县城应该是一座依绝壁悬崖而建的石头城，高大的城墙、坚固的堡垒高耸在崖边，进出城堡都是通天的石阶。而眼前这座古城与我想象中的样子差距实在太大，它与平原上所有的老城一样，一圈城墙，几扇城门。

前来迎接我们的是老县城保护站一位身穿迷彩服的年轻人，名字叫李育鹏。他带领我们步入西门，穿过老城，走出东门，前往距离老城三里路外的獭尔河。路上他给我们简单介绍了老县城的历史：“老县城建于清朝道光年间，当时建制为‘厅’。因为建城时在这里发现了唐朝时期的石佛造像，所以就将老县城命名为‘佛爷坪’。这个佛爷坪从清朝的道光年间一直延续到民国初年，前后经历了一百二十多年，先后有五十二位知县和县长在这里上任。后来这里闹匪患，两任交接班的县长一夜间被杀害，官军又不能彻底剿灭匪患，老百姓也忍受不了这里混乱的秩序，最后一任县长抱着县衙大印在佛爷坪和袁家庄之间来回跑了几年，最后终因山高路远，荒僻难行，在省府的批准下，县长将县衙以及一部分百姓都搬去了袁家庄，后来人们就将新佛坪县治所袁家庄改名为‘佛坪县’了。”

说到这里，他停顿了一下，接着说道：“明天，我带领大家重新走一趟当年县老爷们走过的那条古道，去佛坪县岳坝乡。”

我激动地看着他点点头，不敢喜形于色。

出了曾经吊有匪首首级的东门（景阳门）南侧的城墙豁口，路过城外东关的几户人家时，正在房檐下吃饭的村民们怔怔地瞅着我们这些不速之客。

老县城南门

路过一座保存完好的巨大照壁，顶上的灰瓦缝隙长满了野草。李育鹏说："这里以前是文庙，也就是孔庙，后来改为学校，里面有历代石碑，如果有时间，你们以后可以来这里好好看看。"

我在心里默默地发誓，一定要再来老县城。

队伍顺着湑水河一直向南，大概走了二里多路，在湑水河和獭尔河交界处的一片草地上停了下来。

李育鹏告诉大家，今晚就在这里露营。

我问李育鹏："为什么不在老县城里找一个地方住下，要跑到这么远扎营？"

李育鹏解释道："这一是为了明天出发方便，第二也是担心喧闹声影响村民的正常生活。"

我略感遗憾，不能趁今晚的空闲时间好好在老县城看看，也只好留在下一次了。

獭尔河营地

大家一边清理营地、支着帐篷，一边听李育鹏介绍老县城保护站的大致情况，以及我们路上应该注意的事项。安排好营地后，李育鹏就和大家告别返回老县城保护站。

平坝大概有上千平方米，坪上野草丛生，足有半米高，这里过去应该是庄稼地，退耕还林后渐渐荒芜。不大点儿工夫，一顶顶彩色鲜艳的帐篷就如同从地下钻出一般布满了整座草地，这是我平生第二次在野外露营，与营地的所有人一样，心里除了激动，就是兴奋。

黄昏的草坪上充满了欢笑，大伙儿兴高采烈地品尝着各自的美食。当我刚帮助短发女孩支好帐篷，阴郁的天空经不起欢笑的喧闹，飘起了小雨点儿。这时候整座营地就只有我一个人还没有着落，我无可奈何地坐在细雨中翘首盼望着喀什。

向导老冯问我为啥还不支帐篷。

我说："帐篷还在路上，如果帐篷来不了，今晚我就睡在露天地里。"

老冯蹲在一块石头上一边吸烟，一边对我说："使不得，这季节露水大，不能睡在露天地。"

我在黄昏的细雨中，一边等待喀什，一边沉浸在营地的欢乐气氛中，感受着包括我自己在内的所有人的户外情结的释放。

见到了叶广芩女士

天色渐渐暗下来，正在我焦急等待时，只见从营地西面走过来三个人，以为是喀什，仔细看不是。来人中有一个戴眼镜的中年女士好眼熟，她操着一口京腔，很像是著名作家叶广芩。我走上去轻声问她："您是叶广芩老师吗？"

她笑着回答："是。"

我明显有点儿激动，笑着说："太好了，前几天我还在省报上读了介绍您在老县城体验生活的新闻。我

作家叶广芩（左）与乐途（右）

很喜欢您写的小说，读过《本是同根生》《黄连厚朴》《采桑子》《醉也无聊》，尤其是那篇《梦也何曾到谢桥》，我非常喜欢，我还保存了有您照片的报纸呢。”

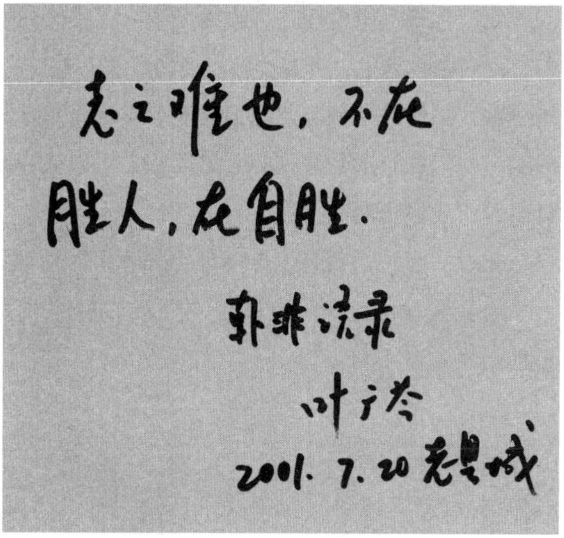

叶广芩书《韩非子》语录

叶广芩笑着说她现在在周至县委挂职，已经在老县城生活了一段时间，她的长篇小说《老县城》准备在年底问世。叶广芩兴奋地对围在她身旁的几位女队员说：“我真羡慕你们，如果我再年轻十岁，一定和大家一起去行走秦岭。”早就听说叶广芩对秦岭情有独钟，走过秦岭许多地方，她爱秦岭，她写秦岭，她呼唤对秦岭的保护。

我取出速写本和笔，请叶老师写几句话，她欣然同意。她拿起笔几乎是不假思索地在我的速写本上一口气写下了三段文字，第一段是庄子语录：“入无穷之门，游无极之野。” 第二段是韩非子语录：“志之难也，不在胜人，在自胜。”第三段是叶广芩语录：“山的自由，水的自由，心的自由。”短短几句话，将我们热爱大自然的心情描绘得淋漓尽致，看着速写本上那挥洒自如的文字，我原本澎湃激扬的心突然安静了下来，听不见湑水河奔流的涛声，整个山川都好像落在了一幅画面之中，心如止水。

天彻底黑了下来，送走了叶广芩，我坐在背包上，双手抱膝，回味着突然而至的幸运，同时，也与饥肠辘辘和疲惫寒冷做着顽强斗争。

又等了一个多小时，看见远处黑暗中有两束灯光晃过来，是向导老张和喀什。喀什一边卸包，一边说，朋友开车把他送到马召镇，在马召镇花了一百八十元钱雇了一辆面包车马不停蹄地赶到了老县城。真为喀什的执着精神而感动，为了这次户外旅行，他硬是连夜奔波数百公里赶来和大家会合。

我们在帐篷里吃饭，待收拾完毕后，整个营地也已经静悄悄地沉入了睡梦之中。我躺在睡袋里，听着小雨“滴滴答答”敲打帐篷的声音，享受这美妙的时刻，体验着大自然的宁静与悠远，嗅闻着溢满青草味儿的清新空气，从中寻找远离浮华的世外气息，这是纯粹的心灵回归，可以让身心彻底地放松。因为我们最初来自山野，我们当然渴望回归自然。

此时，已经是夜晚十点多钟，阵阵鼾声从四周传来。

老县城没有电也没有信号，宛若二十世纪的某一个时光，时间在这里静止不动。

翻越财神岭

二〇〇一年七月二十一日早晨五点半，喀什把我叫醒，雨停了。

我爬出帐篷四处张望，视线被野草遮挡，一夜时间蒿草似乎又疯长了许多，草尖凝结了晶莹的水珠。去河边打一趟水，裤腿便被打湿。收拾了湿淋淋的帐篷，等待太阳出来晾晒。

喀什煮了一锅热乎乎的奶茶，我俩就着压缩饼干，也算是一顿简单实用的早餐。这次露营除了帐篷和睡袋，还有齐全的锅碗瓢盆和炉灶，远比三年前徒步太白山的装备先进了许多。

早晨八点，队伍准时出发，领队是李育鹏，三个向导分别是老县城的老冯、老张和小吕。佛坪古道近几十年少有人行走，早已荒芜不堪，安全起见，组织方雇了三位向导。李育鹏对大家说：“这条古道已经很多年没有人走过，偶尔也只是巡山的和挖草药的人走一走，希望大家都跟紧点，千万不要走散。”

向导老张在前面开路，我们紧跟在老张后面步履艰难地穿行在竹林和灌木丛中。因为道路荒芜太久，箭竹林早已遍布山野，时不时必须弯着腰或者爬行才能过去。一种姿势久了便会感觉非常累。这种倍感艰辛的穿越消磨着先前还兴奋的心情。

经过几个小时的艰难攀爬，我们来到了海拔两千四百米的财神岭垭口。开阔的垭口上生长着稀疏的灌木和大片的高山草甸，还有几处被野猪拱出来的土坑。

大伙儿经过几个小时的艰苦跋涉站在了古道上的第一个垭口，多少还是有点儿兴奋与自豪的。

老张说："老县城有两个财神岭，一个在这里，一个在西面的四十里吊沟，它们都是一个山梁。过去垭口上都有财神庙，后来都没有了，只剩下了这个名字。"

我在光秃秃的垭口上四处寻找，没有看见一点儿庙宇的建筑痕迹。

脚踝受伤

在财神岭垭口休息片刻后，大伙儿重又积聚起满腔激情，迈着热情洋溢的步伐，继续在荒野中前行。下山的路虽然没有上山难走，但却依然令大家挥汗如雨，疲惫不堪。我跟在向导后面还没走出去多远，汗水就浸透了半截上衣，连头发都在滴水。从财神岭下来，走过无数"之"字形山路后，我们来到了河谷地带。一条溪流蜿蜒在山涧谷底，古道不停地穿过河流，我们也不停歇地涉水过河，许多人脚下打滑掉进水里，不仅湿鞋湿身，也失去了战斗意志。李育鹏不停地提醒大家，踏稳石头，保持平衡，注意安全，精力集中。

走到这时候，我才知道什么叫"绝地蛮荒"，丛生的灌木和茂密的竹林以及蓊郁的树木遮蔽了大山，山谷里没有一点儿路的痕迹。老张对我们说："这里是羚牛和大熊猫，还有狗熊出没的地方，大家一定要跟紧，千万不要掉队啊！"老张一边说，一边在前面奋力地开路，我们则一个紧跟一个，不敢松懈。据说，竹林里非常容易迷路。

正在疾走，我的左脚踝在草窝里狠狠崴了一下，只听"嘎巴"一声后，立时疼痛得倒吸凉气，额头也渗出了汗。我不敢吭声，甩甩脚，一跛一瘸地落在了队伍后面。李育鹏从后面赶来，问我怎么了，我说没事。他走在我前面，边走边说："前几个月，我们巡山走到这里发现了一只大熊猫趴在前面的那棵树上。"他指着山谷里一棵高大的红桦树说："就是那一棵树。"

我朝他手指的方向看去，一片树林，终究看不出他所说的那一棵桦树在哪里。我的心里忽然有了一种期盼，如果现在我也能看见一只大熊猫，那该有多好啊。美丽的幻想犹如一剂麻醉药，让我暂时忘记了脚踝的痛苦。

中午，我们来到了一片河滩地开始支锅做饭，我煮了两包方便面。吃完饭大伙儿坐在原地等待后面的两个小组。第二组和第三组在两个多小时之后才陆续赶到我们休息的地方，精疲力竭的队员们赶到后尽可能快地解决了路餐，顾不上休息便与我们一道出发。

接下来的路程更加辛苦，整个下午，我们都在暗无天日的竹林里钻着、爬着，因为背包太沉，加上长时间猫着腰在竹林里爬行，我身体的各个部位都开始感到了不适，尤其是腰部、膝关节、锁骨、胯骨、脚踝……也许是瘦的缘故，没有脂肪和肌肉可以缓冲，痛起来就更让人难以忍受。一路上我承受着疼痛的反复折磨，实在痛苦时就吞下三粒止痛药，希望药物能帮助我暂时缓解疼痛的症状。

就在崩溃的边缘时，我突然听到前面传来欢呼声，心里一阵激动，好像打了一剂强心针，不由得加快了脚步。

终于到了营地。

我跪下来，亲吻了大地。

雨中的营地

下午五点多，我们来到了一片开阔的草地上，这里足有一个篮球场那么大，宽阔的坪坝上野草丛生，此时正值盛夏，各种野花绚烂地绽放着，装点着深山峡谷。

李育鹏高声对大家宣布：“今晚我们就在这里扎营。”

原地扎营的消息迅速传开，这对于即将“走残”的我们来说，不啻是一个救命的号角，是滋润的雨水，是久旱的甘露，是无比幸福的时刻。大伙儿赶紧卸下肩上的背包，寻找地方支起帐篷，然后提水、支锅、点火、做饭。我和喀什吃了牛肉泡馍，虽然口感很差，但是填饱肚子是没有问题的。

囫囵吞枣般地吃过晚饭，我才顾得上环顾营地，看样子，所有人都和我一样，休息了片刻后才从无限的疲倦中恢复了些许精神，慢慢地营地开始有了说笑声。山里的天气说变就变，正说着话儿，天空就飘起了蒙蒙细雨，整个营地立刻笼罩在了斜风细雨之中。

奇怪的是大伙儿全然不顾淅沥的雨滴，仍旧聚集在草地上煮茶品茗，喝酒聊天。没有刻意去遮蔽风雨，几杯热茶便将寒冷和疲惫驱赶得一干二净。我仰起头闭着眼睛，任雨滴轻抚我的脸颊。沐浴在大自然中的感觉真好，我深吸一口气，享受着山雨带来的清爽感觉。

向导们在细雨中燃起了一堆篝火，忘记疲倦的人们围着雨中的熊熊火焰，将一首首悠扬欢快的歌曲挥洒在深山里，歌声回荡在深山夜色中。我品味着旅途中的生活，欣赏着这深山的夜色。

我坐在篝火旁，迎着熊熊火焰，感受着扑面而来的温暖以及与山野相遇的冲动。很有意思，坐在我旁边的依然是那位短发女孩，她名叫江小秋，现役军人，军队医院的一名护士。她说她曾经一个人去过西藏，并且计划明年去新疆徒步喀纳斯。她看着一跳一跳的火苗说道："新疆必须去，那里是东方的瑞士。"

细雨渐停，脚踝骨疼得我坐立不安，我辞别江小秋先去休息。

躺在睡袋里，辗转反侧不能入睡，脚踝已经肿胀。面对如此疼痛的症状，不敢想明天的路程我该怎么继续。

隆隆雷声，在山梁那边响起。

草上飞——老张

睡梦中被说话的声音吵醒，佩服那两个年轻小伙儿，晚上睡得晚，早晨醒得早，白天走路还走在最前面，毕竟是年轻人啊，不得不承认年龄的差距。

内外帐结满了露水，扯开一抖，无数水珠跳起落下，像是疾风骤雨。早晨，喀什煮了两包奶粉，我和他一人一个乡巴佬鸡蛋，一块压缩饼干。因为大家基本上都是初次参加户外徒步旅行，对野外生存没有经验，许多人随便吃点儿面包、点心充当早餐。喀什对那些随便应付点早餐的人说："野外生存，不能长时间吃冷食，最起码早晚要进点热食，这样可以更快地补充体能。"

向导老张是个热闹人，闲暇时喜欢哼一些小曲，或者说一些有关老县城的故事。他吃了两碗自己煮的挂面，将铁锅擦洗干净，装进白色背袋里，然后坐在石头上将裹腿打好。他一边打着裹腿，一边说："我们祖上来自四川，来这里已经生活了几辈人。老县城这地方过去热闹得很，清朝道光年间老县城统辖着方圆四五百里土地，五万多号人口，比现在的佛坪县大得多了，县太爷都是很有级别的。”

听老张这样说，感觉是不着边际的胡吹冒撂，怎么可能呢。管理深山老林里的几万人，不要说是在一百多年前，就是在通信、交通高度发达的今天，也不是一件容易的事情。老张不管我信不信，继续说道：“当时，老佛坪县辖区东到宁陕县，南到今天的佛坪县，西到太白县嘴头镇，北到周至县，四通八达。”

我更加疑惑，问老张：“你所说的‘四通八达’，是不是也包括老县城通往袁家庄这条破烂不堪的山间小道？当年的县太爷走这条路，既不能骑马，又不能坐轿，难道也和我们一样跋山涉水，整天这样辛苦地步行吗？”

老张站起来，背上布袋说道：“当年的路那可是官道，比现在好走多了，哪里像现在这样荒了。”说完他拔腿就走。我们给老张起了一个绰号，叫“草上飞”。几个腿快的年轻人跟着老张在前面跑，不一会儿他们就消失得没有踪影。

大自然的原始状态

我们急匆匆地走了两个多小时的路程，突然天空雷声大作，响雷之后便是一阵迷蒙的细雨。我仰望天空，自语道：“真是‘雷声大，雨点小’。”淅沥的雨丝将山路淋得湿滑难行，我一拐一跛地走在湿滑的山路上，心里产生了无数的疑惑，难道这就是老张所说的“官驿大道”。自从我们从老县城出发后，所走的道路多半没有路的痕迹，我们是在野兽出没、没有路径、没有客栈、没有人迹的荒山野岭里体验着古道的存在。

一直记得老张说过的话：“过去，县太爷还乘坐轿子从这里走过呢。”

喀什说：“山里的道路，一年没人走就基本荒了，两年没人走就认不出路的痕迹，三年没人走就树木杂草丛生，四年没人走就与荒野没有什么区别了。”

队伍行进的速度逐渐加快，我已经顾不上探究“官道”的事情。

蒙蒙细雨中，所有山野景色都像蒙上了一层透明的薄纱，远看去似有似无，忽隐忽现。

在迷蒙中的山野行走，我脑海中不停地在想“原始的状态”究竟是什么样子？是山野中到处生长的绿色青草，或是树干上、石头上无处不在的苔藓；或是古道上，河流中，峡谷里，到处倒卧的巨大腐朽树木；或是隐秘于森林深处的野生动物……我们不停地从那些倒卧在山坡上的大树下四肢并用地爬过去，相比野生动物，我们的动作不但笨拙，而且费力。这次徒步，因为时常四肢着地爬行，令人格外痛苦。因为我没有戴护膝，两个膝盖已经被磕碰得红肿紫青。

我们行走在山野密林之中，这原本是野生动物生活的天堂，曾经活跃在这里的许多野生动物，现在大多只存在于向导给我们讲述的故事和传说之中。向导老冯说：“据老人们说，过去这一带老虎和金钱豹多得很，人们白天行走一定要结伴而行，时不时还要大声喊叫几声。这样老虎和豹子就会远远躲开。我在山里长这么大，还没有见过老虎和豹子的影子。”

我多么想意外遇到野生动物，哪怕是一只野猪也好。遗憾的是，即使我们的队伍再安静，也没法看到它们的隐秘身影，就像眼前扑扑飞过的几只野雉，逃离人类的视线是野生动物的本能。

我一直在想，古人行走时，会不会与野生动物不期而遇。李育鹏说：“那时候人们与大自然的关系非常融洽，人们只取需要的那一部分。不管是狩猎还是砍伐，平时大家各行其道，互不干扰，野生动物与人类也就相安无事了。”

中午在一条小河边休息野餐，勉强煮了一包方便面咽下，没有食欲，大概是因为吃多了止痛药，胃里很不舒服。

溪流周围倒卧着许多朽木，上面生长着拳头大小的野蘑菇，向导告诫大家：“山里的野生蘑菇吃不得，吃了会要命。”

汗水在脸庞流淌，犹如盐水洗面，把眼睛蜇得涩疼。头发湿漉漉地注满了汗水，水珠顺着发尖帽檐慢慢滴下。被汗水浸透的衣裳、裤子紧贴着身体，走起路来更加沉重。没有埋怨向导走得太快，咬紧牙关紧跟他的步伐，所有人都不想落在后面。一个女孩实在走不动了，向导吓唬她说这一带黑熊很多，这个季节的黑熊最可怕，它们带着幼崽到处转，遇到一点儿威胁就会扑上去。女孩闻言脸色大变，不敢停歇，奋力向前走去，丝毫不敢落后。

当我拖着一双沉重的腿爬上一座山脊时，老张指着山下一块平展展的草地对我说：“我们今晚就在那里扎营。”

突然来到的惊喜并没有引起大家的欢呼，不知谁说道：“都走得麻木了，反应已经迟钝了。”

我卸了背包，坐在地上半天不动，慢慢地恢复已经透支的体力。

提倡环保

营地分散在一条河流的两岸，我们这一部分在河这边扎营。

整条山谷像是一座亚热带雨林，茂密的森林遮挡住了空中的光线。山石草木到处湿漉漉一片，像是沤在水里一般潮湿。老张不知道从哪儿拖来一棵已经干枯的水曲柳，掏出包里的几片桦树皮点燃了篝火。河那边的营地也生起了篝火，两岸火光映照，将弥漫于营地上空的湿气、潮气驱散。大伙儿顾不上吃饭，都聚集在篝火旁烘烤鞋子、衣服、袜子、鞋垫、睡袋……火和水一样，都是生命之源，有火的地方就会有生命的激情，就有生气，就有歌声，就有希望。

面对熊熊燃烧的篝火，李育鹏不失时机地给大家讲起了有关保护生态环境的话题。他给大家大概介绍了“自然保护区的法律框架”和“自然保护区的类别和类型”，以及“自然保护区的分级标准”等相关知识。

大伙儿围坐在他身旁，认真地聆听。燃烧的篝火散发着倾心的温暖，热烈的情绪弥漫在整个营地上空，所有人都被李育鹏的环保宣传所吸引。李育鹏趁热打铁，从包里拿出一摞宣传手册分发给大家。我用双手接过《野生动植物保护知识一百问》和《保护生物多样性的五十二种方法》两本宣传册，谢过李育鹏，说道：“我回去一定好好学习，争取做一名合格的大自然守护者。”

身临其境倾听李育鹏的环保宣传，深刻感受到生态保护的重要性，保护环境是我们每一个热爱大自然的人应该承担的责任和应尽的义务，绝不能让我们赖以生存的家园消失在我们的手上。

我呆看着跳动的火苗，听着偶尔燃炸的木炭声，脑海中全是“原始森林”“官道”和“大熊猫”的画面。

一直到篝火渐渐熄灭，大伙散去，我去河里提了一桶水浇灭明火，再用营地铲在火堆周围挖出一条隔火带。看着营地灯光一个个熄灭，周围漆黑一片，只剩下一闪一闪的萤火虫，我才钻进帐篷，在极静的山野中感受着生命的勃勃生机。

红军走过的路

河水流淌的声音在静夜中格外响亮，伴着这个亘古不变的声音安然入睡，犹如聆听一首悠扬的催眠曲，非常惬意。半夜被噼啪作响的燃烧声惊醒，爬起来查看，黑暗中木炭依旧闪着星星点点的耀眼光亮。问老张要紧不要紧。他回答说没事，放心睡觉。

一夜安宁，早晨起来吹着篝火，借着熊熊火焰的温暖，吃了早餐。一堆方便面和压缩饼干下肚，为今天即将到来的艰苦攀爬做好准备。出发时，再往口袋里放几粒牛肉干，以备必要时补充体能。

八点整，领队们准时集结队伍。老张、老冯、小吕仍然负责三个小组的向导工作，李育鹏逐一清点了人数后带领队伍出发。

路上发现许多树枝上系有红毛线绳，问老张怎么回事。老张说几个月前他带北京一支探险队从这条路上走过，红毛线绳是他们做的标记。

我的脚踝还在痛，右膝盖的老伤又复发，双重打击更感疼痛剧烈，以至于怀疑自己是否还能继续走下去。又吃了喀什的一片"曲马多"，希望今天能够挺下来。由于右腿没有支撑力量，下坡时又把左脚腕扭了，一时间三重疼痛折磨得我直冒冷汗，心想这下彻底完了，两个脚踝全部负伤。

有人问我要紧不要紧，我佯装无事地回答说："没事儿。"其实，此时嘴上说没事，心里早已经疼得要死。喘了一口气，狠下一条心，不管怎样，我都不能连累其他人，一定要坚持自己走下去，即使爬也要爬出去。决心已定，给脚踝贴上伤湿止痛膏，抿一口冰凉的水，一拐一跛地去追赶队伍。

上午十时左右，天空飘起了细雨，队伍行进的速度明显加快。老张一边走，一边说："咱们这只是一支小小的队伍。二十世纪三十年代李先念率领的红军大队人马从这里去关中打国民党，那要多少人，那个年代几万全副武装的大军是怎么从这里走过的，你敢想吗！"

我摇摇头，真不可思议。

老张说："李先念的部队就和当年杨泗郎的队伍一样，走遍秦岭各个角落，杨泗郎抗金，李先念打国军。"

翻越黄桶梁

小雨渐渐变为大雨，成串的雨水从帽檐滴下，眼镜片也成了一面雾镜，前方视线里所有东西都是一团模糊的图像。

背包没有来得及盖防雨罩，被雨水淋湿，重量成倍增加。即使在这样恶劣的环境中，我们的行走速度也没有降下来，反而越走越快，脚踝肿胀疼痛的滋味再次袭来，全然没有了山野行走的美感，取而代之的是身体无尽的痛楚。这种疯狂的行走让我很快失去了正常的呼吸频率，心脏跳得如擂鼓。

在雨中行进了大概一个小时后，我们爬上了海拔两千九百零四米的黄桶梁垭口，意外发现了一栋红砖瓦屋。荒山野岭中突然出现的房子，让大家一阵兴奋，终于有一个地方可以躲雨了。几个队员急忙走上前去查看，顿时大家的脸上没有了笑容——门上挂了一把大铁锁。老张说，这屋子是专供保护站巡山时住宿的，大家再加把劲，下山就能休息了。

队伍没有停下来休息的意思，李育鹏和领队大声吆喝着，催促大家继续在山路上狂奔。

雨中的山野林木愈发葱郁，茂密的森林中到处都是倒卧的腐木，所有树干上都裹着翠绿色的苔藓，弯曲的藤蔓或是从空中垂吊下来，或是紧紧地缠绕着大树。森林中的原始意境非常浓厚，我们穿行其中，时不时就会被眼前的大美所震撼，忘记了疲惫和痛苦。

蚂蟥栈道

我们沿着泥泞的盘山小道一路向下疾行，不久就来到了河谷地带。一条河流蜿蜒在山谷底部，潺潺流淌的河水纯净透明，清澈见底，几条小鱼在河湾里游弋。河流两岸森林茂密，花草葱茏，青翠亮丽，树枝上几只小鸟啾啾鸣叫，我在心中不由得赞叹，好一幅完美的生态画面。

我们顺着河流一直往下游走去，沿途不断有支流汇入，小河逐渐变成了大河。峡谷中河道密布，不得不经常涉水过河，一开始，我还脱鞋脱袜蹚水，后来就懒得脱鞋，直接穿着鞋蹚过无数条河流。队伍乘着中午雨水暂停的空当，一口气蹚过了二十七条河流。老冯解释说："雨天走河谷要抓紧时间，时间长了说不定会遇到山洪。"

山谷里非常潮湿，石头上、树叶上到处藏着吓人的蚂蟥，我和许多人一样，第一次在自己的腿上、胳膊上见到了蠕动着身体的吸血蚂蟥。面对如此恐怖的景象，我们的女队员们却丝毫没有表现出紧张的情绪。她们学着男队员，淡定地将吸血蚂蟥慢慢从皮肤上拍出来，然后抛到水里。

峡谷里有些地段的崖壁上还残留着古老的栈道遗迹，那些深插在石壁孔洞内的方形石条上还残留着几根木头，木头之间用藤蔓相连接。栈道距河谷有七八米高，走在窄窄的栈道上，不但身体颤抖，心也会跟着颤抖。

走在这样的"官道"上，我又会不由自主地想起曾经穿梭在这条"官道"上的县太爷们，想起了跟随县太爷辛苦奔波的家眷和衙役，想起了所有曾经奔波在这条古道上的人们。

翻过一片光滑的绝壁，前面便是一道更窄的峡谷，峡谷底部镶嵌着一潭墨绿色的幽深水池。老张站在岩架上，面有难色地对我们说："现在有两个方案。一个是要么跳入深水潭游过去，要么往前走顺着崖壁爬下去。"

不知谁问老张："县太爷当年从哪里过？"

老张说："县太爷肯定选择走崖壁喽。"

我对老张说："那我们也走崖壁吧，不要冒险。"

崖壁上的栈道距离河底有七八米高，一根直径一尺粗的大圆木斜立在河床和悬崖之间，长长的木头上刻凿出许多供人们上下攀爬的脚窝。虽然看去很危险，其实很安全。

有人笑着说："这玩的就是心跳。"

西河监测站

下午四点，就在大家即将虚脱时，前面传来话说已经到达西河监测站。大伙儿听闻此言，幸福的心情顿时荡漾开来，并将先前无限的疲惫尽数驱散，两步并成一步，一会儿就赶到监测站。几天来第一次见到了人烟，不免有些激动，可亲可爱的站长热情地招待我们一大帮“饿死鬼”，让我们品尝了一顿香喷喷的臊子面。

大伙儿扒在厨房门口，看着大师傅挥动铁勺，不一会儿，一大铁锅美味的臊子面就呈现在大家面前。此时，连同周围的空气，都弥漫着臊子面的香味儿。时隔几日我终于吃上了一次正顿饭，不禁口水飞流三尺，抱着大老碗三下两下飞快吞咽，不一会儿两碗下肚，狂跳的心才渐渐平稳了下来。

吃饱喝足后，我坐在墙根和站长聊天，问站长：“监测站是干吗的？”站长回答：“我们的主要任务是监测这一片区域内动植物的有关信息。比如说，林木生长，林木采伐，种植育苗，动物的种类、数量和活动区域，以及采集一些有关生态平衡方面的信息。”站长竖起大拇指说：“你们真厉害，这种天气背这么大的包走这种山路，不一般，尤其是这些女娃们，太厉害了。”

说来也奇怪，隐藏了几天的太阳这时候突然穿过了厚重的乌云露出脸儿。大伙儿见缝插针，顾不上歇息，赶着温暖的阳光开始晾衣裳，晒睡袋。忙活过后，坐在房檐下等待后面的队员。大约过了两个小时，第三组队员才到达监测站，他们疲惫地东倒西仰，各自诉说着路途上的艰辛。

这时候已经是下午五点，领队们看看时间还早，希望大伙能够继续赶路去大古坪村。领队的倡议没有立即得到大家的正面回应，队员们依旧各干各的事。我面对太阳靠墙坐着，翘起苦难的脚丫子，轻轻抚摸着右脚的三个大血泡，再看看左脚，第四趾已经发黑流脓血的指甲，不敢触碰，稍微挨一下也是剧痛无比。说心里话，我实在不想再往前走一步了。

经过领队和监测站工作人员的商量，最后还是决定继续出发。这里距离今天的宿营地大古坪村还有十多公里。为了避免走夜路，队伍必须在三个小时内走完余下的路程。领队反复给大家讲述了这一系列理由后，队伍快速起身。我们没有选择的余地，一切行动必须听从指挥。

出发前，卫东拿出一瓶云南白药喷剂，喷了我的脚踝和膝盖。我感觉到了一种凉沁沁的舒展，疼痛略微缓解。

为了赶时间，紧急出发的队伍几乎是一路小跑，前后距离立刻被拉开。沿西河行走，较之前的山路好走多了，起码不用再翻山越岭。河谷里水流湍急，波涛声震耳欲聋，随着黄昏的到来，深山峡谷里显得诡异而又神秘。

走了不到一半路程，我就跟不上前面的队伍，一拐一跛地走着，每走一步都倒吸一口气。一个人走在黄昏的山谷中，感觉到了非同寻常的孤独。突然旁边出现了一个人，是西安交通大学的研究生赵波，两个人边走边聊，分散了注意力，我的腿脚也就不那么疼痛了。

大古坪保护站

很远就听到了阵阵狗吠声，我长出一口气，心里坦然了许多，有了人家就有了希望。我兴奋地对赵波说："我们的目的地快到了。"果不其然，当我们刚拐过一道山嘴，就看到了远处山坡上散落的几户农家。此时正是黄昏，农家屋顶冒出的淡淡炊烟，沉在山谷里，形成一道长长的霭岚雾气。

除了偶尔的狗叫声，整个山谷非常安静，赵波说，羡慕山民们无忧无虑地过着与世无争的田园生活。

天色渐渐暗了下来，下午八点多，我俩到达了今天的宿营地——大古坪村。我迈着几乎麻木的双脚，趺趺撞撞地走进了大古坪保护站。支起帐篷后，我吞了一粒止痛药，浑身无力，倒头便睡，疼痛中竟然无法翻身，迷糊中忘却了一切，晚上好像没有吃饭。

由于我们距离此次旅行的目的地越来越近，许多队员早已难掩兴奋的心情，提前庆祝胜利。隐隐约约听见有人召唤保护站厨房大师傅做一些可口的下酒菜，不一会儿，又听见大伙举杯畅饮的欢笑声。

不知什么时候，喀什过来叫我去喝酒，一起庆祝胜利。昏昏沉沉中我对着帐帘外摆摆手，此时身体的痛苦已经将我彻底击垮，我轻声谢过，窝在帐篷里，迷迷糊糊中听大伙在外边狂欢热闹。

最后的冲刺

不知什么时候睡去，再醒来时天已大亮，新的一天，七月二十四日。喀什做好了早饭等我起来。

我浑身疼痛，犹如大病一场，浮肿的双腿一按一个窝，双脚肿胀得已经无法穿鞋，两个脚踝像一双胖猪蹄，锃光瓦亮。好不容易站立起来，却又不能挪动脚步，面对无可言状的痛苦，我苦笑一番。

按照原计划，我们需要翻两座山去岳坝乡。保护站的老刘对领队说："去岳坝乡走小路，虽然要省很多时间，但是，小路上最近有两头公羚牛在活动，而且已经伤过人，乡上禁止走那条路，为了安全，你们还是走大路吧。"

老刘的建议正合我意，领队为了安全采纳了老刘的提议。

上午九时我们启程，告别老刘，告别大古坪，告别了也许是今生唯一一次的大古坪之行。

去岳坝乡的大路顺着河谷一直向前，平展宽阔，大家迈开双脚，开始了又一天的山野旅行。据说，前面还有三十多里山路，记得汪国真说过"没有比人更高的山，没有比脚更长的路"。大路绕山而行，每绕过一座山湾，前面就是一条无尽的盘山路；再绕过一座山湾，依然是无尽的盘山路。此行最后的路程，考验着我们每一个人的意志力。

下山的路比上山的路更加让我痛苦，腿脚的每一根神经都在抽搐，在刺痛。

拖着沉重的脚步，中午一点，我们来到了岳坝村。这里距岳坝乡还有三里路。大家围坐在三岔路口的一个小吃摊前，将卖热米皮的人团团围住。所有米皮，所有啤酒，所有板凳都被我们承包……店家女人带着意外的惊喜，手忙脚乱地招呼着突然出现的食客们，蒸米皮的速度明显跟不上吃米皮的速度，她紧张中带着喜悦。

一阵雷声后，雨点又密集赶来，没有人愿意在雨水中走完最后的三里路。有人请店家帮忙联系面包车，几个电话后，摊主不无遗憾地对我们说："没得车。"

望着阴郁的天空和迷蒙的前方，大家只好放开腿脚继续走。

路过一间古老的建筑，屋檐下坐着一位老者。虽然这座建筑被无情地改造过，但是留存在它精神骨子里的印记却无法抹掉。

我问老者这老屋的年代。老者张着黑洞洞的嘴巴说："几千年了。"

我心想老者糊涂，自语道："估计最多几百年。"

貌似糊涂的老者听到我的言语，竟然抖动着下巴上几根稀疏的胡须，扯着沙哑的嗓子喊叫道："这就是嘉庆年间盖的，我老祖宗盖的。"

嘉庆不过几百年，这几千年从何而来呢？不过，从这座建筑上依然可以看出它所蕴含的久远历史，我喜欢古道上的老建筑。

徒步终点——岳坝乡

岳坝乡地处秦岭腹地佛坪县的深山老林之中，小镇很精巧，也很干练，一条百米长的小街道上聚集了乡政府、税务所、信用社、卫生院、合作社、理发店、裁缝铺、小吃店、供销社等一干门面房屋。乡政府院子的小门里有一个用木格子隔离出来的传达室，土坯墙边靠着一台老式电话交换机，三平方米的小房间显得空荡荡。旁边办公室里坐着一位戴眼镜的年轻人，正在认真阅读《汉中日报》。紧挨着办公室的另外一间房门上挂了一块小木牌，上面用黑墨写着"乡工会"。静悄悄的乡政府院内，散发着一股浓重的潮湿气味，地面的砖缝生长着绿色苔藓。乡政府屋后的山谷里流淌着一条清澈的河水，河面上有几只鸭子和白鹅在嬉戏。

陆续赶到的队伍都集聚到了街道上唯一的一家小吃店里。估计店家从来没有一次性地接待过如此多的客人。店家从乡上借来几张办公桌和几把椅子，摆在街道上。夫妻俩手忙脚乱地接待着精疲力尽的路人，菜还没有上齐，木桶里的米饭早就告罄。

我路过小吃店时，看见店家正端着一盘筷子粗的土豆丝站在门口发愣，问我那些吃饭的人都去哪里了。

写在后面

走到了身体的极限，三天时间，重装徒步一百二十多公里。听说北京几个探险队走这条线路都得用五六天的时间，我们真的很了不起。三天时间穿越了莽莽秦岭，感受了原始森林的神秘，体验了悠悠古道的艰险，经历了高山峡谷的壮阔。又一次与大自然亲密地接触，所有体验和经历都是我们这一生宝贵的财富。

回来不久，一位《都市旅游》栏目的记者采访我，她问我此次出行最大的收获是什么。

我回答："是在艰难困苦的旅途中战胜了自己，挑战了自己。同时，也了解到了蕴含在秦岭山脉中的悠久历史，欣赏到了我们秦岭山脉无与伦比的壮丽景色。"

2001 年 7 月 23 日

寻找秦岭里的古老邮路

——古道邮路行

古道邮路行示意图（乐途绘制）

古老的邮路

冬至过后的一天，我接到从北京打来的一个电话。对方说他们是《中国邮政史》编撰委员会的人，为了取得第一手资料，想实地考察秦岭的古道，问我能否带领他们走上其中的一段。

我问他们："秦巴古蜀道共有七条，你们具体对哪条古道感兴趣？"

回答说："选一条既有代表性又不是很艰难的道路，比如说傥骆古道某一段落。"

我问他们是怎样找到我的。回答说："是北京一个走过傥骆古道全程的于大姐告诉我们你的电话。于大姐向我们推荐了你写的《蜀道难，难于上青天》。我们读了那篇文章后感觉很好，好像找到了我们创意中的一丝脉络，所以就决定去走傥骆古道。我们一共五个人，不知您是否能抽出宝贵的时间带我们走一次？"

我犹豫了一会儿，答应了，敲定十二月二十七日出发。具体线路为傥骆古道中段，老县城村至华阳镇，时间三天。

头天晚上与北京来的一行人在酒店见面，他们两女三男，全部户外行头，看上去很专业。和我联系的人姓刘，四十来岁。我们坐在酒店大堂休息区进行最后事项的落实和确认。

老刘一一给我介绍在座的其他人："这位是小杨，她负责记录；这位是小李，他负责录像；这位留着胡子的是老季，负责拍照；这位是小孟，她负责编辑。我负责的是后勤。"

中国历史总是离不开西安

两辆黑色的丰田 4500 疾驶在 108 国道上，我和老刘、老季坐一辆车。

老刘很健谈，一路上不停地向我询问有关傥骆古道的一些情况。说话间，老刘长叹一声："要讲中国历史，总无法避开西安，也无法避开秦岭。离开西安去讲中国历史，那一定是没有根基的片面之词，成了无源之水、无本之木，不会有说服力。周、秦、汉、唐，中间夹了王莽、刘秀、三国两晋南北朝和隋朝，那都是中国历史上最鼎盛时期的朝代和故事。中国几千年历史都在这里得到了充分演绎，我们写中国历史也一定不能离开西安和秦岭。傥骆古道是中国迄今为止唯一一条没有被现代化湮没的古道，自从隋代开通以来，作为关隘大道存在了上千年，直到明朝后期才逐渐荒废，过去的邮路总还会留下些蛛丝马迹来让我们研究。”

老季一边擦拭他的照相机镜头，一边说道：“明天我们去走的那条古道，也许还能让我们寻找到一点儿过去步班邮差的痕迹，只要有可供联想的东西，就可以采入。”

我说：“遗迹有很多。比如，骆口驿的城墙还存在，厚畛子的营盘梁还存在，老县城的城郭还存在，华阳的古街戏楼还存在。古道上有很多东西可以研究，走在古道上最重要的一点是要学会联想，用你们丰富的历史知识，上下五千年，想怎么想就怎么想。”

老季笑着说：“那是啊！李白走傥骆古道时就很会联想，艺术性的夸张，将古道的艰难比喻得那样形象，让人们读了《蜀道难》后，就会产生不寒而栗的恐惧，谁还敢去走？”

今天天气真好，蓝天碧透下的秦岭，层层叠叠浸透着干枯的荒凉。冬日的斜阳照耀着静谧的山谷，几只红腹锦鸡在阳坡的林间散步觅食。这情景让老刘和老季赞叹不已，冬季的秦岭虽然荒芜，但是，生命却是如此鲜活。

路过一户山民农舍，老季指着墙上的一则标语笑着对老刘说：“快看那标语，有意思。”顺着他手指的方向看去，一行白灰字赫然展现在我的眼前——谁家要想早致富，少生孩子多种树。现在的山民都承包了山林，种树也许就是他们将来重要的经济来源。我在心中暗暗祈祷，希望曾经茂密的植物能够重新在他们手上繁衍开来，几十年后，这里的自然环境一定还会恢复到几十年前的原始状态，说不定华南虎真的会回来呢。

深山小镇

黄昏时路过深山小镇厚畛子，我指着镇北头一条小山谷对老刘说：“这条沟叫九沟，傥骆古道就是由这条沟出来后穿过厚畛子，向南翻越秦岭大梁到达老县城的。”

站在厚畛子镇空旷的街道上，我向客人介绍道：“我们现在就站在傥骆古道上，作为一个小镇，厚畛子承载了古道几千年的历史。”

生活日常

以前这里落后，一条泥泞的街道穿过小镇，道路两旁是土坯木板房，有裁缝铺、药铺、合作社、铁匠铺、旅社、饭馆等。生活在这里的人们说话口音接近四川方言。后来在老县城体验生活的作家叶广芩申请了一些资金，将去老县城的古道拓宽，交通便当了，来往的人也就多了起来。初到这里的人们，感觉很新鲜，自然环境很美，在这里可以体验到一种遥远的回归与宁静。

老季一边弯腰照相，一边不住地点头。

在厚畛子没有过多的停留，我们便向老县城方向驶去。冬日夕阳下的小镇格外冷清，空旷的街道上有一个背影在路边摇晃，感觉很熟悉。驶过时才看清，那个人是曾经的向导岳建平，隔着玻璃窗想伸出手，却没有打招呼。

老刘说：“厚畛子在唐代应该也是一座驿站。”

小李问老刘有什么根据。

老刘说：“唐朝时期邮驿遍布全国，分为陆邮和水驿及水陆兼办等几种形式。驿站里设有可供邮差歇息的驿舍。那时候，全国有将近两千个驿站，由兵部郎中管辖，具体驿事由各县县令兼理。傥骆道那时候到底有几座驿站，我不是很清楚。但是，据我分析，从北到南至少有两座驿站，一个是骆峪驿，一个是华阳驿。明清时期，驿站和递铺增加到了一千七百八十五处。比如陈仓古道上的黄牛铺、红花铺、双石铺，都是邮路上的站点。”

不知道啥时候去老县城的路已经变成水泥大道，坚实的水泥路面将悠远的历史尘封，古老的痕迹在一点点消失，只有周围耸立的大山，还有川道里永不停息的黑河水，述说着傥骆古道上曾经发生过的和正在发生的许许多多的故事。

老县城村

乘车翻越秦岭山脊，感觉过于奢侈。幸亏与这支队伍同行，才享受得到这样的待遇。

刚翻上秦岭大梁，就被保护站设的卡子挡住，有人过来检查。我一看，是老县城保护站的老磊和老昊，大家好像久违的朋友，热情地握手。他们把我让进屋子，大伙儿嘘寒问暖，老磊说老县城还是老样子，只不过现在通电了，照明不成问题。

他问我们去哪里。老朋友不好相瞒，我直接告诉他我们计划走财神岭去华阳。老磊说："今年雪少，比那年好走多了，可以让英隆给你写个路条，他现在是站长，华阳那边认他。"告别了老磊，我们几个人在秦岭界碑前合影留念，然后下山直奔老县城。老县城是厚畛子镇下辖村，是千年古道傥骆道途中唯一的要塞之地。此时天色已晚，老县城村已经罩在了昏黄的暮色之中。

老刘问我开什么路条。

我说傥骆古道进入洋县地界后会有保护站设的卡，检查所有的过路人，一般情况下不让通过。

老刘笑着说："没关系，来之前已经把我们的身份证传了过去，那边应该是长青自然保护区。"

黑暗中我们驶过了湑水河上新建的水泥桥，想起以前多次光脚在湑水河蹚水嬉戏的情景。转眼许多年过去了……

我们先去了东门外的德贵家。德贵媳妇说道，德贵在外面打工，已经出去很久了。告别德贵媳妇，我们穿过老城来到东门外的吕书记家。老吕热情地接待了我们，并让他老婆给大家做了丰盛的晚饭。安顿下来后，我带着老刘去隔壁老邓家落实向导的事情。出门后，我对老刘说："你千万别说你是北京来的。"老刘诧异地问原因。

“这里的人一般认定，凡是北京来的人都是‘款爷’，他们会狮子大张口。”

“那怎么办，我刚才在秦岭梁子上已经给保护站的人说过我们是从北京来的，主要任务是考察古驿道邮路。”我瞅了老刘一眼，叹了口气，说就说了吧，估计他们不会轻易地让你们过去，不信走着瞧吧，能压就压点儿，压不下来也没有办法。老刘拉着我的胳膊说：“没事，没事，按行情来就成。总之，不要耽误咱们的行程就好。”

昏暗的灯光下，老邓和他媳妇正围着火炉取暖。寒暄后，我问老邓能不能带我们去华阳走一趟。老邓笑着说：“去可以嘛，你们能给多少钱？”

“你说多少钱？”

“一天二百，按三天算，一共六百。”

老刘说，可以。这时，老邓媳妇在一旁插言道：“这个价格是不能去太白山的，而且路上你们别不停地给他加东西，如果要加东西，得另外算价钱。”

老刘听了别扭，站起来一甩门走了。

老邓看见客人走了，气得直骂他婆娘多事，好端端一桩生意就这样给搞砸了。

寻找向导

跟着老刘出门，一起踏着月色去远在獭尔河的王三全家。

两个人高一脚低一脚地走在黑暗中。老刘一边走，一边嘟囔着：“钱是个啥嘛，话说得太难听，话说得好听点儿，一千块钱又算啥。”

听见狗叫，四个绿光在黑暗中晃动。一个人打着手电筒从屋里出来，问是谁。走到跟前一看，对方认出了我，说：“是你啊，咋这时才来，赶紧坐屋子里。”王三全将我俩让进灶房，他一边生炉子，一边问有啥事。我把缘由说了一遍，他说最近向导就是不好找，价格也高得很。我说不管多少钱，你跟我们走一趟。三全面有难色，嗫嚅地说道：“我已经答应北京的一帮人，明天带他们去佛坪岳坝。”听到这话，我心里有些焦急，没有料到会是这样的结果。我对三全说：“现在不管那么多了，你一定要负责给我们找个好向导。”

他犹豫了一会儿，对我说："这样吧，我现在去给你联系人，如果实在联系不到人，我就跟你们去。"说完他去隔壁房间打电话。看看表，现在已经是深夜十二点。能够听见隔壁的声音，好像拨了几个电话都没有人愿意去。

一会儿三全过来，对我们说："你们先回去，我一会儿骑摩托去找人，今晚一定搞定，搞不定，我就去给你们带路。"

有了这样的承诺，我和老刘就往回返。这里的夜晚真寒冷，哈气成霜，估计有零下十度。夜空晴朗，繁星满天，周围大山的黑影，像是一堵堵高墙，将大地和天空区分开来。我俩在夜色里疾走，进到城里，叫开保护站的大门，交了一千元保证金（保证不使用明火），如果想要押金可以回来取。站长说："如果不是因为你们远道而来，绝对不会让你们进去。最近是严防季节，一冬天都没有下过雪，这是五十年以来少有的大旱年份。特别是山里的林木，危险得很，不敢见一点儿火星子。明早，我让保护站派两个人把你们送出我们的地界，你们给他俩一人一百块钱就可以了。"

老刘爽快地答应，还放下一包从西安带来的腊牛肉，说："大家在山里辛苦了，这是从西安带来的特产，犒劳一下各位。"

回到老吕家已经半夜一点多，老季问事情办得咋样了，老刘说保护站那边搞定了，现在就等向导的事儿。

正说着话，听见外面有摩托发动的声音，我赶紧出门将三全迎进屋里，问向导的情况。三全取下裹在头上的围巾说："人找好了，明天早晨七点他过来接你们。价钱我也给他说了，两天的路按三天算，一共给他六百元就行了。"

老刘激动地握着三全的手连忙说谢谢，一边说，一边抽出一根烟递到三全手里："您辛苦了。"

三全接过烟点上，让我们早点儿休息，然后告辞，门外摩托车的声音瞬间消失在了黑暗之中。

忙活完了这些事情已经是夜里一点，钻进冰冷的被窝，开始用身体感受古道驿站的温度。

一夜梦境

夜里翻来覆去睡不踏实，老季和小李的呼噜声此起彼伏，被子太短，脚丫子暴露在外，几次被冻醒。搞不清楚，为啥农家的被子都那么短。蜷缩着身体，在梦中游荡。一会儿梦见大漠和清风，一会儿又梦见太尉和居士。不知怎么回事，自己被一帮人追赶，大家四下里逃散。我直接扑上一面岩壁，开始徒手攀爬巨大的白色花岗岩，岩壁上有许多凸出的支点和长长的裂缝。好像是夏天，穿着半截袖，在岩壁上艰难地攀爬，后面追赶的人在岩壁下挥舞着棍棒，还有人试图往上爬。崖壁不知有多少米高，抬头看时，只见高高的岩壁顶端，马格纳趴在那里向我伸出手臂，快，快！

我的手已经快没有了力量，换一下脚都是那么困难。终于快到顶了，还有最后一个支点，有核桃那么大，右手够了几下没有够到，左手的手指头已经不听使唤，急得马格纳大喊："抓住了，抓住了！"眼睛看着那个支点，用尽浑身最后的力气，将右手伸上去。此时大脑一片空白，随时准备体会那种自由落体的失重感。右手终于抠住了那个小小的支点，立即伸出左手紧紧抓住马格纳的手，一用力，右腿跨到了岩壁顶端，翻越上去。

不敢往下看。醒了，浑身是汗。

老刘眼中的老县城

天还黑着，已经听到外面有人说话，初次进山的人们总是十分兴奋。

天大亮了，老季提着照相机和小李回到屋里。

老季搓搓手说："这里真冷，海拔一千七百米。醒得早，叫了小李赶早去拍一些东西，四周转转，感觉很不错。完整的城墙，一点儿没有损坏的大照壁，白塔、焚字楼也保存完整。尤其是那些石碑，几十通大小不同的石碑，从道光、咸丰、光绪、同治到民国的齐齐看了一遍，好多碑都是皇上钦加御批。当年，这老县城知县的官衔还不小呢，正厅级干部，四品在任候补，道光年间一任知县潘政举还是进士出身。那些石碑上方都刻有‘皇清’二字，说明都是清朝年间的事儿。西门口的那个‘清官第弌’石碑，很有意思。老百姓能给你立一块石碑，说明你确实干得不错，过去这叫‘树碑立传’，真正有操守的官员宁可不要钱，也要有碑石记载，千古流芳嘛。这个老县城真的不一般，非常值得好好看看。”

老刘听老季这样一说，也顾不上吃饭，拿上他的相机风风火火地跑出去了。

寻不见都督门

吃过早饭，保护站派来的两位巡山员老花和老楠，以及向导老苟都来到老吕家，大伙儿把该背的东西分了分，就开始出发。穿着迷彩服的老花和老楠，分别背着老季和小李的背包。向导苟老大背了我特意为他准备的背包，里面装了睡袋和食品，虽说背包有六七十斤重，但还是比他们自己的麻绳袋子要舒服许多。

路过荣聚客栈，发白的木板门紧紧地关闭着，自从三十年前 108 国道建成以后，这里就一直关着门。才穿过八里路长的川道，大伙儿已经走得汗流浃背，几个人直喊叫天气太热。我心中纳闷儿，一大清早哪里有热的感觉啊，分明是体虚力气不支所致，需要好好锻炼。

坐在都督门的围堤大坝上休息，感觉有点儿眼生。老刘站在大坝上四周张望，自语道：“都督门呢？”

老花坐在一堆积雪旁，点燃一根烟说：“都督门是宋朝以后的事。明朝以后这里就没有驻军了，时间长了，自然就毁坏了，后来只留下一个地名。”他把烟把把摁到雪堆里，再使劲转转，然后拍拍手说：“听说宋朝时杨泗将军在这里扎过营，那边还有一眼泗郎泉呢。传说想生男娃了就要喝那水，灵光得很。 九四九年以后还驻扎过一个排的解放军，是护电线杆子的通信兵，一直到二十世纪八十年代初才撤走。”

老刘听了点头，若有所思的样子。

我心想，这杨泗郎到底是谁呀，怎么秦岭里有那么多与杨泗郎有关的地名和庙宇。想问老花，话到嘴边又咽了回去。

老刘一边收拾背包，一边对我说：“我走前看了一点有关资料，说唐朝开元年间全国有驿站一千六百三十九个。傥骆道起点的骆口驿就是其中一个著名的驿馆，不知道古道上还有没有其他驿站。”

我说：“有啊，华阳就有官方驿站，相当于现在的政府招待所。”

我回头看那一道白色的大坝，叹了一口气，跟在老刘后面上了横在湑水河的独木桥，慢慢向对岸挪去。清澈的河水从东面滚滚而来，冲击着河床的石头，发出了那种永恒的声响。

老刘不敢过，让走在前面的小李拉他一把。

过了河，向对岸望去，老刘对老季说：“老季，你看这都督门有什么可以拍的。”

老季苦笑。

吊沟口南面的山下有一孔山洞，洞口上方立了一块巨大的牌子，上面写着“引湑注黑工程”几个耀眼的大字。听说那山洞要贯穿秦岭主梁，将湑水河的水引向黑河上游，让西安市民有饮用不尽的甘甜泉水。

吊沟冬瓜杨

山脚下围了铁丝网，老苟用手撑着铁丝刺，让大家鱼贯爬过，然后顺着斜坡爬上海拔一千七百六十米的药子梁垭口。今天大伙儿好像都不在状态，每个人都累得直喘气。老花和老楠看小杨和小孟两个女孩子走得吃力，就将她们的东西分一些背上。翻过药子梁，我们踏着山径枯叶下到吊沟，顺着干涸的河床，在石头上跳跃。小杨问苟老大：“河里的水都哪里去了？”

苟老大笑着说：“今年水少，有一点水也都从石头下面流走了。”

今年确实干旱得厉害，一些冰悬挂在石头与石头之间的缝隙中，河床干得没有丝毫水汽，就连树叶都干枯得卷曲着叶筋，依附在石头上的苔藓也已经发黄，我不禁长叹一声：“风干了山野，苍茫的旅途。”

沿着狭窄的山谷向前，悬崖下的石壁上有几个古老的栈道孔，那些栈道孔被苔藓杂草覆盖，古道的沧桑历史被湮没在空寂的深山峡谷中。

小李不知道啥时候也将自己的摄影包挂在了老花的背上，老花满面汗流地向前赶路，我问他累不累，他笑笑回答说：“不累，是今天穿得厚。”

天色阴沉，看来又要变天。

小道上铺了厚厚一层腐叶，踏上去半只脚面都会被埋住，走起来有点费劲。不过，总比走在深雪地上要好许多。低矮的灌木横缠竖绕在古道上，走过时需要弯腰低头。路过一棵高大的连体树，一个树干就有两人合抱那么粗，树冠有三十多米高。那年路过这里，因为雪深天晚没有停留。今天路过这里，特请老季给我和大树合个影。我问荀老大这是什么树，荀老大坐在背包上回答说："冬瓜杨。"

老楠在旁边补充道："冬瓜杨是咱老百姓的叫法，植物志里把它叫'太白杨'，是中国特有植物，主要生长于咱们的秦岭山脉。这棵树还不算高，一般成熟的树有四五十米高呢。"

仰望着冬瓜杨，又长了一回见识。

冰封山谷

转过几个山嘴后，蜿蜒的石头河道变成了一条白色丝带，整座山谷都被冰冻得晶莹发亮。随着我们不断深入，能看到整条河流都被洁白的冰雪覆盖，与周围的环境形成巨大的反差。吊沟里枯树荒山夹裹着一道冰河，在狭长的山谷里向前延伸。在冰面上行走，大家伙儿好像重新拾起了儿时的记忆，忘记了行走的辛苦，说着、笑着、闹着，展露出孩童时代的灿烂笑脸和已经遗忘几十年的顽皮，摔了跤也是那样的开心。看着他们，我忍不住笑了。

在冰封的河流上，小心翼翼地踏着每一步，我低着头注视着脚下晶莹剔透的冰河。清冷的河水在玻璃般的冰面下缓缓流淌，隔着冰层能听见轻轻的流水声。宽阔的冰河从脚下往上延伸，绕过丛林山崖，像一条流淌的水晶宝石，在阳光的照射下泛出点点耀眼的光芒。走在冰河上，我的身体随着白色的日光融进了洁白无瑕的世界里。

正走着，耳边传来了一阵熟悉的音乐声，循声望去，是小李。他手里正举着一个硕大的音乐播放器，边走边摇头，摇头的频率正好和音乐声同拍，播放器发出很大的声响，铿锵的金属敲击声在峡谷里回荡。

前面的队伍已经坐在河边休息，仰躺的，背靠的，发呆的，凝视的，没有人说话，好像都在聆听那悠扬的音乐。

小杨缩着脖子坐在背包上，双手插在衣服兜里，痴痴地对着冰河嘟囔着：“冰河时期，冰河时期。”这首《冰河时期》早在几年前，我就喜欢上了它。平常在城里听这首曲子，感觉不是很到位，今天在这个特殊的环境里再来听这首曲子，那感觉真是太美了。苍凉的大山，荒寂的丛林，冰冻的河流，悠远的天穹，行走的路人。音乐声将苍凉和冷寂抒发得淋漓尽致，那是一尘不染的天外来音，是从天堂飘荡来的声音。纯净，令人遐想不已，其中的美妙、虚幻、纯净、神秘、悠远，让倾听的人陶醉在自己营造的奇特氛围之中。

河流在冰层下“咕咚咕咚”地流淌，堆集起来的冰凌，像是一堆堆泡沫，洁白中透射着晶莹，透明中映照着冷峻。冰层下面一个个透明的小冰柱悬在水面上，冰柱和水面之间有细微的空隙，它们互相之间保持着各自的活动空间，互不干涉，互不影响。

熊猫足印

背包太沉重，压得我喘不上气来，雪路难行，往往走一步退半步。低矮的灌木伸出众多枝丫，扯拉着我的装备，外挂的东西成了累赘，不停地缠绕在树枝刺荆上，严重消耗着我的体力。

正在闷头走，前面传来老楠的叫声：“快来看，这地方被熊猫折腾过，肯定是熊猫前几天路过这里，可能是到河边喝水喝高兴了，在这里撒欢儿呢。”

我以为是遇到了什么稀奇物，走过去看，原来只是大熊猫留在雪地上的一片足迹，瞬间的兴奋立刻消失得干干净净。一片竹林被搞得七零八落，雪地上是一大片熊猫脚印。老花走过来仔细辨认了一下说道：“看脚印应该是一大一小，两只熊猫。”

老季举起相机，对着一片狼藉的竹林“咔嚓咔嚓”照个没完。假如他见到的是一堆熊猫粪便，那还不把内存卡咔嚓完，如果当真遇到一只真的大熊猫又会如何？

原生态

再往里走，山谷稍开阔，路旁平整一点的地方残留着一圈房屋石基，长条石上长满了绿色的青苔，不知何时住过人家。记得有一次和牛老大从这里路过，他说这条四十里吊沟曾经住过三千多人。虽然言语有些夸张，但是看来这里确实住过人。至于三千这个数字，我不敢苟同，他是否算上了黄草坪，我不得而知。一九四九年之前的近一百年，山外战乱频繁，瘟疫盛行，无法生存的人们躲进大山，在古道上安家，靠山吃山，只求安稳地活着。那时候，这里的山野也许能养活这么多人口。

正走着，前面的小杨喊叫："快来看，死动物。"

我走过去仔细看，不知道何物，叫来苟老大问："这是啥东西？"

苟老大歪着头瞅了瞅说："是山獾。"

死去时间长了，只剩下一张皮囊。山獾的毛色挺漂亮，通体黑褐，脸颊、头顶、背部，一直到长长的尾巴都是一道白色的毛。苟老大用脚踢了一下那张虚张声势的皮毛，说："它的油是治疗烧伤、烫伤的好东西，还能治痔疮和胃溃疡呢。"

生命来源于尘土，又归于尘土。

中午十二点多，我们一行来到下蒿子坪草甸。老花和老楠说这里距离财神岭大概还有不到十里路的样子，时间不早了，他们要赶早返回，如果再不返回就要走夜路了。没法阻拦，回就回吧，反正这里距离财神岭也不远了。不知是谁在喊叫肚子饿，我看看手表说："咱们干脆在这里吃了路餐再走。"并邀请老花和老楠与我们一起共进午餐。真不愿意让他们返回，苟老大看出我的心思，他说："就让他们走吧，再不走就要走夜路了，走夜路不安全。"

这里是向阳的南坡，大伙儿一个个无力地靠在草坡上休息。我从包里取出一大块酱牛筋，用刀子切成片分发给大家品尝，这东西背着太沉，需要赶快消灭掉；又取出两个苹果，切成瓣分给大家。苹果就烧饼，不是一般的美味，留两牙苹果放在老季的相机包上，等他们上来也可以打打牙祭。

我靠在土坡上休息，指着山沟对面的杉树问老花："那是什么杉？"

老花正在啃烧饼，干饼在嘴里嚼着咽不下去，我倒了一杯热果汁递给他："喝一口，喝一口，别噎着了。"老花伸长脖子，使劲把嘴里的东西咽下去，然后说道："那是太白冷杉，也叫巴山冷杉和鄂西冷杉，在咱们秦岭里主要生长在海拔两千两百米到三千五百米的高山上，这地方大概海拔两千两百米。"

秦岭里，我最喜欢的植物就是冷杉，它高大挺拔，顽强坚毅，主要生长在高海拔的恶劣环境之中，冷杉那顽强的生命力常常让我感动。这些秦岭冷杉也是二十世纪七八十年代在砍伐岁月中受害最严重的一个树种，现在留存下来的大树多半是在深山老林中或是悬崖峭壁上。

山谷里的冷杉林因为结了霜，形成了一个个白色的轮廓，在墨绿色的大山阴影中绽放着寒冬的秀美。

徒，步行也

休息了一会儿，老花、老楠站起来和我们告别。老季和老刘不得不自己来背包，老刘将背包塞得鼓鼓囊囊，费力地背上，然后耸耸肩说："我现在在想，古人是如何走这条路的。"

老季问老刘："你说怎么走？"

老刘苦闷着脸，边走边说："《史记》记载，卓文君的先祖奉旨从赵地，也就是今天的河北，迁徙到蜀地，就是今天的四川。'夫妻推辇，行旨迁处'，几千里路，一路推着独轮车。平原还好走，那翻越秦岭怎么办？我就是想不通，你说，这路能推车吗？"

小孟停下来，双手拄杖弯着腰说："他们不是夫妻同行嘛，翻山的时候，妻子在前面拉，丈夫在后面推，那时候这路上人多，路况肯定要比现在好得多了。"

老刘回过头看了一眼小孟，不屑一顾地干笑一声："就这路，你来给咱拉一下。"

小杨从后面赶上来，走到老刘旁边说："古时候的关驿大道，一般说来，都可以走骡马，毕竟难走的危险路段不多，路面稍微平整就可以骑马，也可以推车呀。那时候的马是什么人骑的，你知道吗？它相当于今天的宝马、奔驰车，是达官显贵的交通工具，老百姓可能连毛驴也骑不起呢。"

小李靠在一棵红桦树上愤愤不平地说：“流民的唯一交通工具就是一个，‘11号’，即徒步。古时候，徒步其实就是普通平民的代名词，徒步行走在古代是一种极其普遍的交通现象，《说文解字》里就有解释，‘徒，步行也’。所以，我们简称‘徒步’。”

我侧眼看了一眼小杨，真可以，学问棒棒的。

老刘用力拉着一撮竹子，小心地走过一道冰面，一边走，一边摇晃着他那硕大的脑袋，嘴里“叽里咕噜”不知道在说些什么。

今年雪少，钻竹林没那么费劲，但不费劲也只是相对而言，没有低头下跪或者四肢爬着行走，就算很不错了。小道上结了厚冰，两面的竹子被积雪压得很低，走过时需要弯腰低头。遇到大树横倒在路上，大伙儿还要伸展开四肢爬过去，但这路终究还是要比大雪天好走多了。

太阳在乌云里沉浮，虽然空中飘着雪花，但却感觉不到十分寒冷。我在队伍前跑了两里路，也找不到路的痕迹。四周看看，到处是动物的足迹，不敢乱跑，坐下来等后面的苟老大。阳坡的草丛温暖无风，躺在背包上，体会着午后阳光下的惬意。几只靓丽的红腹锦鸡从坡上林子里钻出来，又急匆匆钻进坡下的灌木林中。阳光下的山野，充满了勃勃生机。阳光是我们旅途上的伴侣，谁能离开阳光？

上蒿子坪

大概过了二十多分钟，苟老大走了过来，将咖啡色的毛帽子脱下，用力擦去额头上的汗水，笑着说：“你们跑得好快呀，那个女娃子厉害得很。”他指指站在冰沟上的小杨说道：“你能行，跑得好快。”

我问小杨：“你跑那么快，是不是背着包走路才能找到感觉？”

小杨将白色的毛帽子往下拉拉说：“那是嘛，人包合一，才会身轻如燕呀。”

坡那边老刘和老季好久才费力地走上来，撂了背包，往地上一躺，说走不动了。大家笑笑不作声，看他俩在地上哼哼唧唧。老季躺在枯黄的草地上，闭着眼睛说：“这也是人走的路啊？”

老刘将帽子盖在眼睛上，有气无力地说：“今天，我们总算找到机会体验了四肢动物的行走方式，四肢行走稳定性强，就是慢了一点。”

休息了一会儿，小杨和小孟说身上冷，起身要走，气得老刘直叫娘：“我的娘啊，我咋刚到你们又要走了，也不让人休息会！哎哟，徒步咋会这么辛苦呢！”

我们顺着冰道小心地往上走，在山坳里拐过几个弯，又来到了一个阳坡，看不见后面的人。我说，等会儿他们吧，如果他们长时间看不见咱们就会失去信心。我们四人找了一棵倒卧的枯木坐下休息，还没坐稳当，只听得“喀嚓”一声响，四个人全部向后倒去，躺在了草坡上。

小李躺在地上感慨地说：“看来，不等他们也不行了，是老天爷让咱们躺下来休息。古道啊，你还在，可是历史啊就这样过去了，几百年几千年不就是一瞬间的事情嘛。”

我坐在折断的枯木上，背包压在身上，如千钧大山，抬不起头，地球的引力是如此之大，紧紧吸附着我身上的所有重量。

我卸去背包，看着眼前一大片草坪问苟老大：“这里叫什么名字？”

苟老大盘腿坐在草地上，眯着眼睛说：“这地方叫上蒿子坪。前面咱们吃东西的地方叫下蒿子坪。你不要小看这地方，过去可是热闹得很，有客店和骡马店，还有一条小街道。周围几个地方的山民都集中在这里做生意，大家都可以少跑点儿路，主要是交易一些药材、皮货、粮食、日用品。”

哦，我点头，在这如此荒凉的地方，还有这样热闹的历史。

苟老大说，他的包有七十斤（三十五千克）重，除了三顶帐篷，其中一顶五人帐就有二十斤（十千克）重，还有好多吃的东西。山里人确实厉害，不得不佩服他们的脚功。

等了好久，才从坡那边传来老刘的声音，估计他们又躺下了。我看看时间，不早了，督促赶路。离开上蒿子坪，几个人迈着沉重的脚步开始一点点向垭口靠近。走几步，抬头看看，不停地看，越看山头越远，越看脚步越沉，最后索性不看了。脚步不停，数着步子，一点一点地挪动。穿过一条不长的深壕，向左拐上一座山脊，山梁上林木茂密。寻一块平地，靠在一棵大树下休息，我深喘一口气，拿出保温杯喝了最后一口滚热的红糖水，感觉胃里顿时舒服了许多。

仰着头，闭着眼，体会着古人的艰辛。

翻越财神岭

对面山梁上所有的树木都结了白霜，像是一朵一朵盛开的莲花，非常美丽。

山林很安静，一缕阳光透过密林的间隙，将一点儿光亮投射到地面，几棵粗大的树木遮挡住了斜阳，在辉煌的光芒中，树林只留下了那一圈粗糙的轮廓阴影。林地铺满了黄褐色的松针，好似一张巨大的地毯被阳光照得明亮。一阵阵鸟鸣声从沟底传了上来，清脆婉转，悦耳动听，重复的啼叫在山沟里回响。本来没有鸟叫声，这里只是一种单调的安静；有了鸟的啼鸣，便使我们身处的环境发生了变化。山野变得丰富多彩，变得宁静悠远，再由宁静变为寂静，由悠远变为无垠。太过安静，双耳鸣响，耳朵的鸣叫与小鸟的啼叫相互交替，聚在我心中的便是彻头彻尾的静谧，我的心深深地沉了下去。

小孟开始不停地摔跤，一步三滑，走得异常吃力，突然听到“咚”的一声，是小孟摔倒在地上，她跪在冰雪上，用无助的眼神看着我，我回转身将她拉起来。她沮丧地问我：“这是怎么回事呀，不停地摔跤，腿上一点力气都没有了。”

我正准备回答她，却被一根树根绊倒，怎么也站立不起来，好不容易站起来，拍去身上的雪，对她说：“这是身体到达极限的表现，腿脚不听使唤，抬不起来。不过，往往到了这时候，就预示着离目标不远了。人的体力只够走大半程，剩下的小半程就要依靠意志力来完成。”

小孟趺趺撞撞地走着，脸上毫无表情，走了几步弯下腰，回头看着我说：“你不累吧。”

我长长地喘了口气说道：“谁说我不累啊，你看我这包多重，我也累，只是我没有喊累。没有人说他的体能特强，大多数人都是依靠意志力来完成极限挑战的。你其实也可以体会一下自己的感觉，你的体力早已透支，你现在的行走完全是依靠你的意志力的。”

小孟点点头，继续慢慢地往上走，问我还有多远。

“不远了，两分钟的路程。”

行走在财神岭上

我走了两步停下来喘口气，问小孟："知道什么叫徒步旅行了吧？"

她停下脚步，瞪着一双大眼看着我，轻声地说道："难道就是为了体会这样死去活来的滋味？"

这女孩悟性强，第一次山野行走就走出了感觉，令我刮目相看。

我对她说："徒步行走高山野岭绝对不是一般意义上的旅游观光，而是一种对自身心灵和身体极度挑战的一项探险运动。虽然有计划，有目的，有准备，但是路途的艰辛常常会让人手足无措。随之而来的行走，就是对肉体和精神的双重折磨，摧残你的身体，摧毁你的意志，然后让你后悔不迭，多少次接近极限的崩溃，让你反复感受死去活来的滋味。然后，无比艰辛后，它又让你站在高山之巅，临风远望，体会劫后余生的幸福感。"

"是吗？"

"一会儿到峰顶了，你就会有这样的感觉。"

听见小杨在前面兴奋的喊叫声，内心的血液突然沸腾，全身不知从哪里来了一股力量，加快了脚步，我对满面愁容的小孟说："再加最后一把油，到了，到了，前面就是山垭口。"

下午三点五十分，我们终于来到了海拔两千三百米的财神岭垭口。

人生就像爬山

先前上来的小李和小杨已经躲在垭口的避风处休息，大伙儿挤在一起，等待后续人员。一会儿只见苟老大一个人爬了上来，却不见老刘和老季的身影，问他俩人呢？回答："后面，走不动了。"

垭口不大，也就百十平方米，长年累月的过山风将枯草吹往一个方向，山口南北所有植被都结了白霜，远远望去，由白霜构成的冰冻世界异常美丽，它带给我们一种气韵生动、苍劲超拔、高古透明的雄奇美感，这是一种大美无言的精神享受。

云雾飘过，整条山谷都舒展着轻柔的白纱，群山衬托，雪松耸立，漫山遍野的晶莹，令我心中充满莫名的自豪感。

没见他俩爬上来，我急着跑去垭口那边看情况，远远地看见老刘和老季磕磕绊绊地爬上来，老刘嘴唇发白，没有表情，老远就喊："走不动了，快死了。"

我站在壕沟边对他说:"路途上大凡死去活来快到极限时,那就离胜利不远了。"

老季看到我，心里一松走不动了，顺势躺在一个草窝子里，哼唱着："我家住在黄土高坡，大风从坡上刮过……"虽然走调，但歌词还完整。我问老季："你想不想拍动物？"

"想啊，哪里有？"

"咱们现在往南走，川道里有很多动物，尤其是羚牛。不过啊，刚才你一声'黄土高坡'，把那些动物都吓跑了，估计拍不到。"

"哦，还有这一说？"老季爬起来，走到我跟前。

我对大伙儿说："从现在开始，我们尽量不要高声说话。幸运的话，我们一定能看到野生动物。"

老刘问我到黄草坪还有多远。

我说："不远，二十分钟。"其实，我心里明白，就是用最快的速度行走，也需要四五十分钟。故意把时间说短点，是让他们觉得有希望，激励他们的斗志，属于善意的谎言嘛。

苟老大蹲在一堆积雪处，悄悄地点燃一根纸烟，猛吸几口，对我说：“像你们这样的速度，恐怕一个小时也到不了。”

在我的记忆里，黄草坪距离财神岭已经很近了，只是迈开腿脚的事情。

苟老大将烟头摁进雪窝里，说道：“这岭上原来有一座财神庙，不知道啥时候毁了，以前路过的人都会在庙里上一炷香，祈求财神保佑。”

小孟掏出一个小本本记着什么。她问我这里海拔多少，末了说了一句：“人生就像是爬山。”

我说：“你是用心走，所以才会有这么多的感悟。当我们耗尽体力站在高山之巅，那是怎样的一种幸福。那种滋生于心灵深处的幸福感，是无法用语言来形容的。那也是一种不可能被我们重复的独特韵味，这种审美愉悦也无法用别的东西替代。正像你说的那样，我们从山脚下开始攀爬，通向顶峰的路径就好像我们的人生，一步步走来，经历过无数次的迷失和痛苦之后，看见了前方的柳暗花明。翻越坎坷，重复着痛苦的过程，然后到达平坦的境地。这攀登的过程，与我们生命中的奋斗历程相契合，经过锲而不舍的努力，最终我们攀登到了顶点，达到了事业的巅峰。成功的喜悦将伴随着我们的旅途。这样，才给人生的攀登赋予了更加积极向上的意义。”

小李笑着站起来说道：“你总结得太对了，我心里现在就是这样的感觉，只是没有合适的语言表达出来。”说完举起摄像机在垭口四周拍摄。

老刘坐在背包上，皱着眉头望着远方，默不作声。我递给他一杯热水，他接过后，轻轻呷了一口，然后将杯子递给老季。老季一口喝完杯子里的热水，将冲锋衣紧紧裹住身体，只露出一双眼睛，对着兴隆岭的方向自言自语道：“说得没错，人生就像爬山。”

偶遇羚牛

垭口上枯草连天，寒风抖动着千万片细小柔弱的草叶，苍茫天地在死寂中凝固着生命。远处沟壑里的黄草坪被罩在一片朦胧之中，云雾在峡谷里翻滚沉浮，模糊了兴隆岭峰峦的轮廓。冷风飕飕地吹来，大伙儿浑身哆嗦着，挤在南坡背风处休息，希望阳光能从云缝中钻出来，给我们送来一点儿温暖。

我看看时间，不早了，招呼大伙儿动身下山。我在前面带路，苟老大负责压队。我一边走，一边对紧跟在身后的小杨说："想看到动物就不能走在后面，跟我走。"小杨一开始还能跟上我的步伐，可是拐了几道弯后就不见人了。我控制不住脚下的速度，一路狂奔，在古老的山径小道上。

盼望着扎营，盼望着美酒，盼望着歇脚。

周围仍旧是那样的安静，在一个人的世界里奔走穿行，古道延伸至宽阔的山谷便不再陡峭，缓缓地弯曲在冷杉林中。落地的松针铺就了古道的深槽，我在沟槽中趔趔趄趄，眼看乌云四起，天空飘起了小雪花。相对于北坡，南坡略微暖和，不一会儿，雪花就变成了小冰粒，将林木草叶打得沙沙作响。树林里的光线也渐渐暗了下来，虽然一个人行走有点儿害怕，但是疾走的脚步却没有慢下来的意思，想到身后就是我们的队伍，也就有了胆量。

正走着，右前方灌木林里传来一阵响动，我浑身打了个冷战，汗毛竖起，背后渗出一股冷汗。停住脚步，仔细听动静。响声又起，"噼里啪啦"折断树枝的声音。我心想，这绝对是个大家伙。我开始下意识地往后退，边退边取照相机，刚退几步，就听见身后一阵响动。猛回头看，只见一头白色的大羚牛向我冲过来。

羚牛

说时迟那时快，我迅速往侧面一跪，四肢并用钻进左面山坡的密林里。羚牛站在路上盯着我，距离只有五米左右。

我窥视着羚牛，不敢乱动，心里在想，后面的小杨此时千万不要过来，她穿着红色的衣服，肯定会更加招惹落单的羚牛。好在羚牛和我对视了一会儿就拐上了左面的山坡，落魄的我从树林里爬出来，目送羚牛消失在山林之中。

在我惊魂未定时，小杨走了过来，她问我咋了，脸色那样难看。

我说："你看，朝那个方向看。"

"什么啊，看什么？"

"羚牛，一个大家伙。"

"没有啊。"

于是，我给小杨讲述被羚牛追逐的短暂经过。听得小杨直喊后悔，埋怨我没有叫她。

我说："那时候哪里顾得上叫你，这就是走在前面的好处啊。"

"什么好处啊，被野兽追逐的乐趣吗？"

"偶遇到了野生动物，说明良好的生态系统又得以恢复，你说能不开心吗！"

小杨默不作声。

我终于理解了苟老大不敢一个人原路返回的原因了。

想起了上午老楠对我说的话："你们千万不要让苟老大原路返回，他没有牛老大那样的胆量，他特别害怕羚牛，因为他弟弟就是让羚牛顶死的，他对羚牛有一种根深蒂固的恐惧感。"

黄草坪客栈

山谷底部是一片平展开阔的川道，平坝上长满了枯黄的羊胡子草，开阔的草甸上有一片片被羚牛踩压过的痕迹。千年古道将草甸与森林分隔开来，偶尔还能看到古道下垒砌的石头路基，基石上长满了厚厚的青苔，毛茸茸的苔藓将石头的缝隙遮盖，只留下一道灰色的石墙。因为长时间没有人行走，荒草和灌木将道路覆盖，远看没有路径。

河谷中央是一条清澈的溪流，清凌凌的河水从南面山谷汩汩流淌而来，穿过茂密的冷杉林，一路向北流去。乍一看，这里的景色很像川西：一溪清水穿越森林，周围雪山相伴，冷峻秀逸，非常美丽。

河流有六七米宽，水中有一些石头可供过河。河对岸有两排废弃的房屋，是原来林场的宿舍，除了一圈红砖墙体外，什么也没有了。空洞的门窗，残破的建筑，荒芜的景象。

大家陆续过了河，老季说："过河时掉到河里，幸亏鞋好，没有进水，但是外挂的睡袋全被水泡了，非常郁闷，今晚怎么办。"我拍拍他的肩膀，安慰道："没湿身就好，今晚保证让你睡个暖和觉。"

苟老大在废弃房屋的一角生起篝火，大伙儿疲惫地围着篝火取暖休息。我打起精神，一边在篝火上烤烧饼，一边让老季烤睡袋和鞋子。

虽然很累，但还是要鼓起劲来支起三顶帐篷，好让他们更换衣服。把原本给苟老大准备的睡袋调剂给老季使用，将自己的羊皮褥子给苟老大当被子，安排停当后，我坐在墙根开始做饭。吃面之前，老刘支起炉子煮了一锅粟米羹，一人一碗，先暖和身子。切了一堆酱牛肉，喝了一杯冰冷的白酒，身上没有暖和起来，反倒冷得发抖，背来那么多好酒，竟然没有人喝。

热了炸酱，开始下面，一锅一个人，连续煮了七锅。面香风先知，不一会儿营地上空就飘着一股诱人的味道。"炸酱面真香！"还没吃到嘴里，就得到大伙的一致好评，香喷喷的炸酱面让大家直夸陕西的面食就是好吃。大伙真是饿坏了，一锅锅面出锅，便是风卷残云般被立即消灭，眼前完全是一派狼吞虎咽的场面。

老季边吃边问老苟："这地方过去应该有客栈吧，路人走累了，走进客栈吆喝掌柜的来盘牛肉，来碗老酒，再来一大碗面。吃过喝过，泡个热水脚，爬上热炕头，钻进热被窝，那个美啊！"

老刘说老季在做梦。

小杨守着篝火，对老季说："你所说的都是官驿里的待遇。山野客栈有一碗热汤让你喝就不错了。估计邮差走到这里也只是凑合一夜，天明赶路去华阳好好休息一番。"

说到天明赶路，我想今天大家都走得很累，便督促大家早点儿休息。苟老大将篝火浇灭，钻进我的帐篷。我今晚和苟老大睡一个帐篷，担心他冷，将我的羽绒衣盖在他身上，问他冷不冷。

苟老大裹着羊皮褥子翻个身说："没有想到，在这个地方还能盖上羊皮褥子，舒服得很，一点儿也不冷。"

隔壁帐篷的老刘问苟老大："这里的树是不是后来种的？"

苟老大回答："现在的林子都是后来飞播造林种的，原来的林子好得很，记得我小时候去华阳走亲戚，从这里经过，老林（原始森林）像是一堵墙，密不透风。道路很窄一条，走在里面周围啥都看不见。后来林场伐木的来了，几年时间就把老林砍完了。那些大树个个都几十米高，一个人都抱不过来，可惜了。"

我说："那时候也是经济建设的需要，只要从现在开始认真落实天保工程和退耕还林的政策，过不了几十年，这里依旧会林木参天，恢复原生态。"

老季呼噜了几声后醒了，叫苟老大："老苟，咱们住的地方原先肯定有旅店之类的房屋吧。"

苟老大应承着说："那有，一排三间木板房，是一个黄柏塬的人在这里开的店。那时候，走路的人晚上基本上都在这里歇息。店里哪来的面，有一碗苞谷珍、锅盔和腌野菜就不错了。二十世纪七十年代，108国道修好后，走这条道的人就少了，后来林场来了，开店的人就走了。"

老季问苟老大："过去邮差也都从这里走吧？"苟老大摇摇头说："不知道。"我说："那肯定了，从汉中到西安，或从西安到汉中，这是一条必经之地。因为这条路是所有蜀道中最便捷的一条，至少急件应该从这里走。"

老刘似乎从梦中刚醒来，说道："普通邮件或慢件可以走褒斜道、陈仓道、子午道，快件肯定走傥骆古道。古时候，时间不是一个概念，整个社会都在慢悠悠地打发时间。"

也许是喝了白酒，前半夜我燥热得睡不着，使劲喝水，而后半夜又冷得睡不着。我蜷缩着身子，思绪在漫漫长夜里游荡，等待天亮。

帐篷里温度是零下二摄氏度。

冰封兴隆岭

圣洁的兴隆岭

天刚麻麻亮，我就和苟老大爬起来烧水做饭。

空中飘起了雪花，纷纷扬扬地落到了大地上。身处“十”字川道，没有固定的气流走向，那些没有方向的寒风乱刮一气，将漫天的雪花搅成了冰粒，冰粒又随风横扫过来，打在脸上，脸颊、耳朵生疼。看看阴霾的天空，我自语道：“雪啊雪，你要么不下，要下你就下大点儿。”

上午八点半，我们收拾完营地，告别黄草坪，向着高耸的兴隆岭出发。

先蹚过一条冰冻的河流，再穿过一片荒凉的草甸。此去兴隆岭有十多公里山路，看着云雾中的兴隆岭，感觉不是很远，可是走起来就不是那么一回事了。悠长的山谷，空旷而冷寂。很多山头都是光秃秃的，几棵冷杉树，孤独伫立在裸露的山坡上，像是谢顶的头发，稀稀落落。

河谷对面的树林被白霜紧紧包裹着，层层叠叠像是洁白的花朵盛开在峡谷和山脊之上，整个世界在蓝色天幕的衬托下，闪耀着晶莹璀璨的光芒。山坡上的积雪被风拂扬起来，轻柔地在阳光里飘舞，眼前所见恰是一幅立体的美丽画卷。

我凝视着这幅画，感慨道："这是一个真实的童话世界，是一座圣洁的天堂。"我完全被眼前的景色惊呆了，无法挪动自己的脚步。

苟老大带着大家从山坡下转过来，我问路对不对。

"没问题，没问题，只管走。"苟老大头也不抬地回答。

走到一个岔路口，苟老大追了上来说前面有岔路口，当心走错路。

雪地上有许多动物的足迹，大多是食草类动物的蹄印，还有大熊猫的脚印，我很想看到梅花状的动物脚印。苟老大说："吃肉的动物都没有了。"

道路上结了厚厚的冰，冰的表面积了一层薄薄的雪，雪粒起到了防滑的作用，走在上面省力不少。今年雪少，山路好走多了。回想那年元旦从这里走过时，雪深没膝，走得非常辛苦。

后面的队伍没有走大路，钻进了谷底的林子，顺着冰河往上走。我听到小杨在河道里喊叫："这里太美了，我们在童话王国里。"站在上方，可以看见他们一行人像几个红色的小沙粒，在白色的冰河上滚动。

跟着苟老大的脚印，我爬上了海拔两千六百零五米的兴隆岭垭口。

这里植物稀少，没有树木，一簇簇竹林，涌满整个山垭口。竹林间隙覆盖着厚厚的白雪，那间快散架的木板房仍然伫立在垭口上，只是被经年的风吹得倾斜了，房子旁边新立了一通石碑，上面什么字也没有，仔细看时发现是一块水泥碑。有点儿纳闷，古道上的建筑材料多是木头、石头或生铁，怎么会有水泥碑呢。

苟老大要我给他在这里拍一张照片，他说在这条路上走了四十多年，还没有留下一张影子。

中午十二点，所有队员都爬上了兴隆岭垭口。

大伙儿站在垭口向四面张望，突然苟老大诗兴大发，咏道："这里真是千里冰封，万里雪飘啊，山舞银蛇，原驰蜡象，大梁南北，惟余莽莽……"稀奇，我不由得脱口说道："老苟，你也被感动了，毛主席的诗词'背得不错'。"

在这银白色的世界，所有植物都挂上了晶莹剔透的雾凇，美极了。

北望财神岭，高耸在迷蒙的云雾之上；南望千山万壑之中的大峡谷，逶迤在

在兴隆岭上远眺

朦胧的雾岚之中。在这冬日耀眼的阳光下，我感受到了冷峻和壮丽，体会着历史的长风从我心中掠过的感觉。

站在兴隆岭的高处向下望去，山谷里是一条被阳光照耀得波光粼粼的河流，逶迤而去的河流闪着亮光，不知道是冰还是水，它像一条飘动的白纱，从兴隆岭一直飘到了遥远的天府圣域。

回望古道

站在这“野兽闻之而不能前行”的兴隆岭上，历史的悠然沧桑将我的思绪瞬间带回到千百年前的漫漫古道上，那个时代，有多少行人从这里过往……差役，邮班，背着文书信件风雨无阻地穿行在悠悠古道上；文人，边走边看，一边欣赏，一边攀爬，登上高山之巅后吟诗赋词；背夫，一路上苦苦支撑意志的，一定是那些细碎的银子……

老季拿着他那个长筒相机在垭口上拍照，不停地变换着位置。他一边对着三脚架上的照相机眯着眼睛，一边说道：“过去的邮差真不容易，翻山越岭，艰难跋涉，他们的工作肯定异常艰辛。”

小李摸着即将倒塌的木板房子说：“那些邮差步班走到这里，一定会走进这所木屋里取暖，喝点儿热水，休息一会儿，吃点儿干粮再继续赶路。”

“那时候哪来的热水，赶紧走。”苟老大催促上路，他擦了一把鼻子说：“这里原来有一座山神庙，后来被人毁了，老路没人走了，那庙也就没有啥用处了。”

跟着老苟钻过一片竹林，顺着小道一直走到了废弃的林场路上。林场大路将古道切割得七零八落，偶尔可以看见倒卧在蒿草中的指路石碑。钻过一片茂密的松树林，前面就是一个开阔的山谷。路过那个孤独的“兴隆岭哨卡”，停下脚步张望一番，房间角落里堆满了羚牛粪便。没有人砍伐林木了，哨卡也就失去了作用，和那座山神庙一样。

回望兴隆岭上白雪皑皑的峰顶，有些不舍，谁晓得这一离开，下次什么时间能够再来呢。

一口气走了几十里路下到山谷里，走过三里长的手扒岩古道，跳跃在河道的石头上，如镜的冰面映照着赶路人的身躯，我们奔走在历史的长河之中。

仰视岩壁上那一串悬空的栈道石孔，想起古籍中记载这段道路的文字：手扒岩栈道，上有千仞之峰，下临百丈之溪，湍流溯波，又澮激之……其险峻可见一斑。

苟老大说：“以前从手扒岩过，一定要扶着岩壁，一点点挪，危险得很。”

不知道什么时候我们来到了长青自然保护区，雪地上不再有羚牛的足印，除了一头黑色的大野猪狂奔过路面以外，就再也没有看见其他野生动物。野生动物很有灵性，凡是有人经过的地方，它们很长时间便不会再来这里。

回望荒无人烟的古道，风雪跋涉，除了惊心动魄的行走过程，还有探古寻幽、体验过往的历史情怀，以及沿途洋溢着的自然之气和旖旎风光。

不管老季他们是否找到了古道邮路的点滴印迹，绵绵古道终是令我缱绻难忘。

古道没有终点

沿途很多地名都是在历史上存在过的，现在却什么也没有了，剩下的仅仅是一个个名字。比如，窝窝店、大坪、小坪，在这些地方看不到人们活动的痕迹。五里一店，十里一舍，五十里一馆，一百里一驿的场景，也都成了历史传说。在古道上曾经有侠客的背影，背夫的脚印，将士的长剑，黄昏的炊烟……

下午四点三十分，我们来到了苍耳崖保护站，顺利办理完相关手续。继续我们的探寻之路，平展的路面反倒让我们的脚底板不适应而疼痛不止，为了赶时间我们不能停歇，计划天黑前走到华阳镇。老刘说："我们又不是古代人，我们也不是邮差步班，我们生活在现代，你却要让我们受如此之大的苦楚。"

小李揶揄老刘："你忘记了孟老夫子说的话了吗？"

老刘走得苦，连回答的力气也没有了，只是瞪了小李一眼。

想到傥骆古道千百年来的沧桑岁月，我的内心深处便产生了一种奇特的感觉。行走山野时，内心深处都会产生飞翔的感觉。同时，还会激情澎湃、热血沸腾。而在峡谷中行走时，沁凉的风儿从身旁轻轻掠过，似乎是一阵由远及近的历史长风。

傥骆古道就在这历史长风里坚如磐石地存在了一千多年，并且也一定会在我们的心里永远留存下去。

走到华阳镇天已漆黑，寻一客栈住下。第二天，带老刘、老季他们去了镇邮政所，所长去县城开会，老刘在这里盖了邮戳，说如果再有机会，一定让我带他们去走一次傥骆古道南段，我答应了他们。

我心里想着前方迢迢路途，想着八里关、棋盘关、剑门关、五丁关，想着成都平原……

空中飘来了一句话——他永远凝视着一片蓝天，远方已摄走了他的灵魂。

不知道老刘他们的古代邮路研究进展如何，挺可爱的一帮人。

写完这些文字，此次旅程才算正式结束。路途上曾有过的故事，和那期间所有的经历也从我的记忆中慢慢隐去，该过年了。

2009 年 1 月 21 日

古道新场说旧梦

——宁陕西道行

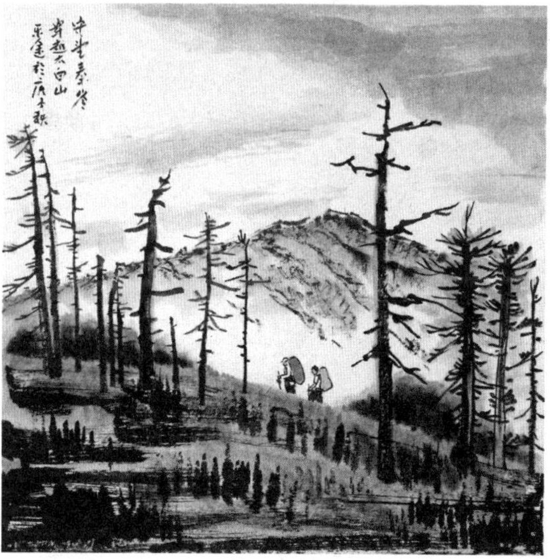

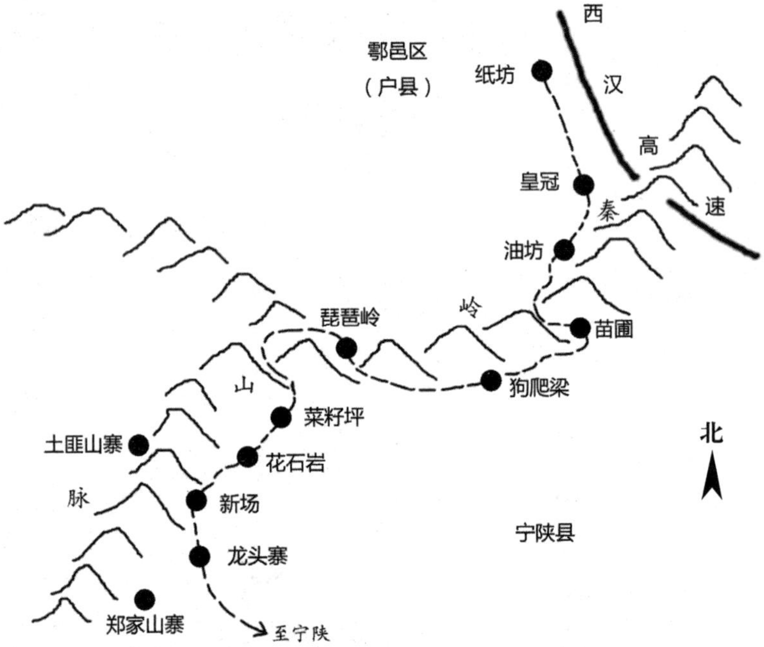

宁陕西道行示意图（乐途绘制）

宁陕西道

一晃，又是清明时节。看着天气渐暖中花红柳绿的世界，耐不住诱惑的保刚建议去秦岭深山寻找残留的宁陕古道。几个爱好相投的人立即积聚在一起，忙不迭地一头扎进了秦岭深山之中。

大山披上了新绿，峰峦绵延至远方。望着大山上那一片片茸茸的绿色，喜从心底起，爱意满眼帘。

高速路上，车辆疾驶，竞相往南方而去，向着远方那一片片璀璨的黄花。也许吸引他们的是江汉平原的美丽或者是成都平原的浪漫，道路有多长，旅人的足迹就有多长。

突然收到一则短信——祝生日快乐。差点儿忘记了自己的生日，一时间感动得差点儿流出了眼泪。

隧道像个大烟筒，一条长长的黑洞，吸引着黑色的尾气。汽车轰鸣了半天，好不容易来到了一个叫作皇冠的地方。

出了高速公路，车子在山间小道上盘旋、颠簸、摇晃。我望着窗外，寻找久违的快感。

周姐问："这里为啥叫皇冠呢？"

老孙抢着说："我知道。不过也是听人说的，记不太清了。大概意思是说，很早以前，这里是一块川坝，坝子上田野肥沃，阡陌交错，溪流纵横；山上树木茂盛，青翠欲滴，山涧潺潺流水，经年不断；山风拂过，谷浪滚滚，稻香阵阵，猴头菇、木耳，比比皆是，熊胆、麝香户户有贮，男耕女织，安居乐业……"老孙说了半天，也没有说出个所以然来。

方公子提醒老孙："大家让你说皇冠呢，你绕到哪里去了。"

老孙笑着说："我刚才那只是引子，正文还没有开始呢。"

他清清嗓子继续说道："你们看左边那座孤山，高不到百米，因其酷似帝王的帽子，故取名为皇冠。这里的河谷为皇冠峪。另外，皇冠附近山上还有很多巨石，亦酷似帝王的帽子，故名皇冠石。"

我没有看到所谓的皇冠峰和皇冠石，不管老孙说的是真是假，总算是有一个答案。

一眨眼的工夫，车轮已经碾过三道弯，扑入了油坊村地界。

坪坝上有一座古老的大宅院，保刚说：“那座古建筑是宁陕县著名的石家大院，清末咸丰年间的建筑。相比其他地方，这里保存得还算可以。听说以前石家人势力很大，也很有名气。”

看着流过眼前那片斑驳沧桑的古建筑，一种难言的思绪在内心搅动。多亏它藏于深山之中，才得以保全自己，实属幸运。

松花竹

透过湿润的空气，可以看到隐在一片翠竹林后面的几座农舍，白墙灰瓦的农家散布在山沟的坪坝上，点缀着山南水乡的春色。这画面太美好了。

这里是长江流域，属于南方，我已经嗅到了南方那特有的气息。湿润的空气携带着我的心，飞越千山万水，向着遥远的南方。

车辆驶入一条悠长的峡谷，就好像来到了另外一个世界。身处幽静的深山，感受着山水草木散发出来的别样气息，整条峡谷到处溢漫着清新的空气。树木山石被绿色的青苔包裹，清澈的河水在石缝间流淌，一丛丛翠绿的兰花铺满溪水两岸。山坡上覆盖着茂密的竹林，静谧中一两声悠扬的鸟啼，更显得美妙无比。这里会使人的大脑产生一种飘飘然的感觉，我的心在古道上飞翔。

出了峡谷，海拔高至两千多米。突然前方冒出许多砍竹子的人，一路走去绵延几十里，道路两旁已经堆积了无数的成捆竹子。那些被老板雇请来的山外人，将约一点四米高的竹子砍下，拖到山脚，扎成一个个竹扫把，然后平铺在用石头垒起的大炉子上烘烤，将叶子的水分烘干后装车外运。

询问老乡这是什么竹子。

回答：“松花竹。”

泥泞狗爬梁

道路崎岖难行，车底盘被磕得“砰砰”响，我们还得时不时下车齐力推动笨重的汽车。飞旋的车轮常将碎石烂泥甩起，甩溅到我们身上，使我们看起来就像一个个泥人。走走停停，好不容易来到了狗爬梁垭口附近，不承想一辆拉竹子的大卡车在窄窄的山路中间抛锚了。更换发动机，大动作，不能等，我们尝试着从旁边悬崖的虚泥里往上冲。

冲了几次没有成功，搬尽了附近能找到的石块，垫在泥窝里，汽车轰鸣着，摩擦着泥土，发出刺鼻的橡胶味儿。趴在大卡车下面的司机实在看不过去，喊叫我们：“你们不要白费力气了，车子底盘都垫起来了，轮子在空转呢。”于是，我们继续将泥坑往上垫。

那几个修汽车的人，看见我们这样狼狈，淡淡地说：“底盘碰上了，倒下去再开。”得到了真心指点，我们千恩万谢后开始倒车。往坡下倒退了十几米，大伙儿各就各位，撅起屁股用吃奶的力气一边推一边嘟囔：“这地方怪不得叫狗爬梁呢，连狗都难爬过去的地方，我们当然更难走了。”

最后一次尝试，横竖要冲上去，油门狠加，泥巴飞溅，左摆右甩地终于冲将过去。吓得那些修车的人惊叫：“往回打，往回打，当心崖！”

走过泥泞的阴坡，前方晾晒在阳光下的山路就好走多了。

逃离了狗爬梁，飞快转过一道山崖，重新进入幽静的深山的怀抱之中。四周高耸的山峰生长着绿油油的落叶松，那些新嫩的绿色层层叠叠地铺满陡峭的山崖，色彩对比强烈，使得原本苍凉的高山也显得郁郁葱葱，生机盎然。

海拔不断升高，远处黄桶梁光秃秃的山脊渐渐进入我们的视线。

虽有雄美的远山，可是路旁的红桦林却将那嶙峋的高山遮挡在模糊的视线之外。

收拾了车子，也该好好收拾一下我们的心情。

追逐原始

我总是很顽强地追逐着原始，寻找着人类的回归之路。

行走山野，我为山中的一切，树木、花草、沙砾、石头、河流、爬虫、飞鸟所感动，不由得想起了人与自然的关系。我们来自山野，我们原本就是大自然的一部分。我们与自然之间应该是一种信任关系，是一种依赖关系。

我们都喜欢大自然。

一眨眼的工夫，我们越过了海拔两千一百八十米的琵琶岭。岭上山崖陡峭，峡谷幽深。汽车在崖顶盘旋前行，穿过被云雾笼罩的垭口，一切都在绝壁的包围之中。山腰上的草甸灌木被一片阳光照得豁亮，远处的黄桶梁（海拔两千九百六十五米）白雪皑皑，在蓝天和阳光的映衬下，莹洁如玉，银光闪耀，巍峨雄奇，气势磅礴。山脊上的冷杉林挺拔茂盛，仰首傲视着世间的一切。

——我特别喜欢冷杉。

初次认识杉树是在一九七八年的汉中，我坐长途车走过勉县，被公路两旁笔直的杉树吸引，问同车的人这是什么树，回答说是杉树，是史前植物，和银杏一样，是植物界的活化石，很珍贵的树种。

保刚看了一眼冷杉树对我说："秦岭的冷杉也叫巴山冷杉，最高可达四十多米。冷杉油是一种香脂，是化工业少不了的添加剂。冷杉木质轻，容易加工，所以遭到的破坏最厉害。"说完后，他深深叹了一口气。

崖壁上常有亮晶晶的冰瀑雪流旋，灌木丛中常夹杂着一些粉白色的花朵，像梅花。花儿在风中摇曳，风姿绰约，不知道是什么花，我问保刚："这是不是桃花？"

保刚说："不是桃花，好像是雪梅。"

雪梅，没有听说过。看着那粉色的花朵在风中摇曳，以及随风飘落的花瓣，心生爱怜，叹息随风飘落的生命，在心中挽留着那种万种风情的灿烂。

菜籽坪的桥

一路盘旋下到谷底，颠簸到了一座桥头。

“桥头”是一个地名，位于菜籽坪东头的蓝桥边。第一次来到桥头是二〇〇二年的夏天，那年王领导带领一支户外探险队在菜籽坪南边的花石岩村探洞，路过菜籽坪时将相机遗忘在了小商店。此行便是受王领导委托来菜籽坪林场小商店寻找她遗失的照相机。我在西安买了水果，按照王领导画的线路图，亲自驾车翻山越岭辛苦跋涉到菜籽坪。那年正好遇上百年不遇的特大洪水刚刚横扫过秦岭，许多道路被洪水冲毁，好在那时还有林场道班在维修路面，可以勉强通行。

赶到菜籽坪已经中午，先去招待所食堂吃了一大碗臊子面，然后再去对面平房找到商店老板曹林峰，那架傻瓜胶卷照相机完好无损。

我问老曹：“林业局已经搬走了，您这商店把东西卖给谁？”

老曹叹口气说：“还有一些人没有走，赶天冷前，我和他们一起出山。”说到这里，他递给我一支烟，用很忧郁的表情说道：“我在这里干了二十多年，真还有些舍不得离开呢。”

第一次走过黄桶梁，就被那里的美景所震撼。站在垭口凝视许久，我发誓还要来这里。

第二次去菜籽坪，那里好像恢复了一点繁荣，原先在招待所食堂工作的张大妈两口子在桥头开了一个小饭馆，主要是为修建西汉高速公路的工程车司机们服务。吃过喝过，和张大妈告别，张大妈夹着一根纸烟，站在小饭馆门前高高的台阶上用纯正的东北话对我们喊道：“下次路过，一定来啊！”

后来，又在张大妈那里吃过两次饭，最后一次和张大妈告别时，她还是那句话：“下次路过，一定来啊！”

一晃就是几年，再来这里时，桥头饭馆已经人去楼空，陈旧斑驳的木门上挂着一把生锈的大铁锁，木板台阶上落满了灰尘和枯叶。我停下来，站在台阶上，想着以前路过这里，总会坐在木屋中喝一杯土蜂酒，吃一碗臊子面，歇歇脚再赶路的情景，不免叹息。

石桥四周已经长满荒草野蒿，桥栏杆破败不堪，石柱上早已是石锈斑斑，应该很久没有人走过这里了。

漫步桥上，举目四望，四面环山的平坝上静静地伫立着许多废弃的建筑物，空荡的大院里长了高高的荒草。自从天保工程实施以来，伐木工们放下了手中的刀锯，从那以后菜籽坪便荒芜了，只留下了无数有关宁西林场的故事。

蓝桥边仍旧有几棵老柳树在微风中扬着细柳枝叶，垂在溪流之上与怪石清流相映。岸边草丛中五颜六色的小野花散发着芬芳，大景虽荒，小景依然。原本一座很普通的石桥，却被人冠以一个文雅和浪漫的名字——“蓝桥”，引人浪想。

王茜问：“为何叫蓝桥？”

熟知宁西的保刚立即引经据典解释“蓝桥”的由来：“唐朝时，白居易去汉中路过菜籽坪，被这里绿水盈盈、清碧诱人的景致所吸引，写下了‘蓝桥春雪君归日，秦岭秋风我去时’的诗句，后人就把这里叫‘蓝桥’。”

老孙笑道：“白居易所说的‘蓝桥’恐怕和这个蓝桥不是一个地方吧！”

保刚笑着掩饰道：“只要是秦岭里的都一样。”

蓝桥一词很顺口，想到蓝桥，人们就不免想到浪漫和爱情，难道这就是人们无意中的感情寄托吗？

我记忆中的蓝桥，四周长满了苍翠的油松，高大的树冠遮天蔽日，挺拔的树干直指蓝天，蓝天绿水，风度潇洒，天籁多情。

我坐在清冷的古桥头，沐浴在徐徐春风里，嗅着悠然飘至的野花香，久久不愿离去。大脑仍旧在浮想联翩，恍若看到曾经的古道人家。松涛声起，响声似低吟的歌声。风声渐停，耳旁又传来隐约的虫鸣，蓝桥在悄然之中又恢复了往日的宁静。

桥头那边传来王领导的呼唤声，出发的号令划破了宁静的坪坝，将我的思绪拽回到现实之中。

哦，小桥依然映旧痕。

生日

离开蓝桥，荒野幽静中的菜籽坪便从我们依恋的视线中慢慢消失，古道的荒芜让我失去了遐想的欲望，空旷冷寂中寻找不到一丝古韵味道，只好一路向新场奔去。

路过一个林场检查站，下车登记，林场值班员说：“让你们登记，也是没有办法，去年一个冬天没有下雨，山里旱得很，设卡也是为了山林的安全。告诉你们车上吸烟的人，一定要注意防火，配合我们的工作。入冬以来，我们每天二十四小时值班也不容易。”

我和值班员握握手，对他说：“请您放心，我们一定注意防火安全。”

上车后现场办公，我立刻开始给吸烟的老孙、阿树、方公子和保刚恶补环境保护课程。老孙和阿树在环保部门工作，对他俩普及环保知识，好像有点儿班门弄斧。

一个小时后，我们来到了花石岩村。花石岩村因为有一座五彩斑斓的岩石而得名。巨大的花石岩耸立在村旁，岩体虽不是非常雄伟，但也俊俏而有气韵。岩壁上自然形成的褶皱图案夹杂在苔藓和草丛中，远看去似乎有山脉、流水、飞云，看什么像什么，十分奇妙。

长久以来，我在外出旅行时有一个原则——有困难找政府。

村主任是基层自治组织——村民委员会的负责人，来到山村，第一个要找的就是他们。路旁围着一堆人，我过去打听。村主任媳妇认出了我，她说：“你来过我家。”我努力在脑海中搜寻着记忆中的印象，认识太多的村主任，实在想不起来。一般来说，全村最安全的地方不是学校就是村委会和村主任家。我们决定，今晚在村主任家门前扎营。

日落西山，安静的川道里升起炊烟，青烟缭绕在农家的屋顶，烟雾遮罩了山川，四面山色朦胧迷离。天未暗，月升起，整个坪坝沐浴在温柔的月色下，显现出一片淡淡的灰蓝色。

奔波了一天，肚子早已饥饿难耐。我们借用村主任家的厨房开始做饭。周姐趴在灶头上做了一锅绝顶美味的大烩菜。我从装备袋里拿出砧板、菜刀、冰袋、牛肉、调料、木炭、烤炉。然后，以最快的速度切肉、腌肉、串肉、烤肉……不一会儿，烟熏火燎中，一串串香喷喷的烤肉源源不断地供给这些眼睛发直的吃客。当然，我们也不会忘记与周围的老乡们一同分享美味佳肴。

突然间，王领导摇晃着头灯，唱起了生日歌。一时间，我瞠目结舌，竟然忘记了今天是自己的生日。于是，很激动地拱手谢谢大家的祝福，生日能在这里度过，有这么多的朋友陪伴，有温柔的月色，有数不清的星星，还有响彻夜空的祝福……这个生日过得太幸福，歌声湿润了我的眼睛，今岁足矣。

王领导悄悄拉过我的左手，给无名指戴上一枚戒指，小声说道："祝你生日快乐。"

花石岩夜话

老孙烟瘾犯了，到处找商店。村主任老全告诉他："我们这里没有商店。"

没有烟抽，老孙那个郁闷呀，像丢了魂似的问老全："没有烟了怎么办，今晚怎么度过？"老全看着老孙的样子也不忍心，说等会儿我给你去买。一会儿他叫来一个村民，陪他一起骑摩托去十里以外的新场乡给老孙买烟。阿澍说，这烟买得动静也忒大了。

半个小时后，老全从乡上回来，将两盒香烟递给老孙，然后拉个板凳坐在我旁边。老全指着烤炉里的木炭说："你知道最好的木炭是什么木材烧出来的吗？"

我摇头。老全说："烧木炭最好的材料是铁甲木和槭铁甲木。铁甲木的叶子是圆的，并且带刺。槭铁甲木的叶子像柳叶，不带刺，过去山里烧木炭的很多，现在都看不到了。"

我点点头，想努力记住这些植物的名字。说实话，相比植物来说，我对野生动物更加关注。

我问老全这里的野生动物还多不多。

老全点着一根烟回答："有，不多，冬天能看到羚牛。熊猫，我这一辈子就见过一次，稀罕得很。听老一辈子说，过去我们这个地方熊猫多得很，后来就少了。记得一九八五年夏天的一个下午，太阳快落山的时候，一只熊猫下河喝水，可能是渴坏了，喝完后并不急着走，它休息了一会儿，继续再喝。当时我们一个村子的人都跑去看热闹，那熊猫发现很多人在周围看它，但它还是不想走，不知怎么回事，那熊猫在河边一连待了几天，五六天后熊猫走了，没人看见它去了哪里，反正就是走了。后来，听采药的人说，那只熊猫顺着大梁去了两河。”

我转过话题，对老全说：“现在国家政策对农民好，你们赶上了好时光。”

全主任与我遇到的所有农民一样，立即竖起大拇指，称赞共产党好，政府政策好。

老全笑着说：“现在政策对我们农民真的好，我们这里一九九九年就开始退耕还林，那时候一亩地一年政府给农民一百四十元补偿款，到二〇〇四年就涨到了二百四十元。另外，我们每年每个人还有二十元的除草费。

老全指着北面的大梁说道：“那是啊，所以我们感谢党和政府。听说过两年高速铁路要从我们这里通过，钻隧道，从柴家关出，到那时候，我们的日子就会更好了。”

我问老全：“上次我来，乡上领导说这条路是子午古道的一部分，我不相信。你说，这里有到平原的古道吗？”

“有呢，我小时候就跟我爸走过。”

“走哪里？”

“从菜籽坪过去翻秦岭大梁走田峪，出去就到户县的九焰乡，一天就可以走到山外。”

“一天，从哪里走？”

“就从这里走。”

“天哪，山大沟深，大梁上根本看不到人类活动的任何痕迹，更别说古迹了。”

老全说：“有啊，梁上有古道，从梁上往西走就是玉皇庙，玉皇庙过去就属于周至县马召镇。从大梁往北走就是田峪河，夏天田峪危险，我们就走秋木庵入西河，六十多里路，多半天时间就到了，从西河走涝峪都是大路，好走多了。”

老全说到这里，走过来蹲在台阶上，递给我一支纸烟，点着后说道：“我记得大梁上还有古道的痕迹，在公路上面，明显得很，一般不知道的人是看不见的。

那都是石板铺出的路面，古人能行啊！从这里走大梁沟、钢铁、张家沟、大慈沟、火地塘、关口，一路走还可以去宁陕县，从新场到皇冠也就三十多里山路。”

我问花石岩村的历史，老全说他也不知道有多少年，反正全村三千多人绝大部分祖上都是外地来的。他说小时候走秦岭，山里到处都有人住，秦岭大梁南北隔不远就有客店，反正只要有一点平展的地方就会有人住。

我问那些人怎么生活。

老全说：“种洋芋和苞谷啊。”他停了停又说：“后来年荒了，都迁走了。”

说到荒年景，老全的眼光突然暗淡呆滞，不知道在想什么，我转个话题问老全：“新场的郑家大院怎么越来越破败，难道没有人管理吗？”

老全给我斟上一杯热茶水说道：“谁管呢，那个地方名义上属于林场。其实，并没有人管，乡上又没有权力管。破坏得厉害，值钱的东西都拆完了，一年不如一年。”

黑黢黢的大山围住了花石岩坝子，深邃的夜空繁星点点，一弯月牙被朦胧的光晕笼罩着，冷寂如银的月色洒满坪坝，整条川道被淡淡的霭岚笼罩，偶尔传来一两声狗叫。上梁河从山脚下流淌过，那千百万年来不变的风声在山谷中回响。无限的寂静中，不时传来昆虫的鸣叫和夜鸟的啼声。我躺在帐篷里，枕着深沉的山籁而眠，此时流过脑海的会是什么呢？

——也许会是那个流过岁月的莹莹旧梦。

震撼人心的花石洞

早晨天不亮就被鸡鸣声吵醒，听见老全媳妇在厨房切菜、烧火的声音，我起身拿上相机想去村里拍老房子。清晨的平坝上寒气逼人，哈气成霜，河边荒草中两只野鸡惊慌失措地飞起。远远看见老全一个人在田地里锄地、刨石头，我走过去蹲在地头，向老全打听村子里还有没有老房子。

老全放下手中的锄头说：“你说的那种老房子早就没有了，现在大多都是后来改造的房子。二〇〇八年汶川大地震时，我以为是火车开过来了，心想我们这里怎么会来火车呢。跑出门一看，我的妈呀，是地震！就那一震，好多房子都裂了缝，成了危房。”

河对面两户人家的屋顶冒出了青烟，川道无风，炊烟沉在半空，形成了一条长长的玉带云。

朝阳终于一蹦一跳地爬上了山顶，四射的光芒将温暖洒向清晨的山谷，原本冷清的山村瞬间充满了勃勃生气，鸡鸣狗吠中不再有万籁俱静的神秘。仰望秦岭大梁，优美的曲线呈现出飘逸的舞姿。

吃过早饭，邀请老全带我们去山上探洞。

路上老全说：“我们这里有两个山洞，一个叫花岩洞，一个叫神仙洞。花岩洞里的石头个头小点儿，洞里有河流。现在水不太冷，夏天水冷得很。那些石头只有在洞里看才有感觉，出了洞就不好看了。神仙洞里的石头大一些，洞也大一些。过去好多人来这里偷石头，那石头叫钟乳石，现在县上出钱给洞口封上了铁门。两个洞面对面，一东一西，都是老天爷安排的。”

我们顺着一条山间小道攀爬了半个多小时，来到了半山腰的花岩洞，洞口有一座废弃的茅棚，据说是务香菇的人住的。花岩洞的洞口很小，需要弯腰趴着进去，洞口里面是一汪水池，得脱了鞋子，光着脚丫子蹚着冰冷的水，匍匐着钻进那个狭小的洞口。洞口里面是一个略微大一点的山洞，顶部和岩壁上吊着许多乳黄色的钟乳石，非常好看。

走过这个山洞，再爬过一个狭窄的小洞，我们又来到一个更大的山洞。这个山洞比刚才那两个山洞更大，许多钟乳石从顶上垂下来，一直垂到水里，侧边的岩壁则是整体悬在暗河之上。幽静的暗河曲折蜿蜒，石笋林立，身在洞中，宛若进入一座仙宫。顺着暗河继续往里走，再翻过一道狭窄的石缝隙，就

花石岩山洞

能听见“滴答滴答”的滴水声，用灯光一照，我的天，不敢相信自己的眼睛：眼前是一个非常大的山洞，像篮球场一样大，一根粗壮的钟乳石柱子从顶部直通下来，悬在清澈的水潭上面。

穹庐顶部淡淡飘洒的瀑布形成一片透明的水帘，从几十米高的洞顶倾泻而下，无数水珠轻轻地落在底部的水潭中，溅起无数水花，浸满洞底的水潭有半米多深，清澈得能看见水底的每一粒沙子。

虽然站在水中腿脚被冻得刺痛，然而，还是被山洞内奇妙的景观所吸引，流连忘返。

一池碧水，清澈晶莹，倒映着那根千百万年的钟乳石，鬼斧神工的大自然创造了眼前的一切。我仰视着布满山洞顶部的形态各异、造型奇特的自然造物现象，再次被大自然的神奇杰作所震撼。我的心理和精神都为之感动，美的愉悦是感悟后的结果。

神秘的神仙洞

离开花岩洞，我们在老全的带领下跨过了上梁河，钻过了一片竹林，再爬上陡峭的山岩，来到了一个被铁栅栏封锁的山洞口。老全拿着钥匙费了好大劲儿才把生锈的铁锁打开。这个山洞要比花石洞大一些，里面有很多侧洞、偏洞，特别容易迷路。为了保证大家的安全，我把头灯交给老全，让老全给我们带路。

洞口依然很狭窄。大家慢慢往里爬，进去几米后，山洞突然变得很高大，连头灯的光束都探不到洞的尽头。没有光束的着落点，让人感觉异常空洞，就连小声说话都有了长长的回声。我们跟着老全，顺着一个陡坡下去，站在一个不大的石头上，四下里张望，到处是黑洞洞的深涧，不敢迈步。老全告诫大家一定要小心，千万不要乱走动，万一走丢就危险了。我们紧紧地跟着老全，不敢有半点儿差错。我们在迷宫似的洞穴里转悠了许久，曾经的暗河已经干涸，蜿蜒的洞底铺满了碎小的鹅卵石，洞壁上有被水侵蚀过的痕迹，说明这个山洞曾经有过湍急的水流。

突然，一群黑色的蝙蝠无声地从眼前飞过，吓得王茜一屁股坐到石头上，“哇哇”乱叫。那些蝙蝠飞到山洞的顶端，脚底像是长了吸盘，紧紧吸附在光滑的岩壁上。山洞底部铺满了灰黑色的蝙蝠粪便，潮湿而腥臭。

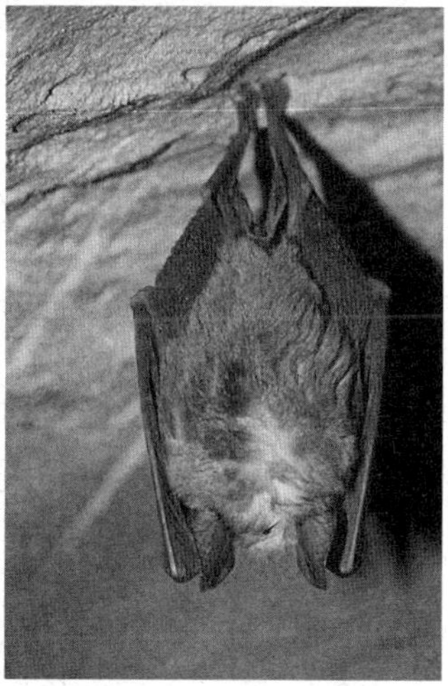
山洞里的蝙蝠

比起刚才那座山洞，这个山洞显得巨大而空旷，钟乳石的造型也更加粗犷豪放，彰显着雄性的阳刚。相比之下，对面的花石洞则显得温柔妩媚了许多。

钻出神仙洞，已经日上三竿，大伙儿返回村子。女队员们不顾疲劳下厨房做饭，男队员们收拾营地。吃完香喷喷的午餐，已经是正午时分，山谷里万籁俱静，一只喜鹊站在枝头“叽叽喳喳”。山民们无事可做，各自坐在自家的台阶上打盹儿晒太阳。环顾四周，像是看一本慢节奏的小说，透过字里行间的描述，享受着书中的宁静时光。

羡慕他们的生活节奏，悠闲自得，我多么想忘掉腕上的手表，遵循自己心中的罗盘行事。

花石岩—菜籽坪至两河一线的狭长地带，分布有大理岩、结晶灰岩、白云质大理岩、夹板岩、红黄色泥质灰岩、石灰岩，溶洞就出现在这一狭长地带之中。

问路大王寨

史料记载：大王寨位于宁陕县两河区新场乡附近的危峰林莽之间，始建于清朝道光年间，原名观音寨，是当地一家姓陈的地主为躲避土匪骚扰刻意修建的堡垒。修好后，陈家并未来此居住，寨子长期为彭元洲等一帮土匪占有盘踞。这伙土匪后来被国民党预备团消灭。

来过几次新场，一直没有机会去那座土匪山寨看看。今天我们特意为了这个传说中的土匪山寨而来，无论如何也要看一看它的真面目。为了顺利找到大王寨，我们在新场乡四处打听它的准确位置。从三角地一直走到老街，询问一个背竹篓筐的老人，能不能带我们去土匪山寨。老人看看我们，心有疑虑地指着那座山说：“我老了爬不动了，你们另外找人吧。”又碰见一位大嫂，向她询问土匪山寨的位置。

大嫂指着对面的山崖说：“在那山尖上。”

我问她：“大嫂，您能带我们去一趟吗？”

大嫂笑着说：“我腿痛，走不成，给你叫个小伙子。”我说：“好啊，我们给他向导费。”大嫂走去老街道半天，回来对我说：“问了一圈，人家都不去。说山陡路滑，不好走。”我心里嘀咕，真的有那么难走吗？

我笑着对大嫂说：“大嫂，能不能麻烦您给我们带个路呢？”

大嫂指着穿着军胶的左脚说：“不得成哦，我昨天才从皇冠转回来。单趟三十里路，一天打了一个来回。六十多里山路，把脚扭了。要是能去，我就去了。”

没有办法，回到三角地，其他人也没有寻找到向导，大家很郁闷。小商店的老板指着对面山坡上一条小路对保刚说：“你们就从这里上去走十多里路，一直往山顶走就到了。”

三角地海拔一千二百八十米。

土匪山寨

找不到向导，我们只好自己出发。

一行人顺着山脊一直向上攀登，山路陡峭难行，两侧千仞绝壁，我心里不停地嘀咕，这么危险的路下来该咋走。走在尖峭的山脊上，常常得四肢并用，不敢向下张望，瞟一眼就心慌腿酥。大汗淋漓地向上爬，路上不停地想，过去陈家老少是怎样爬上去的，还有那些扛着沉重枪械的土匪们。

前方没有了路的痕迹，到处覆盖着枯枝败叶，需要仔细辨认才能前行。保刚担心茂密的竹林遮挡返回的路径，拿出白色的纸片一路做着标记。上山的道路异常危险，悬崖处处，断路时时，厚厚的腐叶虚掩着，走在上面非常危险，终于明

土匪山寨

白人家不来给我们带路的原因了。经过慎重考量，我决定让王茜和王领导在原地等待，一切以安全为第一目标，及时放弃是最明智的做法。

四下张望，想不通国民党的队伍是怎样攻上山来的。

经过两个多小时的艰苦跋涉，我们来到一处悬崖下。抬头看，一座高大的寨门和壮观的寨墙横在垴畔。由三块大石条框起的寨门悬在一米多高的石墙上，没有台阶，这门的确不好进。充当寨门的是一尺见方粗的石条，一人多高，两侧石柱上雕刻着一副对联。穿过石头垒砌的一条通道，前面来到一个平展的院坝，大概有瓮城的作用。钻过一片荆棘丛林，前面山头上是一溜儿高大的石墙，绕到二道门便是正院了，也是大寨。

山头很小，由于四面依悬崖砌了高大的石墙，中间垫平，一看就是人工整出来的一块几百平方米的平地。中间建有十几间房屋，有石板的，也有青砖的。看不见瓦片椽檩之类的东西，房间空地上生长着许多大树和灌木，彭大王的寝室应该是最大的那一间，不知道王氏和陈氏的厢房是哪一间。最后面建在山嘴上的房子应该是仓库吧。西面有一条石壕，还有瞭望孔。我试着看了看，只能看到远处的山头，好像没有什么实际用处。

站在厚厚的墙基上，看着脚下万丈悬崖，想不通石墙是怎样砌起来的，总不可能在悬崖上搭脚手架吧。海拔表显示这里一千七百八十米，我们从三角地到这里足足爬了垂直五百米。向山谷看去，河流，村寨，田地，一览无余。

现在这里已经完全是一片废墟。

方公子说："肯定是国民党部队将山寨捣毁了，担心谁再来这里占山为王。"

对爬山心存恐惧的保刚站在寨墙上说："攀爬的路上的确有几次犹豫不决想放弃，如果不是我们有着强烈的求知欲望，肯定是上不来的。"

一个小时后我们返回，下山的路上没有看到王茜和王领导。一个小时后我们来到三角地，先下来的朋友们已经支好了营地帐篷，开始准备晚餐，我的任务仍然是烧烤。

我们扎营的地方叫"盅嘴"。我问山民这是啥意思，他们都摇头说不知道。

天还没黑，我们营地便围满了看热闹的人群。一个抱着小孩的女人对她旁边的男人说："看他们还搭花花棚棚睡觉呢。"男的说："这个花棚棚可以背着走呢。"

一个老婆婆问一个中年男人："他们干啥呢？"

男人叼根烟说："他们烧肉呢。"

在人们的围观下做事很别扭，我希望天快快黑下来。夜幕降临，围观的人群渐渐散去。没有人围观，我们开始慢慢享用美味，一直到很晚，一直到那两间商店打烊，一直到月上中天。

古道新场

记得第一次来新场，以为这地名是一九四九年以后起的，但是自从在老街道看到郑家豪宅后，我感觉到这地方很有些历史故事可以探寻，至于为什么人们把这里叫新场，而不是旧场，我疑惑了很久。

后来看了《宁陕县志》才知道，清道光年间，此地盛产党参、木枋、猪苓，故商贾云集，俨然成市。因为定时间、地点进行交易，取新兴市场之意，新场因此得名。

正在呼呼大睡，被外面说话的嘈杂声惊醒，探头看时，商店门前已经聚集了许多人，三角地又热闹了起来。见到了保护站的老徐，他穿一身迷彩服，正准备与几个同事驾车去巡山。他建议我们去一趟龙头寨，距离盅嘴不远，几里路程。他说那个山寨是郑家为躲避土匪而修建的山寨，比这个山寨略低一点，好爬一些。接着，他又说："你不要看这里偏僻遥远，过去这地方还是繁盛过的。方圆几十里有很多古老的建筑，都是做买卖的大户人家。我们保护站正在麻房子搞生态旅游建设，以后可以到这里来玩。"说完后，老徐开车走了，去巡山，去完成他们一年又一年周而复始的山野保护工作。

在一位老人的指引下，我们过河来到永新庙，这是一栋很古老的建筑，挑檐和山墙上都是精致优美的雕刻，浮雕的内容不像是庙堂，更像是谁家的祠堂。敲门没有人应声，我慢慢推开了沉重的木门，厅里昏暗，什么都没有，拉开二道门，竟然发现一院子的鸡。面对如此豪华的鸡舍，几个人长叹一声掩门而去，临走不忘看一眼撂在墙根那个雕刻精细的柱石和墙上已经剥落的壁画。

沿着西河，我们一直往南去。

蓝的天，青的山，绿的水，清新的气息，让我们陶醉其中。

远远看见巍然屹立在山顶的龙头寨，高高的寨墙碉楼，竟然和藏区羌地的碉楼十分相似。那么高的石头建筑垒砌在绝壁之上，我不由得赞叹当年的建筑工艺水平，这样的建筑防范土匪足矣。令人费解的是，土匪来袭时，郑家一家老小是如何带着金银细软往山上逃亡的。

河北岸是曾经富甲一方的陈家大宅院，经过近百年的风风雨雨，现在的陈家大院也已经破败了。

破败后的陈家，只留下了后堂屋的一半，厢房和前堂屋早已经没有了踪影，后堂屋的四扇木雕门还完好无损，除了被常年烟火熏得发黑外，门扇中格上的"琴、棋、书、画"四幅浮雕还清晰可见。方公子想上去看个究竟，只可怜被那只凶狠的狗吓得不能走近。一位陈家的后人走过来对我们说："你们在这里看不到什么，可以去上面的祖坟看看，也许会发现一些你们感兴趣的东西。”

我们跟着老陈爬上屋后一座小山，山坡上有一座石砌的圆形墓地，墓地保存完好，按现在的标准，也算是“超级豪华墓地”。坟冢前的石碑两侧是一副对联，保刚蹲过去仔细辨认：吉地卜牛骡马鬣，佳城业孝子贤孙，横批是昌炻。

墓主人是清道光十三年（1833）人，原籍湖北黄州府黄冈黄河乡，同治十一年（1872）逝，太学生衔。陈家的后人对我们说：“以前房子还好，后来漏雨塌了，我们没有那个实力修缮房子，房子年久失修，肯定就会塌了。”

“政府不帮助吗？”我问道。

他笑着摇摇头：“政府还管你们家的房子啊。”

陈家大院的败落，就像中国历史上无数败落的建筑物一样，土木砖石最后都会化为灰尘，不留任何痕迹。从现场残存下来的陈家老屋看，当年陈家的建筑还是具有相当规模的。

离开陈家大院，看着田地里一位老者在太阳下扶着笨重的木犁，吆喝着行动迟缓的老黄牛。见此情景有点儿不解，便走上去问老者：“大叔，我一路走来看见人们都用木犁耕田，为何不用铁犁？”

老者停下来说道：“我们这里地薄石头多，用不成铁犁。”

我笑一笑，轻轻叹息一声。

秦岭，在你身后用几千年时间默默地守住陕南的一片散漫与宁静。最后，我沉醉在秦岭深山烟雨迷蒙的旧梦当中。

我会将路途作为我生命的驿站，默默守望旅途上的古韵。

2009 年 4 月 20 日

长安回望绣成堆

——子午古道单车行

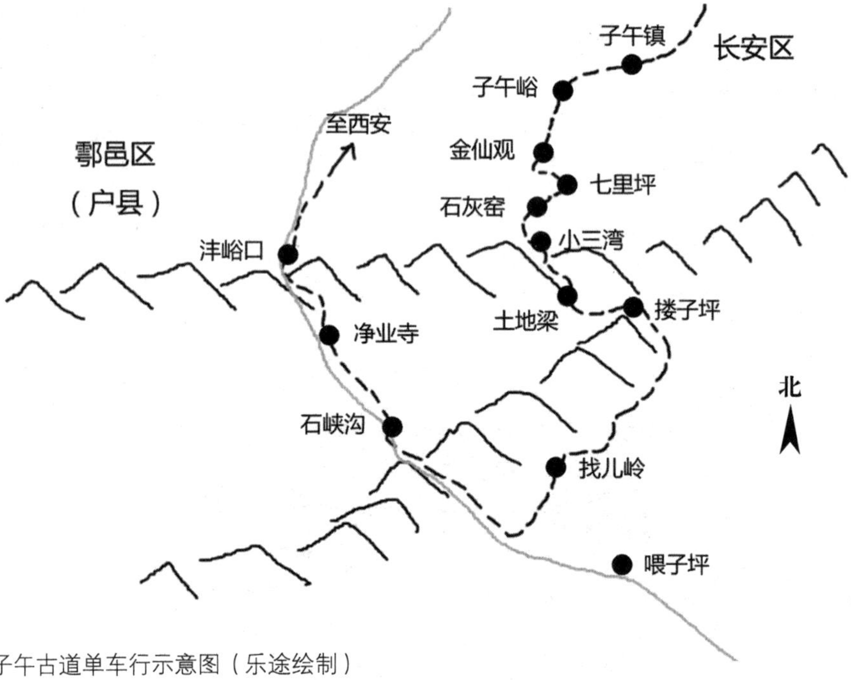

子午古道单车行示意图（乐途绘制）

时间过得好快，眼看春暖花开的季节就要过去，原本计划周末去咸阳沙河进行攀岩训练，收到岩友美美的电话，强烈要求周末带她去秦岭徒步野营，去领略秦岭山脉的美丽风光，体验野外生存的奇妙经历，尤其是想要过一把野餐露营的瘾。经不住她的再三恳求，我答应周六带她进山去走子午古道。

徒步穿越秦岭，并且还要野外露营，一般来说，至少需要两天时间，而我只有一天时间可以利用。思来想去，最好的办法就是用骑行代替徒步，用一天时间来个古道小穿越。一直没有走过子午古道，走之前我打电话咨询了喀什："准备带新人骑自行车走一趟子午古道北段，可否？"

喀什回答说："应该可以，最差的地方大不了连推带扛，适合一天行走。沿途既有美丽的风光，又有悠久的历史，很适合新人。"

告诉了美美我们周末要去穿越子午古道，她高兴地问子午古道在哪里，需要准备什么东西。

我说："就在长安子午峪，正对着西安，是七条古蜀道之一。因为唐朝皇帝李隆基给杨玉环运送荔枝，而为天下人知晓。"

美美随口说道："太好了，我知道那是荔枝道。"

我们约好周六早晨八点出发。

周六一大早，美美准时来到了集合地点。当看见摆放在她面前的两辆自行车时，她疑惑地问我："我们是骑车子去吗？到时候，我们把车子放在哪里？"尤其是当她看到我只背了一个骑行包时，更是不解地问："咱们的帐篷和睡袋都在哪里？"

记不清当时是怎样搪塞过去的，反正她相信了我的话，并且高高兴兴地骑上自行车出发了。

我骑一辆红色阿米尼，她骑一辆黑色大明，一路向城南而去。因为头一天认真保养了两辆车，又给大明车换上了越野轮胎和硅胶坐垫，美美欢快地踩着车子，享受周末假日带给她的轻松和惬意。

一路上我们走走停停，上午九点多才来到长安韦曲。路过常宁宫时，美美不慎摔倒崴了右脚踝，看着她疼得龇牙咧嘴，我建议取消此次活动，一起去医院拍个片子。

美美对我的建议不屑一顾，推着自行车一跛一拐向前走去，边走边说："不碍事，活动一下就好了，反正我坚决不回去。"

看着她的背影，我决定放弃穿越子午古道的计划，改变线路去咸阳和岩友们会合。我试探地问她："现在能否骑行，如果可以我们就去前面的子午镇转转，看一眼'子午古道'石碑。"她点点头，跨上自行车，一路默不作声地紧跟在我身后。

路过立元村，我们在青砖斑驳老旧的寨门口休息。询问村口的一位老汉，他说这个村子已经有几百年的历史了，寨门、寨墙都是清朝时修建的。纵览关中地区的村寨，已经很难看见这样完整的历史遗存了。

我担心美美受伤的脚，问她现在感觉怎么样，不行了就返回。美美说脚腕烧烧地疼，不过还能忍受。她拉起裤腿，露出已经肿胀的脚踝说道："虽然有点儿疼，但可以走，没问题，不回去。"

一路上，我都在放弃和坚持中徘徊不定，上午十点三十分，我们到达秦岭山脚下的子午镇。我不忍心再往前走，对她说："我们就去看看那通子午古道石碑，然后就返回西安。"

她点点头表示同意。

顺着环山路，我们来到北豆角村。在我打问道路时，路旁一位大婶看到美美已经浮肿的脚踝，急忙招呼我们在她家休息会儿再走。好心的大婶倒了一盆凉水让美美泡脚。大婶一边倒水，一边责怪我太大意："姑娘伤成这样，还不回家休息，还乱跑啥嘛。"美美笑着对大婶说："这事不怪大哥，是我自己要求的。"

我们在大婶家休息了半个多小时后又出发了，目标依旧是子午古道上的那通石碑。美美泡了脚丫子，似乎好了许多，骑行的速度也明显加快。

村边是一条颠簸起伏的沙土路，向南一直通到秦岭山的子午峪。路旁的田野里长满了粗壮低矮的板栗树和柿子树，以及一眼望不到头的绿色麦田。当看到青黛逶迤、挺拔雄伟的秦岭山脉耸立在前方时，美美禁不住大喊一声："太美了！"好像完全忘却了身体的疼痛。

土路坑洼不平，骑行困难，我们只好推车前行，美美默不作声地推着自行车走在我的身后，红扑扑的脸颊流淌着汗水。也许是为了安慰我，每当我回头看她时，她的脸上都会漾起甜美的微笑。

今天我们骑行的目标就是能看一眼“子午石碑”，然而天不遂人愿，我们一路奋力骑行，却始终没有看见那块传说中的“子午石碑”。

子午古道

烈日下的空气似乎凝固了，没有一丝风。我的汗水顺着脸颊、脖颈流下，一会儿便在皮肤表面结成了一层白色的盐粒，既苦又涩。

我俩推着车子费力地爬上了水库大坝，然后沿着山腰土路在悬崖边来回盘绕。许久，我们来到了一座正在修建的庙宇前。听说这是韩国人出资修建的“金仙观”，我们向正在干活的人打听“子午石碑”在哪里，他们均摇头表示不知道。在金仙观路口休息了一会儿，在确认了美美脚踝没事后，我们继续向深山里骑去，去寻找那块“子午古道”石碑。

中午一点我们来到了古道上一个名叫“七里坪”的小村庄。路旁房檐下蹲着两位大叔，正在“吧嗒吧嗒”吸着旱烟，我走过去向两位大叔打听“子午古道”石碑所在的具体地方。其中一位大叔一边在石头上磕着烟锅，一边笑着说：“你们早都走过了，那块石碑在山下呢。”

没有找到那块“子午古道”石碑，又不甘心原路返回去寻找，寻思片刻，我凑到二位老人身边说：“叔，我想骑车子过去找儿岭，不知道可不可以？”

听我这么说，两位大叔都笑了，一位戴着棉帽子的大叔用大拇指使劲往烟锅里塞着烟丝，严肃地对我说道：“你再甭胡想了，赶紧回去，自古以来，这里还没有带轱辘的车子能过去。”大叔说到这里，吐了一口唾沫，挥手把嘴一擦，用神秘而肯定的口吻对我说：“你们过不去，趁早回去吧。”

我点点头，心里却不想就这样放弃，对两位大叔说：“我上去看看，过不去我再原路返回也不迟。我不会去盲目冒险，但是不去试一下，咋知道能不能过去呢。”

两位大叔不吭声，互相笑笑，继续“吧嗒吧嗒”吸着他们的旱烟。

古道刚过七里坪，路就变得陡峭而狭窄。我向上望去，崎岖的小路向左连接着一道光滑的石阶，石阶小道一直向前延伸到了半山腰。我摸不准前方的路况，一时不知该如何行动，走还是不走，心里打起鼓来。我一直认为，只要能徒步行走的线路，一般来说自行车也能通过，大不了连推带扛。

我回头看一眼推着自行车一脸痛苦模样的美美，不知该何去何从。

这时，一位大叔似乎看出了我的心思，他指着远处半山腰上坐着的一个人说道："你看见没有，那个人就是搂子坪的，你跟着他走，就把你引到了。"

按照大叔的指点，我扛起车子顺着石阶一口气爬了上去，气喘吁吁地来到了半山腰的那个人身旁。原来，他也是一位老者，有七十多岁。他头戴一顶草帽，上身着一件灰色中山服，下身穿一条宽大的黑色裤子，脚蹬一双解放鞋，肩上背着一个沉重的布袋子。这位大叔看了我一眼，没有言语，只顾"吧嗒吧嗒"吸着他的旱烟。

看到眼前是一位老者，我有点儿失望，本想如果是年轻人，还可以帮一把美美。然而，眼前这位老汉不但年纪大，自己还身负重物。犹豫片刻后，我还是试探性地对大叔说："大叔，您能不能给我帮个忙，帮那个女孩推推车子，不让您白帮忙的。"

老汉吸了口烟，摆摆头。

我很无奈地回望一眼山坡下扶着自行车的美美。美美皱着眉头对我喊道："我上不去啦，咋办呢？"看着她痛苦绝望的表情，我真的是一点儿办法也没有。要么放弃，要么坚持。我咬咬牙对着坡底的美美喊道："你的脚不能走山路，要不先回去吧！"

停了一会儿，从坡底下狠狠蹦过来两个字："我不！"

此时，我已经铁了心要骑自行车穿越子午古道。我对美美说："你回去吧。"说完一个人扛起自行车往山上爬去。眼前的子午古道毕竟是存在了几千年的官驿大道，相比秦岭山中的许多小路，这条路还是要好走许多。不过，虽然古道路径明显，但许多地方狭窄曲折，远看去似一条细线在山谷间盘绕，几经迂回蜿蜒后去了远方。

一个人走在绵长的古道上，不禁联想起一千多年前的历史情景。我似乎看到了“十里一置飞尘灰，五里一堠兵火催”的繁忙的运输场景，以及“颠坑仆谷相枕藉，知是荔枝龙眼来”的快马飞骑。想象着古道上驮着新鲜荔枝的马匹奔驰而来，又绝尘而去，从四川到长安，三天时间，一筐筐新鲜荔枝便送到了华清宫。

古道太窄，容不下车轮和我的脚同时经过，无奈之下只好提着车子前行，可是脚蹬子碍事，不停地磕碰小腿，我只好将车子扛在肩上，苦笑着面对这车骑人的尴尬场景。

中午时分，静悄悄的山里只有断断续续的几声蝉鸣。苍翠的群山，碧蓝的天空，清澈的小溪，幽静的古道，充满了诗情画意，这种美感慢慢滋润了我的心田。

不知过了多久，无意中我回头看见了美美和那位大叔出现在了远处的山嘴，心里一阵欣喜。美美在前面扶着车把，大叔在后面推着车架，两个人影在山腰小路上缓缓地向前移动。

中午两点，我来到了一个叫康阳坡的地方，山坡上有一户孤独的农家。我将自行车靠在老屋的墙根，坐在向阳的房基台阶上休息。从屋子里走出来一位操着四川口音的老汉问我去哪里，当听说我要去找儿岭时，他对我竖起大拇指说：“你们年轻人就是厉害，把车子都能骑到这个地方来，喝水屋里有。”

我听喀什说过这老人的经历，他的老伴多年瘫痪在床，他一直守护在身旁，他们身边没有子女，全靠采药和路人的一点儿施舍度日。

我没有去屋里倒水，拿着水瓶来到屋旁岩石下的一个小水池。静静的水面上有许多似长腿蚊子的东西在游动，山民管它叫“游葫芦”。我掬起一掌清泉，滋润了火辣辣的喉咙，然后再灌上一壶甘甜的泉水。老汉不善言辞，坐在屋前空地上劈柴。我有一句没一句地和老汉聊天，不想问他太多私人的事儿。每个人不管怎么过都是一生，只是个人选择的生活方式不同而已。

我和老汉正在寒暄时，美美和大叔从坡下上来，我问美美脚踝怎么样，美美笑着说：“没事儿，有大叔帮我呢。”我笑着和大叔点点头，拿出几根黄瓜分给大家吃。歇了一会儿，我们起身继续赶路，临走给这老汉放下十元钱，权当水费。

下午三点一刻，我们到达一个叫石灰窑的地方，道路左侧有两间老旧的土坯房，门前不大的平地上长满了野草。我们仨坐在屋檐下的阴凉处休息，我掏出一支香烟递给大叔，大叔点着烟笑着说：“这里以前有人家烧石灰，后来搬走了。小伙子，你真厉害，一开始我想你走这路肯定不行，如果知道你这样能走，我们今天早早就到找儿岭了。”

大叔姓谢，家住南面的找儿岭，今天早晨五点从家起身，上午八点就走到了子午镇，然后搭车去长安区买了十几斤蔬菜苗，赶中午就走到了七里坪。

谢大叔装上一锅烟丝，点燃后说道：“前面在七里坪，我看到你和这女子推自行车走这路，以为你们有神经病呢。这路都几千年了，哪里有车子走过，从来也没有自行车从这里走过。后来，我瞧这女子和我的小女子长得像得很，那模样，那声音，那皮肤，那个头，那神态，简直太像了。我小女子在新疆打工，我就把她当成是我的小女子了，嘿嘿。”说完后，谢大叔笑了。

因为碰到了谢大叔，早先的一些顾虑也就云消雾散了，心里轻松了许多。

沿途有很多石阶路，需要扛着车子爬过。

记得喀什问过我有没有担过水，单车穿越首先要学会扛车。几十年没有扛过扁担，肩膀使不上力气，为了对付此行，我专门带了一件抓绒衣以备扛车时用。今天看来结果并没有那么差，子午古道不愧是盛唐时期的馆驿大道，并不像七里坪那两位大叔所说的那么危险，那么难行。

过了石灰窑，两侧山坡上便是一片片盛开的油菜花，黄灿灿的花朵镶嵌在绿色的大山之中，十分耀眼。遍地怒放的花儿散发着诱人的馨香，吸引着无数的土蜂来采蜜。

石灰窑

河对岸半山腰有一间茅草棚，门前站着一位白发苍苍的老妇人。她站在那里愣愣地张望着我们，也许这是她平生第一次见到有人推着自行车从这里经过。

山坡林间盛开着白色的花朵，一簇簇、一片片小白花在苍翠的绿色中格外引人注目，山径小路上落满了缤纷的花瓣，像是洁白的雪花。我问谢大叔，这是什么花，谢大叔说这都是白鹃梅。

密林中弥漫着一股袭人的香气，这让我想起了一首诗，“无意苦争春，一任群芳妒。零落成泥碾作尘，只有香如故”。嗅着山间浓香的气味，推着自行车在古道上前行，体验着一种“芳香在前，名伶在后”的陶醉感。

美美见此情景，边走边摇头晃脑地吟诵道：“莫问早行奇绝处，四方八面野香来。”

身处如此美妙的山野之中，旅途的疲惫瞬间消失殆尽。

正走着，从前面林子里传来一阵骚动声。定睛看，原来是一群黄牛，一字儿排开的黄牛遇到我们，先是恐慌地望着我们，然后不顾一切地顺着陡峭的山路向下冲来。牛群胡跑乱窜，搞得那几个女牛倌忙乱一团。

一个穿红衣服的中年妇女问谢大叔：“他们是干啥的？”谢大叔回答：“过喂子坪去。”那女的看着我们说：“好厉害，自行车走这路，难走得很。”

当地人都认为我们不可能将自行车骑过山去，说我们这是白日做梦。

顺着“之”字形古道，我们拐过了最后一道山弯，就看到了前方的山梁垭口。钻出茂密的树林，天空突然亮了许多，眼前也豁然开朗。

谢大叔指着垭口说：“岭子到了。”

垭口岭子上是一大片平地，上面长满了茸茸绿草，几块大石条散乱在草丛中。

谢大叔找了一块石条坐下来，拿出烟锅点着，慢慢吸着旱烟。他说：“以前这个岭上有一座土地庙，过来过去的人们路过这里都会上个香，让土地爷保佑人们平安康健，也有人把这里叫土地梁。”

乐途在土地梁上

我们从海拔四百四十米的平原来到了海拔一千三百零五米的土地梁上，十五公里的路程不算太远。我们一口气向上垂直攀登了近九百米，真的太不容易了，尤其是有伤痛在身的美美。我竖起大拇指，向美美表示热烈祝贺。

北望关中平原，逶迤的群山被灰蒙蒙的尘埃笼罩着，不见古都长安。一阵风儿吹来，不觉一身凉意：西北望长安，可怜无数山！

美美完全顾不上脚痛，站在垭口南侧向我招手：“快来看呀，太美了！”

站在土地梁上向南望去，碧蓝的天空下，青山逶迤，层峦叠嶂，山势巍峨，风光无限。土地梁虽然不是很高，但也能让人体会到“会当凌绝顶，一览众山小”的豪迈气势。

我们成功地登上了此行的最高点。这对第一次参加户外活动的美美来说，尤其重要，平生第一次攀登上了她个人所能达到的最高点，强烈的成就感和自豪感让她陶醉不已。

一阵凉风吹来，惬意无比。

在山顶简单吃了路餐后，谢大叔便催促我们下山。

刚走不久，美美重又抽搐着脸颊，龇牙咧嘴不停地叫着“妈呀，妈呀”，然后又是一阵嬉笑。她对我说：“人一生总要经历一些意想不到的痛苦，只有经历了许多这样的过程，才会让人逐渐成熟起来。你说，我说得对不对？”

我竖起大拇指，对她说：“你太棒了，像你这样顽强坚韧的女孩，现在实在少见，我真的对你刮目相看了。”

美美像是特意要展示她超人的勇气一样，骑上车子顺着下坡路一溜烟儿就不见了踪影。谢大叔和我挥挥手说：“你们在前面先走，一会儿到我家休息。”

看着美美在前面飞奔，我断定她的脚踝只是软组织损伤，并没有伤及骨骼，回去休养一段时间，应该很快就能康复。

下了陡坡，前面就是一道平展的山谷，古道在宽阔的山谷中继续向前延伸。我跨上自行车在小道上飞驰，追赶前面的美美，不一会儿就来到了山谷里最后一户农家。院坝上夫妻俩正在干农活，美美坐在岔路口等我们，接下来的路比较平缓。半个小时后我们来到了半山腰的一个小村子，谢大叔说这里就是找儿岭，并邀请我们去他家里坐坐。这是一间老旧的土坯农舍，谢大叔一边招呼我们坐，一边让他老伴给我们沏茶倒水。老屋子原本不大，又长年累月被烟熏火燎，显得又黑又暗，屋子里空荡荡的什么摆设都没有，简陋得不像长期居住的家庭。

谢大叔坐在小桌旁，一边吸烟，一边还在不断重复着他远在新疆的小女儿和美美长得如何相像。我问谢大叔："你们这里为什么叫'找儿岭'？"

谢大叔说："相传明朝万历皇帝的母亲李彩凤被排挤，带着两三岁的小万历来秦岭避祸寻佛。他们娘儿俩沿着子午古道一路走来，当走到这里时，小万历和李娘娘走散了，李娘娘到处寻找小万历，最后终于找到了儿子。后人就将这里叫'找儿岭'，南面的'搂子坪'和'喂子坪'也都是这个故事的一部分，李娘娘搂着小万历的地方叫'搂子坪'，她给小万历喂奶的地方叫'喂子坪'。李娘娘带着小万历在九鼎万花山停下脚步，礼佛修行，后来万历皇帝尊封她为'九莲菩萨'。我们这里所有地名都是有来历的。"

临走时，美美拿出五十元钱给谢大叔，让他买点儿旱烟。谢大叔死活不收钱，最后以认美美作为干女儿而结束了你推我让的尴尬局面。临走时，谢大叔塞给我们几颗自家种的山梨，让我们带着在路上消渴。

眼看时间不早，我们起身和老两口挥手告别，跨上自行车向搂子坪而去。

告别谢大叔，我们爬上了海拔一千二百八十五米的找儿岭，当地人称为"枣岭"。此时已是黄昏时节，美美说："现在已经下午五点多了，我们要不要找个地方扎营？"

我看看天空，再看看她的脚，说道："这里没有水源，扎营也得到有水的地方才可以，况且你的脚踝浮肿严重，咱们还是干脆赶回去找医院给你拍个片子，扎营的事下次再说吧。"

美美无奈地叹口气说："那好吧，下次一定记得带我扎营。"

翻过找儿岭，便是无尽的下坡路，道路不但陡峭而且狭窄，有的地方根本无法骑行，很多转弯都是一百八十度，路旁就是深深的悬崖。我在前面骑行，她紧跟在后面，我一再叮嘱她，如果有什么意外发生，就往土崖上靠，千万要避开悬崖。

山路起伏，上上下下。每遇上坡时就需要我们下来推车走。我看着美美皱着眉头一拐一跛的走姿，心里充满了歉意和自责。回想起我的户外第一次，也有与她一样的难忘经历。

下午六点，我们来到碌碡坪（搂子坪的谐音），几个站在村边聊天的村民见我俩从山上飞奔下来，都用惊讶的目光看着我们，有人大喊道："你们真厉害，歪（厉害的意思）得很啊！"

过了碌碡坪，前面就是宽阔的沙土路面，我们从村民身旁飞驰而过，车后扬起了一溜白色的尘土。这样的场景对于这里的山民来说，太过突然，太过新奇。突然飞驰而来，又突然绝尘而去，他们站在那里呆呆地望着我们远去的身影，消失在深山峡谷之中。

只用了十分钟,我们就来到了喂子坪岔路口——李娘娘给小万历喂奶的地方。子午古道从这里向南一直去了分水岭、月河梁、腰竹岭、古桑墩、胭脂坝、池河、汉江。

我们拐上了210国道，顺着黑色平展的柏油公路，一路向北飞驰。一座座山峰向后掠去，一阵阵山风在耳边呼啸，我们以时速五十公里的速度冲向山外。我们身影像是山野中奔驰的狼，像一道道闪烁的流星。

过了净业寺，再拐过几道弯，前面就是沣峪口，我看见了关中平原。

晚上十点多我们回到西安，陪美美去医院拍了片子，诊断结果是软组织损伤及骨裂，需要打石膏静养休息。

几天后再见美美，她拄着双拐笑着说："此行值得。"

大半天时间，我们连骑带推走了一百二十多公里路程，其中绝大多数是山间小路。我很满足，以这样的形式穿越了一次子午古道。虽然始终没有看到那通"子午石碑"，但是，亲身体验子午古道的愿望得以实现，就像美美说的那样——此行值得。

2005年5月9日

别来汤峪梦中行

——汤峪古道行

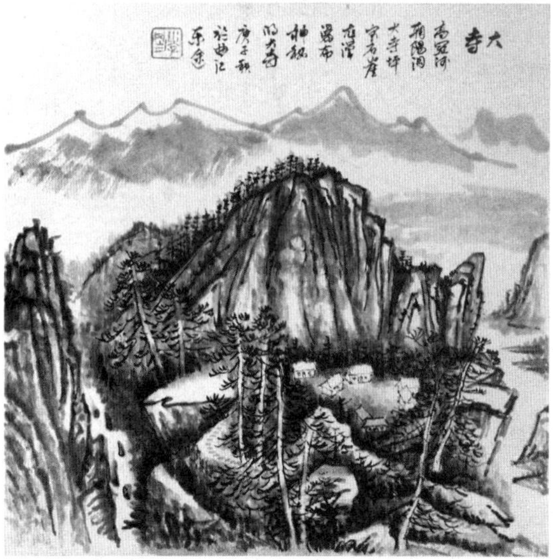

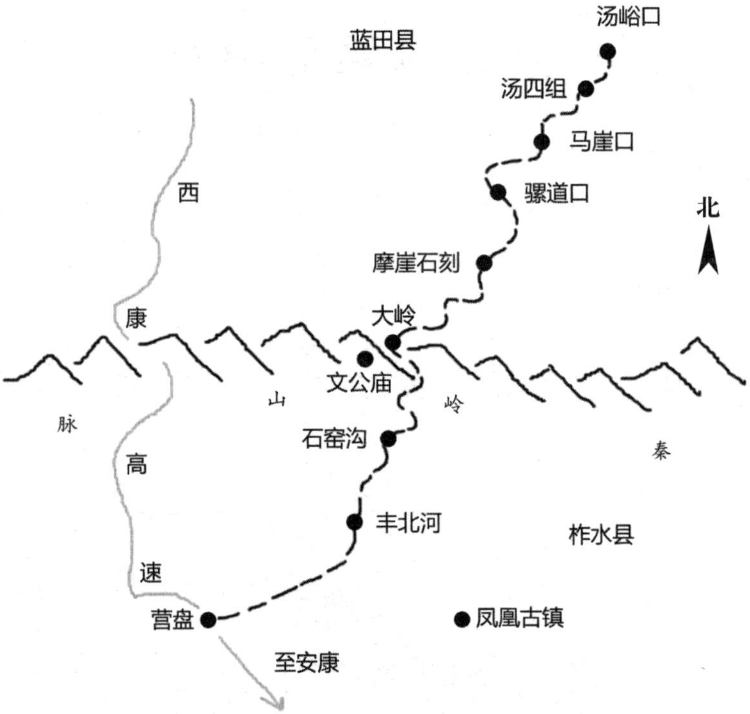

汤峪古道行示意图（乐途绘制）

汤峪古道

秦岭山脉北坡有两个叫汤峪的地方，一是眉县的汤峪，人们习惯称它为“西汤峪”；二是蓝田县的汤峪，大家管它叫“东汤峪”。东汤峪位于陕西省会西安市东南约四十公里处的秦岭北麓，距蓝田县城二十五公里，北与长安区为邻，南与商洛地区柞水县一岭之隔。东、西汤峪都处于秦岭山脉的断裂层带，拥有丰富的地热资源，温泉众多，是陕西著名的温泉疗养胜地。

清毛凤枝所著《山南谷口考校注》对东汤峪有这样的记载：咸宁县志云：“自西安省城东南行十五里曰三兆，又二十五里为鸣犊镇，又五里至蓝田界，入汤峪路。入谷南行，经骡道口，大小石门，翻文公岭、石窑沟可达孝义厅之龙王庙沟。”孝义厅即今天的柞水县，清代的厅址在今天的营盘镇。

二〇〇七年一月二十日，贯通秦岭山脉的世界第二长隧道“终南山隧道”通

汤峪古道

车了。我随着蜂拥的人流来到柞水县凤凰古镇。在凤凰古镇的一个铁匠铺，遇到一位头缠褪色白毛巾，腿裹粗布绑腿，满脸沧桑的老汉，一看就知道是一位地地道道的山里人。见他时，他正拿着一个断了把的小砍刀，让铁匠师傅锻接。遇到这样的人，我总会主动上前与他们聊天寒暄，想从他们那里了解一些当地的民情风俗，以及过去的历史传说。我坐在老汉旁边，好奇地摸摸他的裹腿，问他都已经这个年代了，为何还要裹腿。

老汉笑笑，先自我介绍姓张，然后步入正题说道："我是乡下人，常年上山采药，尤其是冬天，裹了腿不但暖和，走路也不困乏。"我问这裹腿有卖吗，老汉说没有，都是自己家做的，自己织布，自己缝，一丈二长，六寸宽。他用手比画着说。

既然聊上了，索性就问我感兴趣的问题。我问他："以前这公路没有开通时，您去西安怎么走？"

张老汉点着一锅旱烟，精神抖擞地说："走啊，那时候就靠两条腿。"他吸罢一口烟，将烟灰在鞋帮上磕掉，又从烟袋里捏出一撮烟丝按进了烟锅里，说道："那时候，我们早晨天不亮就出门，赶天黑就可以走到汤峪澡堂子，找个车马店歇脚。记得有一次走狠了，腿疼得厉害。不过，休息一晚上就好了。那时候毕竟年轻，第二天还得赶早起身，一天时间就得赶到西安城。从我们这里到西安城，有将近三百多里路程，需要好好跑两天。"

听到张老汉讲过去的事儿，铁匠铺的师傅放下手中的活，对我说："有一年我和我表弟去长安引镇买铁砧子，早上天不亮就从凤凰镇出发，天黑时走到汤三组亲戚家休息，一天跑了二百多里路。第二天去引镇街上买东西，一天打个来回，我们一人扛一个铁砧子，赶晚上又回到汤三组，休息一晚上，第二天一天就回到了凤凰镇。一个铁砧子有上百斤重，不过那时候年轻，只有二十来岁，一晃现在我都七十六岁了。"听了铁匠师傅的话，我简直像是在听天书，惊愕不已。

旁边又有几个人凑上来，一个戴皮帽子的汉子说道："从我们凤凰镇去汤峪一路上要翻两个岭，一个小岭，一个大岭，大岭就是你们说的秦岭。"

说起古道，我兴奋不已，我问老汉："能不能带我走一次汤峪古道？"老汉笑着摇摇头说："不行了，上了年纪，不过，这路好走着呢，都是大路。"

我点点头，发誓一定要走一次汤峪古道。

转眼间十年过去了，汤峪古道的事儿早就被遗忘到了脑后。

有一天，保刚说要带我去东汤峪转转，一同随行的还有陈姐和郭哥。因为天气好，我要求进入汤峪看看那里的古道。我们深入汤峪，一直来到公路尽头的汤四组。从这里我们弃车步行，一路上青石迭起的道路两侧尽是古代残留的栈道孔，还有字迹模糊的摩崖石刻。寒冬季节的古道给人留下的感觉十分浓烈。因为时间关系，我们走了近十里路便原路返回。

路上遇到一位姓李的年轻人，我向他询问了古道的详细情况，年轻人说："从这里去柞水，就是一条大路，沿右手走，翻过梁子就是丰北河乡，二十多里山路，一般下午三四点就可以到达。"

对于汤峪古道的情况，我心里有了底，决定亲自走一趟。

想起十年前的誓言，是时候去兑现自己的承诺了。我当场和朋友们约定，元旦走汤峪古道，去秦岭深处寻找古道上曾经的遗存。

古道上的遐想

二〇一七年十二月的最后一天，我们出发了，一个多小时后，我们进入蓝田县汤峪，在山谷中行驶了三十多公里，到达徒步的起点汤四村。我给司机付了账，将队伍集中起来，告诉大家路上应该注意的事项，九点十分，我们从汤四村出发。临走前和保刚去河对面老李家再次确认了线路细节。

黑黢黢的老屋里，老李和他两个儿子正围着炭盆烤火。见我们进来，小李拉出板凳招呼我们坐下。我拿出小本子，详细记录了沿途的地名和里程数，临走前，老李的大儿子再次叮咛我们："你们上山时遇到岔路，一定要靠右手走。"

告别了老李一家人，我和保刚飞奔去追赶已经消失在深山峡谷中的队伍。此时的晨光已经将温暖洒在了山崖上方，半明半暗的峡谷里依然哈气成霜。一阵寒风打着旋儿从阴坡涌出，呼啸着扑面而来，吹得人耳朵针刺般痛。

前方的队伍蜿蜒在长长的山路上，鲜艳的色彩在冬日的荒芜中显得特别灿亮醒目。峡谷上方的天空渐渐明亮起来，灰蒙蒙的天空被我们甩在了身后。

虽说山里空气比城市清新许多，但是历经几个月干旱的天气，这里的杂草枯叶蒙上了一层薄薄的灰尘，有一股淡淡的土腥味儿。

走在静悄悄的山谷里，脚踏石板小径的声音异常响亮，偶尔能听到一声乌鸦或喜鹊的叫声从林木深处传来。我抻长脖子四处张望，想在古道上发现些什么，是久远的过去，还是未知的将来。我看向远处的山峦，想古道的当年。这似乎已经成了一种惯例，每次行走古道，都会对这里曾经发生过的历史或传说进行一番遐想，这是环境与情感所触发的一种心理现象。

路边的竹节草还保留着一点儿绿色，干枯的蒿草、旱苇在朝阳中摇曳摩挲，大多数树木的叶子已经凋敝，干枯的落叶堆积在路上，队伍走过，整座山谷都会发出“沙沙”的响声。

过了马崖口，河水开始结冰，晶莹的冰河在山间曲折蜿蜒，反射着刺眼的日光。我们沿着冰河溯流而上，踩着光溜溜的大石头，跨过亮晶晶的河面。许多队员情不自禁地停下脚步，感慨眼前晶莹剔透的世界，爱怜冰凌，抚摸冰花，拍摄冰瀑，在冰面上舞之蹈之，流连忘返，不舍离去。

穿越千年

沿着石阶，我们一路向上，在无尽的荒芜中，只有石板路清晰地延伸在大山之中，引导着我们寻古探幽的脚步。走累了，我便停下脚步，认真端详镶嵌在古道上的石板、石条。看着这些经历了古人的踩踏而光滑圆润的石头，我不由得在想，也许追寻古道历史最好的方法就是亲自去走，踏着古道的印迹，让心徜徉在绵长的岁月之中。

“快看，摩崖石刻。”保刚提醒我。

一块将近两米见方的大石头横在路旁，上面刻了许多字，字迹大多模糊不清，用手拂拂，想看清楚，却是徒劳，辨认半天，也只能隐约看清“光绪”两字。

沿着石板路拐过一道弯，前方高坡上有一片废墟。听小李说过，这里叫骡道口，他家祖屋原先就在这里。我爬上去，在倒塌的山墙上捡到一枚锈迹斑斑的铁钉。这种铁钉是北方建筑中特有的材料，类似南方的竹钉。

废墟上的窗棂还在，小小的木窗格，透着一丝光亮。

穿过骡道口的残垣断壁，顺着古道，我们在寂静的山谷间向上走去，身旁是一道闪着白色亮光的冰河，它始终伴随在我们左右。在这晶莹剔透的冰河上行走，我们的整个身心都会感觉到一种彻底的放松。

来到了岔路口，我心里一直牢记老李的叮咛：见岔路顺右手走。

过了大小石门就开始走“之”字形盘山路，这里保存着最为明显的古道痕迹：路基宽阔，道路明显，路中间是一道天长日久的骡马行人踩踏出来的深深槽沟。

我们一口气走了将近三个多小时，大伙又疲又饥，看看表已经过了中午十二点多，我呼唤大家原地休息野餐。我品尝了豹子的甑糕，大赞此物既耐饱，口感又好，累懵时还特别解乏，是一种既经济实惠又方便快捷的野餐。

半小时后我们继续出发，沿途依旧是石板垒成的“之”字形山路。山坡陡峭之处，仰头看，行人如在天上，又高又远。山谷里一溪清流逐渐隐入地下。这是汤峪河的源头，想不到关中平原浩荡的浐河竟是出自这里隐秘的一口清泉。

走了将近一个小时，远处传来一声欣喜的尖叫：“垭口到了！”

远远看见小龙女、欧阳和月亮在深深的槽谷中向上攀登，透过干枯的林木可以看到前方一片亮光。依照经验，这意味着我们即将到达秦岭最高处的山脊垭口。

渐近垭口时，我感觉到自己似乎穿越千年，来到了秦楚门户，在这里向南眺望荆楚大地。

秦岭山脊，只是一道山梁，却隔开了秦楚。

大路朝天

攀爬过深深的槽沟，曲折迂回在密匝的灌木树林中，向前几步，我终于看到了垭口，中午一点十分，我们到达文公岭垭口，俗称“大岭”的秦岭山脊。

大岭没有想象中的开阔，这里没有高山草甸，也没有原始森林，海拔也只有一千八百多米。这里虽没有壮丽的自然景观，但却尽显古人探索交通的智慧，汤峪古道和其他古道一样，选择最容易行走的地方通过一个个险关隘口，文公岭垭口便是其中一个代表。狭窄的垭口上只容一尺宽的古道通过，小路两侧长满落叶乔木，沟槽旁的土崖上立着四个文官模样的无头石人，西侧山坡上还残留着一圈石头房基，周围散乱着一些青砖和瓦片。

先前听小李说过，垭口上原来有一座文公庙。后来，“文化大革命”期间被砸了。

看着文公庙败落的遗址和那几个无头石人，我觉得非常可惜。原先遍布秦岭各处的许多庙宇，如龙王庙、药王庙、文公庙、土地庙、玉皇庙、山神庙等等，大多与人们的日常生活紧密相连，也是民间信仰的一部分，是秦岭悠长的历史中特殊的文化产物。

我站在荒芜的山垭口，心里感到了一种失衡：一面是雄伟壮丽的大自然，一面是空旷颓废的文公岭。

正午时分，风和日丽，寂静的山脊上听不到一点儿声音。我背靠杜鹃树坐下，眯着眼睛晒太阳，想象着汤峪古道的过去——在漫长的岁月中，它繁盛过，辉煌过，热闹过，拥挤过。几千年来，裹着头巾，打着绑腿，别着砍刀，走路赶脚的，牵骡骑马的，肩扛身背的，前拥后簇的各路行人，从古道蜂拥而过。古道不分高低贵贱，将所有行人的脚印都留在了迢迢道路上。

日晕的恍惚，变成了幻觉，我悠然自得地想象着春暖花开时文公岭的模样，那一定是鲜花盛开，绿树成荫。

行走古道的感觉太好了，它是一种回归，是一种向往，是一种体验，更是一种无法用语言表述的奇妙感觉。行走其间，我们可以回味遗留在古道上的每一段路程、每一块砖石和每一粒尘土中所蕴含的悠久传说和绵长历史。随着时代的不断发展，冷清的古道静静地躺在深山幽谷中，守着一段历史的回声。

路旁一块石碑上刻着一行字：大路朝天，各走一边。

进入南方

离开文公岭时，我一步三回头。在一阵唏嘘声中，我与那些石人道别，心怀古道情结，踏上了汤峪古道南段的漫漫旅途。

翻过文公岭，林木遮挡，不能远眺，无法感受“会当凌绝顶，一览众山小”的豪迈气概，只能凭借朦胧景象揣测远山的壮丽，将联想中的崇山峻岭的画面叠加，保存在记忆深处。

下山的道路陡峭无比，几乎是垂直速降。我心中纳闷，过去北上的人们是如何爬上这道陡坡的。踏过铺满枯叶的“之”字形道路，一路飞奔，身边风声低啸，尘飞灰扬，午后的光线和尘土弥漫于古老的时空之上。

古道在山间绕来绕去，一直通向山谷底部。

向阳的山坡上，一行亮丽的色彩让原本单调的山谷焕发出了一点儿生机。队伍不紧不慢地从高处曲折而下，穿过冬意恬淡的山谷，一直向着南方而去。

月亮一个人走在前面，正走着，她突然喊道：“山鸡！”

南方就是南方，湿润的空气令人舒畅，蓝天也显得纯净碧透，远处那些高大的绿色针叶林忽然让我兴奋不已，一路见惯了枯黄，突然闯入一片翠绿，竟然有点儿陌生的感觉。

在这重峦叠嶂的寂静深处，我走近了梦想，远离了疲惫；走近了历史，远离了旷野。突然，一阵山风吹来，带来一股熟悉的气息，那是一种勾人食欲的味道，在这荒山阔野，随风飘至的是什么美味，嗅了一嗅，嗯，真香！

月亮在前面高声喊叫：“大家加油啊，有人家了。”

我紧走几步上前，远远看见了山脚下的一户人家，青砖白墙灰瓦的老屋上冒着一缕青烟。原来，美味是从那里飘来的。

古道人家

下午四点，我们来到柞水县丰北河乡的石窑沟村。

农家场院上，一个中年汉子正抡着大木槌在石臼里捣土豆糍粑，他一锤一锤砸下去，将蒸熟的土豆砸成糊状。我们停下脚步好奇地看着中年人挥舞大木槌，旁边一位年岁大一些的老汉问我：“你们从哪里来？”

我说从汤峪过来。老汉听罢很是惊讶，赶紧招呼他媳妇和儿媳妇把小板凳都搬出来，又拿来几个热水瓶，让我们坐下休息。老汉不理解地问我："这么个大冬天的，不在家里好好待着，跑到这穷山恶水的地方看什么，那老路荒得都没人走了。"

我笑笑说："我们主要是想体验一下你们当年走古道的感觉。"

老汉说："我年轻时就走这条老路，走了四五十年，后来公路通了就不走了。这路比较短，一般从汤峪口走过来也就是一天时间，客人们晚上一般都歇在下面的丰北河，第二天再用一天时间去营盘或去柞水县。过去这路上还可以走骡马呢，比库峪道热闹多了，你知道库峪道吗？"

"知道，在汤峪西。"我指着石臼问老汉："这是在打糍粑吧？"

老汉笑着说："你还认识这个？"

我说："以前吃过，这东西平时很难吃到，只有过年时才能吃上。"

老汉说他姓翁，今天家里要来亲戚，所以准备了这个糍粑招待亲戚。

我问老翁："今天翻山越岭走了一天，大家肚子都走饿了，能不能让我们品尝一下你家的糍粑？"老翁看上去有些为难，但又不能直接拒绝，停了下他说："可以嘛。"

我紧跟一句："我们不会白吃，给你们钱。"

至于要多少钱，老翁不肯说，直到一碗碗热腾腾的糍粑端上来，在我的一再追问下，他儿媳妇才不好意思地说："一碗五元吧！"

我们一共吃了十六碗。

陕南的酸菜浆水土豆糍粑，特别像关中的苞谷面搅团，筋道滑溜。翁老汉的老婆跑出来告诫大家："我们家的辣子特别辣，你们放辣子时一定要注意。"但为时已晚，我仅仅用筷子蘸了一点儿辣子，便辣得无法下咽，真佩服队伍里湖南和四川的几个妹子，她们将一碗碗糍粑调得油红，还说不辣，真是"辣不怕，不怕辣，辣也罢"。

看着大家狼吞虎咽，老翁说："喜欢了下次再来吃，咱这里别的好东西没有，这东西尽管吃。"

天堑通途

吃完糍粑，仍有一种意犹未尽的感觉。翁老汉的儿媳从厨房出来对我说："你们明年再来就方便多了，从汤峪开车到这里只需要一个小时。"

我非常惊异地问她："怎么回事？"

她说："柞水县和蓝田县协商，计划从汤四村把公路延伸过来，一直连接到我家门前的那条水泥路上。"她指着门口村村通水泥路说："这个项目是省上出钱，是精准扶贫项目，到时候，我家也要搞农家乐，欢迎你们来做客。"

我不相信自己的耳朵，急切地问她："从哪修到哪？"

她不解地看着我："从汤四村沿着老路，就是你们今天走的古道，一直修过来。"

"老路？就是这条古道？"我问。

"是啊！"

翁老汉凑过来，张开双臂，比画着说："车路要六米宽，就在老路上修，已经测量完了，把原来的古道加宽延长。"

我无比庆幸地对大家说："完整保存了几千年的汤峪古道，就要结束它的历史使命。幸亏咱们今天走了，真是老天爷的恩赐，让咱们看了汤峪古道最后一眼。"

同行说："社会要发展，历史要进步，历史总是在新旧交替中不断发展的嘛。"

告别翁老汉一家，在村口碰见几个提着礼物的年轻人，估计是来翁老汉家走亲戚的。我对那几个年轻人说："我们刚才把你们家的糍粑都吃完了。"其中一个年轻姑娘笑着说："你们吃吧，没关系，欢迎你们下次再来。"

故道别梦

石窑沟距离丰北河乡还有几公里路程，等我们赶到乡上时已是下午五点。街道上冷冷清清，看不到一个人，好不容易在乡政府门前碰到一个大男孩，他指着坡下说："一直走，那里有家旅社。"

来到坡下，旅社的牌子早已改成农家乐，大门敞开，一位中年妇女问罢来由，摆摆手说："我手烂了不能做饭，也莫得（没有）那么多床位，接待不成你们。"经过这位妇女指点，我们又来到了村口另一家旅社，大门依然紧锁着。

曾经的货物集散地冷寂得无人问津，客栈、旅社、车马店都成了久远的记忆。几千年来，丰北河第一次显得这样安静，它正从古道的历史中逐渐隐退。

丰北河乡无法收留我们，只好想办法离开。在街边一户人家叫了两辆面包车载我们去营盘镇，三十多公里路程，一辆车一百二十元，大家都说这价格公道。夜色中，两辆车在弯曲的山路上疾驶，向着曾经的孝义厅，今天的营盘镇而去。

在这不知住宿何方的夜晚，我们继续着寻找古道的旅程。万千思绪中，我似乎看见了古道上"透迤石道，驷驷牡其，千载绝轨，百辆更新"的壮观景象。在我身后一字儿排开的是一条条蜿蜒在时空中的秦楚古道——蓝关古道、汤峪古道、库峪古道、大峪古道、小峪古道、太乙古道……这些古道，有些已经消失，有些正在消失。

前方等待我们的是未知的答案，在黑暗的夜空中，一轮曾经照亮过古道的圆月，正在引领我们去领略人生中下一场荡气回肠的古道盛景。

夜幕中，群峰渐失，寒冷渐散。

向晚的惆怅，融入归程的夜空。翻越小岭，如在空中盘旋，飞向山谷低处的人间尘世。营盘镇的夜晚灯火暗淡，皓月当空，乾佑河反射着冷冷的月光。严冬中的造访，我们敲开了朱家湾的一户农家。

一日之行，从起点至终点，一个梦结束了，另一个梦紧接着又开始。前方是一片辽阔的天空，我正走在圆梦的旅途上。

漫漫古道寻踪，将我的足迹和我的心灵，留在了那悠长的青石板路上。

2018 年 1 月 3 日

探寻神秘的鄂宁古道

——高冠古道行

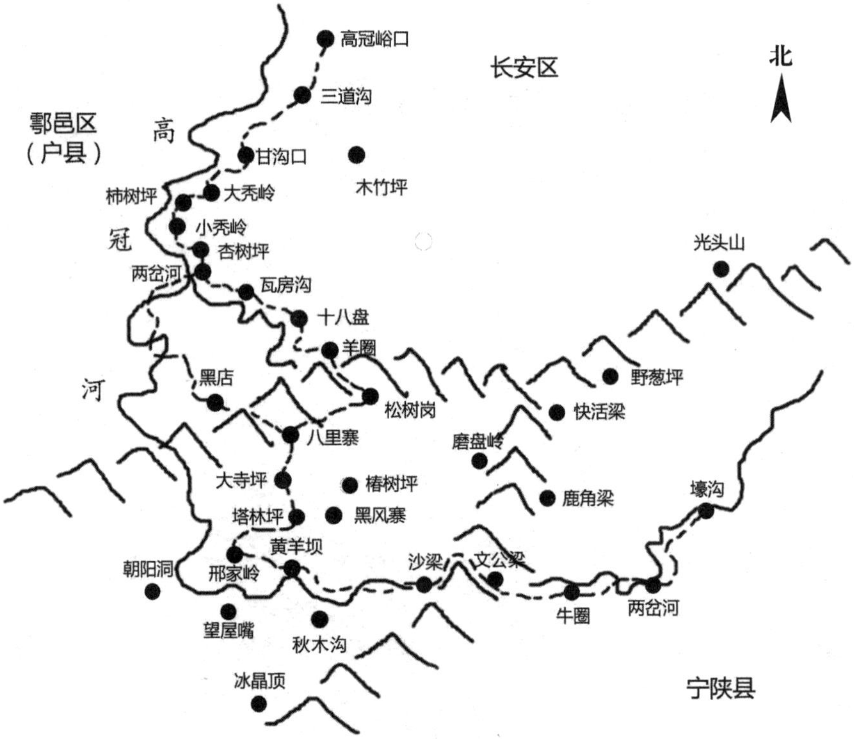

高冠古道行示意图（乐途绘制）

高冠峪

高冠古道

高冠峪对于许多西安人来说再熟悉不过。它不但是一处旅游胜地，还是一条古老道路的必经之地。过去户县（鄠邑区）、长安、咸阳一带人去宁陕、石泉、安康，一般会选择走高冠峪，因为这条古道基本是沿高冠河而行，可以躲开高山深谷，安全而快捷。沿途经过高冠峪口、三道河、干沟口、大秃岭、苍头岔、羊圈、大寺、邢家岭、黄羊坝、文公岭、牛圈、漆树坪、两岔河、壕沟口，与子午古道会合，全长六十公里左右，一般徒步需要两天时间。

从我发现大寺徒步线路以来，已经过去了一年多时间。一年时间里，我七次重装走过大寺。在这条古道上，我结识了许多农民朋友，成了大寺村的常客。有一次陈大叔告诉我，从大寺向南可以去宁陕县，可以去四川、重庆、湖北。过去210国道没有修建时，山外人去宁陕一般都会走高冠峪，经大寺和邢家岭到壕沟，然后再到江口镇。陈大叔这番话，立刻激起了我去探索高冠古道的强烈欲望，暗下决心一定要亲自去体验一把神秘的高冠古道。

大寺——远离尘世的高远之地

四月二十四日，正是春暖花开的季节，我约了长安小虫、异客和十八一起来到大寺村。四月的秦岭，少了一点儿寒冷，多了一些春的温暖，光头山的草甸绽放出无数野花。

蓝天白云下，大寺村多姿多彩，漫山遍野盛开的山花清香袭人，粉色的桃花、白色的梨花点缀在黄土绿草之间。起伏的丘陵还没有摆脱冬日的荒芜，几户破败的农舍闭门上锁，庭院前荒草丛生。发白的门板上留着淡淡的墨迹，“屋里有木板，小偷如破锁，我砸你家灶台”。甚至还有一家门板上写着“屋内有电枪，贼娃子小心点”。我们不禁觉得主家的费心好笑，在这贫瘠闭塞的地方，还有什么东西可偷呢。

在老高家门口遇到探幽龙（周哥）带领的一帮背包客，他们计划从高冠峪出去。山野之中偶遇爱好相同的朋友令我非常开心，大家互祝旅途顺利平安。

崖壁上古老的栈道孔

老高见到我们非常高兴，问我怎样才能进一步发展大寺的旅游事业。他们渴望着近年兴起的徒步旅行，能给贫穷的大寺村带来美好的前途。面对大寺的深山老林，我不知道该如何回答他们的询问。我不是专业从事旅游工作的人，无法给他们提出一个恰当的主意和办法。说心里话，即使我是一位旅游策划师，我也不情愿大寺被开发成旅游景点。理由很简单，我们之所以一次次冒着风霜雨雪和艰难险阻来到这里，就是为了能看到大寺所具有的原始风貌和淳朴民风。

我喜欢这里的人们，喜欢这里的山水、草木、鸡鸣狗吠、庙堂佛塔、碾盘石磨，也喜欢这里的悠悠古道……

大寺在我心中，是一个远离尘世的高远清净之地，我期望它保持原有的自然状态。

消失的黑风寨

吃过嫂子做的汤面条，探幽龙带着队伍离去，喧闹的大寺村立刻安静了下来，村委会门口就剩下我们四人，趁时间还早，我们在门前院坝支起帐篷，然后按照老高的指引，带上绳索、安全带、头灯、开山刀，去东面山上寻找传说中的土匪山寨。

一般来说，在繁忙的古道沿线上总有那么几个靠打劫商客为生的土匪窝子，大寺也不例外。听村里人说，坐落在大寺村东南方向山脊上的黑风寨就是旧时的土匪山寨。黑风寨山脊上岩石裸露，远看像是一座烽火台。老乡说黑风寨上面还有寨墙，非常牢固，国民党保安团一直拿他们没办法，直到一九四九年以后那些土匪才散去。

去黑风寨的山路异常陡峭，起初我们还能在灌木林中穿行，后来灌木林便被茂密的丛林代替，林木遮天蔽日，让人无法穿越。也许是受到我们行走声音的惊动，不时有野鸡拍打着翅膀从草丛中飞起，“嘎嘎嘎”地飞向远处，一会儿又有不知名的鸟儿飞过头顶。毫不夸张地说，这里的飞禽绝不比其他任何地方少。

绕过灌木林的空隙，我们继续向上爬，因为坡度太陡，攀爬起来十分费力。一个多小时后我们才来到了混交林带，眼看距离山顶还远，小虫坐在地上说什么也不肯走了。此时已近下午七点，天色渐暗，但异客坚持要去黑风寨，我限他一个小时，无论如何七点五十分之前得回来。

我们三人坐在原地等他。从这里可以看到黑风寨上裸露的岩石，以及周围的针叶林、红桦和枯死的冷杉，整座大山安静极了，各种悠扬的鸟叫声更增添了这里安详静谧的气氛。夕阳透过林间的空隙，将一抹金色洒在地上，林间空地上厚厚一层枯叶被照射得五彩斑斓，绿色的苔藓和枯黄的落叶形成了一道绝妙的色彩反差。

半个小时后我们看见异客站在黑风寨高高的岩石上向我们呼喊挥手。

夕阳很快落到了宝石崖的后面，天色慢慢变暗，看看时间不早，我和小虫扯开嗓子喊异客，然而就算我们喊破嗓子，也听不见异客的回音。前方山顶传来乌鸦的哀鸣，我不由得心里打了个冷战，一种不祥的感觉从心底升起，该不是异客摔伤了在呻吟吧！

我和小虫将头灯开到最大，顺着乌鸦叫声的方向慢慢往上摸去。黑暗中，我俩完全忘却了疲劳和恐惧，边走边喊。翻枯树，绕藤蔓，跌跌撞撞地爬出去一百多米，来到了黑风寨巨大的岩石下，呼唤几声，还是听不见异客的回音。小虫说："异客是不是已经下山去了？"我说："不会，只要在这一座山上，就肯定能听到我们的声音。"

正在我们急得原地打转时，南边传来了异客的回叫声。循声望去，林子深处有一束灯光在晃动，刚才还提在嗓子眼儿的心立刻落了下来。异客满脸汗水地说下寨子要绕到山梁的另一边，能听到我们的呼喊声，只是他的回应我们这边听不到。

异客一边和我们往下走，一边说道："昏暗的光线下，什么也看不清楚，山寨的痕迹不是很明显。估计一九四九年以后，土匪山寨就被捣毁了。"

黑暗中我们仨连滚带爬，不一会儿工夫就回到了老高家。嫂子问："见到了土匪山寨吗？"我们说没有。嫂子说："原来有，后来被毁了。"

几分钟前背包吧的几个徒步者摸黑到老高家，正在场院上支帐篷。

晚上，老高对我们说："黑风寨不是你们想象中的土匪山寨。我上去看过，就是在石头缝里搭几个草棚，能遮风避雨，没有什么寨墙之类的东西，是小股土匪临时藏身的地方。”

没有看到黑风寨的寨墙，就像我们至今没有找到黑龙潭一样，黑风寨和黑龙潭都属于古道上的历史传说。老高说：“在这条古道上还有几个地方你们必须要去，宝石崖上的朝阳洞，蓑衣岔的龙王洞……”

黑黝黝的山坳里，大家坐在帐篷里数着天上的星星，哪个是北斗星，哪个是银河系。对绝大多数生活在城市中的人来说，数星星是一种奢侈的游戏，是充满乐趣的精神享受。

秋木沟的野鸡

一大早就听到背包吧的几位山友收拾了行囊出发上路。不一会儿，又听到嫂子在帐外喊叫开饭了。嫂子的女儿叫海艳，二十多岁，长得清秀，城里闹“非典”，她从西安回到山村。也许是因为生活在城市的原因，她与我们之间没有生分，大伙儿一起相谈甚欢。海艳与她母亲一样能干，切菜、擀面、烧火，样样利索。我对海艳说，我们想去黄羊坝那边转转。她说，那正好，她也要去给在秋木沟种香菇的大哥送些面粉，可以同行。听说有伴，大家立刻收拾行囊准备出发。

上午十点，我们告别老高和嫂子，一路向南顺着绿草如茵的山坡下到了高冠河，再逆流两千五百米路来到了一个叫邢家岭的地方。一位穿着中式粗布黑衣的老汉站在一间茅草棚前，目光呆滞地看着我们一行人从他家门口走过。老汉身后是一座茅草棚，厚厚的茅草压在低矮的土坯墙上，小门敞开着，墙上挂着一些农具，周边几片山坡耕地便是他生活的依靠。

过了一道铁索桥，前面有几间农舍，海艳说：“这里就是邢家岭，属于户县，村民大多搬到山外去了，从这里到秋木沟还有三点五公里路。”

海艳走在前，我们跟在后。虽说她身上背了二十来斤面粉，可是走起路来却是脚底生风，步伐轻盈。走过山谷里一片平整的地方，海艳说这里是她的老家，叫阴扁子。她指着荒草中的一个石臼说，这是用来捣洋芋糍粑的。她说这里是她爷爷和奶奶曾经生活过的地方，在她爸这一辈才搬去大寺。放眼望去，阴扁子的草木山石和其他地方一样，一片荒芜，有人生活和没人生活的地方就是不一样。

中午一点，我们跨过高冠河向西来到了小秋木沟，一条弯弯曲曲的小路一直通到深谷。我们正走着，就看见前面一只漂亮的野鸡跑过，那野鸡奔跑的速度很慢，没跑几步就钻进了一条石缝中。大家疑惑这鸡怎么了。海艳说，这鸡生病了。小虫走过去伸手到石缝中抓住了野鸡，大伙儿过去仔细看了小虫手中的野鸡，才发现鸡脖子上有一个肿大包，鸡的右眼罩着一层白膜，嘴里也长了什么东西。我说："这只野鸡肯定是生了什么大病，估计活不过今天了。"

我们提着奄奄一息的野鸡又走了两个十分钟后，才来到了一座彩条布搭着的香菇棚前。海艳的大哥权德站在窝棚口向我们招手，大伙儿见面寒暄了一阵，就在这短短的时间内，海艳的一锅汤面条也做好了。大伙儿端着一碗碗热腾腾的旗花面，围坐在窝棚中的火塘旁，狼吞虎咽地刨着面，旅途中的饭就是好吃！

饭后我们想继续赶路，请权德给我们找一个向导带路。

权德为难地说："今天向导不好找，人手都忙着。明天你们再走吧，再说了你们晚上走山路也不安全。"

没有向导我们便不敢贸然上路，只好听从权德的安排。小虫把抓到的野鸡递给权德看。他说野鸡是给鹞子叼了，快不行了，说完随手把野鸡扔进一个布口袋。

与世隔绝的山野

今天不走，明天便不能按时回家。小虫说，一定要想办法给家里报个平安。听说梁上有一点儿微弱的信号，我们便顺着小路一直向上爬去山脊。山脊两侧长满了粗壮的青冈木和针叶松，山脊上十分安静，只有微风吹过，十八担心碰到狗熊。我安慰他说："没事，现在的动物天生怕人，只要我们喊上一嗓子，担保那狗熊立马溜之大吉。"

我们从海拔一千六百二十五米的香菇棚，一直爬到海拔两千零六十米的山脊。小虫举着手机四处转，也找不到一点儿信号，闷闷不乐地坐在山顶上，幻想着如果现在有一部海事卫星电话，那该多好。

天黑后，干活的山民们都回来了，一共有八个人，大家围着石板桌坐下，静静地看着地中间的火塘闪烁的昏暗火光。石板桌上摆了两碗菜，一碗黄豆炒辣椒，

山野

一碗炒土豆丝，每人跟前还摆上了一碗苞谷粥。为了增添晚饭的气氛，我拿出一包腊驴肉，小虫拿了一袋萝卜干，异客拿了一盒香仔肠，十八拿出两瓶青稞酒。我们将这些东西摆到桌面上，窝棚里才有那么一点儿热闹的气氛。十八将白酒倒进一个大黑瓷碗，大家端着碗，你一口我一口轮流品尝着美酒。闪烁的火光映照着每个人的脸庞，屋里弥漫的纸烟味、火烟味和白酒味儿交织在一起，呛得十八直流眼泪，而山民则个个喜笑颜开。

一个年轻人从袋子里拿出已咽了气的野鸡，用一把砍柴刀将鸡头剁了，然后用热水烫烫，拔了毛，刨开胸膛，仔细将内脏细分，尽量不浪费一丁点可以食用的部分。野鸡很瘦，可能是几天没吃东西了。年轻人把鸡剁成小块，然后给吊在火堆上的铁锅里抹了一把猪板油，油热后把鸡肉倒进去，撒些盐巴，盖上大锅盖。

此时，酒已喝得差不多了，大家一致推举蹲在墙根儿的王老汉唱首山歌。王老汉这时候也来了兴致，没有推辞，将烟头踏灭，站起身来说："刚喝了点儿酒，我就先唱个《十好吃》。这歌过去专门是怀娃娃的女人唱的，那年代婆娘们吃不上什么好东西，唱唱这歌，解解馋。"说完他就扯开嗓子开唱了：

一想那李子黄，挂在树枝上，
心想吃它几箩筐，再加芝麻糖。
二想胡椒酒，就着卤肉下烧酒，
摘来田中藕，川面和葫芦。
三想柑子酸，鸡蛋和鸭蛋，
又想鲤鱼两面煎，吃它几拼盘。
四想吃烧饼，又要洋芋粉，
又想荔枝和香梨，瓜子烙花生。
五想白米饭，腊肉和香肠，
又想年糕掐大蒜，吃它几老碗。
六想云片糕，苹果和大枣，
又想红糖把茶烧，内中捉胡椒。
七想糍粑香，鸡子炖蹄烧，
又想糯米包粽子，白糖蘸着吃。
八想蕨根荞麦粉，开水泡米花，
又想馃子带油炸，芝麻蘸着香。
九想……

正在大家擦拭口水，咽着唾沫时，王老汉说歌词记不住了。

旁边有人喊："继续嘛，刚把人的食欲撩起来就没有了。"

我在西安待了这么久，还从来没有听说过关中人会唱民歌。王老汉一口气唱了十几首歌，歌声中夹杂着陕南口音和关中口音。山歌内容大多与爱情有关，也有描述农耕和劳动的。我说这些民歌一点儿不比陕北民歌差，问王老汉为什么不带徒弟。他说现在的年轻人不喜欢这些歌，嫌这些歌不洋气，太土了。

王老汉长叹一声，又点上一支烟。旁边有人建议我什么时候去王老汉家将他的歌录下来，我答应了。

屋里飘过一丝香味，那个年轻人将锅盖打开，用铁勺搅了搅，对大家说："鸡好了。"大伙立刻围上去，毫不客气地七手八脚在铁锅里抓肉。看着他们品尝着美味，我走出棚子看山中夜色，漆黑中只有天空是亮的，繁星满天，银河浩瀚。

海艳没处睡，我们借给她一顶帐篷，权德扔给她一床被子。第二天一大早，她被冻醒，不停地说一晚上没睡好，太冷了。

高冠河源头

早晨我们收拾完营地，喝了海艳煮的稀饭，然后背起行囊和权德告别，跟着陈大叔往东面的沙梁子方向走去。

沿着高冠河向上走了一个多小时，陈大叔指着左手方向的密林说："那里有一座古墓，听说是清朝的。"我们按照他指引的方向走去，绕过一片茂密的树丛和蒿草，看见了一道长满绿色苔藓的两层弧形石墙，石墙下方有两孔并排的拱形墓室，墓室用规则的石条砌成，一座墓前的封石已塌落，墓穴里散落着几根骨头。陈大叔说："这是清朝一个有钱人的坟墓。这条路过去繁忙得很，当年这里有一座相当阔气的旅店，按照现在的说法，就是一座五星级酒店。"陈大叔所说的酒店就是过去的客栈，这里就是客栈老板的墓地。

路途上的墓地

再往上继续走，山势渐缓，山坡遍布竹林，林间传来几声清脆的鸟鸣。此时我们的心情也和这山野一样清新爽朗，舒适惬意。愈往上走，河床愈窄，突然听到了一阵轰鸣声，疾走几步往前看，高处的山谷有一条五十多米长的三阶瀑布，轰然跌落的白色水流衬托着水锈色的岩石，流淌过宽阔的水槽。水流发出的声音像音乐的韵律，一阶一个音符，有节奏地跳跃跌落。透明的水流在波浪起伏中舒展着，清澈之中展现着无言的美丽。

走过瀑布不到一公里，山沟里出现了两处泉眼。看着“咕嘟咕嘟”从地下涌出的清澈的泉水，陈大叔说这里就是高冠河的源头。听大叔这样说，大伙儿兴奋异常，徒步高冠河三十五公里，我们终于看到了它的源头。大伙儿每人接了一壶清冽的甘泉，看着汩汩流淌的泉水，我有感而发：高冠河不就是由点滴清泉汇聚而成的滚滚激流嘛，高冠峡谷不就是高冠河在秦岭山脉巨大的花岗岩上侵蚀出的一道深深的峡谷吗！

在河流源头，我想起了荀子的一句话，“不积跬步，无以至千里；不积细流，无以成江河”。

翻越文公岭

顺着古道再往上爬去，就能看见前方豁亮的山口。此时天空阴云密布，冷风骤起。陈大叔看看阴郁的天空，担心下雨，催促我们快行。我们快步沿着“之”字形山路迂回向上，中午一点十五分爬上了海拔两千零七十米的秦岭主脊文公岭。文公岭又称“沙梁”，垭口呈马鞍形，两侧开阔的山坡上生长着稀疏的灌木林，是秦岭山脉的天然分水岭。

空旷的草甸上七倒八歪地躺着几根房基石条。陈大叔说：“沙梁上原来有一座文公庙，后来毁了。”

站在中国的南北分水岭上，我登高眺望，远方的重峦叠嶂遮挡了我的视线，风中摇曳的树木枯草掩盖了初生的绿叶。虽然看不见远方，但是能够凝视远方也是一种幸福。

一阵大风吹来，乌云压顶。不一会儿，空中就飘起了雨滴。陈大叔和我握着手说："只能将你们送到这里了，我必须赶天黑之前回到秋木沟。"看着风雨骤起的天空，我不好再说什么，下来的路必须自己走。给陈大叔付了酬劳后让他赶紧返回，我们几个则冒雨在垭口拍照留影。文公梁垭口虽然不是很高，但南北气候却有着天壤之别，垭口北属于黄河流域，干燥而闷热；垭口南属于长江流域，湿润而清爽。一梁之隔，千差万别。

垭口梁顶的细雨不一会儿就变成了米粒大的冰雹，随着寒风铺天盖地倾泻而来，打在身上"噼里啪啦"地响，我们穿上冲锋衣迅速离开垭口。

陕南的雨后奇景

刚翻过文公梁，冰雹就变成了倾盆大雨，我们只好加快脚步，顺着古道一路小跑，再翻过一个叫老君岭的垭口，没用半个小时便下到了陡峭的沟底。沟底有一个大瀑布，叫老君瀑布。

雨没有停止的意思，我们浑身已经淋得湿透。

踏着泥泞的古道，我们一直向南疾走，随着海拔不断降低，雨水渐渐变小。雨后的山谷青翠亮丽，云雾缭绕，我们走走停停，边走边欣赏这里如画的景色，如诗的风光。深山中目光所及之处，无不让人注目：青山之上，植被层层叠叠；绿水之中，鱼蛙浅底游弋。山坡绿地间夹着紫株黄花，几只赤黄的锦鸡在花草中啄虫嬉戏，林木深处隐藏着一间木屋牛棚，一群黄牛悠闲地在草地上啃食嫩草，陕南雨后的景色令人陶醉。

异客边走边摇晃着脑袋说："曲径通幽处，禅房花木深。"小虫走过来对异客说："你那个意境还不能真实表现眼下的情景，听听我这个。"于是小虫开始拉着长调："已是黄昏独自愁，更著风和雨。无意苦争春，一任群芳妒。零落成泥碾作尘，只有香如故。有雨，有艳丽，有花香。"

我们来到牛圈，浑身湿漉漉地坐在草坪的石头上，欣赏着眼前美丽的景色，真的不想离开了，在这如诗如画的山中小径之上，感受着古道上的宁静。

雨后初霁

回归

顺着老君沟，我们走过绿茵茵的大片草坪，走过白色的乱石河滩，走过绿树林中的一个个村庄，一口气狂奔二十多公里路，来到了宁陕县壕沟。

下午五点一刻，我们到达两岔河，向铁桥对面商店的店主询问出去的路线。店主姓涂，热情地给我们找来一辆面包车，二十元钱将我们拉到广货街。晚上九点多我们在广货街拦下一辆宁陕到西安的依唯柯，一个人十五元，于晚上十一点顺利返回西安。

三天的高冠古道徒步旅行结束了，但生活还在继续。我们爱古道，爱大山，爱秦岭山脉壮丽的景色和悠久的历史。

我们又完成了一次对古老道路的发现之旅，走出了一条深藏于秦岭山脉中的千年古道。希望我们走过的古道，能够保持原有的生态环境——永远不被喧闹所侵扰。

2003 年 4 月 25 日

蜀道难，难于上青天

——傥骆古道行·上

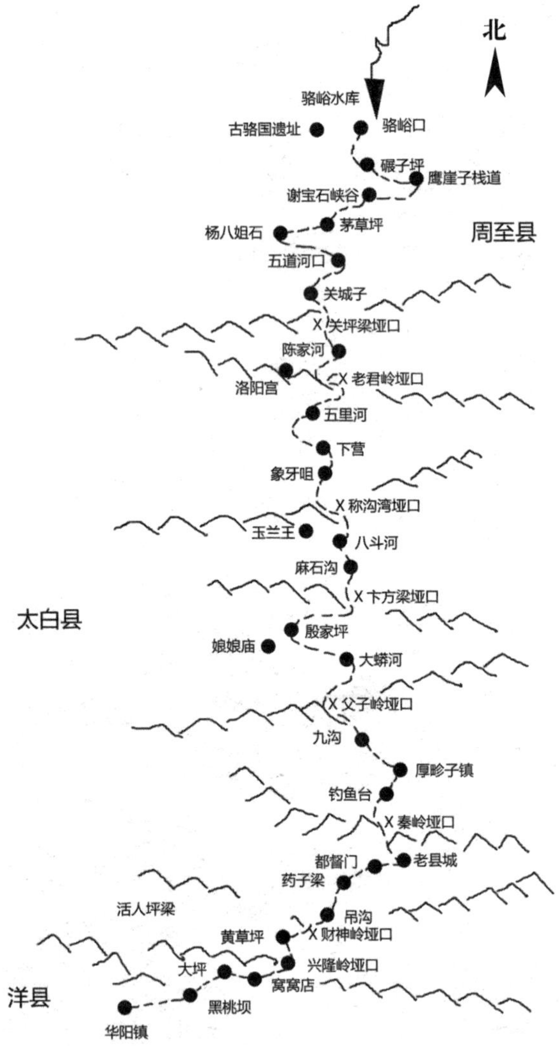

傥骆古道行示意图·上（乐途绘制）

傥骆古道见于历史记载较其他蜀道晚，这条道路的走向是从骆峪口进山，过陈家河上游，翻老君岭，沿八斗河、大莽河河谷，至厚畛子，然后过秦岭大梁到老县城、都督门，向西翻越比秦岭分水岭更高的财神岭和兴龙山到洋县的华阳镇。这是一条奇险的山路，它要翻过五六座海拔三千米以上的高山……道路一直沿着太白山南侧迂回，上上下下，极为艰险。这是傥骆道最为恐怖的一段，山高谷深，野兽出没，没有人烟，是被称为“黄泉”的险地，生长的毒虫和有毒植物，有着不散的瘴气，让人谈之变色。

——叶广芩

傥骆古道

从小到大读了无数遍李白的诗《蜀道难》，我非常喜欢诗中浪漫的描述和磅礴的气势，常常被字里行间的夸张叙述所震撼。秦岭蜀道在我心中似乎成了一条“畏途巉岩不可攀”的鬼蜮之路，它所展现的艰难险阻让我望而却步，久久不敢迈开探索古道的步伐。

噫吁嚱，危乎高哉！蜀道之难，难于上青天……地崩山摧壮士死，然后天梯石栈相钩连。上有六龙回日之高标，下有冲波逆折之回川。黄鹤之飞尚不得过，猿猱欲度愁攀援……使人听此凋朱颜！连峰去天不盈尺，枯松倒挂倚绝壁……其险也如此……

王安泉先生说，李白在《蜀道难》里描写的就是傥骆道，它是七条蜀道中唯一一条保存完整的古蜀道。听闻此言，我便按捺不住内心的冲动，我要去傥骆古道亲身体验“百步九折萦岩峦，扪参历井仰胁息”的艰难。

二〇〇三年春节，喀什送我一本《中国作家》杂志，上面刊登了作家叶广芩的长篇小说《老县城》，小说第一章名字就叫“傥骆道”，在这篇小说中我第一次知道了傥骆古道的前世今生。

认识秦岭前后经历了几个“第一次”。第一次见到傥骆古道是在二〇〇一年秋天。我跟随一支户外探险队，从老县城徒步去佛坪岳坝，有幸在老县城见到了前来给我们送行的著名作家叶广芩。说起傥骆道，她指着对面高耸的秦岭大梁说道："你们今天从厚畛子到老县城走的路就是傥骆古道，老县城源于傥骆古道的繁荣。同时，也伴随着傥骆古道的荒芜而衰落。"临走时，她不无遗憾地说："什么时候能亲自走一趟傥骆古道，也就了了我的心愿了。"

周至县知名学者王安泉先生潜心研究傥骆古道几十年。说起古道，他便会滔滔不绝地讲述古道上许多鲜为人知的传说和故事。他知道我喜欢秦岭并热衷于对大自然的探索，便鼓励我去走一趟傥骆古道，同时搞一个专题。题目他都帮我想好了，就叫《古道贩牛人》。千年岁月里，周至县有很多牲口贩子去洋县贩牛，他们一路上风餐露宿，用十天左右的时间赶到洋州镇，交易完成后再返回周至县，一个来回将近一个月时间。他们世世代代延续着这一传统，一直到108国道贯通秦岭南北，古道才渐渐荒芜，古道上的贩牛人也随之销声匿迹。古道虽然荒芜了，但是将他们的这种生活方式记述下来，也是对传统农耕文化的一个真实的纪录。

一日，有朋友送来税晓杰关于蜀道的一篇文章，文中对七条古蜀道有一个大概的介绍，给读者呈现出的是一个个朦胧的古道印象。关于七条古蜀道，他是这样记述的：沿着秦岭山脉从东往西，依次是子午道（荔枝道）、傥骆道、褒斜道、陈仓道、故道、连云道，几条道路汇集剑门关，然后通过剑门连接到四川的金牛道和米仓道，最后直达成都。

读了那些文章更加激发起我去行走古蜀道的强烈愿望。我想更加详细地去了解古蜀道的真实内涵。最后，我之所以选择去行走"傥骆古道"，是因为在这些著名的古蜀道中，"傥骆古道"保存最为完整。

秦岭南北古道众多。比如说，潼关的麻峪道，华阴的黄埔道，华县的箭峪道，蓝田的辋川道、汤峪道，咸宁的库峪道、大峪道、小峪道，长安的太乙道、石谷道、高冠道，鄠邑区的涝峪道、田峪道，周至的黑水道……这些翻越秦岭山脉的艰难而危险的道路，在当时相当于今天的省道和国道。另外七条古蜀道，如子午道（荔枝道）、傥骆道、褒斜道、陈仓道、连云道、金牛道和米仓道等，这些较为好走的道路，则相当于今天的高速公路。在历史记载中，这几条大道自古以来便是"转运通漕，尤称便利"的通关大道。

清代毛凤枝所著的《南山谷口考校注》中，对傥骆古道有详细记载，可以从

傥骆古道遗迹

中寻找到一条较为清晰的线路轮廓。书中由南向北，详细介绍了傥骆古道："傥骆道南口曰傥，在汉中府洋县北三十里；北口曰骆，在西安府周至县西南百二十里。谷长四百二十里，其中路屈曲八十里，凡八十四盘。自洋县城西北行百六十里到华阳，又东北行百五十里至杨泗庙、过都督门、佛坪厅、厚畛子、父子岭、玳瑁河、八斗河、高庄砭、黑河桥、老君岭、茅草坪出骆谷。""自老君岭以南，即入老林，此路山幽谷险，崎岖难行，非褒斜二谷比也。"

清光绪九年（1883）《佛坪厅志》是这样记载傥骆道的："高岩深涧。长几五百里，路屈曲，凡八十四盘。蜀姜维伐魏，魏钟会寇蜀，曹爽攻汉中，晋司马勋伐赵，唐德宗、唐僖宗幸兴元，皆由此。"

《汉中通志》载："傥骆道，一如褒斜道，是循傥水和骆水而开辟的一条官驿大道，即从骆谷南行，越秦岭主梁，再到洋县的华阳，最后到达汉中。此道开辟时间较晚，始见于三国曹爽南伐蜀汉，《石门颂》有'更随围谷，复通党光'，即指此道，从而证实傥骆道在东汉前就已经使用。使用此道最为频繁的时期乃安史之乱后的唐代中后期。当时关中战事频繁，得地利之便，唐朝皇帝不得不一次又一次地走此道'幸蜀'避难，因此使得这条古道繁荣一时。从穿越秦岭诸条道路的优劣分析，在沟通长安与汉中的所有道路中，傥骆道路程最近，颇是便捷。然而，其间要翻越数座高山隘口，崇山峻岭，极端艰险，道路升降无常，常常令旅行艰难备至，让人望而生畏。再说，沿途人烟稀少，又有一些有害的动植物，亦令行人胆战心惊，傥骆道作为官驿大道的时间比较短，历史上利用率也比较低。”

正是这些原因，才使傥骆道千年来幸免于难，完整地保存了下来，也才使我们今天有幸能够深切地去体验“山深谷密，萦纡盘亘（桓），忧虑千里”的茫茫古道上所蕴含的古老信息。

秦巴山区所有的官驿大道至今唯一没有被现代化公路和城镇湮没的就只有傥骆古道了，我衷心希望各个地方能够将古道妥为保护。

我筹划了多日，相约雪山恩赐、李公子去西骆峪村收集有关傥骆古道的详细信息。我们在西骆峪村打探古道的情况时，许多中年人都不知道有关古道的具体情况，村里的年轻人就更不清楚西骆峪与古道的关系了。有几位年纪大的村民听说后，都用异样的眼神看着我：“那路几十年都没有人走了，根本走不成。夏天荒草丛生，看不见路；冬天冰天雪地，就更走不成了。反正一句话，绝对走不成。”

再问他们关于贩牛的事情。一位老者说：“那都是二十多年前的事情了。现在，人家都是从 108 国道用卡车拉牛，谁还走那路呢！”

找不到向导，不死心。返回西安去找《周至县志》的主编王安泉先生，由他推荐，我再进骆峪村，找到了西骆峪村支书，委托他帮忙找一个向导。这事一拖就是半年，一直到我从梅里外转回来，才得到村支书的确切消息——向导找好了，是他的一个朋友，在这条路上走了三十多年。

找到了向导，就好像找到了进入骆峪口的大门，也就是找到了开启这扇大门的一把钥匙，我开始兴奋地为出发做准备。

计划全程徒步穿越时间为十至十二天，出发时间定在了二〇〇七年元旦。

随行队员有零三、王领导、月亮和海燕。我们准备了六天的食物，计划走到厚畛子乡再进行补充。另外，我还给向导准备了帐篷、睡袋。总之，我们每个人的装备都基本达到了极限重量。

万事俱备，只期待着行走“太白鸟道”，直抵巴蜀“横绝峨眉之巅”的时刻。

骆口驿

二〇〇七年一月一日早六点半，我们准时出发。

承蒙山友咕咚来了的鼎力帮助，我们五人坐上他的面包车，在黑暗中离开西安，直奔西骆峪而去。一路云雾弥漫，天地迷蒙，冬日寒冷的清晨被朦胧的雾气覆盖。

在西骆峪村口，我们见到了向导老朱，他四十来岁，手提一把砍刀，脚蹬一双高腰皮鞋，身背一个黑色双肩包，看上去干练老成。我们在村口小商店里又添置了一些补给品，然后抓紧时间向山谷进发。浩渺的骆峪水库只露出一点儿边缘，云雾将广袤的水域遮掩在神秘的白纱后面，一片片已经枯黄的旱芦花在寒风中摇曳不止。

车在山口停下，老朱带我们穿过一片枯萎的猕猴桃藤蔓，来到一片青翠的麦田旁。在苍凉冷瑟的冬季，绿色的麦地包围着一方残垣断壁，土城墙头上长满了蒿草杂树，破败的城郭大概有两个足球场大小。老朱说，北面的城墙在修水库时候破坏了，现在只剩下南面这一点土墙。这个城郭遗址过去叫“骆口驿”，历代都有驻军把守，是傥骆古道的起点。他站在一个土堆上，指着城郭说：“听老人们说，骆口驿城里有粮仓，有校场，有兵营，有车马店，还有官府驿舍。”我认真地点头，想搞清楚他指的具体地方究竟在哪里。然而，老朱也不知道那些“机关单位”的具体位置。

我站在荒芜的田野上，看着延续了千年的颓废城墙，心里有一种比寒冬更加凄凉的感觉。历史就犹如眼前这淡淡的雾气，从远处飘来，不留痕迹地又向远方飘散而去。

离开驿站不远，由于路面结冰，汽车无法前行，我们只好和咕咚来了挥手告别，背上重装开始了穿越傥骆古道的漫漫旅程。

山里有开石英矿的，拉矿石的大卡车将路面压变了形。老朱说他侄子在石英矿上拉矿石，他原来也在附近另外一个铜矿工作，后来铜矿关门，就回到了平原。矿场将大山开了大口子，像是一道伤疤。

栈道

我们六人背着沉重的背包行走在寒风凛冽的西骆峪河谷中。

上午十点我们走进鹰嘴崖峡谷，矗立的两壁夹着一线天空，一阵阵穿堂风扑面而来。山涧谷内湿气弥漫，水汽蒸腾，什么也看不清楚，整条峡谷幽森阴冷。想当年，这里一定是“一夫当关，万夫莫开”的险峻关隘。古书记载：三国曹爽伐蜀汉，大军进骆谷而不得前，费祎踞谷以截爽，爽失亡甚众。

顺着峡谷前行，踩踏着骆峪河上湿漉漉的卵石，左跳右蹦，向前进入更加狭窄的谢宝石峡谷。峡谷内只有一溪清流从石缝间溢过，两面崖壁上残留着很多栈道石孔，我走过去轻轻抚摸着几千年前开凿的方形石孔，好像默默地在和古人对话。栈道石榫孔有二十厘米见方，一排十多个，距地面有一米左右。我猜想古时候这条峡谷一定是一汪深水，天长日久山洪带下来石头，才将峡谷填满，变成了今天这个模样。这也许是几千年来历史和地质沉淀的结果，恐怕再过若干年，这些石孔就会永远地消失在历史的长河里。

出了峡谷，一片开阔，右面山坡上有一间茅草棚，一只小狗吠叫着，一位戴着火车头棉帽的老汉双手揣在袖子里，站在木栅栏前向我们喊：“你们得是从西安来的？”

谢宝石峡谷

我向老汉挥挥手，说：“是的。”老汉伸着脖子说了什么，我没有听清楚，山野的风将我们的对话吹散。

古道左面山坡

上有一座不大的山神庙，庙虽小，但也是青砖灰瓦，木柱格门，很讲究，不愧是官驿大道上的建筑，虽然道路早已荒废，但是，古道上人们做事的风格还是那样严谨认真，具有大唐遗风。我走到庙前，双手合十，虔诚地祈愿山神保佑我们此行平安顺利。

茅草坪

海拔不断升高，山涧河谷里的树木野草都被白色冰霜包裹，布满山川的洁白雾凇构成了一幅迷人的冬景画卷。

一口气走去了十五公里路，早晨吃的牛奶蛋糕早已消耗殆尽，肚子饿得“咕咕”直叫。拐过一道山弯，中午一点多，我们来到一个叫茅草坪的地方，开阔平缓的山坡上有几百亩平展展的土地。听老朱说这里以前生活过一个大队的人，上千号人现在都搬到山外去了。目前，茅草坪让一个姓徐的北京人买了，那人四十多岁，一个人住在这里。

透过迷蒙的雪雾，远远看到寒风中一座土坯房和门前的一棵大树。想不通，有钱的北京人怎么会跑到如此荒僻之地，住在这个破败的农舍里，过起了隐居生活，实在不理解。

老朱说：“这年月，想不通的事多了。”

我们爬到坪上，光秃秃的土地上翻滚着几片枯树叶，从那间孤零零的庵间房里传出一群狗的狂吠声，老朱扒在窗棂上向里面看了会儿说：“屋里至少有五六条大狗，估计那北京人出山去了。”

原本深山中的静谧，被狂吠的狗叫声打破。空旷中找不到遮风的地方，我们寻到一户破败的农舍空地，开始做中午饭。

零三背了六十多斤重的包，里面几乎全是吃食，上海人讲究吃也是一件很正常的事。中午，我们吃了零三做的年糕雪菜肉丝汤，月亮做了烩米粉，大伙儿热热乎乎吃了一顿正经饭。老朱原本只想啃一包方便面了事，但是当他喝了热腾腾的鲜汤，吃了美味的炒菜后，连连称赞道：“哎呀，冬天还是热饭好吃，不但舒服，也给劲啊。”

仅仅半天时间，老朱便与我们打成一片，初次见面的陌生感逐渐淡去。路途上我们一起吃饭，一起走路，一起睡觉，谈论着各自的喜怒哀乐。我们所有人都将秉持坚韧不拔的精神和勇往直前的钢铁意志，去翻越一座座横亘在前方的高山峻岭，去领略秦岭山脉的壮阔迷人的风光，去体验傥骆古道悠久绵长的历史。

杨八姐石

午餐后，我们继续出发。前方道路因为年久失修，只剩下很窄的一条模糊痕迹，小路两旁全是比人还高的旱芦苇（芒草）和竹节草（贯仲）。我们不时地从荒草丛中钻过，积在梢头的雪凇就会灌进脖子，雪水融化后顺脖颈流淌到背后，再和汗水汇合，冰凉而热烈。

顺着峡谷走出去两三里路，老朱叫我过去看一块石头。大石头有一米见方，上面有很多条竖道。他一边拂开积在石头上的浮雪，一边对我说：“传说这是杨八姐石，上面竖道是杨八姐的马蹄子刨出来的印子。”我们俯身左看右看，也没有看出个什么名堂，但我敢肯定这一定不是马蹄子刨出来的，而是花岗岩天然被侵蚀的结果。

我问杨八姐是什么人。

老朱笑着拍拍手套上的雪，很茫然地说：“我也不太清楚。听说，是杨泗郎他们家的什么人。”抗金名将杨泗郎常年在秦岭深山与金人周旋，秦岭深山许多地方都建有纪念他的庙宇和地名，就连这块普通石头，也被老百姓赋予了深刻的含义。

记得临行前，村支书一再叮咛老朱，带我们去看看路上那些历代文人墨客留在岩壁上的题词。老朱不忘嘱咐，一路上东瞅西看，但就是没有找见一块摩崖石刻，这令我们非常沮丧。

历代有许多名人雅士走过傥骆古道。他们在古道上留下众多的摩崖石刻。王安泉说他和叶广芩在骆谷里看见过历史上许多文人留下的摩崖石刻，遗憾的是，那些摩崖石刻大多已经风化剥蚀，不易辨认。他说古代很多文人学者都从这里走过。例如，嵇康、阮籍、王勃、元稹、岑参、杜甫、白居易、李白、杜牧等。他们在这里留下脍炙人口的诗篇。

我问老朱那些摩崖石刻在哪里，老朱摇摇头说找不见了。

冰花

整条山谷都被厚厚的白霜覆盖，冰天雪地中给人一种绝美的苍茫感。起伏的山峦，曲折的河流，漫天的白纱，圣洁、苍茫的山野，令人目眩。

路旁很多草尖上都结了冰花，像是螺壳，旋转着透亮。冰花一般直径十多厘米，一圈圈亮晶晶的纹路展示着各种形状，千姿百态、晶莹剔透，给人一种不可思议的感觉。看着这些奇异的冰花，我不由得赞叹大自然的鬼斧神工。

零三突然情不自禁地唱起了《雪绒花》，歌声在深谷中回荡。一曲唱完，他问我："你知道，这首歌是哪个国家的？"

我说："好像是欧洲哪个国家的。"

他笑着说："是奥地利民歌，你知道它象征什么？"

我摇摇头说不知道。

"雪绒花是奥地利名花，生长在海拔一千七百米的高山上，它象征着所向披靡的勇士精神。"

那些勇士不正是我们的真实写照嘛，风雪中奔走在傥骆古道上的勇士们。

我凝视着冰清玉洁的冰花，这些冰花出自自然，又归于自然，季节性的自然现象，却揭示了生命的本质特征。冰花耀动着、闪烁着，待太阳出来，它便瞬间融化于泥土。

冰花

生漆棚

顺着半山腰小路，大家跟着老朱默不作声地一直往上攀爬，伴随我们的只有强烈的喘息声和脚踏积雪的“嘎吱”声。山谷慢慢变窄，天空渐渐变小，先前的河流变成了溪水，水流从石缝间跌落水潭，激起的水花搅动着静谧的山谷，这声音涌动着生命最初的激情。

河谷中那些积满白雪的石头浑圆可爱，它们像是一个个白色的馒头，倒映在清澈的溪水中，映照成一座座晶莹的雕塑。

溪流上方横搭着一根五米多长的原木，月亮和海燕张开双臂，颤巍巍从空中飞过。我们三人为了谨慎，从桥下的石头上跳过，零三去拉失去平衡的王领导，自己却不慎滑进水中，一双鞋灌满了冰冷刺骨的河水。爬上岸后，他坐在河边换了一双干袜子，又套上一个塑料袋，郁闷地看了一眼跌倒的地方，背上大包跟着队伍继续出发。

下午四点，我们来到五道河口，这是两条溪流汇合的地方。古道从这里向左拐，进入一条更加狭窄的山谷。山谷里乱石堆积，一条已经干涸的小溪上堆满了枯木树枝，所有这些杂乱无章的东西均被厚厚的白雪覆盖了。

越向上攀爬，坡度越陡，有时我们只能低着头四肢并用地挪动身体，在奋力攀爬中与时间和体力进行着顽强搏斗。不知爬了多长时间，我猛一抬头，在峡谷尽头的高台上看见了两座被雪覆盖的窝棚，长呼一口气，以为遇到了人家。急忙爬上去看，却只是两个空荡荡的草棚，茅草棚被几根木棍支撑着，固执地挺立在空旷的深雪之中。

老朱环顾四周后说：“这棚子以前是割生漆的人住的。天冷了，他们都走了。这些割生漆的人大多来自四川，他们每天都在老林里爬高下低，用命换来一点微薄的收入，给当地上交一部分费用外，自己便所剩无几了。再加上近几年生漆树大量死亡，他们的日子也不好过。”老朱叹了口气后继续说道：“很多年前我见过一个十二岁的学徒娃，染了生漆，就死在这山上了。”

我站在窝棚向上望去，漫山遍野都是一尺多深的积雪，眼见天色已暗，老朱把木架上的雪扫干净，让大家坐在这里休息，他去前面探路。

从早晨走到现在，大家都累得七倒八歪，连说话的力气都没有，趁着这一点儿时间，我让大家赶紧补充一点儿能量。说心里话，这时候没有人想再往前走了，最希望原地扎营。我在心里暗想，老朱最好不要找到路，这样我们就有充分的理由原地扎营休息。

十几分钟后，老朱踏着深雪转回来，说路找见了，让大家抓紧时间起身赶路。我们互相看看，很无奈地扛上背包，勉强打起精神跟着老朱继续出发。

想起一首歌，风吹我远走。

夜走关坪梁

从生漆棚起身，我们踏着没膝的深雪，费力地爬过长长的陡坡，来到一道山脊上。从这里向下望去，一条山路绕着“之”字形从山脚迂回上来，左盘右绕上了山脊。老朱说：“我们先前撂开了老路，把老路走丢了，现在又重新回到了正确的道路上。”

此时天色已经昏暗，古道前方的山坡上布满了枯木老树，在这些树木竹林下蜿蜒着两到三米宽的古老路基，黄昏中仍然清晰可见。古文献记载，古时候的官驿大道一般丈许宽，只有达到这样的规模，才能叫“官驿大道”。

古道曲折迂回在山脊上，很多拐弯处的路面成了“U”形深壕，外高内低，不知道这样的道路设计是不是为了更好地控制下降的离心力。我边走边思忖，竟然一头撞上横在壕沟上方的大树，一时眼冒金星，眼镜也差点儿被撞掉。被震落的雪花纷纷飘洒，灌进了脖颈，飘落在身上。我定了定神，摸摸额头，还好没有出血，遂将帽子、眼镜戴好，心里责怪自己过于大意。

昏暗的天色，已经分不清天南地北。大伙儿戴上头灯，雪地反射的白光立刻让眼前明亮了许多。前方的山路长得一眼望不见尽头，我们在深壕里一脚深一脚浅地继续向上转去，浮雪下的枯叶踩上去软绵绵的带有弹性，但却走一步滑半步，十分费力。山脊上的古道比山沟里的古道保存得更加完整，不知是不是因为山脊上没有滑坡和塌方等自然灾害的缘故。

四周已经漆黑一片，只有眼前的雪地被灯光照得明亮。一片片茂密的竹林常常将道路完全掩盖，我们需要四肢着地爬过枯倒的树木和被积雪压倒的竹林，这样的行走对我们的体力消耗非常大。

晚上将近八点，我们终于磕磕绊绊爬到了关坪梁垭口，这里古称“十八盘岭”，海拔两千四百米。今天，我们从谷口出发，一口气攀爬了四十公里路，来到了关坪梁，老朱竖起大拇指笑着说：“你们太厉害了。”

我喘着粗气，爬上梁顶，无力地仰靠在土崖上，默默注视着前方，黑暗的雪路上，漫天的雪花，在灯光里飞舞着。

零三点着一根烟说，今天真的走崩溃了。

老朱靠在一个避风处，一边吸烟一边说：“以前从辛口峪，也就是从黑河那条道过来，就在这里和傥骆道会合，前面以前有个关口，叫‘官城子’，也叫‘十八盘关’。古时候，这里都有官兵把守。”

我问老朱：“十八盘关口的建筑还能看到吗？”

老朱说：“都几千年了，早就没有了。”

陈河的夜

凛冽的寒风横扫过来，扬起的雪粒打在脸上针扎一样疼，身上开始发冷。老朱提醒大家不宜休息过长时间，当心着凉。休息了一支烟的工夫后，我们起身顺着老周（至）佛（坪）路向东走。正在黑暗中走着，就听到一阵发动机的声响从身后传来。我们纳闷地停下脚步四处张望。只见远处有一束汽车灯光照射过来，一辆蓝色的大卡车慢慢驶来，停靠在我们身边，驾驶室窗子摇下，一个男子问我们要不要搭车，我对他摇摇头说谢谢了，我们不坐。月亮问我为啥不坐车。我说冰天雪地坐大卡车走这样的路不太安全。另外，黑天半夜这车上的人是干吗的，可不可靠，谁知道呢。

大卡车轰鸣着消失在了黑暗之中。我们踏着深雪，用了两个多小时一口气走了七公里路程，就在大家精疲力竭时，听到老朱在山坡下喊叫：“这里有人家了。”

一片漆黑中听到了狗叫声。

我们侧着身子走了很长一段陡坡路，来到半山腰的一个小村子。这里分散着几户人家。其中，两家已经人去屋空，只有一家人还亮着灯光。我们跟着老朱走进那户人家，屋里有老两口，还有几个年轻人。

这里叫陈河（也叫陈家河），海拔一千八百米。

外面风雪交加，经主人同意，我们在他们家堂屋里支起了帐篷。零三炒了两个菜，拿出大家最爱吃的白斩鸡。几个小菜摆上桌，再拿出一瓶白酒，临时凑合了一桌晚餐。那几个年轻人坐在屋角烤火，我邀请他们坐过来一起热闹，山里人很倔强，死活不肯品尝我们的美食。

堂屋靠墙的木架上放了一口黑色的枋（棺木），来自云南大理的海燕第一次看到这样的情景，有点儿不知所措地问："怎么家里还放棺材？"我说："这是陕西人的风俗习惯，家里人老了，就要早早做好棺木放在家里。这样，不但能够体现孩子的孝心，也可以使老人增寿。"

老妇人有气管炎，不停地咳嗽，我们将携带的一部分药品赠送给两位老人。

一整夜都是老妇人剧烈的咳嗽声，我们睡得不踏实，时不时惊悸而醒，听着那声嘶力竭的咳嗽、喘息声，感觉我们自己都快要窒息了。

海燕问："他们为什么不离开这个地方？"

我叹口气说："他们当然不会离开这里，他们生于斯、长于斯，习惯了一个地方，便是故土难离呀。再一个原因，他们这么大年纪了，还能去哪里重新开始生活呢。"

屋门外，雪花飞舞，寒风啸叫。

告别陈河

今天是新年的第二天，元月二日，小雪。

上午九点半，我们告别老夫妻俩，冒着风雪再次出发。

老汉的儿子将我们送到崖边，他说："以前，有从老周（至）佛（坪）路走来的游客在家里住过。现在公路废弃了，已经很长时间没有人来了，希望我们夏天有机会再来，昨天晚上开车的是我，你们不敢坐。"

陈河

我疑惑，问他：“那么晚，你们开车从哪里过来？”

他笑着说：“拉木头。”然后他挥挥手，说：“有机会来玩啊。”

告别年轻人，我们沿着山坡弯曲的小路，踏着厚厚的积雪，来到了深深的沟涧。回首望去，昨晚住过的那间农舍孤零零地立在高高的山坡上，门前那棵筑有鸟巢的杨树矗立在空旷的院坝，还有那座已经发黑的麦秸垛和躺在崖边的大磨盘，小小的陈家河在迷蒙的风雪中若隐若现。

告别陈河，我们精神抖擞地走进了岭沟畔。

翻越老君岭

再向前走不远就是一大片滑坡塌方的地段，大路被阻断，古道变成了一条弯弯曲曲、高高低低、坑坑洼洼难以行走的羊肠小道。

周围的大山都被厚厚的积雪覆盖，虽有大致方向，但却看不见路迹，老朱不敢贸然前行，他不停地四处寻找可以落脚的地方，回忆着记忆当中的古道方向。

前方是一条非常不明显的岔路口，老朱站在山坡上说：“从这往右可以去洛阳宫，往左可以去老君岭。”于是他带着我们下沟、上沟穿过密林，一口气爬上了海拔两千四百米的山坡上。这里的古道虽然已经荒废，但是路基却保存得较为完整，远看就像是一条细线镶嵌在巨大的山坡上，非常明显。我们沿着古道向上走，道路常被一片片茂密的竹林遮挡，每逢此时，大家只好趴下身子，四肢并用地从竹林里钻过，然而刚钻出茂密的竹林，前面又是一片乱石遍地的塌方区。

休息时我问老朱："刚才你说的洛阳宫在什么地方？"

老朱吸了一口烟说道："从那条岔路口上去不远，传说是殷姑娘出家修行的地方。后来殷姑娘死了，刘秀便将这座庙赐名为洛阳宫，你知道刘秀不？"

我说："知道，就是汉光武帝刘秀。原来的长安县还有一个王莽公社和刘秀大队。王莽篡权，刘秀造反。"

老朱带着我们小心翼翼地从巨大无边的乱石堆上爬过，前方依旧是高耸的山峦，头顶依然是纷扬的雪花，静谧的山林忽隐忽现着古道的踪影。向前眺望去，远处积满白雪的塔松从山腰一直连绵到了山脊上，整个世界白茫茫一片。

老朱停下脚步，指着远处山林的透亮处说道："看见没，那地方就是老君岭山口。"

下午三点我们连滚带爬来到了海拔将近三千米的西老君岭垭口。西老君岭是太白山主峰拔仙台向东延伸出的一条巨大支脉，是傥骆古道从北向南翻越的第一座高山。

早就听说过老君岭，这个横亘在傥骆古道北段最高的山岭，自古以来不知道阻挡了多少行路人。今天，我们千辛万苦走到这里，站在寒风料峭的垭口，眺望巍峨的峰峦，竟被眼前壮丽的景色所震撼。望着那些披着银光，起伏于万山之中的洁白森林，雄奇峭拔的峰脊山峦，我的内心也是波澜壮阔、热血沸腾就像起伏的山峦。

历史上对傥骆古道老君岭有这样的记载：上有千仞之峰，下临百丈之溪。湍流溯波，又澹淡之……朝

翻越老君岭

则鹂黄、鸹鴠鸣焉，暮则羁雌、迷鸟宿焉……

今天站在这“野兽闻之而不能前行”的老君岭上，历史的悠然沧桑瞬间便将我的思绪带回到千百年前……历史上有多少人从这里过往……来往的差役们风雨无阻地穿行在悠悠古道上；满怀豪情的文人墨客们边走边看，一路爬上高山之巅登高望远，赋歌吟诗；辛苦的背夫们一路上风餐露宿，就为了得到一点儿果腹的纹银……我在想象过去的同时，也将自己爬过老君岭的艰辛表情，定格在了我的记忆深处。

老朱给我们拍了合影，大伙儿在这里滞留了许久，还是迈不开离去的脚步。

此时，就是远远眺望一眼老君岭的雄姿，也会给我们留下深刻的印象。所有人都在自己的赞叹声中，一步一回头地告别了老君岭。

老朱的婚房

攀登上垭口的兴奋，一会儿就被下山的艰难所取代。

离开垭口，我们先右行再左拐，顺着隐约中的古道痕迹钻进了密密匝匝的竹林和灌木林。古道在这里基本上保留完整，许多悬崖峭壁处依然残留着古道路基。几个转弯后便开始下陡坡，狭窄的五里河沟被大雪和腐叶覆盖，一时间寻不见路的踪迹。大伙儿一个紧跟一个，低着头亦步亦趋地跟在老朱后面，在近乎七十度的陡峭山坡上慢慢横切。听老朱说这里距离今晚宿营地八斗河还有二十多公里山路，心中不禁窃喜，不管荒山野岭再远，只要有老朱与我们在一起，就会安全抵达。

零三的背包太重，走得艰难，他靠在雪坡上，掏出一大瓶鲜奶分给大家品尝。虽然此时的赠予与减负有关，但大伙儿们还是给予他无限感激。走在前面的老朱时常被大雪封山后的一片白茫茫搞得分不清东南西北，看着老朱皱着眉头，四处张望的神情，我真希望他能唤起往日记忆，寻找到正确的道路。

山谷底部有一座一米多高石砌的桥墩，被积雪覆盖着，一条结了冰的小溪从桥墩下流淌。老朱说这里以前有一座小桥，后来被水冲了。我走过去仔细瞅了瞅那桥墩，感觉是有年代了。

下午四点半我们拐过一个叫“象牙嘴”的小垭口，老朱笑着说我们的路绝对正确，绕过前面的半山腰就可以到达称沟湾。看着老朱满怀信心，我们也跟着心情放松。沿着陡峭的雪路走出去一公里多我们就来到了称沟弯垭口，翻过垭口沿山脊走不远就可以看见一条蜿蜒于山谷的小河，老朱说，那条小河就是八斗河。听说到了八斗河，大家心里都格外地兴奋，脚底也轻松了许多，甚至兴奋得忘却了一天的疲劳。

五点半我们来到了称沟湾，沿着一条“之”字形的山路下到了八斗河谷。跨过一道清澈的小河，顺着右侧小路一直向前走去。没走多远，我们就来到了一座早已废弃的房基和一个大磨盘前，老朱走到这里突然停下脚步，走近残垣断壁的房基，用手轻轻扫去石基上的一层浮雪，坐在大石条上笑着对我说：“我年轻时就是在这座房子里结的婚，并且还在这座房子里住了八年。”

我惊讶地看着他，有点儿不相信自己的耳朵，面对如此败落的场景，不知该说些什么。眼前的荒凉和颓败，怎么可能与老朱联系上呢？

老朱看我不相信，说：“这是真的。”

说话时，声音有点儿伤感，笑得也有点儿苦涩。他点着一根烟，长叹一口气说道：“媳妇去年脑溢血去世了，我们夫妻一起生活了二十多年，感情很好。”说到这里，他的眼圈红了。

他们家是八斗河山谷里最后一户人家，也是从北向南的第一户人家，从这里向北去老君岭和岭沟畔，中间没有任何人家或客栈可以休息。过去，赶路的人们晚上走到这里都会休息下榻，下岭的，上岭的，川流不息，是曾经的古道上一家温馨的客栈。

离开老朱的故居，我们趁着黄昏夜色继续行进在黝黑的山谷中。去往八斗河的道路平坦宽阔，路面积了厚厚的白雪。我们头顶着飞舞的雪花，奔往八斗河老朱的大舅子家。

夜色降临，雪花飘飘洒洒，纷纷扬扬，头灯照射去，黑暗中是一片片飞舞的雪花，犹如夜空中亮晶晶的星星。我们忘却了极度疲劳，欢快地踏着积雪，所有人的笑脸都融进了漫天的飞雪之中。

漆黑的夜空万籁俱静，天寒地冻、风雪弥漫、大道无痕，任寒风卷着雪花从山林间猛烈地吹过来，击打在我们的脸颊上，让我们享受着刺痛和融化间的美妙感受。肆虐的风雪，让我们一步步丈量千年古道的过程更加丰富多彩。

很远很远，隐隐约约，听见了月亮兴奋的叫声：“我们到了，加油呀！”

尖利的女高音，穿透了风雪暗夜，在峡谷中回荡。

八斗河的彭先生

拐过一座山嘴，在雪花飘舞的夜色中，远远看见了一院房屋的轮廓和闪烁着暗黄色灯光的窗户。

又听见了狗吠声，徒步旅行中极度疲倦时，最喜欢听到的声音。

到了，到了，看到了那座石桥。

八斗河，海拔一千三百五十米。

踏过积了尺深雪的石桥，我们来到了八斗河最后一户人家。

主家姓彭，名叫林轩，五十九岁，普通话中偶尔带出点陕南口音，老彭让才过门没几天的儿媳妇娟子去厨房给我们做晚饭。他端来一个白瓷茶壶，坐在火塘旁给我们一个个倒上热茶，然后开始给我们讲述傥骆古道的沧桑历史。

我猜想他一定是一位外地来的文化人，可他却坚持说：“我是正宗的当地农民，不信你问他。”他用眼睛看了一眼老朱。

老朱笑着说：“就是。”

我还是不信，认定他如果不是教书先生，就是县、乡的基层干部。他笑着摇摇头，一概否认。后来吃饭时我问老彭的儿媳妇，她说公公原来确实是乡上的教书先生。

吃了香喷喷的臊子面，我们围着炉子烤湿透的登山鞋。我这人生来好奇心强，总喜欢问这问那，今天夜宿八斗河，我便向彭先生了解八斗河的来历。

彭先生穿一件军绿色上衣，戴顶鸭舌帽，端着一杯热茶笑着说：“八斗河是由八条山中的支流汇合而成，才叫八斗河。”

说完他看着我，眼睛一闪亮，说道：“你们真勇敢，第一次看见这样装束的人走这条路，以前从没有像你们这样的人走过这里。你们也是勇敢探索的开创者啊，真的很佩服你们。”

我对彭先生说："我早就想走一次傥骆古道，只是一直没有合适的机会，听说今年日本人来过，有这回事吗？"

彭先生摇摇头说："听说他们要来呢，可一直没有见到。日本人才不会像你们这样去走呢，他们受不了这苦。"

我问日本人为啥对这条路这样感兴趣。

彭先生抬头看着天花板说道："日本人关心傥骆道，大概是因为唐朝的关系。传说安史之乱后，杨贵妃跟着李隆基从这里跑去了四川，并没有死在马嵬坡，所谓马嵬坡杀了杨贵妃只是虚晃一枪，目的在于掩人耳目，平息兵变。"

我问唐玄宗李隆基在安史之乱后顺着傥骆古道逃亡成都的事时，他摇头说："具体情况不清楚，听说李隆基还没有走到成都，安史之乱就被平息了。李隆基暗地派人将杨贵妃送去了日本。"

原来是这样，怪不得日本人要来这里考察。

彭先生说："唐朝后期除了唐玄宗，还有两位皇帝也是从这里跑去成都，他们是唐僖宗和唐德宗。中国历史上将唐朝皇帝从长安去成都的经历不叫'逃跑'，叫'幸蜀'，其他也没有留下什么典故。倒是西汉末年的汉光武帝刘秀在这里留下一些传说，因为他反对王莽篡权，被王莽追杀。他顺着傥骆道一路逃到卞方梁那边的殷家坪和大蟒河，路上发生过一些故事。等你们走到那里，当地的男女老少都能给你们讲述一些有关刘秀的历史传说。"

从八斗河出发

彭先生点燃一支纸烟继续说道："一九三六年，李先念率领红二十五军从这里经过去关中，一路上和国民党激战。那时候的傥骆道路面比现在宽，能走骡马，还可以通过大军。”说到这里，彭先生轻轻地弹去烟灰喝一口茶说道：“二十世纪六十年代以前，我们这里属于佛坪县管辖，后来才划归周至县。历史上我们这个地方，来来回回划归佛坪和周至好几次。前面不远处有一个叫‘碥桥子’的古栈道遗址，离八斗河大概有一里路，你们明天要路过那里。河那边还有一棵玉兰树，几百上千年了，几人抱不住，老百姓叫它玉兰王，你们明天也能看见。”

他转过头对老朱叮咛说：“他们来一次也不容易呢！明天你带他们去看看。”

老朱点头。

彭先生给铁炉里添了几根木柴，继续说道：“108国道是一九七〇年竣工通车的。在那之前，傥骆道上人来人往，吆牲口赶脚的，四川过来背货的，啥人都有，客店经常都是满满的。那时候一个人上路，一点儿都不害怕。不像现在，一个人不搭伴还真不敢走呢。”

我问：“现在的国道都有道班专门养护，那时候的官驿大道是怎样保证畅通的呢？”

他说：“以前都是沿途各个村子负责养护村子境内的路段，几千年都是这样。比如，老君岭北侧道路由陈河人负责维修养护，老君岭南的道路则由八斗河人来负责养护，也算劳役的一种方式，国家不设专门养护机构。”

我问：“为什么老君岭分东、西两个？我们走的是哪个？”

他说：“我们这条路上的老君岭是西老君岭，东老君岭在黑河西面的山梁上，那条路更是荒僻艰难，行人很少，主要是当地人走走。西老君岭这条路还是好走一点，沿途都有客栈，从八斗河到西骆峪，一般我们走两天。”

我们和彭先生聊到很晚，看看时间不早，彭先生叫儿媳妇给我们烧了洗脚的热水。他说：“你们走了长路，泡了热水脚可以解乏，明天走路就会轻松许多。”

泡完热水脚，躺在热炕上，再盖上他们家崭新的缎面被子，哎呀呀，那个舒服啊。

不知道古时候的客栈是不是这样，我躺在温暖的被窝里在想。

玉兰王

今天是元月三日，屋外仍旧是漫天飞舞的雪花。

左膝盖开始痛，吞下两粒药，戴上护膝，希望关节的疼痛不要影响接下来的行程。

早晨，吃了彭先生儿媳妇小娟给我们做的炒菜和稀饭。临行前，在大门外的石桥上和彭先生一家人合影留念。路上遇到这样好的人家，真是我们的缘分，临别时彭先生不忘记提醒我们："前面河左边有一棵玉兰王，是一棵吉祥树，行路人去看看会一路平安吉祥。"

天地白茫茫一片，飞舞的雪花碰到了脸颊，立刻融化，眼镜片上积了无数水珠，在我的眼睛里，前方世界变得苍茫一片。

零三还不忘昨晚泡的热水脚，说这简直就好像住进了官家驿站，超高级待遇，感觉非常好。

沿着八斗河我们走了半个多小时，来到了老朱的小舅子家。主家热情地招呼大家进屋去休息会儿，屋里很干净，墙壁顶棚都贴了新报纸，板柜桌子虽然油漆剥落但仍擦得贼亮，地面铺了红砖，整体感觉很温馨。女主人老家在四川，随当兵的父亲在新疆认识了现在的丈夫，两人感情很好，后来随夫回陕西老家相夫教子、伺候老人。木板墙上贴了一张三好学生奖状，是女儿的。八斗河的学生都在厚畛子乡上学，平时住校，只有放寒、暑假才回家，他们来回大多徒步走傥骆古道，一般走一天就能到家。

屋里又来了几位邻居，他们围着我们看热闹。一位大嫂说："你们大冬天不好好待在大平原上，干啥来这深山沟里受罪。"

我们说："我们和你们一样，农村待的时间长了，就想去大城市转一转；我们在城里待的时间长了，就想到山里来转一转。"

他们笑着频频点头，表示理解。

因为时间关系，我们与八斗河的人们告别，去看不远处的玉兰王。河对面巨大的玉兰树枝上积满了白雪，像一把洁白的大伞，罩在八斗河的川坝上。老朱指着那棵玉兰王说：“那棵古树占地约有一亩，三四个人都抱不拢。开花的时候特别好看，白花就像是一座山丘，老远就能看到。”

我们没有过河去，远远注视着雪中的玉兰王，我对他们说：“等到四月份开花了，咱们再专程来看一次玉兰王。”

翻越卞方梁垭口

古道绕过王石宝家的后院，沿着山坡一直伸到了后山上。昨夜下了新雪，雪坡难行，为防止摔跤，我叮咛大家都穿上小冰爪。老朱看我们穿上冰爪，笑着说：“你们穿那东西不顶事，还不如我们山里人的马脚子。”

老朱说得没错，一开始穿上冰爪还可以行走，可是，不一会儿冰爪下便凝结了泥土，形成了硬疙瘩，让人无法行走。

翻上山梁，前面的山谷开阔了许多，成群的红腹锦鸡从头顶飞过。仰首看着飞去的锦鸡，假如我也能这样自由地飞翔，该多好啊！

望着空荡荡的蓝天，我又回到了现实之中，迈着沉重的脚步，在古道上努力向前跋涉，忘记停下脚步欣赏古道冬日的山野风光。

海燕说攀登北方的雪山真好玩，在家乡大理只是远远看见过点苍山上的白雪，这样近距离地伴雪而行，平生还是第一次，真是太过瘾了。

眼前是一眼望不到尽头的大雪坡，大概有几百米长。这几天在如登天梯的攀岩爬山的过程中，每当熬不过时，就要计算一番。中午一点半，正在我数着沉重的脚步时，突然听见老朱的呼喊声，是我希望听到的那三个字：“到顶了！”

这是傥骆古道由北向南的第二座高山垭口——卞方梁，海拔一千八百七十米。

我抬头望去，一阵惊喜，高高的山垭口明晃晃地横在道路的尽头。

山脊中间平展的垭口上积了厚厚的白雪，两侧的山坡上生长着茂密的塔松杉树，松枝被积雪压着，不堪重负地垂向地面。

人的意志力就是不可战胜，只要坚持，就会在不知不觉中登上一座又一座高山。此时，我站在垭口上，享受着小小的成就感，体会着居高临下的伟岸，调动起内心激动的情绪，兴奋地张开双臂，拥抱美丽的大自然。

先前的困顿和疲惫瞬间烟消云散。

我们背衬着漫山的雪松，寻找一处最能反映古道美丽的角度，在下方梁上合影留念。

殷家坪

站在下方梁垭口向南望去，山脚下，云雾中，是一大片起伏的丘陵，白色的土丘上散落着几户农舍，静悄悄的山村，看不见人的踪迹。

老朱说："这就是殷家坪，我们中午就在这里休息。"他说完便走向被白雪覆盖的陡直山坡。我们跟在老朱身后，在陡峭的山崖上攀石扶树，一点点儿向下挪动着笨拙的身体。

海燕看见雪兴奋得像个孩子，又喊又叫，不顾危险地从陡坡上直滑下来，径直冲向我。幸亏躲闪及时，我只摔伤了肘部。她则被山崖上一棵横倒的松树拦住，这才避免了一场意外事故的发生。

一场虚惊后，我告诫大家一定要注意安全。于是，大伙儿便小心翼翼地往下移动着每一步。所有人都摔了跤，至于摔了多少跤，没人统计，反正都说屁股和手掌被摔得火烧火燎地疼痛。

我问老朱："为什么要走这路，这分明不是古道，太危险了。"

老朱说："走古道就到不了殷家坪，那样就直接去了大蟒河。"

由下方梁下到殷家坪，垂直计算大概有三百米，就这点儿路我们整整走了一个多小时。来到山脚，回首望去，竟然不敢相信我们是从上面下来的，那是一座几乎垂直的山坡，高高的山垭口与天空相连，耸入云端。大概是玉兰王施了魔法，才使我们安全通过了这样危险的山路。

下午三点，我们终于来到了海拔一千五百米的殷家坪。

老朱去村子里打听他大挑担的下落，就是媳妇姐姐的丈夫，有人说，他们全家都搬去周至县城了。我们一时间没有了落脚点，站在雪地里不知下一步该往哪里去。我们跟着老朱转了一圈，来到了一所废弃的学校，准备中午就在房檐下简单地吃顿野餐。

正在这时，旁边一扇红漆门开了，从挂着村委会牌子的房间里走出来一位中年男子。他站在门口看了我们冷瑟疲惫的样子，便主动邀请我们去他家里休息。

男子姓陈，叫陈杰民。他带着我们过沟上坎，来到一座黄泥土坯屋前，将我们让进屋里去。

终于有一个遮风避雪的地方，零三、王领导、月亮三人做饭，我和生火烧水的老陈聊天。听说村里来了游客，邻家又过来几个看热闹的人，大家围着铁炉吸烟、喝茶、聊天。

我对老陈说："听说殷家坪这个地名很有来历，能不能给我说说？"

老陈点上一支烟，慢慢地说道："殷家坪这地方有名，主要是因为汉光武帝刘秀。西汉末年王莽新政，刘秀起兵造反，王莽派兵追杀，刘秀钻进秦岭，逃到殷家坪时已是饥寒交迫，正在走投无路时，碰到了去地里送饭的殷姑娘。不久追兵到来，指着刘秀问姑娘，这男人何许人也。姑娘冷静地回答，夫君也。追兵走了，殷姑娘递给刘秀半个馍。刘秀说，今天你给我半个馍，将来我封你半个官。姑娘又将饭篓里的三盘菜、一碗麦仁豆豆饭也给刘秀吃了。刘秀感激姑娘的救命之恩，承诺以后事成，一定来接姑娘成亲。后来刘秀当了皇帝，就把殷姑娘救他的事情忘到了九霄云外。这殷姑娘却痴情，一直记得刘秀的承诺，拒不谈婚嫁之

俯视殷家坪

事，在家乡耐心等待刘秀来接她。很多年过去了，殷姑娘等不到刘秀的消息，就投村南面的皇池自尽了。”

老陈说到这里，旁边一位中年妇女抢过话说道：“殷姑娘没有跳皇池，她出家了，去了老君岭北面的洛阳宫。她想念刘秀，还在墙上留下四句诗呢，我还记得其中几句呢。”

我急迫地对她说：“你快把那首诗说给我听听。”

她笑笑，皱皱眉头，边想边吟道：“斜月三更门半开，夜长环枕意心歪。短命到今无口信，肝肠望断人未来……后面的记不住了。”

好佩服她的记忆力，就这几句，我也满足了。

老陈接着说道：“刘秀坐镇洛阳东汉皇位，总觉得厨子们做饭不合口味，每天都要斩个厨子。有一天，一个厨子做了一碗麦仁豆豆饭，刘秀吃了大喜，终于回忆起殷姑娘来，于是派大臣来殷家坪寻找。那时候，殷姑娘已经死了。刘秀看了殷姑娘留在洛阳宫墙上的诗后，悲痛万分，追封殷姑娘为娘娘，命人在殷家坪修建了几座娘娘庙。出门右面坡上就有一个。”

吃饱喝足后，我们又要赶路。老朱为感谢老陈提供的方便，悄悄塞给他三包香烟，我看见了，没有作声，只是牢牢记住，感激老朱对我们的全力帮助，他真是一个好人。

我们告别了老陈，告别了千叮咛万嘱咐让我们有机会再来殷家坪的邻家大嫂。离开了殷家坪，怀揣着千年前的传奇故事，继续着我们探寻千年古道的旅程。

雪夜奔走大蟒河

皑皑白雪，苍茫大地，古道被大雪覆盖，天地混沌一片。在迷蒙的飞雪中，连老朱也寻不见行走的正确方向。他说他最后一次来这里已是十多年前的事情了，朝夕之间尚有变化，更何况十余年前的记忆呢。

我们站在半山腰，几个人一字儿排开，对着山脚下的人家，扯开嗓子高喊：“老乡，去大蟒河咋走？”

声音被风雪吸纳，静静的山窝窝里没有一丁点儿反应。

走进大蟒河

还是月亮厉害，吸足气，对着空旷的殷家坪放射出超高频的呐喊，音波穿透过远远近近的山梁，在群山间回响。

终于有人影从一户人家出来，向这里张望，然后听见从很远传来了模糊的三个字："右边走。"

我们向右奔向一座垭口，垭口那边的山坡住有一户人家，听到狗叫声，女主人从屋里出来，招手让我们去她家里歇歇。我们挥手谢谢。她高声说："你们大平原待得不好了，冰天雪地跑这里有啥玩的，女娃子们找罪受哦。"

走过那户人家，我们刚爬上一道高坡，又下到一条深谷，窄窄的小道上，一面是高崖，一面是深沟。积雪下的土路被冰冻得疙瘩不平，为了保持身体平衡，我们只好侧着身子颤巍巍拄着手杖走过小道。

前面半山坡有一户人家，是殷家坪深山里最后的住户，土坯房盖得讲究宽敞，屋前平平展展的院坝覆盖着白雪，一只黄狗在山墙旁的狗窝里细声细气地叫着，毫无威慑力。

一位年轻媳妇从屋里走出来，她对我们说："这里离大蟒河不远了，大概三四里路，以后你们再来这里玩就方便多了。"我问："为什么？"她说："有个北京人来这里开发，要把公路从厚畛子一直修到西山，就是我们家对面的山上。"

从年轻媳妇家门口走过，踏着深雪下到沟底，翻过挡牛的一座石头墙。回头望一眼，那年轻媳妇还站在高坡上。我向她挥挥手，她双手握喇叭状喊道：“我家姓李，下次一定来。城里有干保姆的事情，我可以去。”

在这银色的世界里，她身上那条红色的围裙在风雪中舞动。

我点点头。

后来，再次路过这里时，已是十年之后的事情了。还是那栋屋子，还是那片场院，还是那道挡牛的石墙，紧锁的大门，荒芜的院坝，不知道她是不是去了省城做保姆。

世界又恢复了原本的寂静，我们顺着三盘子沟一直往南走去。

下午六点我们走出了三盘子沟，顺着大蟒河旁平坦的道路一直向西走去。大蟒河干涸的河床上布满了滚圆的白色花岗岩卵石，看不见流淌的河水。老朱说：“河水都引去发电了，现在山里头到处都是小型发电站。”

夜色慢慢降临，几天来晓行夜宿，所有人都已经疲惫得只能依靠意志力来完成我们的使命。我陪王领导走在最后面。她拖着沉重的双腿，默不作声机械性地迈着脚步。

此时虽然天色已暗，但是雪地的反光还是将天空映照得亮堂。听到后面有声音，回头看去，只见不远处有一条大黄狗不知什么时间静悄悄地跟在王领导身后。我告诉王领导，后面有条狗，她回头瞟了一眼，便是一声划破夜空寂静的尖叫声，然后拔腿就跑。我们跑，狗也跑；我们停，狗也停。狗撵着我们向前赶出了两三里路程。王领导一边走，一边抹着眼泪。

几天下来，大伙儿走得非常辛苦，休息时月亮仰靠着引水渠躺下，闭着眼睛没有言语，看来她已经处于极度疲惫之中。大伙儿七倒八歪地坐在雪地里，喘着粗气，呼出的气体在领口结成了晶莹的白霜。

大蟒河村民

王领导的头发结了一层厚

厚的白霜，红润的肤色与素白的天地交相辉映，融为一体，疲惫中更显得凄恻动人，清丽冷艳的脸颊上留有两行泪痕。

远处路口的一个小卖部亮着灯光，门口挂了一个木牌，上面写着旅社住宿。看大家都累得不想再往前走，我让老朱去旅店看看情况。不一会儿，老朱悻悻地回来，他说："不住了，太贵，一个人要四十元，我就不相信在这里找不到住的地方。"

黑暗中我们鼓起最后的一点儿力气，跟着老朱向山坡上走去。看着漆黑一片的山谷，我的心里直打鼓，不知道前方是否能找到住处，也不知道还要走多远的路程。

远远地听到了狗叫声，有狗叫就证明有人家，有人家就会有歇脚的地方。此时的狗叫声，对我们来说就是生命的呼唤，就是希望的号角。

大家排着队顺着一条田埂向着前方一盏微弱的灯光走去。还没有等老朱走上前去敲门，从屋子里出来了一位老婆婆，问明我们的来意后，她就让我们跟着一起去她家。路上，她说刚才是去邻居家串门，听到狗叫声就出来看，这就是缘分啊。老婆婆姓吴，嫁给了田坝子的李家，老伴过世，现在一个人生活，家里地方大，能住下我们几个人。

吴大妈

黑暗中我们来到了吴大妈家，卸包、洗脸、泡脚，围着火炉烤鞋、烤袜子。

今天走了十五多公里的路，虽然里程不多，但是十冬腊月翻山越岭，加上走一步退半步的雪路，无怪乎大家都这样疲惫不堪。

吴大妈七十多岁，身体硬朗，她说她认识老朱的媳妇，说起老朱丈母娘家的事情，她也是如数家珍。我纳闷儿地问吴大妈："八斗河那么遥远，您怎么可能认识他们？"

吴大妈一边往炉膛里添柴，一边说："大蟒河过去和八斗河是一个大队，有红白喜事，我们都要去走动。我年轻时能跑，有时候一天可以打个来回，现在不行了，多年没有去那里了。"

我惊讶："你们村子的地盘可真大！"

"就是大，我们原来属于佛坪老县城管辖，后来才归周至县。佛坪厅，就是现在的老县城，那才叫大呢，北到青岗砭，东到黑河，南到袁家庄，西到黄柏塬，管了好几万人口呢。"

我很惊讶，一个住在深山的老婆婆竟然还知道这些事，于是我便问她："您知道大蟒河的来历吗？"吴大妈拍拍手上的灰尘，压一压毛线帽子，说道："刘秀离开殷家坪后从这条路上经过，被一条大蟒蛇拦住去路，他拔剑斩蟒，血溅岩石和河水。'刘秀斩蟒'的地方在李家河坝，那地方的岩石都是红色的，大蟒河的上游叫红水河，传说是大蟒蛇的血染红的。刘秀从这里经过时，父子岭这条路还没有修通，他是从西面的拐村沟翻过汉王山去的都督门，汉王山上现在还能看见驿站营盘的大石头。你们明天要翻的父子岭是后来修通的，大概是刘秀当了皇帝以后才开通的，那条路比老路近得多。当年那父子俩修路辛苦得很，后来为了纪念他爷儿俩，就把那岭叫了'父子岭'，他们好像姓孙，现在沟下面还有他们的庙呢。"

铁锅里烧了热水，吴大妈让大家乘水热都把脚烫烫。说罢她出门去，不一会儿夹了三双鞋进来，其中一双女式黑平布塑料底布鞋，新崭崭的没有穿过，给月亮穿了。

大妈递给我一双黄胶鞋说道："你知道《封神榜》的故事吧？"

我回答："就是《封神演义》吧，小时候看过。"

大妈遗憾地说道："你看，你都忘记了，那里面的故事好多都发生在我们这个地方，你不知道吧。"

我的好奇心又被激发，不由得佩服起吴大妈，问道："你们这里还有什么传说？"

大妈说："具体故事都记不住了，我们附近有一个姜家坪，那里有钓鱼台，传说跟姜子牙有关系。"

我盘腿坐在床沿上，寻思着眼前这位深山里的大妈一定是读过书的。

吴大妈说完，返身出去端来一盆野生板栗，说是明天早晨给我们煮板栗苞谷粥，城里人肯定没有吃过这东西。大家围着铁炉子一边帮吴大妈剥板栗，一边和她聊天，一直到很晚。晚上我们六个人将吴大妈的两盘热炕全占了，委屈她老人家去别家找地方过夜。对此我们表示十分不好意思，吴大妈说："没有关系，我随便到哪家都能睡一晚上，你们一定要休息好，睡好了明天还要去翻高岭呢。”

我躺在热炕上，想着明天的事儿，全无睡意。这里距离厚畛子还有十多公里路，距离老县城三十多公里路，这一路上除了要翻越海拔一千九百米的父子岭垭口，还要翻越海拔两千一百米的秦岭大梁，着实够辛苦呢。不过，想到明天就要路过傥骆古道上的重镇厚畛子和著名的老县城，心里就有一点儿激动。

告别田家坝子

今天是元月四日，小雪。

昨晚零三在炉子旁打了地铺，听见他半夜起来给炉子添柴。早晨一睁眼，就看见他已经将板栗苞谷粥煮好。零三说昨晚后半夜冷得睡不着，干脆起来做饭。

吃过热乎乎的板栗苞谷粥，我们和吴大妈告别。

吴大妈把我们送到院坝上，月亮塞给她五十元钱，吴大妈死活不要。我们已经走出去了好远，还看见月亮和吴大妈你推我让。老朱说山里人厚道，没有收钱的习惯。

我一直没有机会问大妈的学历。

早晨八点整，我们准时离开大蟒河田坝子，顺着大妈指引的方向爬上一座山坡，没走出多远就被一户农家挡住了去路，老朱过去敲门。

房子里有男人咳嗽的声音，问我们是干啥的。

老朱回答：“问路的。”

里面问：“去哪里？”

老朱回答：“去厚畛子。”

里面说：“前面左拐进沟。”

前方大雪封山，我们沿着父子岭沟一直向上攀登。缓慢的雪坡长得看不见尽头，我们一个跟着一个默默行走在白雪皑皑的古道上，静悄悄的山谷里只有一声声急促的喘息声。

腰带磨着胯骨，双肩包的肩带勒着锁骨，走不动了，干脆连人带包往后一倒，靠在雪坡上。心中在想：难道这就是我为之努力追寻的精神享受吗？

老朱也乘势坐下来，摸摸自己的肩膀说：“嘿，你们都厉害，这一路把我都走着（意为累坏了）了，膀子困得抽筋。”

我仰头靠在包上有气无力地说：“不行了，早就不行了，硬撑呢！”

老朱啧啧道：“厉害，你们还是厉害，我完全没有想到，尤其是这三位女同志，让我见识了。”

偶遇大黑熊

零三掏出一根烟递给老朱。老朱点上烟猛吸一口，连烟带气一起吐出。他指着对面那座山说：“二十年前我到对面那座山上采药，碰到了一只狗熊。”

“快说说当时的具体情况。”一听说碰到熊，我的精神为之一振，要求老朱赶紧讲讲。

老朱盘腿坐在包上，慢条斯理地说道：“十几年前的夏天，我从老君岭经过，去碾子坪办事，走得迟，到五里沟天就黑了。我找了一棵大树背对着坐下休息，再点着一堆篝火，人困马乏不知不觉就睡过去了，一觉睡到天明。还在迷糊中，感觉树在晃动，抬头看时，发现一只大黑熊卧在高高的树杈上看着我。当时把我吓坏了，我站起来就跑，一口气跑过了老君岭。”

零三说：“你和狗熊做了一夜的伴，那狗熊为什么不下来呢？”

老朱说：“也许我走到树下时，狗熊已经来不及跑了，它也不敢下来。”

月亮拍手叫着：“太经典了，什么时候咱们也能和狗熊偶遇一次就好了。”

海燕说：“假如你发现狗熊，怕是早吓死了。”

寒风吹着，身上有点儿冷。

老朱笑笑站起来，拍拍屁股说：“冷了，咱们继续赶路吧。”

父子岭垭口的童话世界

在山谷里走了六七里路后，我们开始爬坡。通往山顶的道路完全被冰雪覆盖，晶莹的冰挂、洁白的雾凇将整条古道圈了起来，形成了一个长长的冰雪走廊。见

童话世界

到如此美景，月亮、王领导和海燕不约而同地呼唤起来，他们一边兴奋地呼喊，一边激动地跳跃："快来看，快点儿啊，简直太美啦。"

我向前紧走几步望去，前方的景色令人震撼，我们脚下的古道像一条白色的锦缎，闪着亮光一直通到垭口的尽头，远处山脊上的天空只露出了一个小小的亮点，整座山垭口完全被晶莹的雾凇和洁白的积雪严严实实地包裹住，白色幽深，寒气袭人。

站在隧道似的冰宫里，四下望去，古道像是通向天庭宫殿的回廊。头顶上密密麻麻的冰挂遮住了整个天空，连森林中的枝枝杈杈也闪烁着冷艳瑰丽的光泽。

真是不可思议，展现在我们眼前的景色，简直是一幅立体的、天然的、神秘的冰雪布景和童话世界，让人赞叹不已。

月亮、王领导和海燕爬到垭口，禁不住美丽的诱惑，放下包，又反身跑回来，站在冰雪宫殿似的通道里，挥动双臂，竟然不知道说什么好。

多么洁净的世界啊。

我顿然大彻大悟。

——傥骆古道这洁净的世界，是净化我们生命与灵魂的天地。

厚畛子乡

中午十二点十分，我们来到了厚畛子乡，这里海拔一千二百米。

山谷突然开阔，积雪反射着阳光，我长舒一口气，顺利走完傥骆古道北段的心情让人格外畅快。看到了熟悉的厚畛子，肚子开始“咕咕”叫，赶紧寻着街道向里走去，想象着吃下一大碗扯面或者拉条子的香味儿，咽下了几口唾液。

碰到一个戴着棉帽子的当地人，他双手捅在棉袄袖口里，笑着问我：“是不是去爬太白山的？”

我说去老县城。

他说：“夏天来多好，这天寒地冻的，有啥看的嘛？”

厚畛子在国内户外界很出名，缘于它与秦岭主峰太白山的关系。每年假期，都有许多背包客从全国各地蜂拥而至，来攀登中国中东部最高峰——太白山，厚畛子因为是攀登太白山的起点，而成为户外著名地标乡村。

我们来到镇上唯一一家开门的饭馆，掀开厚重的蓝棉布门帘，对围着炉子烤火的人问有啥吃的。

一个女声回答说有面。

“来六大碗，快。”

几个人起身去灶房忙活。

正在卸包，听到有人叫我，一怔，不会听错吧。店里只有我一个人，仔细看时，炉子跟前坐着一位戴着毛线帽子的中年汉子冲着我笑。走近一看，是老岳。他是我二〇〇一年徒步穿越太白山的向导。后来，又多次雇请他做我们的向导去穿越太白山。老岳说他现在在北京一家旅游开发公司工作。我问：“是不是准备修路去大蟒河？”他回答是的。

我开玩笑地说：“老岳，你这像是买办的工作。”

老岳不懂。我一边招呼大家坐下，一边对老岳说：“就是本地人帮助外地人做生意。”

热腾腾的大碗扯面很快就上来了，一人一碗，然后再喝一碗面汤，伸展一下身子，感觉饱了。聊了一会儿，老岳起身和我告别，说他下午要去猪娃子沟接河南来的一帮“驴子”去登太白山。老岳临走时悄悄付了面钱，他说好久不见不要客气，只是尽点儿地主之谊。

我对月亮说随他去吧。

再见，老朱

看看时间还早，我们不想在厚畛子逗留。

走出饭馆，月亮付了老朱的辛苦费。老朱说他要在厚畛子住一晚，赶明天一大早的班车返回周至县。四天的接触，使得我们之间有了一种生死与共的感情，没有更多的语言，我们相拥而别，希望有机会再次见面。

老朱笑着说：“我真没想到你们个个都这样厉害！一开始，我还小看你们了，但是一路走下来，感觉你们确实不一般。”

我笑笑向老朱挥手告别：“有机会一定去广济看你。”

对老朱的感激之情，深藏于我们的内心深处。沿着古道一路走来，并不是因为我们的体力有多好，而是因为我们心中有一个目标，这个目标就是寻找我们心中的梦想。一路上我们用顽强的意志力追寻着我们的梦想，在我们面前，没有什么困难不能克服，也没有什么高山峡谷不能跨越，因为有梦在支撑着我们的信念。

中午一点整，我们从厚畛子出发去老县城，厚畛子距离老县城二十公里，按照平常速度大概需要五六个小时，天黑之前我们可以到达。

我们走出去很远，回头望，老朱仍旧站在马路中间目送着我们。我停下来，对远处的老朱挥挥手。我真的不知道这一转身，什么时候还能再见到他。

梦想之旅

去老县城的道路被厚厚的新雪覆盖着，雪地上只有我们走过后留下的一溜儿清晰脚印。听说象鼻山是加宽傥骆古道时开凿的，顶上的营盘梁则是清朝驻军的地方，前面的钓鱼台也许是吴大妈所说的姜太公钓鱼的地方，古道上所有的地名都有它的来历。

去老县城的山路比原来宽了许多，也平坦了许多。转过一道大弯，远远看见了一个草棚门楼立在道路上，门楼上的牌匾写着“罗家寨”三个大字。我有点儿纳闷，这里不是钓鱼台吗？什么时候改成“罗家寨”了。去旁边的王家一打听，才知道是北京人前不久在这里拍过什么电视剧，这是临时搭建的布景道具。

老王去街道办事，老王的媳妇知道我们要去华阳，请求我们雇上他家掌柜的给我们当向导。我说已经雇请好了老县城的人做向导，不好再换，便婉言拒绝了她的请求。

厚畛子到老县城，这条路我曾经走过八趟，每次都是背着沉重的大包，走得精疲力竭，早已发誓不再去走这条路。然而世事难料，今天是我们肩负着寻找已经消失了几百年的古道的艰巨任务而行走这里，这也是几百年来的第一次，意义非同寻常。即使再辛苦，也要争取完成既定的目标。

自从我们打西骆峪进山以来，一路雪地疾行，已经过去四天了。

翻越秦岭主脊

我们走一走歇一歇。此时，我不光是膝盖疼痛难忍，锁骨也红肿疼痛，胯骨更是皮开肉绽。强壮的零三也被折磨得浑身疼痛不已，月亮和王领导的脸上早已没有了笑容。队伍里唯独海燕一个人走得轻松自如，一路上不但快乐地欣赏山间的风光，还不时地唱歌跳舞。

绵长的盘山路，转过一个弯，又是一个弯，盘旋的山路永远没有尽头。

本来想从小路直接翻山去都督门，后来想到零三、海燕和月亮从来没有去过老县城，如果不去老县城看看，那么，这一趟徒步古道，对他们来说，便会留下许多遗憾。再三权衡，最后我还是决定先翻越秦岭大梁去老县城。虽然这样的改变增加了近一倍的距离，但是却可以让他们在领略秦岭无限风光的同时，顺便去了解老县城沧桑的历史和古道驿站的过去。

秦岭界碑

路上有许多新安装的菱形警示牌，黄底黑字，上部印有一个黑熊图案，下部印有一行黑字：“当心野生动物出没。”

这些牌子的及时出现，解了我的困境，每当他们走不动时，我就会提醒注意“熊出没”。已经走得麻木的王领导根本不搭理我的警告，走到这个程度，就是真有熊出现，恐怕也不会让她跑起来。

忽然听见一阵“突突突”的发电机声音，循声望去，半山腰有一处工地正在施工，山洞前挂着一条红色横幅，上面写着：早日完成引涽注黑工程。

正走着，零三对我说：“老大，快看下面。”

疾走几步到悬崖边，向深深的山谷里望去，只见一个穿着粉红色毛衣的中年妇女肩上背个包，左手攀岩抚树，右手拿着一个偌大的铝合金笼篦，在陡峭的雪坡上奋力攀登。零三见我没有去走小路的意思，不无遗憾地说：“那女人走的山路，至少可以少走三四里路程，我们这样绕到什么时候。”

一个弯转过来，听见头顶上有人喊叫：“年轻人，加油啊！”

抬头看，是那个穿粉红色衣服的妇女对着我们笑。

零三不信邪跑去追赶那女人，结果徒劳一场，转了一个弯后，那女人便消失得无影无踪，山里人的腿脚太快了。

有了与这个女人的竞赛，不知不觉中，我们就来到了高耸的秦岭大梁。下午五点半我们到达秦岭山脉海拔两千一百米的分水岭垭口，大家坐在刻有“秦岭”大字的石碑前合影留念。

站在秦岭之巅向南望去，云雾氤氲中，翻滚的乌云渐渐褪去，晚霞从远山涌起，火焰般的云彩在天空涌动，平川里的老县城村沐浴在灿烂的夕阳之中。

我对他们说：“下面就是老县城，感觉怎么样？”

有一种世外桃源的感觉，太美了。大家一致赞叹道。

老县城

即将走到老县城，多年前的感觉又袭上心头来。清丽古朴的老县城村，总是给人历经沧桑的感觉，同时，它还洋溢着自然灵气的美韵，让我们在宁静、温馨中感受超脱尘世的缥缈。

有了目标，人也有了精神，零三和海燕在前面疯跑，我们在后面紧追。四千米的山路，我们走了一个小时，下午六点半来到了清澈的湑水河边。

转过“丁”字路口，前面就是老县城的西城门，根据模糊的记忆，我们摸黑走向城门外的王德贵家。推门进去，昏暗中几个男人正围坐在屋角的铁炉旁烤火聊天，我们带进去的一股寒风，将桌上的烛火吹得晃动不止。

德贵走过来，一边接过我的包，一边端详我，然后蹦出一句：“李哥，是你啊。”

我认识德贵有几年了，每次路过老县城，都会见上一面，给孩子们带点儿文具、书本，一来二往，有了感情，成了朋友。本来想让他做向导，带我们去华阳，遗憾的是他正在“引湑注黑”工程项目部干临活，抽不出时间。为了不耽误我们的行程，德贵摸黑骑摩托出去给我们找向导，顺便去城东买点儿猪肉。他说农村自家养的猪肉特别好吃，不信一会儿吃了就知道。

十几分钟后德贵回来，说给我们把向导找好了，是本村人牛老大，人很好，不但路熟，而且人也憨厚，绝对没有问题。

德贵的媳妇很贤惠，不一会儿工夫就在小桌上摆了几道菜，她招呼了我们，又去煨烧土炕。我们几个人围着小桌，品尝着香喷喷的菜肴，喝着醇香的苞谷酒，享受着古道人家的盛情款待。

酒酣饭饱后，再泡个热水脚，然后爬上热炕，裹上崭新的缎子被，那惬意真是无法形容。五个人挤在一盘大炕上，都说有一种回家的感觉。

前半夜睡得舒服，后半夜整个人好像睡在了烙铁上，穿上抓绒衣，再铺上被子，还是烫得难以忍受，翻过来调过去无法入睡，懊悔今晚不该睡热炕。

我睡不着，看着屋顶，这么多年了，王德贵终于有了一座自己的房子，他曾经在村里公房一住就是十多年。以前来老县城，他总是借老丈人家来招待我们，说起自己的家来，一个大男人，总是一脸尴尬。德贵的儿子也长大了，现在西安一所职业学校上学，我答应送德贵儿子一双登山鞋，月亮答应送给王云一件棉大衣，王领导答应送给他一件羽绒衣。

一路走来大家都非常辛苦，我计划在老县城休整一天再走。我把这想法告诉了他们，全体同意。明天上午参观老县城，下午移师都督门驻扎，给后天的行程留出更多的时间。如果我们这次能顺利徒步至华阳镇，我就完成了徒步老县城周围纵横五条古道的夙愿。不知道这是一股什么力量驱使着我，有时候连我自己都说不清楚。

有哲人说过："哲学的本质就是怀着一种乡愁的冲动去寻找家园。"

每个人都有对家园的期盼，只是方式不同罢了。

老县城对我来说，是我一生不懈追求的完美的精神家园之一。

走过老县城，我感受到一股自由和浪漫的乡土气息，看到一片陈旧和颓败的历史烟雨，体会到一种深刻而悲壮的文化传统。在这里，我找到了沧桑、淳厚和野性的美感。

清官第式

今天是元月五日，晴天。

清晨起来，推门出去，漫川的白雪反射着强烈的阳光，天地之间泛着白晃晃刺眼的亮光，我的眼眶中，扑簌簌滴下几颗泪珠。

天光之下，城墙上的古老青砖与枯草重又焕发出生命的灿亮，沉吟着古老的诗歌——

出门临长路，

不见车马行。

登高望古道，

悠悠旷野中。

吃过早饭，德贵陪同我们去逛老县城。王领导真的累坏了，她坐在屋檐下伸展腿脚，说浑身疼痛，不想去逛。再说，她已经来过三次老县城，昨天累过了头，今天要好好休息。

我们行走在宽敞光亮的川道里，感觉好极了。

路两旁的耕地都用木栅栏围起，许多野鸡在光秃秃的田地里悠闲地觅食，我们走过时，它们连眼皮都懒得抬一下。新翻修的城墙上积了厚厚一层白雪，西门外立着一通石碑，是前几年保护站从都督门移过来的，上面用隶书写着四个大字“清官第弌”，这个“弌”字是大写的“贰”少一横，德贵说：“这字应该念‘一’，是民国年间四里八乡老百姓送给当时佛坪县长孙培经的，他是个清官。”

佛爷坪

德贵家的东面就是西门，青砖砌的城门洞上方悬挂着一条黄色的横幅，上面写着“不带火柴，不吸烟，进出家门心坦然”，横幅将“豊樂門”三个字完全遮挡。

走过长长的木栅栏小路，我们首先来到了孙老伯家。老人家正坐在一间向阳的小屋里烤火，今年七十一岁的孙老伯苍老了许多，由于半身不遂，平时只能躺在炕上，很少下地。他的眼睛虽然混沌，但还是很快认出了我。说起傥骆古道，孙老伯兴奋地打开了话匣子，他说：“我年轻时经常从老县城走到周至县城，也从老县城走到华阳、洋县和汉中，每次行走都要背上几十斤重的行李，那也是迫于生活的压力，没有办法啊。听长辈们说老县城没有废弃之前，道路要好走些。那时候，许多物资都要由骡马驮运，古道上人来人往热闹得很。后来县城废了，

零三（左一）、乐途（左二）、站长（左三）、海燕（左四）、月亮（左五）在老县城保护站

古道也荒了，人们出行也不方便啦。现在的路是人民公社时候修的架子车路，后来叶广芩书记来到这里，才修通了汽车道。”

从孙老伯家转出来，我们又去了南门。寒冬季节的老县城，天地一色，被冰雪裹挟的南门城墙，在城外连绵山峦的陪衬下，显得沧桑荒芜。穿过南城门洞，踏过护城河桥，顺着弯曲的小路，一直爬到了对面的冠山上。站在百米之外的高处回望风中的石头城，明媚的阳光下，城门洞上方“延薰門”三个字清晰可见。

苍凉的老县城，在蚀痕累累、阴影分明中静默地守护在秦岭深山一隅，它一头连接过往的蜀地，一头通向现在的关中。它穿透了岁月的沉淀，在古蜀道上绽放着别样的光辉。

老县城保护站占了城里一大块土地，一圈红砖墙围了一片空荡荡的院子，一座两层小楼白色的外墙瓷片在阳光和白雪的照耀下，反射着刺目的亮光。我们在院落拐角的一间小屋里见到了保护站蔡站长。他穿着新装备的深蓝色警用大衣，用满意的口吻说现在保护站的条件慢慢好多了，还配备了GPS、电台、登山鞋、帐篷、睡袋，以后巡山队员们就不用再受那么大的罪了。我跟着蔡站长去展示室参观，满墙的照片，记录着老县城保护站的发展过程。

看见了两张王安泉陪同相关领导的照片，我指着照片对蔡站长说：“就是王安泉极力推荐我走傥骆古道的。”

回到院子，我们在刻有 WWF（世界自然基金会）的巨大花岗岩旁合影，上面刻有九个红色的篆字：大熊猫、老县城、叶广芩。

听蔡站长说，保护站的建筑要重新改造，要与老县城的环境相协调。我听后很高兴，真心希望这样的方案能够尽快尽早落实。

路过老冯家，他招呼我们进去坐。堂屋地上摆了一大堆木板料，他正在家里忙活着制作杀猪用的大圆猯桶。上一年冬天路过，他也在家做猯桶，他是山里的好木匠，不用一个钉子，全是竹榫连接，最后缠两圈藤条，很结实，听说耐用十几年。

从老冯家转出来，听见一阵猪的嚎叫，是那种声嘶力竭的惨叫。这种声音往往代表着一个生命终结前的哀号和绝唱。循着声音转过去，果不其然，在一座房子后面的雪地上，一头大白猪被五六个汉子按在大猯桶滚烫的热水中放血，然后用粗糙的涩石打去猪毛。山里人固守着传统，每当快过年时，家家户户都要杀猪做熏肉、腊肉，一年光景都会集中展现在过年这几天。

很多年没有看见杀猪的场面。杀猪在农村是一件仪式感很强的大事儿，屠夫首先会对着南方双手合十，祈祷菩萨释杀生罪，然后主家点燃一炷香，祈求来年风调雨顺，安居乐业，健康平安。

我想起昨天晚上德贵买的新鲜猪肉，还真是很好吃呢。

遗留在荒野中的历史

老县城保存最完整的当属巨大的文庙照壁，照壁有十几米长，三四米高。一百多年来青砖灰瓦的照壁完好无损地伫立在深山之中，照壁顶部的枯草在寒风中

照壁

碑林

佛塔

轻轻摇曳，中间的泥土墙上用白灰写着一条标语，“坚持社会主义方向，发展壮大集体经济，走共同富裕的道路”。据说，这个照壁是“文化大革命”中老县城唯一没有被捣毁的古建筑。

照壁后面是泮池，就像今天西安碑林博物馆里的布局一样，池边有石栏杆，中间有汉白玉石桥，老县城的南山里本来就产汉白玉。沿中轴线走，过高塄，是门阙，院子两侧有三块巨大的双龙头石碑，上面都有“钦加”两字，肯定是皇上朱批特件：“特授佛坪扶民分府，四品衔在任候补道。”小小的一个佛坪厅同知，竟然是四品大员啊！

原本在大殿台阶中间斜坡上的三龙戏珠浮雕，被撂荒在一边。一个破旧的篮球架下栽了两溜儿石碑，有道光年间的，咸丰年间的，光绪年间的，民国年间的……都是后来从老县城四周搬运来集中保护的。

一九四九年以后，文庙最里边盖起了一排小学教室，房屋基座都是以前文庙大殿的地基石条，教室前面院落的荒草中散乱着许多柱石、门础石，它们东倒西歪，隐藏在深深的积雪中。

东城墙边的焚字楼为汉白玉三层石檐塔，最上层的石盖子倾倒在旁边土堆里，中间塔身四面均有圆孔，可以烧纸，这塔是古时候私塾学校的组成部分。夏天庄稼茂盛时，人们是看不见这座焚字楼的，这样的焚字楼古时候很多地方都有。

出了修葺一新的东门，王德贵告诉我们：“过去，东门城楼是专用来悬挂罪犯首级的地方。”这让胆小的月亮和海燕吓得不敢从城门洞内穿过。出了东门，路北荒野里立有一座汉白玉佛塔。据说，那是佛爷坪寺庙方丈圆寂后埋葬的地方，“文化大革命”时被推倒，佛塔散乱在田野里。眼前的佛塔是前两年重新垒起来的，旁边的荒地里撂了两尊没有头颅的石佛造像。据说，清朝道光五年（1825）

建县城时挖出了石佛造像，于是才给县城起名叫“佛爷坪”。

德贵带着我们转到大松树下的大铁钟处，寻找当年的县监狱。一米多高的铁钟上铸造着四个大字“国泰民安”。周围还有许多小字，看不清。旁边一人多抱的松树上钉了一个木牌，上面用黑墨写着“城隍庙”三个字，两面的厢房正在被拆除，听说要翻修成新的仿古建筑。

我们从湑水河边转过来，来到了老张家门前。每次来到他家都看见他在忙活，他的家里和院子永远都是那么干净，他说：“咱是农民嘛，如果想干活的话，一天到晚都干不完，从睁眼睛到睡觉都不得闲。”他老婆靠在房檐下的窗户旁一边晒太阳一边纳鞋底。老张从屋里端过来几个板凳，让我们坐在墙根晒太阳。此时正值中午时分，和煦的阳光照耀着洁净的院落，闭目养神的感觉特别惬意。老张放下手中的活，从笸箩里抓了一把豆豉让大家品尝，四川风味。月亮详细询问了其制作过程，说回去也要做豆豉。

从东门那边走过来几个年轻人，在房檐下一字儿排开坐下，问他们是否知道老县城的历史，他们摇头说不知道。我让老张给他们简单普及一下老县城的历史。老张一开始还不好意思，在我一再恳求下，他才开口讲起老县城人人都会讲的那些历史故事。

老张坐下来，清清嗓子，说道：“听老人说，老县城是一八二五年，也就是

焚字塔

大铁钟

清朝道光五年建县，叫佛坪厅。原来，我们这个地方就叫佛爷坪，那是因为曾经在这里发现过唐朝的石佛像。这里的县太爷都是厅级品官，比县官大。这么远的地方，官不大、级别不高的话，就没有人来干。也就是民国初年（1913），佛坪厅改为佛坪县，属汉中道管辖，我们这地方就成了佛坪县县城。那会儿，秦岭山区匪患成灾。大概是一九二二年三月的一个夜晚，流窜在陕南一带的土匪头子陨天禄带领众匪越过城墙，夜袭佛爷坪，捉住了正在县衙里交接上任和离任手续的车正规和张冶两位县长，然后带着两个县长穿过丰乐门跑了。后来，有人在财神岭上发现了两位县老爷的尸首。从那以后再来上任的县太爷便不敢在佛坪县城久居，他们背着县府大印四处游荡，在县城和袁家庄之间来回转悠了好几年。大概在一九二四年秋天，佛坪县太爷苦于经常长途跋涉之艰难，干脆将佛坪县衙门搬到了岳坝那边的袁家庄，老县城的大部分居民也随之搬迁过去。从那以后，原来的佛坪厅就变成了'老县城'，就是这个小村庄。"

说到这里，老张叹口气说："老县城前后一百多年，最兴盛的时候，光人口就有接近五万人呢。"

正说着，德贵过来叫我们回他家去吃午饭。

吃过午饭，我建议大家今天去都督门扎营。德贵说，向导牛老大明天一大早就去都督门与我们会合。

临别时月亮结账，德贵死活不肯要钱，我们走出了很远，月亮又跑回去塞给德贵老婆一百元钱，钱不多，是我们的一点儿心意。

下午三点，我们告别老县城，启程去都督门。

杨泗郎

下午四点，我们来到了距离老县城四公里的都督门村张金科家，张金科很遗憾地告知我们他家没有地方住，所有房屋均被"引湑注黑"工程项目部租用。而且都督门附近的几户人家房屋全部都被引水项目部租赁，我们只好再去别家碰碰运气。

老张家隔壁是赵有德家，他家的房屋也被项目部租用，只有灶房勉强可以住下我们几个人。看着一张双人床和一块不大的地面，我对赵有德说：“这里就可以了，地方虽然小，起码还有铁炉子可以取暖，非常感谢你能收留我们。”

外面很冷，我们围着炉子烤火，哪里也不想去。

海燕问我这地方为什么叫都督门。

“因为有驻军啊，各朝各代都有，这里以前是进出老县城的交通要道，傥骆古道必经之地。”我说。

赵有德进来添柴，接过我的话说：“二十世纪八十年代，这里还驻扎过一个班的解放军，看护电话线路呢，他们的连部驻扎在厚畛子。”

月亮一边烤袜子，一边急切地问：“这地方为啥叫都督门呢？”

赵有德点上一根烟，坐在小凳子上说道：“宋朝时有一个都督率领大军由汉中过来，准备北上抵抗金人的侵略，大帅府驻扎在这里，所以叫都督门。有一次都督率领大军翻山越岭走到这里时已经精疲力竭，人困马乏，于是命令部队中一个叫杨泗的将军去找水，杨泗在湑水河对面的山脚下找到了三股喷涌的泉水。他回报都督说‘山涧湑水长流’。都督误听成‘细水长流’，大怒，杀了杨泗将军。后来，都督看到了喷涌的泉水和滚滚的湑水河，知道错杀了杨泗将军，就在泉水旁边建了座泗郎庙，泉水也叫泗郎泉。”

我不解地问：“为啥‘细水长流’就会招来杀身之祸？”

老赵说：“一点细流哪里够大军使用，这么多人喝啥？这都是民间传说，我也是听上辈人说的。”

坐在我旁边的老张是监理公司的项目经理，他戴副眼镜，看着赵有德，接过话题说道：“老赵说得不对，杨泗是南宋的一员大将。我前几天还听文管所的人说杨泗就是杨从仪，听说洋县还有杨从仪的祠庙呢。靖康之难后，杨从仪就带兵在秦岭山里和金人打了许多年仗，七十五岁解甲归田，他老家是城固县安乐乡水北村的，后来南宋朝廷封杨从仪为安康郡开国侯，这应该是正史。你说的都是传说，都督不可能杀了杨泗，那是误传。据我所知，秦岭深山里确实有许多杨泗庙呢。”

听闻老张此言，零三和海燕等不及，拿了照相机就去寻找泗郎泉。

老张不忘提醒一句：“不要忘记带个水壶，喝了泗郎泉的水，可以生男娃呢，灵得很，西安来这儿的人都带泗郎泉的水回去呢。”

我笑笑：“泗郎泉送子，只是一个美好的传说。”

都督门的传说

历史上，都督门曾经十分繁华，从这里向西走吊沟可以去华阳，可以顺着湑水河去黄柏塬，也可以走獭尔河、岳坝去佛坪县（袁家庄），还可以翻越光头山走凉风垭去宁陕，翻越秦岭梁走傥骆道去周至县。都督门与老县城一样四通八达，是标准的交通枢纽中转站。

上面那些线路，除了明天即将要走的黄草坪，其余的线路我在不同的季节都走过。再过若干天，我的傥骆古道之旅也会画上一个圆满的句号。

傥骆道是古代连通秦岭南北的一条战略要道，老县城居傥骆道的中心点，是傥骆道上一处重要的驿站。宋元以后，川陕交通主要依靠陈仓道和褒斜道，从那时起，傥骆道才逐渐冷落下来。

一九四九年以后，国家在秦岭沿多条秦楚古道和秦蜀古道修建了现代化公路，除了傥骆古道，秦岭里许多古道都逐渐消失在历史的长河之中。

我将从王安泉那里听来的两则故事说与他们听：二十世纪七十年代初的一个寒冬腊月，驻守在都督门的一个通信班班长命令三名战士去弄些柴火回来。三名战士领命而去，他们踏着深深的积雪，走进吊沟，看见一棵三人抱的大松树，笔直的树干插入云霄，他们看着树发呆，这么粗的树要锯到什么时候啊，干脆，他们用刺刀在树干上掏了一个洞，装上雷管和炸药，点燃五米长的引信，然后跑到五十米外趴下。一会儿，只听到“轰”的一声响。沉闷的响声过后，大树纹丝不动，几秒钟后，巨大的松树凌空腾起，屁股拖着青烟，像火箭般升起。突然，上升停止，垂直下降，又落到了原来的树桩上，完好无损。

三名战士看呆了，简直不相信自己的眼睛，他们揉揉眼睛，站起来，准备去看个究竟。就在他们刚刚往前走了几步时，大树慢慢倾斜，向着山坡，轰然倒塌，压倒的枯枝烂叶和撞击的石头雪沫，四溅飞起，倒地的那一瞬间大地都在颤抖。这棵大树，让通信班整整烧了一个冬天。

古道寒夜

寒风在门外猛烈地啸叫，将门板拉扯得“哐啷哐啷”直响，冷气从门板缝隙中涌进来，吹得人浑身冰凉，冻得像根冰棍。帐篷好像虚设，睡袋也好像是一张纸，无法抵御都督门的寒夜。

半夜我被冻醒，套上抓绒衣，蒙头又睡去。凌晨再被冻醒，睡不着，干脆和零三聊天，惹得睡在炉子边和木床上的女同志们指责我们不讲公德。

夜里炉子早早灭了，帐篷里零下四度，实在冻得不行，干脆爬起来，看看表五点十分，也该起床了。黑暗中我们收拾了帐篷，冒着寒冷去屋外抱来柴火，生起了炉子。零三说，他一晚上没睡，现在好像还在梦境中。

火苗蹿起来，冰冻的屋子里终于有了一丝温暖。

未知的前路

今天是元月六日，晴天。

一轮皎洁的明月，挂在静谧深邃的夜空，凛冽的寒风将耳朵冻得针扎一般疼。凌晨跑一趟厕所，听见从猪圈里传来了有节奏的呼噜声，猪老兄真耐冻。

早晨吃了赵家媳妇做的苞谷粥和馒头。待我们收拾完东西，向导牛老大也来了，昨天在杀猪那里见过他。他是张金科的小舅子，叫牛明新，因为在家里排行老大，平常村里人都习惯叫他牛老大。

牛老大背上张金科借给他的迷彩背包，提上一把砍刀，带领我们一行人告别了老赵和张金科。

曙色熹微，探索古道的我们又启程了。

走之前，我满脑子以为去华阳的古道就像清朝华阳县丞谢大名所说的那样：“老林中拔木通道，两面古树，一径蟠折，竟日在青雾苍烟中行走，沿途无客店安顿，为裹粮而前，则捷径不易行矣。”心里着实担心，拿捏不住自己的体能。转而想想，如果我们能够在古木参天的深山里徒步，也是难得的人生体验。张金科说他年轻时从都督门出发，经财神岭去华阳，那一路上都是原始森林，都是几人抱的树木，棵棵大树参天笔直。张金科的一席话，令我震惊和向往，不过，那都是三四十年前的情景，如今那里是什么样的景色，我们只有亲自去走了才能知道。

四十里吊沟

天亮得很快，当我们刚刚跨过结冰的湑水河后，阳光就将西面的山头染成了金黄色。

上午九点多，我们翻过海拔一千八百米的药子梁，来到了“吊沟”。

吊沟号称四十里长，山谷狭长而陡峭，满沟乱石堆叠，河沟里只见冰雪，不见水流，所有石头上都积了厚厚的白雪，我们在深谷幽壑中的山涧乱石上跳跃前行。山谷里密布灌木林，没有传说中的古老大树，穿行在这样的树林中，真是一件异常痛苦的事情，动辄树枝就会挂住背包，人只能半蹲半跪着爬行。

雪地上有一串梅花般的脚印，脚印约十厘米。我说这是豹子的脚印，大家都说很像，唯独牛老大默不吭声。我问牛老大这脚印是不是豹子的，怎么还有人的脚印。牛老大看着雪地上交叉的脚印说：“这是保护站巡山的脚印，估计有三个人，也许你还认识他们呢。他们带着一条防暴犬，这恐怕就是那狗的脚印，这路不好走，大雪把竹子都压弯了，成片成片的，非常难过去，大冬天的一般没有人走这条路。”

走不远就看见了一条流淌的河水，清澈的溪水在透明的冰层下缓慢流动，无声无息，在这静谧中却涌动着生命——我看见了小鱼。溪水边是一个个裹了白雪的大石头，深蓝色的溪水静静地倒映着岸边的白色，晶莹剔透，幽静神秘。

牛老大指着沟里一个石头垒砌的坪坝说：“这条沟有四十里长，过去住过三千多人呢。”

我不相信，眼前这狭窄贫瘠的小山谷，竟然能生活那么多人，他们靠什么生存，开店，狩猎，伐木，采药，山货，还是种地？恐怕没有一项生产活动可以养活这样多的人口，就是再减十倍，养活三百人也够呛。

古道又走成了深槽，在山脚下迂回。干枯的灌木从两边向上生长，在头顶会合，形成一个圆形隧道。我们不得不经常猫着腰在树丛里钻行，碰着树枝，非断即弹，雪粒和干枯的树叶就会灌进脖子。稍不注意前面的树枝弹回来抽打在脸上，痛得倒吸气。

好不容易走一点能挺直腰的路，也要付出极高的代价，不是过河重重地摔倒在冰面，就是陷入没膝的深雪无法挪步。牛老大不停地告诫大家要小心，绝对马虎不得。

我看见雪地上躺着一只小鬃羊，心里一惊，可能是昨天晚上离开妈妈后冻死的。它深灰色的毛皮裹着胖乎乎的身体，圆圆的脸庞上，微睁着灰色的双眼。多么可爱的小动物啊，我站在小鬃羊旁边，默默地注视着它，它干净而细绒的灰毛在阳光的照耀下闪着亮光。

王领导走来，看到小鬃羊，惊悸地问我："它怎么死的？"

我说肯定是找不见妈妈了，走累了，就在这里睡着了，你看它睡得多么香甜。

她注视着小羊，眼睛里转动着泪花。

翻越财神岭

越往上爬，雪越厚，灌木林和茂密的竹林被积雪压弯了腰，在竹林下方形成了一个只有四条腿的动物才能钻过去的雪洞。牛老大在前面钻得飞快，一会儿就不见了踪影。我们则依次在长长的雪洞里四肢并用地爬行，刚爬完一段，想站起来歇歇，前面又是一个雪洞。有时候索性就一直爬行、跪行。这样一来，前进的速度越来越慢。我一边爬，一边说："只有到了这时候，我们人类的笨拙才淋漓尽致地暴露出来。"

零三边爬边喘着气说："我们二〇〇七年一定发大财，绝对发大财。"

我回过头问为什么。

他趴在雪地上说："人家对财神都是三跪九拜，我们今天对财神绝对超过三十跪九十拜，这样的虔诚绝对会感动财神。"

我们在竹林灌木丛里爬行了三个多小时，钻出来后又向右拐上一个小山沟。这里是背阴处，积雪更深，走一步退三步，攀爬登高的过程非常辛苦。我走几步就要停下来喘口气，不停地抬头张望，希望能够看见山垭口的那片天空。

不知过了多久，前方的山垭口果真出现了我盼望的亮光，一束斜阳的光辉从稀疏的林间透过来，充满希望的灿烂笑容又绽放在大家的脸上。

每次爬到山顶垭口，我的内心都会产生一种浴火重生的幸福感，即将熄灭的生命之火又会重新燃烧起来。

下午三点整，我们历尽艰辛，爬到了海拔两千七百米的财神岭垭口。

站在财神岭上，大家都长长松了一口气。

牛老大戴着一顶黑色太阳帽，靠在阳坡的草丛望着远方的兴隆岭，独自吸着纸烟。我半躺着靠在一块岩石上，想着张金科说过的话："以前财神岭垭口很美，冷杉油松遍地。"

闭上眼睛看天堂

远远就能望见三十里外的兴隆岭，它像一条黑色的屏障横卧在我们的前方，壮观无比。

牛老大穿着一双解放胶鞋，脚丫子冻得早已坐不住，催促我们赶快起身，说赶到黄草坪还有十多里路要走呢。他一边拍屁股站起来，一边说："冰天雪地的，你们都看啥呢？"

我们没有回答他，跟着牛老大默默地往黄草坪去。

相信牛老大不理解我们此时的心情，每一次艰难的攀爬，不都是为了登高后的举目四望和体验居高临下的凌云气势嘛。

一路缓坡而行，山坡上全是人工速成水杉林，树干有碗口粗，种植的时间不是很长，几年时间已经成林，黄昏的阳光透过林间的空隙，将树干的影子拉得好长。森林左侧是一片宽阔的草甸，绒绒枯草在微风中舞动，褐色、黄色、绿色，交织排列的色彩将山谷划为几个光影地带，变幻莫测。两只鹞鹰在空中盘旋，忽上忽下，几只乌鸦从低空飞过，落在草甸上"呱呱"地叫着，原本寂静的山谷，显得更加空旷苍凉。

行走间，忽然嗅到空气中飘过来的一股芬芳气息，这是一种混合了松脂泥土和植物所特有的那种又甘甜又苦涩的气息。这种气味很特别，只有在茫茫的秦岭森林里，只有在古老的傥骆道上，才能感受到这种气息。我情不自禁地深深呼吸它，想象千年古道上令人陶醉、让人心旷神怡的神秘意境。

面对此情此景，月亮激动万分，不由自主地歌唱起来，静静的山谷中，清脆的歌声传得很远很远。

……

闭上眼看见天堂

那是藏着你笑的地方

我在佛前苦苦求了几千年

愿意用几世换我们一世情缘

希望可以感动上天

我们还能不能

能不能再见一面

……

偶遇雪山里的卫士

踏着淡蓝色的积雪，我们缓缓地走出了树林，站在古道上，向前望去，天光之下，整个黄草坪河谷一览无余。不知谁突然发现河对岸那栋破败的建筑中有一缕青烟升起，在无风的山谷里淡淡地向远处飘去。牛老大说那一定是巡山队员们的营地。突然出现的炊烟让疲惫的队员们兴奋不已。

我们来到了河边，激流中竟然找不到过河的地方。这时从破屋后走出来一个戴着毛线帽子的中年男子，他认识牛老大。他们互相打过招呼后，中年男子寻来一根长木杆站在河对面，让大家拉着木杆，然后踩着石头慢慢跳过河去。大家依次过了河，来到了那一排破屋前。这些屋子以前是黄草坪林场的宿舍，天保工程后便废弃了。我们找了一间没门窗没屋顶只有一圈围墙的空房作为营地，空地上蒿草丛生，砖头瓦块遍地，一顶蓝色的帐篷敞着门，一条绳子上挂着几块氢纶毛毯和睡袋，空屋那头燃着一堆篝火。

我把背包卸下，活动活动僵硬的肩膀，正准备去烤火，那个戴棉帽子的胖子走过来，拍着我的肩膀说："你还认识我吗？"

我站起来，瞬间的迷茫后，握着他的双手，说："你是老雷！"那种荒山野岭偶遇熟人的感觉，除了激动还是激动。我抱歉地说："刚才不好意思，没有认出来，确实走累走傻了，走得脑子反应都慢了半拍。"

牛老大出去找柴火，我们几个坐在篝火旁烤鞋袜和手套。

黄草坪，海拔两千二百七十五米。

老雷善言，他说："老王和老陶去活人坪梁巡山了，一会儿就回来。刚才收拾营地时，忽然听到有女人唱歌，以为是耳朵有问题，这地方怎么会有人来，纳闷得很。过了一会儿，歌声越来越近，越来越清晰，我就走出去看，看见山坡上有几个人。初看时以为眼睛又有了问题，是不是看错了，揉揉眼睛，再看，没错，确实是几个人，还有女的。一时脑子转不过来，想不通这些人大冬天跑这里干啥呢？原来是你呀！"

正在说话中，一条没有尾巴的大黑狗窜过来，走近嗅着我们的身体。这条大黑狗近三尺高，他们管它叫"防暴"。我终于明白了，一路上留下脚印的就是这条"防暴"。

老王和老陶回来了，我们一一握手，以前在老县城我们见过面。他们穿一身迷彩服，戴着退伍时珍存的军帽，说话做事透着行伍作风，干练利落。人多了，我将火堆往空地中间挪挪。老雷、老王和老陶三个人的鞋都湿了，老王脱了湿透的鞋，在火堆前烤脚上那双薄薄的已经没有了头的半截线袜子，他不好意思地说："袜子透了不好看。"老陶也在烤从部队上带回来的那一双绿色的薄袜子，老雷的毛袜子也湿透了，化纤的迷彩裤腿还被火烧化了一片。

旁边墙根堆放着他们自己背上来的食品，挂面、大米、方便面、酒、盐巴、醋和一些简单的生活用品。老雷说："今天幸亏他回来得早，要不然，吃的东西就被乌鸦糟蹋完了。"三个大老爷们儿在野外工作生活，而且又是在如此艰苦和危险的环境之中，我的敬佩之心不禁油然而生。

老陶说："冬天偷猎和盗伐的人特别多，我们要格外警惕。"他指着墙外积着厚雪的路说："我们来之前这里有车来过，外面那条路可以通黄柏塬的大涧沟，以

与巡山队员们在一起

前这是一条林区运木材修的道路，现在成了违法分子偷盗的捷径，那些人不但偷猎盗伐，而且还要大片大片地割竹子卖扫把，对森林植被破坏非常严重。”

由于长时间在高山上生活，他们的面部都呈现着紫红色，高大魁梧的身材，粗糙有力的双手，散发着大山赋予的气魄。

老王搓搓脚丫子说道：“我们要在这里住十天，来的时候我们每个人都背了五十多斤行李，那路太难走了。你们过来时看到我们的脚印了，真不容易啊。”

我看着他们，心里真的由衷地佩服，希望有机会能和他们一同去体验巡山的艰难和乐趣，他们爽快地答应了。

我走回帐篷，对正在忙着做饭的队员说：“他们的袜子都烂了，我需要三双袜子送给他们。”我和王领导各拿出一双西班牙产的户外厚袜子，月亮将一双自己亲手织的毛线袜子也拿出来。同时，王领导和月亮还把自己亲手做的两饭盒炸酱也贡献出来，零三也将自己很多好吃的东西拿出来。只可惜鸡蛋坏了几个，要不然还能搞出一个菜。

我们来到篝火旁，将袜子分送给他们，他们换上温暖舒适的厚袜子后，一再感谢我们。

晚上，我们吃了炸酱面，又喝了酒，大家围坐在一起，品尝着芹菜炒豆腐干、火腿肠、肘花、花生米，山野之中的一顿香喷喷伙伙饭。这种感觉真的非常爽，快乐的偶遇，温暖的友谊，随着篝火的热烈，弥漫于整个营地。

牛老大将自己背来的新皮鞋穿上，说这是儿子在西安给他买的，穿上儿子送的新皮鞋，就好像看到了儿子，牛老大脸上漾着幸福的笑容。

我问牛老大："你们以前走到这里怎么歇脚？"

牛老大说："过去黄草坪有客栈，是黄柏塬人开的店，人们晚上走到这里就睡大通铺。那时候林子密，一个人走在路上都害怕。这条路走的人少，老板也没啥生意，后来林场来了，客栈就撤了。我们再走这里，晚上就歇在林场。后来林场也撤了，我们走到这里就拢上一堆火，坐一晚上。不同的时期有不同的应对方法，山里人应对这些都不在话下。现在这路基本没人走了，偶尔两边的人走一走亲戚，再往后估计就没人走了。"

老王说："社会发展了，这路也该废了。"

火苗一跳一跳，映红了人们的脸庞。

我说："这条古道今后就是巡山队员和探险者走一走，它的历史使命已经完成。"

月亮答应回去给他们每个人织两双毛袜子。

我们聊到很晚，一直到后背开始串起凉风，才返回各自的帐篷。

今天是农历十八，小寒节气。

我走出围墙，站在雪地里，夜色中环顾四周，白天看到的景象已在若明若暗中渐渐隐遁，只有旁边那条河流，依然在暗夜里欢快地流淌。深邃的夜空星光灿烂，月亮从云层里钻出来，山谷的白雪反射着冷艳的月光，大地蒙上了淡淡的青色，空旷冷寂，寒气袭人。

月光下，兴隆岭与天空衔接的地方呈现着天光雪色，起伏的曲线闪烁着瑰丽的光泽，这里的夜空柔和而璀璨。仰首很久，我对着夜空发呆，无限深邃的苍穹点缀着数不清的星星。宇宙银河的穹庐，璀璨晶莹的夜色，我多么想伸手去摘一颗星星。

山里真静，静得耳朵嗡嗡鸣响。

月光透过外帐，将帐篷里的一切映得雪亮，如同白昼。

冰天雪地兴隆岭

今天元月七日，晴天。

天刚麻麻放亮，就听见牛老大在外边喊大家起床。

昨晚将鞋子放在帐篷里，还是被冻得硬邦邦穿不进去。帐篷里温度二摄氏度，比都督门要暖和些。

我喝了零三的鸡蛋醪糟，吃了月亮的蛋糕。

吃饭时防暴犬站在我旁边，流着口水的嘴几乎要凑到我的碗里。它这样友好，又任劳任怨陪伴着辛苦的巡山队员，理所当然要与它分享我们的早餐，奖励一块烧饼。

吃完饭，收拾了营地，等待太阳出来晒一晒结冰的帐篷。

上午十点钟我们准时出发，三位保护员带着他们心爱的防暴犬，踏着厚厚的积雪，把我们送到去兴隆岭的小路口，大家挥手告别。老王对牛老大高声嘱咐道：“送完他们回转过来时，一定记得捎几包挂面，千万别忘了，我们吃得快没了。”

走过黄草坪

牛老大挥挥手中的砍刀。

寒冬的日头闪着耀眼的白光，照耀着白茫茫的大地，黄褐色的山林将纯净的蓝天与洁净的大地分割开来，整座秦岭都是那样冷艳生动。

我们踩着积雪，向着高耸的兴隆岭慢慢走去。牛老大说今天我们估计要走八九十里路。我吓了一跳，以为听错了。牛老大用肯定的口吻重复了一遍：“上岭二十里，下岭八十里。我还说少了，今天一天要走上近百里路，今晚无论如何都要赶到板桥村我妹妹家。”

现在已经是上午十点多钟，大半天要走完上百里冰天雪地的山路，而且是重装，这可能吗？

我摇摇头，跟着牛老大顺着一条宽阔的山沟往上走去。山谷周围是冷杉和大片的高山草甸。光秃秃的山上没有大树，除了一些灌木林，就是一片片低矮的树苗。今天能见度很好，蓝天透彻，空气清新，一眼望尽远方的山峰。

深深的积雪上有很多大型野生动物的足迹，牛老大看着一个大脚印说：“你看，这是啥脚印？”我说像是狗熊。他摇摇头说看不来，反正没有见过。他说他长这么大，还真的没有看见过狗熊。我心里真替他感到一丝遗憾，心想没见过狗熊还能算是深山里的人吗。

走到一处背阴地，牛老大指着对面的阳坡说：“你们看，那里有一只野羊，就在那棵树底下。”我瞅了半天才看清，原来是一只深棕色的鬣羊，我们和鬣羊之间隔着一条山沟，鬣羊很自信地看着我们，站在那里一动不动。直到我们走出了很远，它才慢慢向山谷走去。我心想幸亏它没有遇到偷猎的，否则肯定性命难保。

拐过一道弯，又拐过一道弯，远远看见牛老大左拐去一道雪坡，不一会儿，隐约听到从山那边传来一声长长的吆喝：“到——咧——”

中午一点二十分，我们爬上了海拔三千零七十一米的兴隆岭垭口。兴隆岭垭口是傥骆古道上海拔最高的垭口。垭口有一个篮球场大小，东面有一座空屋架，东倒西歪有点撑不住的感觉，我问牛老大：“这木屋以前是干啥的，这梁是不是活人坪梁？”他瞅瞅那间即将倒塌的木架子，缩着脖子说：“这以前是一座庙，叫什么庙忘记了，过去来往的人都要在这里上香求菩萨保佑，活人坪就是兴隆岭。”

牛老大不善言语，问一句说一句，没有多余的话，感觉他对这里的陌生程度并不比我们差多少。问他：“你走过几次兴隆岭？”牛老大说：“记不清楚了，大概几十次吧。”

我爬上高耸的兴隆岭，内心感到了一种自豪，也感到了一份满足，握着牛老大粗糙的双手激动地说：“谢谢你把我们带上兴隆岭。”

崇山峻岭望华阳

阵阵寒风吹起山梁上轻柔的浮雪，晶莹的雪粒被风卷起，在雪地上旋转，像是自然起舞的小天使。垭口两侧山脊上几棵老松在寒风中低吟，传诵着萧萧涛声。

放眼南望，山峦绵延起伏，从近处的黄褐色到远处的淡蓝色，逶迤的群山一层层排列开去。深处的峡谷沟壑纵横，弯弯曲曲一直延伸到天地尽头。

顺利翻越兴隆岭是我们此次行走傥骆古道前半段最为重要的一个节点。此时，大家心中有一种如释重负的轻松感。这种感觉将我们的精神高高托起，悄然屹立在秦岭之巅，挟着脚下洁净如玉的白雪和头顶白光炫耀的蓝天。突然之间，我们感受到了大自然的伟大，并被它深深震撼，大自然真美好。

站在兴隆岭垭口，我突然想起了汉高祖刘邦、汉光武帝刘秀、唐玄宗李隆基、唐德宗李适、唐僖宗李儇……他们从这条古道走过时，都是前有风雪严寒、险关隘壑，后有叛贼追兵苦苦相逼，那是多么不易。今天，我们在傥骆古道上行走尚且如此辛苦，想想当年那些逃亡幸蜀的国之君主、王侯将相、皇族贵戚，他们轿不能乘，马不能骑，星夜赶路逃命时的情景又是多么不可思议。当他们一路奔波，诚惶诚恐地逃到兴隆岭上时，除了定定神，喘口气之外，空寂的思想中一定是产生不出任何关于美的信息。

想到这里，我不禁“扑哧”一声笑了起来，感觉傥骆古道就是一条背运时使用的逃跑专用道路。

零三说：“我们无法体验到皇上当年那种狼狈的神情，但是，我们可以充分体验古人外出行走的艰难过程。”

一阵风儿吹来，旋着晶莹的浮雪，从垭口转过，消失在了南坡的竹林里。阳光下，我由远及近，俯视众山，体会着“会当凌绝顶，一览众山小”的磅礴气势。

牛老大提醒我们说：“洋县保护站检查得非常严格，你们把烟火都收拾了。”然后严肃地告诉我和零三：“到我妹妹家之前，你们千万不能吸烟。”

翻过垭口就是洋县地界。

磨道里的“主人们”

翻过垭口，顺着积雪覆盖的陡峭小路一直往下走去。草丛、灌木、竹子、树林经常是密密麻麻挡住了我们的去路，常有新生的松树苗直挺挺地立在古道上，我们只好屈身弓背在低矮的松树林中钻行。行走的速度很快，几乎是在小跑，牛老大腿脚真快，在前面一闪就不见了人影，我们不停地喊他，生怕走错路，这样疾走几里路后，便是浑身汗水，气喘吁吁。

下到开阔的山谷，来到一座碉堡式的二层楼前，墙上是五个水泥字“兴隆岭哨卡”，大概是林场当年的瞭望塔。两扇摇摇欲坠的门敞开着，门上挂了一把锈迹斑斑的铁锁，房子里堆满了野羊粪和羚牛粪。我们刚靠着墙根准备卸下包休息，牛老大便催促道：“这里不好待，赶紧走。”

不明白什么意思，跟着牛老大来到古道对面的林区路，放开腿疾行，一路上左看右瞧，就是没有看到古书上所说的“大坪”和“小坪”。问牛老大，他说那些地方早没了。

毛冠鹿

积雪上到处都是动物的足印，除了青羊、山猪的脚印，就数羚牛的脚印最多。牛老大说刚才他看见一头大羚牛。我问为什么不叫我们。他说那家伙听到声音肯定就跑了，而且非常危险，咱们都要躲着它走，哪里还敢惊动它。

山谷里弯来绕去的雪路让人走得乏味无趣，四肢慢慢变得僵硬，完全机械性地迈着双腿。这让我想起了绕着磨盘、蒙着眼睛的驴子。

突然，一头硕大的黑色野猪，从左面土坎上跳下来，狂奔过路面，向着沟里逃窜而去。野猪距离我们大概只有几米远，我看着野猪慌乱逃亡的样子不禁笑出了声。零三问我笑啥，我说："野猪从土坎上跳下来差点摔了一跤，真是狼狈啊。"

雪地上羚牛的脚印越来越多，一片片，一团团，估计是一个大群落。看着这些脚印，我担心起牛老大返回时一个人行走山路的安危，也许他心里也感到害怕，无奈黄草坪巡山的人等着吃他带的挂面，任务在身，不走也得走。

一路上，牛老大东瞅西望，不知道在看什么。问他看什么，他说在看羚牛。我提醒他回转时路上注意安全，他点点头。正说着，只见一头惊慌失措的麻羊从左面山崖上跳下来，顺着大路一直向前跑，大概跑了几百米，似乎才反应过来，赶紧跳进路旁的树林中，消失得无影无踪。

偶尔遇到的动物，打断了我们枯燥的行走，王领导说："如果能遇到大熊猫该多好啊。"牛老大说："你不想遇到它，它就来了。你想看见它，它就是不来。"

八十里奔波

下午五点二十分，我们走过苍耳崖保护站。

眼看时间不早，我们沿着河流在峡谷里急行。

问牛老大离他妹妹家还有多远。

他说还有三个弯。

一眨眼工夫都转了六个弯了，还没到他妹妹家。问他怎么还没到，他说还有三个弯。问跟没问一样，跟着走吧，反正不远了。

傥骆古道在河对面与我们平行起伏，问牛老大为什么不走古道。他说古道荒了走不成，走这边也一样。过去沟两边都有路，到前面板桥村，老路和新路就会合了。

我胯骨疼得系不了腰带，沉重的背包只好由两个膀子吊着，锁骨也如针扎般痛，右膝盖也不敢用力，我像个残兵败将一跛一跛在雪地上磨叽。

我又想起了那些亡命的皇帝，他们当年在这条峡谷里行走时，痛苦肯定在我之上。由此而想到，古时候山高皇帝远，那些在外面当官的人，之所以能尽心尽力为朝廷为国家效力，原因很可能是他们经常要进行这样的艰苦跋涉，沿途了解到了民间疾苦，从而震撼了他们的心灵，并且坚韧了他们的性情，增加了他们的能力，使他们深刻明白做官的深层次意义，这才有了操守严谨的清官。

胡思乱想了一通，疼痛似乎减轻了一半。

随着斜阳西落，黄昏的寂寞降落在我们头上，黑暗笼罩了大地。悠长的峡谷里，除了冰面下汩汩流淌的河水和我们行走的脚步声之外，安静得如同外太空。

不知道什么时候我们走完了雪路，已经麻木的我们现在只是下意识交替着双脚，无声地在黑暗的沙石路上踽踽而行。

零三摇晃地走上来问我：“老大，咱们今天走了有多少里路？”

“至少在四十公里吧。”

“你怎么知道？”

“根据我们的行走速度和所花费的时间来推算的。”

零三默默地说：“我们真厉害。”

前面有了暗弱的灯光，牛老大说记得他妹妹家就在这里。他急忙走过去敲人家的门。半天没人答应。四周无人，不知道该到哪里去打听。

牛老大卸了包，让我们在墙根下等待。他摸着脑门儿自语道：“十几年没有来过，记不清了，好像应该住在这里。”

“千万不能再走了。”月亮无力地靠在石台阶上，对着黑暗的夜空说着。

黑暗中有个骑摩托车的人路过，牛老大立即迎上去问路。巧得很，那个骑摩托车的人就是他妹夫。

晚上七点半，我们来到了板桥村牛老大妹妹家。

板桥村海拔一千两百米。

在磨道上转了一天，终于可以卸磨了。

古道上的板桥村

这是一座只有几户人家的小村庄。

我进了牛老大妹妹家，卸了包，坐在板凳上，一步也不想再挪动了。

“背着行李一天走了八十多里山路，实在了不起，你们这些城里人厉害得很呀！”牛老大的妹妹对我们竖起大拇指。她转身抱来一个盛满红色液体的大玻璃瓶，像是枸杞子酒，我们一人一杯，甜甜的很上口。妹夫说这是当地特产山枣皮，也就是野茱萸，是一种“万能的补药”，很畅销。月亮想买，妹夫说：“没有了，明天你们可以在华阳镇街道上买到。”

妹妹的长相在农村来说属于漂亮人，也许因为水土关系吧，一直听说陕南出美女，今次见到的女子却是我们关中周至县老县城人。不过，老县城以前都属于汉中管辖。

牛老大的舅舅姓张，是板桥村的书记。大家围着铁炉子坐下，张书记将一个带四条腿的铁板架在炉子上，再铺上报纸，立刻成了一张饭桌。不一会儿冷热八个菜端上来，再加上土蜂苞谷酒，这样的速度简直让人惊讶，这么快就做好了一桌如此丰富的菜肴。后来才知道，下午张书记家刚摆过一桌酒席，所以什么都是现成的。看见满桌子的菜，我眼睛愣得发直，就像饿狼看着小羊羔，食欲调动着唾液，不停地咽下……终于听到张书记举着酒杯说：“来来来，为你们接风，一路辛苦了。”

筷子没停过，抢得飞快，也不讲究什么吃相。吃了几口停下来，对张书记笑着说：“不好意思，太饿了，早晨吃了一点儿饭，一直到现在。”

张书记也很客气地说：“没关系，你们好好吃，农村饭没有城里好，也只能凑合吃了。”

酒过三巡，菜过八盘，大家才开始谈话聊天。话题自然离不开傥骆古道。

肚子饱了，才有时间环顾四周，头顶的铁烟囱周围挂了一圈新杀的猪肉，这些肉除了过年吃一点儿，恐怕够吃明年一年了。

张书记说：“傥骆古道从兴隆岭下来，经过核桃坝，从我们板桥村这里过河，顺河南岸一直到华阳，华阳以前是个县城。”张书记从脚下拿了一块木柴，塞进炉子里，继续说道：“等你们下次来，我带你们去走傥骆古道南段，就是从小华阳出发，翻过大、小牛岭，经过银杏坝黑瞎子沟，再翻过马道梁和汉王山，过八里关、四郎乡，直插傥河口的洋州镇，傥河从那里流入汉江。这一程有一百四五十里路，得好好走三天。”

我笑着说：“当然好了，傥骆古道南段，我一定会去走。”

在华阳结束上半段的古道之旅

很晚我们回到了牛老大的妹妹家，对于接下来的旅程该怎么走，我征求大家的意见，我说：“我们明天中午就可以到达华阳镇。按照常规说法，我们到了华阳镇就算走完了傥骆古道。但是从华阳到洋县这一段，也是傥骆古道的重要组成部分，只有到达了洋州镇，才算真正意义上到达傥骆古道的终点。前方的路况我已经了解清楚了，看大家还想不想继续走？”

沉默了很长时间，月亮和王领导说不想走了，实在走不动了。零三和海燕说随便，走不走都行。

我说：“其实，我也走不动了，再走就有可能搭上这条老命。这样吧，咱们回去休整一段时间，过了年，我们继续来走剩下的路程。我们也要和古人一样，从西安到成都，一次次行走在秦蜀古道上，不达目的，誓不罢休。”

大家一致同意择日再来走剩下的古道，决定了下一步，我的心里不再彷徨，泡了热水脚昏然睡去。

风尘仆仆过华阳

今天是元月八日，是一个晴朗的天气。

清晨起来脚肿得穿不上鞋子，只好将鞋带全松了，才勉强穿上。

早饭是苞谷粥，热乎乎地吃完饭，与牛老大和他妹妹结了账，告别了与我们同甘共苦两天两夜的牛老大。我们背上沉重的包，踏着清晨的曙光，迈开轻松的双腿，沿着傥骆古道，一直向西，去华阳古镇。

这里距离华阳镇只剩十多公里路，没有必要再背吃的，几个人将剩余的食物全部拿出来，送给牛老大作为路上的干粮，并叮咛他路上注意安全。

出了门，才顾得上看一眼昨晚住了一夜的那栋房子，红砖红瓦的房檐下挂满了一串串金灿灿的苞谷，砖墙上刷了白底蓝字的标语，很显眼，“积极参加合作医疗人人夸”。下面一条是“计划生育，如今政府有奖励”。看着那些标语乱猜了一通，王领导拉了我一把，说：“快走了，胡想啥呢。”

洋县华阳镇

路过一对水泥门柱，柱子上用红油漆写着“禁止乱砍滥伐，严防山林火灾”。柱子上还钉了一块WWF（世界自然基金会）的牌子，看不清上面的字。

牛老大的妹夫穿着一双大胶靴从后面赶来送我们，他远远地站在土坡上向我们挥手告别：“有机会再来啊。”

清晨的山沟里冷清寂静，几缕炊烟袅袅升起，耀眼的阳光将大山和天空融为一体，晨光散射，干涸的酉水河上游裸露着满河床的白色卵石。渐渐地，人们开始忙碌，骑摩托的、牵牛的、背筐的、拦羊的，世界又从沉睡中清醒。遇到几个抱孩子的妇女，我们将剩余的糖果全部分发给她们。

上午十点三十分路过县坝村，就是过去华阳县的边沿地带。

再往前走几里路就能看见华阳镇了。

路过以前镇政府的破旧大院，大门的建筑造型充满了“文化大革命”前的印迹，锈迹斑斑的大铁门里堆放着苞谷秆儿和农具。再往前走，水泥路面覆盖了古道，街道两侧虽然都是鳞次栉比的商铺，但却寻不到一丁点儿古镇和古道的气息。“丁”字路口热闹许多，很多人坐在店铺门前慵懒地晒着太阳。

据说，华阳最灿亮的地方是红二十五军司令部旧址，白墙上有那条保存了七十年的红军标语“红军是替穷人找饭吃的军队”，以及镇子南山洼里的红军纪念碑。秦岭里所有的老百姓都知道红军有个李先念，李先念于秦岭就是现代版的杨从仪。

我们在华阳没有久待，包括老街道和那座塔，一切都留给下一次。这次匆匆走过华阳，下次来一定要好好待上一天。

中午十二点，我们五个人怀揣着无限满足，坐长途车离开了华阳镇，顺着西水河向南，穿过一座座冬日的丘陵，一直到了美丽的江汉平原。

同车一位戴眼镜的小伙子说他家就在八里关，希望我们有机会去他家玩，我说会的，到时候一定要在八里关好好看看。

傥骆古道的行程是愉快而有收获的，走过了，才明白这是一条非常值得去走的千年古道。走过了傥骆古道，就好像阅读过了一篇史诗，从中了解了千年以来发生在这苍茫无际的古驿道上无数的传奇故事，有波澜壮阔的大事，也有柴米油盐的小事，所有的故事都一直延续到了今天，而且必将还会延续下去。

——沿途还有人们在生活，还有高岭、峡谷与河流。

——古道还会继续存在，只是存在的方式可能会改变，那是历史的必然。

——我真心地希望傥骆古道装载的历史，能够万古长存。

2007年1月25日

蜀道难，难于上青天

——傥骆古道行·下

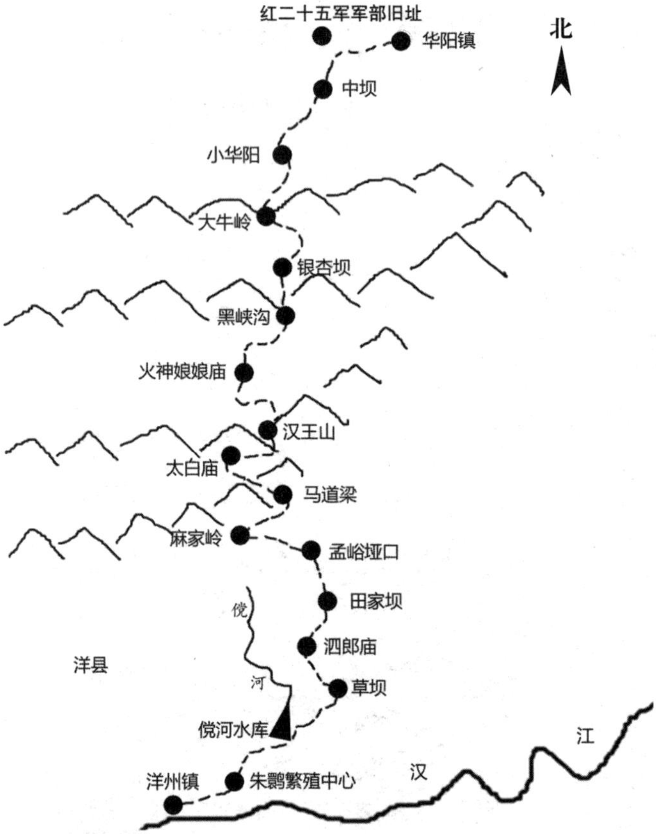

傥骆古道行示意图·下（乐途绘制）

车辚辚、马啸啸、铁血阴冷傥骆道……这条景致奇美的古道凝聚了太多的历史，隐藏了太多的历史，有不少人把目光投向这里，古道却从来没有敞开胸怀拥抱容纳过众人，它不愿意将自己的真实的面目示人，不愿加入喧闹浮华的世俗……变得更加神秘莫测，更加悠远缥缈……这条道诚心把自己藏丁深山中，不让世人所见，大概也是 种生存策略，君不见，什么是金牛，子午，不是像历史人物一样，空留名分，早就找不到踪影了吗……

——叶广芩《老县城》

又要出发

时间过得好快，转眼就到了二〇〇七年春节。

大年初二，同行、零三、月亮三个人来到我家，没有商量的余地，一定要我带他们去走傥骆古道南段！

那就走吧，反正迟早都要去走。电话通知保刚，明天中午出发，地点洋县华阳镇。

今天是元月二十日，大年初三，多云。

此次与我相伴走傥骆古道南段的有同行、月亮、零三。中午一点准时起身，保刚亲自驾车将我们送去华阳，一同前来送行的朋友还有王安泉和李公子。

我们迎着早春的斜阳，穿过广袤的关中大地，八百里秦川绿茸茸的麦田接天连地，大地苍凉，分辨不出这是隆冬季节还是早春二月。

下午三点路过马召镇，沿着盘山路爬上了仙游寺垭口。仙游寺仍然有法王塔和庙舍。但是，那座香火旺盛的隋代仙游寺，早已经不复存在。

如今的黑河水已经成了西安人生活用水的主要来源，黑河水是从秦岭深山里滚滚而来的清澈河流，它流过富饶的关中大平原，最后注入渭水。黑河里有大鲵，有细鳞鲑，有鳖，曾经还有放山的木料。

王安泉指着拐弯处一座尖尖的山崖说：“过去，具体说是清代，那上面有一座烽火台，升起的狼烟山外都可以看到，平常山顶上总有两个人在那里守备。”

我趴在车窗上看，那座耸立的山峰，四周陡峭，无路可以攀爬，真不知道古人如何在上面建造楼台哨所。

佛坪老城袁家庄

下午六点路过佛坪县城，王安泉带领我们去佛坪老城所在地袁家庄寻找老县城衙门搬迁到这里的遗迹。他一边走，一边说："民国初年匪患日盛，老县城实在待不下去，县长便带着大印和县衙一班人马，把佛坪厅搬到了这里。"

新的佛坪县城已非昔比，一座座崭新的大楼拔地而起，现代城市的气息很浓。转来转去，我们在钢筋水泥丛林的隐蔽处寻找到了一条不足二百米长的老街道，狭窄的街道上有几间老屋，这些老建筑早已经东倒西歪、破败不堪，临街铺面的门板紧锁着，挂满蜘蛛网的窗棂透着黑咕隆咚的房屋，残破的山墙飞檐悬空突出，一高一低向上翘起，屋顶黑色的瓦片缝隙中几棵枯草在风中摇曳。冷清的小街道上，寒风将贴了门神画的木门板吹得哐当作响，屋里的土坯墙上还残留着白灰。散漫枯萎的老街道上还有几间水泥和青砖混合的建筑，里面居住着人，几个伸出窗外的铁皮烟囱穿过屋檐的瓦片，吞吐着浓烟，风儿将烟拉了长长的尾巴，沉在老巷里，弥漫在老街上。

三米宽的水泥街道坑洼不平，破旧的老街藏着久远的传说。看到了蓝色门牌上的三个白字"袁家庄"，感到一阵亲切。凝视着"袁家庄"门牌，我们的思绪又被拉回到了两百年前的佛坪老县城。

我曾经从周至老县城村徒步一百二十公里，用三天时间走到佛坪县的岳坝乡，体验了曾经的官驿古道，感受了佛坪县太爷的艰难职业生涯。路上，我询问向导老冯和老张："就这深山老林、悬崖峭壁，县太爷来来回回是怎样行走的？"

他们回答说："就是这样走的，反正坐不成轿子，骑不成马，该爬就爬，该跳就跳。那时候的县太爷跟普通人没有什么区别，他们背着县衙大印在深山里两头跑，全靠两条腿。"

我在想，那些县太爷除了拥有坚毅顽强的意志力外，是不是还拥有更加神圣的职业操守呢？

佛坪县古城建在山谷中的一片高地上，二〇〇二年百年不遇的大洪水几乎冲毁了整座县城，但却没有威胁到袁家庄那些古老的建筑，我不由得敬佩起古人的智慧。

离开袁家庄，我们在山里盘绕，西（安）成（都）高铁的桥梁从头顶飞过，以后去成都就便捷了，也就默默接受了百年后也会变成古迹的那些现代建筑，时代总是要发展的。

夜走吊坝河

汽车磕着底盘，在深山中左拐右转，经过近十一个小时的颠簸，夜里十二点我们到达华阳古镇。小镇沉浸在暗夜之中，静悄悄的，没有一点儿声音与灯光。王安泉建议我们去长青自然保护局招待所,他曾经和叶广芩在那里住过一个星期。

拐进一条小巷，直对的大铁门半掩着，院子漆黑一片，王安泉敲门，无人答应。很正常，大过年的谁还会待在这里。

一个偌大的华阳古镇，半夜三更硬是找不到吃饭和睡觉的地方。

思索了片刻后，我突然想起了董云光，他是我在华阳唯一认识的人。

二〇〇二年秋天，我从华阳镇徒步穿越太白县二郎坝，就是请他做我们的向导。他属于山区里的文化人，少言寡语。有一个队员不慎将墨镜遗忘在他家，几块钱的东西，我们并没有往心里去。然而，半个月后我却意外地收到了从华阳寄来的一个小木盒，打开来竟然是那副遗失的墨镜。一晃几年过去，一直没有机会再见到董云光。王安泉说，有一次在长青自然保护区开座谈会时见过他。董云光憨厚老实，待人和善，是淳朴山民的典型代表。

我对大伙说："我们去吊坝河找董云光。"

虽然过去了五年，但是我依稀还记得那条路，只是原来的土路变成了水泥路。正走着，前面突然出现了一束微弱的光亮，是一户农家。狗叫声引出了一个年轻人，他说家里来了客，没有地方让我们歇脚。问老董家在哪里，他说往回走二里就是。我们记不住那么多拐弯岔路，诚恳地希望他能给我们带路。他同意，条件是一定要送他回家。

黑暗中下坡过河，小路蜿蜒，走过几户人家，狗叫声连成一片。到了一户老屋前，那位年轻人趴在窗棂上，隔着白色塑料布向里面喊：“云光哥，西安来的人找你。”

半天，那两扇发白的门“哐当”一声被打开，一个满脸胡须的大汉站在门口凝视我，然后一步跨出来，紧握双手：“是你啊！”虽然几年未见，但他还是很快认出了我。董云光的老屋没有多余的地方安排我们住下，他便带我们去他哥哥家，路对面的一栋红色砖瓦房。

这时候已经是半夜一点多钟，董云光的哥哥老董和妻子爬起来给我们做晚饭。零三照例拿出了他那诱人的白斩鸡，王安泉打开他带来的啤酒，大家终于有了歇脚的地方，吃着、喝着、聊着，房间被我们闹腾得充满了节日的气氛。

村主任董云光

董云光依旧少言寡语，既不吸烟也不喝酒，静静地坐在一旁看我们吃喝，有那么一点儿文人的清孤。他对我说他出版了一部名叫《秦岭游击队》的小说，接下来还计划写点儿别的东西。他现在任吊坝河村主任，也是县政协委员，去年找县上、省上申请了经费，将村子八公里的水泥道路修好。我问他为什么还住那个破房子里，不像别处的村主任，整个高门楼大瓦房住。

他不好意思地说：“当村主任，写书，还要供两个孩子读书，空闲了还要研究中医，花钱的地方太多了。”然后叹口气说道：“去年修路时老婆累过了头，去世了，也没有心劲收拾，以后再说吧。”

我们沉默了好久，不知道该怎么样去安慰他。王安泉转过话题说：“以前在将军石那里有一通唐代的石刻，后来修路把石碑炸飞了。”

董云光说：“我还保存了那块石刻的拓片，很完整。”

关于华阳镇的开发建设，他说道：“投资商已经找好了，主题是三大旅游内容，分别是‘红色旅游’‘生态旅游’‘古镇旅游’。已经制订了未来十年的发展规划，二〇〇六年到二〇一六年，首先建造一条长六百米的仿古街道，再建设三个广场，六个停车场，还请人引来一群金丝猴。”

我问："有专家参与吗？"

他说："有啊，主持古镇规划的是西北大学的钱教授，主持生态规划的是深圳大学的一个班子。"他侃侃而谈，一直聊到凌晨三点，董云光才和大家告辞，我们在老董的堂屋里支了帐篷。

华阳古镇

今天是元月二十一日，大年初四，小雨。

华阳镇海拔一千二百米。

吃完早饭，董云光的哥哥老董带我们去华阳镇老街。我们从镇西头进来，迎面就是一座高大气派的古戏楼，戏楼面北坐南，伫立在场坝边缘。整座建筑设计精巧、丹楹刻桷、雕梁画栋，所有砖雕木刻都是精工细作，尽显神工。尤其让我赞叹的是飞檐斗拱下那一龙一凤相对的牡丹花浮雕图案，更是飞鸾走凤，极具匠心。戏台上方悬挂着一道清道光九年（1829）的匾额，上面红底黑字书写着"宣扬帝德"四个行书大字，两面各有"金敲"和"玉戛"四个字。我突然联想到了过去戏台上的丑旦名伶，他们的一生不就是"歌台暖响，春光融融，舞殿冷袖，风雨凄凄"嘛。

我凝视着戏楼许久，不住地赞叹古人设计和施工的认真态度，以及讲究完美的理念，这些给我留下了深刻的印象。华阳戏楼是我看到过的最完整、最精致、最漂亮的古戏楼，没有之一。

旁边是一条与戏楼一样古老的小街道，两排老屋沿着西河弯曲着向南伸延，一间挨着一间的青砖木板房，错落有致。老屋的房檐下除了悬挂着一串串金灿灿的苞谷外，还张贴着红色的对联和门神。很多人家门框上方悬挂着时间久远的匾额，上面雕刻着"奕代流芳""西山叶翠"等大字。因为历史原因，其中许多匾额上的文字已经用墨汁涂抹得看不清楚。我们走进一个光线昏暗的小四合院，院内砌的石条落水和天井一样大，头顶的光亮处裸露着房脊的灰瓦，天空飘着细细的雨丝。院落的女主人站在墙根看着我们，不知道这些人来他家里看什么。

不够宽敞的通衢小街，在清晨的细雨中显得格外空旷而冷寂。

古老的街道上没有任何商业活动，也没有什么行人，几个孩童在路中间燃放鞭炮，“噼噼啪啪”的鞭炮声使得老街道有了那么一丁点儿过年的气氛。

南街口有两间茅草房孤零零守在村边，街的尽头是一通白花花的石碑，什么字也没有，也许是哪一任县令不愿自我评价，专门留给后人来撰写的功德碑。吊坝河上东、西各有一座吊桥，吊桥下的岩石上有许多圆孔，应该是过去支桥梁的立木石孔。吊桥下有两根四米高的木柱子，中间的榫眼横插着一根木板，看上去也很有年代。桥梁建筑是历史留下来的痕迹，让走过的人们去联想华阳镇当年的繁华。

朦胧的清晨，长长的吊桥上，一位穿着蓝色西服的年轻男子拉着一辆架子车，旁边跟随着一位秀发披肩，身穿红色羽绒大衣，脚蹬一双长筒皮靴的年轻女子，他俩依偎而行，一边说话，一边走过吊桥，慢慢消失在我们的视线之中。

古代和现代的完美结合，也是古镇的一种很美的意境。

红二十五军司令部

出了老街，我们又去了红石窑红二十五军司令部旧址参观。顺着新修的水泥路往北走，一片古老的建筑挡住了去路。大院外墙上的标语吸引了我们的注意，一个个斗大的黑字将所有人的目光都集中在了那道白灰墙上。这些文字经历了七十多年的风吹雨淋，依然字迹清晰，且极具号召力。“只有参加红军，穷人才有饱饭吃”“穷人要想有饭吃，有衣穿，只有参加红军”，落款是红二十五军司令部。这样朴素实在的标语，在那个贫穷的年代，肯定会在百姓中引起巨大的反响。

院落大门朝向西北，朱红色的门扇耀人眼目，门楼檐下悬挂着一块黑色匾额，上书“山环水绕”四个金色大字。进门迎面是一个木屏风，相当于北方的照壁。院子里是两排厢房回廊，正对着的是中堂八扇朱红色格栅门，屋檐下也悬挂着一块匾额，黑底金字，上书“瑞气盈庭”，这院房主当年一定是大户人家。

中堂和偏房都布置了展柜展品，陈列着已经生锈的长枪、大刀、长矛、皮带、洋马灯、吊锅、手电筒、水壶、两把盒子枪，很多枪支锈迹斑斑，裹着黄色的泥土，一看就是有年头的。墙上还挂着程子华和徐海东的照片，并配有文字。据说这些展品都是董云光从华阳各地搜集来的。

墙角立着一面红二十五军军旗，大家兴奋地举起来，挥舞着，好像找到了穷人打土豪、分田地的成就感和幸福感。院里墙壁上醒目的标语配合着鲜艳的红旗，格外让人激动。“没收地主阶级的土地财产分给穷苦农民！”这在当时的确极具号召力，吸引了无数贫苦老百姓参加了红军。

红二十五军在华阳扎下了根，并在秦岭深处建立了苏维埃政权，对中国工农红军的发展作出了重要贡献。

黄花川上送行远

顺着吊坝河，我们又来到了华阳镇东街，在一座没有名字的古砖塔前停下来，王安泉一边用画笔写生砖塔，一边说：“这个塔属于‘密檐式’，中国古代砖塔建筑的一种形式，看上去像是宋代建筑。”砖塔基座上有一条用白灰书写的标语：“增加后方的生产”，看去也是相当久远，估计是抗美援朝时期的事儿。

我远远地注视着山顶上那座白色的“革命烈士纪念碑”，每次路过这里，都会默默地在心中缅怀长眠于此的先烈们。

中午一点，我们告别董云光，乘车来到小华阳。这是傥骆古道从华阳镇出来后向南的第一个入山口。宽阔的河川里有许多黄灿灿的山茱萸树和翠绿色的竹子，此时正是山茱萸花盛开的季节，茱萸花与山崖边的迎春花互争春日的明媚，将山野点缀成一片璀璨的艳黄。王安泉指着山茱萸说：“唐代大诗人王维重阳节登上秦岭高处赋诗一首，‘独在异乡为异客，每逢佳节倍思亲。遥知兄弟登高处，遍插茱萸少一人’写的就是这种植物。”

我凑上去，对着怒放的黄花，深深地嗅闻着。这千枝万朵竞相开放的花儿，散发着淡淡的芬芳气息。

在山谷的一片青翠竹林前，我们合影留念。

我问王安泉这是什么竹子。

他用手抚摸着绿色的竹竿说：“这是金竹，是用材竹。竹子是植物界优秀的品种，进化得最充分完整，它外形圆润，可以最大限度地防止相互碰撞，也有承受大风的弹性韧劲。同时，它也最善于吸收营养，雨滴和露水会从叶子顺枝流下，流到竹节时进入环形水槽，竹子会完全将水分吸收，它的生命力特别顽强。”

说到这里，他蹲下，用手在地上扒拉，寻找着什么。他说：“竹笋在地里先吸收三年的营养，然后破土而出，一旦顶出地面就疯狂生长，因为它营养充足，出土时间一般在清明前后，它们成群地拔高，很快便会超过母竹。它们奋力向上，为了获取更多的阳光。”

我点点头，平时去山里会遇到很多竹子，但却不知道竹子的奥秘。

老董在旁边催促我们抓紧时间出发，在山口，我们告别了送行的朋友们，背上行囊，再次踏上了寻找傥骆古道的漫漫征程。

前方远山层峦叠嶂，云雾霭霭，一切都似在虚幻仙境之中，小华阳亮丽的风光让人流连。

道路直对的前方，就是我们今天要去的牛岭沟。远远地望去，牛岭沟里河川迷蒙，很多巨大的水杉在雨雾中若隐若现，更显得穿行其中的古道神秘莫测。

翻越牛岭

古道在平缓的山谷里向前延伸，旁边是一条清澈的溪流。老董说这一路就是牛岭最艰难，过了牛岭就好走了。下午三点二十分，我们爬上了海拔一千七百米的大牛岭垭口。狭窄的山垭口上生长着茂密的翠竹，一人多高的竹林像一堵厚厚的墙，将岭北的风雨阻挡。向南望去，一岭之隔的岭南虽然也是乌云翻滚，但却没有一点儿雨丝。我们在山垭口的竹林里走了很长时间，直到实在走不动了，才卸了背包坐在原地休息。同行用毛巾擦了头上的汗水和雨水，轻轻一拧，便是一串水珠。月亮头发上浸透的汗水和雨水不住地滴在草丛里。

老董说：“这里以前有一座庙，后来毁了。”说罢，便拉上我钻进茂密的竹林，去寻找传说中的那尊石牛。我俩在湿漉漉的竹林里跪着、爬着，好一阵才来到山半坡。在潮湿昏暗的密林里，一尊无头石牛倒卧在一堆残砖破瓦之间，牛背上覆盖了一面湿淋淋的红布。老董说牛岭大庙是“文化大革命”时期毁的，以前这里香火旺得很呢。

大牛岭

我俩返回垭口，发现竹林间小路上插了三炷香，还在冒着青烟。

我纳闷儿地问月亮："这是咋回事呢？刚才我们走的时候还没有这香火。"

月亮说："刚才有两个走亲戚的人从南边过来要去华阳，路过这里时他们烧了香，说是保佑家人平安。"

老董说："以前人们都从这条大路上走，路过牛岭时都会上香火敬神牛。"

山垭口挺立着一棵参天大水杉。老董说在他家门口都能远远地看到这棵麻袋松。我问什么是麻袋松。他说就是人们常说的水杉，水杉就是麻袋松。老董站在一块大石头上，向远方张望说："今天雾大，看不见太白山跑马梁，平常天气好就能看到。"我站在竹林中央的一块大石头上向东眺望，只能看到从云雾中拔地而起的兴隆岭，那是一座巍峨挺拔的淡蓝色山峰。老董说："今天天气不好，你们莫得（没有）办法看到跑马梁。"

我看着远处绵延不绝的秦岭山峰，想起了叶广芩给我说的关于她对大山的理解：

——西藏的山，冷峻壮观。

——新疆的山，苍凉挺拔。

——南方的山，圆润秀丽。

——秦岭的山，丰富巍峨。

西藏的山脉遍布着没有生命的危岩雪峰，新疆的山脉伴随着黄沙戈壁的苍凉豪迈，内蒙古的山脉绵延着荒凉的草原旷野，南方的丘陵起伏着娟丽的秀美温柔。唯独中国南北分界线上的秦岭山脉，概括了山脉中的所有，既有雄壮的风采，又有朴素的品质，还有奇险中的俊秀，壮阔中自有坦荡的胸怀。

几束光芒从云缝中射出，岭南出太阳了。

银杏坝

翻过大牛岭便是一路下坡，古道呈“之”字形在茂密的竹林中左拐右转，穿行令我们昏头涨脑，像是推磨盘般地在陡峭的山坡上不停绕行。疾行中无暇顾及山川沟壑中的草木山石，一个小时垂直下降了四百多米。马不停蹄地来到谷底后，我长长出了一口气，不由得又想起了那些逃亡的皇帝。

不知什么时候脚踝开始疼起来，走起路来一瘸一跛，疼痛的汗水和疲惫的汗水混合着，顺着胸口往下流淌。正走着，老董跑到路边摸着一根弯弯曲曲的藤条说：“这东西叫毛芋子，可以炖肉吃，是滋阴壮阳的上等品。”说着放下口袋和竹竿，撅着屁股扒开竹丛用手去挖，刨了一阵后使劲往外一拽，拉出来一棵连泥带土的特大根茎植物，裹满泥土的疙瘩上长满了绒毛须根。

零三问老董：“你们平时卖这东西吗？”

老董将毛芋疙瘩装进布袋后说：“这东西珍贵，都自己吃，不卖。”

古道在山谷里向前延伸，起伏的路面上铺满了枯叶，路边一棵粗壮古老的麻光树已经长出了绿色的嫩叶。

下午五点半路过周家庄，空旷的山谷里只有一户农舍，且大门紧闭，院落空荡，应该很久没有人居住了。我们没有停留，继续向前走，古道两侧树木成林，其中有很多是适合雕刻的香樟树，还有大野泡。林间古道因为长期没有人行走，地面上长出了一层绿茸茸的野草。

六点四十分我们路过银杏坝村，向村民打听大店还有多远。一个操着关中口音的男子站在土台上说：“这里距离大店还有二十多里路，你们赶天黑到不了。”老董本来的意思是今晚赶到大店住宿，看来这二十多里路是走不到了，干脆走哪儿歇哪儿。当我们走出银杏坝村泥浆四溢、破烂不堪的道路时，天色已渐黑。大伙儿取出头灯戴上，跟着老董往大店疾行。

银杏坝

在黑峡沟的无奈境遇

前方的山坡被茂盛的林木覆盖，翠绿色的杉树林驱赶着初春的荒芜，让人们感受到了寒冬里的勃勃生机。

赶了一天的山路，大伙都有点儿累，眼见天黑又下着雨，却还没有找到一个能休息的地方。一路上我们询问了碰到的每一户人家：“今晚我们能不能在你们家借个宿，吃点儿东西？”问了七八家，回答都是一样：“住不成，家里来了亲戚。”我们解释说，我们不睡床板，只要能在过厅或门口支帐篷就行。回答依然是两个字：“不行。”

对于经常行走山区的我们来说，这里的人们对外来人的态度让我们很纳闷。住店给钱，吃饭付款，一分也不会少，为什么会这样对待远方来的客人呢。

月亮听见两个女人的对话。

一个说：“这些人大过年的不在家待着，跑深山里干啥？”

另一个说：“肯定是犯了啥事才跑出来。”

我问老董：“你怎么在这里也没有个亲戚，或者一个熟人也行呀。”

老董叹一声说：“这里没有，田岭有个远房亲戚，那是明天的事情，今天看来难住下了。”

夜色中，我们走过很多人家，没有一家愿意收留我们。走过山里的人家，身后就会传来一阵阵疯狂的狗叫声。筋疲力尽的我们慢慢向前挪动着脚步，路过一户亮着灯的人家，女主人正在灶台上忙着蒸热米皮，看着那一张张白生生冒着热气的米皮，我的口水便禁不住地流下来，于是怯生生地走过去问那位正在灶头忙活的女人：“大嫂，能不能给我们弄一碗热米皮吃，肚子饿了。”

那女人笑着回答：“莫得（没有）呦，我们还不够吃呢，家里来了许多亲戚。”

我摇摇头，苦笑一声，碰了个大尴尬，感觉太没面子了，郁闷地长叹一口气。

同行叹了一口气：“走吧，此处不留爷，自有留爷处。”

黄昏中看不清大家的表情，肯定是失望极了。既讨不到吃的，也寻不到住处，只好继续向前走去。黑夜漫漫，深一脚，浅一脚，脚踝的疼痛连带着整条腿的抽搐，小腿肚子有种撕裂的感觉。后悔刚才没有在那个村子里找一个地方扎营休息，这一走开，还真不知道什么时间才能到达今晚的宿营地。

好心人

我们在黑暗中走了许久，将近八点时，又看到前方有几盏微弱灯光。老董说那是黑峡子街道。古道从村中穿过，两边的平房大多关门熄灯，只有一家白瓷片两层楼房的小商店还亮着灯，老板正准备打烊。我走过去问站在柜台后面的女主人，能否在这里借住一晚，哪怕只安排一个人的床铺也可以。

女主人站在柜台后面，探着身子，上下打量了我们一番，警惕地问：“你们是干什么的，从哪里来？”

我说我们从华阳过来。

她又问我们来这里干什么。

我说是考察傥骆古道。

女人摇摇头，转过身去，撂下一句话：“莫得（没有）地方住。”

正在这时候，女人的男人从楼梯上下来，他边下楼，边说："你们可以住我家，只是我家没有那么多床铺。"我立即解释说："只要一张床铺就可以了，我们自己都有帐篷、睡袋。"

女人一听男人同意我们在她家住宿，立马从柜台后奔出来，恶声恶气地对男人说："你能保证他们夜里不拿你家的东西？"

男人说："他们都是从大地方来的人，不会拿你那些不值钱的东西。"

女人急了，对男人高声喊道："我说住不成就住不成。"

男人很尴尬地拿出一支烟，对我们苦笑一下。

我对男人说："不好意思啊，打搅你们了，谢谢您了。"

我们离开商店，向前走去。走了几步忽然发现马路对面有一户人家亮着灯，我急忙走上去敲门，开门的是一位老伯。我几乎是用恳求的语气对老伯说了我们的困难，希望能在他家借宿一晚。老伯很为难，没说同意，也没有说不同意，只是笑着说自己一个人生活，没有办法招呼我们。

我坐在老伯家的火塘前不想再挪动脚步，想着去哪个屋檐下扎营凑合一夜。

告别了老伯，我重又走进暗夜之中，对着夜空傻笑一声，对他们说："如果实在没有办法，其实，雨天也可以扎营，关键是向导老董要有地方休息好。再试试看，如果不行，咱们就去村委会院子扎营休息。"我们刚走出去不远，就看见路边有一户人家门开了，出来一个女人倒水，零三和同行紧赶几步走过去，对那个穿着红衣服的女人说："大嫂，你好，我们几个是西安来的，今天从华阳走过来，走到这里太晚了，又遇天下雨，能不能让我们在你家借住一晚上？"

大嫂拿着塑料盆站在门口只是笑，不知该说什么。

我们一个个用期待的眼光看着她，她停了一下说："你们等等，我去给掌柜的说说。"很快，一个拄着拐杖的男人走到门前，打量了我们一番，说道："我家没有那么多床铺。"

月亮说："大哥，我们只要有个遮风避雨的地方就可以了，您只需要安排一个人睡床铺。"

大哥笑着说："你们先进来坐，最近有文件通知村民，不得接待外地陌生人，也不能完全怪村民不接待。"说完他要求查验我们的身份证件，幸好同行带了身份证。大哥说他去年在西安长乐路干过零活儿，话越说越近。他说小女儿大学毕业后在福建一个设计公司已经工作了两年，现在基本上已经把上大学欠的五万元钱还完了。

大哥家的堂屋很干净，两个长条凳中间放了一盆炭火，靠墙根立了一架老式木制脱粒机，白色的墙壁使房间亮堂了许多。他把我们让进生着火炉的小屋里，我问他腿怎么了，他说年前收拾猪圈时摔骨折了，现在已经好多了。

大嫂问我们吃什么。

我一直惦记着陕南特色的热米皮，对大嫂说："如果方便的话，一人来一碗米皮。"大嫂爽快地应允。

大嫂搬来小方桌，我们拌了零三带的海带丝，切了月亮带的熟肉，炒了同行带来的鸡蛋，打开我背来的啤酒、白酒，又是一桌丰富的菜肴。不一会儿，大嫂的热米皮端上来了，爽口的热米皮，温热，筋道，嘿嘿，太香了。大年初四的夜晚，在傥骆古道上祝贺我们的新年。

几口酒下肚，刚才路上遇到的不快也就烟消云散了。

史大哥

大哥姓史，他说自己的父亲以前是赶脚的，在傥骆道上走过无数次。有一年给红军当向导，在牛岭遭遇国民党追兵，父亲目睹了红军英勇奋战击退国民党军队的战斗，然后一直将红军带到了厚畛子。史大哥说："我父亲过去经常从关中到洋县贩运棉花、布匹、茶叶等物品。去年父亲过世了，要不然，他可以给你们讲好多傥骆道上的事情。唉，如今我们这里的老人都快走完了，他们把古道上的故事都带走了。"

我问他："这里为什么叫黑峡子？"

史大哥说："刘秀当年被王莽撵得乱跑，他从银杏坝过来走到河边时，天色已晚，黑咕隆咚什么也看不见，所以，就把这里叫黑沟。先前，刘邦也从这里走过，还有唐朝的好多皇帝也走过。刘秀在前面的麻道乡大蟒洞还斩了一条拦路的大蟒蛇呢。听老人讲，刘秀在太白山下还斩过一条大蟒，那个地方叫大蟒河。"

我听得迷惑，不知道刘秀在逃亡的路上究竟杀死了几条大蟒，反正都是历史传说罢了。

史大哥说他去过太白山的跑马梁，沙沙大，微微猛，帘子遮得啥也看不见。

我又听得糊涂，问什么“沙”，什么“微”。

零三抢着回答：“老大，我知道，我一九八七年去爬拔仙台，听老道说过，在太白山上，吹风不能叫吹风，只能叫‘微微子’，下雨叫‘沙沙子’，云雾叫‘帘子’，不能乱叫，乱叫会招来狂风暴雨。”

关于黑峡子沟，史大哥继续说道：“过去，我们这里是一个货物集散地，有一条老街道，大概二百来米长，过来过去的人们都会在这里歇脚、交易山货。一九八七年，村子为了拓宽机耕路，方便种田，就将沿街的老房子拆了，真的很可惜啊！我家的老屋是民国三十五年（1946）盖的，青砖灰瓦两面坡，全是铺板门面房。拆了老屋后，换成了现在的红砖机瓦房。”

我说：“华阳到洋县的公路修通后，没有了长途跋涉的贩卖人，老街市就失去了存在的意义，古道衰落也是必然要发生的事情。”

史大哥腿脚不好，却热情地来回给我们拿东西。慢慢地，我们之间有了一种认同感，陌生被驱散，我坐在炉子旁，泡着热水脚，竟然有了一种回家的感觉。

月亮说：“今天半天时间我们走了二十五公里多山路，路上我崩溃了无数次。”

同行也说：“我走得肩膀都快要坠掉了，硬是咬牙坚持了下来。”

因为太过疲惫，大伙儿都懒得支帐篷，直接将防潮垫铺在地上，钻进睡袋，昏天暗地地睡去。

黑峡子海拔八百六十五米。

小华阳到黑峡子将近三十公里山路。

告别黑峡沟

今天是二月二十二日，大年初五，小雨转阴。

我正在睡梦中，隐约听到说话声，睁眼看，是零三和老董正围坐在炉子旁边说什么“草皮蝎”。老董对零三说：“草皮蝎是一种像蝎子的毒虫，夏天山里这种东西特别多，我就被那东西蜇过几次，一开始没有感觉，但钻进去就痛，要用力拔才能出来。”

零三恐惧地问：“它不会钻进帐篷吧？”

“估计不会吧。”老董没有睡过帐篷，也只能这样回答。

史大哥送给零三一株八角树苗，长大了可以结八角大料。我说山里的东西在城里养不活。零三说一定得带回去试一试。

我给脚踝贴了麝香壮骨膏，又吃了两粒药，准备好了今天的长途跋涉。陕南人就是会做饭，就连早饭都让人吃得那么舒服，醪糟汤、豆腐汤。

上午九点，我们准时出发，再三感激史大哥两口子收留了我们，大家在他家门口合影留念。史大哥握着我的手，一再说希望我们有机会再来这里，并执意要送我们一程。

刚出门，雨就停了，太阳跃出云层，散射着刺眼的白光。

站在古道上，我凝视着远方，云淡处是辽阔的天空，悠长的山谷宁静悠远。

党旗辉映山川秀

刚走出村口，迎面碰上村支书彭建文。史大哥介绍说彭书记是陕西省两届人大代表，学识渊博，可以让他给我们介绍一下黑峡子的大概情况。我说那当然好啊，我们行走古道，就是要了解沿途值得纪录的人和事。

彭书记力邀我们去家里坐下聊聊。

客厅很大，一圈棕色的皮沙发，大家坐定，同行和月亮提出了昨天晚上遇到的事情。彭书记对此表示深深的歉意，并说以后一定要纠正，欢迎外地客商和游客来这里。说起古迹的保留，彭书记不无遗憾地说：“那些年代经常有连阴雨，一下雨就要把人转移到别的地方避雨，雨停了再让大伙回家。那些老房子泡了水随时有可能坍塌，没有办法，要不然会出人命。现在想起来也后悔。”

彭建文说：“我的规划是未来让游客来黑峡子‘观青山、看绿水、听瀑声、吃野菜、住木屋’，也搞生态旅游嘛。不过，设想虽好，但是，实施起来可不是那样容易的一件事情。”他停了会儿继续说：“最近我们村新修建了一座驿站，咱们过去看看。”对于恢复驿站的事儿，我当然很感兴趣，于是兴致勃勃地背上背包，跟着彭书记转去村口看驿站。

美丽的山村

村口右侧有一栋白色的小洋楼,门口挂着牌子“八里关乡黑峡村村民委员会”。

白光光的墙壁，白色的罗马柱，白色的铝合金窗子，枣红色的大门，绿色的琉璃瓦，一栋标准的西式建筑，怎么能被称为“驿站”呢？

二层会议室挂满了从国家到乡上颁发的几十块奖牌，金属的、木制的、玻璃的、有机板的、喷绘的，标准的“荣誉室”。浏览过无数的奖牌，我们赞叹小村的光荣，然后下楼去，跟着彭书记来到了一座新建的长石桥上，前方上游是一层层宽阔的水坝，聚集了一池池碧水，最近一个池塘中心建了一座漂亮的亭子。彭书记看着我笑着，眼神中充满了成就感。我对这样的人造园林表示了赞誉，并竖起大拇指：“您是与时俱进的好书记。”

因为时间关系，我感谢了彭书记给我们介绍了陕南最美山村，希望黑峡村不但山美水美，老百姓的生活也更美。我们和彭书记在桥头合影留念，我的脚下正好踩着一方明清时的浮雕石碑，一尺宽，四尺长，图案精美。看着这块被泥土掩埋的古物，我让史大哥把这东西搬回去好好保管，这是黑峡村悠久历史的见证。史大哥只是笑笑，不置可否。

我们与彭建文握手告别，他一手端着保温杯，一手握着我的手，高兴地说：“我的目标是在管好一万六千亩用材林的同时，把家家户户的生活搞好，引来源源不断的游客。”

放眼望去，漫山的雪松水杉和竹林，绿得醉人。

这里是秦岭的南坡，山势平缓，虽然谈不上高大冷峻，然而，葱郁的植被覆盖着绵延起伏的山峦，苍翠中显现出生命的活力。一座座山峦向南逶迤而去，展现出动态的美感，山麓河川显得宁静悠远。古道上的天空、云彩和阳光，连同美丽的诗画与远古的神秘，一起扑入我的眼帘。

彭建文的小儿子又送了我们一程，路上他请教老董饲养大鲵的技术。小彭说：

“一斤娃娃鱼能卖上千元呢，是一本万利的好事。”

前面望见了大店，小彭告辞，我们挥手与黑峡沟道别。

老董见我腿脚不好使，抢过我的背包说道：“背上你们这包真的很舒服。”

我俩交换了背物，我用竹竿挑了他的布袋，细竹竿担在肩上很不舒服，时间长了硌得肩膀痛，卸去了重装倒像是一个逛山的山民。

一个中年男子担了一担棕树皮从远处晃悠过来，我问他要这些棕皮干吗，那人笑着说：“卖也行，自家用也行，用处很多。”我很快记起二十世纪六十年代父亲去西安出差，带回来一个箱子，上面编织了“汉中”两个字，那箱子我家用了很多年。

古道两旁盛开着山茱萸花，金灿灿的花朵十分夺目。

兰花和麻桑

中午一点多，我们路过大店，几间农舍被翠竹遮挡，寻找不到过去车马店的任何痕迹，陈旧的茅草屋和崭新的瓷片房隔路相望，强烈的对比，巨大的反差，历史在这里跳跃前进。

过了大店，古道就离开了开阔的川道，向右拐上一条山谷，进入黑沟岔。原本静悄悄的黑沟岔，因为我们的到来而变得热闹起来。山坡上一户人家的三只狗向我们狂奔过来，站在崖畔上对着我们狂吠不止，这边的狗叫声引起后面两户人家的狗也跟着狂吠起来。几家正在过年的人们都从屋子里走出来，站在山坡上愣愣地看着我们，他们议论纷纷，很认真地看着我们走来，然后，又看着我们消失在茫茫古道之中。

起伏的古道在山谷里盘绕，脚下长长缓坡上的石板已经被千百年的历史磨蚀得光滑浑圆，弯弯曲曲向山上延伸去。在这样的古道上行走，似乎能触摸到历史。

老董说：“二十世纪七十年代，人们从这条路上走时，古道两旁的大树多得很，一个人都抱不拢，走在路上感觉天空黑乎乎的，林子里光线昏暗，一个人走还有点儿害怕，怕遇到野兽。”正说着他不知看到了什么，卸了背包，去山崖上拔下一棵毛芋豆。我们始终弄不明白，他是怎样发现长在土里的根茎植物的，老董指着树林间纠缠的藤蔓说："看见那个东西，就可以辨认出毛芋豆。"

老董的眼睛真尖，他走路时总是不停地东瞅西望，我感觉这是所有山民的行走习惯。这也许就是我们一起行走时，他们能看见野生动物，而我们则看不到的原因吧。他指着长满荒草的土崖说："兰花开了。"

我们四处张望，看不见他所说的兰花。老董走过去，扒开杂草枯叶，一丛绿色的兰草盛开着几朵翠绿的三叶兰花，白色的花蕊上长着几个紫色圆点，在这春寒料峭的季节里静静地绽放着。

兰花

路过一棵长满"红豆"的树，老董说："这棵树叫麻桑树，是树中之王。树王本来就是应该长得高大粗壮。但是，为啥这个树王却长得这么低呢，因为玉皇大帝害怕它疯长到天宫，就命令土地神压制麻桑树的生长，最后，它就只能长这么高了。"

我望着麻桑树，试图理解老董的说法。

正走着，老董又说："你看那块蛤蟆石。"

我走过去，在土坎上看到一块大石头，上面有一个三角洞，洞口凸出朝天，造型比例恰到好处，而且石头表面凸凹不平，覆盖着绿色的苔藓，完全可以将这块石头想象为巨大的蛤蟆。

眼前的蛤蟆石，几千年来不知道有多少路人驻足观看它。不过，像这样的情况以后不会多了，没有了古道行人，还有谁会去看这个蛤蟆石呢。

世外桃源

从小黑沟左转，涉过一条小溪，进入一条更小的山沟。路过一个长满青苔的

兰花谷

苍老磨盘，爬上一道坡，再翻过一个山嘴，眼前便豁然开朗，就好像来到了世外桃源。

小溪潺潺，静静流淌，水潭如串，晶莹清丽。

一条条清亮的小瀑向上一阶阶延伸，水潭清澈静谧，潭底卵石异彩，小鱼游弋，腐木沉底，波光粼粼的水面映照着蓝天，深邃的幽谷中涌动着生命的激情，翠绿的青苔裹着滚圆的石头。潭边溪旁兰草丛生，石皮水瀑翠竹簇箐，两面山坡树木蔽天，整条山谷清静幽美，令人陶醉。

河面的树枝上，站立着一只黑、白、蓝相间的小鸟，鸟儿见有人过来，紧贴着水面疾飞而去。

溪水在山谷中蜿蜒，水边一丛丛茂密的兰草叶垂下去，连接着水中的倒影，细长的叶子被流水轻轻拂动，真美。

在山谷里，目光所及，美不胜收，这是我从未见过的景色。

古道带着我们在沟谷里穿梭,我们可以从不同角度欣赏古道沿线的亮丽景色。这里有看不够的流水，赏不尽的山石，望不断的翠绿。山谷里的美景让我流连忘返，同时，也扫去了我们一身的疲惫。

古老的石阶穿过萋萋芳草，垒筑的路基石块上长满了苔藓，百年的光滑，千年的圆润，都被一层层绿色的植物覆盖。路旁草丛中倒卧着一根长满绿色苔藓的木梯，长两三米，粗五六寸，上面凿了槽，方便人们上坎下沟。

面对眼前唯美的画卷，如诗的意境，我的内心再次震颤，还能用什么词汇来形容眼前所见呢，一句话，美不胜收。

山野菜刺加苗

伴着一路美景，我们一口气爬上了海拔一千二百米的山垭口。

大伙儿走得汗流浃背，心慌气短。呼唤老董招呼大家休息路餐。老董答应着寻一崖下平地停下来，旁边是一溪流水，一片翠竹。我们坐在一片青草地上，品尝了零三的雪菜笋丝年糕汤和月亮的肉丝酸菜挂面，两位大厨的手艺各有千秋，食后余味无穷。

老董告诫大家："一定要吃饱，一会儿就要去爬马道梁，后面的路还长得很。"说完转身折了一根竹棍当筷子。

初春的阳光柔和而温暖，吃过午饭，大家都慵懒地躺在草坪上休息，享受着早春徐徐微风带来的温暖时光。

老董吃完饭到河里把碗筷洗了，然后坐在石头上咂根烟，深深地吸了一口说道："二十年前，我表弟在洋县上学。有一次他回华阳，走到前面两间房（地名）就饿得走不动了，他问人家要吃的，人家不给。他看到人家缸里有浆水，也不管是什么菜，伸手去抓，那是什么菜呀，就是山里的野菜刺加苗，他也不管好吃不好吃，抓来就往嘴里塞，主家女人看见了，跑过来抢。她当然抢不过我表弟了，表弟抓了一大把，边走边吃，然后一口气赶天黑回到了华阳镇。年轻人嘛，一点儿野菜下肚，一天也能跑六七十公里路。"

老董叹了口气，继续说道："那年代人都穷，尤其是山里人更穷，哪儿有什么好吃的，那个刺加苗有刺，不好吃。刚才我上去看，两户人家都搬走了，年代长了，房子也都快塌完了。"

火神娘娘殿

下午四点一刻，我们起身，没走多远，就看见前面荒凉的山沟里有一座破败的瓦房孤零零伫立在荒野中，黄土夯的墙体支撑着一面大瓦片，距离老屋不远的一片茂密竹林旁，静卧着一个磨盘和碾子，丛生的野草几乎将磨盘和碾子淹没。

火神娘娘殿

我问老董这里叫什么地方。

他说好像叫两间房吧。

走之前，我在卫星地图上查过，这里应该叫“火神庙”。

我们慢慢向前走，四处张望，寻找着火神庙的蛛丝马迹。突然我看见左侧山头上有一座青砖建筑，说塔不是塔，说碑不是碑，隐藏在山顶的灌木丛中。我爬上去围着砖塔端详，这是一座一米多宽，两米多高，没有檐，从后面看是空心的青砖四方形建筑物。正上方凹进去的大砖上刻着几行字，字迹清晰，碑文纪录如下：“重修火神娘娘圣殿会首众信立道光二十六年秋月建位。”

这应该是火神娘娘庙的一部分，一百多年了。

老董说：“听老人们说，这座火神庙古时候也是一个车马店。”

遥想当年的客栈，肯定挤满了南来北往的行人，人喊马嘶，行酒划拳，热闹非凡。转而一想，那缸酸涩的刺加苗，由繁盛转衰败不也就是一眨眼的时间吗？我站在火神庙的古道上，仰望那座砖塔，沉甸甸的沧桑感涌上了心头。

光秃的山坡上没有一点儿绿色，枯黄的藤条、藤蔓将磨盘覆盖，只露出一个孤零零的石碾。

离开两间房，我们沿着长长的古道绕上山脊，再顺着山梁穿过一道壕沟，攀爬上一片山坡，站在这里，可以看见远处山顶上的高桥庙。山坡上生长着灌木林，荆棘枝上结了许多红色野果。在这苍茫的冬日里，山野中的这一片红色，会让人体验到自然界无限的生命活力。

越往上爬，山势越缓，我们顺着山脊一直向西，追赶着夕阳。

走过汉王山

下午将近五点，我们爬到了高桥庙，山脊上只有一户人家，孤零零的屋子前拴了两条狗。狗儿不大，却十分凶悍，拉着铁链子对着我们狂叫不止。狗叫声引来一位端着饭碗的中年男人。他站在门口一边吆喝狗，一边纳闷儿地看着我们。见这里有人，我们便停下脚步坐在路边休息。主家凑过来和我们聊天。他说他表哥是洋县某某局的领导，花了五十万元将这一片荒山承包，种植经济林作物，他在这里帮助表哥看管林子。

我问马道梁还有多远。

他指着前面一座高高的山梁说："翻过那道汉王山，再走二里路就到了，那里也住了一户人家。"

荒坡上种了许多树苗，不知道是什么林木。

歇息了一会儿，我们告别吃饭的男人，离开高桥庙，沿着山脊继续向上攀登。斜阳被淡云笼罩，朦胧中散发着冷冷的白光，寒气从远处吹来，催促着我们加快脚步。这里的古道痕迹很明显，去山顶的岩石上印了一条条长长的深槽，石阶也被踩踏得光圆锃亮。狭窄的古道上堆积了厚厚的枯叶，踩上去哗哗作响，好像古语，茫然不解。

下午五点十五分，我们爬上了海拔一千四百一十五米的汉王山。汉王山的海拔虽然不是很高，但是站在上面举目望去，还是有一种居高临下俯视群山的感觉，并将陕南苍茫的天地尽收眼底。

拐过一个山嘴时，隐约看见杂草枯叶下有几个石基石础。我爬上去，抚摸着早已被绿色苔藓覆盖的大石条和在石基上散落着的几个础石，问老董："这里以前是一个什么建筑？"

老董说："老早这里是一座庙，当地人管它叫太白庙。"

我疑惑："这里离太白山那么远，为什么叫太白庙？"

老董说："原来，这庙里拌了一口明朝时期铸造的大铁钟，后来传说那口大铁钟飞去了太白山跑马梁，所以，这座庙就叫太白庙了，你们走太白山时肯定能看到那口大铁钟，传说就在西塬或是东塬上。”

我笑了，传说真是光怪陆离，随便由人编啦。斜阳正红，将山坡照耀得亮堂。

翻越马道梁

下午五点半，我们到达海拔一千四百六十米的马道梁。黑峡子沟到马道梁大概有二十公里路程。

马道梁平展的梁顶上住了一户人家，是老两口，十几年前从汉阴搬来这里。男的姓邹，叫邹应明，六十来岁，身体硬朗。他指着场院上一口月牙形状的水井说：“因为有这口古水井，这马道梁也叫天池梁，‘文化大革命’时水井被人埋了，后来我搬来才将这口井挖开，我们平日里就吃这口井里的水。”

古老的井口新砌了一圈红砖，外面粉了一层水泥，井台有近一米高。我说这井不应该弄成水泥的，太现代化了，应该用石头砌起来，才会有传统的感觉。老邹笑着说：“那样费工呀，水泥到底便宜嘛。”我俯下身，认真欣赏起这个古物，井口有两米长、一米宽、三米左右深，一圈井壁砌着石头，中间三分之二的地方横排了八根木杠子，防止东西掉下去，木杠之间的口子可以打水，井底的水面反射着蓝天的亮光。

我问老邹：“这口井是窖水还是泉水，什么年代的？”

老邹说：“这是山泉水，甘甜可口，过去路过的人们都会灌上一壶带着路上喝。”他指一指老屋说：“这里以前就是赶路人歇脚的地方。”

老邹没有说这口井是什么年代的。我想，他也不知道。转去老邹家堂屋，屋里靠墙放着一辆摩托车，我十分诧异地问老邹：“这里怎么还会有摩托车？”

老邹回答说：“你可能不知道，从马道梁开始，接下来的路就平缓多了，顺着大路一直可以到达田岭。”

老邹的老婆围个蓝围裙，出出进进忙着给我们倒水，她劝我们天晚了不要赶路，就在他家休息。我很想在马道梁休息，但是看着老董着急回华阳办事，也就不想在这里耽搁时间了。看着厚道的老两口，我除了一再感谢外，又从包里拿出三个洛川大苹果送给他们。

马道梁的黄昏

老邹家通了电，院子里还架了一口卫星天线锅。

坪坝旁一棵树枝头筑有一个喜鹊窝，两只喜鹊站在枝头"喳喳"地叫着，出门见喜，下来的路程肯定顺利平安。

告别老邹两口，我们顺着山梁一路疾走，下到了弯曲的机耕道上。

向西望去，夕阳透过云层，将万道光芒照射在莽莽的山野上，千山万壑披上了一层金色的余晖，好一幅"苍山如画，残阳如血，锦鸡横飞，翠竹掩道"的美丽画面。

夜闯麻家岭

眼见天黑下来，为了赶时间，我们甩开大路走小道，山野中的小道一般代表着捷径。弯曲的小路一开始还能与大路不时会合，然而走着走着，大家就感觉不对劲。月亮在后面喊道："我们是不是走错了？"她指着山下大路说："下面有大路。"我和零三坚持这条路就是古道，没有理会月亮的提醒，继续顺着山脊往下跑去。我们自以为去田岭的路应该在山的左面，其实不然。

烟雾朦胧中，我们跑到了半山腰的一户人家门前一打问，才知道大错特错了。

一位砍柴的老者说："你们跑远了，这地方叫麻家岭。"

旁边一个年轻人补充道："你们现在顺我家房门前的大路一直走，不要乱拐就可以和大路会合。"

老董此时已经找不到东南西北，不知道接下来的路怎么走，因为现在的大路压根不是原来的老路，就算大路在原来古道的基础上加宽，天色已晚，夜不观色，没有记忆中的参照物，便也稀里糊涂地跟着我们瞎跑一阵。

我们打开头灯，在夜色中疾行，来到一个岔路口，不知该如何去走，这里前不接村，后不挨店。正在大家无奈时，黑暗中驶来一辆摩托车，我们急忙叫停骑摩托的老乡。老乡赶夜路带着小孩去走亲戚，他很热情地给我们指路，担心我们听不明白，掰了个竹棍棍蹲在地上，边画边说："你们一直走，往前走，有一个垭子，那里有岔路，你们走过梁子，顺左面的路走，大概还有十多公里路就到田岭。"

弄明白了道路怎么走，老董便跟在月亮后面飞奔而去。寂静的山路上，黑黢黢的天地相连，我顾不上膝关节的疼痛，迈开双腿向前疾走。走了许久，同行哼哼唧唧说走不动了，背包像是一座山。我和零三给同行鼓劲打气，说十公里路最多两个小时就可以走完。

我们三人在漆黑的夜色里不知道拐了多少弯，虽然我的脚踝不时抽筋，走几步就得停下来，走得人异常沮丧，但我还是要保持高昂的情绪，我要用我的激情去感染激励他们。

晚上将近八点，我们路过只有三户人家的孟峪垭口，在一户姓马的人家门口稍事休息后继续赶路。老马说这里离田岭还有十里路。

前方漆黑一片。

月下垭岭

过了孟峪垭口，前方仍然是转不完的山路。我的脚踝骨加上脚底板，整个左脚火辣辣地疼。月亮说她的脚底板已经快着火了，真想给鞋里灌点冰水。我真以为月亮走不动了，然而转眼之间，便不见了她和老董的身影，待我们再转过一个山崖，他俩的灯光已经跑到了一里之外了。

漫长的夜路，心力交瘁，痛苦和寂寞轮番折磨着我们，大家都是一脸木然，互相看一眼，都是面无表情。一牙金色的上弦月不知什么时候挂在了深邃的夜空上，一片片灰色的云层在月牙周围涌动，月亮在云影里时隐时现。在这淡淡的月光下，大地由漆黑转为朦胧，远山沟壑也显现出来。有了月光的相伴，行走起来也觉得轻松了许多。

道路一直在山脊上盘绕，曲曲折折地向前延伸到一座山垭口。晚上八点五十分，我们到达了海拔九百一十五米的垭岭。

田家坝的星星灯光

站在傥骆古道最后一座高山垭口——垭岭上，我眺望前方的夜空，突然发现有星星点点的灯光在闪烁，初以为是天上的繁星，仔细看时，原来是江汉平原的万家灯火。突然间，我定在了那里，迈不开沉重的双腿，黑暗中激动得说不出话来，在夜色中体会到了距离的概念。

我们坐在垭口上休息，深深地呼吸了一口从江汉平原飘过来的温润气息。万分感慨中，浑身感觉到了一种彻底的放松。

零三望着星星灯火，感叹地说："洋县的天空好像紧贴着大地，我感觉我们现在就坐在天地之间，我们是幸福的，因为我们不仅拥有这里的天空，还同时拥有这里的大地。"他深深地吸了一口烟，长长地吐出去，对着夜空说道："我们吮吸着古道上的天地精华。"

我和同行同时瞥了他一眼，平时木讷无言的零三竟还有这样的心灵感悟，说出了我们想说而没有说出来的话。

平原的灯光带给了我心灵的启迪，让我打开了记忆的闸门，一首唐朝张文宗的《蜀道难》脱口而出——

梁山镇地险，

积石阻云端。

深谷下寥廓，

层岩上郁盘。

飞梁架绝岭，

栈道接危峦。

揽辔独长叹，

方知斯路难。

张文宗的《蜀道难》描写的主要是傥骆古道岭南的艰难行程（梁山是指汉中），而李白的《蜀道难》则是描写傥骆古道岭北的那些触目惊心、望而生畏的险峻驿道。虽然张文宗字里行间的气势不如李白那样大气磅礴，但也能看出在古驿道上行走得胆战心惊。

我们终于走过了行人心惊、骡马胆寒的傥骆古道最艰难的路段，远离了绝壁、滚石、瘴气、密林、毒虫、野兽的侵扰。只有走过了迢迢古道，才能理解行走在傥骆古道上的人们的所想所思。

我们的思绪犹如这夜空中的明月，逐渐清朗起来。前方的灯光好比阳光，给行路人指明了前进的方向。看见了灯火，就好像看见了希望，大伙儿提起百倍的精神，向山下一路狂奔而去。

我们很快来到了山脚的水泥路面上，远远看到了人家。听到远处竹林下月亮的呼唤声，她说已经联系好住的地方，是田岭村村主任家。

温暖的江汉平原

晚上九点三十分，我们到达洋县泗郎乡田岭村的杜村主任家。

田岭海拔七百六十米。

我一屁股坐在沙发上，不想再动。杜村主任给我们每一个人拿来一双拖鞋，让大家把脚丫子放松一下，一会儿泡个热水脚。月亮说："我们都快要走疯了，再这样走下去，非疯不可。"

村主任老杜热情地给我们发烟，说道："从马道梁走到田岭最少有十五公里路，你们今天一天至少走了三四十公里路，真了不起。”

我搓着脚丫子说：“黑峡沟支书彭建文介绍他们村的情况，耽搁了很长时间，中午一点才出发。要不然，应该早早就到田岭了。”

杜主任老杜将我们引到他家后面的老屋，在屋中间的空地上架起一堆地塘火，让大家围着塘火取暖。他女儿烧了一壶热水提来让我们先洗把脸，意外的温暖中有了回到家的感觉。因为一路出汗太多，湿透的衣裳和脸颊都结了白色的盐粒。

老杜问我们路上看见什么野物没有。

我说除了锦鸡、苍鹭、白鹭、喜鹊和小鱼，别的野物没有看到。想看朱鹮，也没有看到。

老杜说：“朱鹮最早是在姚家沟发现的，就是你们从大店拐上来后有一条往右去的山沟，去那里有可能看见，别的地方见不到。”

炭盆里的火焰将头顶的熏肉烤得滴下油来，杜村主任赶忙让儿子将熏肉拿走。

我们赞扬了老杜修的水泥路，他提着热水壶给我们的洗脸盆中倒水，说道：“当基层干部头皮都发麻，整天处理的都是鸡毛蒜皮的小事情，打架的，吵架的，离婚的。今天还处理了两起邻里之间的吵架，农村的事情不好搞，主要靠乡规民约来制约。如果要用法律，那还不把法院的门槛踏烂了。”

他女儿端来一锅大米稀饭，一人舀了一碗，大家就着一大盘凉拌芥菜，狼吞虎咽起来。第一次吃这种凉拌菜，清爽而味香，不停地赞赏好吃好吃。

吃过晚饭，老杜继续烧热水，让我们再烫烫脚，说赶路的人一定要把脚丫子照顾好，路上全靠一双脚，脚有问题了，这路就没法走了。他女儿在旁边给我们整理睡觉的地方。我不由得感叹，这世上还是好人多啊。我们行走在古道沿线、异地他乡，总会有许多令人感动的人和事。

老杜说：“你们精神可嘉，真不容易啊！尤其是现在的年代，能这样吃苦，去体验一桩事情的人太少了。傥骆道从我家门前经过，记忆中以前的路上行人很多。现在，随着道路越来越好，新路越来越多，老路已经没有多少人走了。前面还有个泗郎庙，还有个清凉寺，传说，李世民和慈禧都在那里歇过脚。明天，你们路过可以去看看，从这里过去一里路就是泗郎乡政府。”

进来一位老乡坐在火堆旁边，点着一支烟听我们聊天。

零三一边烤袜子，一边说："古代的皇帝，管辖那么大的地方，况且山高路远，交通不便，也不过就是三级管理机构，朝廷、州府道、县。你没看，乡民百姓有点儿小事就来县衙击鼓喊冤，知县老爷不管什么时间，也得马上升堂接待，办事效率不见得比现在差。"

我泡完热水脚，穿上棉拖鞋说道："如果什么事情都往县城跑，是不是也有点儿太远了。再说，现在一个县几十万人口，还不把县长大人累吐血啊。"

胡诌乱聊了一通，困得丢盹儿，我让月亮给老董结算了酬劳，随地铺了地席防潮垫，钻进睡袋昏昏睡去。

泗郎庙

今天是二月二十三日，大年初六，小雨。

正睡得迷糊，老董拍拍我的睡袋，说他先走一步，要赶第一班车回华阳。睁开眼睛，天还黑着，我握着老董的手，摇晃了半天。很多年了，每次和向导告别都十分不舍，除了对他们怀有深深的感激之情，自己心里还有那么一点儿失落感。

老董推门出去，瞬间便融进了寒冷的晨曦之中。

早晨起来收拾了东西，吃了点蛋糕就准备出发。我揣着杜村主任画的地图，在他家门前合影告别，然后背上沉重的大包，沿着平展的水泥小路，穿行在江汉平原初春绿色的田野之中。

走不多远碰到一位老人，田岭村人，叫高志刚，七十六岁。

老高听说我们从傥骆古道而来，很是兴奋，说他年轻时曾经走过很多次傥骆古道。后来，在洋县粮食局局长位子上还干过几年，后来因为违反了政策，被下放到这里，这一待就是几十年。

这人间世事，我叹了口气和老高告别，希望下次有机会来田岭，好好听老高讲讲古道的事儿。

上午九点三十分，我们路过泗郎乡政府。这是一座白瓷片二层楼房，红瓷片大门楼里镶着两扇红色大铁门，两边白墙上用红油漆书写着"立党为公，执政为民"八个大字，院子里很安静。

一路上淡雾弥漫，天地朦胧，路两旁的田野里盛开着黄灿灿的呛菜花，我不禁想起了昨天晚上那美味的凉拌芥菜，到现在口中还有那特殊的清凉余味儿。

上午十点，我们来到胡家湾街道十字路口，很多人站在路口等班车去走亲戚，肉铺的屠夫正在吆喝着卖肉，我走过去向他打问道路。屠夫挥着砍刀笑着说："你们就顺着右边那条斜路走，一直走就可以到傥河水库大坝。"

旁边有一位老先生补充道："顺着傥河有一条大路，一直就可以把你们带到洋州镇。"转而他又说："你们应该去前面看看泗郎庙和清凉寺。"

我问老先生："泗郎庙是不是为了纪念杨从仪而建。"

他回答："就是的，不远，就一里多路。"

老先生姓周，他说："过去经常在老路上行走的人，差不多都离世了，个别健在的也都是八十多岁的老人。以前洋县周围的人去西安都走这条路，大部分都挑担、背篓。其中，运送货物的大多是四川人，他们能吃苦，扛着几百斤的背架跑山路就和我们走平路一样。"

旁边有几个回家过年的年轻人。他们中有外出打工的，有上大学的。提起傥骆古道，他们的眼神一片迷茫，摇头问："傥骆古道是什么？"

泗郎庙由一所院子和一间平房组成，红砖砌墙，水泥勾缝，斗拱立柱，横梁彩绘，双扇红门，一看就是后来翻新改建的庙宇。殿堂内的水泥供台上坐着一排九尊彩色泥塑，正中间是手拿书卷的关公，左面四个人分别是捧着瓶子的观音菩萨，抱着小孩的送子观音，还有两个偏将；右面也是四个人，分别是挥舞板斧的杨泗郎，还有三个将军，案前立着两尊武将泥塑。庙里布置简陋冷清，没有什么香火，破旧不堪的功德箱和白色的墙壁上落满了灰尘。我们出来后，看门人立即将门锁挂上。

傥河水库

上午十一点四十分，我们终于走到了傥河水库。大家兴奋地奔上大坝，凭栏眺望浩渺的水库，大坝上的工作人员杨卫华和付民德接待了我们。

我问他们："这里有傥河水库几个字吗？"

傥河水库

他们回答："有字，在大坝上。"

我又问道："你们知道傥骆古道吗？"

他俩回答："听说过。"

我遗憾地说："今天，我们在这个傥骆古道的必经之处没有看见有关古道的一点儿痕迹，是不是应该在这里立一块石碑，刻上'傥骆古道'呢？"

他们笑了，说："没有想到过立什么碑。108国道没有修通前，洋县人去西安大部分都走宝鸡的陈仓道或是留坝的褒斜道，很少有人走这条傥骆道去西安，听说傥骆古道特别难走。很多年来，洋县人连去华阳也都不走老路了，改走大路。这座大坝是一九六六年开始修建，一九七六年竣工，整整干了十年。当年施工条件太差，人背肩扛，石夯大坝，后来增加了五辆架子车，再后来增加了十二辆手扶拖拉机，但主要还是靠人力。当年全县动员了四十六万人，十八至六十岁的劳动力全部上水库干活。这是洋县的主要饮用水源，傥河的水质非常好，是从秦岭的高山上流下来的优质水源。"

水坝上的梅花争相怒放，预示着春天的到来。

在傥骆水库休息了半个小时，告别坝上工作人员，继续我们接下来的旅程。

国宝朱鹮

朱鹮是洋县的标志性动物，一路走来却没有看见，略感遗憾。湿漉漉的水泥路面磨得脚丫子火烧火燎，拖着笨重的脚步，边走边看，希望看到在稻田中觅食的朱鹮。

路旁田地里主要种植蔬菜，绿油油的各种鲜菜生长旺盛，收购蔬菜的大卡车停在各个村口，今天主要是收购菜花，三毛钱一斤，很便宜。

宽阔的古道上，一丛丛翠竹伴随着我们的脚步，那些忙着在地里收菜、运菜的农民，一定不理解我们的举动，他们看我们，犹如今人看古人，中间的距离不是一年两年，而是百年千年。我听见一个戴草帽穿一身黑衣服的老汉，对拉架子车的儿子说："你看他们这些人大过年的不在家待着，跑出来干啥，还要背个大包，明明可以从田岭坐车去洋县，他们却偏要走小路去。"

说完老汉摇摇头牵着水牛走了，他儿子看看我们，对他爹说的话也不置可否。

上午十二点三十分，路过周家坎村，一只黑狗追着同行狂叫。他走，狗也走；他停，狗也停，滑稽的场面引得路人都在笑。

又走了将近半个小时，我们来到了"陕西朱鹮救护饲养中心"的门前，饲养中心的院子里有一张巨大的天网，许多白色的大鸟在网里跳跃飞行，有人说这就是朱鹮。我们好激动，想进去看看清楚，一打问这里谢绝参观，只好放弃。

我们终于看到了朱鹮，尽管是在人工饲养的环境下，但毕竟是目睹了国宝，心中有点儿完成使命的感觉。大伙儿心情放松，直奔洋县的洋州镇。

悠远的洋州镇

距离县城愈来愈近，路上的行人和车辆渐渐多了起来。蒙蒙细雨迎面飘来，江南雨雾中，我们几个人拖着沉重的双腿，终于站在了"古洋州镇"牌坊前的石桥上。

此时此刻，我抚摸着石桥栏杆，除了沉默和激动，就是成功后的喜悦和眼泪。

在我的心灵深处，有许多言语想要对人们诉说。我望着西南的天空，灰蒙蒙的乌云飘洒着细雨，雨丝和着泪水从我的脸颊滚落。

遥想迢迢蜀道继续从这里向南走去，跨汉江，经牛道，过剑门，南下五丁，直抵锦城，那是何等的壮游！

我们在终点的细雨中徜徉，恋恋不舍地离开洋州镇牌楼，去老街寻找古道遗存。这是一条长长的柏油马路，两溜红砖瓦房鳞次栉比，路上行人稀少。我站在屋檐下呆呆地看着眼前的新街，没有青石板路，也没有老房子，更没有身披蓑衣、挑担卖菜的农民，这里似乎少了一些古韵。

那座建于唐开元年间的舍利塔，孤独地伫立在细雨之中，微风吹过，银铃叮当，述说着洋县的千年历史。

我们买不到回西安的车票，八百元包了一辆面包车。下午三点，品尝了美味可口的热米皮后，在陕南早春的细雨中继续出发。离开时，我的心情有点儿复杂，我好像是沉浸在了那种解不开的怀旧的情愫之中。

回想我们从骆峪口一路走来，在逶迤延绵的古道上留下了血水、汗水和泪水。从二〇〇七年的寒冬季节一直走到了温暖的初春，七百多里山路硬是从我们的脚下一点点碾过。我们走过了历史悠久的傥骆古道，这条沉雄啸傲、苍茫挚深的古道深深地印在了我的心中。

风雪中的傥骆古道，笼罩着神秘和苍凉；阳光下的傥骆古道，焕发着灿亮和清晰。一年四季，千百年的傥骆古道，交织着历史的色调，涂抹在雄伟的秦岭山脉之中。静谧肃穆的傥骆古道诉说着它久远的传说，默默地蜿蜒在秦岭的深山峡谷，不张狂也不炫耀。

直到现在，回想起路途上的艰难经历，依然让人惊魂难定。我们所走的古道，实际上也是一条生死之路。

长出一口气，多年的梦想，终于实现。

2007年3月11日

守望秦岭

（下）

乐途 著

西安地图出版社

秦岭巅峰，太白山之吻

——徒步穿越秦岭最高峰太白山

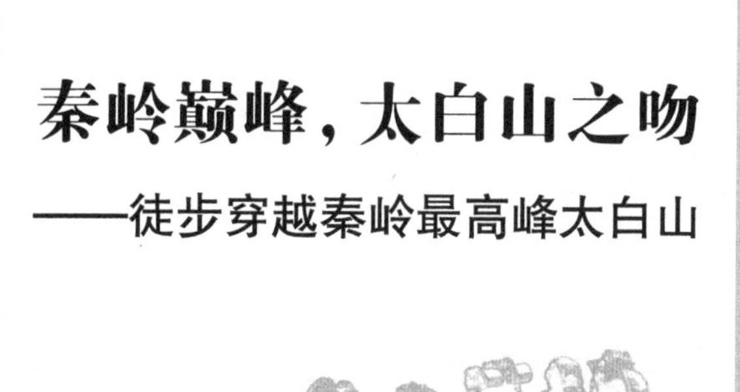

太白山的诱惑

一九九八年五月上旬的一天，喀什找到我，说要带我去爬太白山。

去爬太白山？

大脑一时转不过弯，迟疑了许久才对他说，给我几天时间考虑一下再说。

我知道，太白山是秦岭山脉的主峰，海拔很高，也很壮美，但是太白山于我而言，非常陌生，它远离我的生活，是一个遥不可及的地方，我也从未想过要去攀登它。我清楚地记得，前一年，大弟与家人一起去爬太白山，刚爬到上板寺，大弟就出现了严重的高山反应，差点儿要了他的小命，全家人不得不迅速下撤。打那以后，只要有人提起太白山，我就会倍感恐惧。

喀什酷爱山野自然，早就为爬山准备了一大堆户外装备。尽管当时许多人还不知道户外探险为何物，喀什已经成了户外探险的先行者。他说户外探险不是观光旅游，装备和知识也非常重要。

表弟雪涛大学刚毕业，准备返回新疆工作，他与喀什一样，极力鼓动我去太白山一游，并且言辞恳切地说道："咱们三个大老爷们，你尽管放心，绝对没问题。"

我犹豫了几天，考虑再三，最后勉强答应了他俩的邀请。

太白峡谷

从红河谷出发

准备工作结束，三天后的早晨我们出发了。

喀什的朋友开车将我们送到出发地红河谷，然后大家拍照留影，与送行的朋友告别，正式踏上穿越太白山的未知旅途。

山里的道路是早年林区遗留下来的沙土路，在山谷中弯弯曲曲延伸，没有尽头。路边有几位工匠正在修建房屋，看样子像是旅游开发的项目。烈日当头，我们三人背着沉重的行囊从他们眼前经过，工匠们停下手中的活看着我们，眼神里流露出一丝好奇。

我是第一次背着大包徒步行走，既没有体力，也没有经验，更不知道能从这次旅行中获得什么体验，现在除了刚踏上旅途的新奇和兴奋，还没有其他感觉。我们三人兴致勃勃地顺着悠长的山谷一直走，到了黄昏时分，突然发现隐藏在森林中的一座木屋，一缕青烟从屋顶袅袅升起，我们嗅到了一股饭香味儿，肚子随即“咕咕”响起。

在深山里碰到人家让人倍感亲切，我们走近去看，木门敞开着，屋里坐着两个人，正在烤火取暖和做饭。喀什问他们这是什么地方，他们说这里是林管站值班室。喀什询问去太白山的路怎么走。那两个人很热情地站起来对我们说：“太白山还远得很啊，你们背这么多东西估计今晚连上板寺也走不到，今晚你们就不要走了，但是我们这里也住不下。”

喀什谢过他俩，说我们再往前走走，看情况再决定在哪里休息。

我问他们：“这里到太白山还有多少路程？”

其中一个人想了想说道：“少说也有六七十里*路程吧，像你们几个人两天都不一定能走到。”

我对里程没有具体概念，只是感觉六七十里路应该非常遥远，心中不觉发怵，

---

*1 里＝0.5 公里。

红河谷

第一次接触户外探险，未知的东西太多，心里不觉滋生出一丝恐惧。

临别时，另一个人从木屋里跑出来对我们说："今天天气不好，走夜路小心点儿，当心遇到狗熊。"

我本来就担心路途有危险，经他这一提醒，心悬了起来，满脑子都是狗熊。我一路走，一路四处张望，眼见天色暗淡，不由得问喀什，我们是不是要找个地方扎营了。

喀什边走边说："前面有平整的地方我们就扎营休息。"

我向前面张望去，山路崎岖绵长，看不到一点儿平展的地方。

熊出没

密林间光线昏暗，异常静谧，偶尔有风吹过，将头顶的树梢搅动一番，发出一阵低沉的呜咽声。我先前还昂扬的精神，此刻随着天空的黯淡，心情也逐渐低沉了下来，感觉到背上的东西是那样的沉重，压得身体背躬倾斜，气喘吁吁中掺杂着一丝惊恐与不安。

平生第一次在昏暗中行走在深山峡谷的原始森林里，心里不但压抑而且恐慌。

黄昏中转过一道山弯，我们来到一处较为宽阔的地方，喀什终于发话了，原地扎营休息。四肢麻木的我卸下沉重的装备，顾不上歇息就和他俩支帐篷建营地。帐篷支好后，我们三人又轮流吹那厚重的橡胶充气垫。精疲力竭的我们大口呼吸，用力猛吹，直吹得双眼发黑，才将沉重的橡胶充气垫吹起来。

三个大老爷们挤进小小的帐篷，狭小的空间只能勉强容纳我们坐下。喀什将手电筒挂在帐篷顶，开始支锅做饭。晚饭是水煮泡馍。平时我不太喜欢吃煮馍，但是今天在山里吃它，却是另外一种感觉。也许是因为饿了，几口刨进了嘴里咽下肚子。表弟一边吃，一边不停地说："好吃，还是饿饭香啊。"吃完饭，我们三人开始喝茶聊天，还没喝几杯就人困马乏想睡觉。喀什收拾了锅碗瓢盆，拉出两条睡袋。我和喀什睡两边，表弟裹着棉衣睡中间。

随着他俩沉入睡梦当中，寂静的山林也沉睡了，周围安静得令人耳朵鸣响，从喧闹的城市来到寂静的山林，一时间的不适应让我无法入睡。

除了远处河水的流淌声，一切都进入了梦境。

突然，我被一阵异常的响动惊醒，竖耳静听，是从远处山谷里传来的几声树枝折断声。紧接着，帐篷又猛烈地晃动了几下，我浑身汗毛竖立，紧张得哆嗦，赶紧摇醒身旁的表弟。

他哼哼唧唧地问我："干啥？"

我说："有狗熊。"

他翻过身问："在哪里？"

我说："在外面。"

他侧耳听了一会儿说："没事，那是刮风的声音。"

倾盆大雨

滴答的雨水一阵接着一阵，像击鼓那般敲打着我们的外帐。几分钟后敲打帐篷的声音没有了间歇的时间，飘忽的雨滴变成了倾盆大雨，狂风挟带着暴雨猛烈地摇晃着我们脆弱的帐篷。

可怜的帐篷在风雨中不停地摇摆，滴答滴答地四处漏雨。黑暗中我瞪大双眼，看着眼前黑咕隆咚的一切无奈又无助，只能听凭风雨肆虐。雨水一滴滴顺着内帐流下来，滴在我的脸上、睡袋上，也滴在我的心里。

忽然听见帐篷下面有流水的声音，“哗啦啦，哗啦啦”，不一会儿我就感觉到我们的气垫床漂浮了起来，我们仨好像躺在一叶扁舟上，在水中漂荡。

雨越下越大，帐篷里也灌满了水，面对如此意外的遭遇，我们仨赶忙爬起来将背包、鞋子、锅碗瓢盆从外帐拿进内帐，抱着睡袋坐在气垫床上等待天亮。

今晚的雨夜深沉悠长，我们三人无言相对，坐在帐篷里打着瞌睡。

这就是太白山，与我想象的一样可怕，让人心惊胆战。

在彻夜的恐惧当中，雨慢慢停止了，我们终于迎来了山野中的第一个黎明。雨后的凌晨非常寒冷，哈气成霜，穿衣服时才发现我们的衣服全部被雨水浸湿，大家彼此笑一笑，无奈地穿上湿淋淋的衣裳，坐在帐篷里吃了喀什做的早饭，我们一边吃饭，一边用身体残存的温度将衣服慢慢捂干。

森林中雾气弥漫，天空阴沉，道路泥泞。我们将湿漉漉的帐篷塞进湿淋淋的背包，再穿上湿淋淋的鞋子，披上雨衣，开始了新一天的长途跋涉。

泥泞中的下板寺

早晨八点，我们背上行囊出发。

清晨的深山老林，空气格外清新，植被葱郁茂盛，几声委婉的鸟鸣从林中传来，谷底激流声声，一切都显得宁静而神秘。我们三人背负重装行走在泥泞的山路上，转过一道弯又是一道弯，看着前方永无止境的山路，我不禁赞叹秦岭的高大和厚重，山路的遥远和漫长。随着海拔不停上升，寒气开始笼罩山谷林间。虽然季节上现在已经进入了夏天，但是，在这里我们完全感受不到夏季的暖热，眼前充满了深秋的浓浓寒意。

走了几个小时后，我的脚开始出现肿胀，腿开始抽筋。喀什从包里拿出一块白布，撕扯成许多条状，让我们把布条绑在腿上，学习山里人的裹腿。初绑上这些布条，确实感觉很给力，但是因为布条太薄，我们又不会绑扎，还没有走多远，那些布条便纷纷松弛下来，完全起不到作用。我们郁闷地互相看看，却毫无办法，只好将布条卸去。

转过无数个山弯后，我们于中午十二点来到了下板寺的豁口。一个摆摊的妇女问我们背这些包来这里干啥。

我笑着回答说我们是搞地质勘探的。

那人听毕，哦了一声，似乎明白了什么，不再问了。

我们坐在屋檐下补充了一些能量，休息了一会儿，继续向上攀爬。路过索道站，我和表弟跟着喀什穿过索道，顺着缆车下方陡峭的小道向上攀登。也许是因为用力过猛，我的登山背包突然断了一条肩带，一时间让我不知所措。已经走出去很远的喀什返回将我的包抱过去，取出针线将断开处牢牢地缝好。为了减轻我背包的重量，喀什和表弟又各自从我的包里分出去一些东西，看着他们俩背着沉重的背包艰难地向上攀登，我叹息一声，为自己的拖累而深感自责和歉疚。

奔走在石海上

过了下板寺，小路开始急剧拔高。我拄着一根树棍，弯腰低头，气喘吁吁，费尽力气向上攀登，一个多小时后我们来到了上板寺。我们坐在寺庙的台阶上歇息了一会儿便又起身，十几分钟后爬上了“天圆地方”的嶙峋乱石，匆匆欣赏了深山峡谷间缭绕的云雾，然后顺着山脊小路向下，再绕过小文公庙，来到了山脊的另一边，一条石板小路在山间蜿蜒起伏，顺着巨大的山腰向远方延伸。

前方的山坡覆盖着巨大的第四纪冰川遗迹，满山坡的巨大乱石如同一条石头河流，从山顶一直倾泻到幽深的山谷，隐入一片茂密挺拔的冷杉林中。我平生第一次见到这样奇特的自然景观，不知不觉地被太白山的巍峨和壮阔所震撼，迟迟挪不动自己的脚步。

直到喀什提醒时间不早了，我才收回自己“贪婪”的目光，马不停蹄地赶往大文公庙。

翻滚的乌云笼罩着山顶，流云从山脊上飞过，涌向深处的峡谷。远处的山峦忽隐忽现，高耸的太白山拔仙台若有若无。

天色黯淡下来，黄昏中我们依然在无边的石海上跳跃奔走。神秘的太白山对我们来说，充满了无数的未知和变数。

夜幕降临，白色的云海已经沉到了峡谷的底部，巨大的山谷毫无遮拦地显现出来，石海一直延伸到千米以下的谷底。此时虽然光线昏暗，但是，太白山的壮观却在黄昏中慢慢显露出来。

大文公庙

大文公庙其实是在一个马鞍形垭口上用无数巨石垒砌起来的一堵石墙和两孔石头窑洞。我们本来计划今晚在大文公庙扎营，但山垭口上那两孔黑咕隆咚的石窑湿漉漉、空荡荡，加之此时空旷的垭口上寒风凛冽，冷风劲吹，犀利的狂风发出奇异的啸叫，没有方向地猛吹乱刮，让我们这些初来太白山的人，感觉到了来自旷野的恐惧。

正在我们为走还是不走犹豫不决时，从山上下来三个年轻人，喀什过去询问他们这里距离大爷海还有多远，路是否好走。

那几个年轻人回答："不远了，路好走，三个小时应该能够走到。"

喀什看看表，现在是五点，他问我们："走还是不走？"

我说："这地方不但潮湿阴森而且恐怖，不宜久留，干脆赶路吧。"

说走就走。我们在文公庙稍作休息后，便背上包继续赶路。虽然走了将近两天，但是，我们背包里的东西却并没有减少多少，我的肩膀、锁骨和胯骨都被压得生疼。

暗夜中的攀爬

茫茫山野中，我们犹如萤火虫在黑暗中晃动前行。

我们三人都是第一次在野外行走，每个人心理都承受着巨大的压力和无边的恐惧。我不停地告诫喀什不能再走了，这里太危险，找个地方休息吧。

喀什晃动着手电筒，边走边答应。此时，我深感后悔，我们真应该在大文公庙休息，而不是冒险赶夜路。

在无边的暗夜中，我跌跌撞撞地跟在他们两人后面，往前挪动着笨拙的双脚。脚下湿淋淋的石头反射着手电的微弱光亮，灯光所照之处只见雨丝飞舞，寒气逼人。窄窄的山路在黑暗中伸向未知的地方，此时阵阵呼啸的狂风伴随着我们，周围黢黑的大山显得万分沉寂、毫不张扬。我们依靠两个小手电发出的微弱光亮，四肢并用，扶着山崖，爬高下低，在艰难中慢慢地往前摸索。

我一边往前走，一边用余光扫射着四周，暗夜中到处都是看不见的深渊，只好尽量靠着崖壁走，时刻不忘提醒前面的喀什和表弟，慢点儿走，注意安全。

夜宿垭口山神庙

我们历经了千难万险，于晚上十点钟走到了一个只有几个平方米的山垭口。垭口上有一处坍塌的石砌小庙，两侧的石墙已坍塌一半，石墙里的地面铺了一层高低不平的石块，这庙太小，大概只能称得上是一座石龛。

我们停下脚步，喀什自语道，这地方不知道能不能支下一顶帐篷。

寒夜中的垭口狂风肆虐，恐惧加剧，真不知道还要走多长时间才能到大爷海。我疲惫万分的心早已没有了头绪，看着眼前的情景，更加不知所措，心中暗想，这么大的风不会将这堵石墙吹倒吧。

我看喀什还在犹豫，就说道："这么晚了，我们不能再盲目走了，谁知道前面还能不能找到一点儿平整的地方，这里好歹有这么一个地方可以扎营。"

喀什说："好吧，今晚就在这里。"

我们把背包卸下，用大石块压住，然后将帐篷勉强支在狭小的石龛里。小小空间不足以稳住帐篷，我们只好再将四周的风绳缠绕在大石块上，然后将两侧的石墙加高。

喀什看看阴霾的天空说："这里山高风大，估计晚上不会下雨，可以将我们的三个背包放在帐外，但一定要用大石块压好。"

暗夜中，我们三个人忙活了一阵，才总算弄好了可以容下一顶帐篷的小窝。我们钻进帐篷，裹着湿漉漉的衣裳，蜷缩着坐在帐篷里互相对视一番。

我们啥也不想说，啥也不想吃，呆呆地坐在帐篷里。待我们缓过神儿来，喀什开始做饭。他说再累、再困，也要吃饭填饱肚子，并且尽量要吃热的东西。然而，因为这里海拔比较高，酒精炉无法点燃，吃不成热的，我们只好将就着吃了烧饼夹火腿肠，再喝几口冰冷的矿泉水，也算搞定一顿晚饭。

小小的帐篷在狭小的石龛中不停地摇摆着，“哗啦啦”的声响伴随着一阵阵强风，彻夜不停。偶尔一阵大风刮过，帐篷便会发出令人恐惧的撕扯声。

今晚的露营显然没有了昨晚的新鲜感，我整个人都处于严重的焦虑和郁闷之中。三个人挤在一顶帐篷里无法翻身，气垫床在这里几乎不起作用，身下的石块硌得人浑身疼痛。此时虽然身体极度疲劳困顿，但是，耳边传来的狂风啸叫声却让人惊恐不已，完全没有了睡意。

石龛两侧石墙上的大石块被风吹得发出犀利的尖叫声，那些通过石头缝隙的风声像是婴儿的哭泣。狂风大作，我担忧帐篷会出现意想不到的险情，便裹上衣服爬出帐篷，搬起几块大石头摞上石墙。大风吹过身体，将仅剩的一点儿温度一扫而光，冷得我上下牙直打架，浑身颤抖，像是筛糠。

这时候身体虽然处于极限失温之中，但也不忘瞅一眼深邃的夜空，默默欣赏挂在夜空中的一轮明月和飞快飘逸而去的一朵朵云彩。几十年来，我在城市中从未见过如此皎洁的月亮，我痴痴地仰望，竟忘记了彻骨的寒意，心里涌出一种无法言状的幸福感。

帐篷里的表弟见我半天没有动静，轻声呼唤我。直到这时，我才如梦惊醒，哆嗦着钻进了帐篷。帐篷里并不比外面暖和，好似冰窖。他们俩也被冻醒，于是我们三个人开始聊天，说话之中便忘记了寒冷。在寒冷中等待天亮的滋味，实在不好受。时间一分一秒地流过，漫长的寒夜让人神经抽搐。

随着时间的推移，外面“呜呜”的呼啸声逐渐平息了下来，帐篷由不停地抖动过渡到间歇地颤抖，直到最后完全安静下来，我们迎来了高山上的又一个黎明。

迷迷糊糊中听见喀什在呼唤：“快看日出！”

我们穿好所有衣服，费力地穿上已经被冻得硬邦邦的鞋，站在山崖上向东望去。

高山冰湖大爷海

漫天的乌云久久不散，天空阴沉沉地压在头顶，希望日头能突然从云雾中钻出来，照耀大地。我们仨都不知道太白山主峰拔仙台距离这里还有多远，但寒冷的小帐篷和石龛不宜久留，我对他俩说："咱们还是往前赶赶，找个避风的地方再休息吃饭。"

被恐惧折磨了一夜的三个人，也无心多待，赶紧收拾了帐篷背包，用最快的速度离开垭口。云雾笼罩中我们顺着小道翻上一座小山梁，再沿着歪歪斜斜的小路来到一处开阔的山洼。巨大的弧形山谷中心有一泓墨蓝色的湖水，清凌凌的湖水映射着天空，湖对面有一座石墙灰瓦的老建筑。

我们来到湖边，被这突如其来的场面惊呆了，三个人愣愣地站定，空气凝固了几秒钟。

喀什说："这就是大爷海，距离我们昨晚扎营的地方最多二十分钟路程。"

大爷海　老羊倌摄

我摇摇头，苦笑一声："就这点儿路程，我们昨晚硬是没有走到，有被命运捉弄的感觉。"

喀什看着湖水对我们说："这是太白山许多高山冰湖中的一个，也是最高的一个，俗名'大爷海'，是古老冰川遗留下来的冰斗湖。"

我们沿着湖边绕到对面那座破败的老建筑前，这是一座破败的道观，歪斜老旧的木板墙顽强地支撑着屋顶沉重的铁瓦。听到有人来，木门打开，从里面走出来一位看庙的老道士。

老道士双手筒在袖筒里，蓝衣蓝裤白裹腿，纷乱的头发上打了一个发结。

他问我们："你们走夜路上来的？"

喀什说："昨晚在前面那个山口的破庙里窝了一个晚上。"

老道士转过身，往后退了一步对我们说："赶紧，快进来暖暖。"

暗红色的香案上供奉着一尊披红挂彩的太白金星，一切都显得陈旧不堪。

我有点儿头晕，并且浑身发冷，蹲在灶台前烤火取暖。老道士问我们要不要吃点热面条，十元钱一碗。喀什回答："当然要了，立刻。"

老道士去湖里提了一桶水，倒进大铁锅，然后慢慢地拉着风箱。他说："这地方高寒，水开得慢，面也难煮熟。"

等了好半天，老道士才将一锅挂面煮好，他舀起三碗汤面条说："你们就凑合着吃吧。"端起来一看，一碗白汤挂面，只有盐和醋的味道，没有煮熟的挂面不但黏牙，而且难以下咽。

凌云绝顶

虽然此时我头痛恶心、浑身发冷，但还照样跟随他俩去冲顶拔仙台。

我们从庙后陡峭的石海小径攀登上去，大概四十多分钟后来到了云雾笼罩的巨大山脊上，沿着一条弯曲的小道，一直爬到了太白山最高峰——拔仙台。

拔仙台被一圈石墙围裹着，最高处有一座木板墙、铸铁瓦的庙宇，灰暗色的寺庙坐北向南，在云雾中忽隐忽现，十分神秘。我们爬上拔仙庙，站在庙前台阶上向南望去，一望无际的跑马梁犹如在仙境之中，棉絮状的云海在四周山谷里翻滚，壮观美丽。

大风吹得我们浑身哆嗦，推开木门，躲进庙里避风。黑咕隆咚的屋子里什么也看不清，旁边的小灶房里坐着两位采药的山民。

在这个地方竟然能碰见人，我心中非常惊奇也非常激动，感到了些许安慰。喀什蹲在山民旁边，掏出纸烟递给他们，山民说他们是从南面厚畛子上来，在山上采集太白茶。我问何为太白茶，他们从布袋里取出一把像被霜打了的草叶让我们看，这是一种菌，他们这里人称之为太白茶。

第一次见这东西，我们一人捏了一点儿留作纪念。

采药的人说从这里可以去厚畛子，从那里可以去周至县。因为我们的装备还在大爷海寄放着，所以不能去厚畛子。我们答应采药的人有机会一定去厚畛子找他们带路上太白山。

拔仙台　榕树摄

采药的人问我们："你们知道太白山上有四个忌讳吗？"

我们都说不知道。

他们说太白山有四忌："第一，石头不能叫石头，只能叫胡砌，原因是山上的一个老道长姓石，说'石头'会有不敬之意；第二，下雨不能叫雨，只能叫沙沙，原因是你一叫雨就会招来倾盆大雨；第三，雾不能叫雾，只能叫帘子。你看不清路的时候，就去山神庙拜拜，祈求神仙打开帘子，这样就可以看清道路了；第四，不能在山上大声喧哗。否则，就会招来雷鸣电闪。"

山上云雾很重，无法拍照，山民说："一会儿你们去拜拜神仙，帘子就会开的。"闻听此言，我们仨赶紧转过正堂，对着庙里的神仙像再三磕拜。

一会儿，我们从庙里出来向远处眺望，只见原本凝聚在山梁上的云雾慢慢地向两侧退去，天空出现了一道蓝色。嘿，莫非真是神仙之地啊。

拔仙台海拔三千七百六十七米。第一次徒步攀登这样高度的山峰，恐惧大于获得成功的激动。面对翻滚的云海，我想起了王安石的一句诗：不畏浮云遮望眼，自缘身在最高层。高山的壮阔，天空的深远，此时都凝聚在我的心里。

穿过厚厚的石墙，走出山门，我想透过飞逝的云雾遥望辽阔的太白山山脊。喀什对我们说："虽然我们现在看不清跑马梁，但是，下次我们一定要来走一次跑马梁，从南边的都督门出去，去老县城！"

我们举双手赞成，那是我第一次听说"老县城"三个字。我被喀什的热情深深感染，相信在秦岭深山一定会有一座古老的县城。虽然那座古城在我心中十分遥远，但我依然对那个神秘的地方充满向往之情。

撤离太白山

从拔仙台下来，穿过山脊弥漫的云雾，顺着曲折迂回的山道，只用了二十多分钟，我们就回到了老道士那里。由于时间关系，我们在庙里几乎没有停留，给老道士付了饭钱，然后将背包里的十几瓶矿泉水、十几根火腿肠、二十多个烧饼全部留给老道士。

将近中午十二点，我们离开大爷海开始下撤。

我们背着几乎空了的背包，一身轻装，一路小跑，顾不上欣赏山坡石间的绿草，逃离太白山的心情非常强烈。山谷里的云雾已经悄然退去，能看见远处重叠的群山。山路静悄悄的，只有我们三人疾步而行，路过了大文公庙、小文公庙，一直狂奔到上板寺，也没有遇到一位游人。

来到上板寺已经是下午四点，我们顺着缆车下的羊肠小道一路小跑，二十多分钟后来到了空无一人的下板寺。下板寺缆车停运，停车场上空荡荡的不见下山的车辆。好不容易找到一位工作人员打听原委，他告诉我们景区下班了。

面对如此窘境，我们互相看看，虽然浑身疼痛，但还是迈开双脚，顺着柏油公路一直往西汤峪走去。据说，下板寺到汤峪大概有三四十公里山路，我们在山路上转来转去，走了将近六个小时，一直到晚上十一点左右才来到汤峪口。我们在一家饭馆填饱了肚子，顺带请老板帮忙找了一辆车。

回到西安，已是凌晨三点。

太白山回来几天后遇到喀什。我伸着两条白胖浮肿的小腿对喀什发誓：“我这一辈子再也不爬山了，更不要说再上太白山！”

大约半年后的某一天，当我再次遇到喀什时，我对他说：“你看什么时候咱们再去爬山？”

喀什笑了，说道：“看来我们的装备要更换了。”

平生第一次的太白山之旅，给我留下了难以磨灭的印象。从那以后，我便与太白山、与秦岭结下了不解之缘。此后我的一生，不是在旅途中，就是在为旅行而准备中。

1998 年 5 月 3 日

草链岭上风似刀，乱石坪下月如霜

——徒步穿越秦岭东部最高峰草链岭

徒步穿越秦岭东部最高峰草链岭路线示意图（乐途绘制）

出行的理由

我已经很久没有出去旅行，错过了夏季的绚丽和秋季的静美。紧接着，迎来了冬季的萧瑟。然而每逢严冬季节，秦岭山脉都会呈现出特别的壮丽景色，山川河流银装素裹，圣洁晶莹，巍峨挺拔，展现着雪山才会拥有的磅礴气势。

周四晚接到了朋友电话，说有一位叫奇迹狂的年轻山友想组织一次穿越草链岭的活动，问我想不想去。我突然想起了曾经和袁哥约定的草链岭之行，加之很想去秦岭峰巅欣赏美丽的雪景，去高山之巅与上天对话，便毫不迟疑地报名，并约上袁哥同行。

周五下午回家，草草收拾了行装，趁着夜色出门，悄声无息地消失在了喧闹的都市里……对我而言，出行，不需要任何理由。

草链岭

夜行

按约定时间，我和袁哥来到集合地点，加入了由二十多人组成的出行队伍。再次与朋友们相聚非常高兴。

领队叮咛了一番注意事项后，队伍准时出发。

夜行的车辆像一艘航行在汹涌波涛中的航船，颠簸着，起伏着，摇晃着，轰鸣着。全车的人都像是突然之间被颠晕过去，刚才还喧闹的车厢，此时便寂静得悄无声息，大多数人都进入了梦乡。

过了保安镇路况更差，几乎辨别不出碎石路面的宽窄，几次走错了路。凌晨四点一刻，我们终于颠簸进了海拔一千一百四十米的洛源镇。此时的小镇完全沉浸在黑暗的寂静之中。

我们叫醒了一家客栈老板。半夜三更一下来了这么多人，让店老板左右为难。无奈之下，他把自己住的地方也腾出来，才勉强住下二十几人。

奔波一夜的我，早已经是疲惫至极，顾不上寒冷，拉过被子倒头就睡。我和袁哥睡在院角一间平房里，体验着农家木板床的舒适，尽情享受着仅有两个小时的睡眠幸福。

清早起来，我给向导买了一瓶白酒，这是山里人冬天喜欢抿两口的东西。

高山仰止

草链岭坐落在洛南县和华县交界处，海拔两千六百四十六米，是秦岭山脉东部最高峰。我站在洛源镇的小街上远眺草链岭，被它高耸天际的雄壮巍峨和非凡气势所吸引。

青色的主峰呈倒扣斗形，一片白色的弧形戴帽云积聚在圆形的峰顶上，云端的弧线如刀切一般整齐，主峰两侧的白云被风撕扯着慢慢淡去，最后融入蓝天。

这里距离登山起点黑彰村还有八公里路程。

为了节约时间，我们在洛源镇雇了三辆柴油三轮车，经过几十分钟的剧烈颠簸，来到了只有几户人家的黑彰村。

我们在村子里雇请了两位向导。年轻一点儿的名叫王连凹，戴一顶老旧的火车头棉帽子。年纪大点儿的名叫张连富，披一件旧军大衣。他俩脚上穿的都是磨白了头的黑皮鞋，手上也只是戴了一双破旧的线手套。

王连凹提着一个小布袋，里面装了几包泡面。我看着他们如此装扮，疑惑不解地问："你们不带水也不带被子，还是单皮鞋，就这样上路吗？"

王连凹拍拍线手套，笑着说："不咋地，这条路我们经常走，莫（没）啥事。"

相比于他俩，我们则是个个全套装备，从头到脚都被包得严严实实，唯恐哪里不到位。看着两位向导与我们的巨大反差，我笑了。

有人暗暗称赞两位向导："他们俩才是'强强驴'。"

狂风暴雪中的跋涉

随着海拔不断上升，森林变成了灌木，灌木又变成了小叶高山杜鹃，干枯的杜鹃再变成枯黄的高山草甸……风雪中，景观带慢慢变得模糊不清。巨大的山坡上几棵光秃枯萎的冷杉，孤独地伫立在风雪中。

行进的队伍拉了很长。如果不是队员们身上鲜亮的服装色彩，很难辨认出在巨大山脊上游动的人们。

此时大风卷起的雪花漫天飞舞，一会儿横扫过来，一会儿又飞掠过去。我的眼镜片上结满了冰珠和热蒸气，需要不停地摘下眼镜，用手套擦拭。

每秒接近十米的大风，将我的冲锋衣吹成盔甲似的硬壳，眼睛也被寒冷刺激得不停流泪。暴露在外的下巴和嘴唇被冻得麻痹刺痛，就连保温瓶盖也被冻得拧不开，饥寒交迫中想喝口热水也成了奢望。暴风雪持续不断地横扫空旷的山坡，密集的雪粒击打在我的脸上，无奈地裹上三角巾，热气又将眼镜片完全遮挡，我只好摘去眼镜，弯腰低头，拄着双杖慢慢向上攀爬。

走在冰雪的世界里，到处都是白色，白色的大山，白色的云雾。眼前每一位徒步者，都融进了大自然的洁白之中，整个世界晶莹剔透，苍茫朦胧。

翻越草链岭

回归空旷冷寂的顶峰

风雪中忽然听见有人在喊：“加油啊，快到了。”

我抬头看，虽然风雪障目，云雾漫天，但还是能看见前方那个穿着红色衣服的人。他站在山顶一块凸起的岩石上向我们招手：“到顶了，加油啊！”

当我透过风雪听到那一声呼唤后，第一反应就是立即克服麻木的状态，迎着透彻刺骨的寒风和漫天的暴雪，向着草链岭最高峰奋力爬去。

当我费尽力气，跌跌撞撞爬上了风雪中的巅峰，站在海拔两千六百四十六米的峰峦上时，如同登上极高峰的人们一样，激动而兴奋，全身的血液都沸腾了起来。

巅峰上的感觉是那样美妙，我登高远望。虽然此时风雪云雾挡住了我的视线，但在我内心深处，却是目及千里，无比豪迈。

我站在草链岭的最高处，好像寻找到了行走过程中的感觉，解开了心中久藏的一个结，实现了我人生中的某种愿望。我的心里得到了极大的满足，我在心中默念道："草链岭，我终于见到了你。"

每次登顶，都会遇到涤荡我心灵的冲击。登顶不在于海拔高低，而在于我对它的感受。

我记得一句话：最卑微的花，也能给人以深沉的不能用眼泪表达的情绪。美的东西无处不在，灿烂、苍凉、冷峻，各有其美，关键是看我们怎么去发现这种美。

草链岭的山顶非常开阔，上面覆盖着厚厚的白雪，狂风呼啸着横扫过山梁，被风刮起的雪花漫天飞舞，打得人们睁不开眼睛。

我眯起眼睛向远处眺望，起伏的山脊像一条巨大的卧龙，从遥远的东边蜿蜒而来，又向着西方起伏而去。

在呼啸的寒风和凝结的冷气中，两位向导捂着耳朵、跺着脚大声地催促我们下撤："赶紧走啦，山顶不要久留。"

大伙儿在山顶匆匆拍了几张照片后，便向西沟下撤去。

在草链岭，我重复着山野旅行的行走规律——我来了，我走了。

桥峪河源头

离开草链岭光秃的顶峰后，我们向西走进了一个巨大扇形山谷，这里是桥峪河源头。山谷里覆盖的厚厚积雪将泉源细流全部遮盖。

我们顺着陡峭的盘山小道往下走了许久，才听到脚底下哗哗的流水声。水声不大，我断定是一条小溪，这条沟叫桥峪，这条小溪应该就是桥峪河的源头。

巨大的山谷像是开阔的雪原，白茫茫的山野中只闻流水哗哗，却不见潺潺溪流。

走到山谷坡陡处，路滑异常难走，大伙儿小心翼翼地沿着"之"字形小路在山坡上来回折行。随着海拔不断降低，山谷里渐渐有了低矮的灌木林和阔叶乔木，密密麻麻的藤蔓在干枯的树木间来回缠绕垂吊。可以想见，夏季山谷里的植物是如何茂密葱郁。

因为坡陡路滑，几乎所有人都在摔跤中慢慢往下挪动。走在我前后的猴子、勺子、眉戴和老妖等几个女孩不停地摔倒躺下，再站起来，再摔倒躺下。“哎呦呦”的惨叫声此起彼伏，一直延续了许久。

叶翎儿在跨过一棵横在路上的树根时被绊了一跤，一屁股狠狠地坐下去，惨叫一声。看着她痛苦不堪的样子，知道摔得不轻。

天堂走过去问她摔到哪里了，她指指屁股下。天堂拨开厚厚的积雪，一块脸盆大小的青石板露了出来，石板已经一分为二。看着被自己一屁股坐断的青石板，叶翎儿也破涕为笑，感慨自己的“功夫”不一般。

由于山坡太陡，人们不得不经常坐在雪坡上向下滑，虽然这样会给衣服和鞋子灌很多雪，但总比摔跤要舒服些。体重近二百斤的天堂一跤摔下去，竟然将杯口粗的树干折断。一开始，人们摔跤的姿势还是坐下或后仰，几个小时后，人们摔跤的姿势便五花八门，前爬的，侧翻的，头朝下的……

下午五点多，我们走到一个山坳的岩壁下，许多人坐下不肯再前进。

两位向导眼看时间不早，对我们说：“冬天时间短，最多再有一个小时天就黑了，要抓紧赶路。”

我长叹一口气，补充一个巧克力后，督促大家起身赶路。

日照金山

不知道什么时候风停雪止，云淡风轻中夕阳露出了脸。斜阳透过树林，将光亮投射在林间雪地上。大队人马从树林中走过，将积雪踏平，卷起的落叶在弯曲的凹槽中与雪混合。

“看山顶！”不知道谁喊了一声，大家纷纷转过身去看。刚才还隐藏在云雾中的草链岭，忽然披上了一身金色的霞光，落日将余晖投向了它周围的大小山峰，犬牙交错的山峦在辉煌中矗立着，恢宏而壮观，这是多么美妙的一个黄昏。

王连凹说：“平时想看一眼草链岭的真容是一件极难的事，你们今天运气真好。”

我心满意足地目视着草链岭上那耀眼的金色。

夜行桥峪

前方的山谷突然收窄，形成一条狭长的缝隙。谷底乱石隘嶂，亦冰亦雪，稍有不慎便会踏空，常有队员的腿脚被卡在石头缝隙中。

队员之间早已拉开了距离，前面的人不见了踪影，而后面的人还在几里之外。山谷里天色渐暗，夕阳的余晖慢慢从峡谷高处淡出，空蒙的峡谷里只有潺潺溪水流淌的声音。

袁哥背着大包，拄着雪杖低头静默地蹒跚而行。他边走边自言道："今天，上有月亮下有雪，这夜路还是比较好走。"然而，他刚说完，脚底一滑，重重地摔倒。也许是摔狠了，也许是走累了，他躺在地上半天起不来。

旁边的湘竹秦月见状灵感来了，脱口说道："迷路，迷路，东望西望迷路；寻找，寻找，边草无穷日暮；行走，行走，腿脚不灵摔跤。"

我赶紧走过去将袁哥拉起来。他苦笑着说："这次行走很值得。我们既看到了雪，也欣赏到了美丽的黄昏，我已经很满足了。"

夜色来得太快，仅凭肉眼已经很难辨认雪地上的足印。我懒得将头灯拿出来，只好摸黑前行，刚走到河对岸的石滩上，脚底不慎一拐，只听得 "嘎巴" 一声，右脚踝立时剧痛无比。

我倒卧在地上，脑门儿渗出汗珠，苦笑一声，埋怨道："这是什么鬼路呀。"躺在地上休息了一会儿，才慢慢爬起来，一瘸一跛地向前走去。边走边摇头，这真是"山回路转不见头，空留雪地人行处"。

天上的星星都隐入了夜色中，黝黑狭长的山谷里静得出奇。

深山人家

我刚转过一个山崖，隐约听见前面有队员在说话："累死了，怎么还不到。"当我再转过一个山崖时，又听到后面队员的呼唤声："咋还不到呢？"我们在黑暗的深山峡谷里绕行了不知多久，又蹚过了无数道溪流，黑暗中突然发现远处有灯光在闪烁，并且从灯光那里传来了一声声狗吠。

我长长地出了一口气："总算是有人家了。"

将近晚上八点，我们到达桥峪村一队最后一户人家。主家姓万，五十多岁，老两口守在深山里，过着令人羡慕的安详悠闲的日子。

先到的队员们已经守在屋里的炉子旁烤火，老万和两位向导坐在热炕边聊天，老万的媳妇在灶房里忙活着给大家做晚饭。

我把背包卸在屋外，跌跌撞撞地走进屋里，一屁股坐在靠墙的太师椅上，喝了一口老万递上来的热茶，长吁一口气，就再也不想动弹了。

后面的队员们陆续赶到，大家进门后无一例外地喊叫这一路走来的辛苦。

有个女队员问我："爬山是不是需要特好的体力？"

我对她说："我的体力确实很一般。路途上，我主要是依靠意志力和梦想来支撑。在艰难的旅途上，顽强的意志力是第一要素。它是实现梦想的精神动力，然后才是各人的能力和体力。"

小乖乖猴问我："一个人的意志力究竟包含些什么呢？"

我思考了一下说道："意志力就是意志的力量，是一个人实现自己的信念和理想的坚定执行能力，也是一种精神品质。意志力是人格组成中的重要因素，人们要想获得成功，必须要有意志力作为保证。拥有意志力的人，也往往拥有实现人生目标的优秀品质。"

小勺子笑着说："意志力是不是还应该包含为了寻找理想、自由和放飞心灵而拼搏的含义呢？"

我对小勺子竖起大拇指，笑着说："你说得很对！我们每次攀登，都像是在人生的道路上努力打拼。我们费尽艰难登上了顶峰，也就是来到了事业的巅峰。我们会为达到一个又一个人生高度而欣喜若狂，欢呼雀跃，情绪升腾，甚至展翅欲飞。"

奇迹狂边烤火边说："我感觉我们每次登顶后都会产生发自内心的喜悦，就好似在生意场上谈成了一个大单子，幸福而快乐，有一种成就感。"

巡捕问我："我想知道你对大自然如此痴迷的精神究竟还能持续多久。"

我笑着说："我爱美丽的大自然，我爱壮丽的秦岭，如果非要在这个爱上加上一个期限的话，那我希望是一千年、一万年。走遍中国大地是我毕生追求的目标。为了实现这个目标，我可以舍弃一切，付出一切。"

深山里的这户孤零零人家，因为我们的到来而有了些许生气。

突然之间家里来了这么多人，老万十分为难。家里无法安排这么多人住宿，只好留下一部分女队员住在屋子里，大部分队员都在屋前空地上扎营住帐篷。寒冬里的场院上土地冰冻坚硬，无法打进地钉，大家只好将几顶帐篷并排，用石块压住外帐角，这样勉强建起了营地。

夜空悬挂着一牙皎洁的弯月，清冷的银光洒在冬日的山谷里，无声的河流反射着道道寒光，桥峪深处的夜如此安静。

吃了一大碗香喷喷的旗花面，饭后坐在炉子旁和老万聊天。

老万说："洛南人以前去渭南华州基本上都是从我家门前走。我家这地方过去有过骡马店，来往的人都会在这里歇息。那时候，骡马队来回都会翻越草链岭。自从公路修通后，就没有多少人再走这路了，偶尔有人走个亲戚路过这里。这几年已经很少有人走这条道了，难得你们还走这路，路荒了，一定走得很辛苦。"

我问老万："难道这条路还是一条古道？"

老万喝了一口茶，慢慢说道："那是啊！当年李自成兵败逃亡商洛，就是从这里过去的。起义军撤退，离开关中平原进入了秦岭。他们在山谷里遇河架桥，遇崖搭梯，成功地摆脱了追兵。从那以后，这个谷就叫桥峪了。听长辈们说，这条路时间久得很，从秦汉开始就是一条去秦岭南面的大道。你们明天路过清子口村应该还能看见好多过去的栈道。还有悬棺，你知道悬棺吗？"

我点头说："知道。"

老万说："我们这里的三岔坪有好多悬棺，有机会你们可以去看看。"

我点头，心想古人那时候行走这条道路实属不易，在物质匮乏、生产力低下的时代，他们要去翻越那么高的山峰，才是辛苦。

我答应老万，有机会一定来这里探古寻幽。我和老万聊了很久，直到两个眼皮打架，辞别了老万，钻进帐篷，测了一下帐内温度，零下四摄氏度。在无比困意中，我裹着睡袋呼呼睡去，一觉睡到凌晨鸡叫。

清晨起来，给两位向导付了报酬，然后和他俩挥手告别。

王连凹拱手说道："今天，我们还要顺原路赶天黑前返回黑彰村，不耽搁了。你们有机会一定要来家里玩儿。"我站在路当中，一直目送他俩消失在山谷的尽头，心里默默地祝他俩一路平安。

我轻叹一声，返回到老万家吃早餐。

谁知道，我和向导道别只是几分钟的时间，大铁锅里便只剩下一点儿苞谷珍和锅巴，大蒸笼里的馒头也不见了踪影。

对着空锅冷灶，我苦笑着无奈地从锅底刮起一点儿苞谷珍和锅巴，掺上一点儿开水，灌了一肚子稀汤，然后背上包跟随大队出发了。

八里面

告别老万，我们顺着桥峪川道一直向西走去。路上碰见几位山民，打听去乡上还有多远。

一位山民说："你们再往前八里路就是乡街道，那里有三轮车可以拉你们到山外。"

区区八里路没有多远，我们满怀信心往前赶，马不停蹄地走了几个八里路，也没有看到所谓的街道。几个小时走下来，脚底板早已是火辣辣地烧，脚踝骨也开始疼痛，早晨喝的一碗稀苞谷粥早就消化，饿得心里直发慌，整个身子软绵绵地没有了力气。

山坡上的几棵柿子树挂满了橘红色的柿子，那些柿子在阳光的照射下，像是一团团燃烧的火焰。空旷中的红色吸引了我们的眼球，更勾起了我们的食欲。

熊和猴子不由分说地爬上树去摘了许多柿子。听老乡说，被霜打过的柿子非常好吃。

正在这时，对面走过来两位老乡。

他们裹着头巾，缩着脖子，说是乡上派来植树造林的，已经在山上待了一个星期，今天要回乡上去。我们和他们结伴而行，我问他们，这里距离山口还有多远。挎包的老乡说："这里离沟口还有四五里路，沟口离水库大坝还有五六里路，坝上到大明镇还有六七里路，加起来总共还有二十多里路呢。”

听起来不远的路程，放在我们的脚下就变成了遥不可及。肚子早已饿得叽里咕噜乱叫，从早晨出发到现在，我们已经走过了十七点五公里路程。

我边走边自语：“饿得很啊！”

老乡瞅我一眼：“你咋不早说呢！”

我咽了一口唾沫说：“现在如果有一碗农家汤面条，该多好啊。”

老乡说：“那简单。”说着他打开挎包，对我说：“来，抓一把。”

我探头瞅，是一兜核桃。老乡让大家都抓了核桃，薄皮山核桃，往石头上一拍就碎，油香酥脆。

看着我们这些饿鬼，老乡说我带你们去吃面。

我们跟着热情的老乡拐上一道坡，又过了一道河，来到一户农家门前。屋里十来个人正围着炉子取暖聊天，他们见我们来便都散去。老乡对主家说明了我们的来意后，主家嫂子立即动员左邻右舍几位妇女过来帮忙。她家厨房一时间热闹无比，擀面的，择菜的，烧火的，整个厨房忙活得热火朝天。她们那股热情劲儿既让我感到吃惊，也让我感动不已。我们在这里得到了只有亲戚或是贵客才能享受到的热情接待。

这户农家非常整洁，干净的院落，叠放整齐的被褥，洁净的灶台，可以看出女主人对生活的热爱。

我不停地向厨房张望，厨房里那几位妇女一个个麻利地做着各自的事情，炝锅的，添柴的，收拾碗筷的，忙得不亦乐乎。

只用了半个多小时，一大锅热腾腾的旗花面就做好了。我端起一大洋瓷碗汤面，扑鼻的香味差点儿让我误以为是山珍海味。我端着大碗，蹲在墙根，品尝着久违的农家面。狼吞虎咽一连吃了两大碗，摸摸肚子，打了两个饱嗝。

有人说这面应该叫“八里面”，走了无数个八里后才品尝到的美味。

走出四十里清幽峡谷

给农家嫂子结了账，我们便去追赶前面的队伍。从对讲机传来消息说老妖受伤了，他们不便停留，直接往山外去。熊看到我走得吃力，硬是和我换了背包。我背着熊的背包问自己：“为什么别人的背包都比我轻？”熊说：“你的背包里公用装备多啊！”

好长的峡谷，拐了十几道山弯才看见了桥峪水库。再拐过十几道弯，就看见了高高的水坝。我看到了水坝，就好似看到了希望，看到了胜利的终点。

我自语道：“我们不清楚路途有这么长，也不了解路况有这么差，所以也就无所用心地去走，随心所欲地去走，漫不经心地去走。不经意间，我们在秦岭又疯狂了一把。”

熊说：“无知者无畏呗。”

我们终于来到了大坝下此次旅途的终点。我对袁哥说：“草链岭这条道很不错，有海拔，有风景，有历史，当然了，更有强度。这一路走来，我的感悟是旅途永远是未知的，生活永远是美好的。”

袁哥笑了：“可不是嘛！此行太难忘了，希望下次我们继续。”

此行我记住了同行七位的名字。她们是叶翎儿、小乖乖猴、老妖、媚戴青青、小勺子、猴子和零泊微步。感谢所有一同走过的旅伴，我为我们能一起行走山野古道而深感荣幸。

在未来的日子里，我们会更多地去热爱、亲近大自然，去追寻我们各自的人生目标，去实现我们美丽的梦想，去摘取我们梦想中的每一个珍贵片段……

草链岭，再见了！

2005 年 11 月 24 日

天上人间

——徒步穿越西牛背梁

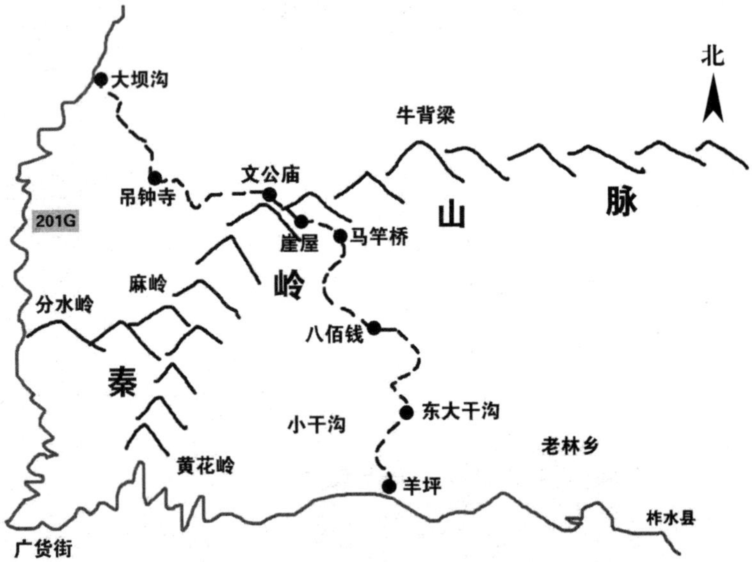

徒步穿越西牛背梁路线示意图（乐途绘制）

随意和谨慎相伴

没有计划，很随性的一次出行。

此次出行和以往任何时候出行一样，我做好了两手准备，防止由于临时变更线路而措手不及。食品、药品、救生工具及野营装备，尽量预防冬季行走山野时极端情况的发生。

叫上正在读大学的林夕，希望他能和我们一起去体验大自然的魅力和狂野。林夕一大早便来和我会合，我拿出羽绒睡袋、冲锋衣裤、手套帽子塞进他的背包里，顺便带上了三十多米长的登山辅绳和营地铲，以及折叠手锯。

林夕一脸疑惑地看着我问道："你这是干吗呢，休闲游还要带这些东西？"我没有回答他。

在集合地点，我把绳索交给洞主保管，他将绳索打捆到背包上。老贾见状对我诡秘一笑，他的笑脸让我感到一丝困惑，难道他看出了什么端倪。

线路变更

出发当天是一个难得的好天气，晴朗的天空，温暖的阳光，无风的大地。这是我们户外人期盼的出行天气，万年历上说今天"宜出行"。

我们顺着子午古道一直向分水岭方向疾驶，空旷的山野寂静无声。因为出行的大方向一致，心里便开始惦记柞水县的干沟。据说从那里可以上到牛背梁尾部。我心中暗暗希望可以改变原先的线路，去走一趟牛背梁。

车到鸡窝子，我找到道班的老童，向他打听从柞水过来的小路是否还存在。老童说："你们可以从那边走过来，路也不是很长。"听了老童的话，我心里有了数，同时也对自己的计划有了信心。

车刚过广货街，我就把自己的打算告诉了大家。

巡捕急不可耐地问什么线路。

我回过头看着一车茫然的眼睛，讲述了自己刚刚规划好的线路："大家可以从两条徒步线路中选择一条自己喜欢的线路，一条是从羊坪进去，翻过黄花岭，顺着东佛沟出去；另一条是从核桃坪进去，走东干沟，翻过牛背梁，从罗家坪大板岔出去。”

一时间车厢里异常安静，大家都沉默了。

我继续说道：“牛背梁是一条非常经典的徒步穿越线路，在西安户外界具有很高的知名度，但是目前还没有人从南坡干沟穿越主峰过去，牛背梁主峰是秦岭第五高峰，很具有挑战性，也很有徒步穿越的意义。”

“咱们要去牛背梁？”有人低声问我。

我肯定地回答：“是的，去牛背梁。”

落叶提议大家表决：“想走牛背梁的请举手！”

一车人，只有两个最年轻的队员没有举手。

那两个年轻人用惊讶和疑惑的眼光看着大家，看来没有商量的余地，只有服从了。

牛背梁

休闲游顷刻间变成了重装徒步穿越，洞主说：“老大是有备而来呀！”

我笑笑，暗自为成功选择了新线路而兴奋不已。

老贾说：“今早看你带了那么长一卷路绳就知道有情况了。”

林夕沮丧地嘟囔：“又一次被你忽悠了。”

寻找向导

翻过黄花岭，路过一座小山村，停下车去半山腰的村子寻找向导。

一位村民问明我们的来意后，热情地带我去找熟悉山路的老乡。

我跟着他走进一间烟熏火燎、光线昏暗的土屋，几个中年男人正劲头十足地围着火炉耍纸牌。他们对我这个突然出现的外人没有丝毫意外。偶尔有一个人瞥我一眼，然后继续耍他们的牌。

我对着满屋子的男人说明来意，竟半天没有人回应。那位带我来的热心人双手捅在袖筒里说：“他们都怕冷，别说一天五十元，就是给多少钱，恐怕他们都不会跟你去。”

谢过热心人，我失望地退出屋子，往村外走去。正走着，身后传来一个人的声音：“你看我去，成不？”

我惊异地转过身，迅速地打量了一下站在我身后的这位男子。他五十岁左右，穿一件军绿色上衣，圆圆的脸上堆着微笑。

我知道，刚才他也在那间屋子里。他应该对每天五十元的报酬感到满意，不过，在那种场合，他又不敢贸然和我说话。

我高兴地说：“可以啊。”

他立即转身说回去收拾一下东西。

我随他一起去他家，路上我问：“我们想从这里上牛背梁然后从大板岔出去，你能给我们带路吗？”

他爽快地回答：“可以，没得问题。”看着他从红色大板柜里翻出一件绒衣。我说那东西不管用，最好带上一件棉衣。

他只管收拾东西，对报酬的事情只字不提。

在我的建议下，他从墙角里翻出一把早已生锈的砍刀，寻了半天却找不到刀架，估计这东西已经很久没有使用了。我说我给你带了帐篷。他说那东西用不上，进山晚上从来没有盖过东西。

我对他所说的话很纳闷儿，坚持让他把被子带上。他老婆也赞成我的意见："现在是冬季，不能逞强。"

他把一条薄被子装进尿素袋说："这几天天气好，应该没事。"

我再次确认，又提醒他："你一定要把我们从牛背梁带过去，从大板岔的冉家坪出去。"

他把几包方便面塞进袋子里，用柞水话说："你放心，没问题。"

为了路途顺利，我想还是应该先把价钱说好，免得半路上因为报酬问题撂挑子不干。我当着他老婆的面说了每天的向导费，他却笑着说："你看着给吧。"

看着他一脸的憨厚，我说："一天给你五十元，两天一百元。另外，再给你返回的路费。"

他高兴地连声说："可以，可以。"

虽然找到了向导，但是望着高耸入云的秦岭大梁，我的心里还是忐忑不安。

亲爱的秦岭，我来了

中午十二点，我们准时出发。

在村边我们和司机长虹告别。他也带了装备，本来想和大家一起休闲玩玩，没想到线路改变了，他只得返回秦岭北面的大板岔去接我们，大伙儿不能同行，心中略感遗憾。

临别时我叮咛长虹："明天下午五点，一定按时去大板岔高村张家等我们，再炖上一只土鸡。"

队伍在山口合了影，便开始跟着向导进入大山。一开始爬山人们总会不在状态，气喘吁吁走得很累。我们在漫长的山道上左拐右转，踏着干枯的树叶，沐浴着冬日的阳光，沿着林间小路奋力行进，初入山野的兴奋心情暂时掩盖了爬山的疲劳。

我与以往一样，跪下来，双手伏地，在心里默默地说道：“亲爱的秦岭，我又来了。”

队伍马不停蹄地走了十多公里山路，大伙儿都累得喘息不断，汗流浃背，队员们之间也慢慢拉开了距离。

两个多小时后我们来到了一个叫“八佰钱”的三岔路口，从这里往西北可以去沣峪的青冈树（地名），往东北可以去秦岭主脊牛背梁。

向导指了指前方那座高耸的山峰说：“我们今天要翻过那座山。”

顺着他手指的方向望去，一座青色的山峰高耸于天际，心里不由得倒吸了一口气：“那么高啊。”

向导看着我的表情，笑着说：“不要怕嘛，慢慢走就到了。”停了停他又说：“山上可能没有水源，要不要带一桶山泉水。”

为了以防万一，我同意向导的建议，对于整天跑山的山民来说背上十斤水并不算什么，而这个重量对于我们来说则是千斤压顶。

队伍跟着向导的脚步，向东北方向拐上了去牛背梁的山路。前面山路越来越窄，也越来越陡，有的山坡差不多有六七十度倾角，走几步就得停下来休息片刻喘口气。山坡向阳，冰雪早已融化，漫山遍野皆是枯叶干枝。小道被野生动物踩踏得凹凸不平，走过去便是满身尘土，整个山谷都弥漫着一股呛人的土腥味儿。

洞主在前面高喊：“快到了，只剩一百米。”

我仰首望去，一堵墙似的山坡上终于有了一丝亮光，看去足足有二三百米远。看着头顶上那一丝亮光，我咽下一口干涩的唾沫，什么都不想，只管低着头继续向上攀爬。

拐过一道弯，我发现洞主跪在地上，认真翻着地上的厚厚腐叶。

我问他在找什么。

他说是坠子，从新疆带回来的护身符。

贵重的东西，路上的吉祥物，当然不能丢。我招呼几个同伴过来帮他一同寻找。大家把周围的枯枝烂叶翻了个底朝天，也没发现发亮的金属吉祥坠子。我对洞主说：“你再看看衣服里，不在地上就在身上。”果不其然，那个发亮的东西就藏在他的裤脚里。

洞主翻出来吉祥坠子，不好意思地笑一笑。

马竿桥垭口的眼泪

攀爬过无数个弯道后，我们于下午四点二十分到了海拔两千二百六十米的秦岭大梁——马竿桥垭口。

这是一条从分水岭延伸过来的秦岭主脊。

我站在寒气逼人的山岭上，放眼望去，山脊南北峰峦巍峨，群山纵横，逶迤连绵，气势非凡，壮观无比。我转过身向东北望去，起伏的牛背梁横亘在万山丛中，宏大雄伟，庄严震撼。

山垭形成了一个巨大的风口，大风纵贯，寒气凛冽。两侧峰脊上密密匝匝生长着笔直的冷杉树，大风吹过，涛声四起，犀利的呼啸此起彼伏，万山澎湃。

面对雄伟的秦岭，我轻轻地说了一声：“牛背梁，我又来了！”然后忍不住对着牛背梁方向好一阵畅快淋漓的大笑，笑得眼泪在脸颊上流淌。

良久，感到背后有只手在轻轻地拍着我的肩膀，李公子站在我旁边，他递过来一张纸巾：“看把你兴奋的，猫尿都出来了。”

我擦了眼泪，眨巴着眼睛说：“我知道我会从这边上来牛背梁，我一直知道。”我此时的眼泪不完全是因为高兴，还包含了对秦岭、对牛背梁的痴恋之情。

崖屋营地

翻过马竿桥垭口顺着北坡横切过去，大概一个多小时我们就来到了崖屋垭口。向导说：“天马上就要黑了，我们不能再向前走了，今晚就在这里扎营吧。”

我对向导说的话总是言听计从，从来不打折扣。

我们跟着向导从山脊向南下去二十米，来到了一座崖壁下。这是一座巨大的花岗岩山崖，上面的岩壁向外倾斜，自然形成一个可以遮挡雨雪的屋檐。岩壁下的半山腰有一块略微平展的地方，能扎四五顶帐篷。虽然地面都是石头疙瘩，但是能躺下来伸展腿脚，这对我们来说，已经是很不错的待遇了。

向导找来一些朽木，在山崖下燃起一堆篝火。熊熊燃烧的火苗将湿冷的寒气逼走，小小营地也充满了温暖的气氛。

跋涉了一天的人们早已疲惫不堪，但因为有了火的温暖，大伙儿忘记了疲劳，全身心地感受在大自然怀抱中的惬意和快乐。

建好营地后，大家开始围着篝火做晚饭。向导背来的一桶水解决不了大问题，荷塘要求和向导一起去上面垭口寻找水源，哪怕能找一些冰块也好。十几分钟后他们提了一桶水回来。

荷塘兴奋地说："这是在一个山涧冰冻的水洼里砸冰汲取的水，虽然水质浑浊，但起码是水啊，过滤一下照样用。"

我煮了一锅挂面，炒了一盘西红柿鸡蛋，放上醋、盐、油泼辣子，算是一顿不错的晚饭。

饭后，方公子和向导又去垭口提回来一桶浑浊的水，大伙儿围着篝火喝了李公子的铁观音。一锅浓浓的茶水，看不出浑浊还是清澈，大伙儿一杯接着一杯，品味着甘甜舒心的热茶。

山崖上的夜晚，月色朦胧，星光闪烁，群山幽静。

我抱着双膝，坐在一块岩石上，沐浴着温柔的月光，静谧中仿佛听到了一声低沉而苍凉的呼唤，那声音从远处飘来，绕过我的头顶，慢慢消失在山的那边。面对深邃的夜空和黝黑的大山，一瞬间，我的心里突然像滚滚海潮般涌动着无限的情思……

我就这样呆呆地坐着，凝视着一跳一闪的火苗。火光将崖壁染成了浑厚的暗红色，整个营地都释放着融融暖意。

林夕躺在一块石头上睡着了，他说他做了一个好梦。我问什么好梦，他不言语。过了一会儿他说："老天祝咱们一路顺利，成功登顶牛背梁。"

我对向导说："这地方叫崖屋，恰如其分。"

很晚了，我回到帐篷里，坐在羊皮褥子上，林夕见状赞不绝口："今晚的帐篷真舒服，竟然还有羊皮褥子。"我的帐外就是深深的悬崖，身子下几个突出的石头一晚上硌得我左翻右侧不得入睡，再加上那一千二百克的鹅绒睡袋发出的热量和两个人的拥挤，基本一夜失眠。一直到外面的火光慢慢熄灭，帐篷内渐渐暗了下来，我才有了一点儿睡意。

山野晨光

睡梦中隐约听到篝火燃烧的噼啪声和说话的声音，是被冻醒的落叶守着火堆和向导说话。这时已是凌晨六点一刻，约定八点准时拔营，我叫醒睡在旁边的林夕。

打开帐帘，一股寒气涌进，黎明的暗色已经淡去了许多，一轮淡淡的明月挂在对面仍旧黝黑的山崖上。

一阵风儿吹过，东方的天幕泛起了一片白色微光，天亮了。

吃过早饭，用剩下的一点儿水将篝火余烬浇灭，一股白色的水汽在山谷中飘散开去。山崖下风声渐小，林间传来几声鸟儿的啁啾，空山鸟语，悠长深远，清晨的景色别有一番意境。

艰难跋涉

八点，我们准时拔营出发。

我跟随着队伍一口气爬上了马竿桥垭口，垭口北边是一眼望不到头的茂密的灌木林，先前还清晰的路径到这里就断了，大伙儿寻遍四周也没有找到路的痕迹。向导说：“山路荒废了几十年，人兽不行，早就没有什么路的印记了。”

跟着向导向左爬上一道山脊，沿着一条兽道向前摸索。岩石下都堆积着一片片羚牛和鬃羊的粪便。山脊上光秃秃的危岩东倒西歪，我们一会儿扒着岩石向上攀爬，一会儿又要顺着岩槽坐着向下滑溜。

刚翻过一座山脊，又要去翻对面一座山峰。紧接着，还要钻过密不透风的竹林和灌木林。密集的竹林以箭竹为主，是熊猫的美食。灌木则主要以杜鹃树为主，弯弯曲曲的树干上还残留着绿色树叶。兽道两侧都是蒺藜，尖利的刺儿挂扯着我们的裤腿衣袖，常常让人无法行走。

行走在“迷魂阵”里

在这样的山路上，我们走走停停，大概每小时只能前进一两公里。向导在前方开路，左拐右转寻找着能够通过的地方。

队伍里没有人说话，大家的注意力全都集中在前方队员的脚下。大家弯腰躬背，双手向前伸展，拨开竹子和树枝，行进在这没有路的路上。

我钻在林子里，一会儿帽子被挂掉，一会儿眼镜被碰掉，一会儿外挂防潮垫又被拉掉。灌木长得低矮茂密，小个子还好钻过去，我们这些稍微高点儿的人就麻烦了。每当遇到这样的情况，只有跪下来爬过去，走得好狼狈。

临时变更线路

上午九点半，我们来到了连接牛背梁的一个垭口——文公庙垭口。

因为山顶上有一座二尺*高石头凿成的文公神龛，所以这里的垭口就以它命

*1尺≈33.33厘米。

名。看到了这座小庙，便可以遥想这条道路几十年前的盛况。秦岭山中的许多垭口都建有文公庙。

据说，历代有很多“文公”被山民敬奉为神。例如，孔子、韩愈、李白、白居易、王维、苏轼等，不知道牛背梁上的文公庙敬供的是哪位。

听向导说：“过去人们在一些凶险的地方修建庙宇，主要是为了祈祷神仙能给人们带来平安。”

正当大伙儿坐在垭口上休息，向导突然说：“看时间，现在从大峪下去可能时间来不及了，这里离大峪还远着呢。”

“不是大峪，我的老哥，是石砭峪。”我焦急地纠正他。

他愣愣地看着我，半天说道：“石砭峪也来不及了，从这里去牛背梁最少也有四五十里路。”

从他一路含糊的说辞中，我早就预感到会有这样的结果。多少年来雇请了不知多少向导，这样尴尬的事也见多了。事到如今，只要求他能带领大家安全下山，也无所谓走哪条路了。

令我欣慰的是此行最重要的目的地牛背梁已经到达，大家都见识了牛背梁的壮阔与伟岸。我知道此去大板岔至少还有五六十里路，今天无论如何也赶不到那里，也不想再为难向导。

我对向导说：“那就换线路吧，只要能安全出山。”

向导对我说：“南沟明星村有一对叔侄俩去前面那条沟挖药，结果失踪了，几天后人们上来找，在山崖下找到了装药的袋子，却没找到人，唉。”

他长长叹了一口气说道：“这事已经过去两年了，人应该早就没了。”

听了向导的话，我心里着实有些毛骨悚然。再次嘱咐他：“我们今天无论如何必须出山。”

我随即与落叶、洞主几个人商量，决定从牛背西梁，也就是从麻岭翻过去，由大坝沟下山。

下山的线路确定以后，我立即找到一处有漂移信号的地方，给长虹打了电话，通知他我们改变了出山的线路，请他务必赶下午八点在大坝沟口接我们。

被羚牛惊吓

向导说这条去大坝沟的路他虽然没有走过，但他完全有把握把大家带出山去，因为天气晴朗，参照物很明显。

下山的路线确定了，我就请向导去对面的山梁上查看地形。

大概五分钟，只见向导猛然从山顶跑了下来，边跑边大喊："白羊，白羊。"我坐在靠北的草地上，离山顶最近。听见向导高声大喊，我本能地站起来迎着向导跑去，边跑边取出照相机。

从向导身边经过时，看见他脸色煞白，他指着上面岩石说："比牛还大的白羊，我还没有看见它，就感觉有一阵风吹过来，直朝我冲过来，我喊你们，你们也没有听见。"

我站在山顶的岩石上四下张望，只见茂密的竹林在风中摇摆，却看不见那大如牛的白羊。

受惊的羚牛群已经逃走了。

我坐在山顶的岩石上，略感遗憾，近在咫尺却没有拍到珍贵的羚牛群。话说回来，羚牛群的壮大，说明秦岭的自然生态环境已经大为改观，我们应该为此感到庆幸。

飞向天空

大部分队员仍旧坐在下面的文公庙梁垭口休息，好像刚才什么事也没发生过。

我回头看见巡捕站在高高的梁顶上向我们挥手，兴奋的心情重新被唤起。已经到了这个高度，再爬几百米就可以到达最高山顶。

"走，不到梁顶非好汉。"落叶对林夕说。

林夕跳下一块岩石对我说："都到这儿了，不去登顶真可惜。"

我们几个说走就走，穿过一大片荆棘和干枯的草丛，爬上了山顶高耸的青色崖壁。山脊顶部的灰色岩石呈长条状，有五十多米长，最宽处有四五米，远看像一堵石墙，更像一道城墙。

我登上海拔两千五百米的牛尾，站在高高翘起的岩石上，遥望群山，远近峰峦叠起，连绵逶迤，纵横排列的山脉与天际相连，远处分不清是大地还是天空。

一直向西望去，可以看见分水岭上的光头山。我站在岩顶，背衬着碧蓝透明的天空，感觉自己身处宇宙之中，完全融化到了天地之间，达到了一种无我的状态。临风而立，忽然间产生了想要飞翔的欲望。

我仰望天空，好似听到了一曲天外之声，慢慢飘来，忽远忽近，断断续续——

我要飞，我要飞，飞过那万水千山，飞过那辽阔的天空……

远处阳坡上，一只白色的羚牛在一块巨大的岩石下懒洋洋地晒太阳，并没有被我们的欢呼声惊动。

冬日的阳光下，巍峨的秦岭雄伟壮丽。

我站在秦岭的高处，从心底蹦出一句话："我爱你，大美秦岭。"

披荆路上的干渴

一阵激情澎湃的情感抒发后，我们返回文公岭与大家会合，补充路餐后，中午两点半准时出发。

全新的线路，没有人知道前面的情况，我也一样，心里没数。虽然可以望见深谷里那一条白色的道路，但每个人都知道从这里过去不是一件容易的事儿。

向导在前面奋力地开路。走了一会儿，他对我们叮咛道："大家跟紧点儿，我们绝对不能走散，任何情况下都要走在一起。"

我赶紧回头去催促那些走在后面的队员，尽快跟上。

毕竟向导经验丰富，他不走眼前的大沟，说那沟里可能有悬崖，我们只能绕着牛背梁山腰横切过去。密林中没有路迹可寻，偶尔与一段动物踩踏出来的羊肠小道会合，一路上小道分分合合。

山脊阴坡积雪很深，下坡路段非常陡峭，大伙儿踩着积雪在乱石间疾行，稍不注意就会有人摔跤。

向导问我："为什么不带脚马子？"

我疑惑地问他："什么是脚马子？"

他指指自己的脚说："就是稳子，下雪天好爬坡，带上它就不滑了。"

我"嗯"了一声，明白了他说的是什么，我摇摇头说："真没想到雪这么深。"

林间安静得有些阴森，杜鹃树横七竖八地挡住我们前行的方向。向导和老贾轮换着在前面开道。老贾说他已经渴得没有尿可以排泄，连汗腺都封闭了。看着他那副痛苦的模样，我只好将保温瓶里的一点儿热水递给他。

他没有表情，仰头将水喝了。

有些饥渴的队员开始吃雪，虽然明明知道吃雪并不能解渴，但是，干渴的滋味实在无法忍受。

队伍顺着牛背梁的尾巴横切许久，沿着一条小山沟一直往下走，大概走了三个多小时，就听见脚下石头缝里有"咕嘟嘟"的流水声，大家一阵兴奋，终于有水了。再往前走不远，便看见山谷里一条冰冻的溪流，清澈的溪水在冰层下缓缓流动。

向导用砍刀在冰面上砸开一个洞窟，大伙儿围着冰窟窿用小杯子一点点将水舀出来，润着喉咙，咂着嘴，赞叹这山泉水的甘甜。

我掰了一根吊在石崖下的晶莹的冰凌，含在嘴里，让冰流一直润到了嗓子眼里。有了水，沉闷的山谷里就有了朗朗笑声；有了水，荒凉的大山才有了生机。

最后的旅程

我们沿着冰冻河谷又向前走了一个多小时，听见向导的呼唤声。急忙赶去，眼前竟然是一条冰封的大路。向导说："这条路就是我们在山上看到的那条细如丝线的道路。"我紧紧握着向导的手，感谢他把我们安全地带到了大路上。

路旁有一座石塔，上面用红色油漆书写着"吊钟寺"三个大字。此时精疲力竭的我已经提不起一点儿精神去考证寺庙的年代，只是匆匆瞥了一眼那座石塔，就与梦中的大道亲热去了。

走到这里，心里便放松坦然了许多，沿着林区废弃的大路走，一定可以将我们引向有人居住的地方。

落日余晖将峭立的崖壁涂抹成火红色，悠长的山谷仿佛慢慢被一袭薄雾轻纱罩住，山野朦胧中我们又迎来了一个幽暗的黄昏。

李公子指着乱石堆积的路面说："从这里到大坝沟口还有十多公里的路，我们那年坐三轮车到这里都用了四十多分钟，这条路很烂，只能走那种柴油三轮车，硬派四驱车都上不来，你看这满地的大石头。"

无论如何，这里毕竟是大道，不管道路多长，总会走出去的。

夜色中，林夕的脚腕崴了几次，慢慢落在了队伍后面。

我和他并肩而行，黑暗中可以看到他脸上痛苦的表情。他拿出头灯戴上，对我说："这趟旅行真的非常美妙，虽然非常痛苦。"

我说："这样的旅行会让你终身受用。总有一天，你会感受到这次经历带给你的宝贵意义，年轻人需要经历这样的磨砺。"

夜幕中，已经东倒西歪的方公子和李公子由向导陪着慢慢向前挪动。我听到了他们的对话。李公子说："被老大忽悠了，八十多里路，这不是超级自虐吗。"方公子说："我已经死去活来几次了，早就走不动了，关键是心灵上也受到了严重的摧残，完全走残废了。唉，老大还说这是休闲游。"

不知在黑暗中走了多久，隐隐约约听到了汽车的轰鸣声，转过一道山嘴，又看到了一道灯光。听见有人说大坝沟口到了。我拖着已经失去知觉的双脚，紧走几步跌跌撞撞来到了公路上。

我们给可爱的向导结了账。他说今晚就在大坝沟找个亲戚家住下，明天一大早搭班车回家去。

我责怪自己的大意，一路走来，竟然忘记问他姓名，也许这一辈子我们仅有这一次的缘分，一起走过了千难万险，还真有点儿不舍得说再见。

长虹握着方向盘，看着我笑了。

2005 年 12 月 22 日

牛背梁情结的了断

——徒步纵穿牛背梁

徒步穿越牛背梁线路示意图（乐途绘制）

不堪回首

四天五夜，走过了牛背梁漫长的山脊，在风雨中攀爬，在云雾中行走，在顶峰看日出日落。夜行七十里，涉河五十道，摸黑爬岭攀壁……一口气，十八个小时……不堪回首的几天几夜。

凌晨六点，我们上车返回西安，昏昏睡去。醒来时，车已经到了家门口，无法站立，腿脚肿胀，难以挪动。浑身伤痕累累，腿和胳膊大片的伤痕由于长时间浸水已经感染，不敢洗澡，满脸的胡茬子……

脱去一身湿漉漉的黏满泥土的衣裳，撂下散发着恶心味道的背包，放下被烟熏火燎过的帐篷，无力地躺在床上，满脑子都是牛背梁，像是放电影，一个画面又一个画面，从我的眼前闪过……

风雨无阻

无尽的秋雨，淅淅沥沥，没完没了。天气预报说九月一日多云转晴，我通知大家按时出发。认真打捆背包，这是我半年来最认真的一次出行，因为线路陌生，时间较长，我塞了满满一包东西，又带上了我的那根登山辅绳。

方公子来电话，说要调北京总部工作了。一起玩儿了很长时间的铁腿子，突然要去他乡异地，我真有点儿不舍。谁知他这一走，何时能够再相见。

计划九月一日早晨八点出发。

凌晨五点，我被窗外猛烈的雨水声惊醒，爬起来看，大雨倾盆。赶紧发短信通知大家活动推迟。月亮收到短信时，已经乘车到了北郊张家堡，她不想返回，要来西安等待。中午雨虽然停了，但天空依然阴沉。拨打 12121，天气预报传来令我沮丧的坏消息，明天小雨转中雨。

我心情郁闷，感觉此次出行极为不顺。

晚上陈姐开车，拉上我和袁哥一起去纺织城看望月亮，决定明天中午出发，风雨无阻。

大板岔

中午两点半从西安出发，一行八人来到长安区长途汽车站包了一辆中巴车，径直往石砭峪大板岔驶去。

雨停了，太阳好似有意安慰我们，从云端透出一线光芒，空气异常清新，巍峨挺拔的秦岭山脉耸立在我们的前方。

看着窗外的天空，短暂兴奋后，心情又沉重起来。天气预报说明天仍然有小到中雨。

眼前的终南山被迷蒙的云雾遮盖，像披了一层薄纱，影影绰绰，忽隐忽现。进入石砭峪，道路颠簸泥泞，几年没来，这里已经大变样，高架桥林立，到处都是热火朝天的建筑工地，西康高速公路正在热火朝天的建设之中，这是陕西“十一五”规划中“米”字形高速公路的其中一条。

下午五点三十分，我们到达大板岔高村主任家，小院子今非昔比，原来的平房不见了，代之以两层白瓷片小洋楼，门口还有一间小卖部和一个话吧，修公路的工人常来这里买东西、打电话。正河东面建起了一座三层楼房，门口木牌上标

大板岔

明“牛背梁国家级自然保护区管理中心”。

一切都在变，不变的是我对秦岭的那颗痴情之心。

晚上，冉家坪的齐狗娃来高村主任家和我们商量明天的行程。我与齐狗娃在四年前认识，为爬牛背梁雇过他两次。他是行走牛背梁的行家。如今，罗家坪能干向导的也就是他一个人，没有了竞争。小伙子开口说：“一天八十元，就这个价，去不去，你们自己决定。”行走牛背梁这样的野山，如果没有一个好向导，是万万不行的，我们当场拍板决定明天早晨出发。

高村长媳妇做饭的手艺渐长，几个菜做得挺有味道，已经摆脱了单一口味。吃罢饭，大伙儿喝茶的喝茶，聊天的聊天，发呆的发呆，小小团队，四男四女，大家互相有个照应。

齐狗娃的希望

罗家坪，海拔一千一百五十五米。

早晨八点，我们准时出发。听说西康高速为了方便施工通风竖井，把道路修到了五家坡。记忆中的五家坡很遥远，距离大板岔大概有十多公里，步行要走大半天。不想白白消耗我们的体力和时间，雇了老韩家的蹦蹦车，叫上向导齐狗娃，一路蹦去一号竖井。

蹦蹦车摇晃了一个多小时，才将我们拉到了施工工地。这里是路的尽头，有好奇的工人用疑惑的眼光看着我们问：“你们是旅游的？”

我回答：“是的。”

齐狗娃很自豪地说：“西康高速路翻越秦岭梁的公路隧道一共有四个竖井，一个竖井的直径是十三米，井深度不一样，这个竖井第二深，有六百二十米深，梁南面的一个竖井要八百米深呢，世界最长的终南山隧道就在这下面。现在正在做准备工作，这个竖井需要干两年半时间才能完工，工程大得很呢。”

对于齐狗娃来说，在他家乡实施的这个工程太过浩大。齐狗娃也参与了这个工程项目的建设工作，只不过时间不长，当过一段时间的临时工。家乡的巨大工程让他感到无比自豪，他沉浸在自家门口翻天覆地的变化之中，满怀希望的他想着高速路通车后会给他的家乡带来发展的机会，这也是重大工程沿线人们的普遍想法。

我和齐狗娃的想法有点儿不同。我希望高速公路通车后，能将这条临时施工道路废弃，让大地重新生长出茂密的植物，很多年后不要让人看出这里曾经有过施工的痕迹，让这里重新回归自然状态。

实木沟营地

过了竖井工作区，我们便开始爬山，弯曲的小路非常陡峭。我不由得想起前年冬天从这里向上攀爬的情景：冰天雪地中，我们竭尽全力在又陡又滑的雪坡上跪着、爬着，喝松脂味浓重的雪水，睡不平的雪地，一路艰难地翻过牛背梁去了柞水县营盘镇。

中午一点三十分，我们爬到海拔两千三百五十五米的垭口，因为昨晚下了小雨，道路泥泞不堪，常常需要四肢并用才能保持身体平衡。站在垭口，我回头北望，大片白云从远处山谷涌来，将四周的山峰慢慢淹没，无数的山峰如大海中的小岛，在云海中漂浮。云雾继续上升，铺天盖地，滚滚而来，将视线中的所有物体淹没。正当大家站在垭口上欣赏眼前如画的风景时，大雨突至，赶紧启程，刚穿过一片灌木林，又钻进了一片密不透风的竹林，顺着竹林的缝隙，再翻过一座海拔两千四百五十米的山脊，向下走了不到半里路，来到半山腰一处稍微平坦的地方，这里四周被茂密的植物包围，形成了一个密闭的小空间。

齐狗娃抖去雨披上的水说："今天，我们就在这里扎营。"

搞不清为什么这么早扎营，问小齐现在就扎营早不早。

齐狗娃说："前面再没有可以扎营的地方，下这么大的雨，咱们今晚也赶不到山顶，只能在这里扎营。"

安全第一，听向导的话没错。问齐狗娃这里叫什么名字。

齐狗娃回答："这里叫实木河。"

下午两点到达实木河营地，冒雨扎帐建营。等我们把帐篷都支好了，齐狗娃的篝火还没有生着。下了十几天的雨，木头湿透了，连桦树皮都点不着，急得齐狗娃直跺脚。火终于点着了，紧跟着，熊熊燃烧的火焰便将营地的寒气驱赶，雨突然停了。

大家把湿透的衣裳、裤子、袜子、手套、帽子挂在篝火周围的树枝上，蒸发的气体从树丛中袅袅升起。齐狗娃砍了一堆枯木放在篝火旁边，足够一天用。忙了一阵的齐狗娃浑身湿透，冷得直打哆嗦，也不吃东西，只是勉强喝了一杯三结义煮的热茶。

我烤干了衣物，看时间还早，便叫上老刘和袁哥去拍云海。我们顺着旁边的实木沟往下走去两里路，看到了对面正河山谷里的云海，因为距离远，拍照效果并不是很好。老刘为了找到最佳拍照角度，顺着陡峭的山坡爬上了侧面一个山顶。

我站在远处思忖，他是怎样爬上去的。正在疑惑时，突然传来轰隆隆的声响。只见老刘将一块早已松动的大石头踩塌，顷刻间，那巨大的石头携带着周围无数碎石一起向下倾泻。老刘反应极快，就在踩空的一刹那，抓住了悬崖边的一棵小树，才免遭灭顶之灾。看到这一幕，我是无论如何也不想去拍照了。

老刘下来对我说："真是可怕，太危险了。"

回到营地我吃了王领导做的油泼面，还有月亮的酱牛肉，路途中的美味佳肴总会给人留下深刻的印象。感觉有点儿头痛，吃了袁哥的感冒药，早早回帐篷睡觉。迷糊中听见了三结义说他身上有"大哥大"，陈姐也说有"大哥大"，搞不明白，问王领导："什么是'大哥大'？"她说是因为水土不服身上起的红疹子。

雨中的等待

清晨我正睡得香，被"噼噼啪啪"的雨声惊醒，掀开帐帘，一股冷气涌进，浑身打个寒战。篝火已经熄灭，整个营地笼罩在云雾之中，纷乱的雨丝在空中飞舞。叹口气，看来今天走不成了，只好耐心等待吧。

向南望去，整座牛背梁都隐入了白色的云雾当中，天地一色，分不清哪些是大地哪些是山峦。袁哥说也许明天天气能转好，天晴了登顶才有意义。

老刘抱着照相机，一边擦拭镜头，一边述说着实木沟下面那道瀑布的壮观景色。他虽然说得有声有色，但却丝毫没有引起我拍照的欲望，看着眼前下个不停的小雨，我忧心忡忡。

老刘和袁哥坐在篝火前侃大山。篝火的青烟在风中无方向地飘散，呛得人睁不开眼睛，围在篝火旁边的人也都是双眼红肿，脸上满是污痕，一个个如同来自山野部落。营地静悄悄的，队员们无事可做，便削了木棍，穿了烧饼在火上烤，文火烧烤，烧饼香酥干脆，慢慢嚼之，口腔里竟然有了一点点味觉。

很奇怪，今天没有一点儿食欲，并且胃胀恶心，完全是高山反应的症状。

雨水没有停歇的意思，淅淅沥沥一直下着，被困在此处的我们只有四件事可做：烤火、睡觉、吃饭、等待。烤了一会儿火，回到帐篷和衣而睡，睡梦中看到了明晃晃的太阳，日光照射着我们，无比兴奋地爬起来，呼喊大家看日头，奋力一喊，竟然醒了。睁眼一看，是梦。我瞪着眼，望着帐篷顶挂着的营灯，心里充满了南柯一梦的沮丧。

唉，怎么办？如果明天仍旧下雨怎么办？

明天不能再等了，一定要去登顶，不管下雨不下雨，风雨无阻，然后从南坡的小峪下撤。不能冒险走东西向穿越牛背梁，绝对不能去冒这个风险，老林的下山路好走些，也许可以从那里出去。

脑子一团乱麻。不由得怨恨起天气预报，怎么能这样忽悠人呢。

睡了一整天的小齐也终于从帐篷里钻出来了，蹲在火旁边，边烤火边说："我们一般上山采药，都是几个人一帮。每到晚上，我们都要召唤同伴返回驻地，有的人死活不回应，大概是找到了大片的猪苓，不愿意让别人知道。找不到同伴，我们都会很着急，四处寻找，有些人真的很不懂事，好歹回应一声。现在一斤猪苓能卖十五元呢，运气好的话，一次能卖几千元。"他笑着点燃一根纸烟，接着说："有些人，平常连一棵小树都砍不动，但是见了药材，碗口粗的树干也会三下五除二地砍断。"

闻此言，我们大家都笑了。

雨还下着。

仰望峰巅

天刚亮，听见隔壁帐篷里有人聊天。不一会儿，又听见老刘在外面喊：“风起了，云淡了，太阳就要出来了。”

我心想，莫非老刘又在发癔症。转而听见月亮说天真的晴了。我爬起来，透过帐篷的明亮，可以感觉到晴空万里，兴奋地吆喝大家赶紧收拾东西吃早饭，准备出发。

老刘不知去了哪里，只见陈姐端着锅站在帐篷前喊道：“看那小猴爬得有多高，看他咋下来！”

一片笑声中，老刘返回了营地。太阳钻出云层，云雾慢慢淡去，蓝天也显现出来，山谷无风，空气温润，我心里不知道有多高兴！

营地温度二十二摄氏度。

每人装了足够两天饮用的水，向着对面高耸的牛背梁，拔营出发。

天气变得晴朗，队员们的心情都显得非常好。

越过实木沟，爬上陡峭难行的山路，在巨石间忽而上忽而下，忽而走入灌木林，忽而又钻进松树林，向上攀爬，去那座横在蓝天上的山脊。

老刘问袁哥：“你累不？”

袁哥不假思索地回答：“没有感到累，好像是有一种信念和追求在支撑着我。”

中午一点三十分，我们爬上了牛背梁山脊垭口，这里海拔两千六百米。雨后空气清新，站在高高凸起的岩石上向北望去，关中平原一览无余，甚至能看到如一条白丝带般的渭河。向南望去，千山万壑笼罩在淡蓝色的天穹幕帐之下，无数山峦一层层向远方排去，镶嵌在山谷里的营盘镇也清晰可见，咫尺距离。

山脊上的冷杉、云杉茂密繁盛，低矮的高山杜鹃漫山遍野，铺满了一面巨大的山坡。我想杜鹃花盛开的季节，这里一定非常美丽。

我们顺着山脊向西，往最高处的牛背梁主峰爬去。翻上一座山峰就看见了牛背梁高处的测绘墩，高耸的牛背梁正在向我们招手。俗话说看山跑死马，下面看去很近的峰峦，真正走起来绝不是那么容易的事儿，一道接着一道的大坡，漫长的山脊，石头，草丛和灌木。

快到山顶时，陈姐突然跪下来，向着高傲的牛背梁峰巅伸出双臂：“亲爱的牛背梁，我来了！”

眼前这一幕，令我震惊不已。于是，我也停下脚步，以同样热烈的心情，默默感受着簇拥在情人怀抱里的那种激情与温暖，那种幸福与冲动。

我痴痴仰望着傲岸的牛背梁。

放飞

下午两点四十分，我爬上了多少次在梦中行走的牛背梁主峰，从实木沟到牛背梁顶峰，我们大概用了六个多小时。

高耸的脊梁翘起了高傲的牛背。

顺着山脊，我们八个人背负重物，一步一步踩着寒风中摇曳的细兰草，向着

徒步牛背梁

海拔两千八百零二米的标柱墩慢慢靠近。

站在秦岭中东部的最高峰——牛背梁上，简直如在天际！

峰顶最高处有一座水泥标柱墩。水泥墩北面是密密匝匝低矮的冷杉林，可以挡住北来的寒风；西面是茂密的杜鹃林，树干弯曲树叶肥厚，密不透风；南面则是开阔的高山草甸，覆盖着绿色的羊胡子草，细细的草尖儿在微风中轻轻摇摆。

记得读过一首诗，名叫《凝固的时间点》。

在我们的生命中/有若干个凝固的时间点/卓越超群、瑰玮壮丽/让我们在困顿时为之一振/激情弥漫于我们全身/让我们不断爬升/当我们身居高处时/激发我们爬得更高/当我们摔倒时/它又鼓舞我们重新站起。

我站在峰顶，在朗朗晴空下享受着《凝固的时间点》带给我的喜悦之情。

天空的云在温柔地流动，雄鹰在蓝天中翱翔。在这个过程中，我的情绪也升腾起来，产生一种飞翔的欲望，一种自由展翅翱翔蓝天的欲望。这种向往自由的放飞心情，只会发生在广袤无垠的大自然中，在辽阔广博的天空里。

我不停地赞叹，赞叹清澈碧透的蓝天，赞叹多姿多彩的流云，赞叹阳光下的秦岭牛背梁。而我的心，已融进了辽阔壮丽的天空。

一个人的山野

支好帐篷建好营地，我顾不上休息，立即拉着齐狗娃去南坡探路，为明天下撤老林乡做好准备。

长长的山坡一边通向深深的山谷，一边连接着对面的山峰，山坡上覆盖着密密麻麻的荆棘灌木和茂密葱郁的冷杉。顺着密林中的羚牛道左拐右拐便不见了路的痕迹，齐狗娃让我在原地等待，他一个人去前面探路。

我叮咛他千万别走得太远。话音还没落，眨眼之间他便消失得没有了踪影。我蹲在一棵大树下，左顾右盼，显得特别孤独。森林里光线昏暗，再加上树梢发出一阵紧似一阵的松涛声，更加让我毛骨悚然。一个小时过去了还不见齐狗娃返回，我拔出匕首在枯树枝上砍下记号，然后原路返回。

好不容易钻出冷杉林，看着前面高耸的梁顶心里直发怵，不知道刚才我们是怎样下来的，走了这么远。我踩着荆棘刺灌，慢慢爬到半山腰，坐下来等齐狗娃。

南坡无风，阳光暖暖地洒在懒洋洋的巨大山坡上，苍穹之下，一览无余。起伏绵延的山峦，一层层向南排列开去，一直到天地相连处。碧蓝的天空飘着两朵白云，云朵的边缘被斜阳照射，散发出耀眼的白光。

巨大的高山草甸从山顶一直延续到千米深的峡谷底部，山坡上除了羊胡子草，还生长着各种低矮的植物，如小叶杜鹃、海棠、野玫瑰、野菊等。初秋的小野花，敢与日月争辉，令原本荒芜的山坡流光溢彩。

远处的山坡上是一大片灰色的花岗岩碎石，这是第四纪冰川遗留下来的石海。它犹如一条白色的河流，从山脊高处一直倾泻到峡谷深处，石缝的间隙偶尔有几棵已经光秃干枯的冷杉。坚硬的石海与柔软的草甸成了大山的肌理，展示着大自然的悠久与壮阔。在自然界的巨大体积面前，我们人类显得是如此的孤独与渺小。

阴坡的冷杉林将山坡分为明显的两个部分。南面是黄色的灌木草甸，北面是墨绿色的冷杉、杜鹃。远处几棵枯死的冷杉形影相吊，孤零零地立在光秃秃的山坡上，像是性格孤僻、特立独行的个体，只能与苍凉为伍。

一个人静静坐在牛背梁南坡，刚画完速写，就见齐狗娃从松树林钻了出来。他说走了很远也没找到下去的道路，也许是方向不对。他坐在我身旁休息了一会儿，说再去找找，然后又向西钻进另一片林子。

月亮站在远远的山梁上，向我喊："路在哪里？"

我说："没有路，老天让我们随便走！"

牛背梁上的落日

月亮顺着山坡走来，正在荆棘中走着，突然，从她脚下的草丛中飞出一只褐色野雉，红腿，红脸，红腹，向着山坡斜着飞过。月亮吓得大叫一声，我说这是野雉，有一只就会有第二只，你快看那草丛里还有没有，千万别踩着它的蛋。月亮小心走过去，回头喊，没有，什么都没有，只是一个空窝。

我回头向上望去，山顶上几顶小小的彩色帐篷在夕阳的照耀下，反射着刺眼的光亮。

返回山顶营地，齐狗娃也刚好回来。他说找了一圈也没有找到去老林乡的路。我问他二〇〇二年我们十二个人是怎么从老林乡过来的？

他挠挠头说不知道。

我转身向西指着远处的山脊问："也许我们可以从那个方向出去，那地方叫庙梁，我走过，那地方都是山脊相连，一定可以走。如果不行，我们就从大坝沟出去。"

齐狗娃默不言语，停了一会儿又去梁那边寻找道路。

明天的路线没有确定，我心里忐忑，不想吃饭，找了块石头坐下，呆呆地望着西边瑰丽的晚霞。落日余晖涂抹了大大小小的山峰，恢宏而壮丽，牛背梁主峰伫立在辉煌的天地里，这是我看到过的最为美丽的黄昏。

大自然真美，无法用语言来表述。山谷里有一片石林，虽然不是完整的喀斯特地貌，但我们在秦岭能看到这样的石林，也是很难得的，石林的最高峰已经被

牛背梁上的落日黄昏

夕阳染成了金黄色，十分耀眼。

天边托举着红彤彤的落日，夕阳一点点地沉下，巨大的火球慢慢地隐入灰色的天幕之中。

在西边日落的同时，东面的天空升起了一轮皎洁的圆月，月明星稀，万籁俱静。

大伙儿先是挤进陈姐和月亮的帐篷，吃她们做的美味菜肴，然后又挤进我的帐篷喝茶聊天，原本寂寥的高山峰顶也热闹起来。

夜色中，我站在秦岭高峰，俯视山脊两侧，关中平原和营盘镇的灯火交相辉映，簇拥着雄伟的牛背梁，夜光朦胧中更显得冷艳生动，壮观至极。

齐狗娃没有找到去老林乡的路，更不晓得去牛尾的路，我已经做好了从牛头向南走小峪下山的心理准备，一切本着安全出行的原则。

睡吧，明天的事明天再说。

日出牛背

凌晨风起，吹得外帐哗哗作响。

听见老刘又在外面喊叫："哎呀，多美的日出啊，快出来拍啊，一会儿就没了。"

睁眼看，天色微明，转个身，继续睡。刚睡一会儿，又听见袁哥在外面叫："我的妈呀，美死咧，快出来看啊。"

我本来蜗居在温暖的睡袋里不想出来，但是经不住他们这样一再的诱惑，终于套上所有衣服，再把睡袋裹上，爬出帐篷。

东方地平线上一轮红彤彤的朝阳，从灰色的天边露出一抹灿烂的金黄色，万道霞光将半个天空染成通红的颜色，巨大的红日挣脱了山峦的束缚，猛然跳上了深邃的天空。旭日东升，云海慢慢下沉，流入万山之中。万籁俱寂，我沉醉在牛背梁壮丽的日出之景中，默默赞叹它那独有的飘逸朦胧，苍茫俏丽，如诗如梦。

已经很多年没有见到这样的日出。

我冷得打哆嗦，测了一下环境温度，三摄氏度。赶紧钻进帐篷，抱住睡袋，试图恢复已经冻僵的身体。

老刘说他要去“二杠”。

我不明白，问：“什么二杠？”

他笑着说：“有一年去贵州，在一座山村看见一个人蹲在一个木架上方便，双手抓着前面的一根木棍，很有特色，简单，自然，环保，下面就是鱼池。”

类似的场面，我在贵州也见过。

陈姐笑着说：“以后就管老刘叫二杠。”

大家哄笑，都说同意。

再见了，牛背梁

早晨我和齐狗娃商量，希望他能带领我们从牛背梁西面的麻岭出去。他一改原来的倔强任性，爽快答应，说：“没问题，可以走。”我说：“咱们可以做两个预案，如果道路好走，就从文公岭向西去东佛沟，或从分水岭出去；如果路不好走，咱们就从麻岭下大坝沟。他点头，没有丝毫勉强和含糊。有了齐狗娃的承诺，我对大家说：“就这么定了，带上剩下的水，把头灯放到好取的地方，估计今天时间紧张，搞不好要走夜路，大家做好思想准备。”

攀登峰顶

上午九点三十分，我们拔营出发。

齐狗娃打头，下来依次是月亮、陈姐、老刘、王领导、天亮了、三结义、我，袁哥断后。

临走时，我站在原地举目四望，流连忘返，迟迟迈不开脚步。群山逶迤，苍茫之间一条条艳丽的朝霞布满天边，一朵朵洁白的云彩飘浮在山峦之上。

生活中很少有这样的时刻，像飞鸟那样，凌云绝顶，让心释然。

我抚摸着水泥桩，轻声说道："再见了，牛背梁。"

转身走了。

旅途上的感悟

顺着牛背梁的山脊，我们一直往西北方向走去。沿着狭窄的兽道一路下坡，穿过一片原始冷杉林，走过一片茂密的杜鹃林，再钻过一片密密匝匝的箭竹林，爬上了又一座山顶。峰顶长满了灌木丛，再加上山势陡峭、山路泥泞，经常需要四肢并用，膝盖和双手沾满了泥土，时不时地帽子眼镜也会被灌木树枝挂掉。我们在艰难的行走中，体验着荒野求生的真实过程。

沿着山脊翻过了一座两千六百六十米的山峰，这是我们今天西行翻越的第一座高峰，然后沿着山脊小路，再攀爬过一段岩石，慢慢下到一处山垭口。垭口两面是陡峭的悬崖，羚牛道在这里分了岔，一路继续横切下山，另一路攀缘上了崖壁，我们选择向上走崖壁。

行走在崎岖陡峭的羚牛道上，不由得佩服起这些野生动物的生存能力，如此不可攀越的崖壁，它们是怎么过去的呢，太不可思议了。走在这样危险的山脊上，大家只有互相帮助，才能爬过四五米高的崖壁。正当我叮咛上面人注意安全时，站在旁边的王领导突然不慎滑倒，猛力一脚踹在我的腿上，没有任何防备的我瞬间被她铲倒，一屁股跌坐在崖壁的另一块岩石上，那岩石下就是深深的悬崖。在我跌下去的瞬间，下意识地推住王领导的双脚。事发太突然，我没有时间反应，向下看去，出了一身冷汗。

虚惊一场后，我们跟着齐狗娃沿山脊继续向前走，半个小时后又翻过了一座两千五百米的山峰。山峰西边是一片长长的草甸，一直通向垭口。我们一口气走了几个小时，大伙儿早已累得挪不动脚步，坐在垭口草甸上休息。啊，多么美丽的画面，多么惬意的时刻，我真的不想走了。

躺在草丛中的老刘说："爬山后思考一些哲学命题，我在想，大自然存在的合理性，以及我们生命的意义。"

我头枕双手，躺在老刘身旁对他说："我想起了蒲松龄在《聊斋志异》里说的故事，要改变自己的命运，就要努力钻营。否则，一切无从说起。据说，行走山野可以让人悟出一些人生道理。只可惜我这人情商太低，悟性太差，爬了许多年山，也没总结出一点儿道理。"

忽然一声尖叫声从空中传来，抬眼看，两只乌鸦在空中盘旋，互相追逐着，不知是争斗还是抢食。

羊皮褥子

我们休息的垭口叫灰坪梁。至于为什么叫灰坪梁，齐狗娃也不知道。

休息后我们继续出发，钻过一片密林，地上已经没有明显的兽道痕迹。正走着，袁哥叫住我，让帮他看挂在背包外的羊皮褥子还在不在。

我摇摇头说不在。他沉默了一会儿，突然对我说："我回去找吧！"

我惊讶地对他说："那怎么可能呢，你这一走还不得一两个小时，再说了，你一个人去找，这样荒野的山路也很危险啊，我不放心。"

他深深地叹口气说："这褥子是儿子从澳大利亚捎来的，我答应送给喀什，唉，你说这咋弄呢？"

我劝他，既然已经丢了就算了，一切都是天意，只要我们人安全就好，东西嘛，还会有的。

一路上他时常叹气，也不照相了，也不说话了，羊皮褥子的故事从此也不会再有了。

抉择

当我们又翻过一座两千四百五十米的山梁时，看到西面最后一道叫作文公梁的高高山脊，大家都激动不已，心想如果能走到那里，今天就可以顺利出山。

我们一个紧跟一个，钻进了密不透风的竹林，行走中稍不注意拉开一点儿距离，便看不到前面的人，时时有迷路的危险。好不容易钻出竹林，前面的人已经在一片不大的草甸上休息了。这一程走得很累，撂了背包，就地躺倒。正午时分，阳光直射山脊，草甸周围蒿草茂盛，没有阴凉可以让大家躲避，几个人取出防潮垫盖在头顶，用来遮挡强烈的阳光。

山垭口很安静，几乎没有风，这里海拔两千三百米。

我坐在背包上，望着西面高高的文公梁，山脊上那长长的岩石，山坡上茂密的灌木，对齐狗娃说："前面文公岭看去有几里路吧？"

齐狗娃说："有吧。"

我说："现在已经下午两点，爬这个坡估计得几个小时吧？"

齐狗娃说："差不多。"

我说："我们携带的水不多，麻岭上没有水源，你看咋办？"

齐狗娃低着头说："前面没有路，没有办法走了，连牲口道都没有，这样的坡，明天也走不到。"

我瞟了一眼麻岭，问齐狗娃："你的意思是不是要改变线路？"

他不假思索地回答："那当然啦！"停了下他继续说："南面的路我不熟，干脆从这条沟下。"他手指北面的山沟说。

我问他："这条沟能下去吗？你走过吗？有悬崖吗？"

他望着北面一座三角形的山峰说："我以前去那座山挖过药，在山里还住了半个月呢！"

我再次确认："你确定这条沟能走吗？"

他回答："差不多吧，如果能从这条沟下去，就可以从大板岔出去。"

我对他所说的"差不多"和"如果"心有疑虑，继续问他："我们要走多长时间才能到大板岔？”

他回答：“如果我走，只需要两个小时。你们走，最少也要三四个小时。”

我明明知道他在哄我们，但也不好当众揭穿。从东面比较好走的路上来还要走两天，怎么可能从这边没有路的沟转下去只要两个小时。

我沉思了一会儿，叹口气对大家说：“大家看到了，前面山坡都是茂密的灌木林，齐狗娃说走不通，我们已经尽力了，也只能走到这里，也算是到了牛尾巴。明天还有人要上班，我们没有更多的时间去走麻岭，现在我们从这条沟下去，返回大板岔，齐狗娃说我们最多走三个小时就能下去，大家起来吧，准备出发。”

一般来说，勇敢放弃是户外旅行的一个重要原则。留下几里长的遗憾有何不好呢。

走过东八川

下午两点三十分，我们出发下撤。

顺着垭口向北，沿山谷一路下行。跟在开路的齐狗娃身后，钻灌木林，穿箭竹林，在四五十度陡坡上向下慢慢移动。由于林密草杂，行走速度很慢，大伙儿不停摔跤。钻过灌木林，渐渐进入阔叶林带。林间的树叶遮挡了阳光，显得昏暗而潮湿，所有石头和树木都生长着厚厚的苔藓。峡谷像一个漏斗，越往下越窄，两面山坡慢慢变成了陡峭崖壁，夹着一道山谷。因为坡度太陡，看不见下面更深的峡谷。在没有路径的山野里快速穿行，队伍里无人言语，静悄悄地与大自然融为一体，偶尔能听见折断树枝的声音和摔倒的扑通声。

我在心里不停地祈祷，希望前方没有断崖。

走了许久终于听到了“咕咚，咕咚”声，仔细听声音是从石头下面的暗河溪流发出的。听到有水，大家的精神为之一振，顺着水流走，就一定会出去。

山泉水硬，喝了肚子难受，只好忍着口渴。

齐狗娃说：“这条沟叫东八川，以前老人们常走，现在没人走了，所以就荒了。山里的路，半年没人走就荒得走不成了，何况这里都几年没有人走了。”

三结义说："谁没事跑这儿来干啥，既没有路，也没有人烟。"

齐狗娃说："挖药啊。"

我心中没数，跟着齐狗娃只管走，这一走就是十几里，一路上几乎没有休息，一边走路，一边摇晃，感觉快要崩溃了。

走过一道石坎，我感觉不对劲儿，回头看时，竟然发现这道石坎是人为用石头垒起的，心里一阵狂喜，对袁哥说："这里有人活动的痕迹，你看，前面有路了。"

一条一尺来宽的小道突然出现在我们眼前，顺着小道上山下坡，总算有了奔头儿，大伙儿也来了劲。

再往前走，不远还有一处石头垒的房基，虽然年久坍塌，但总是给人以前进的希望。

齐狗娃走得快，坐在前面等我们。他说赶天黑前一定要翻过阎王砭，要不那里太危险了。

翻过阎王砭

山里行走最害怕天黑，随着天色慢慢变得昏暗，我的心也在不断收紧。下午六点太阳刚落山，峡谷紧跟着就暗下来了，大家戴上头灯开始攀爬前方陡峭的青岗砭，小道在半山腰绕过一个峡谷深水潭，在百米高的陡坡上爬行，行走的人双腿不停打战，不知是恐高还是饥饿。

此时天还没有彻底黑下来，还能看见悬崖下深深的峡谷，却听不清河水流淌的声响。顺着陡坡爬上梁子，还没顾得上喘气，又被齐狗娃催促着继续向下走，下坡路仍旧很陡，林间腐殖质虚土较好下脚，只要慢，保持身体平衡就没有多大问题，但大家太累了，不停地有人摔跤。王领导稍微不慎，一头栽倒，向下滚去，幸亏被一棵倒卧的大树挡住。眼见她向下滚去，我汗毛耸立，连呼喊的时间都没有，出了一身冷汗，这里真不愧是阎王砭。

再向下走，听见河流的声音。一会儿又听见有人说我们来到河道了。

夜过蛇虎溜子

晚上七点五十五分，我们跌跌撞撞地下到了河道，大伙儿找一块稍微干燥的地方坐下休息。已经连续行走了十多个小时，大伙儿确实走不动了，又渴又累又饿。三结义坐在河边为大家连煮了四锅普洱茶，直到大家喝通喝透，恢复了体力。

齐狗娃让大家休息好，接下来就要去爬后面那段危险的蛇虎溜子。齐狗娃说，刚才青冈砭那段山路他是摸黑走过来的，太危险了。我赶紧从包里翻出一个备用头灯递给他，嘱咐他一定要带上头灯走，千万别大意。

大家喝了三结义的热茶，定了定神，休息了半个小时后于九点继续出发。反正天已经黑了，再急也不在乎这点儿时间。我们跟着齐狗娃沿燕子崖下的河道，一会儿走岸上，一会儿走河滩，蹚过了二十多道河。一开始还有力气脱鞋脱袜，后来过河的频率太高也就顾不上那些，索性穿着鞋袜直接蹚过激流。

夜里十点二十分，我们来到齐狗娃所说的此路最危险的路段——蛇虎溜子。这是一条非常狭窄的山谷，湍急的河水顺着光滑的花岗岩水槽跌进下面深深的水潭，因为落差很大，轰鸣声响彻峡谷。听说过去崖上有栈道供人行走，后来因为常年没人行走，栈道被洪水冲毁，上山的人们就从旁边山嘴另开了一条简易通道，那通道大概有四五十米高，六七十度倾斜。

过了河我们来到了蛇虎溜子崖下，齐狗娃先让大家在这里休息会儿，他一个人上去查看路况绑路绳。黑咕隆咚得什么也看不见，一会儿只听见前面悬崖上传来齐狗娃的声音，说路绳绑好了，让月亮先上。

月亮回头看看我们，很悲壮地向黑暗中走去。许久听到从山崖上传来齐狗娃对月亮严厉的吼叫声："抓紧绳子，抓紧绳子！"

漆黑中可以看见月亮的头灯在慢慢地往上移动，感觉那么高，好像半空中的一颗星星。又听见齐狗娃喊叫："踩我的脚，踩我的脚，抓住那个树根。"那急促的喊叫声，在深山的夜晚令人心颤。

坐在河边静静听那声音，还没去爬，心就已经揪在了嗓子眼儿。接下来是老刘、陈姐、天亮了、三结义、王领导。每个人爬上去都需要五六分钟，今晚的蛇虎溜子是一个漫长的等待。

用头灯照射，什么也看不见，漆黑的夜将强光全数吸进，只看见那么陡的坡，那么高的山崖。

又听见齐狗娃斥责陈姐的声音："你哭啥嘛，抓住了，下面可是五十多米的悬崖！"

终于轮到我了，像是准备上战场，心里直打鼓。站起来，收紧背包，深呼吸。转身对断后的袁哥说："袁哥，看样子，这路很危险，你一定要小心。"

袁哥挥挥手说："没事，你走吧。"

山谷完全沉浸在漆黑之中，我怀着忐忑不安的心情慢慢来到悬崖下，仰首望着半山腰，什么也看不见。

不一会儿，山腰上有了灯光，齐狗娃在上面喊："下一个上。"

我四肢并用，沿着陡坡往上爬去，一尺宽的小路右边高、左边低，左边向外倾斜，下面就是深深的悬崖。路绳绑在三米外左侧的一棵树根上，爬上去左手抓住路绳，右手抓着地面，地上光秃秃的啥也抓不住，只能凭着感觉慢慢往上挪动。听见上面齐狗娃在喊："一定要抓紧绳子，不敢松！"

三十米的路绳，长度不够，上面一头绑在一棵伸出悬崖外的树根上。我跪着爬着，艰难地爬到路绳尽头，绑路绳的树干距离顶部还有三四米远，倾斜的路面倒向黑暗的深崖，深崖下传来河流汹涌的涛声。

山坡上没有任何可以借助力量的东西，我跪在陡坡上，一点点平衡着身体，往上慢慢爬，想抓住崖上的一根小草，结果断了。这里是蛇虎溜子最危险的地方，稍有不慎，就可能坠下去。

我趴在陡坡上不敢动弹，怯懦地问站在上面的齐狗娃："怎么上啊？"

齐狗娃抓住山顶上的一棵小树，伸下来一只脚，让我用左手抓住他的脚。因为坡太陡，无法迈开腿，这时我右手好不容易抓住了崖壁上的一个小树根，借着那一丁点儿力量，我爬上了只能容纳一两个人的山嘴。

齐狗娃催促我赶紧下去，我看了眼下去的路，简直要晕死，小路几乎垂直。真纳闷前面那些人是怎样爬上来的，又是怎样下去的？

下去的路不但陡峭，并且还有一个拐弯，左面是深不见底的悬崖，右面是什么也抓不住的崖壁，光秃秃的崖壁上长着几棵细竹子。

走这么陡的山坡，绝对不能半蹲，更不能站着走，唯一可行的是坐下，抓住旁边的竹子，一点一点地往下磨。

拐过弯，发现王领导紧靠在右面的陡坡上，双手抓着竹子，一动不动，双腿打战。我感觉到她已经麻木了。她说刚才她差点儿滑下去，说着眼泪就在眼眶里打转。

我抓着竹子对她说："抓紧竹子，慢慢往下溜，尽量往右靠，重心往右。"

因为太陡，大脑高度集中，看着脚下，不敢跟得太紧，担心意外相撞。

从崖下爬过去，看见前面过来的几个人都站在半山崖壁下一个不大的平台上，前面又是个小上坡。灯光向下照去，能看见河流，有十几米深。

老刘说前面没有路了。

绝路逢生

站在半山崖，望着深深的谷底，内心有着说不清的后悔和自责，把大家带上绝路的感觉，只有我自己能体会到。

袁哥终于爬了过来，站在我旁边喘着大气。

大家站在一起，都不说话，尽量回避不说刚才的事情。齐狗娃背着两个包下来，脸色煞白，下巴滴着汗水。他把路绳往地下一撂，问我们："还有两个包在上面，谁跟我去拿？"

没有人吭声。按照以往规矩，遇到现在这种危险的情况，就是把包丢了也没有什么，没有人愿意上去冒险。沉默了好一会儿，见没有人吭声，三结义举手说："我去。"

我站在崖壁下，静静看着黝黑的峡谷发愣，行走山野这么多年，第一次当了懦夫，第一次没有了冲锋陷阵的勇气和奉献精神，除了自责还是自责。

一会儿，齐狗娃和三结义背着包过来，把背包给了四个女队员，大家稍微镇静后，又继续出发。此时，我们所有的希望都寄托在齐狗娃一个人身上，跟着齐狗娃来到悬崖根，这里是一个两三米高的悬崖，我们依次从那里滑下去，来到了布满白色卵石的河道。

下到河道，心里踏实了许多，拖着沉重的双脚，不由得长叹一口气，自言自语道："今后我不会再走这样危险的道路。"老刘走在我旁边，长出一口气说："如果是白天，打死我都不敢走这样的路！今天是晚上，啥也看不见，也就那么过来了。"

月亮问我："这样的穿越以前玩儿过多少次？"

我回答："第一次，不过，也是最后一次。"

她高兴地说："太荣幸了，我们第一次上牛背梁就有这样的经历。"停了一下，她又问我："为什么是最后一次呢？"

我看着黑黢黢的前方说："这样危险的路，以后绝对不能走了。"

七十二道河

河水很大，找不到过河的石头，齐狗娃让大家穿鞋过，说后面还有好多河。从过蛇虎溜子到现在，我们一口气已经蹚过了二十七道河水，大伙儿实在走不动了，有人建议找地方扎营休息，齐狗娃说不行，现在已经飘起了雨点，这沟狭窄，万一雨大就不好了，绝对不能扎营。

我瞅瞅四周，同意齐狗娃的意见，但要求齐狗娃让队伍休息一会儿再走。否则，就有可能让人透支过度，引发意外状况。

大家坐在河边，休息片刻后继续赶路。

前方依旧还是奔腾的河水、无尽的河流。

河水湍急，而且深浅不一。齐狗娃和老刘常常站在深水里搀扶大家一一通过。水底的大卵石光滑不稳，踩不好就会摔倒在水中。王领导不慎摔倒在水中，手杖被激流冲走。她想追，我拉住了她。过了河，还没有等我安慰她，她先对我说对不起。我说只要人安全，丢个手杖算什么。

四个女队员过河都湿了身，夜晚涉水过河，水深流急，在所难免。

三结义的手杖折断了，老刘的头灯也没有了电，只好让陈姐一路给他照明。

我穿着登山鞋走在河水里，有一种温暖舒服的感觉，冷水浸脚，可以起到消除疲劳的作用。

袁哥说他现在最想吃的是大米稀饭；天亮了说她最想吃的是凉皮；我说我最想吃的是蒜蘸面。说着说着肚子更空了，前心贴着后背，饿得咕咕叫。

凌晨两点，我们来到一个叫东天宫的地方休息。不久，我们便在黑暗中继续上路。凌晨两点四十分涉过最后一道河。

东大宫

袁哥数了一下，今晚我们蹚过的大河有四十七道，加上前面蹚过的二十多道河流，总计至少在这山谷里蹚过六七十道河流。

喜极而泣

走过一道狭窄的山谷，看见了一条引水渠，继而又看见了一条沙石路，突然间兴奋得有点儿傻。

凌晨三点，我们终于看见了前方微弱的灯光。

陈姐和月亮相拥而泣，王领导摇晃着身子几乎站不稳，三结义搀扶着天亮了，大伙儿拖着沉重的脚步往灯光处挪动。

我没有言语，一路提着的心慢慢落到了底。拉着王领导，向着前方的灯火处走去。

齐狗娃已经叫开了高村主任家的大门，进到院子里，我看到齐狗娃靠在一堆木椽上，他不喝水，也不抽烟，说恶心。我明白，只有把人安全带回来，他的心才放了下来，心一放下，身体就瘫了，人也知道痛了。

今天，我们走了整整十八个小时，翻山越岭，攀崖涉水，徒步行走六七十里山路，遇到多少艰难险阻，饥渴交加，惊恐万状，经历了许多难以想象的艰难时刻。

村主任老高拿来一瓶白酒，大家一杯接一杯，醉就醉吧。

灯光下，纷飞的雨丝乱舞。

我总算与牛背梁有了一个彻底的了断。

后记

大概两个月以后，几位朋友从分水岭出发，从西到东纵穿了牛背梁，捡到了袁哥弄丢的羊皮褥子。几经辗转，那个羊皮褥子又回到了袁哥手里，袁哥将历经风雨而完好无损的羊皮褥子送给了喀什。隔年，朋友马毅来找齐狗娃，想让他带路再走一遍我们走过的道路，齐狗娃直接拒绝，说给多少钱都不去，太危险了。

后来，牛背梁南坡柞水建起了景区。再后来，我和探幽龙去冉家坪，听老韩说高村主任搬去了五台镇，齐狗娃因心脏病去世了。我不敢相信老韩的话，那么年轻的齐狗娃怎么会呢。我对着那间齐狗娃曾经住过的破旧的土坯房，默立许久。随着齐狗娃的离去，牛背梁也成了我心中的尘封往事，一去不复返。

2006年8月7日

行走在秦岭最美的山脊上

——徒步穿越鹿角梁

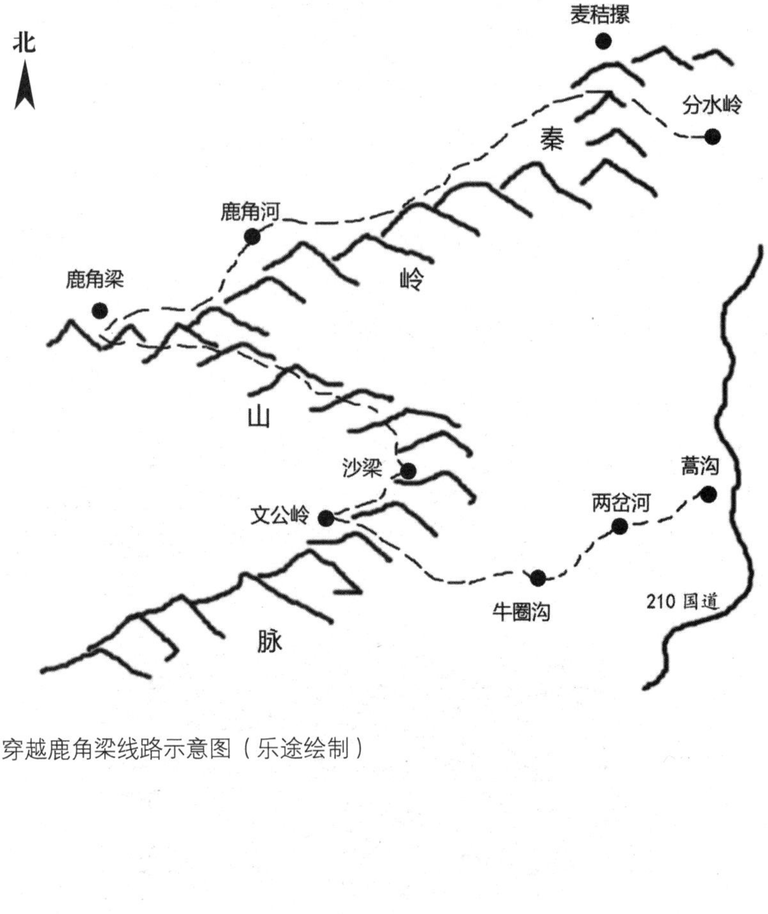

徒步穿越鹿角梁线路示意图（乐途绘制）

最美山脊

题目是行走鹿角梁时想好的。那天当我行走在鹿角梁美丽的山脊上时，被眼前壮美的景色深深震撼，不由得感喟：秦岭山脉竟然深藏着如此美丽的地方，这是我在秦岭山脉中见过的“最美山脊”。

在绵延起伏的秦岭山脉中，壮美的山峰无处不在，许多海拔两三千米以上的山脊互相连接、绵延不断，起伏在秦岭山脉的主脊线上，隆起的山脊大多有着大片的高山草甸，茂密的冷杉森林，艳丽的高山杜鹃，壮阔的第四纪冰川遗迹，成群的羚牛、熊猫、金丝猴和朱鹮，这些高山峻岭用它们独特的地理地貌，充分展示了秦岭山脉的壮阔与雄浑。

在秦岭的群山之中，唯有鹿角梁与众不同。它既有险峻的悬崖峭壁，又有俏丽的高山风光、青翠的高山草甸、蓊郁的原始森林，还有许多珍贵的野生动物。它在秦岭延绵的山脊上，展示着一种刚健中的粗犷，自然中的朴实，原始中的彪悍，抒情中的狂野，震撼中的缠绵。

相见第一面，我就被它的秀丽与狂野、精致与柔美深深吸引。

鹿角梁

行者之歌

母亲走后，我的心情一直不好，总想找个机会出去散散心。翻出中国地图，用笔在辽阔的西部画过一条长长的线条，从古都西安开始，一直连接到了遥远的乌鲁木齐，我用坚定的语气对王领导说："走，我们去新疆。"

新疆只是一个大致的方向，没有确定最后的目的地，有可能去徒步伊犁的夏特古道，也有可能去徒步呼图壁的狼塔C线，一切都得等到了新疆之后再做决定。

老刘对自己重装徒步夏特的能力持严重怀疑态度，然而强烈的出行愿望，又促使他甘愿去冒这个风险。为了试探自己重装徒步山野的体力，他几次打电话催促我组织一次重装徒步穿越活动，既可热身，又可以检验一下自身能力。我答应了老刘一起去热身，并约上王领导、海洋一同出行。

九月十四日早晨八点出发。

我背上大包，对看报纸的父亲说要去秦岭山里转转。

父亲笑着说："背那么重的包，要操心呀，千万不要累着了。"

我站在门口长叹一声，对父亲说："您放心吧，明天晚上我就回来。"

向老父亲挥挥手，慢慢将门关上。回头的一瞬间，瞥见苍老的父亲对我挥挥手："哎——去吧，注意安全。"

我们四个人坐上一辆面包车，向着秦岭深山疾驶而去。从车窗缝隙吹进来的风略显寒冷，碧透的蓝天像一面蓝色的镜子，在这块巨大的蓝色中闪烁着一道白色的亮光。

老刘坐在副驾驶位上，对着窗外说："今天的天空太过死板，没有飘逸的云彩，这样的蓝天就像一块布景。"

两个小时后，我们来到了秦岭腹地，终于呼吸到了纯净的空气，让我们的耳朵享受这里的宁静，让我们的眼睛沐浴这里的绿色，让我们的心灵感知这里的山野，我来了。

寻不见文公岭的古道

路过分水岭，我们被告知去发射台的道路塌方，车辆禁行。只好改变线路，去宁陕县壕沟，由那里进去，再从文公岭翻越秦岭主脊到麦秸摞，最后由光头山出来。徒步线路长度不到三十公里，一天半时间还是有点儿紧张。看来，只有加快行走速度，才能按时出山。

进入壕沟在两岔河向西拐去，走到漆树坪时道路被水冲毁，此时已经是中午十二点，为抓紧时间，我们弃车而行，开始了秦岭山脊的徒步穿越。

顺着新开辟的山路，我们背负重装气喘吁吁地向上走去。虽然这条路我已经是第四次行走，但是，新修建的道路将原先的古道彻底摧毁，仅凭一点儿模糊的记忆，无法找到文公岭的大致方向。

背包很重，走得吃力，双腿犹如灌了铅。海洋汗水淋淋地走在最后，拐过一个弯，她就被甩在了很远的地方。在一片塌方处终于听到了她的声音："我为什么又上了你的当，你没说这么累啊！"

我笑一笑，让她继续加油。四十分钟后，海洋开始强烈要求减负。大家坐下来，将她包里的食物一扫而光。海洋总是不理解王领导为何能这样吃苦，一路上默不作声地行走。得不到答案，海洋唏嘘一阵，高声赞扬了王领导。

即使天气这样炎热，老刘依然将自己脸部用魔巾裹得严严实实，他说这是为了预防哮喘复发。

急行军三个小时后，我们穿过一片草甸，爬上了一道海拔一千八百八十五米的沙梁子，前方不远处就是秦岭主脊文公岭。一群黄牛漫步在山路中间，我们小心翼翼地从牛群旁经过。河谷里流水潺潺，林木茂盛，我们沿着清澈见底的溪流向上行走，舒坦、惬意。两侧的山崖高耸入天。原先去瀑布的那条古道已经不见了踪影，我们只好顺着大路一直爬到了沙岭上，站在高高的岭头，竟然也找不到前行的方向。我担心前方没有水源，早早在沙梁下灌满了一大瓶山泉水，新修的盘山路将原先的古道完全覆盖，将我记忆中残存的方向感彻底搅乱。

今天我们行走这样的路，海洋完全没有思想准备，一路上叫苦连天。看到她这般痛苦的神情，王领导主动将手杖让给海洋，自己则在路边捡了一根木棍代替。我问王领导为何将手杖让给海洋。她回答说：“海洋年龄大，比我更需要手杖。”王领导的善良敦厚像金子一般闪着耀眼的光。

我们顺着新开辟的大道不知不觉走了很远，来到了秦岭大梁西南方向的一条山谷里。我环顾四周，生疏的环境让我纳闷不已，这是去冰晶顶的方向。我下意识地感觉走错了路，赶紧掉转身，带着疲惫不堪的四个人重新返回到了三岔路口。我凭借模糊的记忆向着西北方向一直往上摸索，仔细寻觅着老路的蛛丝马迹。功夫不负有心人，下午四点多，我终于找到了宁鄠古道上的最高点——海拔两千零九十五米的文公岭垭口。

我站在文公岭上，利用一点儿飘移的信号和红小兵确认了去鹿角梁的大致方向，然后坐在岭上的大条石上歇息。

阳光明媚，秋高气爽。

海洋问：“这里为啥叫文公岭？”

我告诉她：“很久以前这座垭口上有一座文公庙，来往的人们走到这里都要给庙里上一炷香，祈祷老天保佑路途顺利、家人平安。后来庙被毁了，这些石条就是文公庙的房屋基石。”

文公庙垭口位于三县交界的秦岭主脊上，它的北边属于黄河流域，气候略显燥热；它的南边属于长江流域，气候略微湿润。我们现在站在中国地理及气候的南北方分界线上，从这里可以仰视雄伟的鹿角梁，也可以俯视悠长的子午道。文公岭古朴深厚，历史和岁月留给了它无尽的苍凉和磅礴。微风吹拂，只见茵茵花草随风摇曳，却不见悠悠古道上的古老印记。

我站在文公岭上，感觉到心中有一阵古风吹过。

栖身之所

离开文公岭垭口，我们一直向北走去，爬过一段缓坡后就钻进了一片茂密的丛林。眼前是一条模糊不清的山野小路，蜿蜒起伏在杂草、灌木中，并一直延伸到被茂密植物覆盖的山脊上。第一次走穿越鹿角梁的线路，我的心里没有任何概

羚牛

念，只是牢记着宋三郎和红小兵描述的大致方向，并一路向东北而行。我们一会儿穿行在茂密的杜鹃树林里，一会儿又钻进低矮的灌木林中，一会儿又爬进密不透风的竹林，想尽量在日落之前多赶一些路。

我们偶尔钻出竹林，就像浮出水面，深深地透一口气，然后又潜入无边的竹海，在昏暗中摸索着前行。在竹林里钻了三个多小时，眼见着天空光线慢慢变暗，我叮咛走在前面的王领导注意寻找前方可以宿营的地方。不一会儿前面传来王领导的声音："前面没有可以扎营的地方。"老刘不放心，跟着爬上山脊去确认，一会儿他也很无奈地返回，说前方二百米以内确实没有可以扎营的空地。

我们后退十几米，在一处山坡空地上扎营。山坡空地位于竹林中央，三四米见方，狭窄的空间里荆棘密布，潮湿泥泞。因为坡度太过倾斜无法支起两顶帐篷，我们就在两棵大树根部整理出一片仅能放置一个单人帐篷的位置，然后再依靠大树勉强支起另一顶帐篷。

大伙儿刚把营地建好，太阳便一溜烟地跑到了西山那边。山谷对面的山峰上挂着一块红色云彩，像是一片帽盖云，又像是梭子云，透过密林的缝隙，我遥望了许久。这种云朵俗称“帽子云”，一般是上升气流越过高山时才会出现的一种现象。

夕阳的光辉缓缓从峡谷高处淡出，空蒙的深山里只有松涛的呼啸声。劲吹的山风拉扯着头顶的树梢，朝着一个方向，发出一阵阵犀利的啸叫，巨大的呜呜声传遍了山野。这种奇异的松涛声在旷野的黄昏中，在高山密林里让人毛骨悚然，神情紧张。

我浑身哆嗦着钻进帐篷，吃了王领导做的美味揪面片，色香俱全，暖意瞬间流遍全身。海洋在隔壁帐篷里嘟囔着：“唉，每次跟你出来都那么痛苦。”老刘在帐篷里边吃晚饭边说：“真不知道我这个状况能不能去走夏特，我挺怀疑自己的。”没有人吭声，今天我也走得很吃力，能不能走夏特只有到了新疆才会见分晓。我勉强平躺下，不去理会身底下疙里疙瘩的小石头，对自己说：“什么也不要去想，不管是今晚还是明天，或是不久将来的新疆之行，一切都顺其自然。”

呼啸的松涛声将整个森林撼动，铺天盖地，地动山摇，就连旁边粗壮的大树也在不停地摇晃。面对大自然的咆哮，我泰然自若，静静地听，静静地想，静静地睡去。

营地海拔两千二百四十米。

云雾缭绕的山脊

一大早就听见老刘在喊：“快起来看啊，真美啊！”

我赶紧爬出帐篷去看。清晨中白色的云雾沉在营地前方深深的山谷里，高耸的山峰笼罩在一片旗云之中，碧蓝的天空流动着几片长长的云丝。

海洋说帐篷倾斜，人往下溜，一晚上根本无法睡觉，只好抱着睡袋在帐篷里坐了一夜。我告诉她这是野外特殊环境，只要能遮风避雨就好，今晚回家好好睡个觉。

早晨八点准时拔营，刚一起步，就一头扎进了密不透风的竹林。前方那座高耸的山脊似乎永远也无法到达。大概一个多小时后我们钻出竹林，爬上了刀刃般的山脊岩石。山脊上突兀的岩石嶙峋峭拔，裸露在山峰的最高处。我们行走在危

鹿角梁风光

如累卵的山脊上，尽力保持着身体的平衡，小心翼翼地在崖壁上攀爬，不敢看向两侧的绝壁深崖。

随着海拔不断升高，我们的视野也变得更加开阔，山野风光越发壮观美丽。

爬过一段山脊，我们来到了西北坡上，这里有大片葱郁茂密的森林、广阔的草甸和高山杜鹃。空旷的山坡上偶尔立着几棵枯死的冷杉，像是战场上死去的将军，虽死而不倒，孤零零地挺立在苍茫之中，生命的轮回折射出自然界的壮美，新生的与死去的彼此相伴。

此时，我们头顶蓝天白云，脚踏巍峨山峦，站在裸露的岩石上，举目眺望，饱览着秦岭壮美的山河。然而，壮美情怀的抒发似乎也只是一瞬间的事儿。突然间，山野不再静谧，远山不再清晰，山脊也变得忽隐忽现。只见一阵阵狂风挟带着浓云迷雾从山脊南侧翻滚而来，飞快地涌上山脊，流过山坡，集聚在左侧的山坳里。然后云雾再次发力，迅速从山谷升起，掠过一道道山脊，向着远处飘散。

顶着飞逝的云雾，我们爬行在山脊岩石上。这样的攀爬如同行走在摩天大楼的边沿，常常需要四肢并用，弓背弯腰颤巍巍地在岩石间爬上爬下。云雾缭绕中，我看不见峰顶，也看不到深谷，只是在眼前咫尺距离内摸索前行。扑面而来的云雾如同千丝万缕的纷乱雨滴，划过我的脸庞。

在云雾的间隙里，我看到了前方辽阔的草甸和蓊郁的森林。毛茸茸的地毯似的巨大草甸从断崖处一直向下缓慢延伸到了深深的峡谷森林中，山坡上一棵棵挺拔的冷杉和凌乱突兀的岩石，组成了高海拔山区特有的原始景观，静和动，高和矮，大和小，完美的自然韵律，壮观至极，震撼心灵。

一大群羚牛

我低着头走在最前边，突然听到一阵异样的嘈杂声，立即停下脚步，惊异地抬头看去。只见前方不远处的一块岩石上，立着一头雄壮的羚牛，那只羚牛双眼如铜铃直盯着我，颈部褐色的鬃毛在风中飘逸，像一头高傲的雄狮，在它周围还有许多白色的羚牛。

此时所有羚牛都已经发现了我，它们竖起耳朵，紧张地向我张望。

突然出现的这一大群羚牛，让我既惊又喜，我快速取出照相机，对着羚牛群按动快门。

羚牛群

羚牛群发现了我，它们先是一怔，然后就像溃堤的洪水，转过身向山下跑去。那头雄壮的羚牛看我走近，也转身跑了。然而它为了保持自己的雄性威严，跑几步，便停下来看我一眼，再跑几步，再停下来看我一眼。

等我跑到雄性羚牛刚才占据的岩石上时，羚牛群已经向山下跑远了。那些白色的身体在绿色低矮的竹林中格外显眼，我对后面跟上来的王领导说："你快数一数，它们一共有多少只。"

一会儿王领导说："一共五十九只。"

好大一群，这是我在秦岭里这么多年来看到过的最大的一群羚牛。

对着远去的羚牛，我开心地笑了。鹿角梁原本就是它们世世代代的栖息地，是它们赖以生存的家园，它们才是这里真正的主人，我们只是匆匆过客。

这些活力四射的野生动物，折射出了生命存在的意义。

峰回路转

疾行半日，四人队伍也渐渐拉开了距离。因为担负着探路的任务，我一直走在最前边，我不停与后面的队员联系。然而，后面的回声常常是间隔一段时间才会传来，山野空旷，不免让人牵挂。

山坡上的灌木丛结满了红色饱满的浆果，缀在枝头上的许多小豆子都是红艳艳、亮晶晶的，十分惹人喜欢。云雾重又聚来，四周被白茫茫的云雾笼罩着，看不见路径，辨不清方向，只能凭借着感觉，顺着山脊往前爬。旷野中，狂风呼啸，将人吹得东倒西歪。

正当我要往前面一座高高的山崖爬时，听见老刘在左侧山腰喊，说他看见了道路。我心中大悦，赶紧向他那边移去，在松软的陡坡上看见了有人走过的印迹。顺着这条所谓的路，我们四人一直向前走到了一处断崖边，站在山崖上，眺望许久，犹豫不决。经过大家仔细辨认，这印迹不像人走的路，应该是动物行走的兽道。

野外行走，经验和感觉很重要。此时感觉这路不对劲，拿出指北针来看，才发现我们走错了方向。我赶紧对老刘说："我们走错了方向，这是向北，我们应该向东走，跟我来。”

转过身却不见了海洋，立即背上包爬去高处看。翻上了山脊才发现海洋正弯着腰费力地向左前方山崖爬去，大风将她的帽子几次吹落。看着她惊慌失措地捡拾帽子的情景，我对她大呼道：“不要走了，停下来，弯下腰，不要帽子了！”

海洋似乎没有听到我的话，仍然奋力扑向在草丛中滚动的帽子。正在操心海洋的安危，突然一阵大风将我吹到了山崖边上，我猛地跪下，下意识地趴在地上，我前方两米处就是垂直百米的悬崖。扒在崖边定神看，远处山谷就是去大寺方向的磨盘岭，这里应该就是鹿角梁的最高处。

我小心谨慎地转身离开风口，坐在山顶草丛中，大脑犹如这混沌的云雾，迷茫一片。浓云迷雾中没有参照物，我心中有一点儿焦虑感，也有一点儿沮丧感，开始盘算着下一步的计划，如果实在找不到去鹿角梁的道路，是不是只有原路返回呢。

正在我迷茫之际，一阵大风吹过，眼前突然一亮，一个熟悉的山坡在一片飞掠的云影中闪现了一下，我心里一惊，情不自禁地呼喊起来：“我看见了，我看见了。”回头对远处的王领导说：“快来呀，我看到了，看到了鹿角梁。”

他们闻声陆续靠拢过来，我兴奋地对他们说：“咱们现在就在鹿角梁的第四道梁上，前面不远一定有去鹿角梁的路。”

风景如画的山峰

我看见了鹿角梁，心里有了数，带着大家向山垭口走去。在淡云飞流的山垭口上，我看到了一条人们走过的痕迹。

向北翻过山口，云雾不再阻挡我们的视线，远远便可以看见绿色的山坡上镶嵌着一条白色的细线，那条细线弯曲着消失在了二道梁下墨绿色的森林中。越往下走去，小路越发清晰，竟然还看到了一个人。

此时走在自己熟知的道路上，心里不再恐惧，便放慢了脚步，边走边看。正走着，前面走过来一个背包客，他看着我问道：“你是乐途吗？”我十分惊讶地“嗯”了一声，面对眼前的陌生人，我笑着问他：“不好意思，你是？我这人记性不好。”他笑着说：“那篇《冰雪鹿角梁》的帖子就是我写的。”我立即笑着和他握手：“那帖子我有印象，写得挺好，我看过很多遍，并且也有留言。”

我和他寒暄了几句后，便匆匆告辞下山。在鹿角梁热兴起后，我先后拜读了他、红小兵和扣扣姐关于鹿角梁的帖子。在那些帖子里，我读到了鹿角梁的冬雪、春风、夏雨，我被那里的美丽风光深深吸引。夏末我来过一次，验证了他们眼中的美丽秦岭，体会了他们笔下的秀丽山水。我被鹿角梁的壮美秀丽深深震撼，对同行说：“这里的景色完全可与江西的武功山一比高下。”

在秦岭，我还从未见过这样让我动心的绝美景色。鹿角梁不但拥有北方大山般的雄浑气势，同时还拥有南方山野的柔媚俊秀。我边走边想，鹿角梁所具有的奇特神韵是什么呢。

鹿角梁的美，唤起了我内心深处关于追求自由与空间景象的共鸣。

跋涉风雨中

走到头道梁，已经是下午一点三十分。

山坡上偶尔有一些背包客在林间草地上休息，询问得知他们是从分水岭方向走来的。我拖着疲惫的身躯走过了最后一道山脊，坐在背风处休息。旁边坐着两个人，正在大口地嚼着苹果。看着他们那样爽快地品尝美味，我轻轻咽下一口眼馋的唾液。从早晨出发到现在已是半天时间，我们没吃没喝，肚子早就饿得咕咕叫。正在我眼馋别人的时候，旁边过来一个年轻人，他坐在我身旁，一边将包里的东西往外掏，一边问我：“你们从哪里过来的，背这么大的包？”我说：“我们从宁陕壕沟那边走过来的。”

小伙子停下手，摇摇头，似笑非笑，从背包里拿出一提啤酒罐，撕开塑料包装递给我一听：“辛苦了，喝一罐吧。”

我没有客气，接过来，欣喜万分地说了声“谢谢”。然后急切地打开，仰起头“咕咚咕咚”喝了半罐。旁边的海洋喊道：“别喝完了，给咱留点儿嘛。”我抹了一把嘴，把剩下的半罐啤酒递给她，海洋仰起头一饮而尽。

喝了几口啤酒，身体好像注入了一股能量，立刻振奋了许多。我把啤酒罐装进背包，告别小伙子，钻进山坡北边一片茂密树林，一路小跑，半个小时后来到了半山腰的林区土路。我看着大伙儿一个个都饿得走不动，便招呼大家停下来休息，补充能量。

此时已是下午三点四十分，距离分水岭垭口还有十三公里路程。不知是巧合还是意外，我们刚一出发，天空突然乌云聚起，浓雾翻滚，寒风劲吹。呼啸的冷风开始肆虐，豆大的雨滴铺天盖地地向我们袭来，好在剩下的道路较为平坦，我们只管放开脚步去走。

顶着一路寒风，冒着纷纷秋雨，我们向着分水岭方向走去。随着时间的推移，天色渐渐暗了下来，雨滴也越来越大。一公里，两公里，数着路旁的公里碑，走过麦秸摞，走过王锁崖，一直到晚上八点多钟，才走到半山腰的林管站，林管站距离分水岭垭口还有六公里路程。

我的两只脚早已磨得生疼，胯骨和锁骨也一样火辣辣地疼。我们躲进林管站的黑屋子里避雨，那幅十年前我设计的大寺招贴画还固定在黑黝黝的墙壁上，唉，都是经年累月的往事。

休息后招呼大家继续出发。晚上九点多钟，我拖着疲惫不堪的双腿，经过漫长的行走后，在寒冷的暗夜中来到了秦岭海拔两千一百米的分水岭垭口。

当我看见那辆接我们的车时，双腿如一对石柱，立刻定在了原地……此次热身之旅，结束在子午古道的斜风细雨中，它注定是值得我回忆终生的美好旅程。

我决定去走新疆，徒步夏特古道。

2012 年 9 月 15 日

灿烂的春，辉煌的路

——徒步穿越大寺

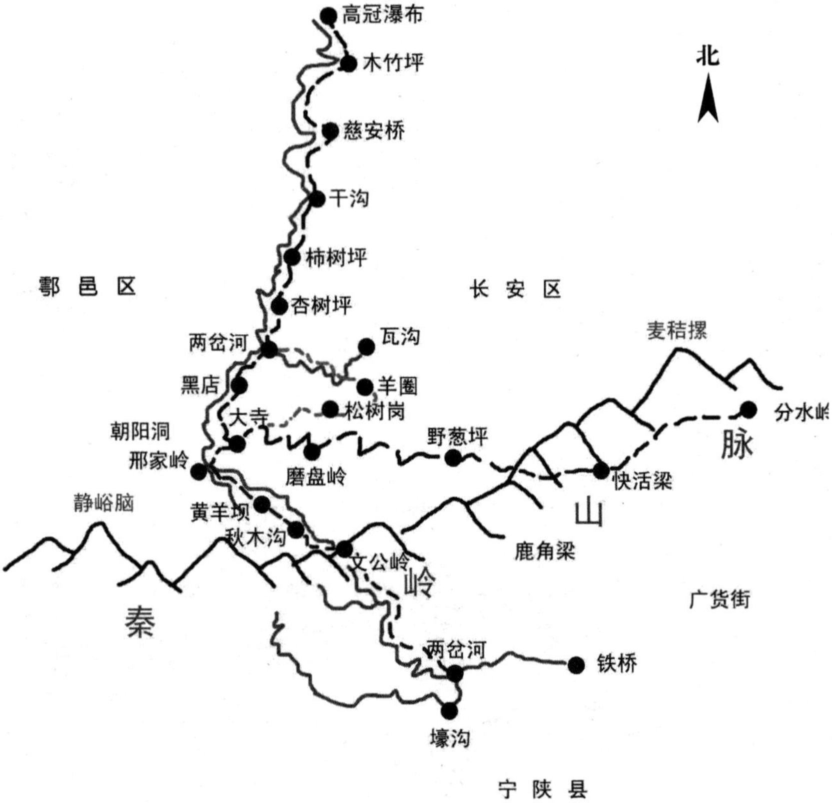

徒步穿越大寺线路示意图（乐途绘制）

大寺，关山

三月份，喀什的一句话，勾起了我深藏内心的“大寺情结”。

他说想再走一次大寺，我说：“五年前探路也是三月份。要不然咱们一起走，也好纪念当年的发现。”喀什赞同。于是，我便开始着手策划活动方案，准备奖品，草拟帖子。在征得几位古城热线论坛版主的支持后，一篇《纪念首次徒步穿越大寺五周年——重走大寺路》的活动帖子，在论坛与广大山友见面了。

有人问我，为什么会痴迷于那个深藏于秦岭深山中的小山村。

我说我喜欢那里的原始、神秘、淳朴、荒凉，还有那里的美丽。大寺在我心中，就是秦岭里的香格里拉。

“重走大寺路”活动，仅仅几天时间就有上百人关注。其中将近六十人确认报名参加此次活动。我将报名参加的人员分为两组，我带A组早晨出发，喀什带B组晚上出发。

A组队伍的向导仍是当年带领我探路大寺的向导何满堂。

“重走大寺路”活动要重温当年探路的经历。所以，要路过另一座深藏大山的神秘村庄——木竹坪。

队伍一大早从西安出发，路过大寺新村接上向导何满堂，九点进入祥峪。我们计划顺着山谷向西翻越高耸的关山。祥峪山口海拔八百六十五米。

这个季节漫山遍野长满新嫩的灌木，给大山涂抹上了一层新绿，在阳光的照耀下发出了透亮的翠绿色。哗哗流淌的小溪旁，盛开着一簇簇黄色的迎春花。山崖上一道闪亮的瀑布从天而降，给燥热的山谷带来一丝凉气。几只喜鹊在树枝上跳跃，叽叽喳喳的叫声在空谷中回荡。

李公子说：“喜鹊叫枝头。看来，我们要遇到好事了。”

一条小道“之”字形向上迂回，山坡上铺满了枯枝腐叶，看不清路的痕迹，如果没有人带领，我们一定不敢贸然前行。满堂说：“小时候和大人走过这条路很多次，一晃三十多年过去了。虽然很多年没有走，但是小孩记性好，多少还是有点儿印象。”他又说：“如今这条通往木竹坪的山路，随着山民不断外迁，慢慢也就撂荒了。”

中午十二点，我们翻过李家崖梁，来到“大公草”山谷休息。何满堂坐在树荫下啃了几口方便面。今天太阳毒烈，我脱去了多余的衣物，坐在海拔一千二百六十五米的山林里享受着徐徐春风。

大家正在休息，躺在旁边背包上的小龚突然喊叫，说她小腿肚抽筋。我赶紧起身用力地扳她的脚拇趾，扳的过程她越发喊痛。李公子情急之下用力捶小龚的腿，却没有一点儿缓解的迹象。这时候，一路默不作声的内蒙古小伙走过来，他托起小龚的脚跟，拿捏着她的小腿肚，不一会儿，小龚的疼痛便缓解了许多。忙乱过这阵，我才顾得上认真看一眼脸上布满汗珠的小龚和静坐草地上的内蒙古小伙，一个是没有受过罪的柔弱女孩，一个是来自草原强壮干练的小伙子。

今天晴空万里，山中无风，毒烈的太阳似要把人烤焦。空旷的山谷里光秃秃的没有任何树木可以遮蔽阳光，我们完全暴露在烈日下，汗水已经浸透了衣裳。小龚不停地问还有多远，感觉她似乎已对前途失去了信心。我看着脸上毫无表情，嘴唇发青干裂的小龚，只有鼓励她坚持。

队伍重新出发，精神抖擞的队员们跟着满堂很快就爬上了前方更高的一道山梁。我站在山梁上，眼前豁然开朗，前方巨大的山崖环抱中是一块名叫“大公草脑脑”的坪坝，坪坝上生长着一棵开满雪白花朵的梨树，先到的队员们都已躲在树荫下休息了。

离得很远，我就嗅到了扑鼻而来的梨花的馨香，走近去将脸颊轻轻地贴到洁白的花瓣上，闻着从黄色花蕊中散发出的沁人心脾的香味儿，我微闭双眼，沉浸其中。

紫迪依杨捡起一朵落在地上的花儿插入头发，然后又捡起一朵花瓣，举在鼻前嗅闻。看着她放下了平日里拘谨的姿态，一脸的平和笑容，我对她笑着竖起大拇指。

我转过身问满堂：“木竹坪在哪里？”满堂指着西面高耸的山峰说：“翻过那道岭就能到达木竹坪。”

听说要去翻越前方那座高耸的山崖，大伙儿的眼睛齐刷刷地都向西边望去，将目光搁在了那座嶙峋巍峨的黛蓝色山峰上。面对眼前那座高耸的山峦，大伙儿不知道是在仰望、凝视，还是在恐惧。没有人言语，队员们与大山一样，选择了缄默。

老兔问满堂：“去木竹坪还有别的路吗？”

满堂回答：“仅此一条，没有别的路。”

队伍跟着满堂继续出发，一个跟着一个，没有一点儿声音，所有人的心与大山已经融为一体。我们走进了大自然，大自然也容纳了我们。

茂密的灌木林延续着冬季的干旱，干燥的山坡上铺满了厚厚的腐叶，走在上面虽然柔软、舒服，但是扬起的尘土却呛人心肺。缺少雨水的滋润，山谷里弥漫着一股浓重的土腥味儿，夏天的湿润，好像离我们还很遥远。

我背着沉重的背包，默默地一直向上攀爬。低着头，数着步子，一、二、三、四……当我数到第四千七百步时，陕西省电视台《勇者无畏》栏目的随队记者可人回头对我喊道：“老大，我们到了！”

我擦去额头上的汗水，紧走几步，跨上山顶，是真的，就是它——木竹坪。

木竹坪——树木竹林之地

远望去，几座山崖包围着一片土丘，一位老农吆喝着两条黄牛正在一小块田地里耕作，几间土坯灰瓦农舍散落在沟坎之间，一只小花狗哆哆嗦嗦地靠在墙角无力地叫。

木竹坪

山洼里有一片黄灿灿的油菜花，还有两行茂密翠绿的竹林，三棵笔直通天的白杨，四株开满白花的梨树……四周的山峦上，漫山遍野盛开着无数的紫荆花、桃花、梨花、杏花，有人说这又是一处世外桃源。

小山村只剩下老书记夫妇俩，老书记家房前屋后遗留了许多以前的农具，水磨子、干磨子、木犁、木斗、碾子、磨盘。屋子里虽然光线黑暗，但是每样东西都被擦拭得干净光亮。

一位朋友临走时塞给老人家一百元钱。

在木竹坪转了一圈，也没有寻见当年村长毛女家。我爬上高坎，向西眺望，视线被高耸的青峰山峦遮挡。高峰之上是耀眼的夕阳。我不愿离去。谁知道这一去，何年何月才能再来，上一次，五年，下一次呢？

夕阳下的木竹坪格外美丽，许多队员边走边赞叹：“这里真美，又是一个大寺。”

走了好远，我回望去，在远处的山洼里，老书记扶着木犁，吆喝着老黄牛，在一片月牙形的田地里耕作，那只小花狗跟在他旁边。斜阳夕照中，小山村依然保持着亘古以来的宁静安详。

太阳偏西，我们准备下山。突然从后面传来话，说是有人崴了脚急需绷带。我赶忙从包里拿出一卷绷带奔跑过去，是她——先前小腿抽筋的那位小龚女士。

走过黄昏的高冠峡谷

前面大部队已经走远了。我、李公子和内蒙古小伙留下照顾小龚。李公子和内蒙古小伙帮她缠好绷带，小龚浮肿的脚踝已经穿不进鞋子。不愿轻易退缩的小龚慢慢站起来，拄着双拐，痛苦地一拐一瘸行走在漫长的山路上。

山坡上那盛开的梨花异常惹眼，繁盛的白花点缀着春天的山谷。对面山坡是一片金黄色的油菜花，一户孤零零的农舍掩映在花丛中，发白的门扇上挂着一把生锈的铁锁。走过这里，我想起当年坐在门墩上剥毛豆的老婆婆，还有呵斥恶狗的老爷爷……门前那棵被雪白花朵覆盖的梨树还在，树下麦场上静静地躺着一盘石碾，土坎边茂密的竹林已经换上了新绿色……我们穿过老屋前的小路，走进了漫山的桃林之中。此时正值桃花盛开的季节，满目皆是粉色，粉色深了就变成了玫红色。缀满枝头的玫色，一簇簇，一片片。纵长的山谷幸运地被夕阳照射，所有色彩都更加艳丽。

李公子在前面拉着小龚的胳膊，我在后面拽着小龚的背包带，我们一前一后挟带着小龚，小心翼翼地向山下走去。太阳慢慢落下，高耸的崖壁从峡谷深处升起，遮住了天空。小龚边走边操心赶天黑我们能否到达宿营地。当她听到我肯定的回答后笑了。我们和她聊天，给她说高冠峪的故事，说当年寻找大寺的经历。她认真地听，脸上痛苦的表情渐渐散去。

临近黄昏，我们来到了高冠峡谷边缘，在这里我们居高临下，俯视蜿蜒曲折的高冠河。即将胜利的心情，促使我们加快了行走的脚步，奋力扑向深深的高冠河谷。

下午六点一刻，我们下到了高冠峪。

坚强的女队员

我们终于站在了大路上。小龚问大家：“你们看，我还能走吗？”大伙儿一致说：“没问题。”我嘱咐李公子今晚注意观察小龚的伤情。如果她感觉好，明天就继续走；如果感觉不好，就带她下撤。

我们在瀑布下稍事休息，吃了点儿东西，然后取出头灯继续赶路。小龚行走的速度明显比下山时快了许多，估计她是软组织损伤。我们迎面碰见两名背着东西下山的山民。他们说在前面的桥上有一张留给我们的字条，说让那名受伤的女队员不要上山了，明天找匹马下山去。

我谢过两位山民，带着大家继续向前走去。大概半个小时后，那座横跨高冠河的慈安桥终于出现在我们的视线之中。

黑暗中看不见隐在半山腰的老朱家。记得有一年，马哥走到这里实在走不动，非要出高价骑老朱家怀孕的老黄牛，老朱就是不给他骑。他坐在铁桥旁，让老朱看脚上已经发黑的脚指甲盖，老朱虽表示同情，但还是很无奈地摇摇头。

桥面的木板上放了一面红旗，红旗下压了一张字条，是紫迪依杨的笔迹。建议李公子和小龚在此地扎营，明天返回西安。李公子看了字条后，皱了一下眉头，并没有停下来的意思。我理解他，为了这次，他等了很久，没有人能够轻易地让他放弃此行。最后大家同意我的办法，明天早晨看具体情况再定夺。

刚过慈安桥，天就彻底黑了下来，山路也变得格外崎岖难行。我们打开头灯，慢慢地在曲折迂回的小路上蹒跚而行。从这里到柿树坪的四公里路是这条路上最危险的地段，我们每个人都需要倍加小心地绕过一个个高悬山崖上的小道，爬过一道道陡峭危险的山坡。每当我走在狭窄危险的山道上，心里便会替今天晚上即将通过这里的B组队员们捏一把汗，并为领队喀什祈祷一番，愿他们能够顺利通过这些所谓的“阎王砭”“老虎口”“蟒蛇崖”。

大伙儿走累了，都坐在地上休息。我对阿树说：“不知为何，爬山越久，胆子就越小。”

阿树说：“那是因为看到的和知道的事情太多了。”

柿树坪营地

晚上八点四十分，我们几个人摸黑爬上了头道岭，远远看见山沟里有灯光在晃动，兴奋的李公子狂叫一声：“哈哈，到了。”拉着小龚顾不上休息就往山下营地赶去。

我们三人坐在大秃岭上休息。

以前每次路过这里都会放下背包，坐在山顶上喘上一口气。今天是我第一次夜走大秃岭，坐在黑暗的山岭上，仰着头，夜风吹拂中，我的目光流连在深邃的夜空里，这种感觉非常棒。

一路上，我始终没有找见当年探路时住过的那间破屋子，不知道是不是在黑暗中走过了。我们顺着一溜窄而陡的石阶下到河谷，又往前急赶一公里路，看见路中央压了一张字条。又是紫迪依杨的字迹，字条上画了一个向左拐的箭头。我们顺着河流没走多远就看见了河对面的几点灯光，因为河水猛涨，一时找不到可以涉水的地方，暗夜里面对湍急的河流也不敢贸然行事。

我脱了鞋袜，踏入冰凉的河水，正当我准备涉水过河时，听到了何满堂的声音。只见他从西岸悬崖下一个山洞里钻出来，飞奔到河边，递给我一根长木棍。他打起手电，搀扶着后面的队员过河。

营地建在一大片平地上，星星点点的灯光点缀着黑暗中的山谷。站在荒芜的河岸上，我极力寻找着印象中的那四间农舍，然而记忆中的东西早已荡然无存。

黑黝黝的天，黑黢黢的地。

满堂说："那些房子二〇〇二年都被大洪水冲跑了。"

蘑菇头儿和咕咚都说："就当这里就是那四间房吧。别找了，这地方也不错，挺大的，是一个非常不错的营地。"

走了一天，也没有什么食欲，满脑子想的都是晚上后续队伍的事儿。大伙儿都过来坐在我的帐篷前，喝茶聊天一起等待。我一边喝茶，一边不停地看着北面黑色的山崖，再看看表，再在心中祈祷一番……黑暗中，大家都在翘首期盼，希望后续队伍安全出现。

今晚的月亮出奇地明亮，即使没有灯光也能辨别山野道路。

突然，谁喊了声："来了！"

我站起来，急切地问："哪里？哪里？"

"山垭口，山垭口！"

山崖上出现了闪闪烁烁的灯光，一个、两个、三个……一连串的灯光在黑暗中移动。此时我的内心涌起一种难以诉说的感觉，不知是兴奋还是激动，提到嗓子眼儿的心终于落了下来。

我呼唤大家都去河边接应B组队员，然后自己急不可耐地提上营灯和登山绳向河边跑去……

意外骨折

我越过岸边的石坎，来到了河边，瞅着一溜灯光在山腰行进，正想询问站在河对岸的队员们为什么不过河。话音还没有落下，脚底突然一滑，身子向左重重摔了下去。左胸部撞在了一块半米长的花岗岩尖棱上，随着"啊"的一声惨叫，我"扑通"一下跪在了河边沙地上，瞬间呼吸困难，双手在胸前乱摸，气息突然变成了游丝，感觉生命在天堂门口飘浮。

我跪在地上，无力地瞟了一眼对岸连绵不断的灯火，再回头瞅一眼丢在地下已经断了链子没有火焰的营地灯，网状的灯芯被烧成粉齑，顷刻化为乌有。

有人在叫我，是叶翎儿，她急切地捶着我的脊背。我想说什么，没有进气，没有呼气，除了极力地摆手，示意她不要捶，但却说不出一句话来。我双手撑地，望着眼前清凌凌的河水，感觉到了失去生命后绝望的滋味。刹那间，周围安静极了。就这样持续了几秒钟，我才慢慢从死亡的恐惧中转过神来，我又活了过来。

第一口呼吸后，还顾不上身体的剧痛，便对身旁的老兔说："快去拿绳，看他们怎么过河。"

听到上游灯光晃动处有人喊："河流湍急，无法过河。"好一会儿，那些灯光又逐渐远去。有人过来对我说："水太大了，他们过不来，喀什带大家继续前进，到前面寻找扎营的地方。"

大部队来了又走了，山沟里转瞬间又恢复了安静。

我被搀扶着回到了帐篷，喝了一口阿树煮的大米稀饭。

大部队终于安全过来，我心里踏实了许多。这时候，我才感觉左肋部的疼痛。一呼吸，左胸部便嘎巴作响，我心想完了，肯定是肋骨折断。我祈祷着折断的肋骨千万不要刺进肺部。我躺进帐篷，左胸疼痛，无法脱去衣服，只好和衣而睡。

我不由长叹一声。阿树问我："叹什么气？"我说："没有什么。"他停了下，不紧不慢地说："送你一首诗吧，要不要？"我说："随便了。"

于是，他那边就开始了："老夫坐帐仰首西北望 / 天光夜色水如霜 / 月明星稀风如啸 / 失脚绊石夜卧沙 / 杜鹃口血老夫泪 / 蓝光点点游天半/ 山崖丝丝悬肠草 / 思牵今夜路上驴 / 身伤千年恨水溪"……声音慢慢低下去了，感觉是从千年老井中飘出来的几缕低吟浅唱的虫鸣，正想说他咬文嚼字、舞文弄墨，就听到那边呼噜声代替了吟诵声。

此起彼伏的呼噜声在整个营地的上空回响。

暖暖的夜风吹进帐篷，带着醉人的花草香味，撩人心扉。

我透过帐篷的纱网，看见了那轮皎洁的明月。

痛，一夜无眠。

忘记伤痛

晨光微曦，掠过一丝略带寒意的风，外帐哗哗地抖动，看看表已是早晨六点二十分。我慢慢地爬起来，坐在帐篷里，双手按住肋部，开始呼喊大家起床。满堂从对岸过来。

满堂说："这个扎营地叫柿树坪，原来我在这里耕种过，来回一次要费一天时间。河对岸有一个小山洞，十几平方米，地上平展，有时候累了不想回去，就在那里凑合一夜。"

吃饭，收帐，背上背包开拔。

清晨起来身体好像没有什么特殊的感觉，背起大包蹚过河，路过昨晚B组的营地，除了有野草被压倒的痕迹，地面干干净净。我站在那里疑惑片刻，想不通他们三四十号人昨晚是如何在这巴掌大的地方拥挤露营的。

我们A组几十个队员跟着何满堂，急赶慢赶走了一个多小时，才追上正在河边休息的B组。

喀什见我仍旧背着大包行走，将包夺下，架在他那原本已经沉重的背包上。我不从，把包解下来，重新自己背上。B组向导石头见状走过来对我说："哥，你不要背了，兄弟帮你背上。"不容分说，石头按住我的背包，将他那只小包绑在我的大包上，并在高高的背包顶插上了一面小红旗。我没有再去推让，其实，这时候我真的已经没有一点儿力量，十分痛苦。也许轻装，才能让我坚持到底。

没有背包，我走起路来也轻松了许多。

路过杏树坪，石头问我："哥，感觉怎么样了？"我回答："还好，因为有你，帮我分担了我的负重。"

队伍又走了一个多小时来到了蓑衣岔的老王家门前，老王刚采了些中药回来。这里是去大寺的水旱路交汇点，也叫两岔河。虽然旱路比水路近一些，但是因为五年前探路大寺时走的是水路，所以，这次纪念活动依然选择走水路。相比旱路的高山陡坡，水路相对比较好走。

王家院坝前种着一大片黄灿灿的油菜花，灿烂的花儿吸引了女队员们的注意。

水路

过了两岔河，小路依峡谷左侧上行，这是一段在崖壁上凿出来的古老山路，一边是绝壁，一边是激流，走在这样的小路上得十分小心。过了绝壁悬崖便开始涉水，因为山上雪水融化，本就冰冷的河水更加刺骨，再加上河水异常湍急，有些女孩不宜受凉，我们便把女队员们分为两组，一组跟我们继续走水路，一组跟随奇迹狂转去走旱路。

我一直认为山野旅途需要艰辛和曲折，如果旅途太过舒适休闲，旅行就会显得平淡无奇。这样既缺少了行走的内容，又不会激发人们对大自然的热情和敬畏。反之，如果旅途跌宕起伏，充满未知，就会让我们产生一种基于探险的刺激感。当然，如果过于强调探险未知，就有可能引起不必要的恐惧。户外旅行，点到为止，最为恰当。

我把鞋挂在脖子上，跟随队伍不停地在刺骨的河水中行走，竟忘却了身上的伤痛。队伍每到涉水过河时，男队员们便会主动上前，赤脚站在湍急的河水中，站在光滑湿冷的石头上，竭尽全力帮助女队员过河，他们用实际行动践行着户外运动所倡导的精神——团队与互助。

我们一连蹚过了十七八道河流，重复着穿鞋和脱鞋的过程。好不容易来到了最后一条河边，从这里过河需要跨过一米多宽的激流，我偷懒，没有脱鞋，脚底一滑，掉进了冰冷的河水中。我坐在水里，活像一只落汤鸡，被人拉上来时，半个身子已经被水浸湿。腰包也被河水浸泡，笔记本里的字迹瞬间变成一片蓝色墨痕。低头看灌满冰水的登山鞋，埋怨自己偷懒而造成如此大的损失。不过转而一想，也许是因为自己身体有伤才脚滑落水，这也正常，大可不必自责。

我坐在岸边拧着湿淋淋的衣裤，看着正在涉水的和刚刚落水的队友们，便又觉得这才是一个徒步山野的乐趣咧。

很多人湿了身子，大家也走累了，便决定在此地休息吃午饭。

吃过路餐，我们离开河道，开始爬山。顺着一条长长的山脊，一路攀缘而上，目标是前面山顶的二道梁。

山路陡峭迂回，大家走得十分吃力。

春雨

路上碰见了十几位咸阳背包客，他们捎来了毛怪和空心蓝的问候。

李公子瞅着前面最后一道山梁，望着天空零星的雨点，诗兴大发，边爬边高声吟诵道："清明时节雨纷纷，路上行人欲断魂。借问酒家何处有？牧童遥指杏花村。"

走在后面的方公子笑笑，接着说："这首诗本来应该这样来朗诵——清明时节，行人断魂。酒家何处？遥指大寺。

咕咚来了把雨披帽子往后一推，高声附和道："清明时节，雨落纷纷，断魂人借问，酒家何处寻？牧童遥指，不远大寺村。"

众人皆大笑，我也忘记了疲劳，感觉我们已然来到了大寺村。

下午四点二十分，我们翻上了最后的一道山梁，这时空中的乌云已经退去，蓝天碧透清澈，群山环抱中的大寺村沉浸在春的色彩之中。平缓的山坡上散落着几座灰瓦农舍，在几片褐色的土地上，几位农夫正在耕作……

每一位爬上来的队员，都会以不同的言语赞美一番大寺的景象，就像我第一次站在这里看到大寺时的情景一样。

大寺周围耸立着山崖，几片贫瘠苍凉的土丘就是书写大寺的纸张，慢慢复苏的无限春光包围着大寺。

这就是真实的大寺，它已经在这里存在了几千年。

纪念大寺的晚会

下午五点，我们到达大寺村老高家，老高没在，他儿子高华和我们打了招呼。

大寺的天空已经彻底地黑了下来，老高不知道什么时间突然出现在了我的面前。我见到老高非常高兴，握着他的手，希望一会儿他能给大家讲一讲有关大寺的传说。老高满口答应，他说他今天是从分水岭那边走过来的，昨天有点儿事耽搁了行程。说罢老高就去山坡上拾了许多硬柴抱到西面的场坝上，然后点燃起篝火，熊熊火焰燃起来，照亮了大半个夜空。

我趁着大伙儿做饭的空隙，将他们召唤到篝火旁，开始了“纪念首次徒步穿越大寺五周年”的篝火晚会。方公子和小勺子是今晚的特邀主持嘉宾，他俩高声宣布纪念晚会正式开始，并邀请大寺村老村长老高给我们讲几句话。

老高站在场坝上的篝火前，握着双手，笑着说：“大家好，首先欢迎各位经过艰苦跋涉来到我们大寺村。今天是乐途发现大寺旅游徒步线路五周年。当年，他们几个人风餐露宿，历经艰难来到了大寺。从那以后，我们这里就没有间断过行走的人。这么多年来，我们大寺来过很多很多人，所有走过这里的人都喜欢大寺，是你们把我们大寺推了出去，让西安人甚至国内许多地方的人都知道了大寺村。大寺村历史很长，唐朝以前这里就是南来北往大通道上的一个落脚点。大寺的名字绝对名不虚传，以前大寺有许多寺庙，佛教香火很旺盛，只是后来才慢慢没有了。我们大寺村一共有五个自然村，也就是五个小队或是小组，分散在高冠河以东几十里长的地方。过去这里偏僻，很长时间基本没有外面人进来，现在不一样了，外面的人都知道了我们大寺村，我们大寺人感到很自豪，希望大寺的美丽能给大家留下深刻的印象，希望大家经常来大寺，谢谢你们！”

老高对大家说完，主持人让我也说几句。说心里话，我对大寺有很多话想说，走过秦岭许多地方，但是对大寺的印象是刻骨铭心的。我非常乐于分享我对大寺的那份真挚感情，我写了一首拙诗，朗诵给大家：

“一年去了六次，
五年去了三十次，
是什么地方这样吸引我?
是那连绵无尽的山峦
是那蓊郁青翠的林木
是那气势磅礴的飞瀑
是那万山丛中一座小小的村庄
是那说不完道不尽的历史传说
那就是我梦中的大寺！”

一片鼓掌声。我几乎是倒背如流地诉说着我第一次来到大寺后的所见所闻："说起大寺事儿，真是三天三夜也说不完，既然话匣子打开了，我就说说当年探路大寺的一段情形。

"五年前的三月十九日，在我们历经了两天的艰难跋涉，翻上最后一座山梁时，我的眼前豁然一亮，不禁愣在了那里。展现在我眼前的是一片如诗如画的景色，在万仞环抱之中，五彩缤纷的山野簇拥着几座起伏的山包，土丘上散落着几户土墙灰瓦的农家。此时正值后晌时分，农家的屋顶上飘着袅袅青烟，几声狗吠从远处传来，零散的土地上种植着绿色的麦子和黄色的油菜花，还有大片的紫色苜蓿。几道木篱笆将农舍和土地分隔开来，几棵新绿的杨树在山坡上静静伫立着，粉色的桃花伸出篱笆，在春风中摇曳，我的第一感觉就是来到了世外桃源。

"拐过几道弯，我看见一位老奶奶坐在土坡上的一棵桃树下，老奶奶身上穿的传统黑色衣服与粉红色的桃花形成了巨大反差。她老人家用迷惑不解的目光望着我们，我想这在她的记忆当中一定是不曾有过的遇见，也许她已经有很多年没有见过外面来的人。老奶奶认得向导满堂，她笑着问我们'要不要到家里吃饭'，满堂说我们去村委会，老奶奶用手指着坡下的一处农家说：'那是队长家。'老奶奶指的就是我们现在待的老高家，老高家有三间又老又旧的土坯房，两间住人，一间养牛。屋门外的土墙上挂着三块木牌，分别写着'小卖店''医务室'和'村委会'，老高家也是以前的大队部。

"土屋里很黑，半截土墙将外屋分成了两间，隔出了灶房。高队长出山去了，家里只有石头他妈妈和一个坐在红色木车里的孩子。石头妈问明我们的来意后，立即给我们烧水让座。她不好意思地说这山里没有茶叶。在满堂的建议下，石头妈从酒缸里给我们舀出来一大碗苞谷酒，那酒真是醇香啊，远远就能闻到那老酒的味儿。石头妈又从一个塑料桶里倒出一些黄色如蜡的东西，她一边倒，一边说这个酒一定要加上土蜂蜜才好喝。石头妈说话的口音接近安康方言。大寺村没有通电，照明全依赖一盏煤油灯。我们在木盆里洗了手，拥挤在火塘前取暖，坐在热炕上聊天，那种感觉真是太美了，有一种彻底的回归感。

"石头妈在锅前灶后不停地忙活，大铁锅里菜油的炝锅味儿直冲我们的鼻子，不一会儿鸡蛋炒葱、木耳炒腊肉、炒土豆丝便端上桌来。丰盛的晚餐令人难忘。

“吃罢晚饭，石头的舅舅老黄主动提出要带我们去村子四周走走。他说你们别看这里地方偏僻狭小，可是还有不少传说呢，以前大寺有好几座寺庙，都是隋唐年代遗留下来的，寺庙有很多间房，和尚们自己种地养活自己，听说那些寺庙在明清时毁于一场大火。老黄指着对面那个宝石崖，传说过去崖上镶有一对宝石，一雌一雄，闪闪发光，黑夜如昼，百姓不用点灯。后来村里来了一个法国传教士，爬到崖上偷走了一颗宝石，剩下的另一颗宝石就不发光了。那两颗宝石唐朝就有了，这里祖祖辈辈的人都知道，晚上宝石的光比手电筒还亮，另外一颗后来也被盗走了，这都是千真万确的事情。

“老黄又带我们去了大寺村的学校，路上他指着东面那座山梁说，那里过去是土匪寨，陡得很，很难上。后来我们专门来大寺去了那个土匪寨，上面除了一堆岩石什么也没有，估计都是传说。老黄又指着北面山梁说，翻过那梁子走十公里有一个大瀑布，叫龙潭沟。二十世纪七十年代，有一对德国夫妇背着包在那儿住了一个礼拜，现在的年轻人都找不见那地方了。老黄说起大寺如数家珍，脸上总是荡着自豪的微笑。我们还没有走到学校，就听到孩子们的吵闹声，七八个孩子笑着从一间土坯房里跑出来，从我们身旁闪过，从这些孩子们欢快的嬉笑声中，我似乎感觉到了大寺所拥有的文化气息。我们碰到从教室里走出的一位年轻女老师，她锁上教室门后向我们点头微笑。老黄说我们这里的老师都是村民，属于民办教师，娃娃们慢慢都出山了，学校也就没用了。山里时间短，太阳很快移到了宝石崖那边，冷风吹来，坡上的旱芦苇在风中使劲地摇摆，发出‘沙沙’声。一只山羊站在岩石上伸长脖子‘咩咩’叫唤，一群野鸡贴着山坡斜斜地飞过……

“我站在一座崖壁上，回首望去，几只早出的蝙蝠漫无目的地在不远处那座曾经的佛寺土丘的上空盘旋，几户稀落的人家没有灯火，烧炕的轻烟被风吹着拉了长长一条带子，在坡上沟里飘浮萦绕。时间不早了，老黄召唤我们往回走，路过一户农家，只见一位村民牵着一只大黄牛在屋前的空地上打转转，老牛一会儿卧下，一会儿站起来，一副痛苦的模样。主人要拉它进牛圈，那牛死活不进去。一问才知道，原来牛要下崽了。那时天已黑下来了，牛也转累了，静卧在牛圈的墙角，一脸的麻木像。一会儿冒着热气的小牛犊便露出头来，村民立即上前拉住小牛犊的前腿，使劲往出拉，整个小牛犊出来后，有人提醒牛主人说，别让牛犊子憋住了。疲惫的老牛此时突然站立起来，回过头深情地用舌头舔去小牛身上的衣胞，这才是舐犊情深啊。令人惊奇的是没有多长时间，小牛犊便挣扎着站立起来，像醉汉一样东倒西歪。牛主人非常高兴，小牛犊的诞生预示着主人财富的增加，老黄向牛主人表示了祝贺。这是我们长这么大，头一回见到的新奇场面，在这个大山深处，我们目睹了一个新生命的诞生。

“那天晚上，我们在老高家门口支了帐篷。半夜大雪，第二天早晨临走时，石头妈给我留了老高的 BB 机号码，又给我们每人装了一袋干香菇，还千叮咛、万嘱咐要认清路，慢慢走，下次有机会一定再来。我们告别了石头妈还有老黄和满堂，迎着铺天盖地的春雪向分水岭走去，晚上九点到达分水岭，搭上了崭新的邮政大卡车返回西安。回来后的第一个周末我便组织了一支队伍从分水岭出发穿越大寺,不久以后这条线路便成了西安乃至全国户外人最喜爱的徒步旅行线路之一。

“而作为发现这条经典线路的我来说，心里五味杂陈，不知是欣慰还是自责。前一段时间在大寺新村见到了村支书老王，据他说，大寺所有村民都已搬迁完毕，完全落实了退耕还林政策，并准备将大寺的土地全部种上树木。再过几年，大寺肯定会恢复到以前的自然状态，希望那一天早点到来。谢谢大家！”

又是一阵长久而热烈的掌声。

我说完后主持人发话按照顺时针方向，每个人都要表演一个节目，不论形式，参与第一。

虽然肋骨疼痛不已，我还是带头唱了一首保留歌曲《茶马古道》，将晚会的气氛烘托起来。

接下来，队员们便陆续展现自己的才华，有唱的，有跳的，有现编排的小品，有二人场子，有秦腔，有梆子……那个热闹劲儿，是我接触户外徒步旅游以来第一次见到的场面。

火焰摇晃着，跳动着，很有节奏地配合着队员们的舞步，大伙儿围着热烈的火光绕成了一圈儿，手拉手，肩扶肩，犹如泸沽湖边的锅庄舞。

夜里十点半，在经过一连串的表演和颁奖后，晚会完满落下了帷幕。

大多数人都回到帐篷休息，但仍有十几个人围坐在已经化为灰烬的篝火旁不肯离去。不知是谁拿过来一瓶茅台酒，大伙儿一人一口，轮流传递着……

磨盆岭

火苗慢慢熄灭，灰烬被风吹起，在空中扬起一点儿星火，余温殆尽后，山村又恢复到了往日的平静。

高山上的欢呼

早晨起来，忙活完签字、合影，才顾得上喝一口昨天晚上炖煮好的鸡汤。捞了一碗挂面，吃得津津有味。放了碗筷，结了账，打起背包就出发。

告别老高，我们几十号人便开始在起伏的山间小路上，缓慢地往光头山方向移动。行走的队伍像是一条彩色的游龙，壮观而且优美。

天气晴朗，阴坡积雪开始融化，山间小道泥泞不堪，我们在林间走走停停，下午两点爬上磨盘岭，在岭东一处有水源的地方休息露餐。下午三点我们抄小路出发，我强忍着肋骨的疼痛，一直向上走过草甸，透过竹林看见了山垭口，右前方那几棵松树好眼熟。

听见前面队员的呼唤声，看见了海拔两千八百米的光头山。

队伍沿着山腰土路一直走向远方，转过一道弯，又是一道弯。当我再转过一道山弯时，眼前一亮，一时兴奋得竟然失语——远远看见了停在山嘴的一辆白色面包车，车顶插了一面绿色旗帜。我心想那一定是来接我们的保刚，如果是保刚，就一定有啤酒和香烟。

我看见了背包眼镜蛇，他骑着摩托站在山崖边，我们拥抱……保刚戴着一顶白色棒球帽，我走上去，高喊一声："梁上我瞧见张俊脸脸，有心把你看一眼！"我们紧紧地拥抱在一起。

保刚将贾哥赞助的啤酒卸下来，我给每位饥渴难耐的队员分发了啤酒和香烟。烈日下的行走令人非常疲惫，喝上口冰凉的啤酒，感觉真是太爽了。

保刚带来的不仅仅有物质的支持，更有精神的鼓励，一条印有"欢迎纪念徒步大寺五周年活动圆满成功"的横幅，被大家拉起来。众人站在崖壁下，留下一张难忘的合影。

今天这个场景出现得很突然，它并不在我们此行的计划之中，却让我深感意外，同时也非常激动。不知过了多久，胜利的欢呼声还在麦秸摞上空回响。光头山上，草在动，花在摇，小鸟在鸣唱。

向着分水岭——完美的旅程

后援车拉走了五六个伤病员。虽然我是最重的伤病员，但我不能离开队伍。

这里距离分水岭还有十五公里。

我的背包仍然在石头的肩上，我仍然跟着大队人马一起行走。这里海拔虽高，但是路途平坦，大伙儿边走边聊，行走不再枯燥。

前方依然是走不完的山道，钻不尽的小路，看不到头的山谷，望不断的层层山崖。光头山巍峨挺立，红崖沟绝壁千尺，美丽的景色吸引着队员唱起了歌，他们走着唱着，唱着走着，就这样一路唱一路走。我们行进在山上谷底，云中雾里，恣意而任性地搅扰着黄昏的光头山。

我在心里默默地念叨着那首在梦中写就的《梦回大寺》。

写在后面

星期一下午收到了小龚的一则短信："老大你好，我是小龚，初次登山有些难度，但是感觉很好。由于我的疏忽，给你们增添了许多麻烦，内心不安，深表歉意！同时，非常感谢很多队友的热情相助。等我好了，一定去感谢你们！"

收到了零波微步的短信："老大，今天早晨才知道你的消息，真是让我难过万分。你为这次大寺活动付出了那么多，真是让人感动不已，啥都不说了，好好休息，早日康复。"

方公子对我说："大寺之行，给我留下印象最深的是喀什。他的背包很重，因为里面有很多公用装备，还分担了别的队员的许多东西，他站在水里很长时间，搀扶队员们过河，那水多冰啊，钻心刺骨。"

山野花说她是用意志力走下来的。

陈姐说她以后还要跟我继续走下去。

挺喜欢那个内蒙古小伙儿。

感谢喀什、方公子、高山雄鹰和拥抱空气的组织与贡献。

感谢贾哥、保刚的后勤支援。

感谢所有积极参加这次活动并无私帮助别人的朋友们。

2006年4月21日

四十里水峡

——徒步穿越田峪河

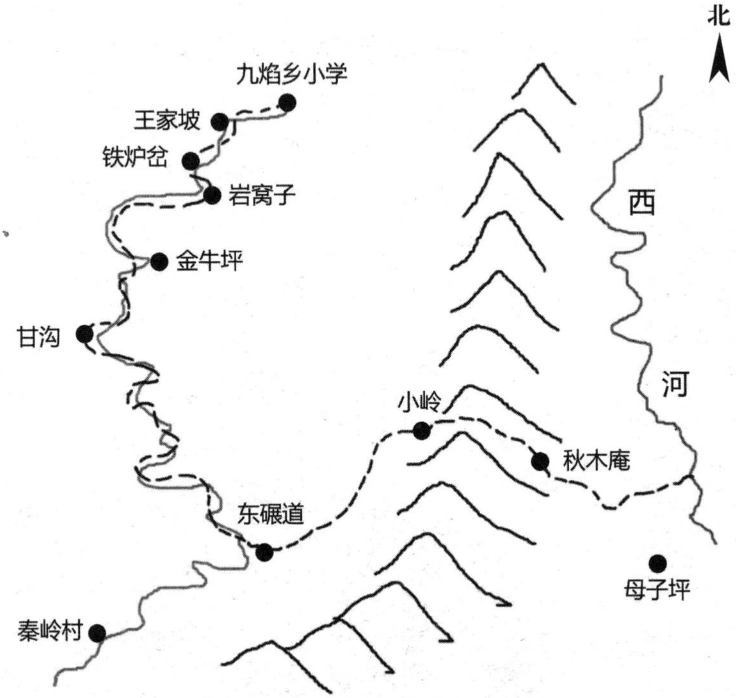

徒步穿越田峪河线路示意图（乐途绘制）

探路田峪河

绵延千里的秦岭山脉蕴含着丰富的自然资源，尤以水资源异常充沛而闻名天下，发源于秦岭的大小河流有渭河、嘉陵江、汉江、南洛河、丹江、黑河、田峪河、涝河、灞河、浐河、石头河、沣河等。

其中，发源于秦岭主脊玉皇岭的田峪河，不但水质非常清澈，并且水量充沛，流经地域地貌复杂，风景奇特。田峪河峡谷水蚀深切，水流湍急，落差大，也是户外徒步爱好者钟情的好地方。

为了顺利组织这次田峪河徒步穿越活动，我亲自驾车去田峪河上游和下游探路。我走过了母子坪林场和秋木庵村，又马不停蹄地沿着“户莱路”疾驶出涝峪，拐去田峪，在村长易明那里确认了徒步穿越的线路。

我自从听说了田峪河这条徒步穿越线路后，便按捺不住去探究的急迫心情，说走就走，开上车去田峪河探路。

我经户县*，进涝峪，过西河，穿峡谷，在破烂的沙土路上，一口气颠簸到了秦岭腹地母子坪林场。走进木材检查站，值班师傅热情地告诉我，去田峪河的那条沟口叫秋木庵，我已经走过了，得返回去七点五公里。

我掉转车头，按照师傅指点的方向，在深山峡谷中找到了去田峪的那条小路。沟口有一个不大的瀑布，路边高台上有一户人家，我走进农家询问去田峪的路如何走。

屋里有一位大叔正蹲在地上吃饭，他刨着大老碗里的苞谷粥，告诉我说：“我们这里叫秋木庵，从这里向西十五公里就是田峪河，两条河汇合的地方叫东碾沟，从那里向北顺河走二十多公里，就是九焰乡，从九焰乡出去就可以到平原，夏天河水大。路不好走，你们要小心呢。”

了解了详情，谢过大叔，我又马不停蹄地沿着“户莱路”疾驶出涝峪，顺着

---

*户县，今鄠邑区。

环山路向西拐去田峪。

黄昏中顺着田峪河向南进入山谷，在又窄又颠的土路上走了许久，来到一户亮着灯的人家。这是一家小卖部，主人叫易明，好像是村长。待我在易明家确认了由秋木庵出发可以从这里出来后，山沟里的天空已经彻底黑了下来。

奔波了一整天，终于探明了穿越田峪河线路的大概情况，我长吁一口气，饿着肚子，顶着一轮皎洁的明月返回西安。

路上决定，周末组织队伍去穿越田峪河。

秋木庵的向导

回来后，我在《三秦都市报》上发了一个小广告，积极操办了一周时间，终于组成了一支二十人的穿越队伍。

周六早晨七点，队伍准时出发，我们沿着“菜户路”经过四个多小时的颠簸，来到了秋木庵沟口。

路边有一条五六米高的瀑布，轰鸣声中阵阵凉气扑面而来，我们在路边稍事休息后，便背上沉重的行装向着峡谷深处出发。

一条简易的乡村土路转着弯儿通向深山，延伸向秋木庵。我背着大包还没有走出去多远，便觉得浑身吃力，不在状态。沿着漫长的山路，顶着当头烈日，走了不到半个小时，队员之间就拉开了距离。

卫东走在我旁边，迈着沉重的步伐，气喘吁吁地对我说：“我今天不对劲，感觉太累，不知咋回事。”

我擦了一把汗说道：“今天大家都一样，我也感觉特别不在状态，很疲劳，也许是我们背的东西太多的缘故。”

我的背包里装了许多公用装备。例如，三十米登山辅绳、营地铲、对讲机、开山刀、折叠锯，临出发时我称了一下背包，足足有二十八千克。这还不算我身上背的照相机、水壶和腰包，如果加上这些东西，实际负重可想而知。

今天参加徒步穿越活动的队员大部分都是第一次行走户外，随行装备和行走经验都略显不足，路途上需要我们给予特别关注。

一路上坡的机耕路似乎没有尽头，拐了无数个弯后才来到了一座安静的小山村。开阔的山坡上散布着几户农家，没有看见村民，一直走到最后一户人家，才看到屋门敞开着。在昏暗的屋子里，一个中年男子正在锅灶前做饭。我走进去，用恳切的口吻对他说："大哥，我们想去田峪河，您能不能给我们带个路？"那男人看我一眼推脱说："活路忙得很，我走不开。"我说："不会让您白带路，有报酬的。"男子闻言停顿了一下说道："我问一下我爸能不能去。"说完他放下手中的活，去了屋外。我怀着一线希望紧跟着他出门，来到右边的山坡上找到了他的老爹。

这时恰逢正午时分，阳光强烈，大伙儿都坐在山路旁的树荫下等待我的好消息。

中年男子走过去和正在果树林里干活的老汉说了些什么，老汉考虑了好一会儿才走过来。他从我身边走过时，并没有问我能给他多少报酬，而是径直进屋去拿了一把砍刀，再挎上一个小包，临走时又转去他家的苹果园里摘了几颗小小的青苹果装进兜里。

老向导姓姚，看上去有六十多岁，他个头儿不高，但精神矍铄。出了门他对我说："我带你们去田峪河，半天时间很紧张，你们都跟紧我，走快点儿。"说完他就急匆匆抢到了队伍最前面，带领大家往陡坡上爬去。

窄窄的山路很陡峭，植被茂盛。也许是因为有了向导的关系，我走在绿色葱茏的树林里，感觉浑身轻松了许多。

大伙儿一个紧跟着一个，沿着弯弯曲曲的山路向着高高的垭口奋力攀爬。别看老姚年纪大，一路攀爬的劲儿一点儿也不输我们。他一个人背着双手，快步走在队伍的最前面。我们跟在老姚后面，一个个费尽力气赶山路，大汗淋漓。走过无数"之"字形山路后，我们爬上了高高的山垭口。

还没有容我们休息会儿，老姚便又催促继续赶路。他说他赶天黑前还要返回村子，来回二三十公里路，所以不能在路上耽搁太久。

老姚没有太多的语言，只是一个人在前面走，我想和他聊几句，却总是追不上他的脚步。

翻山越岭去田峪

翻过山垭口偏右是一条宽阔的缓坡山谷，山谷里绿草茸茸，树木参天，阴凉清爽，行走在林间非常惬意。我们穿过平缓的山谷密林，来到了一个小山垭口，从这里我们再向左拐，就下到了田峪河的一条支流——东碾沟。这里的山谷略窄，但是植被依旧繁茂苍郁，清新的空气充满山谷。

十多公里的山路，我们走了七个小时，一直到下午六点多才赶到东碾沟口。这里是一片稍微平展的谷口地带，一路流淌的溪流在这里与田峪河交汇。

谷口北侧有一户废弃的庄户院，老姚把我们带到这家门口的院坝上说道："你们今晚就住在这里，不要进人家门。"

说完他转过身对我说："我只能把你们送到这里。赶天黑，我还要回去，再迟就要走夜路。你们明天一大早就起身，顺着这条小河往下走不远就是田峪河，到了田峪河往右拐，一直顺着河走，千万不要撂河*。"

老姚对我说完，又对大家说："你们明早一定要早点儿走，走得早就可以赶天黑走出去，要不然走夜路就非常危险，路上没有可以休息的地方。"

说心里话，我实在不想让老姚走，但是又没有合适的理由留住他，看看时间已经七点，赶紧从口袋里掏出五十元钱递给老姚："这点儿钱不多，一点儿意思，您拿上赶紧回去吧，谢谢您了。"

老姚接了钱，从布袋里掏出几个青苹果递给我："拿着路上吃吧，自己种的，没有你们城里的好吃。"说完，他转身就走进了绿色的树丛中，一会儿就消失在了我的视线里。

东碾沟营地

看着老姚走远，我卸了背包，开始支帐篷建营地。

---

*撂河：丢开河流。不要撂河意为不要丢开河流乱走。

蚂蚁和黑七捡来木柴，生起篝火，再搬来一个破旧的木箱，大伙儿将所有吃的东西都放在这个倒扣的大木箱上，大家互相品尝着各自的拿手美食，诉说着路途上的所见所闻以及内心感想，晚餐场面十分热闹。不远处的那座老房子静静地立在黄昏中，破旧的门板上挂着一条生锈的铁链子。从门缝往里瞧，黑咕隆咚，空空荡荡，一股冷气从门缝里挤出来，阴森森地让人浑身打战。

田峪河

待月上树梢，大伙儿都钻进了各自的帐篷，山谷里出奇地安静。我巡视了一圈营地后也钻进帐篷，准备好好睡上一觉。

躺下没有多久，就听到远处草丛里有走动的声音，还能听见类似猪喘气的哼哼声，我浑身一颤，立刻清醒了。一定是野猪，我坐起来拉开拉链，将头探出帐篷，用头灯向发出声音的方向照过去。什么都没有，黑黝黝的山谷仍然那么宁静。

睡在帐篷里，满脑子都是明天要去走的路程，前方未知的一切充斥着我的脑海，焦虑中的思维很快僵化，困乏的我慢慢沉入深深的睡眠当中。

四十里水峡

吃过早餐收拾了营地，在老屋前合影留念，八点准时出发。蚂蚁和黑七因为走过田峪河，所以今天负责把大家安全地从危机四伏的田峪河峡谷带出去。队伍踏过深深的草丛，沿着东碾河向西走了两百多米，就来到田峪河边。田峪河有七八米宽，清澈见底，水量充沛，悄无声息地在峡谷中缓缓流淌。我们沿着田峪河岸没走多远就开始涉水过河，接下来的整整一天，我们都在河水里蹚。见此状况，我建议大家都将胶鞋或沙滩鞋换上，没有备用鞋的人干脆就将裤腿挽起，穿着登山鞋涉水过河。队伍涉水走在深深的峡谷之中，这情形多少让我有些担心，心里

水峡

暗暗祈祷上游千万不要下雨。

因为队伍一直在河水中行走，前进的速度非常缓慢。队员之间总是在最艰难的时候表现出团队的凝聚力，大家手拉着手，互相搀扶着走过激流险滩。不时有飞机从头顶掠过，听着那些沉闷的轰鸣声，我在心中祈祷上游千万不要下雨。

狗熊正在热恋中。这次他带了漂亮的女朋友小雅一同来感受大自然的魅力。一路上他们俩相扶相帮，一会儿狗熊为小雅整理背包，一会儿小雅又为狗熊深情地擦汗，也许这就是为何有那么多相爱的人希望体验一把户外生活，力图在户外旅行探险活动中了解对方。

一般来说，在山野探险旅行的过程中，往往能将一个人最本质、最本真的东西暴露出来。我曾经对一位年轻人说过："如果你想快速了解一个人，就一起来一次户外旅行吧！"

摄影师老张是一名转业军人，他身穿一套迷彩服，提着单反相机，一路上用他独到的镜头，真实地记录下许多感人的场面和精彩的画面。

身处空蒙幽深的峡谷，时时提心吊胆，空中偶有轰隆隆的飞机声传过，也会让我惊出一身冷汗。我一边走一边祈祷老天，千万不要下雨。行走在深深的峡谷中，看着两侧几十米高的崖壁上挂着的枯木树干，更是让人心惊胆战，惶恐不已。

田峪河峡谷最窄处不足几米宽，两侧峭壁耸立，直插蓝天。河谷中央堆积着巨石，被阻挡的水流从巨石上跌落，形成无数大大小小的瀑布。我们顺河道一路走来，蹚过了无数水潭，岩石和水潭落差往往有七八米，最低的也有两三米。每次遇到深潭和瀑布，男队员大多纵身跳下去，女队员则用绳索降下去，虽然这样前进的速度非常慢，但是却保证了整个队伍的安全和步调一致。三十米辅绳使用率很高，每遇岩石落差，就将所有队员用绳索降下去，我们顺河道一路走来，跳跃了无数的水潭，攀爬过无数的岩石。在跳下一个深水潭时，我的眼镜不慎被激流冲掉，幸亏水质透亮，阳光下能看到水底闪亮的镜片。我对大家说："为了安全出山，我们必须抓紧时间尽快走出这狭窄的河道。"

队伍好不容易来到一处干涸的河滩休息。我趁着休息的间隙四处查看地形，为下一步行走做好准备。正在我仔细观察地形时，突然看到一块洁白的动物头骨夹杂在一片白色的卵石之中。仔细一看，原来是一块非常完整洁净的羚牛头骨。我兴奋地将这块羚牛头骨拿起来，装进背包，计划悬挂在户外店的墙上。这也是行走秦岭的小小褒奖。

随着我们继续往下游走，峡谷里的水潭越来越多，河水也越来越深，眼看时间已经到了下午五点，仍然看不到河道的尽头。队员们已经全然没有了早先的嬉笑和放松，默默无声地在齐腰深的河水中费力地向前移动。

走到一片滑坡山体时，我不停地告诫大家一定要小心通过，不要大声喧哗，唯恐引来新的塌方。

走了一天的水路，队员们疲惫不堪，许多女队员只有在男队员的搀扶和拉扯之下，才能勉强向前行走。邹云清不知什么时候被野蜂蜇了，左眼肿了一个大包。我给她涂抹了清凉油，然后不停地鼓励她坚持。性格倔强的她完全是"巾帼不让须眉"的气势。

随着天色逐渐变暗，队员们已经全然没有了早先的嬉笑和放松，默默地在齐腰深的河水中费力向前移动。我们一会儿涉过齐腰深的激流，一会儿翻上河中岩头，扶着岩壁走过狭窄的水道。

天色将暗时，队伍中有了一点儿不安的躁动。对水的恐惧，对前途的未知，对黄昏的惧怕，所有情绪汇聚一起，在队伍中悄悄蔓延开来。

出山

就在天色渐黑时，我们来到了田峪河的一个拐弯处，河岸边有一条明显的小道直通山坡竹林。看见了小路，我心中暗喜，带着大家顺着小道爬上去。钻过竹林，眼前豁然一亮，竹林深处竟然还有一户人家，亮着灯的人家。

艰难的跋涉中突然遇见了人家，大伙儿停下了疲惫的脚步，坐在农户家门前的石阶上不想再走。我看着大家极度劳累的神态，也不忍心催促他们继续赶路。

在昏暗的光线中,我突然发现了农家院坝上竟然还停着一辆蓝色三轮蹦蹦车。于是我眼前一亮，有了想法。

我走进农家屋里，暗淡的灯光中，几个人正蹲在地上吃晚饭。我笑着对他们说：“老乡您好，我们想用您家的三轮车把几个走不动的人拉到学校。”主家姓沈，他热情地招呼我：“先坐下喝口水再说，也不在乎这点时间。”我推辞道：“时间不早了，我们想早点儿出去。”老沈放下碗筷，伸出三个指头说：“要用三轮车可以，一趟三十元，这里距离学校有十几里路呢。”

我笑着拍拍老沈的肩膀：“没问题，现在就出发吧。”

今天行走的强度的确非常大，如果不雇用农家车送我们一程，还不知道要走到何时。再说了，明天还有许多人要上班，今晚走也得走，不走也得走。老沈让他儿子驾车送我们，一车只能拉九个人，第一车大部分是女队员，剩下的队员一律跟我步行前进。

告别老沈，我们一队人拖着困倦的身体，向着黑黢黢的山谷走去。不过，从老沈家开始就有了大路，我们不用为艰难的夜行而发愁了。

我们深一脚浅一脚，不知走了多长时间，黑夜中看见了三轮车的灯光。老沈的儿子问我：“还拉不拉你们？”我环视一圈，在黑暗中看见了队员们祈求的目光，大伙儿确实都走不动了。我示意小沈再跑一趟。三轮车又满载了九个队员，最后就剩下了我和卫东。出于安全考虑，我俩没有上车，将背包放在车上，然后放开腿脚向山外奔去。

我俩披星戴月疾行了半个多小时，来到了九焰乡小学，远远就看见了那辆金龙大客车的灯光，我和卫东相视一笑，为胜利而击掌。

我挥手和送我们的村主任易明告别，爬上车，开始了长长的归程。

2002年8月24日

生死首阳山

——徒步穿越首阳山

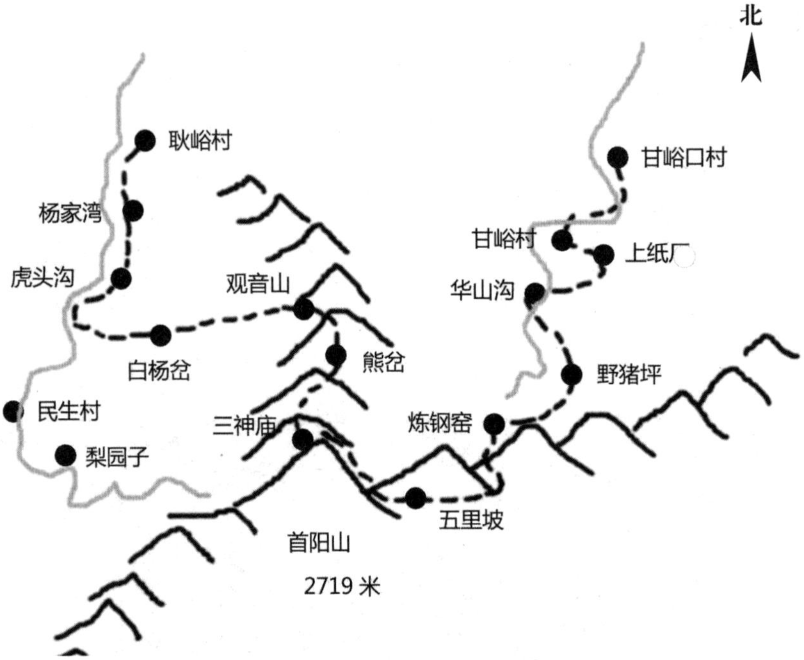

徒步穿越首阳山线路示意图（乐途绘制）

首阳山

首阳山——传说中秦岭山脉三座名山之一,这三座名山从东往西分别是华山、首阳山和紫柏山。这几座山虽然海拔都不到三千米，却被冠以名山的头衔，主要原因是许多历史传说、典故与它们相关。首阳山海拔两千七百一十九米，位于陕西省户县和周至县的交界处，距离周至县城三十公里，山名取“首先被太阳照到”之意。当地人也将首阳山叫作“九头山”。

相传周文王灭商后，邀请商朝遗臣伯邑、叔齐出来辅助周朝，二人不肯为周朝效力，认为一臣不事二主，便一起逃到首阳山。他们不食周粮，不饮周水，不事周朝，最后饿死在首阳山上，千百年来，这个故事广为传播，妇孺皆知。

第一梯队

有一天翻阅《西安晚报》，突然看到一则令人耳目一新的通知。内容是西安自由人户外俱乐部联合多家西安本地媒体组织的秦岭首阳山徒步探险活动。我看了通知后，没有多加考虑，怀着激动的心情，立即电话报名参加，并有幸被安排进七人先遣队。先遣队由波涛、蚂蚁、卫东、黑七、背包眼镜蛇、狗熊和我组成，波涛是领队，我们的主要任务是探路，寻找营地，标记危险路段，为后续部队顺利行进做好前期准备工作。

据说，参加这次活动的正式队员有四五十人，这还不包括后勤保障人员。这个浩大的探险活动，成为当时西安户外的一件盛事，引起了许多媒体的关注。

我们先遣队比大部队提前一天出发，作为先遣队的一员，我非常自豪并十分激动。提前几天就开始收拾东西，盼望着出发那天早点儿到来。临出发前的那天晚上，我辗转反侧不能入睡，既兴奋又担心。

早晨八点，我们先遣队准时从西安出发。十一点到达甘峪口村。在这里，我们换乘了一辆机动三轮车，从水库旁的山间小路进入深山。三轮车在窄窄的机耕道上颠簸了七八公里路程，最后来到了土路的尽头。我们在山谷里最偏僻的一户农家前，与早就等候在这里的向导老石会合。时至晌午，大伙儿在老石家吃了香喷喷的汤面条和锅盔。

老石叮咛大家吃好吃饱，一会儿好好爬山。

领队叫波涛，大家都管他叫“波大头”，他端着一大碗面条对大伙儿说：“弟兄们一定要好好吃啊，下来几天可就没有这么可口的饭菜了。”

我又舀了一大碗面，无论如何填饱肚子是最重要的事儿。虽然不知前途如何，但绝对不能让自己的肚子受了委屈。

吃罢晌午饭，稍事休息后我们就和向导老石出发了。

向导老石

老石今年五十二岁，长得排场大方，温文尔雅。他与哥哥两人住在甘峪深山里，因为贫穷，弟兄俩一辈子没有结婚。我一开始对他们所选择的这种生活方式很不理解，可是转而一想，他们自有他们的道理。过去山里穷人多，娶不起媳妇的也大有人在，光棍老兄弟并不少见。

离开时间停留在二十世纪五十年代的炼钢窑，我们继续向前走了一点五公里，就转进了另一条深山峡谷。两侧绝壁雄峙，中间夹着一条不足五六米宽的深谷，谷底一溪清流，头顶一线青天。从峡谷细长的缝隙望出去，重叠的远山隐没在白色云雾之中。

我们顺着这条狭窄的山谷走了三四公里路，来到一个叫华山沟的地方。华山沟，顾名思义，就是这地方山崖多有裸露的巨大花岗岩，犹如华山一般雄伟粗犷。

我们顺着华山沟一侧山脊开始爬山，半个多小时后来到了半山腰一处不大的平台上。老石说：“再往上走就没有平地了，这地方刚好能扎下三顶帐篷。”波涛四处看看也没有更好地选择，只好同意老石的建议，决定就地露营。平台两侧均是深谷悬崖，看一眼就会头昏眼花，不知道明日大部队来到这里将如何露营。

一股清澈的山泉从石缝中涌出，跌落在一泓小水潭中。我蹲在水潭边，擦了一把脸，心情放松地体验着秦岭深山独有的彻骨透凉。

深山

华山沟营地

走的路程虽然不多，但还是让人感到非常疲惫。

我擦洗了身体后也顾不上吃饭，先钻进帐篷歇息。上次走岳坝时脚踝留下伤，好在戴着护踝、护膝和护腿，不至于旧伤复发时半路“歇菜”。我在帐篷里休息了两个多小时后爬起来，拿出一个烧饼和一盘榨菜，喝了几口山泉水，将就了一顿晚饭。

老石靠在崖边，啃了两包干方便面，然后趴在泉水上咕嘟几口，嘴一抹，一副很满足的样子。他取出旱烟锅，装满烟丝叼在嘴上，四下寻找干枯的柴火，在营地旁点着了一堆篝火，再顺势把旱烟锅点燃。熊熊燃烧的篝火很快温暖了小小的营地，就连营地上空都被一股暖流包围着，大伙儿围坐在篝火旁烤袜子、烤鞋，聊天。

看天色还早，我拿出笔记本想写点儿啥东西，但是手握着笔，却半天写不出一个字来，仰面靠在石头上发愣。营地安静极了，耳旁溪流潺潺，听则有，不听则无，那声音细小而绵长，若有若无。我喜欢聆听大自然的声音，这是响彻千万年的自然之音。

我摸着身旁的岩石，目光欲穿透整个银河，去探寻流过暗夜的点点星光。老石看着夜空说，明天是个好天气。

四周静悄悄，狗熊早已沉入梦境，有一阵没一阵的鼾声震撼着小小的营地。我借着篝火余温钻进睡袋，半睡半醒之间，嗅着弥漫山野的清香和篝火烟熏的味儿，翻个身正准备进入梦乡，突然被远处传来的一阵呐喊声惊醒，我拉开帐帘探出头问老石："那是什么声音？"

老石说："没啥，是人们吆喝赶野猪，野猪吃苞谷呢。"

我纳闷儿："这山野之地还有农田？"

老石说："这里没有，庄稼地大概在五里以外的山顶上。"

山里又恢复了宁静，我缩在睡袋里，整个身体好像沉浸在潮湿的雨林当中，非常难受。

爬山时我也学老石穿了一双解放胶鞋，别看这解放鞋简陋，但它自有它的妙用，不但能解放双脚，还能解放心情，最关键是摩擦力好，抓地性强，不易打滑。解放鞋唯一的缺点是，走在碎石路上就非常硌脚。不过，什么事物都有它的两面性，有利就有弊。

后半夜天空滴起了零星小雨，我暗自担心明天的路况。

生死两重天

今天是徒步首阳山最难忘的一天。

早晨起来，天空依然阴霾，简单吃了早饭就随着队伍出发了。

刚一离开营地就开始爬山，弯曲的小路隐藏在密林之中，草尖、树叶挂满了露水和雨水，衣服、裤子很快就被打湿。在密林里没有走多久，就看不清路的印迹了。老石说："除了采药的人，基本没人来这里。"

浓密的树叶将阳光遮挡得严严实实，林中光线昏暗，野草丛生，荒芜而原始。陡峭的山坡坡度有六七十度，攀爬中为了保持平衡，必须四肢并用，弯腰驼背，抓住身边任何一个可以抓握的树木或藤蔓，一点点向上移动笨重的身体。

我们在陡峭的密林中攀爬了两个多小时，来到了一道山脊上，然后顺着山脊左侧一条模糊不清的小径继续向上爬。我们完全在走一条野路子，潮湿的地面长满了翠绿的蕨类植物和大片的旱莲叶，树干上也包裹着绿色的茸茸青苔，空气中散发着一股泥土的芳香，昏暗的密林中无法辨别方向。大概又走了一个多小时，我们翻上了一座林木稀疏的山脊，然后再沿着山腰横切了一段。

森林外的天空虽然明亮了许多，但是，阴云密布，一阵阵闷热的潮气袭来，汗水在脸颊上流淌。

老石和卫东走在前面，波涛带着其他三人走在后面。雨后的深山到处潮湿光滑，潜伏着危机。在这种情形下意外往往来得格外突然。就在我迈着疲惫的步伐，绕过一个山嘴时，右脚不小心踏在了一块光滑的石头外侧，身体重心猛地倾斜，整个人瞬间向悬崖外栽下去。

就在我失去重心的刹那，下意识地伸出双手，在空中乱抓着什么，身体在陡坡上飞快地翻滚，“咔嚓”“咔嚓”折断了身旁的两棵小树。听见上面有人喊叫：“抓住，抓住！”

我眼前一片模糊，什么都看不清，两三秒钟后，滚动的身体突然停住。我慢慢睁开眼睛，自己正趴在山坡外侧的悬崖边上，沉重的背包压在头顶。我听见老石在上面高声喊叫：“不要动，不要动，我来了！”

一会儿，老石从陡坡上下来，慢慢地将我拉起，并卸下我的背包。老石问我：“没事吧？”我抬起头，第一句话就是：“我的手杖呢？”

卫东站在上面喊：“这时候还管啥手杖呢，人没事吧？”

我摇摇头。

此时，我正跪在一块一尺来宽的石头上，身旁就是几十米深的垂直悬崖，悬崖底部是一泓浅浅的水潭，水潭四周裸露着河床的卵石。刚才就是这块石头挡住了我翻滚的身体，才使我没有掉下悬崖。我跪在地上长出一口气，真是上天保佑我，否则，明年的今天就是我的周年。

老石把我的背包背上去交给卫东，又下来把我拉上去。歇息了一会儿，感觉身体没有大碍，只是翻滚时水壶垫着了左胸，呼吸时肋骨疼痛不已，估计是软组织挫伤。我心惊胆战地坐在背包上，看着深深的山谷发愣，定定神后对卫东说：“真是大难不死，如果掉下去，真不敢想象会是什么结果。”

我心里非常懊悔，大意之中差点儿酿出人命，如果出了事儿，即使大难不死，也会对我的家人，以及今后的户外旅行生活造成巨大的打击，想想都后怕。

鉴于我差点儿出事，领队波涛取出一卷红毛线绳，从山嘴下一直绑到了山嘴上，提醒人们走过这里时要格外注意。后面几个人听说我刚才的意外后，都更加小心翼翼，不敢大意。

老石告诉我：“曾经有一位山民背了一袋面粉从这里路过，不小心摔了下去，掉在了水潭里。他没有死，最后还是自己爬上来的。那时候的水潭要比现在深多了。”

我受到了意外惊吓，体力不支，接下来的路走得异常别扭，感觉突然不会走路了。

一路上我都在想，人的生死真是一闪念的事儿。

波涛说：“大难不死，必有后福。”

四川割漆工

中午时分，我们钻过一片茂密的丛林，来到了半山腰的一个割漆棚。正好遇到两名四川漆工收漆回来，在草棚外将小木桶里的生漆往一个大木桶里倒。乳白色的生漆像黏稠的胶水，慢慢流进大木桶，这一大木桶生漆是他们许多天来辛勤劳作的成果。

漆工的生活很艰苦，春来秋往，在深山中爬高下低，极其危险，一年忙碌下来也不比外出打工挣得多。我们在深山里相遇，也许是一种机缘巧合。四川漆工很热情地留我们吃午饭，饥饿的我们盛情难却，也就没有多余的客套话，一人吃了一大碗拌面疙瘩。本来非常简单的面食，我们却觉得异常美味，反复夸赞四川人做饭的水平真是不一般。不管在什么地方，不管用什么食材，咋做咋香。

临走时，我们要给四川人留下伙食费，四川人硬是不要。推让一番后，他们只是象征性地接收了十元钱。

他们将面粉背上山也是非常不易的一件事情。我心里过意不去，就将一只备用小手电筒留给了那名洗碗的四川人："拿着吧，你们用得着。"

心有余悸

在生漆棚休息了两个小时后，我们告别两位淳朴厚道的四川人，继续向前赶路。绵长的山路好像永无休止。我们爬上一道坡，又是一道坡；翻过一道梁，又是一道梁。万般辛苦地走了一个下午，听老石说我们才走出去了十五里路。一般而言，山里人所说的里程数，大多是他们自己多年经验的总结，不一定准确，只是一个大概的数字。

下午五点多，我们来到了五里坡，老石建议我们就在这里扎营。我看着这么小一块平地，疑惑地问波涛："就这么一块小小的营地，后面的大部队怎么扎营？"波涛无奈地耸耸肩，没有回答。

我支起了帐篷，却没有一点儿食欲，滚到悬崖的那一幕在脑海中挥之不去，心还在乱跳，胡乱吃了点儿东西，就钻进了帐篷。躺在睡袋里回想，就差那么一点点，几厘米距离便是阴阳之隔。我不由得斥责起自己，拐弯时为什么不走里面，如果走里面，就不会失去重心，就不会遇险……差一点儿啊，算我命大。

不能平躺，肋骨疼痛。

半夜梦中惊醒，一身冷汗，问自己："今后还去爬山吗？"

五里坡

一夜噩梦，浑身酸痛，尤其肋骨，疼得不敢大口呼气。

早晨起来忍痛收拾完营地，吃了一点儿早餐，便跟随队伍去爬对面漫长的五里坡。陡峭的山坡上还是没有路的痕迹，大伙儿跟在老石身后朝着一个方向，铆足了劲儿往上爬。整个上午，我们都在暗无天日的森林里攀爬，潮湿而稀松的泥土将鞋袜、裤腿全部染成了土褐色。

我们几个人在不见天日的森林中爬行几个小时，刚出了森林，又钻进了一大片密密匝匝的竹林，大伙儿在没顶的竹林里钻了许久，才来到一片空旷的草甸。我顺着草甸向上望去，不远处就是一座开阔的山垭口，心里一阵激动，长出了一口气，奋力去攀登前方的垭口。当我站在垭口上，刚准备喘一口气，一阵云雾翻滚而来，瞬间整个山脊便隐在了昏暗的云雾之中，紧接着，飕飕冷风带来了迷蒙的细雨。

大伙儿也顾不上休息，冒着寒风细雨一个紧跟一个继续向前疾走，爬上了山脊裸露的岩石。山脊上累如危卵的岩石湿滑难行，我们只好手脚并用，匍匐前行，并互相叮咛嘱咐，小心翼翼地顺着山脊起伏的嶙峋怪石往前爬。

这应该是此行最危险的一段路，必须谨慎。我忍着胸痛，背着大包，全神贯注，颤巍巍爬过了长长的岩石峰脊。

从山脊上下来，我们就来到了首阳山壮阔的高山草甸。

此时，成功的喜悦荡漾在我的心中，历尽千难万险后，我们终于攀登上了首阳山的高山之巅。

我在心中呐喊一声："首阳山，我们来了！"

登顶首阳山

眼看成功就在眼前，所有人都加快了前进的脚步，疲惫的状态瞬间消失得一干二净。我们怀揣着一颗颗激动的心情，于下午两点整，来到了首阳山峰顶宽阔的高山草甸，并登上了那座怪石嶙峋、五彩斑斓的五花石上。

我站在首阳山最高处，展开双臂，呼唤道："成功了，我们成功了！"

大伙儿站在突兀裸露的岩石上，挥动着手杖，完全沉浸在成功登顶的兴奋之中，完全忘记了旅途上所经历的艰难困苦。

我拿出一张纸，认真地写下了"首阳山 2719 米"几个字，高高举起来，庆祝我们胜利登顶。

巍峨的首阳山被群山环抱，蓝天下的峰峦峡谷里，飘着一望无际的白色云海。

乐途在首阳山山顶写生留影

这奔腾翻滚的云海立即让我联想到黄山，两下相比，不分伯仲。首阳山左侧的山谷里乱云飞渡，大风吹来，扯起一片片如丝的白絮，铺天盖地，顷刻间，我们便被罩在了浓浓的云雾之中，不见天地，如入仙境。

站在云雾中的首阳山之巅，我感受着“太乙近天都，连山到海隅。白云回望合，青霭入看无”的深深意境。

三神庙

山顶南侧的草甸上有一座年代久远的“三神庙”，庙里供奉着三位“神仙”。其中两位就是饿死在首阳山的伯邑和叔齐。

三神庙屋檐下悬挂着一块匾额，上书“首阳胜境”，因为光线很暗，看不清是什么年代所立。

我坐在庙里的炕沿上，看着仔细擦拭供台上铜烛台的李师傅。李师傅是三神庙的看庙师傅。我完全不能理解他的行为。这么大年纪，离开家人，一个人孤独地生活在遥远的山野。他这是为了什么，他在守护什么，是三位神仙，还是他自己孤独的灵魂？

我问李师傅：“三神庙里供奉的三位神仙，除了伯夷、叔齐外，还有一位是谁？”李师傅说：“还有一个是太白金星。”我和李师傅聊到了很晚。

晚上八点多钟，后续大队人马陆陆续续赶到了首阳山。许多队员累得连帐篷也懒得支起，直接挤进寺庙里休息。那些做媒体的人更是累得动弹不得，一屁股坐在人堆里便不再起来。

三神庙　红小兵摄

原本寂静的首阳山，突然聚集起这么多人，这么多帐篷，这么多笑声……今夜的首阳山注定热闹非凡，它在人们的依偎中融入了秦岭之巅的暗夜之中。

勇者无畏

一夜安静，睡到自然醒。吃过早饭，领队波涛号召大家参加一项集体活动，内容是摔跤比赛。七八个向导为一队，徒步穿越的队员为一队，我作为主裁判站在两位对手之间，哨声响起，就会有一方的手被举起来。

一个小时后比赛结束，大家合影留念。

午饭统一在寺庙里吃，吃完午饭，我收拾了行囊与李师傅握手告别。他说有机会一定要再来这里看他，我应允了。

临离开首阳山时，陕西省电视台《勇者无畏》栏目记者采访了我。她问了我许多问题，我也回答了许多问题。回过头却记不清自己对着摄像机说了些什么，问答之间，不知所云，只记得她问我：“你为什么喜欢户外旅行？”我回答说：“我喜欢户外旅行的全过程，户外旅行的幸福不但存在于登顶的一瞬间，也存在于攀登，以及行走山野的全过程……放松心情，锻炼身体，广交朋友……还有，我热爱户外，热爱秦岭，热爱大自然。”

首阳山山顶草甸

告别了记者，开始下山。

队伍一路疾走，下午五点半来到了半山腰的一处道观，老石说这个地方叫熊岔，是首阳山到观音山的必经之路。

熊岔的蒜蘸面

看守道观的老师傅姓苏，六十多岁，一个人住在这里已经很多年了。苏师傅在庙前空地上种了许多蔬菜，勤快的女队员们经过苏师傅的同意，去菜地摘了蔬菜，然后洗菜、切菜、炒菜。杨大姐来自关中农村，在万国家具城做生意。她一路上不但喜欢主动帮助别人，而且每到一个营地都会热情地为大家做自己拿手的饭菜。

今天，杨大姐又主动请缨，她问大家：“想吃啥？”大伙儿异口同声：“汤面条。”我们这些老陕们，爬山爬累了就想吃一口汤汤水水的面条，既解渴又果腹，一举两得。

大家的话音刚落，就见杨大姐挽起袖子开始和面、擀面、切面、下面、调面……动作麻利，三下五除二，没多久一大铁锅热腾腾的旗花面就做好了，老远就可以闻见那锅汤面的香味儿。大伙儿流着口水排起了长队，碟子、碗儿响成了一片。这场面出现在深山之中，实属罕见。

苏师傅说："你们这阵势，我从来没有见过。"

旗花面很香，我一口气吃了两碗。谢过杨大姐，并且约好有机会一定吃一次杨大姐做的蒜蘸面。

天黑后向导们点起篝火，不想睡觉的队员继续守着篝火唱歌、跳舞、做游戏。我抱着睡袋钻进庙里，挤进了长长的大通铺。我已经有二十多年没有睡过大通铺，躺在大通铺上，嗅着土坯房特有的土腥味儿和粗布褥子的潮霉味儿，听着篝火那边不绝于耳的神侃嬉笑声，我惬意地伸展了一下身体，安然入睡。

睡梦中，我还一直惦记着杨大姐的蒜蘸面。

走过观音山

今天是徒步穿越首阳山的最后一天，早晨起来去菜地摘了几片小青菜叶子，煮了一包方便面，将剩下的几包方便面、火腿肠、榨菜全都送给了老石和老苏。背上减轻了负荷的背包，我走起路来脚步也轻盈了许多。我和卫东顺着山坡弯曲的小路轻快飞奔去，快速走过山脊上许多小庙，最后直奔观音山悬崖顶上的观音庙。

站在观音山的垂直崖壁上，俯视远处山谷，我问老石："山坡上这些小屋子都是干嘛的？"

老石说："都是一些小庙。"

我问："都是啥庙？"

他说："有娘娘庙，观音送子的，还有土地庙，山神庙，龙王庙，白云庙。"

从熊岔到观音庙我们走了两个小时。观音庙是一座建在悬崖峭壁上的老建筑。寺庙虽然破败老旧，但却蕴含着一种宗教的宽厚和肃穆之态。从一棵古老的油松下经过，看见崖边空地上有几只红腹锦鸡正在食盆里吃食。那些红腹锦鸡见了我们，立刻钻进崖下的灌木林中。厨房里一位大妈说："这些野鸡是庙里养的，每天十点多钟就会来这里吃食。"

大殿里有人盘坐在莲花垫上唱经念佛，一个道士模样的中年男子站在崖边慢悠悠地一下下敲击着大铁钟。

我站在庙后的悬崖边上，凭栏远眺，脚下壁立千仞，前方峡谷万丈，如悬空中。屹立在正前方的首阳山傲视群雄，巍然耸立，大气雄浑，高不可攀。我忽然觉得自己是那样了不起，竟然重装攀登上了那座高耸云天的山峰。

观音庙人多，没有地方逗留，赶紧告别了看庙的师傅，撒开腿脚向山下狂奔。一溜烟的功夫，后面的观音山便已经屹立在了云端之上。

好高，好远。

白杨岔的油泼辣子夹馍

我们从观音山一路走下来，路过了小山村白杨岔。山谷里散落着几户人家，这些农家建筑别具特色，所有屋顶都铺着一块块巨大的石片，用以代替瓦片。

路过一户人家，门前石阶上坐着一位白发老汉，他手里拿着一个雪白的大馒头。堂屋门口站着一位身着蓝色衣裳，皮肤白净的中年妇女。她看我们走来，主动打招呼："你们是做啥的？下来喝点儿水再走。"

卫东随口说道："我们是电视台的，去首阳山搞个活动。"

狗熊看见老汉吃着油泼辣子夹馒头，立刻眼睛发直、嘴流口水，硬是馋得走不动了。他坐在老汉身旁，认真地看着老汉吃馒头。那位嫂子见状笑了，回屋里端来一张小方桌，搬出几只小板凳，再端出一笼大白馒头和一罐油泼辣子，她对大家说："你们走路饿了，刚蒸的馒头，尽管吃。"

没有人客气，也没有人推让，一人一个馒头，再夹上些油泼辣子，开始享受这天赐的美味。我们吃完了给嫂子钱，嫂子坚持不要。嫂子说："欢迎你们有机会再来山里玩，我们这里夏天特别凉爽舒服。"

她让我们叫她王嫂子，说她来自商洛的山阳县，嫁给了当地的王家。

我们告别了热情的王嫂子，顺着下山的小路一路小跑，下午五点多来到了耿峪。大路上一位老乡拉了满满一三轮车的香梨迎接了我们，我估计这是活动组织者特意安排的一个内容，非常人性化。大伙又是一人一个香梨，关键时刻享受到组织的关怀，心里热乎乎的，并且不停地感念组织者的周到。

黄昏时，我们终于走到了耿峪河大桥。

来到了目的地，身心彻底放松。我靠在桥栏杆上，回想着一路走来的艰辛和大难不死，仍然心有余悸，暗暗告诫自己，今后爬山一定要多加小心，千万不可大意。

所有队员都来到了桥上，大家都非常兴奋，因为每一个人在旅途上都有了自己的故事，这些经历在返回西安的归程中被不断回忆。成功穿越首阳山的愉快心情在车厢里继续酝酿着，这种气氛一直延续到了月亮升起，华灯初上。

明天就是星期一，大伙儿该各就各位了。

过了一段时间，有朋友问我："你爬山去了？"

我问："你怎么知道？"

回答："在电视上看到的。"

2001年9月3日

徒步者的天堂，美丽的秦岭山脊

——徒步穿越黄桶梁、东梁

徒步穿越黄桶梁、东梁线路示意图（乐途绘制）

贯穿秦岭的心愿

在一次欢送骑行西藏朋友的聚会上，我偶然与久违的羊哥相遇。他热情地邀请我端午节与他一起去走秦岭山脉的黄桶梁，我非常愉快地答应了羊哥的盛情邀请。很早以前，我就希望有一天能站在黄桶梁和东梁的最高峰眺望南北。

十多年来，我几次翻越地处户县与宁陕县交界的秦岭山梁，不畏山路崎岖、山高谷深、远途迢迢，去过菜籽坪、新场和鸡公岭，力图寻找一些当年宁西林业局遗留在深山中的痕迹。

我对秦岭古道的体验总会落实在脚步上。十年多时间里，我分两次完成了菜籽坪—秦岭梁—秋木庵—田峪—九焰的南北徒步穿越。但是秦岭山脊东西方向的那些草甸、石海、冷杉、野生动物，却在我心里留下了一个渴望的结。我与羊哥约好，端午节三天假期出行。我几乎没有准备的时间，背上包拉着王领导就走。

连续下了几天的雨，对于大多数人来说，天气的好坏直接关系到是否能顺利参加户外活动。然而，对我而言，坏天气并不能形成有效的阻力。因为我相信，风雨会有，彩虹也会有。

东梁的高山草甸

我们刚出城市，淅淅沥沥的雨便停止了。雨后初霁的关中平原清新空旷，晚霞映红了半个天空，我怀着兴奋与激动的心情，去与秦岭约会。

夜过母子坪

经历了一个多小时的疾驶，黑暗中我们来到了秦岭北麓涝峪西河村。因为前方道路崎岖难行，我们只好在西河转乘由熟悉山区路况的司机老夏带我们去今晚的营地。

我和羊哥因为年纪大，被优待坐在了副驾驶位置。我们在夜色中，在寒风里，颠簸着深入秦岭腹地。老夏交代大家："所有人都把头灯关了，山野之地忌讳高声喧哗。"过了母子坪林场，老夏挺直胸脯，踩足油门，紧握方向盘，驾驶着车在泥泞的黑暗中轰鸣前行。他一边摇着方向盘，一边自豪地说道："我在这里开车都有三十多年了，安全问题，你们尽管放心。"

我知道这里山大沟深，处处危险，不停地叮嘱老夏开慢点儿，不着急。老夏指着前面拐弯处的悬崖说："二〇〇七年腊月二十八日，也就是春节前两天，菜籽坪一家七口人从户县采购完年货返回时，走到这里掉下去，一个星期后家人才在这处悬崖下面找见那个车，人都完了。"闻言，我后背出了一片冷汗。

寒夜露营

大约经过两个小时的颠簸，我们来到了黄桶梁半山腰的 72 公里（地名），羊哥宣布今晚就在这里扎营。路边的空地地方狭小，而且风大，很难将帐篷支起来，许多人干脆跑去崖下避风处扎营。为了安全，老夏计划明天天亮后再原路返回。得知老夏要在这里过夜，我叫上王领导、鞋带、黑妹、靓妹一起爬上车，将帐篷放在车厢里，车厢里风小点儿。

安置好车厢里的人我又下车去帮助同行和藏红花把他们的帐篷支好，顺便去不远的崖下打了一桶泉水返回，在帐篷里吃了王领导下的挂面。

忙活完已是晚上十一点多，赶紧歇息，为明天的艰苦跋涉储备体力。虽然身处车厢里，但耳边却是呼啸的狂风，我一夜都在担心狂风会将帐篷吹跑。帐篷被风吹得“哗啦啦”响声不绝于耳，不停歇的大风，遮住了远处巨大的鼾声。

营地海拔两千四百三十五米。

难忘的行走

早晨起来凑合吃了油茶麻花，八点半告别老夏，开始踏上攀登黄桶梁的路途。听羊哥说这路是今天最为辛苦的一段，垂直拔高将近五百米，走过了这段路，下来的路就好走了。同行听闻垂直五百米海拔后直摇头。

长长的山坡完全被绿色的植被覆盖，茂密的灌木林压制了地面的花草和苔藓，高大的落叶乔木从低矮的树丛中拔起，遮住了阳光，树影印在我们的身上。

队伍顺着开阔的山谷一直向上爬，穿过了阔叶林和针叶林混交地带，植被景观的过渡地带总显得有些杂乱无章。随着海拔不断提升，高大的冷杉从混交林带拔地而起，耸立于大山北部的山坡，茂密葱郁，点缀着丰富多彩的山野。

马哥和我是第一次结伴出行，交谈了几句后，我便喜欢上了这个户外人。他言语坦率，真实低调，是一个真正喜欢户外的人。说到慕士塔格，马哥脸上并没有显现出过多的兴奋表情，他扶着一棵树干缓缓说道：“过了海拔六千米后，那简直就是死亡的折磨，后悔，无奈，但是又必须坚持，攀登极高峰的过程就犹如炼狱。”

他说他之所以喜欢秦岭，不单单因为秦岭的美丽风光，而是为了在秦岭洁净的空气中放松身心。他笑着补充道：“我属于那种慢爬型的人，不喜欢疾走。”我说：“我也一样，喜欢慢慢走，慢慢看，慢慢想，这样我才能走出感觉，走得有滋味。”

攀爬的过程非常辛苦，前方仍旧是没有尽头的森林。我踩着铺满山坡的茸茸青草和松软的土地，感受着人迹罕至的大自然的狂野状态。在不断攀升的新高度中，我一遍遍寻找着震撼心灵的境界。

队伍在森林中很快就被分成了前后两个部分，听得见有人说话，却看不见人影。我们爬过一片绿草如茵的山坡，再穿过一片挺拔茂密的冷杉林，突然听到了田田的叫喊声："大家加油啊，到顶了。"

爬过将近垂直的五百米高度，我站到了海拔两千八百八十五米的秦岭梁顶。

美丽的山脊

我站在平缓的山顶上，举目远望，从深山峡谷中翻滚而来的云雾，像是一片灰色的天幕，迅速且不可阻挡地遮住了我的视线。

不能远眺，我便坐在绿草如茵的山顶上，看着身边那一丛丛、一片片的紫叶高山杜鹃花，微风吹过，小花儿微微摇曳，美丽、惬意。

山脊东、西、北三面山坡上都生长着茂密的冷杉林，原始森林像是一堵密不透风的墙，挺拔的树干，翠绿的枝叶在云雾中忽隐忽现，一直延伸到了深深的峡谷。

山脊最高处的冷杉不再茂密，也逐渐低矮，稀疏地散落于山脊上。空旷的山顶上，偶尔立着几根光秃的树干，地上倒卧着已经腐朽的枯木。

穿行山野

夏日的高山草甸一改其他三季的枯黄荒芜，覆盖了一层茸茸新绿，远看非常美丽，令人心醉。

山顶常年寒风凛冽，那些生长在山脊上的植物被严重摧残。除了顶部生长着几片叶子，树干光秃秃的，十分奇特。

队伍顺着起伏的山脊一直向东走去，长长的山脊上留下了一串彩色的身影，那些小如沙粒般的人影一个挨着一个，在一眼望不到尽头的山脊上缓慢移动。从远处飘来的淡如白纱的云雾，从他们身旁轻轻流走。在云罩雾遮中，我感觉到了一丝悠然缥缈的意境。

我们沿着曲折起伏的山脊，从一座高峰爬上另一座高峰，一个上午不知道爬过了多少座高峰。所有馒头状的峰顶背阴处都密布着挺拔的冷杉林，而峰顶和阳坡都覆盖着如茵的青草，茸茸绿草中点缀着许多粉红色的芍药花。峰脊上的冷杉迎着猎猎山风，树枝朝着一个方向，红褐色的枝叶在夏季的浅绿中异常醒目。

空中飘过的淡淡霭岚雾气，给山野带来了缕缕清新气息。流过山脊的云雾，最后都沉没在了幽蓝的峡谷之中。透过薄雾细纱般的淡云，我不但看到了秦岭山野的苍翠葱茏和粗犷壮观，也看到了亭亭玉立、美丽婀娜的峰峦。

高原的天空

队伍刚钻出一大片茂密的原始森林，前面又是一个巨大的山坡直通高耸的山顶。山脊上铺满了青青绿草，行走在绿色的草甸上，就如同行走在毛茸茸的绿色地毯上，舒适柔软，略带飘逸之感，加上涌过山脊的淡淡云雾，薄纱缥缈中如入仙境。

我们走过山脊草甸，再爬上一座布满石海的山峰，走在山脊堆积的第四纪冰川崩裂的巨石上，重复着跳跃和攀爬的危险动作。灰白色岩石在青绿色的山坡上形成一条巨大的石河，从山顶一直倾泻到深深的峡谷底部。这种自然的突兀对比呈现出强烈的色彩反差。在秦岭山脉海拔两千米以上的地方，到处遍布着这样的地质遗迹，我常常为秦岭拥有如此壮观的自然景观而啧啧称奇，并深感自豪。

山脊上到处生长着紫色的小兰花和黄色的小山菊。这些野花在绿色的草丛中

行走高山草甸

格外醒目。据说，这些小兰花属于珍贵的剑兰，花香清远，柔中带刚，不俗不媚，是高洁友谊的象征。千百年来人们将挚友称为“兰谊”之交，突显对友情的看重。我看着风中摇曳不止的兰花笑了，嘴里念叨着：“兰谊呀，兰谊。”

我爬上了一座山顶，懒洋洋地躺在草地上，凝视着蓝天上飘动的朵朵白云，堆积的云彩变幻着各种形状，像魔术般千变万化，一会儿聚起，一会儿松散。静悄悄的山野中，有微微山风摩挲草尖的声音在耳边响动。我完全放松身心地躺在高山上，五脏六腑吐故纳新，好似换了人间天地。

面对碧透的蓝天和洁白的云朵，我问王领导：“你看这里像不像青藏高原，你看那天，你看那云。”

她眯着眼睛，看着空中的云朵说：“嗯，确实像。”

此时此刻，我有一种身处世外的感觉。

崩溃

按照原计划，下午五点我们准时赶到了今晚的宿营地，一个宽阔的马鞍形山垭口。

巨大的垭口处于山脊的低处，平坦、广袤的绿色草甸连接着两侧高耸的山峦。我坐在草甸上，迎着挤过垭口的一股股冷风，疑惑地看着前方已经远去的队伍问鞋带："今晚不是在这里扎营吗，他们怎么走了？"

鞋带说："听说这里找不到水源，原计划可能要放弃。"

我不想放弃原计划，放下背包和田田等人分头去山垭口两侧查看水源情况。山脊两侧长长的山坡没有一丝动静，也没有一点儿水的痕迹，经过我们认真地勘察，确认山垭口两侧没有水源。远离大部队，没有水源，而且山垭口又无遮无拦，不适合扎营。经过商量，我们决定前进去追赶大部队。没人提出反对意见，大伙儿默默扛起背包。我心里虽然憋着一股劲，但是两条腿却不听使唤，跌跌撞撞，一时间小腹绞痛，恶心，浑身冒虚汗。我强忍着身体的不适，眼看着前面山顶上的人影慢慢离去，一个个黑点消失在了山峰的另一侧。

远远听见先爬上去的黑妹在喊叫："我的天，前面还有一座山呢！"

我心里一沉，没有吭声，麻木机械地走着。身体到了极限，几近崩溃。

秦岭的黄昏与黑夜

我们用了将近四十分钟爬上了前方那座高耸的山顶，站在山顶向前看，前面还有一座更高的山峰挡在了我们攀登的路途上。前面的队员已从山峰右侧横切过去，只见那一个个彩色的小人影在巨大的山坡林地中忽隐忽现。

穿过一片山脊森林，横切过一片光秃秃的山坡，再钻进一片森林。前面的树荫下有几个队员正在休息，路过时，我毫不客气地接受了康桥递来的一大块面包，又接过了孔雀的两块蛋糕和两块沙琪玛，一边走，一边狼吞虎咽地吃下。补充了能量的身体突然有了积极的反应，我不由自主地加快了脚步。

翻过了一座垭口，前方又是一片延伸到峡谷底部的大草甸，一丛丛细羊胡子草在夕阳的照耀下泛着透亮的翠绿。远山渐渐由青色变为藏蓝色，再由藏蓝色变成墨绿色，深深的峡谷最先暗了下来，远看就像黑色的湖泊。

我侧着身子，歪歪斜斜地在陡峭的山坡上攀爬，处在这个位置，上看不见峰顶，下看不见谷底，只有深一脚浅一脚地在草窝中费力挪动，全然顾不上欣赏落日余晖和夕阳下的美丽景色。我们绕过了东梁的最高峰，向着前方更远的那座山垭口跌跌撞撞地走去。

走在前面的黑妹和靓妹不一会儿就消失在了山坡的那边，转过一道弯，同行和王领导也在茫茫暮色中没有了踪影。

此时，一头雄性羚牛正漫步在高高的山顶上，夕阳将它颈部的鬃毛照得金黄发亮。突然听见从远处传来靓妹惊吓的喊叫："狮子，狮子，老虎，老虎，等等我啊。"我疾走几步，看见乱了脚步的靓妹疯狂向已经走进半山腰森林中的黑妹求救。等她再回头看那头羚牛时，雄狮般的羚牛早已消失在了山顶的竹林之中。

远远瞧见老羊倌在半山腰的森林中对黑妹说着什么，估计这里距离营地不远了，于是我心里也不再忐忑。

艳丽璀璨的晚霞多被大山遮挡，夕阳已经落在了大山的那边。就要到营地了，我望着远处的山垭口，脸上露出了路途上少有的笑容。我费力地爬上了巨大的弧形垭口，在黄昏余晖中看到了远处森林边缘的一大片彩色帐篷。我停下脚步，喜极而泣，擦一把眼泪，向着营地走去。

我顶着阵阵寒风，用尽了最后的力气，在森林边缘支起了帐篷。黑暗中，小兵和蝗虫带着田田、孔雀几个人走过来，他们是最后上来的队员，我对他们行了庄重的注目礼。

山里的天气说变就变。不一会儿，大风夹着雪花和冰粒铺天盖地而来。我看天色渐暗，顾不上休息，提上水袋和水桶叫上同行、鞋带、黑妹、田田一同去北面山沟汲水。我们在黑暗的森林中走了一里多路，才在山谷密林中找到小小的水源地，待大伙儿把水灌好，我已累得神情恍惚。

今天一路走来，我们都严重脱水，我一口气喝了两大锅茶水。隐约听见隔壁帐篷里黑妹在说："累死了，你不知道，我死的心都有了。"

我打开清晨被啤酒浸湿的睡袋慢慢烘烤，帐篷里流动着一丝温暖，我就这样坐着睡着了。

帐篷内温度五摄氏度，营地海拔两千八百一十米。

东梁

早晨听羊哥说昨天一天我们赶了将近两天的路程，今天可以睡到自然醒，吃完午饭后再出发。我躺在帐篷里，翻了个身继续睡。一觉睡到日照三竿，在帐篷里吃了早点，然后提了相机，钻出帐篷，去寻找传说中东梁最让人惊喜的晨景。天空异常晴朗，虽有风吹拂，但却没有感受到高原的寒冷。大草甸和森林在朝阳的照耀下，芳草萋萋，生机盎然。山脊旁边的峡谷里则是冷杉环萦，石河流淌，在清晨的宁静中散发着原始的古朴气息。

我踏着青草，向着东梁最高峰攀登而去。远处半山腰有三个人影在缓慢向上移动，从背影看是姜老师、小兵和榕树。几十分钟后我爬上了海拔两千九百六十米的东梁峰顶。站在峰峦之巅，举目四望，南坡是连绵千米的青绿草甸，北坡则是蓊郁张扬的冷杉森林，彩色的营地已经被远远抛在了几百米外的南梁山根。

我站在海拔将近三千米的峰顶，享受着高山明媚的阳光，沐浴着阵阵微风，看蓝天中的白云漫过远处的峰峦，风儿牵着空中的白云飞快地流过山脊，大自然

东梁

的一切温柔都流进了我的眼睛。我坐在草丛中，仰首看朗朗晴空下的朵朵白云，静静地从我头顶飞快飘过。

在秦岭山脉，让我最感陶醉的是天空和高山。秦岭的天空，纯净而温柔，又远又近，苍穹清澈；秦岭的高山，辽阔而空旷，悠远苍茫，壮观雄浑。

小兵拔了几根野葱准备回营地做饭，山野之物涵养天地精华，一定非常美味可口，尤其是高海拔的红皮野葱更适合高山上的烹饪，很远我就闻到了那刺激味蕾的香味儿。

他们三人走后，山顶只剩下我一个人和静悄悄的阳光、徐徐的微风。我对着山顶上那些稀疏的冷杉发呆，矛盾的心情在脑海中左右贯穿，既欣赏冷杉的坚毅顽强，又怜惜冷杉的枯败脆弱。

山顶最高处有一棵冷杉已经干枯，低矮的树干扭曲着像一位精神矍铄的老人，沧桑横溢，峥嵘冷峻。我久久凝望，拿出速写本，将这棵冷杉及周围的景色悉数收进画本。

南梁

回到营地，羊哥建议我去营地后的南梁看看。他说那里非常美丽，不去一定会后悔。我没有在营地停留，直接走进了森林，向着高处的南梁顶走去。高大的冷杉林茂密葱郁，阴凉静谧，只有少许阳光穿进了林间草地，光影斑驳，忽隐忽现。我踏过森林里柔软的草地，向着林间缝隙露出的湛蓝天空，走出了森林，来到了山脊。山顶豁然敞亮，绿草铺盖着圆弧形的山顶，一直延伸到深深的山谷。

浑圆的山顶生长着许多已经变了形状的冷杉，活着的与死去的，站立的与躺卧的，奇形怪状的树木散布在森林外围。高寒山巅压制了顽强的生命，包括坚毅的冷杉。

我踏着绒绒青草，顺着山脊向东走去，不知不觉出走去几百米，来到了山脊的下坡。前方起伏的山脊一直绵延到很远的地方，心中涌起去行走的冲动。

山野寂静，无声无息，好似来到了空灵的世界，在空旷无人的山野中，我真担心会遇到什么野物，不敢贸然前行。我四处眺望，将流入眼帘层层叠叠的逶迤

南梁

群山，以及幽静的千山万壑装进我的心里。临风而立的我，大脑一片空白，只有风儿伴着我，不愿离去。

美丽的荒野

营地只剩下了我和王领导，收拾了营地，我俩追寻着前面队员的足迹，穿过一片广阔的草甸，钻进山谷的原始森林。路过了昨晚打水的地方，前方便没有了路的痕迹。相隔很远看见了前面行走的队员正在森林里凭借感觉向前摸索，一会儿钻过竹林，一会儿穿过灌木，一会儿又横切过山腰上的一片密林，最后我们跟着队伍一口气跑到了东沟垭口。

有点儿熟悉的感觉，依稀记得二〇〇八年在这里扎营的情景。那时节，春寒料峭，漫山是枯黄苍凉的景色，当时便暗下决心，一定要在美丽的夏季再来这里。时隔五年，我终于得以兑现承诺。

走出了混交树林，我们来到一片广阔的绿茸茸草甸上，不知是谁喊了一声："这里比喀纳斯还要美！"

原本走得昏昏沉沉的我，听到这话，像是被针刺了一般猛然惊醒。循声望去，被眼前的景色震撼。

我看着眼前被两座大山夹持的翠绿色大草甸，立刻想到了"辽阔"和"壮美"，站在如此空旷的草甸上，很容易让人联想到广袤无垠的大草原。绿茸茸的草甸犹如一张大地毯，从山顶一直铺到了对面的山脚下。此时我和大家一样，沉醉于"天苍苍，野茫茫，风吹草低"的草原之景中。

远处起伏的山梁长满了深绿色的冷杉，好似天山深处的云杉。浅绿色的草甸和深绿色的森林，形成了生命交替的巨大反差。在蓝天白云的衬托下，大地沉浸在一片丰富的绿色之中。这是一幅具象的画面，包含着大自然特有的张力和含蓄。

几年时间，我走过了东梁的春季、夏季、秋季还有冬季。在冬季的秦岭山脉，我看到的只有一种景色，那就是苍凉。寒风在山野中画出的线条呈现着粗犷的美，寒冷总会让我禁不住落泪；在夏季的秦岭山脉，我看到了饱含生命的绿色，绿色温柔地匍匐在大地上，让人忍不住想去触摸；在秋季的秦岭山脉，我在清澈透明的天空里，看到了舒卷的淡淡云丝，漫山遍野的红色，带着亲昵的风儿拂过我的心田，溢于言表的秀美令我血液沸腾，热泪盈眶。

再美的景色，总有离开的时候；再好的旅途，总有结束的那一天。我张开双臂，想拥抱这里的所有。

正在我胡思乱想时，听到王领导呼唤声。

我如梦初醒，一步一回头地告别了东梁。

走过十多公里的漫漫山路，下午五点我们来到了此次徒步旅行的终点——秦岭服务区。我深深地爱着秦岭的点点滴滴，一山一水，一草一木。在那里，我遇到了辽阔的高原，看到了无垠的荒野，跨过了奔腾的激流，在广袤的森林以及狂野的山崖上，一次次遇见不同的自己。

2013年6月20日

远去的凉风垭

——徒步穿越凉风垭—三官庙—光头山—老县城—黄柏塬

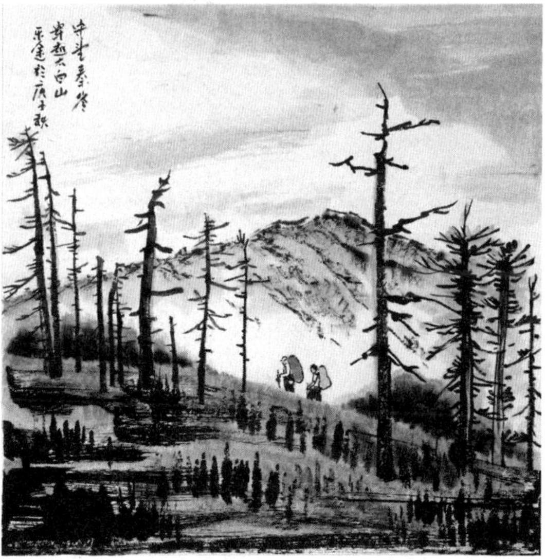

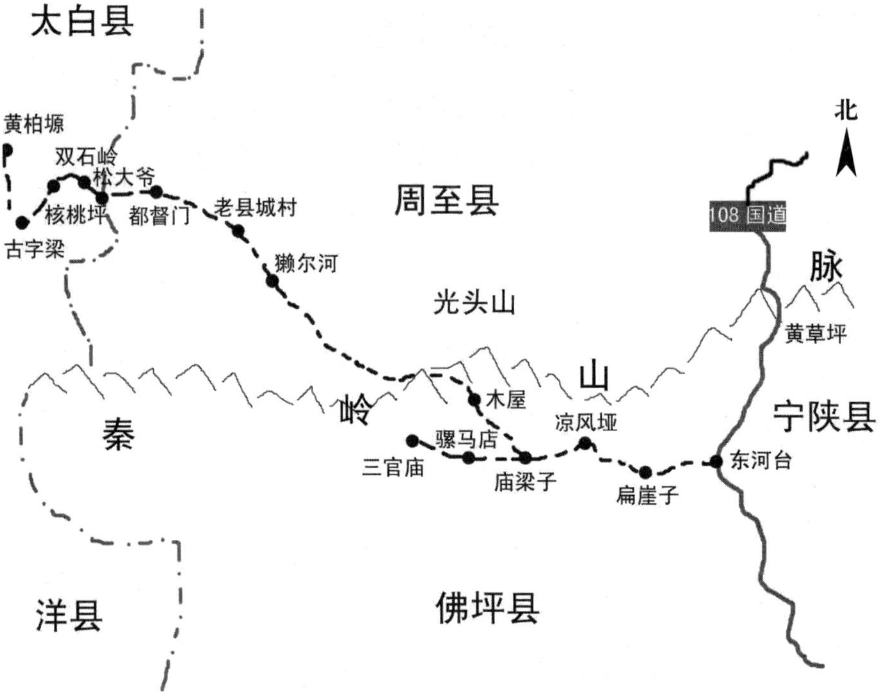

徒步穿越凉风垭—三官庙—光头山—老县城—黄柏塬线路示意图（乐途绘制）

初识凉风垭

有一次，喀什对我说在一本书上看到佛坪县北有一个名叫凉风垭的地方，那里不但风景很美，还是秦岭大熊猫的核心保护区，自然生态保持非常完好。我没找到有关凉风垭的书籍，只在《陕西省地图册》上寻到了佛坪县凉风垭的地名。

凉风垭（海拔两千一百八十米）属佛坪县管辖，是进入三官庙大熊猫自然保护区的第一道高山屏障。在距离凉风垭五公里处有一个叫扁崖子的保护站，它扼守着保护区的入口。二〇〇三年五月一日，我和王领导、邹云清、异客四人计划徒步穿越凉风垭至老县城，我们乘坐西安到汉中的长途车，在佛坪县东河台下车，顺着河谷向凉风垭方向走去。

由于是非典管控时期，各个保护站都严加防范，管理异常严格。我们步行九公里来到了扁崖子保护站，李站长接待了我们。他问明我们的来意后，用很坚决的口吻说："外来人员绝对不能过凉风垭，更不能到三官庙。"当时在座的还有一位省林校老师，此时正值吃饭时间。俗话说，"人生酒不生"。我拿出自带的一瓶白酒给大家都斟上。李站长看我们豪爽，也取出自己的一瓶白酒，六个人坐在一起，恰似老朋友相见，端起杯子一饮而尽，不醉不归。

第一次凉风垭之行就止步于此了。

回到西安后的半年时间里，我一直惦记着凉风垭。

一转眼又到了十一黄金周。我叫上小虫、王领导、小刘、大董（专程从北京赶来的朋友）、林夕等几个人，一切准备就绪，然而天公不作美，十月一日一大早便下起了阵阵秋雨。我望着窗外淅淅沥沥的雨丝，心好像沉入了茫茫无底的黑暗之中。小虫来打电话问我："下雨该如何办？"我回答说："风雨无阻。"

我们一行几经波折，终于进入马召镇，但眼前的景象狠狠地给我们泼了一盆冷水。进山公路的正中央停了一辆警车，一名警察站在车旁，他对我们说："108国道塌方，临时封路！"

我们几个人背着大包，呆站在风雨中，望着迷茫朦胧的秦岭山脉。我叹了一口气，自语道："去凉风垭的路为什么这样艰难呢？"

我们与凉风垭又一次擦肩而过。

再去凉风垭

三番五次不得进入凉风垭，心中便滋生出了一种凉风垭情结。我已经等不到春暖花开的季节，决心腊月二十八日出发，利用春节假期去凉风垭，完成徒步穿越光头山至老县城的心愿。

这次队伍短小精干，我、小虫、林夕、袁哥和空心蓝。

袁哥说，他向朋友借了一辆车，可以将我们一直送至凉风垭。出门总得要做好两手准备。我还是亲自去了一趟长途汽车站，车站工作人员不能确定大年初二有没有班车去汉中。

果不其然。大年初一晚上十点钟，我接到袁哥的电话，他说最近身体不太好，老婆不让他去，问我该怎么办。我一听就明白了，对电话那头的袁哥说："还是身体重要，听嫂子的话吧，只是这么晚了，恐怕难以通知其他人更改行程。"袁哥在电话那头闷声不语，我继续说道："车最好能来，如果你感觉身体可以，也一起来吧，毕竟这也是一次难得的机会。"

放下电话后，一夜无睡意，想着第二天该怎么走。

天还没亮，空心蓝和林夕就来敲我家的门，他们都是一身戎装，精神爽朗。因为袁哥走不成，我心里已经做好了去长途汽车站的思想准备。临出门之前，我怀着一线希望给袁哥拨了电话，袁哥那边关机。小虫背着大包来到我家，问我怎么走。我给大家说明了目前遇到的突发情况，让大伙儿收拾东西准备去长途汽车站。就在这时候，我的电话突然响起，是袁哥打来的，他说他已经出发了，让大家耐心等等。我放下电话后一阵激动，悬了一夜的心立刻放了下来。

早上九时，我们准时出发。

拉我们的是一辆 130 轻型货车，双排座，正好坐下五个人。驾驶室四处漏风，冰冷得如在露天，车窗玻璃震得哐哐响，钢丝从坐垫里钻出来扎人屁股。车还没有开出去多久，驾驶室就充满一股机油燃烧的呛人味，司机说发动机齿轮箱漏机油。以防万一，我们在加油站买了一桶机油备上，心里祈祷千万不要半路上抛锚。

中午我们来到马召镇。春节期间，镇子空空荡荡，只有一家饭馆开着门。我们每人要了四两饺子，结果端上来却是每人三两。老板说："过年断货，你们就凑合着吃点儿吧。"就是这一点儿饺子，硬是让我们坚持到了晚上十一点半。

凉风垭

我们从马召镇进山，沿着108国道一直向南行进。冬季的秦岭深山异常安静，阳光将温暖洒向逶迤的群山，被寒冷凝固的山涧河流反射着耀眼的亮光，道路两侧的崖壁上悬挂着晶莹剔透的冰柱。

中午，我们驶过周至县最远的一个村庄板房子乡，短小的街道十分安静，下午两点半，我们穿过了海拔一千八百米的南天门隧道和海拔一千八百零五米的秦岭主脊龙草坪隧道，进入陕南的佛坪县地界。

下午三点，我们离开108国道，从东河口拐上了东凉路，这里距凉风垭十五公里。此时正值寒冬腊月，蜿蜒的东凉路被冰雪覆盖，导致我们的车时不时地就在光滑的路面上打滑不前。

每遇这种情况，我们几个人就得下来推车，在车轮下塞草，在冰面上垫土。因为路面太过光滑，走不了多远又会抛锚，所有办法都无济于事。袁哥建议用车上的木板一点点往前挪动，我知道去凉风垭的路程还有多远，否定了他的建议。这时候，我突然发现车厢里有一卷尼龙绳，于是计上心来。我将尼龙绳取下来，隔一截打上一个结，然后将打上结的尼龙绳缠绕在后车轮上，这办法果然奏效，代替了防滑链。

就这样，我们在冰雪路面上又向前行驶了几公里，一直走到了距离扁崖子保护站不远的地方，绳链才被磨断。没有了绳链，我们只好弃车步行。走了大约一公里就看见了扁崖子保护站的两层楼房。

偶遇金丝猴

路过扁崖子保护站，被要求登记和进行野外安全教育，耽误了小半天。从保护站出来后，小虫和袁哥一直走在最前面。

冰天雪地中，刚拐过一个山嘴，小虫突然轻声说："看，猴儿！"

只见前面转弯的河道里，一群褐黄色的金丝猴正在雪地上戏耍。它们距离我们有二三十米距离，我粗略地数了一下有十几只。那些金丝猴看见我们后便是一阵骚动，一只母猴率先跳过河去，其他猴子紧跟在母猴身后越过小河。猴群的最后是一只身披褐色长毛的大公猴，它坐在一块大石头上伸长脖子紧盯着我们。

我紧走几步，迅速取出傻瓜相机，对着那只大公猴连拍了好几张。大公猴站起来对我们不理不睬，慢腾腾地走到河边，纵身一跃，优雅的身姿带着半截长的尾巴在空中一晃便过河而去，棕褐色皮毛在雪地上泛着一道金光，然后一步一回头，消失在了密林之中。

我对着猴群方向狂按手中的相机，回来冲洗照片，镜头里除了干枯的树木，没有任何移动的影子。林夕虽然随身带着单反相机，可是等他反应过来要拍时，猴子们早已不知去向。我嘱咐他："在山野行走要想拍到野生动物，一定要把照相机挂在脖子上，方便随时使用。"

空心蓝和林夕都是第一次参加这样的户外活动，今天意外地看见了金丝猴，他俩兴奋异常。

深山雪夜三官庙

在漆黑、冰冻的山路上行进，大伙儿摔了无数跤。山谷中到处都是野生动物绿色的眼睛在监视着我们，恐怖而刺激。

我们穿过笼罩在深沉夜色中的三官庙保护站，顺着河流寻找记忆中的三官庙村。经过一天的艰难跋涉，我们终于在深夜十一点四十分来到了深山中的三官庙村。

我轻轻推开了亮着灯的农家门，从里屋走出来一位小伙子。他看见我们后愣在原地半天没有吭声，也许是半夜三更，我们这些不速之客突然出现吓到了他。

这时，从里屋传出话问："是谁？"小伙子没吭声，我回答说："找何庆贵。"很快从里屋走出来一个汉子，看我面熟，笑着说道："怎么是你呢，前年你来我家还买了十斤土蜂蜜，我记得你。"说完他赶紧让那个小伙子搬板凳、倒茶水，招呼我们坐下。

极度饥渴疲惫的我们围坐在火炉旁，一杯接着一杯喝着热乎乎的茶水。听说村子来了外人，不一会儿屋子里便围拢来几个看热闹的老乡，他们互相打问想弄清楚我们大过年跑来深山干什么。说话间，我们将一路带来的垃圾扔进炉坑烧掉，这个简单的举动竟让一屋子人赞叹不已，他们直说从来没有见过像你们这样爱护大自然的人。

这家户主姓赵，三官庙人，他在端茶递烟的空儿唤他媳妇给我们张罗饭菜。过年期间，老赵家里备有丰富的吃食，不一会儿工夫，老赵媳妇就端上来几个热菜、凉菜，有自制的豆腐、豆腐干、竹笋干、腊肉、豆豉、粉条，这对饥渴疲惫的我们来说已是饕餮盛宴。老赵又抱来一坛自酿的苞谷酒，兑上土蜂蜜，那种甘甜醇香，真是琼浆玉液也难比，浸润喉咙的感觉简直太美好了。

小山村至今没有通电，方桌上几根蜡烛闪烁着烛火，我们在深山老林享受着年夜中的农家温馨。

寒暄中我问老赵："来的路上看见很多马粪，这是怎么回事？"

老赵说："我们这里从去年开始搞观光旅游，为了响应政府号召，我去安康买了两匹矮种马，一匹马一千八。旅游团用汽车把游客送到凉风垭，我们再用马把他们拉到三官庙转一圈，然后送回去，拉一次一百元，这营生时有时无，也靠不住。"

老赵听说我们的来历后，自告奋勇要求当我们的向导，带我们去老县城。我惊讶之余便是非常感激。然而，感谢的话也只能放在心里，没有开始实施下一步之前，一切还都只是计划。

老赵家没有多余的地方安置我们住宿。他说也许我们五个人能在村主任何庆贵家里过夜。

老何家的屋子稍宽敞，空心蓝和老何媳妇睡一张床，袁哥和小虫睡一间房，我和林夕还有老何以及他的两个儿子睡一间房。屋里既没有炉子，也没有热炕，冰冷如寒窖，寒风呼呼呼地从窗子缝挤进来，哈气成霜。

一切收拾停当，已是凌晨两点。我躺在床上连翻个身都难，双肩疼痛难忍，像是要被勒掉一般，锁骨也好像被磨破了皮。半天时间背着将近六十斤*的背包（三个人的食品，十斤重的高山帐篷，六罐气，三十米登山绳……还有我的鸭绒衣、睡袋、防潮垫、小铁锨、炉头锅灶、腰包、照相机……）一口气走了将近二十公里陡峭的冰雪山路，又摔了无数跤……

雪地，锦鸡，兽足印

睡梦中有人拍我，睁眼看是小虫，他指指手表说：“老大，起床吧，都九点多了。”屋门敞开着，外面纷纷扬扬飘着雪花，地上积了一层白雪，天地白茫茫一片，两只小狗在雪地里嬉戏玩耍。喀什前天说，今天要下雪，果然被说中。

大年初三。老何进屋把自己的雪套拿出来递给老赵，红色的雪套配上全皮高靿登山鞋，还蛮像那么回事。我们背上包在老何家门口拍了合影后就出发了，临走我握着老何的手，点点头，什么也没说。匆匆来，匆匆走，挥手和大家告别，这一别不知道何时才能再相见。

刚走出村子不远，就听见老何的儿子边跑边叫我，他手里拿着我的保温瓶。

我们跟着老赵走出村子，一行人像是过去电影里的游击队员，一个个身背重装，弯腰伏身，爬高下低，过河跨沟，不敢说话，只是默默跟在老赵身后。

我们从积满冰雪的河道里爬上来，老赵说：“我们要向凉风垭方向返回骡马店，从那里上光头山。”我本不想走回头路，但没办法，一切都得听从向导的安排。昨晚我们走过的路面已经被大雪覆盖，一片洁白，踏在新雪上感觉非常舒服，轻柔无声，不再担心摔跤。

经过一大片开阔地时，老赵突然对我说：“你快看，鸡。”

---

* 1 斤 =0.5 千克

向前望去，十几米外的雪地上有一大群色彩艳丽的红腹锦鸡，足足有十几只。那些红腹锦鸡正在雪地上觅食。我急忙掏出相机，还没来得及拍照，敏捷的红腹锦鸡却早已钻进了竹林。

大概走了七八里路，我们来到了一座简易的石桥前，路旁一通石碑上刻着“骡马店”三个字。我问老赵：“这里过去有骡马店？”老赵点头说：“有骡马店，老人说这里原来是一条古路。”他说罢示意我们跟着他过桥，然后向左拐上一条非常不明显的小道。老赵说：“这地方以前叫庙梁子，还有一座山神庙，后来庙被毁了。”

过了庙梁子，便再也没有路的痕迹了，这条歪歪斜斜的小道，分明是一条动物下山喝水的便道，深深的雪地上布满了羚牛和熊猫的足印。熊猫足印和人类的脚印很相似，有脚后跟、脚掌和五个指爪。

清晰的熊猫足印立即让我想到了神农架的野人，几十年的传闻，该不会是将狗熊的足印误认为是人类的足印吧。四十多年的寻找，野人没有找到，神农架倒是出了名。

理想的阶梯

走了半天，我们来到了半山腰的一条山溪旁。老赵说：“从这里到山顶木屋至少还有二十里山路，今晚我们必须赶到那里，这一路上没有水源，大家都把水壶灌满。”队伍里除了林夕一个人灌了一壶冰冷的山泉水带上，其他人都没有多余的容器来灌山泉。

光头山山脊

接下来的二十多里山路，我们基本上是在陡峭的山脊上攀爬，大雪天行走山路，其艰难程度可想而知。我一路走来，心中多有感慨。我们奋力攀登，站在极高处，欣赏秦岭壮美的景色，心灵与大自然亲密接触、互动。至于能不能亲眼看见熊猫和羚牛，那就看缘分了。

顺着理想的阶梯，我努力地攀登着。

大熊猫

窄窄的山路只适合四条腿的动物行走，我们走在上面身体晃悠不稳，需要极力把握平衡。

老赵说："现在行走的这条山脊是'一脚踏两县'，南面是佛坪县，北面是周至县。"我顾不上看一眼山脊两侧的寒冬景色，紧跟在老赵身后，在陡峭的山脊上连跪带爬。小虫则跟在空心蓝后面负责断后，我时不时地能听到下面传来的阵阵尖叫声。不用猜，准是空心蓝又摔跤了。

积雪中，我又看见几颗绿色的熊猫粪蛋，捡起来端详半天，是不是要把这粪蛋蛋收藏起来呢。转而一想，还是把它放在原地，它原本就属于大山。

正在我费力地往上爬时，看见老赵半蹲在半山坡上一动不动，神神秘秘地对我招手。我知道前面有情况，连跑带爬地来到老赵身旁。老赵用手指着左侧十多米外的竹林轻声说："快看，熊猫！"

只见一只大熊猫正慢腾腾地往竹林深处走去。我的第一反应就是取出照相机，对着熊猫背影，咔嚓拍照。老赵说："刚才上来时我和大熊猫碰了一个满怀，吓了一大跳，大熊猫也停下脚步，看着我愣了两秒钟，然后转身走进了竹林。"

今天的光线本来就很差，加上灰暗的竹林和脏兮兮的熊猫色彩相近，我也不知是否拍到了大熊猫。不过，起码我看见了大熊猫，真是万分幸运。等到后面的队员爬上来，大熊猫早就没有了踪影，他们只能听我和老赵自豪地描述我们与大熊猫偶遇的故事。

极限攀登

大伙儿遗憾没有看到大熊猫，只好无精打采地继续攀爬无尽的山坡。我与老赵慢慢拉开了距离，精疲力竭地在山脊上独自爬行。我望着山脊两侧的千尺绝壁，立即感觉头晕眼花，挪不动脚步。

在这冰天雪地的山脊上，我真想坐下来不走了。向下望去，空心蓝默默不语，不紧不慢，四肢并用一下一下向上爬。昏暗的光线下已经看不清她面部的表情，小虫走在她身后，不时地推她一把。

我问老赵："我们距离山顶还有多远？"

老赵只是一个劲地回答："不远了，不远了。"

爬过一段特别陡峭的山脊时，老赵从上面下来帮助空心蓝把包背上去。卸了包的空心蓝顿觉轻松，但却不会走路了，差点儿失去平衡，幸亏小虫一把拉住她，并及时告诫："走路时一定要弯下身子，慢慢走，千万不敢失去重心，因为已经习惯了背负行走，一旦没有了重物，身体便会突然失去平衡，走在这样不足一尺宽的山脊上，那是很危险的。"空心蓝满眼含泪，轻轻点头。

刚刚费力爬上一块岩石的空心蓝仰着头问我："还有多远啊？"

我学着老赵的样子说："马上就到，最多还有二里路，再坚持一会儿。"虽然这样说，但目的地到底还有多远，我心里也没数。

她长叹一声，表情痛苦地低下了头。同样的问题，林夕和空心蓝大概问我了几十遍："什么时候到？"最后问得连我自己都不知道到底还要走多久。

一直走在前面的袁哥速度明显慢了下来。我叫他，却听不见他的回应，待我追上他时，在他脸上看到了极度痛苦的表情。

昏暗的山脊下方，时不时地传来空心蓝痛苦的吼声："你们能不能等我休息一下再走？"我苦笑一下，没有作声，继续在雪地上寻找前面留下的脚印，一步步向上爬。不知在夜色中走了多久，当我翻上了一道长长的陡崖后，来到了一片山势稍微平坦的竹林边缘。缓坡上成片的竹林明显比下面的竹林低矮了许多，也更枯黄一些。

老赵说："这里距离木屋不远了，我先上去生火、取冰、烧水。"说完他站起来，拍拍屁股上的雪，对我们说："你们再坚持一二里路就到了。"

此时大伙儿已经对老赵所说的一二里路程不抱有任何希望，继续在昏暗中前进。正当我们在黑暗中艰难跋涉时，突然听到前面传来老赵的叫声。抬头看，只见远处有一点灯光在摇晃。

看见灯光的一刹那，我激动得想喊叫。胜利的灯光在召唤我，但我的双腿似灌了铅一般沉重，挪不动，每走一步都万分艰难。

夜宿小木屋

晚上八点多，我迈着蹒跚的步伐走进了小木屋，卸下沉重的背包后才感觉到了一丝轻松和清醒。老赵说："这座木屋是保护站专为巡山队员们修建的，他们一般会在这里住上十天半月，所以屋子里常年备有小铁炉和木柴。"我们进来时，老赵已经将小铁炉生着火，大家围坐在铁炉前取暖化冰。老赵将一张小方桌搬过来，大家拿出各自携带的火腿肠、腊牛肉、酱牛肉、玫瑰咸菜、午餐肉，我再拿出一瓶衡水老白干，一口接着一口，冰凉辛辣的液体顺着嗓子眼儿缓缓流下，惬意，解乏，第一次觉得老白干这么可心润口。

歇息了一会儿，我缓过劲来，先给老赵煮了两包方便面，再给林夕煮了一碗酸辣粉丝汤，最后给自己煮了一碗臊子手工挂面。

眼看我们就要把一桶冰化完，老赵立即喊停，说柴火不多，要给明天早晨留点儿生火。

木屋里间有个大通铺，我建议大家都挤在一起。这样，既可以免去支帐篷的麻烦，又可以互相取暖不受冻。空心蓝和林夕盼望的帐篷之夜，也只能等到明天了。我的睡袋比较厚，放在床铺的最边上，老赵盖着自己背来的一床被子睡在最里边。木屋的环境温度零下七摄氏度，冷。林夕到底年轻，走了一天还不瞌睡，躺在睡袋里听音乐。我早就累得浑身酸痛，爬进睡袋动弹不得，全身不舒服，尤其是右膝关节髌骨和踝骨。

老赵说有一年中央电视台来这里拍大熊猫，找了几天也没有看见大熊猫的影子，那晚他们就住在这个木屋里。令他们意想不到的是，一大清早起来打开门一看，吓死人了，门口卧了一大群羚牛。嘿，熊猫没拍到，却拍到了羚牛。我也想等明天早晨有一场难忘的奇遇。

老赵说明天计划一天赶到老县城。我说这里距离老县城至少有四五十公里路程，而且都是难走的山路、雪路，看明天的具体情况，一切顺其自然，走哪儿算哪儿，不一定非要赶到老县城，还是那句话，安全第一。

老赵说："明天要通过两公里左右的悬崖路，都是羚牛走的兽道，在山脊尖上，山脊两侧一面是万丈深崖，一面是看不到底的陡坡。明早起来，大家一定不能说不吉利的话，我们还要磕头祈祷，拜山神。"

我终于明白了秦岭山巅之上为什么会有那么多的庙宇。

这里海拔两千五百米，还不是光头山的最高峰。老赵说光头山的最高峰是鲁班寨，从这里上鲁班寨一路缓坡比较好走，但下鲁班寨可就难啦，无数如房子大的石头布满了陡峭的山坡，夏天尚且不好走，更何况是严冬季节呢。

听老赵如此讲，我们决定不走鲁班寨，改从光头山中部向南，顺着湑水河源头向西南方向去老县城，大概有二十多公里路。

一大早就听见林夕、袁哥和小虫在屋外拍日出，他们的体力怎么恢复得如此之快。待我艰难地爬出睡袋走出木屋，日头早已爬上三竿。我环视四周，景色确实美丽诱人，漫山遍野的冷杉挂着皎洁如玉的积雪，银光闪耀。森林背衬着深邃碧透的蓝天，而天空的蓝色则纯净、透明，一尘不染。

我站在木屋前，痴情地眺望，群山峥嵘，云海苍淡，冷艳生动，心中不觉涌起一丝情怀，感叹道："我真没有想到这里的景色如此之美，不但壮观至极，而且异常秀丽。"

当地人有一个讲究，登光头山之前，要有个祭拜山神的祈祷仪式，希望上山的人能够平安归来。

冰清玉洁光头山

拜完山神，我们回到木屋，生起炉子化冰烧水，开始各自准备早饭，上午十点准时出发。

今天的天气不错，淡淡的云丝布满天空，柔和的阳光照耀着大地。出了木屋向西是一片平缓的山坡，坡上覆盖着厚厚的积雪，一片片枯黄低矮的竹林结满了雪白冰挂，密集处的竹林被积雪压倒了一大片。竹林边缘那些被厚厚冰挂雾凇包

光头山上的原始森林

裹起来的冷杉，好像是一个个巨大挺拔的雪雕，矗立在茫茫雪原上。

面对如此罕见的冬景，我问林夕："你感觉怎么样？"他回答："太美了，平生第一次见到。"

穿过竹林冷杉，我们来到了山脊的悬崖边上。脊刃般的山崖上本来就只能容一个人通过，又覆盖着厚厚积雪，更加难以通过。我们只能弯下腰，四肢并用地在崖上爬行。山脊南边是深深的陡壁悬崖，北边则是一眼看不到底的森林大雪坡。很多裸露的岩石缝隙中生长着一些冷杉树，粗短的枝杈上堆积着厚厚的积雪。

我跟着老赵从崖顶爬下来，贴着崖壁向前走，岩石下的雪坡早已冰冻成厚实的冰盖，坚硬而光滑，我们只好用手杖在冰盖上扎出一个个小坑，扶着崖壁，脚尖踩着雪窝，一点点往前挪动。顺着山脊崖壁我们一会儿爬上岩石顶端，一会儿又溜下崖壁缝隙，大家走得非常谨慎，生怕有个闪失。

就在我拉空心蓝上一道岩石时，绑在包顶的相机包不慎跌落几十米下的山坡上。取相机包的经历惊险而刺激，幸好没有出现险情，虚惊一场后，我告诫大家，一定要格外小心。

我们在岩脊上走了四个多小时，下午三点一刻到达岩脊尽头的野葱坪。野葱坪，就是山顶上一片平坦的山坡，上面长满了细小的野葱。我尝了一根，很呛，味道比平常我们吃的小葱鲜、刺激。据说，我们平日里吃的大葱就是祖先用这种野葱培育出来的。

过了野葱坪走一里多路，就是光头山最高峰。隆起的山脊就像是倒扣在大地上的船底，光秃而荒凉。山顶的积雪下生长着一片片小叶高山杜鹃和高山草甸，枯黄的草丛坑坑洼洼，所幸地面已经被冻得坚硬，不影响行走。

下午三点四十分，我们到达海拔两千九百八十米的光头山顶峰，光头山的最高处。这里除了大片的第四纪冰川遗迹碎石，就是干枯的高山杜鹃和枯草，雪地上到处都是羚牛的粪便和足印。光秃的山顶毫无遮拦，大风挟带着雪粒呼啸而来，击打在我们身上，穿心而过，透骨奇寒。

领略了峰顶的壮观后，大伙儿顶着凛冽的寒风和大雪，顺着山坡一路小跑来到了正河垭口的避风处。

涝水河源头的深山雪谷

老赵站在垭口边一块积满雪的大石头上对我们说："过了这个垭口，前面就开始下坡，雪很深，你们每个人都把自己的东西捆绑好。这条沟很长，有五六十里路，杜鹃林里石头也很多，你们一定要跟着我的脚印。万一掉到石缝里，不要着急，慢慢抽动。涝水河就发源于这条山沟，这条沟也叫正沟。"

老赵说完给大家拍了合影，大伙儿各自整理了自己的装备和行头，依次跟着老赵开始蹚雪下垭口。此时天上的云朵已经开始慢慢退去，留下了一片纯净湛蓝的天空，刺目的阳光反射着积雪，森林里的雪地格外透亮，我在心中感谢天公给了我们这样一个好天气。

前面一路下坡，顺利的话，今晚也许可以到达老县城。过了垭口，映入眼帘的是一面巨大的扇形山谷，白雪皑皑的平缓山坡上布满了冷杉林和杜鹃林，我们好像是行走在广阔的雪原上，奔跑着扑向柔软的雪坡。

山坡上的积雪越来越深，许多地方已经到了大腿根儿。

老赵在前面撑着一根长棍，边走边笑着说："这里很开阔，没有危险，随便走吧，就朝这个方向。"

积雪太深，不好迈步，大伙儿就坐着向下滑。可是坡度较缓，积雪松软，滑不了多远胸前便聚起一大堆雪。眼见无法前进，我们只好站起来继续一步一步地在深雪中向前迈进，只不过这样行进的速度明显减慢。

走着走着，不见老赵，只留下了一串清晰的脚印。沿着脚印，我们左拐右拐在林间穿行，时不时地能看到远处老赵闪动的身影。

穿过冷杉林，我们来到了弯曲密集的杜鹃林，这里的雪地不再平展，开始有了起伏，我们的腿脚也开始不停地往石头缝里掉。在巨石堆上行走很不容易，往往是走三步退一步，有时候一条腿掉下去，整个身子便在陡坡上前倾后仰，可无论如何，也难将陷进去的腿拔出，必须等待同伴来帮助。

被我们踩过的很多地方都留下了深深的雪洞，巨石缝隙像一个个陷阱，布满了山坡。

杜鹃林很安静，能听到脚下的流水声，也许这就是老赵所说的湑水河源头。“不积跬步，无以至千里；不积小流，无以成江河”，所有江河都有它的源头，就像我们脚下的山泉溪流，慢慢汇聚，最后成为一条浩荡的大河。

原本开阔的山谷越来越窄，穿过冷杉林和杜鹃林，我们就来到了繁杂的阔叶混交林带。我和林夕紧跟着老赵，边走边呼喊后面的人。能听到小虫的回应声，而空心蓝和袁哥已经联系不上。在雪地上行走，迷路的可能性很小。老赵让我放心走，说后面的人不会有事的。

密林中的雪地上有羚牛足印，纵横交错。它们的足迹经常和我们的脚印混淆在一起。为了便于辨认，我不停地用手杖在雪地上画上箭头，希望后面的队员能够辨别正确的方向。

天色渐暗，我们行走的速度也明显慢了下来。一路下坡，浑身无力，双腿打战，饥寒交迫。我看看表，已经是晚上八点，告诉老赵前面找地方扎营休息。

雪地露营

黑暗中我们来到了一处稍高的山坡上，我观察四周后对老赵说：“今晚就在这里扎营。”厚厚的雪地上到处是长着刺荆的铁甲树苗，老赵管它叫“刺槐”。在松软的雪地上支帐篷颇为费劲，尤其是单人帐，地钉不顶用，只好利用四周的竹子和灌木勉强固定帐篷。营地面积太小，支不下更多帐篷，只好委屈空心蓝和林夕住一顶帐篷。老赵很快点燃了篝火，火焰腾空升起，将寒气驱赶，并将厚厚的积雪融化，形成一个大雪坑。

半个小时后，空心蓝和袁哥来到营地。空心蓝说当她在远处看见营地的火光时，激动得差点儿就要哭了。袁哥说："火光代表了生命的希望，它会将黑暗和恐怖驱散，带给我们光明。我看见火光就激动，就来劲，心里充满了感动。"

大家围坐在半米深的雪坑旁，烤雪套、手套和鞋，顾不上吃东西、喝水，先让身体感受篝火带来的温暖。空心蓝坐在雪坑边一点点拔着手套上的刺荆，她说爬坡时一把抓住了一棵刺槐，痛得直叫妈。

今天，我们连续走了十个小时，大伙儿都非常辛苦，每个人看上去都异常困乏和疲劳，在篝火边没坐多久大伙儿就钻进各自的帐篷里做美梦去了。

深山雪夜，异常安静，没有一点儿风，偶尔能听到熄灭后的木炭发出的噼啪声响。

一颗印

次日上午十点，我们拔营出发，大年初五。山谷里的积雪还是那么深，每走一步都会陷到膝盖处，不敢奢望今天的路程会有多好走，只是希望积雪能少点儿。中午十二点我们来到湑水河主河道，五米多宽的河道里只有冰雪，不见流水。我们在河道的石头上跳跃，偶尔跨过冰雪中露出的一块冰窟窿，透明的冰层下是流动的河水。

中午一点，我们来到一个叫作一颗印的地方。老赵说他本来的计划是昨天晚上走到这个地方再扎营。我心想幸亏昨晚及时找到地方扎营，要不然大伙可就走惨了。

"一颗印"，是伫立在河边的一块四四方方大石头，远看和一枚金石印章很像，山里人俗称"一颗印"。空心蓝和袁哥走在后面，竟然没有发现这么大一块石头，埋怨我们走得太快。

正走着，忽然听到从左面山脊上传来一阵阵喧闹声，老赵说：“那都是金丝猴。”调皮的金丝猴在树林间跳跃吼叫，整座大山都被它们吵翻了天。我向着山巅张望，只闻其声，不见其身。

海拔不断降低，湑水河中一些水潭没有被完全封冻，透过清澈的河水可以看见珍贵的细鳞鲑在水里游动。也许是这里很少有人类活动，才使得这些自然的精灵生存下来。

袁哥和空心蓝在我们身后被甩得不见了踪影。我担心我们之间的距离太远不安全，建议老赵回去接应他们俩。老赵放下迷彩包，对我说前面可以看见一条岔路，两条路最后都会合在了一起。说完后老赵便返身去接他们俩，我们则马不停蹄继续顺着河道往下走，一路上并没有看见那个岔路口。

根据时间和山势来判断，我们应该快到宽阔的川道了，然而走了许久也不见河道有什么改变。我们贴着岸边土坎向前走，来到了一处河汊，一条从南面流来的河水在这里注入湑水河。我正在纳闷这是不是獭尔河时，就听见有人在叫我。我停下脚步朝声音的方向望去，看见老赵站在河对岸向我们挥手。我揉揉眼睛，纳闷不已，老赵什么时候走到了我们前面。老赵说他们是抄小路过来的。怪不得路上我好像听到有人说话的声音，以为是幻觉。老赵说空心蓝和老袁现在已经在二里路外的老县城农家休息了。

我用惊愕的眼神看着老赵，不相信自己的耳朵。现在是下午五点三十五分，从出发到现在我们已经走了七个小时。虽然现在距离老县城村还有两三里路，但是一般来说到了獭尔河也就算到了老县城。

我怀着激动的心情爬上河岸，感觉到一种从未有过的释怀。

老县城的温暖

上了岸我才发现，从东南方向流过来的河流的确是獭尔河，难怪有种似曾相识的感觉。我们顺着湑水河边的大路一直走向老县城东门，向西走了一里多路，来到了老县城东门外一户干净的农家门前。主家姓李，是村里的医生。

老李在门口迎接我们，土屋内空心蓝和袁哥正在小铁炉旁泡着脚。大伙儿见面激动不已，为顺利走到老县城互相击掌。我想喝庆功酒，可李医生家没有白酒，也没有啤酒，只有果啤，那就果啤吧，有了酒就有了欢乐的气氛，大伙儿举杯庆祝。走到老县城，已经将此行最艰难的路程走完，接下来去厚畛子便是坦途大道。

晚上我们在老李家吃了炒菜米饭。老李家有一位从厚畛子过来走亲戚的小伙子，他说："去厚畛子的山路非常不好走，今年雪多，连南坡的路都结了冰。"听了他这番话，我心里开始盘算下一步该如何走。思虑片刻后我对大伙儿说："今天我们要做个决定。据说，从这里去厚畛子的山路非常难走，安全起见，我建议明天放弃去厚畛子，改道走太白县的黄柏塬，由那里去宝鸡然后回西安。"说完我停顿了一下，看大家没有反应，继续说道："愿意走黄柏塬的跟我走，不想走黄柏源的可以去厚畛子，大家自由选择。从都督门去黄柏塬的核桃坪有十多公里路程，从这里去厚畛子有二十公里路程。"

袁哥笑着说："肯定是你走哪儿，我们就跟你走到哪儿，这没啥商量的，你决定了就好。"

空心蓝和林夕还没有过够住帐篷的瘾，晚上她俩又在老李家门前的院场上支起了帐篷，只不过这次比较奢侈，多了枕头和两床温暖的被子。

晚上，我睡在老李家的热炕上，舒展着疲惫的筋骨，感受着古道上淳朴温暖的家庭气氛，心里无比惬意舒适。我们已经顺利完成了此行第一阶段的任务，接下来的行走都是计划之外的收获。

走过古城

早晨睡到自然醒，吃过热腾腾的早饭，我和老李结了账，告别他们一家人，背上行囊向着老县城方向走去。在东门外遇到了那年带我们去佛坪岳坝的老张，我们寒暄了几句。刚转身又碰到了以前的向导老冯，一晃四年过去，他们好像都没有变化，老张还是那张红红的脸庞，老冯还是那个泰然自若的笑容。

我们穿过重新翻修过的东城门洞，感觉新建筑似乎少了一些什么东西，大概是历史的沧桑感，反正我还是喜欢过去那座荒芜凋敝的老城郭。

路过老县城保护站，一个年轻人出来对我们叮咛道："路上一定要注意防火，注意落单的羚牛。”我笑着向他挥挥手：“谢谢，我们一定注意。”

老县城保护站一直是我心中最亲切的自然生态保护机构，我多次走过老县城，对老县城有了一种莫名的牵挂。

大年初六仍然是在大年之中。路过西关王德贵家，还在睡觉的他激动地爬起来硬要留我们喝酒。大前年他给我画了一张徒步穿越光头山的地图，说如果有机会一定带我去走那条路，一晃几年过去，我们一直没有机会一起去行走光头山。

他说我们这次从东河台走到这里，大概有八十八公里路程。他竖起大拇指，不停地赞叹道：“你们真了不起，背着这么多行李，走了这么多艰难的路，实在是不简单，太厉害了。”

我请王德贵联系了隔壁人家的小四轮拖拉机，三十元钱把我们送到都督门。趁着拖拉机预热的时间，王德贵从家里的酒缸里舀了一杯加了土蜂蜜的苞谷酒让我们品尝。陈年佳酿非常醇香，好多几年没有喝过这么好的苞谷酒。王德贵说这还是我们前年来他家喝过的那缸酒，是存放了三年的老陈酿。

上午十一点半，我们五人挤上了小拖拉机，向着都督门方向驶去。王德贵站在西门外的大路上向我们挥手。蓝天下，他和那座灰色的城门洞离我们越来越远，最后消失在了路的尽头。

通往都督门的湑水河上架起了一座简易便桥，原来穿过河水的便道被石头和冰雪覆盖，清澈的水流在冰层下缓缓流淌。

路过了冰封的泗郎泉，寺庙和泉眼已经被冬季的寒冷静静地凝固。

都督门

中午十二点一刻，我们到达都督门，在太白山向导张金科家门口合了影。想起了三年前的大年初六，我和喀什、程岗，还有济南的董兵从太白山下来，在这里合影留念。今天故地重游，很是感慨。

都督门是傥骆古道上的一个重要节点，从都督门去华阳镇或洋县有两条路可以走，一条是向西南走吊沟，然后翻越财神岭和兴隆岭去华阳镇；一条是顺湑水河向西走黄柏塬，再向南经二郎坝去华阳镇。一个距离近，有七十余公里路程，要翻越两座山岭；一条距离稍远，大概有一百公里路程，但所走道路比较平缓。我常常在心里谋划着从都督门出发经财神岭、兴隆岭，去走一趟傥骆古道，不知道这心愿何时才能实现。

在都督门稍加休息后，我们便沿着湑水河向西北方向走去，这一条路可以去太白山拔仙台，也可去黄柏源核桃坪。顺着路走了大概一里，我们来到了二号界碑，从这里向西拐，就是去核桃坪的山路。

去往核桃坪方向的道路比较明显，一尺宽的小路隐在杂草之中，路上落满了枯枝腐叶，因为向阳，路面几乎没有冰雪。流经峡谷的湑水河水量充沛，水质清澈，河底卵石清晰可见，沿途还有很多幽深的水潭倒映着悬崖峭壁，寒冬中的清冷水色展示着异常静谧的美丽画面。

我们正在走着，忽然看见前面的老赵向我招手，看他神秘的样子，我想他可能又发现了什么东西。我们加快脚步走过去，原来路旁的树林里有一头落单的羚牛。它站在距离我们几米远的山坡上。我拿出傻瓜相机对着羚牛按动快门，回来后将照片冲洗出来看，又傻眼了，画面上有树林、枯草、石头，唯独没有羚牛的身影，真邪门了。我发誓不但要换相机，还一定要换个数码的。

早听说独牛会伤人，但是眼前这头羚牛见了我们却不慌不忙，毫无反应，神情木讷，对我们视而不见，慢慢转过身往山坡上走去。

老赵说："这头牛不是生病了就是衰老了，不会活过今冬。"我觉得他在瞎说。

几天走来，终于在如此近距离看到了珍贵的羚牛。大伙儿庆幸这一趟没有白走，看到了金丝猴、大熊猫还有羚牛，的确是收获满满。

松大爷垭口

中午一点多钟，我们爬上了周至县和太白县交界处的松大爷垭口，老赵说这里曾经是"一脚踏三县"的地方。历史上松大爷垭口是周至县、佛坪县、华阳县、洋县等行政区划的交会点，后来这里才变成了两个县的交界地。垭口上生长着几棵高大的太白云杉，一只花尾巴斑纹松鼠从路上跑过去跳到树干上，它爬爬停停，一会儿转到树干的背面，一会儿又爬到枝头，不停地看着我们，玩起了捉迷藏游戏。

垭口上落满了厚厚一层枯黄的针叶，踩上去像是走在绒绒地毯上，柔软而舒适。旁边深深的悬崖下，就是陪伴我们数日，在深谷中汩汩流淌的湑水河。

下了松大爷垭口向右拐不远，我们就来到了早已废弃的林区公路。刚拐过一个山嘴，就听到空心蓝一阵兴奋的呼唤。我纳闷她发现了什么，疾走几步去看，原来路上停着一辆吉普车，一个司机正在专心修车。空心蓝走过去欲和那人搭讪，可是那人却只顾捣鼓着什么，没有理会她。后来听小虫说他过来时，那人正举着猎枪向山上瞄准，见小虫来赶紧将猎枪收进了驾驶室。我们非常痛恨偷猎行为，向村委会进行了举报。

坐上了手扶拖拉机

将近下午三点，我们来到了山谷里第一户人家，主家姓袁，全家人正在吃后晌饭。老袁说这大过年的没有车可以送我们去黄柏塬，直接回绝了我们。我们继续沿着大路焦急地行走，没有心情去欣赏湑水河两岸的风光。半个小时后，我们来到了山谷里的第二户人家，也就是王德贵所说的那一户家人，主家叫王黑娃，他也正在吃后晌饭。王黑娃得知我们的来历后，先让我们坐在热炕上休息，然后差人去村子里叫了三辆摩托车来拉我们，可摩托车只能拉人，没有办法携带我们沉重的装备，我只好婉言拒绝了。转眼我看见了王黑娃院子里停放了一辆手扶拖拉机，立即对黑娃说："我们是不是可以坐你的手扶拖拉机，这样人和东西都可以拉上，你看需要多少钱？"还没等黑娃张口，他媳妇抢着说："要用拖拉机可以，你得给两百元。"我没有理会他媳妇，对黑娃说："两百有点儿贵，从这里到黄柏塬也不过十七八公里路程，我们步行赶天黑也可以赶到。"袁哥把黑娃拉过去悄声对他说："你给个最底价，不要把上门的生意耽搁了。"黑娃想了一下，用右手指比画着说："一百五。"袁哥说："一百。"看到他们这样争执，小虫过来说："大家都不要讨价还价了，一百二行不？"

黑娃也没有再讨价还价，送上门的生意不挣白不挣。

我们谈好了拖拉机的价钱，大伙儿的肚子也饿了。黑娃媳妇做了一大锅汤面条。这里人的生活习惯与四川人接近，吃饭比较讲究，做的汤面条色香味俱全，让我们胃口大开。

黄柏塬不是终点

由核桃坪去黄柏塬的道路非常破烂，许多路段紧贴着湑水河的崖壁，险峻无比。我不停提醒黑娃开慢点儿，注意安全。核桃坪距离黄柏塬十七公里，我们在拖拉机上颠了两个多小时才来到了黄柏塬。

黄柏塬只有一条短短的街道，空旷而冷清。我们背着行囊在街道上寻找着可以住宿的地方，路过一个挂着“林场招待所”木牌的院子，我走进虚掩的大铁门，掀开门房传达室厚厚的棉门帘，对正在小铁炉上做饭的看门师傅说明了我们的来意。看门师傅说：“本来过年我们招待所不上班，你们既然从那么远来，那就一个人五块钱，先看房再说。”

我心想别看房了，行不行都得住，这是乡上唯一的住处。我跟着师傅走进院子里，来到一排平房前，他打开一个房门说道：“条件就是这，你们看行不行。”说完转身就走，边走边说道：“要开水就过来取，被子不够吭声，再给你们加。”然后嘟囔道：“大过年的，不在家待着跑山里来干啥呢。”

黄柏塬的街口有一家“天涯餐馆”还开着门，屋中间的大铁炉子火烧得正旺，整个屋子充满了温馨的感觉。老板娘热情地介绍了他们店里拿手的饭菜后说道：“这两天从二郎坝过来的中巴车在黄柏塬都不停，人满得很，都是走亲戚的。看明天早上（的情况），如果车还不停的话，我帮你打电话在太白县叫辆车，一辆车二百元，或者当地有顺车最好，你们每人最多十元就可以到太白县城。”

我们点了几个香喷喷的炒菜，喝了一小瓶白酒，酒足饭饱后和热情的老板娘告别，回到了无人的招待所。因为有电热毯，晚上睡得还算可以，小虫的呼噜声依旧还是那么强烈。几天来大伙儿旅途劳顿，今天放松了心情，睡得格外香甜踏实。

躺在厚重的被窝里，这是几天来第一次彻底地放松，明天就可以结束旅程回家了。十冬腊月，冰天雪地，我们用六天时间纵穿了秦岭山脉相连的三个县。我满意地伸了个懒腰，心中漾出了美滋滋的成就感。

告别是为了重逢

大年初七的早晨，我们给招待所师傅结了账，去路口天涯餐馆吃早饭，饭后按照老板娘的叮咛，早早站在路边等待长途车。正在这时，突然从招待所那边跑过来一个人，手里挥舞着我的保温瓶。我接过保温瓶，谢过人家，抱着保温瓶，心想我和这保温瓶的确有缘，一路走来三番五次失而复得咧。

我们在丁字路口一直等到九点多，才看到一辆中巴车从二郎坝方向驶来。车停了下来，司机把我们五个大包捆在车顶的行李架上，然后把我们推进人挨人的车厢里。车厢内人们都穿着新衣服，提着礼物，拥挤在一起，大家都是站票，一个姿势需要保持八十多公里，实在不易。司机一边开车，一边说："过年呢，大家都凑合一下。"沿途不断有人上下车，除我和小虫外，他们几个都找到了座位。

中巴车摇晃到太白县长途车站时已是下午一点多了，在这里我们转乘上一辆去宝鸡的中巴车。从太白县到宝鸡大概一百二十公里，我坐在车上，看着车窗外的山野从我的视线中飞快掠过，什么都不想。

我们在宝鸡车站与一路相随的向导老赵告别，他要从这里搭车去佛坪。我握着老赵的手，千言万语竟不知该说什么，最后只说了一句："谢谢你，有机会一定来西安找我们。"

空心蓝将向导费交给了老赵，老赵把钱折起来，深深地揣进衣内口袋，然后笑着和我点点头。我看着老赵消失在了人群之中，内心有一点儿失落，深深叹了口气，转身上车。

空心蓝说："你喜欢伤感。"

我说："在路上，你不断相遇，又不断离别。偶然的相遇，转瞬便是离别，然后可能永远天各一方。我这人看重情义，虽然这个世界常有淡漠，但是仍有一些东西很厚重，很深情。"

想起一首诗："行行重行行，与君生别离。相去万余里，各在天一涯……"

告别的不仅仅是老赵，还有秦岭。

2005 年 2 月 26 日

走进旷野

——徒步穿越鲁班寨—光头山

徒步穿越鲁班寨—光头山线路示意图（乐途绘制）

为什么要出行

有的人喜爱大自然风光，有的人热衷于历史文化，有的人兼而有之。每次出行前我都会问自己，此行的目的是什么。是欣赏大自然四季不同的风光，望山看水，观云听风，还是去了解当地的历史文化，传统民俗。细细想来，旅行途中有很多内容无法预设。这样的旅途往往会让我们产生一种对未知的期盼。我的内心深处有着对大千世界的追求，对精神生活的渴望，对田园牧歌的期盼，这些促成了我的每一次出发。

出发

应老曹之邀，我加入了徒步鲁班寨至光头山的户外探险队伍，并约上铁杆，著名的户外大厨零三先生同行。

鲁班寨

徒步高山野岭与观光旅游不同，它是极度挑战自身心灵或身体的一项户外探险活动。每当你经历极度的痛苦后，站在高山之巅，临风远望，体会着劫后余生的幸福感，在高瞻远瞩中，挥洒着你豪迈的成就感。

大自然在召唤我，那风的妩媚，那山的壮美，那水的灵韵，那冰的晶莹，那雪的圣洁。

我与前来送行的朋友告别，二〇〇七年不经意间就从我身旁溜过，挥手告别的不仅仅是眼前这座城市和送行的红小兵，还有过去的一整个年头。

秦岭传说

环山路上，两行树木夹着一条笔直的柏油公路，一直延伸到天边的尽头。南边的秦岭山脉若隐若现，藏在冬日的雾岚之中，一片迷蒙景象。

车上几个大老爷儿们开始侃大山，都是些兴奋的语言和激动的表情。走过马召镇时，我突然感受到了岁月的闪逝，距离上一次走过这里已经过去了一整年。

出行的兴奋情绪在车厢里流溢，我在心里暗暗说道：“亲爱的秦岭，我们来了。”

车在山腰上盘旋，将冬日温暖的阳光一遍又一遍收进车厢，队员都被摇进了新年的梦乡，不想离开有着太多故事的二〇〇七年，也不想跨入完全未知的二〇〇八年，大家都在梦中挣扎着挽留即将流过的岁月。

一辆拉着树苗的大卡车迎面呼啸而过，春天又快到了。生命的流转，竟是那样的不留痕迹。

路过黑河水库旁边的一座尖山时，零三告诉大家他曾经爬过这座山，去验证王安泉所说的黑河故事，山顶确实有一片房屋石基，应该是清朝时期的一个哨卡。

老曹说，这座哨卡是有来历的，清朝时山里的伐木工因为用木料换不到粮食，因而造反起义，清朝政府在此设卡清剿伐木工。据历史学家说这是中国历史上第一次工人起义运动。

大家点头，原来一座小山，一条河流，竟然还包含了这么多历史故事。

老曹说秦岭山与其他山脉不同，它承载了许许多多的历史与传说。

老县城的夜

下午四点一刻，我们到达山中小镇厚畛子。从厚畛子通往老县城的土路正在浇筑水泥路面，道路临时禁行，车子无法通过，我们只好弃车步行。我遥望前方无尽的山路，担心起来，这二十公里的冰雪路要走到什么时候。仔细算算，以这样的速度，我们走到老县城应该已经是深更半夜。

大伙儿面对意外情况，没有选择，背起大包出发。

路过钓鱼台，三结义和高太尉不知从哪家弄来一辆三轮蹦蹦车，大伙儿跳上车，一路狂蹦，翻山越岭，赶天黑来到了老县城村。多日不见，湑水河上已经架起了一座水泥大桥，对面山坡上也出现了一片灯光，老乡说那是“世界自然基金会”建设的度假山庄，老县城也在与时俱进。

过了湑水河，我跳下三轮车，步行进城，领略夜色中的老县城村。我一个人走在空旷的川谷中，茫茫夜色里依稀看到了充满沧桑感的城墙轮廓，以及寒风中的老县城。

老县城的夜依然美丽，清澈的夜空中繁星闪烁，四周山峦重叠，田野覆盖着积雪。我沿着篱笆行走，不禁仰天自语：“这永恒的宇宙。”

寒风呼啸着从城门洞吹过，暗夜中不知从哪里跑来几只瘦骨嶙峋的狗，狂吠着追逐我。我壮着胆子，蔑视那几对绿光，不去理会它们的虚张声势，信步穿过西门，再穿过东门，在黢黑的夜色中寻找亮着灯光的那间老屋。

我寻着那盏微弱的灯光，走进了东门外的老吕家。先前到达的队员们正兴高采烈地围坐在小火炉旁进晚餐，三结义举着酒杯高声说道：“高高兴兴一杯酒，稀里糊涂一段情，来，干！”端起酒杯，几口下肚，我从冰冷的麻木状态中苏醒过来。又品尝到了零三的白斩鸡，那真是绝味，户外旅行的保留节目。

酒喝多了，推开大门，眼前漆黑一片。麦兜和太尉站在黑暗中对着夜空拍照，我问他们拍啥，回答说是拍星星。

返回屋子，挤在长条凳上，大家围着火炉开始夜话。不善言辞的我，躲在角落里竖着耳朵认真地聆听。听酒酣中的那些口若悬河、激情澎湃，关于路途上的传说，还有明天的安排。我感慨朋友们的精神抖擞，赞叹他们的不知疲倦，更佩服他们的旺盛精力。

在山中

老县城，海拔一千七百米。

我们队伍一共十一人，八个队员，一名向导，两名背工。早晨起来，吃了热乎乎的农家饭，背上大包，在老吕家门口合影留念然后出发。

队伍顶着凛冽的寒风，踏过老县城东关厚厚的雪地，将一溜歪歪斜斜的脚印留在了古老城外的荒野上。

城东很远的坪坝上还住着一户人家，一名中年男子端着一碗苞谷粥，站在场坝上默默地看着我们走过。老曹说那人叫王三全，一个很好的山里人，有人说他们家是距离西安市最远的一户农家。

年轻的向导穿一身迷彩服、背着一个大包在前面开路。当年带领我们走岳坝的老张、老吕如今都已经年过半百，走起路来不再有山里人那种勇猛干练的气势。他们走走歇歇，大伙儿跟着他们，能钻则钻，能翻则翻，能绕则绕，曾经那披荆斩棘、所向披靡的精神面貌已经成为历史，一切都翻页了。

我们顺着冰封的獭尔河右岸，向着财神岭方向，一路爬坡。我一边走，一边回忆着七年前从这里走过时的情景。

那年夏天，我们十多个人跟着向导老张和老冯从这里徒步去佛坪县岳坝，全程一百二十公里路，我们走了三天三夜。转眼这么多年过去了，物换星移，世事变迁。

踏着深雪一步步向前，静静的山谷回荡着踩过积雪时发出的“嘎吱嘎吱”的声响。冬季的秦岭山麓空旷冷寂，灿烂的阳光照射着大地，雪光四射，耀人眼目。

老张说：“今年雪大，走雪路费劲，得慢慢走，急不得。”

我们在林间穿行，轻微的震动都会将树枝上的积雪抖落。洁白的雪花纷纷扬扬，悄声无息地从空中飘洒下来，落在我们的脸颊上，脖颈里，落在漫山遍野的竹叶上，落在密密麻麻交错的灌木枝杈上，落在一棵棵挺立的冷杉树上。

偶遇羚牛

山中无风，午后的河谷很温暖，偶尔飘来几片雪花，却没有一丝寒意。年轻的向导说前几天在这里还救助过一只受伤的大熊猫幼崽。现在那只大熊猫幼崽正在第四军医大学恢复术后身体，准备过一段时间伤病养好了再放归山林。

记得有一年我们走过这里时,意外地发现远处红桦树上卧着一只大熊猫幼崽。它好像也看见了我们，紧张地爬上高高的树杈，战战兢兢地望着我们。

许多年过去，不知道当年那只大熊猫现在身处何地，是不是已经成长为一只健壮的大熊猫呢?

队伍正在行进中，前面开路的老吕突然停下脚步，侧身靠在岩石上，紧张地向前探头看着什么，估计他遇到了什么大动物。

原先紧跟在老吕身后的麦兜突然转身往回跑，紧接着老吕也撒腿跑回来。他们这一跑，便惊动了后面的大部队，整个队伍开始溃散，如同洪水般向后倾泻。老吕紧拉我一把：“快跑，羚牛，是个大家伙。”

好奇心促使我继续向前走。刚转过一座岩石，便差点儿与奔跑而来的大羚牛撞了满怀，我们之间相隔大约四五米。我乘羚牛还没反应过来时躲进了旁边的树丛。我静静地看着一米之外的羚牛，那羚牛看我并没有伤害它的意思，对峙了一会儿，便转过身走开。

我从树后爬出来，跟着羚牛走过去，目送着一步一回头的它。我对羚牛说：“说不定我的前世也是你们羚牛队伍中的一员呢。”

看着羚牛走远，我呼唤后面的队伍。受到惊吓的队员们从林间各处冒了出来，眺望已经走远的羚牛。

躁动的队伍重新归于平静，山谷里重又回响着单调的脚步声。

翻越鲁班寨

过了财神岭，我们在一片平展的雪地上停了下来，向导宣布今晚就在这里扎营。晚上吃了零三的年糕汤，又品尝了老李的汤面条和老曹的炒洋葱，所有吃食都是那么香甜可口，营地上空飘着浓郁的酒菜香味。我们坐在篝火前，身前是红火的篝火的温暖，后背是冰天雪地的寒冷。篝火熄灭，奔波一天的我们纷纷钻进帐篷。一阵夜风吹来，将帐篷里的露水抖落，滴在脸上，冰凉酥麻。

营地海拔两千四百米。

早晨起来穿鞋，登山鞋像是硬邦邦的石头，费了吃奶的劲儿才将脚磕进鞋帮里。零三在帐篷里做了一大锅雪菜年糕汤，不慎翻了锅，滚热的汤浸满帐篷，我俩一个清理，一个重新化雪做饭。老张和老吕在雪地上燃起一堆篝火，架上随身背来的一口铁锅，煮了一大锅挂面。他们说："走山路早晨饭必须吃好，这个很重要，绝对不能凑合，这一顿饭一般要管一整天。"

收拾完营地，上午十点准时出发。我们首先向东穿过一片开阔地，再向右拐上了去大梁的山脊。长长的山坡上布满了竹林，竹林里密不透风。经过几个小时的艰难穿梭，我们才钻出让人异常烦恼的竹林。出了竹林，前方就是皑皑雪原，

鲁班寨山顶

一座高耸的山崖阻挡了我们前进的路径。整个山坡都被积雪覆盖，空旷的原野上生长着稀疏的高山杜鹃和枯黄的箭竹，山峰最高处耸立着一道高大崖壁。

望着高耸入云的顶峰，老张说："那就是鲁班寨了。"

麦兜问老曹："这里为什么叫鲁班寨？"

老曹看着如刀斧砍削的岩石说道："相传很久以前，鲁班带着两个弟子路过这里去四川，见此处风光秀丽，就想在这里搭建一所房子，供来往行人休息。他安排徒弟俩先去做准备工作，谁知这两徒弟一口气就把附近的树木砍光了，鲁班见状很生气，责怪他俩乱砍滥伐，便没有用树木建房，而是利用周围的石头建造起了一所屋子。两徒弟为自己的鲁莽行为感到惭愧，跪在师父面前谢罪，后人就把这座山叫'鲁班寨'了。"

鲁班寨海拔两千七百九十五米。

我爬上最高点，站在几块叠起的巨石上，仰望天空。蓝天上几片洁白的云朵从西面很远的兴隆岭方向缓缓飘来，遇到了黄桶梁高耸的峰峦后，就渐渐扩散，等那云飘到了我们头顶上时，便连一点儿云丝也没剩下了。碧蓝的天空下，一阵微风吹过，雪花纷纷扬扬，晶莹璀璨。

远望西北，鳌山和太白山历历在目，起伏的山峦，被一道白雪隔开了天与地的连接，横亘在宇宙和大地之间。

近处的山坡上则布满了第四纪冰川遗迹，巨石袒露，各具形态。倾泻的石河，展现了远古的自然魅力。

顺着峰顶山脊，我们踏着深雪向东，翻过一座座巨石叠加的山峦，向着远方一个连着一个的山峰行进。

几个小时大强度的攀爬，很快就让我眼花缭乱，饥渴难忍，忽然听见前面雪窝里有说话的声音，走过去看，是麦兜和向导。麦兜坐在雪窝里，双手撑着雪杖，不断重复着："不行了，不行了，我已经饿得实在走不动了。"

我和零三走下雪坑，坐在麦兜旁，零三拿出四颗苹果分给大家。我咬了一口苹果，像是嚼冰碴子，冰到了心里。又吃了麦兜半个冻得硬邦邦的烧饼和老曹的一根甜麻花。最后，麦兜又从怀里取出一个小橘子，他一边慢慢剥了橘子皮，一边说道："这橘子还是热的。"一人分了一瓣，塞到了嘴里。我平生第一次觉得橘子甜到了心里，真是饥渴之下万物皆香啊。

我将橘子含在口中，不舍得下咽。

登山如人生

山脊的一边是悬崖，另一边是森林，而山脊之上是我们。深雪中穿行，考验的是耐力。林中无风，我靠在一棵大树上，深深地呼吸了一口气，凝视着前方光头山的最高峰。啊，温暖的冬日。

酱铺、老三和太尉从后面过来，老三笑着说："走吧，无论如何，这路还是要走下去的。"我扛起背包，长吁短叹，继续跟着队伍爬去。一个小时后，我们成功地登上了海拔两千九百八十米的光头山峰顶。我站在峰顶之上，面对一览无余的秦岭山脉，痴痴地俯视着脚下的天地。

老李靠在山坡上自言自语地说："爬山不就是为了这一刻嘛，登顶瞬间的感觉。"

攀登光头山

登临峰巅的感觉非常美妙，我们从山脚开始攀爬，去向顶峰的路就好像是我们的人生，从下往上，从低到高，从狭窄到开阔，曲曲折折，一路上有过多少次痛苦之后的柳暗花明，翻越坎坷，到达坦途。这与我们生活中的奋斗历程如此相似。只有经过拼搏，我们才能站在高处。

远处悬崖下阳坡的草甸上，卧着一只黑色麻羊。可能是感觉到了周围有异常，它站起身来，抖动着身体，四处张望，然后向上慢慢走去。在这寂静无声的世界里，它的身影显得很孤单。它走走停停，缓慢地移动，给死寂的山野增添了一丝生气。

翻过光头山高耸的峰巅，我们继续顺着山脊向前走去。寂静的黄昏中突然听到前方有人喊叫，第一反应是到营地了。紧接着又听到一声喊叫，含有恐慌的颤音。我向前紧赶几步，钻出竹林，前面是一个巨大的垭口，坡下荒草中有一间木屋，我心里一阵兴奋，踏着厚厚的积雪摇摇晃晃向下走去。快到木屋时，我遇见了麦兜，他脸色苍白地说："刚才走岔了路，碰见了几头羚牛，吓死我了。"

我问："在哪里？"

他说："就在屋后的竹林边上。"

我伸长脖子望去，雪地上除了竹林，什么都没有看到。

与岁月告别

下午五点二十分，我们到达下野葱坪，这里是一个较为平坦开阔的垭口，下野葱坪与山顶上的上野葱坪遥相呼应，呈现出一派完全荒芜的冷寂。

老张卸了布袋，站在木屋门前说今晚我们可以在这里宿营。木屋门敞开着，地上到处都是羚牛粪，可以想见，这里早已成为羚牛及其他动物的人造庇护所。木屋横隔为三间，左面房间有一个大通铺，能挤下我们所有人。我高兴地举起拳头晃晃，笑着说："今天，我们不用再支帐篷了。"

老吕在堂屋空地上生起一堆火，大伙儿进来后顾不上整理背包和床铺，都挤在篝火旁烤湿透的鞋子和能拧出水来的袜子。

我一边烤火，一边与坐在旁边的老张和老吕聊天，距离上次见他们已经过去了整整一个年头。今晚我们大家要在这荒野之地，共同迎接二〇〇八年。

木屋外阵阵风起，寒风从门缝挤进来，卷起的雪粒在我的脚边旋转。在这辞旧迎新的夜晚，我取出一瓶白酒与大家共饮。正在下挂面的老李端着斟满酒的酒杯对我说："王国维说过一句话，'入乎其内，出乎其外'。世上看得透的人，便活得洒脱。"他抿下一口酒，笑着说道："王国维还说人生有三大境界：第一是，昨夜西风凋碧树，独上高楼，望断天涯路；第二是，衣带渐宽终不悔，为伊消得人憔悴；第三是，众里寻他千百度，蓦然回首，那人却在灯火阑珊处。你说是不是有一定的道理？"

我点点头："嗯，是有道理。"

一杯酒下肚，他接着说："人生还有另外三个境界，一曰兔子不吃窝边草，二曰好马不吃回头草，三曰天涯何处无芳草。"

老曹喊道："面熟了。"

我端起一大碗面，好香，一股优质红烧肉的味道。

面就酒，我们继续喝。

太尉一杯酒下肚，叹息一声："二〇〇七年就这么过去了？"

正说着，中间屋里传来老曹的声音："鸟屎弄到鸡屎上了，把事情弄大了。"我跑出去看，几个人正围着篝火谈天论地，守护着二〇〇七年最后一个夜晚。

我问老曹："把什么事情弄大了？"

他笑着说："今天晚上是八个老男人的八卦夜。"

二〇〇七年正一分一秒地从我们身旁快速滑过，手表指针一点点靠近了新年零点，二〇〇八年的第一秒钟，不容分说地融进了我们的生命之中。

我蜷缩在大通铺的尽头，寒风从木板房挂满蜘蛛网的缝隙中钻进来，一直到深夜。正在我迷糊中，"咣当"一声，风将木窗吹开，寒风夹杂着雪花涌进窗内。我从睡袋里探出头望着窗棂外，差点儿将缀在深邃夜空中的星星当成了月亮，那星星好灿亮，那夜空好深邃。

山坡上的羚牛

吃过早饭，队伍八点四十分出发。

出门就爬山，目标是对面那座光秃秃的高峰。我们踏着深雪，一步一步，走走停停，连滚带爬地上了岩石峰顶。站在峰顶回望，昨晚住过的那间木屋已经变成一个黑色的小匣子。

我居高临下饱览着眼前这壮美的风光，远处山峦重叠，一层层排列至遥远的天边。远处的山腰竹林里，有一只白色的羚牛在缓缓穿行。

壮美的风光伴随着我们继续向前攀爬的脚步，在前方看似无路的山脊上，有几个人影在闪动，只见他们在岩石上左爬右攀，上下跳跃，游弋于万丈绝壁之间，不禁赞叹。

老张突然指着前方的山坡说："看，羚牛！"

我们顺着老张手指的方向望去，大概二百米外的山坡上，一只成年羚牛正从半山腰慢慢腾腾地往上走，它走走停停，爬上山顶后就消失在了竹林里。

瞭望塔

队伍行进了三个小时后，来到了一座海拔两千八百三十八米的峰顶下，大家寻找避风的地方休息露餐。实在冷得坐不住了，我瞧一眼老曹，老曹向我挥挥手喊道："看你们冷的，前面的路你走过，你俩就先走吧，不用登顶了，横切过去，顺着山脊一直走。"

我和零三跳起来，背上包，向着枯草连天的山脊走去。

行走在山崖旁的深雪里，我回头望一眼刚才休息过的地方，远处的山脊已经变成了一道灰色的石墙。我俩沿着雪地上的熊猫足印，放心地向前走，偶尔有羚牛从前面的竹林里钻过，也会让我俩吓出一身冷汗。风吹树林，松涛声起，松竹相汇，哗啦啦作响，斜阳从山脊那边照过来，泛着耀眼的光芒。

雪地行走依然累人，走一段就得停下来休息一会儿。看着脚上一双湿漉漉的登山鞋，不由得笑起来。零三问："咋了？"

我举起即将脱底的登山鞋说："这双鞋已经陪伴我这么多年，终于到了要分手的时候了。"

我们顺着山脊爬到高处，老李指着远处半山腰一座钢结构建筑说："那就是保护站的瞭望塔，过了那座塔就到了凉风垭。”

突然出现的瞭望塔让我心里一阵激动，我们的徒步旅行就要结束了。心情放松了，觉得那座瞭望塔距离我们不是很远，似乎就是一脚距离。眼前有了目标，心里便有了动力，我们撒开腿脚向着山下飞速奔去。钻过一片树林，踏过一道雪地，我们来到了隐藏在密林中的瞭望塔下。

老李说口渴，我将最后一口热水给了他。

穿过终点凉风垭

黄昏中，我们拖着沉重的双腿，走过积满冰雪的水泥台阶路，下午五点一刻来到了熟悉的山口——凉风垭。

大伙儿都累得不想再走了，一致推举向导和老张去山下联系车辆，剩下的人在凉风垭等待。大伙儿卸了背包，在黑暗中四处寻找枯木柴火，勉强拢起一堆篝火，围坐在一起。

黄昏转瞬即逝，黑夜降临，凉风垭名不虚传，冷风飕飕，寒气逼人。袒露的垭口被夜色遮挡，经历三天的艰苦跋涉我们来到了此行的终点，大家七嘴八舌，异常兴奋，都想用一两句话表达几天来的艰辛和快乐。

正在这时，从山那边投射过来一束灯光，一会儿又听到了汽车的轰鸣声，紧接着一辆白色面包车爬上了垭口。

三天山野徒步，是一次终生难忘的经历。借用山民老张的话：“这三天是，脚杆子的日子，汗珠子的日子，帐篷木屋的日子，饿得眼冒金星腿脚发软的日子，感受团队友爱和兄弟情谊的日子……”

路过沙梁子，老张和老吕下车，他俩要在这里住上一晚，明天再搭车返回老县城村。两个人在黑暗中向我们招手：“有机会来老县城耍。”

我隔着车窗玻璃，挥手和他们告别。

2008 年 1 月 3 日

狂风暴雪过太白

——徒步穿越厚畛子—跑马梁—都督门—老县城

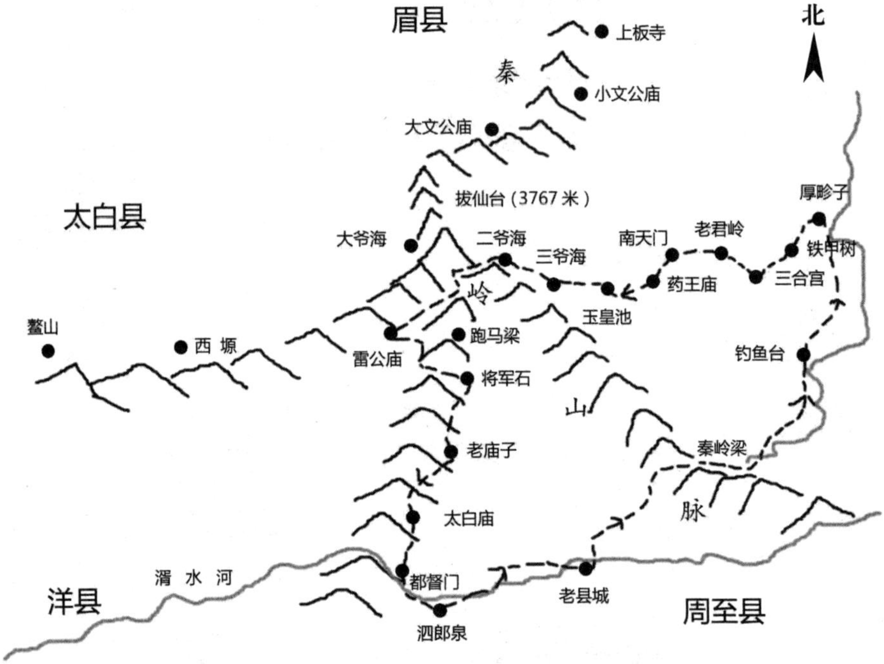

徒步穿越厚畛子—跑马梁—都督门—老县城线路示意图（乐途绘制）

找个理由出门去

刚过元旦，我便做好了春节出行的心理准备。临近春节，喀什好像看穿了我的心思，询问我："春节想不想去徒步穿越太白山，休验秦岭最高峰的壮美冬景。"还没等我回答，他进一步补充说道："我们从厚畛子出发去登拔仙台，然后从都督门、老县城出来，兑现我们三年前立下的走一趟跑马梁的誓言。"

我几乎没有经过思考，便爽快地答应了喀什。我怀着无比兴奋的心情，认真地准备了许多天，巧克力、大白兔奶糖、话梅、野外生存的必要装备，希望不要在太白山上再遇到以前那样的窘境。

第一次在寒冬腊月中去攀登高山峻岭，心里多少有些忐忑，不知道旅途上将会遇到多少困难和危险。

出发当天，一大早我来到了户外用品专卖店，将二十五千克的装备放到车上。我坐在大玻璃窗前呆呆地看着外面的街景，大年初二的清晨，街道上空无一人，空荡的大街等待着即将到来的繁忙与热闹。一个多小时后，喀什和阿岗来到店里和我会合，九点三十分我们准时出发。大年初二的108国道清静敞亮，我们三人怀着朝圣般的激动心情，扇动着放飞的翅膀，疯狂扑向秦岭山脉的怀抱。

上午十一点四十分，我们抵达秦岭脚下的马召镇，我们在这里吃了午饭，然后告别八百里秦川，向着巍峨雄伟的秦岭深山奔驰而去。

扑入秦岭的怀抱

我们像鸟儿一样，旋转着攀上了高耸的秦岭，走过山垭上的仙游寺。我在心里默默重温《长恨歌》里的千古绝句，喀什说："白居易留下来的千古名篇，并不会因为仙游寺的搬迁而黯然失色，我们依然可以在《长恨歌》的字里行间看见白先生秉烛挥毫的身影。"

我扫了一眼法王塔说道："是啊，与马嵬坡的凄凉景致相比，仙游寺留给人们的是遗留千古的热烈。'一顾倾人城，再顾倾人国'，所有人都会根据自己的理解，描绘心目中的杨贵妃。”

我们沿着清澈的黑河向南疾驶，不一会儿就融入了千山万壑之中。过了黑河林场，我们来到了沙梁子检查站。马路边有几个穿着新衣服的孩子在燃放鞭炮，童年的嬉戏像一幅热烈的年画，儿时过年的情景淡淡地飘过眼前。

我正在遐想中，一根木栏杆横在了我们的车头。我停下车，去敲一扇虚掩的木门。一名身穿蓝色外套的中年男子坐在桌子前，他伸出一个指头说："一个人十元，一辆车二十元。"停了一下，他继续说道："林场和保护区原本就是两个单位，我们是林场，不是保护站。"他的神情十分严肃认真。

在登记本上我看到了西安另外几家户外俱乐部的名字。他们也来太白山探险旅行，有了同伴，心里暗喜，此行不会孤独。

去厚畛子的公路依旧是尘土飞扬，弯曲的山路空空荡荡，非常清静。冬日的阳光从云层缝隙中投下几道温暖的光芒，几只色彩鲜艳的红腹锦鸡惊慌失措地跑过公路，迅速钻进了山坡树林。

下午一点半，我们到达深山小镇厚畛子，遇到了雪鸟俱乐部领队孙科深，大家互道问候，互祝平安。我们在街口与向导岳天义会合。他说，已经在这里等候我们几个小时了。他哥哥岳天顺今天也准备上山，负责给雪鸟队做向导，他弟弟岳建平也准备带领针叶林的队伍上山，一家兄弟仨都没有闲着，完全垄断了今年春节厚畛子的向导营生。

深山小镇

厚畛子没有什么大的变化，一条疙里疙瘩的土路，两排土墙灰瓦的老屋。我将面包车停靠在小镇的街边，老岳发誓车放在路边绝对不会有问题，出了事他负责。

我们去街边饭馆一人吃了一大碗捞面，为下午的行走储备能量。中午两点半我们四人从厚畛子出发，踏上了穿越太白山的漫漫征途。数九寒天的秦岭深山，放眼望去，漫山遍野尽显苍凉，就连溪流都隐藏在了冰层下面不肯露面。

一群红腹锦鸡蹿过小路，在丛林中奔跑。一只野羊从河对岸的山坡上跑过，慌不择路，树枝被踩得噼啪作响。我们的视线被山野中的异动景象所吸引，这是真正的原生态景观，是纯粹的回归。这些野生动物来自山野丛林，是秦岭与生俱来的符号，没有任何雕琢，也没有虚假的粉饰和做作。

冰雪中的攀爬

太阳躲进云层，晴朗的天空又阴沉了下来。一阵阵寒风吹来，搅得阴霾的空中乌云翻滚，飘落的片片雪花，纷纷扬扬，漫天飞舞。谷底的溪流结了一层薄冰，山路上覆盖的冰雪又被凝结。我走在队伍的最后面，在走过搭在河面上的几根光溜溜树干时，不小心滑了下来，一屁股坐在河沟里的尖石头上，一声凄厉的惨叫，虚汗直冒。我龇牙咧嘴，许久才慢慢地挣扎着站起来，忍受着巨大的疼痛去追赶队伍。

在冰天雪地里攀爬行走，每走几步就会遇到一处危险的地方，需要特别小心。山路虽然危险重重，但是行走的过程非常刺激，令人兴奋，看到什么都觉得新奇，山野之行的愉悦抵消了身体的痛苦和疲惫。

一路上坡，沉重的背包压得人喘不过气来。汗水逐渐浸透了内衣，蒸腾的热气在眼前飘散，眼镜片也被熏蒸得模糊不清。我摘掉帽子，脱去冲锋衣，紧跟在老岳后边慢慢向上爬。老岳背着一个装满装备的大包，爬起山来却如履平地。这与他从小在山里长大有关，喀什说我们和他的体能绝对不在一个级别上。

跑马梁上

我们走走停停，几个小时过去，眼见天色渐暗，却听不到老岳说什么时候休息。

正在我暗暗祈求早点儿到达营地时，就听见老岳说："我们今晚计划中的宿营地三合宫早已经走过了。"

怎么会是这样，大家都有点儿惊讶。

此时已经是下午五点半，阿岗竖起大拇指说：“我们大家都挺厉害啊，不知不觉中竟然走出了那么多路程。”

喀什叮咛老岳在前方找合适的地方扎营休息。

雪中营地

天色彻底黑了下来，喀什叫大家原地找地方扎营休息。

老岳说前面不远处就有地方适合扎营。大伙儿走过去看，这是一处铺满厚厚积雪的山坳，山坳中有一块平地的确很适合扎营。我们四人立即分工协作，老岳砍柴生火，我们互相帮忙支起帐篷。积雪有近五六十厘米深，无法打进地钉，大伙儿便将风绳绑在四周的树干上。疏松的积雪犹如柔软的床，睡在上面一定舒服极了。

睡觉之前老岳燃放了一枚二踢脚，他说这既是给下面的人们报一声平安，也是驱赶附近野兽的一个信号。那响声，在暗夜的山谷间回荡了许久。

半夜风止了，雪停了，深邃的夜空点缀着星星，苍穹之下缀着一弯金色月牙。

野营途中最惬意的时刻，就是坐在篝火旁或者帐篷里，欣赏山野中的夜色。林间洁白的积雪反射着空中皎洁的月光，整个森林都充满着童话般的水色银光。我被这美丽的夜色吸引，拉开帐帘，向着森林深处张望，突然一对莹色绿光在林间一闪，然后消失在了密林深处，随之传来树枝折断的响声。

“精灵，精灵，山野精灵。”我惊叫着。

喀什说：“一定是袍子或者麂子或者鬣羊什么的，今夜来和我们做伴，这是我们与莽莽山野的隔空幽会。”

山坳无风，万籁俱静。

南天门的偶遇

睡梦中被一阵阵轻轻拍打帐篷的声音惊醒，掀开帐帘探头出去看，好家伙，只见夜色中雪花漫天飞舞，洋洋洒洒，外帐覆盖了一层绒绒雪花。山里的天气说变就变。天还黑着就听见喀什起来化雪烧水，他说：“化雪时间长，冬天白天短走不出路，所以要赶早出发。”

我爬起来收拾完帐篷，吃了喀什做的油茶泡烧饼，八点钟准时出发。大伙儿紧跟在老岳身后，踏着洁白的积雪，穿行在无边的森林之中。我们这次上太白山选择了走新路，走新路去南天门要比走老路近六七里，但是路上却要攀爬五里坡，翻越老君岭，这两个地方是新路的难点。

我们一路负重拔高，经过三个多小时的攀爬，中午时来到了南天门，新路要比老路节约四五个小时。南天门寺庙坐落在一片平缓开阔的山坡上，白茫茫的雪原覆盖了这座孤零零的庙宇，以及周围茂密的森林。趁着在南天门短暂的休息时间，我四周走走。秦岭山脉拥有的纯净和圣洁让我陶醉，心中不由得涌起一种宏大、悠远的感受，而这种感受必定是站在一定的高度才会拥有的。

两扇朱红色的庙门紧闭着，庙前空地上有一串清晰的脚印，这让我们感到非常疑惑，难道在我们之前还有人来过这里。我跟着脚印来到大殿旁的灶房，灶房门虚掩着，地面放着一个大背包，锅台上堆放着一些洗漱用品和几包方便面。墙角是一张用两个大锅盖拼成的临时床，上面铺了一层单衣服，看样子昨晚这里有人住过。

我本想亲眼见见这人，但是因为时间关系，我们不能在此久留，便从口袋里拿出纸笔留下一张字条：“朋友，没有见面真遗憾，很佩服你的勇气，注意安全，回来如果想继续走，请跟着我们的脚印来玉皇池会面。”下面留了我的电话号码，其实，留下电话号码也是多余之举，这里根本没有手机信号。

老岳站在庙前的台阶上不停地向四周高声呼唤，他说：“一个人待在这里，会很危险，如果他找不到下山的路那就麻烦了。”

意外“拾到”董兵

就在我们准备出发时，突然看到一个人从南面雪坡下缓缓走上来。他戴着眼镜，边走边和我们招手，走近时他有点儿不好意思地对我们说：“我叫董兵，来自济南高等法院，这次是利用春节假期来太白山探险，大年三十从西安坐长途车到周至县，初一在周至县花七十元雇了一辆摩托车赶到铁甲树，然后一个人上山，是从南边的老路走上来的，天黑时才上到南天门。我没有帐篷，就住在灶房里。初二下雪，我看雪大就想放弃继续往前走的念头，然而因为下了大雪，我找不到回去的路，就在庙里又住了一个晚上。今天一大早，我又继续去找路，还是没有找见来路。那天上来时走过的路都被大雪覆盖了。正在我郁闷时，听见有人喊叫的声音，我赶紧跑回来，见到你们真是太好了，真不敢想象，如果被困在这里会是什么结果。”

闻言，我们力求他留下来加入我们的队伍。他说他没有帐篷。我说如果你不嫌弃，就跟我挤挤吧。董兵欣然同意，立即收拾了东西与我们一起出发。

收留董兵是我们此行中最为重要的决定，如果他一时莽撞乱走，迷了路就会出大事。

董兵实属幸运，因为他碰到了我们。

风雪旅途

因为董兵的原因，我们在南天门多耽搁了一些时间，离开南天门时已是下午四点半，这个时间从南天门出发去玉皇池，略微有点儿晚。老岳说今晚我们可能要走夜路。我对老岳说最不愿意走夜路，太阳一落山，心里就会有失落感，并且充满恐惧，深感生命对阳光的依赖程度竟是如此之深。

昏黄的天空暗淡无光，朦胧中天地灰白一色，只有雪地上的微弱反光令森林显现出淡淡的轮廓。我们踏着厚厚积雪穿行在莽莽森林之中，在雪原上留下了一串孤寂的脚印。穿过茂密的森林，我们在弥漫的风雪中路过了药王庙。我对着那座快要倒塌的小木屋行礼作揖，祈祷一番，希望万能的药王保佑我们平安走过太白山。

过了药王庙，前方便是一片空旷的雪原，低矮的高山杜鹃被埋在深深的积雪中，远看像是一堆堆滚圆的雪包。茂密的冷杉林被晶莹的雪花包裹，洁白一片，像是一座座银色的雪塔伫立在雪原的边缘。我们走过空寂的雪原，穿过一片稀疏

山野苍茫

的森林，就来到了被积雪覆盖的冰川遗迹上。这里乱石垒叠，没有路径，如果没有向导的带领，我们根本无法前行。

虽然我十分不想走夜路，但随着时间的飞逝，我们还是很无奈地走进了黢黑的夜色之中。大伙儿打开头灯，紧跟着老岳的脚印，不敢有丝毫马虎，一步一步在巨大的“石海”中跳跃。茫茫积雪覆盖着起伏的“U”形山谷，周围天空因为雪地的反射而显得灿亮，茫茫雪原映照着四周山峦的轮廓，犹如月光下的大地，只有“沙沙”的走路声伴随着我们。

晚上八点多钟，我们才到达玉皇寺。推开虚掩的破旧木板门，大伙儿钻进四处漏风的破庙，感慨风雪中总算有个遮风避雪的地方。老岳用冰镐去玉皇池砸了一些冰块，化水做饭。

外面大风啸叫不止，好像要将整个屋顶掀翻。从木板缝隙挤进来的寒风，发出一阵阵犀利的啸叫，犹如鬼哭狼嚎，非常恐怖。

今晚没有篝火可以取暖，我们几个人只好坐在木板地上抖动着寒冷的身躯。

因为高山反应寒冷的原因，大伙儿都没有食欲，喀什先用他的大锅化冰煮茶水，让大家坐在一起不停地喝茶，喝通喝透，一直喝到有了小便。喀什说：“喝到有小便就说明喝通透了，在高海拔很有必要这样做。”

董兵没有携带什么食品，我将吃的东西分给他，一来是给自己减负，二来可以让董兵在需要的时候便有吃食。董兵问我：“明天怎么走？”我说：“明天怎么走那是明天的事，现在最重要的事是睡觉。”阿岗躺在睡袋里说：“明天到了二爷海再决定怎么走也不迟。”老岳说：“后面几天的路程还很艰苦，绝对够挑战。”我问老岳玉皇池的来历。被老岳一句话“哎，早得很了”，就搪塞了过去。

狂风一夜未止。

玉皇池海拔三千四百五十米。

在风雪中迷失的跑马梁

大年初四，这一天的旅程是我一生最难忘的一天。

早晨天刚亮，老岳就喊大家起来烧水做饭，一切都忙活完，九点半我们从玉皇池出发。刚推开玉皇寺的门，凛冽的寒风迎面扑来。山野白茫茫一片，脚下冰雪连天，空中雪花飞舞，山峰冰湖都融在了一片白雪皑皑之中。

刚从云里探出头的太阳，转眼间又不见了踪影，浓重的云雾翻滚着沿着山谷飞快向上涌起，然后在空中飘散。我们五个人紧紧相随，踏着深雪，在巨大的冰山岩石上攀爬，风雪中竟然没有看见三爷海。上午十一点半到达佛爷海，也叫二爷海，因为风雪太大，我们决定不去冲顶拔仙台，直接向西拐，去跑马梁。

暴风雪中我们没有片刻的休息时间，马不停蹄地向上攀登。随着高度不断提升，能见度也越来越差，十几米之外便什么也看不见。刺骨的寒风携带着雪粒冰花劈头盖脸地横扫过来，风雪迷蒙中我们在没膝的深雪中艰难行进。狂风暴雪使我无法抬起头来注视前方，只好眯着眼睛步履蹒跚地跟在老岳后面，在“之”字形的陡峭雪坡上行进，万般恐惧中竟然感觉不到一丝疲惫。前面的大雪坡似乎永远走不到尽头。

一个多小时后我们费尽全力跌跌撞撞地爬上了跑马梁。站在一马平川的山顶

冷杉林

上，我却什么也看不见。风雪云雾中的跑马梁天地相连，白茫茫一片，狂风卷着雪花呼啸而来，继而又铺天盖地呼啸而去，我只能在心中想象着跑马梁一望无际的辽阔和壮美。

我们在跑马梁的狂风暴雪中还没有走几步，老岳就说他找不到方向了，转了一圈又回到了原地。听到老岳这么说，我心里陡然产生了深深的恐惧。看看眼前的险恶景象，再看看束手无策的老岳，我们除了安慰他慢慢唤起内心深处的记忆，寻找正确的方向之外，其他也是无能为力。

此时横扫过雪原的狂风，击打着我们的身体，肆意疯狂地撕扯着我们的衣服，无情地考验着我们的精神意志。

老岳说他走太白山几十年也没有遇到过这样恶劣的天气，这是第一次。我从老岳的话中明显感觉到了他的底气不足和力不从心，以及想放弃的意思。

老岳很无奈地站在风雪中，缩着脖子四处张望，似乎想透过这狂暴的风雪看到什么希望。

在原地站了几分钟后，他很无奈地对大家说：“我们原路下撤吧。”

面对这种意外情况，大家没有提出反对的意见。在这个节骨眼儿上我们必须听从向导的指挥。虽然我心有不甘，怀着一丝遗憾心情，准备跟着大伙儿下撤。然而正当我们转身准备后撤时，却寻不见来时的足印，狂风暴雪早就将我们的脚印覆盖，大地白茫茫一片，没有方向，没有路径，没有任何可以参照的物体。

只见老岳的脸色瞬间变得煞白，焦急地在原地打起转转，眼睛里布满了焦虑与无奈。此刻连向导都成了这样，更别提我们的心里有多么的不安、无助和恐惧。但是不管怎样，我们总不能待在这里坐以待毙。

我对老岳说：“你先不要着急，说说都督门的方向在哪里？”

老岳镇定了一下，擦了一把鼻涕，说道：“都督门在西南方向。”

我拿出一把带指北针的军刀，把大家聚拢到一起，围成一个圈儿挡住风雪，认真看着指北针。根据指针所指的方向，我对老岳说：“都督门应该就在那个方向。”老岳看着指北针有点儿犹豫，好像不太相信这个东西。喀什对他说：“咱们走走看，只要你说的方向没错，咱们也许能找到一条出路。现在无论如何，我们都要去寻找出路，总不能在这里等待风雪停止。”

风雪雷公庙

老岳终于向着我们指定的方向迈开了脚步。喀什叮咛大家互相跟紧点儿，不要拉开距离，因为风雪中四五米开外就不辨物体。

我们几个人完全暴露在光秃秃的跑马梁上，不一会儿我们一个个就变成了冰雕雪塑，从头到脚全是晶莹的白色冰霜，连冲锋衣都被冻成坚硬的盔甲，甚至连腰包的拉链也被冻住了。

我们一个紧跟一个在海拔三千多米的雪原上行走，深一脚浅一脚朝着一个大致方向走了两个多小时，忽然听到老岳喊道：“到正路上了，到正路上了！”他欣喜地指着雪原上一个个凸起的石堆。

见到了一望无际的石堆，老岳如同看见了希望，加快脚步向前走去。看见老岳有了信心，我们的心里也踏实了许多。

中午两点左右，我们在风雪中赶到了雷公庙。这座清朝时期修建的寺庙早已墙倒顶塌，四面透风，只剩下一堆木架支撑着摇摇欲坠的铁瓦屋顶。这时候，荒原上仍旧狂风大作，雪花飞舞，恐怖的气氛笼罩着我们的队伍，怒吼呼啸的风雪展示着欲将一切吞噬的疯狂力量。

荒原上难得遇见一个可以避风的地方，喀什建议在此露餐。我们走进破败的木屋，寻找一处稍微避风的地方开始化雪烧水。今天的路餐是开水和压缩饼干。

半个小时后我们出发，跟着老岳继续向前赶路。

将军石

离开雷公庙，我们顶风冒雪爬上了一道山坡，还没有走几步，前方又没有了路的痕迹。老岳四下张望后说："没路了。"

此时老岳的表情比先前迷路时更加痛苦，他双手伸在袖筒里，脸颊被冰粒抽打得泛着红色，毛帽子、头发和眉毛、胡子都结了一片白色的冰霜，活脱脱一个雪人儿。他皱起眉头，左看右瞧，停了一会儿，他又四处去蹚雪探路，转了十几分钟后，还是没有寻到前进的方向。

我让喀什再过来看看指北针，喀什看了指北针后说："我们是走的西南方向，绝对没错。"我对老岳说："既然方向没错，那我们就顺着这个方向走吧。"

老岳很无奈地点点头，跟在我们身后郁闷地走着。

在风雪中走了半个多小时后，老岳突然大叫一声："我们走对了，前面那不是将军石吗？"听到老岳激动的喊叫，大伙儿都定睛望去，右前方不远处确实有一块如同房子大小的巨石，隐隐约约伫立在云雾之中。

找到了正确的道路，每个人紧张的心情又踏实了下来。

心情缓解之后，我在心里祈祷着接下来的路途不要再出现意外情况，并希望老岳不要再有一惊一乍的举动，搞得我们心绪不宁，惊恐万状。

山与飞鸟

孤独的老庙子

当我们刚走过将军石不远，雪雾中竟然意外碰到一队登山爱好者。他们从都督门方向走来，一路上也经历了许多意想不到的困难。恶劣环境中的偶然相遇，双方的队员们都兴奋不已。

此时已经是下午五点四十分，接下来的道路双方队伍都应该能走得稍微轻松点儿，因为只要还有隐约的脚印，就能辨认出大方向。即使狂风暴雪将脚印覆盖，也不必担忧，因为两支队伍都有称职的向导和优秀的队员。

我们互相给对方的队伍拍了合影，这些影像非常珍贵，是我们一生当中难忘的真实记录，冰天雪地里的一个个冰雪战士。

我们与针叶林队伍分开后，沿着他们的脚印，下午七点我们顺利赶到了老庙子。老庙子海拔三千一百米，建在一片平展的缓坡之上，整座建筑因为年代久远，早已破败，残缺不全。老岳放下背包，去远处拉来几根枯木，抓紧时间燃起篝火。

大伙儿顾不上做饭，先围着篝火将鞋、袜、手套烤干，反正今天有大把的时间可以消磨。董兵拿出从济南背来的几张特大透明塑料布围在漏风的木板墙上，总算能将一部分风雪阻挡。董兵不但没带帐篷，连睡袋也没有，他穿着羽绒衣和羽绒裤挤在我和老岳中间。我问他："为何出来不带睡袋和帐篷？"他回答说："临走时，姐姐特意将自家的一床羽绒被改造成羽绒衣裤给我带上，心想这样既可以不用带帐篷，也可以不用带睡袋，谁料想春节的太白山竟然这么寒冷。"

我问他："为什么要一个人走太白山？"

他回答说："我一个人走过西双版纳原始森林，走了三天才出来，自认为对户外有那么一点儿经验，所以就一个人大胆来走了，然而太白山完全不是我想象中的样子。"

我说："你胆子比较大，真中了那句话，无知者无畏。"

篝火那边阿岗说了一句："这娃太大胆了。"

喀什说："你多亏遇到了我们，要不然非出事不可。"

董兵躺在我旁边不再吭声。

秦岭山脉高处的极致景色

一夜狂风怒吼，睡不踏实，我一直处于半睡半醒的状态之中。后半夜风停雪止，我才慢慢进入梦乡，早晨竟然睡到自然醒。今天天气特别好，雪后初霁，蓝天碧透，万里无云。我爬出帐篷伸了个懒腰，好像一切疲惫都在这明媚的阳光下突然消失。

大年初五，吃过喝过，收拾了营地，上午十点整，我们准时出发。

前几天因为天气原因，一路走来都没有机会认真看一眼跑马梁的壮美，今天虽然走到了跑马梁的尾部，但是仍然可以感受到跑马梁的空旷与广袤。辽阔而平坦的山顶犹如广袤的高原，一望无际的广阔荒野，令人赞叹不已。

晴空下，我们行走在海拔三千多米的荒原上，边走边欣赏秦岭山脉高处所特有的极致景色。仰望低垂的白云，我欣喜地伸出双臂，想触摸飘过头顶的朵朵白云。云影之下，我感受着寒冬季节太白山的莹洁如玉、银光闪耀和巍峨雄奇的磅礴气势。

我们沿着宽阔的山脊一路下坡，踏着积雪，迎着渐渐从积雪中袒露出来的枯黄草甸，心情犹如这跑马梁的天空，晴朗而明亮。

董兵说："这里真有点儿像大兴安岭。"

我没有去过大兴安岭，我相信秦岭的风光一定不逊于任何一座高山。

蜿蜒的山路在草丛林木间一直向山谷下延伸，长长的缓坡，我们走得轻松自如，意气风发，这是几天来最惬意的一天。

积雪的跑马梁

遗失的太白庙

不知不觉中我们就来到了山谷里的太白庙，此时已经是中午一点，喀什建议大家就在太白庙休息露餐。

太白庙是太白山所有寺庙中最具有风格的一座古寺庙，这座建于明清时期的老建筑经历了无数劫难而保存至今，实属不易。太白庙虽然已经破败，但是它那灰色的院墙，传统的门楼，做工细致的殿堂，依然神韵犹存，庄严肃穆，气势宏伟。我走上前去，轻轻抚摸着院落中散落的残破砖木，就好像在抚摸历史的伤痕。真可惜，这座精美的建筑，遗落在偏远、美丽、幽静的秦岭深处。

我卸了背包，慵懒地坐在太白庙外的墙根，沐浴着午时温暖的阳光，抚摸着一块斑驳的青砖，无限伤感地追怀太白庙的过去，自语道：“为什么它会成为这个样子呢？”

阿岗在院子里捡来一块木雕说道：“你们看这做工，古代工匠真是认真，要不说现在要提倡工匠精神，小小的太白庙建得有模有样，就连梁椽柱头斗拱上的绘画都是线条精致，色彩明丽，一丝不苟，造型生动，实在是可惜了啊！”

我仰头看着天空，湛蓝的天上流动着几朵诗一样温柔的云。

实现心愿

我怀着复杂的心情离开了太白庙，继续一路向南疾行。越往下走坡度越平缓，跨过几条冰冻的小河，我们来到一个三岔路口。顺岔路向东拐去，钻出一片灌木林，眼前便豁然开朗。面对变得开阔的山谷，老岳高兴地对我说：“都督门到了。”

这是我第二次来到都督门，我好奇地问起老岳都督门的来历。老岳说：“传说古时一位总督从成都去西安路过此地，在这里驻扎过一段时间，所以叫都督门。”我纠正他道：“不对吧，我怎么听说是南宋将领杨泗郎为了抗击金人在这里驻扎过，所以才叫都督门，泗郎泉那里还有个庙，就是为了纪念他。”

老岳笑了：“反正说的都是一个都督嘛。”

过年期间的都督门空无一人，我们坐在向导张金科家门口休息。晴空下，我望着都督门空旷的山谷和清澈的湑水河，好似忘记了几天来千辛万苦的跋涉，完全沉浸在陕南风光的深山之中。闪过脑海的是几个纠缠于内心深处许久的问题，传统与现代，自由与空间，生态与环境，保护与发展。

我深感自己是一个幸福的人，在我心中，我不仅拥有这里的寥廓天空，还拥有这里的广阔大地。

阿岗说：“你好贪心。”

我说：“可不是嘛，走过了太白山的跑马梁，实现了我一桩长久的心愿，你说我能不幸福吗！”

都督门

深藏秦岭的老县城

都督门距离老县城大约四公里路，步行需要一个小时。

我们沿着一条土路一直向东走，不久就远远看到老县城那道石砌的灰色城墙，看到长满杂草的西城门洞，疲惫的心终于放松了下来。

这是我一年当中第五次来到老县城。我给董兵介绍了破败的“丰乐门”外那块“清官第弌”石碑的来历和城里“荣聚客栈”的传说。董兵听得认真，想进一步了解老县城的历史，我说：“今晚咱们先住下，明天如果有时间，就带你去各处转转。”

晚上我们住在老张家。以往每次带队来老县城，我都会邀请张支书给大家讲解老县城的历史，而他也总是非常认真地将老县城村的来龙去脉交代得一清二楚，并且还要带大家去看文庙、照壁子、佛爷塔、衙门、焚字塔、监狱、城墙等。

大伙儿辛苦地走了几天，早已精疲力竭。我们围坐在铁炉旁，一边烤鞋、袜、手套，一边品尝着老张一家人为我们准备的丰盛晚餐。几道农家菜上来，我端起老张自酿的苞谷酒敬喀什、阿岗、老岳和董兵："感谢大家陪我走过了太白山茫茫雪原，了结了行走跑马梁的长久心愿。几天来的艰苦跋涉，经历甚多，感慨也很多，一句不能尽言。希望下次有机会我们还能继续同行，来，干了！"酒下肚，困顿全无，浑身舒展，有种绝地重生的幸福感。

因为还在过年当中，我们品尝到了深山农家在传统节日里才会展示给贵客的醇厚乡味，在这里我们感受到了正月的喜庆。

看大伙儿喝得差不多了，老张说："明天你们去厚畛子还有二十公里山路要走，今天就早点儿休息吧。"大伙儿好像都没有感觉到困倦，依然兴致勃勃地回忆着路途上的经历，聊着老县城的历史传说。

老岳回家心切，不停地在旁边念叨着明天争取下午两三点到厚畛子。

董兵趴在热炕上认真地写着日记。

太白山，留在我心底的神秘之地

昨晚失眠，早晨起来两个眼睛红肿，鼻子不能呼吸，脸颊起了许多皴皮。

阿岗和董兵的手指头都冻得开裂了，张着好大的血口。

早晨在老张家吃了热乎乎的苞谷粥和烧饼，饭后时间还早，便邀请老张带我们去看老县城遗留的古迹。我和喀什已经来过几次，这次主要是给阿岗和董兵介绍，我们用了一个多小时转完了城墙内外，以及孔庙、衙门。这时已近中午十一点，在老张的一再催促下，我们背上行囊与老县城挥手告别。

我们走出丰乐门，蹚过清澈的湑水河，顺着那条蜿蜒迂回的山路爬上了秦岭大梁，大伙儿在秦岭分水岭石碑前合影留念。然后顺着下山大道，一路疾行，五个小时后，下午四点我们到达厚畛子乡。

我们在街边和老岳依依不舍地握手告别，我将报酬递给他，老岳笑着说道：“这次真不好意思，一路上让大家担惊受怕，回去路上小心，下次有机会再来耍。”

喀什将从西安带来的一瓶白酒送给老岳，老岳抱着酒瓶站在路中间向我们挥手。我透过后视镜看了一眼老岳，叹口气说：“如此恶劣的天气，向导也会束手无策，关键时刻想原路返回都不可能，也难为他了，好在最后大家安全回来。”

沿途深山峡谷，清溪绿潭，所有的景致都在车窗外飞快地掠过。大自然赋予秦岭山脉多么美妙的景色，我真的不想离去。尤其是秦岭最高峰太白山，它因为我们之间的“亲密接触”，而变得更加巍峨雄奇，银光闪耀，气势磅礴。

我回到西安，将一路拾捡的枯枝黄叶拿出来，制作了十几幅立体装饰画，配上画框，悬挂在店里。这些散发着山野气息的原创画作，得到了许多朋友赞许，没有过多长时间，这些装饰画便成了朋友们的囊中之物。

我将路途上拍摄的五个胶卷冲洗出来，装进相册。再把路途上的笔记整理成文。至此，春节徒步穿越太白山的活动正式结束。

2002 年 3 月 30 日

大秦岭，我的神往之地

——徒步穿越厚畛子—太白山—鹦鸽嘴

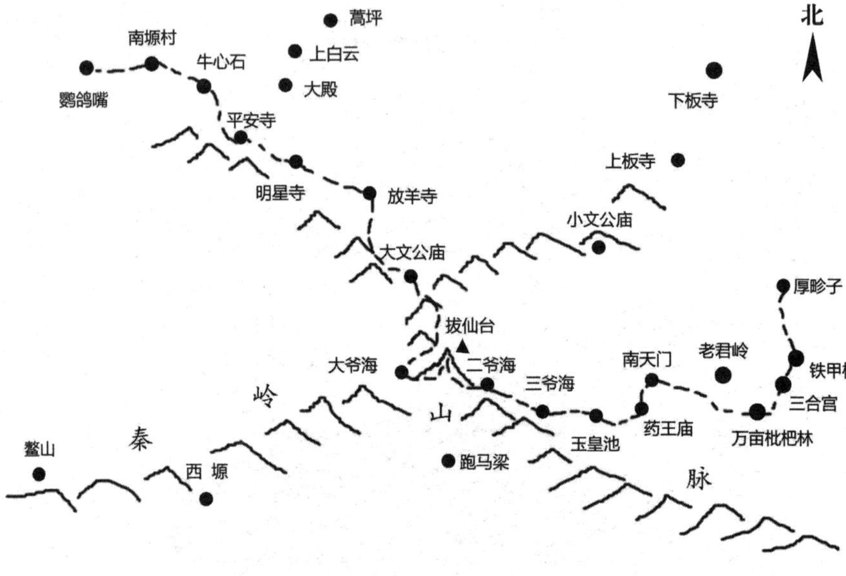

徒步穿越厚畛子—太白山—鹦鸽嘴线路示意图（乐途绘制）

向往秦岭

临近黄金周，喀什问我：“想不想去徒步太白山，欣赏从关中平原到秦岭主峰的美丽秋景？”

经不住诱惑的我回答道：“想去，当然想去。”

秦岭主峰太白山是中国大陆中东部的最高峰，是喜马拉雅山脉和横断山脉以东唯一可以感受到雪山的地方，秦岭是中国地理上的南北分界线，是黄河流域和长江流域的天然分水岭。秦岭山脉不但自然风光异常美丽，并且还蕴含着丰富的历史传说。如果人们想谈论中国的地理地貌，就不能不谈秦岭山脉；想纵观中国悠久的历史，更不能撇开秦岭山脉。

我曾经计划在几年时间里，将太白山不同的七条线路全部走一遍。

秦岭南部水乡秀色，秦岭北部粗犷苍凉。太白山与关中平原有三千二百米之多的高差，山中景色非常迷人，在不同的海拔高度生长着许多秦岭独特的动植物，遍布秦岭的第四纪冰川巨大遗迹和连绵辽阔的山脊，这些都深深吸引着我。

很多年来，太白山一直是我的神往之地。

我呼唤王领导一起同行，我们仔细地收拾装备，并不忘带上一面国旗，同时做好了吃苦的思想准备。我的大包二十五千克，王领导的大包十千克。我看着沉重的背包发愁，然而想减轻重量，却无论如何也减不下来，好像什么东西都有用。

扑进秦岭的怀抱

凌晨五点，我们赶到集合地点，领队雪钻和黑棋子已经在中巴车前等候大家。待队员们到齐后，主领队雪钻给大家简单介绍了此次登山的注意事项，副领队黑棋子招呼大家按顺序上车，上午八点队伍准时出发。

108 国道绕着秦岭山脉翻山越岭而去，浩荡的黑河水奔腾在深山峡谷之中。我非常喜欢在山间奔驰的感觉。

太白山东塬

中秋时节山色葱郁，深谷中河流蜿蜒，被水流冲刷的河道裸露着巨大白色花岗岩，有人说这里叫“龙骨峡”。下午两点我们过大蟒河沟口不远，遇见前方施工。我们的大车不被允许通过，领队只好宣布弃车步行前往厚畛子。

这里距离厚畛子至少还有十多公里路程，大伙儿背负重装，在碎石路上走了将近两个小时，才到达深山中的小镇厚畛子。小镇没什么变化，坑洼不平的小街道看不到人影。向导岳天义、岳天顺兄弟俩已经在街头等候我们多时，他们先引我们去路旁一家小饭馆填饱肚子，然后带领我们徒步一个半小时，下午七点到达徒步起点铁甲树。

铁甲树营地

我们的营地建在铁甲树山庄。说来也巧，刚把帐篷支好，天空就飘起了小雨。我们奔波了一天，大伙儿都略有疲倦，各自钻进帐篷里休息。外面有人吆喝，有没有人去看传说中的铁甲神树，无人应答。

营地刚安静下来不久，就听到一阵骚动声，听说来了一支南京队伍，有二十多号人。不知过了多久，南京的队伍刚刚安顿下来，又听到一阵喧闹声，有人说是一支北京的队伍上来了。今晚的铁甲树山庄像是一个登山大本营，一时间冒出来无数的帐篷和旅行者，几十个来自天南地北的人，让铁甲树山庄整整热闹了一个晚上。

我心想有这么多人做伴，这一路上肯定不会寂寞。

宽衣落枕，安然入睡。

铁甲树海拔一千三百米。

风雪登太白

淅淅沥沥的小雨敲打了一夜帐篷，清晨雨停了。在帐篷里吃了奶茶、茶鸡蛋、压缩饼干，然后收拾营地，背上大包出发。队伍刚离开铁甲树不远，就听见老岳和雪钻商量我们该走哪条路。老岳建议我们走老路，理由是新路虽然能近几里路，但是却要蹚二十多道河流、攀爬两道山岭，雨后河流涨水，存在安全隐患。

对于这突如其来的变化，雪钻也无法决定该走哪条路，于是举手表决。结果是赞同走老路的人占了绝大多数，我们想走新路的人成了少数派，按照规则，少数服从多数。

紧跟在我们队伍后面的南京人也学我们举手表决，结果是一半对一半，队伍分成了两部分，一部分人走老路，一部分人走新路。上午八点半，我们的大部队从三合宫岔路口出发，从这里向左走是老路，向右走是新路，老路距离南天门大约有四五十里路程。

队伍沿着路迹明显的石径小道向上攀登，我问老岳这条山路有多少年历史。

老岳说："大概有几百年了，每年庙会各地的香客都会从这里去拔仙台上香，平常还有采药的人也从这里走。"

小雨又飘来，一路曲折上行，寒风细雨中的石板路光滑难走。湿漉漉的山林里偶尔传来几声清脆的鸟鸣，然后又都归于沉寂。雨雾中整座大山都被浓重的云雾包裹着，什么景色也看不到，只好闷头跟着向导走。几个小时很快过去，云雾依然笼罩着远山近谷，能见度也越来越差。走到中午十二点，大伙儿都已是饥渴难耐，雪钻宣布就地露餐。队伍里有许多初次参加户外活动的队员，出于对户外的新奇感，一个个支起锅灶，认真地在山谷里做起了午饭。看着时间这样充裕，我和王领导也不凑合，躲在一块避风遮雨的岩石下搭灶开火，做了一锅香喷喷的炸酱面。这顿饭既补充了体能，又减去了负重，在接下来的路程中，肯定会走得轻松自如。

高山森林

山脊上的天气说变就变，出发后还没走多久，绵绵细雨就变成了黄豆大小的冰雹。晶莹的冰粒从天而降，噼里啪啦击打着树叶和我们的身体。这突如其来的恶劣天气让我们的行走变得困难。长长的山脊两侧是一眼望不尽的杜鹃林，当地人称这种植物为枇杷树，冰雹打在厚厚的枇杷叶上弹起落下，啪啪作响。不一会儿，冰雹又变成了纷纷扬扬的洁白雪花，漫天飞舞。

风雪中队伍走得很慢，眼见天空昏暗下来，我们紧赶慢赶，天黑时才走到第四纪冰川遗迹。巨大的石头布满了前方的山谷，为了安全大伙儿都打开了头灯，一个紧挨一个，小心翼翼地在湿滑的石头上跳跃。

队伍悄声无息地行走在暗夜之中，没有人说话，也没有人东张西望，每个人都全神贯注地看着前面队员的落脚点。夜行中队伍顾不上休息，也没人喊累，这也许是人们的一种生存本能，困境中只有竭尽全力，才能尽快逃离危险之地。

冰雹夹着雪花越下越大，耳旁是一片噼里啪啦的响声，呼出的气体顷刻就会变成白色雾状，鼻头和耳朵冻得刺痛。

在昏暗中我们疾行了一个多小时，才看见左前方有灯光在闪动，不一会儿，又从远处传来了呼唤的声音。我们瞬间增添了巨大的力量，那些灯光和声音代表了希望。

南天门的夜

二十分钟后，我们与先前到达南天门的南京队伍会合，听说他们下午四点就已到达南天门，比我们早到整整四个小时。喀什说："看来新路还是比老路近许多，下次一定要走新路。"

风雪中老岳站在南天门的台阶上指挥大家先进庙里休息，岳嫂在昏暗的灶房里呼唤大家灌开水。厚重的庙门开着一条缝隙，我扒着门缝往里瞅，只见大殿两面的通铺都躺满了人，地上也铺满了防潮垫和睡袋，就连木阁楼上也都是人，听说他们都是南京的。我对站在身后的北京人说："里面已经没有地方了，大伙儿就在外面支帐篷吧。"

此时摸黑爬上来的队员早已疲惫不堪，大伙儿住不进庙里只好各自缩手缩脚地在庙前寻找稍微平整的地方支起帐篷。夜色降临，南天门狂风大作，犹如虎啸狼嚎一般。我用几乎麻木的双手和王领导在崖边石碑旁支起了帐篷，并将风绳紧紧拉上。旁边进出口公司的小王的帐篷怎么也支不起来，看着他狼狈的样子，我冒着寒冷帮他将帐篷支起来。

小王在路上遇到一位走散的秦皇岛女孩，此时那女孩正失魂落魄地站在寒风中不知所措。见此情景，我赶紧呼唤小王过来帮助女孩支起帐篷。乱哄哄中忙碌了半个多小时，我才感觉到肚子饿了。

我浑身哆嗦着钻进帐篷，王领导在帐篷里煮了方便面，一锅香喷喷的饭刚做好，就听见远处有人喊叫。我拉开帐帘瞧去，只见山坡那边有灯光在晃动，几分钟后税务局的小赵在风雪中拄着手杖一瘸一跛地走上来，此时已是晚上九点多钟。看着他痛苦的表情，王领导赶紧将刚做好的一碗热腾腾的方便面递给他。极度疲惫的小赵也顾不上客气，坐在背包上端起锅就吃。看样子，他真的是饿坏了，也累坏了，脸上满是痛苦的神情。

一阵喧闹吵嚷后，营地突然静悄悄地没有一点儿声音。

风雪依然猛烈地横扫着暗夜中的南天门,疲惫的人们都蜷缩在庙宇和帐篷里。我躺在睡袋中不停地哆嗦，刚才晚饭积攒的一点儿热量，此时已被寒冷夺去。我正在想今晚该怎么度过时，听见帐篷外喀什叫我，并随手递进来一床厚被子。我接过被子欣喜不已地谢过喀什。王领导说：“到底是亲兄弟，这真是雪中送炭。”有了被子，帐篷里也暖和了许多。我躺在睡袋里，回想着今天路途上艰难的经历，以及南天门纷乱嘈杂的营地。

隔壁帐篷的小王说：“李哥，谢谢你的帮助。”

我说：“不用客气。”我们在旅途中经常会得到别人的帮助。同样，我们也会对需要帮助的人施以援手，关心和帮助他人是户外旅行中非常重要的一项内容，甚至成了户外旅行应当奉行的信仰之一，在得到别人关爱的同时，我们也会将这种关爱传递下去，去帮助旅途上更多的人。

帐篷在犀利的狂风中剧烈摇晃，令人惊恐，不能入睡。

愉快的旅途

半夜风停雪止，我爬出帐篷检查风绳是否拴得牢固，却被帐外奇异的夜色吸引。皎洁的月光下，整个山野被皑皑白雪覆盖，苍茫的大地反射着明亮的月光，远处森林黢黑一片，莽莽秦岭显得既朦胧又清丽。我正在贪婪地欣赏南天门的夜色，一阵寒风掠过，浑身颤抖地缩进帐篷。

我睡得正香，听到外面有人喊：“太阳出来了。”心中一振，兴奋地爬出帐篷，站在晴朗的天空下长长地伸了一个懒腰。仰望深邃碧透的蓝天，我深深呼吸了一口山间清新的空气。

天空大亮了，太阳才慵懒地从远处森林里跳出来，将温暖的阳光洒在冰冷的山野，生命的气息重又被唤醒。

吃过早饭，待帐篷上的积雪被阳光融化，大伙儿早已做好了出发的准备工作。

南天门很安静，昨晚闹腾了一夜的南京队今早不见一个人起来，只有北京的队伍和我们的队伍早早起来按时出发。

早晨八点半，我们出发了，队伍一字儿排开，将一溜脚印留在了弯曲的小路上。山路隐在树木草丛之中，随着山势忽高忽低、忽左忽右，曲折迂回在原始森林之中。

一路上奇异的山野景色让我们的旅途充满了愉悦。我感受到秦岭的美丽与壮阔，这是风景之外的景致，我收获的不仅仅是令人陶醉的美丽风光，还有领略秦岭大美的畅快心情。

我最喜欢的冷杉林，覆盖着巨大的秦岭山峦，金黄色的枝叶在阳光的照射下泛着耀眼的金色光芒。秋日的太白山气势宏伟，令我痴狂不已。我在心里暗下决心，一定要再来这里，领略秦岭的雄伟，体验秦岭的静谧，敬仰秦岭的肃穆，欣赏秦岭的壮丽。

药王庙

走出森林，前方是一片开阔的大草甸，森林边缘有一间歪斜的木板房，老旧发白的木板上写有三个模糊的大字“药王庙”。

向导老岳说：“古时候，药王孙思邈登上太白山尝百草时，曾在这里住过一段时间。后人为了纪念他，就在这里搭建了‘药王庙’。”破败不堪的庙前空地上，躺着一口锈迹斑斑的大钟，钟口直径有五十多厘米，钟高七十多厘米，上面铸有铭文，是清朝道光年间铸造，钟身另一面铸有集资建造铁钟信徒的名字。

站在药王庙前可以清晰地看到太白山主峰拔仙台高耸在西南方向，俗话说“看山跑死马”， 太白山主峰拔仙台对我而言，仍旧是一个遥不可及的地方。

队伍在药王庙稍事休息后继续前进，走不远又钻进了一片茂密的森林。这里的森林主要是由太白云杉和冷杉组成，随着季节的变化，树木草丛早已褪去绿色，代之以秋色的枯黄。远远看去，在晴朗的天空下，整座太白山沉浸在一片金色之中，犹如一幅美丽的秋景画。

我们很快就将药王庙抛在了身后，那个曾经的精神殿堂，在历史的凄风苦雨中渐渐式微，沦为一堆岁月的废墟。

醉人的秋景

从森林里钻出来，我们又来到一片开阔地。这是一个巨大的开阔地，是一个典型的“U”形山谷，是远古时期冰川移动造成的地质地貌。山谷中心流淌着一条河流，河流西面连接着一串高山冰湖，有玉皇池、三爷海和二爷海，它们都是黑河水的发源地。

巨大的山谷里遍地都是高山杜鹃和裸露的石头，这些散布在山谷里的巨石都是冰川时代的遗迹。有的石头悬空叠摞在一起，有的石头如刀切一般齐整，有的小石头托举着大石头，这些都是典型的冰碛石。

我走走停停，边走边欣赏着太白胜景。

太阳一跳便升上了天空，在明媚的阳光下，整座太白山都显得壮观雄伟，气势磅礴，让人流连忘返。蓝天下的一切美不胜收，我深深爱恋着这里的每棵枯草、每片黄叶、每道溪流、每座山峦。

山谷对面是一眼望不到尽头的跑马梁，它犹如一条巨龙，从太白山主峰一直向南延伸到了很远的地方。青灰色的梁顶悬挂着一轮明镜般的月亮，同一片天空，日月同辉，奇异的景色给人留下了深刻的印象。

山谷北侧的原始森林好似被涂抹了金黄色的画板，灿亮而醉心，这是典型的高原秋色。

我问喀什：“还记得三年前，你在拔仙台上说过的话吗？”喀什说：“记得，我说我们一定要走一次跑马梁。”我说：“今天就要兑现我们的承诺了，心里真是无比激动啊！”

老岳笑着说：“要想看到太白山的全貌，很不容易。有时候走十次，也不一定能遇到一次，你们运气不错啊。”

我真庆幸自己有这样好的运气。

山谷的秋色

高山冰湖——玉皇池

秦岭所展示的魅力，让我们的行走变成了对极致景色的膜拜，在一片赞叹声中，我们不知不觉翻过乱石堆砌的第四纪冰川遗迹，来到了太白山第四个高山冰斗湖——玉皇池。玉皇池海拔三千三百五十米，水域面积大概有几千平方米，是太白山冰斗湖中最大的一个，由于远古时期冰川地质作用，在高山上形成了一个圆形水池。玉皇池水质洁净，清澈无比，在阳光的照耀下泛着粼粼波光，溢出的水流从东南方向注入黑河上游，这里是西安优质饮用水源黑河的源头。

冰湖岸边伫立着一座年代久远的寺庙——玉皇庙。庙墙木板歪斜，屋顶铁瓦散落，屋内香案上堆积着厚厚一层灰尘，铸铁的烛台上挂着蜘蛛丝网，供案上的泥像披着掉了色的锦缎，寒风从木板缝中吹进来，将泥像身上的斗篷轻轻抖动，看得出这里已经很久没有守庙人来打理，也没有信徒敬香，一切都在人们的遗忘中淡淡逝去。

走到玉皇池时已近中午，领队雪钻示意大家在这里休息午餐。老岳去周围捡了一些枯枝干柴，在旁边的灶房里生火烧水。外面风大，所有队员都挤进破庙里架锅做饭，因为有老岳烧的开水，午饭的速度明显加快了许多。

狂风在屋外怒吼着，用力撕扯着破庙的木门，老岳搬来一块大石头顶住吱呀作响漏风的大门，将犀利的寒风挡在外面。

壮阔的跑马梁

吃过午饭，我给壶里灌满开水，背上包跟着队伍开拔。

出发不久，我们就追上了北京队落在最后的一男一女，路过时，我和他俩打了招呼，叮嘱他俩跟着我们队伍一起走。

当我爬上海拔三千五百七十米的高度时，心里不再有好奇和审美的愉悦感，取而代之的是对大自然所产生的一丝恐惧感，高度一定是与危险结伴而行的。担心归担心，好在我们跟着大部队，并且都有乐观的心态，把探险视为一种难得的人生体验。

随着高度不断增加，地表的植物开始变得稀疏，凌乱的石头布满山坡，苍凉的景致满目皆是。我们背负沉重的背包，一会儿爬上裸露的岩石山脊，一会儿又下到深深的谷底。蜿蜒的小路穿过悬崖峭壁，绕过冰雪深谷。路途上每遇困难之处，大伙儿便互相搀扶，互相帮助，如此度过最危险的路段。

越往上走海拔越高，越往上走积雪越深，越往上走越吃力，呼吸也会越来越困难。行走的过程艰难无比，但是，越往上攀爬，天空就越显得湛蓝，太阳就越显得耀眼。

回头望去，远处那两个北京人正一前一后用力地向上攀爬，沿途的大石头和积雪加大了他们攀爬的难度。那个戴眼镜的女人个子不高，却背着特大的绿色背包，一路默不言语，我不由得对她竖起大拇指："你真厉害，加油啊！"

跟在我身后的王领导也与那个北京女人一样，一路无语，背着沉重的背包，戴着被积雪浸湿的手套，用力攀附着所有能够攀附向上的支点。

山体的高大，早已被我们内心的高大所替代。我们的顽强意志，在这个艰难的攀爬过程中被大自然高高托举，呈现出更加光辉的人性。我记得一句话，“比大山更高的是攀登它的人”。

拔仙台

绕过二爷海，我们顺着一段陡峭的崖壁爬上了开阔的太白山山脊跑马梁。这里犹如广阔的草原，枯草与乱石，蓝天与白云，空旷悠远中看不到山顶的边沿。凛冽的寒风从荒原上刮过，掀起一片迷蒙的雪雾，微小的雪粒贴着地面掠过，旷野苍茫而荒凉。

踏着积雪，我们一步步爬向海拔三千七百六十七米的太白山最高峰——拔仙台。

钻过山顶一圈古老而厚重的石墙，顺着石板台阶爬上拔仙庙，再转过小庙的外墙，我们就站在太白山的峰顶之上。

站在中国大陆中东部的最高处，我张开双臂，仰望天空。

太白峰巅的蓝天纯净透明，深邃悠远。由于空气纯净，阳光也显得更加刺目耀眼。高耸的太白山以及壮阔的秦岭，沐浴在温柔的天空下。

乐途在太白之巅留影

古人云“武功太白，去天三百”。今天登临，果然名不虚传。

几天的跋涉都为这一刻的到来，峰巅之上是响彻云霄的欢呼。

我眯起眼睛远眺天边，感动的泪水流进心田。这是我第二次站在拔仙台上，与上一次的感觉截然不同。因为没有云雾，我看到了千山万壑；因为没有狂风，我沐浴在顶峰的阳光下；在明媚的天空下，我为成功登顶而欢呼雀跃。

峰顶的寒风依然凛冽，整座山巅完全是一幅寒冬的景象。

队伍站在拔仙庙前的台阶上合影留念，虽然人人表情各异，但是，大家内心深处都充满了登顶的喜悦。

夜宿大爷海

在山顶稍事休息后，队伍便开始向大爷海下撤。从峰顶到大爷海几百米的距离，就这一点儿路程我们却走了一个多小时。山路陡峭，落满积雪的大石头从山顶一直垒叠到了大爷海边。大伙儿小心翼翼地攀扶，一步步踩在光滑的石头上，稍不注意就有可能摔倒。冰天雪地中我只穿了一双单薄的胶鞋，双脚早已冻得麻木。

下午五点，我们从拔仙台下到大爷海边上的破败寺庙。原先看庙的老道已不知去向，只有一个从商洛来的年轻男子在庙里看守。太阳一落山，山谷里便冷风四起，寒气逼人，大伙儿没有兴趣去欣赏大爷海，也少有人愿意在大爷海边搭建帐篷过夜，大家都挤进了破庙躲避寒风。住庙犹如住店，楼下楼上所有空地全部都铺上了被褥，一位客人三十元钱，价钱不容商量。

我们队伍有人住在阁楼上，有人住在阁楼下，还有人想体验高山露营，在庙外支起帐篷。

庙内供案上那尊披着几层帐幔的太白金星像被挤在屋子的一角，帐幔上满是灰尘，太白金星像也受人冷落。北京人和南京人陆续赶到寺庙，疲惫的他们情愿在拥挤的庙里坐着，也不愿去外面支帐篷。人们不断到来，庙里最后连坐的地方也没有了。夜里庙内呼噜声起，此起彼伏。犀利的风声夹杂着呼噜声和说话声，令整座庙宇都沉浸在宁静当中。寒风夹着雪粒从木板缝隙中吹进来。我将头裹进睡袋，黑暗中牵挂着外面窝棚里的向导们。

下撤文公庙

早晨起来，我们在破庙里将就凑合了早餐，便出发了。队伍沿着大爷海爬上了前方的垭口，站在高处回看大爷海深蓝色的湖面，不知道大爷海墨蓝色的水究竟有多深，莫不是无底深渊。水面飘过的淡淡雾气，带来彻骨的寒意。

大爷海海拔三千五百九十米，是秦岭太白山保存完整的冰斗湖，它形成于古老的第四纪冰川时期，湖水明净如镜，碧波涟涟，纤尘不染，湖面雾霭弥漫，给人一种神秘的感觉。老岳看着水面忽隐忽现的云雾对我说："当地人把这雾气叫作'神帐子'，你看水边飞的那只小鸟，官话叫'白顶溪鸲'，我们这里的人管它叫'净池童子'，传说它专门负责打扫大爷海的卫生。"

看着那只燕子般大小的鸟儿在水面翻飞，小小的身影在水中划过，我问老岳："它吃什么东西？"

老岳说："吃湖岸草里的虫子，还有湖里的小鱼虾。"

我吃惊地问老岳："这里还有小鱼虾？"

老岳说："有呢，小鱼小虾多得很。"

我们翻上冰湖对岸的小山坡，顺着一条小路来到了山神庙垭口。我站在垭口的废墟前，看着已经颓废倒塌的石墙，想起了三年前那个风雨交加的夜晚，我和喀什还有表弟在这里被寒冷和恐惧折磨了一夜。

站在山垭口向北望去，山路像一根细线，在巨大的山体上横切飘移，细线的上方是高耸的山崖，下方则是令人生畏的万丈深谷。老岳说："这里叫'金锁关'，一夫当关，万夫莫开。"无怪乎一面绝壁，一面悬崖，看上去甚是危险。

今天天空十分晴朗，万里无云，阳光明媚。一路下坡，走起路来也觉得轻松了许多。我们顺着山路疾行一个多小时就来到了大文公庙，石墙内已有几拨徒步者坐在那里休息。大文公庙依然和几年前一样，空旷阴森。回想那年我们从下板寺一路爬到这里时，已是下午五点，大家疲惫不堪，喀什想在这里扎营休息，而我却坚持继续向前赶路，结果让我们本已痛苦的行程更加艰辛。

文公庙有一个三岔路口，直行可以去下板寺和汤峪，左拐可以去营头和鹦鸽嘴。一般的徒步穿越队伍都会从这里直行去汤峪。我们的队伍在大文公庙分成了两部分，七人因为体力不支计划走汤峪下撤，剩下的人去走鹦鸽嘴。走汤峪的队员把多余的食品分配给我们余下的十三人，赵景明还将剩下的一盒彩色胶卷送给我，而此时我正在为没有胶卷而发愁呢。

两支队伍终于要分别了，大家相互拥抱嘱咐，恋恋不舍地告别。我们一直目送他们七个人消失在山路的尽头，然后转身向着明星寺、放羊寺方向一路奔去。

换个角度看太白

山坡背阴处的积雪正在融化，道路泥泞湿滑，走一步退半步，异常难行。由大文公庙去平安寺的山路虽然不好走，但是自然风光却非常美丽，远处高耸的太白山主峰拔仙台在阳光的照耀下更加雄壮威武。周围挺拔交错的青色山峦向着远方起伏绵延，一棵棵金黄色的冷杉在阳光的照耀下愈发灿烂。我们的头顶是万里晴空，蓝天碧透，没有一丝云朵；我们的脚下是幽深的峡谷，峡谷隐在墨色之中，一条闪着亮光的线条弯曲在峡谷底部。展现在我们眼前的景色，如同一幅美丽的画卷，目光所及之处，尽是无限风光。

中午我们走到放羊寺。

这是一座建在山顶草甸上的破败寺庙，远远看去摇摇欲坠，残垣断壁的周围生长着如茵绿草，芬芳野花，长长的草尖随风舞动，一条涓涓小溪从山坡草丛中流过。此时正值中午，大家坐在草地上支起锅灶准备路餐。高山上，温暖的阳光抚摸着大地，几乎每一个人都不约而同地张开四肢仰卧在地。我躺在青草中，凝视着浩瀚的天空，微闭双眼，沐浴着温暖的阳光。我侧目草尖，那无数灵动的青草在天地之间摇曳。

这是徒步旅行中最美好的时刻，疲惫、慵懒、放松地享受着天地之美。

路餐后我们打起背包出发，向着前方高耸的两座山峰。我鼓励自己努力加油，有上坡的艰难就必定有下坡的轻松，有辛苦就会有收获，世上一切事物都是辩证的、公平的。

西望太白

夜宿平安寺

我们一口气翻过了几座山头，赶在黄昏最后一抹晚霞消失之前，来到了平安寺。我一路紧赶慢赶，没有拍到美丽的晚霞，我心中略感遗憾。太阳刚一落山，山里的气温也随之骤降，山垭寒风横贯，赶了一天路的队员们都挤进了昏暗的平安寺内。

我在庙门口碰到两位玩摄影的人，他俩刚从山上下来，在屋檐下支起一顶迷彩帐篷，其中一个人一边生篝火，一边对我说："我们每年都要来太白山十几次，从来不找向导，徒步太白山早已经是轻车熟路。"我唏嘘道："真不敢想象，你们一年攀登太白山十几次，太不可思议了。"两位摄影人没有很好的户外装备，就连做饭用的家什和做饭的过程也很简单，拢一堆火，支几块石头，上面架一个黑乎乎的铝饭盒，烟熏火燎很久后才能吃上一口热饭。

看着他俩快乐地进餐，嬉笑之间，我很感动。一个人一生中有自己的追求和爱好，并从中感受到快乐，这是一件美好的事。

因为我年纪最大，晚上被特殊优待睡在土炕上。虽然睡袋较薄，但是大家挤在一起，还是可以感受到山野中的浓浓暖意。一夜平安，没有波澜，偶尔能听到门外的阵阵寒风。

躺在平安寺的土炕上，不由得想起一九三四年书画大师林散之先生徒步穿越太白山路过平安寺的情景。那天傍晚，林散之和向导张汉赶到平安寺时，看到早已毁于大火的平安寺只剩下零瓦碎石，残破铁钟，没有栖身之所。当时时间已晚，他们既不能退回斗母宫去，也没有时间向前赶到放羊寺，只好在山垭口附近找到一个临时栖身的小山洞。当晚他俩就在山洞里支锅做饭，入夜后用石头封了洞口，两人仰卧于地。此时山风狂啸，万谷皆鸣，半夜时，洞外有动静，两人惊醒，不知是虎是熊是豹还是野猪，心中大恐，惶惶终夜，不得安睡。第二天一大早还没等日出，两人就急忙出发往放羊寺去。想一想他们七十年前在平安寺度过的那个夜晚，今晚的平安寺虽然大风呼啸，但相比那时的情形，我们已经幸福很多了。

告别平安寺

今天是我们此次旅行的最后一天，从平安寺到鹦鸽嘴的路程相对较短，加上几天来的疲劳奔波，大伙儿都睡到自然醒。上午八点，庙内依然光线昏暗，几道亮光从木板墙的缝隙中投射进来。听见有人起来，厚重老旧的木门发出了“咯吱咯吱”的响声，紧跟着一股冷气从外面吹进来，旋即将庙内的浑浊空气驱散。我爬起来出门去看，却不见那两位摄影爱好者。

正在做早饭的王领导说那两个人赶早出发了，往营头方向去了。我不由得感慨那些玩摄影的人，为了拍一张好照片既要跋山涉水，又要早起晚睡，如果没有坚定的信念和追求，无论如何是坚持不下来的。

此时天已大亮，我在晨光中细细欣赏了一番荒芜中的平安寺。平安寺的两道夯土山墙夹着一面门窗。虽然门窗外表看起来陈旧不堪，但是从做工看，当年应该还是很精致气派的。大门上方悬挂着一块黑色匾额，上面书写着四个大字“南脉福地”，看不清楚是什么年代所书。长在屋顶残破瓦缝里的荒草，在晨风中轻轻摇摆。寺庙对面孤零零地生长着一棵大松树，树下的木栅栏围着一块平地，估计是一块菜园子。透过木栅栏向西望去，看不见林散之曾经住过的那道山洞。

我蹲在房檐下吃了此行最后一顿早饭，给身上装了一个鸡蛋和两块沙琪玛，十点整我们告别平安寺，顺着岔路向左去鹦鸽嘴。老岳说：“顺岔路往右走就可以去大殿、斗母宫、上白云、下白云、蒿坪和营头。”

清晨出发，心情轻松舒坦。我回头看了一眼孤独的平安寺和那棵孤独的太白油松，两个不同的生命形态互相依偎在秦岭深处。老岳说那棵树是二十世纪四十年代重修平安寺时栽的，有六七十年的历史了。

我告别了平安寺，依依不舍地转身走了。

遥远的旅途

一路下坡，穿行在茂密的森林中，一个小时后我们来到了明星寺。这时太阳已经高高升起，茸茸草甸被阳光照射，波光起伏，阳光穿过密林将温暖投射在昏暗的林间草地上。远景、中景、近景相映生辉，合成一幅美丽的秋景画，这是人与大自然亲密接触后才会拥有的奇妙视觉。

中午十二点，我们来到山谷，开阔的河谷两侧尽是拔地而起的高崖绝壁，千仞壁立如利剑直插蓝天。我举目仰视，内心产生了对高度的畏惧。高崖底部长长的山坡上绿草青青，大小青石点缀其中，几十头黄牛甩着尾巴，懒洋洋地在草丛中漫步，一派田园牧歌的悠闲景象。

刚走出山口，就是南塬村。

远远看见老岳蹲在村口的石碾上吸烟。他说我们这帮人走得实在太慢。我心里明白向导与我们在旅途中的感受不同，一个是在赶路，一个是在欣赏；一个是在完成任务，一个是在与大自然亲密交流。大伙儿依然说着笑着，继续按照自己的节奏行走。

我们经过村子时，很多村民从屋里出来看热闹。走在前面的人已在路边休息，一位老汉从火塘里拿出十几个烤苞谷让我们吃。我客气地推让，最后还是拗不过老汉的热情，掰了一半，这烤苞谷是我平生第一次品尝到的农家美味。

我去隔壁农家灌开水，在干净的院坝上看见一位穿戴整洁、头戴一顶黑色瓜皮帽的老汉正蹲在地上用小铡刀用力地切着一捆旱烟叶。老汉的传统活计吸引了我的注意力，我走过去蹲在老汉身旁认真地看他干活。老汉边做活边说：“我今年七十七岁了，年轻时在西安干过几年学徒，一九四九年后我们老板跑了，没有办法，我又回到老家干农活，这一干就是一辈子，估计这辈子再也没有机会去省城看看了。”

队伍在南塬村休息了半个多小时后继续出发，前方的道路开阔了许多，左面是宽阔的石头河河滩，河床布满了白色的鹅卵石，对岸的山崖呈灰绿色，绵延至河谷的尽头。

坑洼不平的沙土路两边长满了低矮的沙枣树，荆棘密布的细树枝上缀满了暗红色的小沙枣，我摘几颗小枣，边走边吃。放松行走的队伍已经没有了几天来的倦意，欢声笑语漾在遥远的路途上。

大概走了两三公里路，我们来到了鹦鸽镇街道。路过一个水果摊时，我突然想起昨晚的梦境——吃梨。于是不由分说称了五斤梨，分给大伙解渴。一辆从太白县城方向开来的车带着滚滚尘埃停在了我们面前。这简直太及时了，好像预先安排好似的，大伙儿提包拎袋爬上车去，坐在硬木座椅上颠簸了一个多小时后到达了眉县县城。

眉县变化不大，还是那个标准的西北小县城，介于传统与现代之间。为了打发肚子，我们寻了一家面铺，一人一大碗臊子面。饭后包了一辆中巴车返回西安。

夜色中，我拖着沉重的双腿回到了家，虽然劳累万分，疲惫至极，但是内心却充满了山野旅行的快乐和幸福，完全是一种度尽劫波后的精神愉悦。

五天的探险旅行虽然顺利结束，但是在我的心里，还在继续着太白山的旅行——整理照片和文字，直至下一次旅行的开始。

2001 年 10 月 5 日

龙脊上的行走

——徒步穿越秦岭主脊

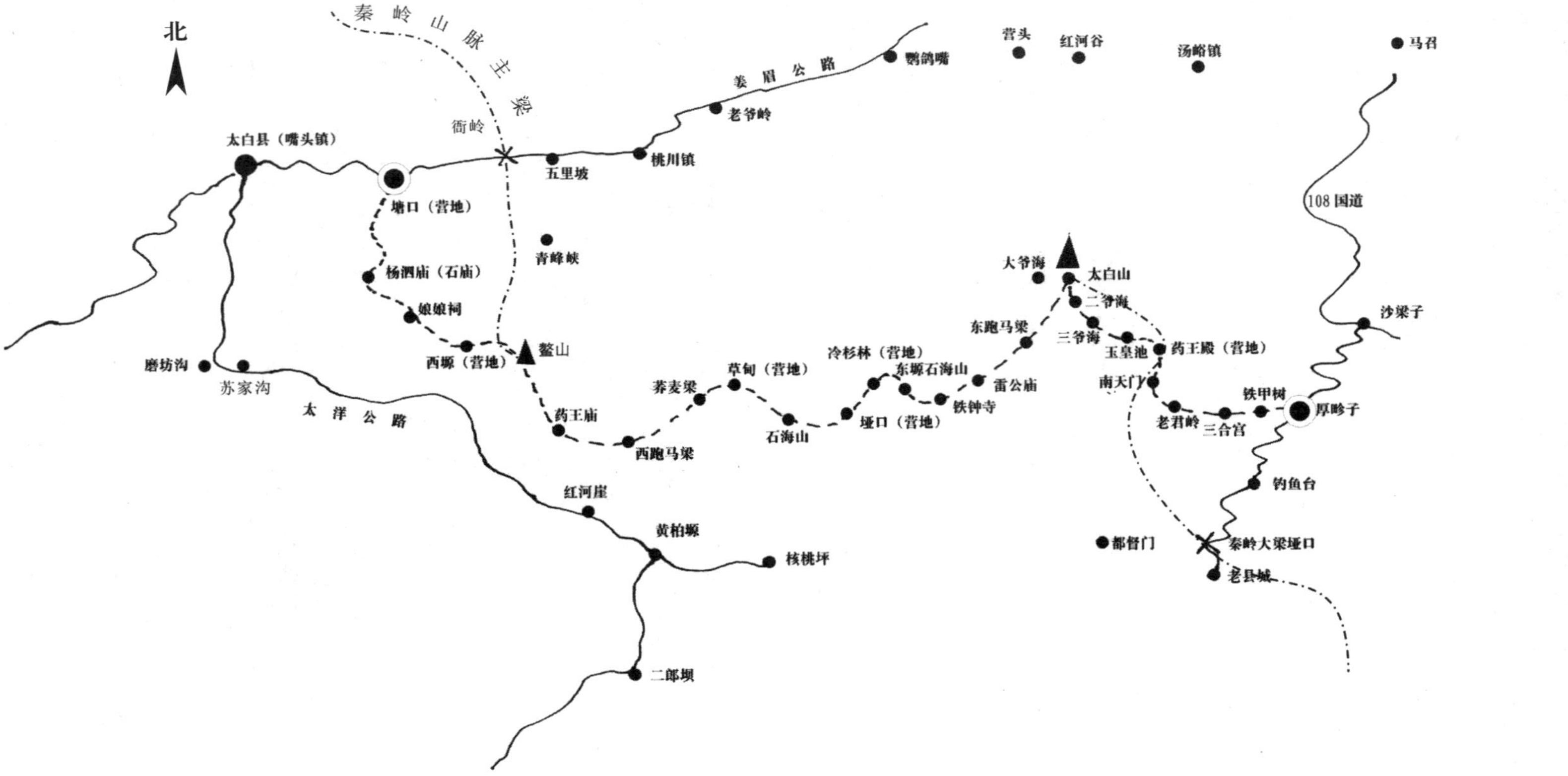

徒步穿越秦岭主脊线路示意图（乐途绘制）

向往已久的鳌太线

二〇〇五年七月，我组织了一支探险队伍，尝试着从厚畛子出发，徒步穿越至鳌山。因为天气原因，探险活动中途夭折。从那以后，在我心里便萌发了“鳌太情结”。随着时间的推移，这个“鳌太情结”越结越深，以至成了我今生必须要去完成的一项艰巨任务。

二〇〇七年四月中旬，接到荷塘的电话，邀请我去穿越鳌太。没有犹豫，立即答应了他的盛情相邀。

四月三十日下午六点，我、火焰驹、零三、方公子准时在荷塘的俱乐部门口集结出发。

中巴车上除了我们西安的四位队员外，还有九位队员来自其他城市。坐在最后排的一个女孩询问在座的每一位队员来自何方。所有队员都报了自己的网名和

鳌太大梁

籍贯，有来自黑龙江的风寒，山西的攀岩者，河南的行者孙、懒人，湖北的跳跳，江西的战鼓，上海的旋玉，广东的小保，还有来自西安的我们。最后她操着一口纯正的东北口音高声对大家说："我是来自吉林长春的快乐鸟，很高兴认识大家。"好自信的女孩，我不由得回头看了她一眼。女孩皮肤白净，身材高挑儿，戴一顶白色太阳帽，她正笑着与前面两个领队招手。

担任这次鳌太穿越领队的是小喜子和晴天。

小喜子首先介绍了鳌太穿越途中的大致情况，并着重强调了安全事项。他说："路途上最需要注意的就是翻越荞麦梁，横切山坡时一定要注意身体平衡。如果天气好，我们保证穿越成功。"虽然我不希望原路返回，但是一切还是顺其自然。我在心里默默祈祷，愿一路晴空万里，穿越成功。

我在笔记本中写下了我的心愿：我十分乐意在我的户外旅途中，经过艰辛努力，得到丰厚的实质收获和满意的精神报偿。

不经意间，灯火辉煌的城市便消失在了冷寂的暗夜之中。

塘口月色

夜色中路过五丈原，车窗外一片漆黑，飕飕寒气从窗子缝儿挤进来，冷得人直缩脖子。

寂静的车厢里没有人说话，……车子驶入斜峪口，爬上褒斜道，绕过石头河水库，穿过桃川峡谷，翻上秦岭大梁"衙口"。过了垭口就是秦岭山脉第一台地，褒河上游的太白县。

晚上九点四十分，我们到达塘口村（海拔一千六百零五米），在路边饭馆吃了晚饭，一大桌十几个菜，没几分钟便被吃得干干净净。我本来就冷得哆嗦，又喝了两口冰凉的啤酒，颤抖得更厉害了。

吃完晚饭，汽车将我们拉到塘口村边，大伙儿顺着一条直通山脚的便道向着朦胧的大山走去。队伍在黑暗中向前疾行，许多人气喘吁吁，直呼太快。方公子走不动，说头晕腿软。我只好陪他一起走，疲惫的状态好像会传染，不一会儿，我的双腿也像灌了铅，沉得抬不起来，真后悔刚才喝的那两杯啤酒。零三说这不是啤酒的事，是你们自己的问题。

经过半个多小时的急行军，我们来到了鳌山山脚，一道铁丝网拦住了去路。正在想该怎么走时，从前面传来声音："就地扎营。"原本紧绷的心弦立刻放松，扔下大包，在草丛中寻找可以支帐篷的地方。所谓平整的地方，只是相对而言，睡下了才知道有多少石头疙瘩垫着我们的腰。

山口海拔一千九百二十五米。

忙活完一切准备睡觉时，已经过了零点。

山里静悄悄，连草儿摇曳的声音都能听到。深邃的夜空悬挂着一轮皎洁的圆月，我仰着脖子看月亮，自语道："今天的月亮怎么这样圆？"火焰驹说："今天是农历十五。"

月光下，远处起伏的鳌山山脊，闪烁着一道冷艳瑰丽的光泽，那是在非常纯净的暗夜中才会发出的光亮。曲线的夜光，柔和而璀璨。我们远离城市，来到深山，享受着鳌山夜空丰富而悠远的景色。雄壮的鳌山在这浑然深邃无尽的夜空里，组成了一片神秘的深蓝色和藏青色。

眼前的鳌山，充满了幽寂、美丽和神秘。

蓝天中的小鸟

鳌太穿越今天正式开始。

凌晨五点起来，吃了早点，收拾了营地后就急匆匆跟着大部队出发。

一开始的行走像是在梦游，感觉还没有从睡梦中完全醒来。没走几步，就来到了传说中的"练驴坡"，一条笔直的坡道立在前方，大概有六七十度倾斜。山顶上的小喜子对我们喊道："抓住旁边的树干、竹子往上爬。"坡道不长，但攀爬起来却十分吃力，无怪乎人们叫它"练驴坡"。

清晨的第一缕阳光慢慢洒进山谷。

一个多小时后，我们翻上了火烧店山垭，站在山崖上俯视群山，顿感疲劳散去了一大半，大口呼吸着高山上清新的空气，心里也感到了一阵畅快。

离开火烧店，队伍开始在山坡上横切。我们四人依旧走在队伍的最后，我一边走，一边给大家讲长途行走山路的要领：“走这样的山路首先要悠着点，别着急，因为我们不知道后面还有多少艰难的路途，所以保存体力是一开始就要注意的大事，千万不能无谓地消耗体力。”

大家似乎找到了缓慢行走的理论根据，走起路来更加不急不躁，把握着自己的节奏。走过一片林中草甸，零三说这里估计就是豹子马失前蹄的地方。元旦他们来这里爬山，不小心一屁股坐断了自己的脚踝，至今未痊愈。

火焰驹脸憋得通红，她边走边嘟囔：“这哪里是人走的路嘛。”

方公子笑着说：“是啊，这原本就是野生动物走的路嘛。”

我们爬了半天才上到海拔两千二百七十五米的地方，直线上升了近四百米。

我耸耸肩上的包，背的东西太多，尤其是那两大瓶沉重的可乐，不停在包里晃荡，严重影响我行走的平衡。

峡谷里一片寂静，穿行在树林中什么也看不见，什么也听不到，什么感觉也没有，只是重复着行走的动作。前面有人慢下来，加入到了我们的队伍。后面的队伍渐渐壮大，变成了七个人。

爬到海拔两千七百四十米时，战鼓跑下来接了火焰驹的背包。他说这里距离窝棚不远了，到那里可以补充山泉水。没走多远，我们就来到了一块平展的草甸，大伙儿都在这里休息。趁着休息的机会，赶紧从背包里拿出一些吃的东西分发给大家，一是为了充饥，二是为了减负。

我躺在包上，眯着眼睛看蓝天，心情也随之豁然开朗起来。突然，一个影子从我眼前闪过，侧头望，是一只花白的小鸟，在蓝天下美丽动人。我拿出相机，将那个倩影永远定格在了蓝天碧空之下，一只快乐飞翔的小鸟。

明媚的阳光映衬着碧蓝的天空，闪耀着橙黄色的光芒。一阵风儿将山洼里的积雪吹起，晶莹的雪粒轻柔地在阳光下飞舞，好像进入童话世界，被陶醉的心似乎已经飞到了遥远的鳌山之巅。

大家的目光一齐搁浅在远处那平坦的跑马梁上。

山路漫漫

我们走走歇歇，穿过低矮的杜鹃林，踏过枯黄的草甸，一路上始终没有看见他们所说的窝棚和泉水。

攀登者边走边说：“只有这个时候才知道西红柿有多么好吃。”

我问他：“难道你以前认为西红柿不好吃？”

他舔舔嘴唇笑着说：“饿饭香嘛。”

方公子的状态不太好，靠在一棵倒卧的枯树干上，闭着眼睛喃喃地说：“我已经走扯了，走扯了，真的走不动了。”我让他下撤，他坚决拒绝。

听说前面不远就是窝棚，可以补充山泉水，大家不由得都加快了脚步。果不其然，没走多远我们就来到了一处溪流旁，汩汩流淌的清泉漫过小路。有了水的滋润，林间的气息也就温润舒适了许多。

行者孙人高马大，走起路来风风火火，他走过来拉起已经泄气的火焰驹翻过前面一个又一个高坎，不一会儿就消失在了我们的视线之中。他俩飞快地离去，我感觉地球引力在这里好像失去了作用。

小路一直沿着山脊松林和灌木林的分界线向上延伸，许多路段因为动物常年踩踏，形成了一条长长的深槽，槽内布满碎石，走在上面十分硌脚。

顺着深槽小路翻过一道山脊，在一片灌木林里追上了前面的八名队员。

远眺太白

我们和前队会合，来到了海拔三千米的垭口。站在马鞍形的垭口，可以看见远处白雪皑皑的鳌山大梁，还有洁白孤傲的太白山，一座座高耸入云的峰峦，袒露在东面无垠的天际。

在秦岭山脉，太白山绝对属于最挺拔、最雄伟、最神秘、最俏丽的山峰。太白山的主峰，像一座银色的金字塔，在它的主峰周围耸立着无数大大小小、形态各异、风姿绰约的山峦。

我已经感受到了太白山的神韵，被它那凌云绝顶的气势、晶莹璀璨的光泽、气宇轩昂的壮阔所震慑，就连血液都开始沸腾。

远处是战鼓的背影，他面对着远处巍峨的太白山，久久伫立着。

右前方的山坡直通大梁，山坡长得看不到尽头，透过干枯的冷杉林，我看到了碧蓝的天空，一团团飘动着的洁白云朵。草甸上，树荫下，是一片片积雪，行走其间，会让人感受到晴朗中的纯净。

我跟着队伍闷着头，拖着两条沉重的腿，双眼皮直打架，想就地躺倒，睡一觉。不知走了多久，听见前面有人说："到顶了。"

抬眼望去，头顶上竟然出现了一抹蓝色的光芒。我磕磕绊绊地爬上山顶，眼前豁然开朗。前方是一片宽阔的荒原台地，如同草原般辽阔的草甸展现在我们的眼前，蓝天下一口口泛着亮光的池塘，让荒原变成了泽国水乡。夕阳将大地涂抹成灿烂的金色，原野上所有的石海草木都沉浸在黄昏前的辉煌之中，斜阳将我们行走的影子拉了好长。

我靠在一块巨石上喘息，突然发现了远处鳌山顶峰上的导航架，在我的视线中，它小如芝麻，感觉好远好远。

晴天说："从这里到导航架好好走也需要大半天时间，咱们明天上午就可以到达那里。"

杀神白起

鳌山的黄昏幽静而神秘，穿过低矮的松林，我们在荒原中不停歇地疾行。路过一座石块垒砌的建筑废墟。有人说这是白起庙。我搞不懂过去的人们为何要在如此荒芜之地建造这么一座庙宇，问当老师的晴天。

晴天说："白起就是眉县人，位列战国时期四大名将之首，秦代的老百姓认为白起将军战无不胜，是一位杀神，能抵挡一切邪恶，就把他敬奉在鳌山古道最为艰险的地方，守护来往的路人。"

我问晴天："这地方过去还有人走？"

晴天说："过去黄柏塬以南的人们，包括佛坪、华阳、洋县的人们到宝鸡、眉县、岐山等地方办事、走亲戚，为了走近路，都会翻越鳌山大梁，走青峰峡或者下塘口。”

高山白斩鸡

我们离开白起庙，朝东南方向走到下午六点，来到了一处山脊垭口，小喜子宣布今晚在此扎营。趁着天空还残留着一抹亮光，我抓紧时间和零三在一片雪洼地里整出一块平地，安营扎寨，化雪做饭。不一会儿，另外七顶帐篷也分散卧在了偌大的垭口上，帐篷里的灯光在昏暗中像一颗颗闪烁的星星，发出微弱而灿亮的光。

我透过帐帘的缝隙，看到一轮圆月在深蓝色的夜空泛着耀眼的光芒。零三说：“十五的月亮十六圆。”金色的月光一圈圈向外辐射着寒夜的璀璨，远处山脊呈现着起伏的曲线，整个鳌山都沉浸在一片飘逸朦胧之中，月光之下，如诗如梦。我出神地看着远山发呆，一阵大风吹过，整座鳌山沉浸在万籁俱寂的世界之中。夜色中的秦岭山脉，有着一种无法言喻的苍茫与圣洁。

零三取出一只在西安亲手烹制的白斩鸡，我拿出一瓶白酒，大伙儿集中在方公子的帐篷里。零三将预先调好的蘸汁倒进小碗里说：“这只鸡是我母亲去市场买的小土鸡，我做的，大家随意品尝。”

一口下去，鲜香味美，大家都说好吃。自从二○○五年徒步大寺认识零三以来，我记不清有多少次在漫长的旅途中，品尝到零三亲自做的白斩鸡，那厚重的余味沉淀在味觉的最深处，甚至涵盖了整个旅途的美食记忆。

我带着微微醉意，返回帐篷，钻进睡袋。

营地海拔三千二百米。

鳌山的清晨

大风呜呜劲吹，帐篷抖动了一夜。

彻夜的梦，断断续续，没有一个是完整的。我正在睡梦中守着凌晨最后的温暖，又听见有人扯着嗓子喊叫起床。看看手表，才凌晨四点五十分。睡惯懒觉的我，面对早起完全是一副痛苦万状的模样，嘟囔着爬起来，掀开帐帘，外面还是一片漆黑。海拔三千二百米的高度不见一丝亮光。

在帐篷里吃过早饭，收拾完帐篷，天空才微亮。空旷的山梁上大风吹起，没有地方可以躲藏，我坐在背包上缩着脖子等待出发的命令。

凌晨的寒风发出犀利的呼啸声，意欲吞噬一切。小喜子叮咛大家把所有东西都压好，当心被大风吹跑。风寒紧张地收拾营地，拉起的黄色外帐，像一面飘扬的大王旗。等到方公子收完帐篷，太阳才从东面的山脊升起。朝阳染红了半个天空，阳光透过纯净的蓝天，将晨光洒向大地。

今天是个好天气，天空晴朗透明，湛蓝纯净，远处山梁上的导航架清晰可见。

连天接地的荒野苔原

早晨七点三十分出发，目标是鳌山导航架。

刚翻上一道山梁，就看见远处走来三个人。他们身着迷彩服，手里拿着 GPS 卫星定位仪，边走边和我们打招呼。三人来自河南郑州，前天从红崖河 23 公里（地名）上来，到这里已经是第三天，计划今天下到塘口。在这里意外遇见徒步旅行者，大家都友好热情地交流了路况信息。

山脊上的台地越来越宽阔，平展的荒野一眼望不到边，好像是辽阔的草原。荒凉空旷的西塬枯草连天、乱石遍地，前面队员的身影散布排列在广阔的原野上，远望似一个个小如沙粒的黑点，在巨大的山坡上缓慢向上移动。

狂风呼啸而来，欲将人吹倒，就连冲锋衣也无法阻挡寒风的侵袭，穿心的冷风让人不停地打着哆嗦，呼吸不畅，几近窒息。为了减少前进的阻力，我只好侧着身子向前走。

对户外旅行较陌生的火焰驹，许多事情需要在实践中学习。她的鞋带总是松开，旋玉便蹲下来给她指导怎样系鞋带。火焰驹紫红的脸颊上清鼻涕、眼泪交替，不知道是感动还是痛苦。

苔原上布满了冰川时代遗留下来的冰碛石，我们在那些石头上跳跃，跋涉于连天的石海当中。

走在这广袤的世界里，我思考着“旷野”的含义。

感受鳌山的壮阔

在巨大的山脊上跋涉，向着前方蓝色的天空，踏过石海和深深的积雪，再翻上冰川碎石堆积的高高山梁。向前张望，导航架怎么还有那么远。

我呼唤大家加油，同时努力迈着沉重的双腿，默默数着步子。前面早到的队员已经坐在导航架下休息。远远就能听见导航架被狂风撼动而发出的犀利啸声。

上午十点，我来到了海拔三千四百七十五米的导航架下，轻轻抚摸着那座已经伫立在这里五十多个春秋的木架，兴奋地自语道：“鳌山，我来了。”二〇〇五年七月底的那次鳌太之行未能成功，时过境迁，今天总算如愿以偿。

前方的天空清澈碧透，飘浮的白云紧贴着山脊，仿佛伸手就能触摸到。我眯起眼睛，眺望着远处天空和山脊的结合处，并将自己的心融入鳌山的天空和大地。

我们行走在天地之间，我们拥有这里的壮丽和雄伟，我们是一群无比幸福的

火神殿

人。此时我不知道用什么语言，来形容我内心的快乐与满足。

火焰驹靠在背包上望着远方说道：“你们看，那天空多美啊！”

方公子喃喃自语道：“是啊，我感觉鳌山的天空又远又近。”

旋玉拿着相机对着远处的山峦说道：“那强烈的光芒像不像是太阳对大地的抚摸。”

晴天笑着说：“你们大家今天都成诗人了。”

我们在导航架下休息片刻后继续向东行进。听说前方的路途还很遥远。鳌山的山顶一马平川，我们犹如行走在广阔的高原上。

在鳌山，最让人感动的就是它的天空。

鳌山的天空，既纯净又温柔，既辽阔又高远，飘逸的是这里的彩云，灿烂的是这里的阳光。此时我们好似行走在遥远的青藏高原，行走在川西大草原，行走在西部的戈壁滩……我在这空旷的高原上，捡拾着辽阔而悠远的点滴意境。

辽阔的原野上不时有巨大的岩石从地面钻出来，四分五裂地耸立在寂寥的荒原上。看到这些奇异的景象，我在想，这些巨石是怎样破碎的，造山运动为何单独将这些突出的花岗岩留在了地表。我不是地质学家，完全搞不明白这些亿万年前的岩石为何形成这样的造型。

已是中午，我的肚子早已饿得咕咕叫，两腿发软，头冒虚汗，小声对押后的晴天说：“我饿得走不动了。”晴天笑着说休息一下，吃点儿东西。我拿出一个烧饼，夹上一块酱牛肉。吃下去的食物立即转化为能量，我从石头上站起来，因为用力过猛，凸起的石刺将冲锋裤挂了一道长长的口子，我郁闷极了，只能凑合到晚上在营地缝补。

当我们赶到药王庙时，前面的队员已起身，看着他们远去的背影，真有点儿沮丧。无论如何，我们就是赶不上他们的脚步。

遗落在荒原上的药王庙

我们来到了一堆巨石拔地而起的地方，凸起的崖壁上镶嵌着一座石砌神龛。小喜子说这个地方叫“药王庙”，传说当年孙思邈曾经在这里尝百草，后人为了纪念他，便在山崖上修了一个神龛，敬奉药王。我举目四望，荒原上看不见什么草药之类的植物，只有在巨大岩石上垒砌的那个神龛夺人眼目，神龛内空空如也，也许历经千百年的风雨，药王像早被大风吹得不见踪影。

巨石下的积雪已融化，石头缝隙中的水洼里落满了蚊虫，饥渴中也顾不了那么多，那些蚊虫权当补充高蛋白。我抓紧时间烧水煮咖啡，品尝了零三递过来的几块白斩鸡，将最后的两罐啤酒喝光，酒足饭饱，仰面躺在巨石上休息片刻。

我躺在大石头上，舒展着躯体，晾晒着生命，面对头顶的日头，任风儿吹过，惬意地沉醉在荒原上。

刀削斧劈的荞麦梁

下午两点四十五分，我们到达荞麦梁垭口。

前面的队员早已在这里等候我们多时，小喜子要求大家一起走，绝对不能分成若干个队伍。我早就听说过荞麦梁的危险，今天走到这里，才知道它的真实面目，不看不知道，一看吓一跳。荞麦梁虽然不是绝壁耸立，但也是我见过的最危险的山脊之一。眼前高耸的荞麦梁，尖尖的脊刃上堆积着破碎乱石，山脊北面壁仞千尺，根本无法行走；山脊南面则是巨大的陡坡，一览无余的山坡一直连到深深的谷底。山脊上的岩石一直向东延伸，起伏延绵，冗长无比，看不到尽头。

我看不见路径，回头问小喜子："我们怎么走？"

他指着山崖南面的陡坡说："就从这里横着走，身子往里贴，每一步踏稳。"

我望着荞麦梁发愣。陡坡上不但遍布乱石，还密布着一丛丛草窝，我一边走一边对走在身后的旋玉和方公子说："听小喜子说了吧，走路时身体尽量向里倾斜，有什么问题立即趴下，一定注意平衡。"

跟着前面的队员四肢并用颤颤巍巍地向上爬，经过近两个小时的攀爬，下午五点多我们来到了荞麦梁山脊上。山脊仅能容下几个人站立，一排岩石背后就是万丈悬崖。我坐在地上休息，等待后面的队员。前面队员又往山脊的更高处爬去，他们的身影在怪石林立、犬牙交错的山崖上忽隐忽现。正在我感叹荞麦梁危如累卵时，零三和晴天搀扶着火焰驹爬了上来。火焰驹瘫软得像根面条，一爬上来就

辽阔的鳌山西塬

瘫倒在地。零三脸色苍白，跌跌撞撞地走过来坐在我旁边说："她（火焰驹）不敢走，哭了一路。"

晴天也走过来坐在我身旁说："关键是这一段路太危险，她的心里承受不了这样的精神压力。"

旋玉走过去，坐在火焰驹旁边，一边小声安慰她，一边给她抹眼泪。

零三点着一支烟，长出一口气说："我对她说了，让她放心，就是把我掉下去，也不能把她掉下去。"

歇息了一会儿，我们继续向前去爬更高的山脊。顺着山脊一路攀爬，我们于下午五点四十分来到了一片稍微开阔的垭口草甸上。平缓的垭口已经支起许多帐篷，看到那些彩色的帐篷，大伙儿兴奋得直呼胜利，一路上的疲劳好似也在这一瞬间消失得无影无踪。

方公子放下背包自语道："今天走残了，也走傻了，这就是鳌太。"

草甸上小溪潺潺，水流汩汩，几股溪流蜿蜒流淌在晶莹透明的冰层下，很像沼泽地。晴天说这地方叫水窝子。

大雪压顶

顺利翻过艰险的荞麦梁，我心里踏实了许多，也舒畅了许多。

我和零三在一块拱起的坡地上支起了帐篷。外面起风了，接着下起了雨。风声、雨声混合着，抖动着我们的帐篷。

疾风暴雨横扫过山脊，“噼里啪啦”击打着帐篷。狂风一阵紧似一阵，帐篷剧烈摇摆着，好似就要被大风掀翻。

零三不放心自己的帐篷，再次跑出去固定风绳。他说外面下大雪了。帐篷在狂风中有节奏地摇摆着，我不知什么时候迷迷糊糊睡去。又不知过了多久，感觉拥挤中被压得喘不过气来，睁眼看时，惊愕不已。只见我们的帐篷已经被大雪压得严重倾斜，几乎变了形状。

零三裹着睡袋紧紧挤着我坐着。我推推他问道：“怎么了？”他含混不清地说：“早就被冻醒了，这不裹着睡袋，再套上雨披，坐着睡觉嘛。”说着将两只冰凉的脚塞进我的睡袋，然后用后背顶着即将倒塌的帐篷。他就这样坐着睡着了，一直到天亮。

天微明，风雪依旧，至少有七级的风速。我们放在前厅的登山鞋上也覆盖上了一层厚厚的雪，鞋子里也灌满了雪。

狂风中不断倾斜的帐篷，让我们感觉到有一种泰山压顶的沉重。大雪覆盖了所有山梁，白茫茫中已经寻觅不到小溪清流的任何痕迹。

山高人为峰

营地那头传来领队的声音，说是等风小了再拔营出发。

上午十一点三十分，听见攀岩者挨个帐篷通知大家做中午饭，如果饭后风力减弱，就拔营出发；如果风速不减，就原地休息待命。

吃完午饭，风速逐渐减弱，我又听见攀岩者高声通知：“十二点三十分准时出发。”

听到通知，大伙儿都赶紧爬起来收拾营地，打起背包跟随大部队踏雪出发。

一夜的暴雪，将所有山峦覆盖，天地一色。

我们踩着深深的积雪，艰难攀爬在三千多米的鳌山山脊上。大风继续肆无忌惮地呼啸着。中午两点一刻，我们爬上一座海拔三千三百七十五米的山顶，然后顺着山脊一直向东走去。刚走不远，前方又是一道山梁。刚爬过这座山头，前方又是一座山头。我没有记住这一天我们翻过了多少座山峰。

在高耸连绵的山脊上行走，两侧山谷一览无余，远山披黄带绿，近处森林石海，峡谷深处的河流像一条闪亮的银线，在蓊郁的森林间曲折蜿蜒，巨大的山体被长长的冰川石海划出一道道白色的印迹。

此时站在山顶上的所有队员，都拥有伟岸的气质和高大的身影，好似进入了一种“山高人为峰”的高超境界之中。

攀登连天的石海

前方是一座巨大的石海山，山势壮阔，高耸入云。走在前面的队员已经开始奋力向上攀登了。从服装颜色上看，可以判断出最前面的是三位女队员。我不由得赞叹她们的勇猛。在这样艰难的攀登过程中，她们硬是顽强地攀爬在只有野兽才能行走的山脊上。

小保和方公子继续被高山反应折磨着，很远都能听到他们的干呕声。

我爬上乱石堆砌的山峰上，轻轻喘口气，享受着高山之巅的云淡风轻。向前望去，无数高峰耸立在连绵不绝的山脊上。我举起双拳，兴奋地在心里默默高喊着：“走吧，让我们去领略，让我们去翻越，让我们去征服！鼓起勇气，准备迎接前方更大的挑战！”

下午天气出奇的好，整座山峰的巨石都灿亮亮反射着耀眼的阳光，无数巨石从山垭口向上排列而去，一直堆积到了蓝天之上。远看垒叠的石海犹如一面巨大的石墙，垂直耸立在我们面前。我停下脚步，喝了一口热水，吃了一个巧克力，含了一颗话梅，然后对着后面的队员说：“大家加油啊，翻过这座山，就

奋力攀登荞麦梁

到营地了！”

能否顺利地到达今晚的营地，其实并不重要。重要的是把大家的情绪调动起来，努力去翻越这座看似不可逾越的高峰。

整个下午，我们都在巨大的石海山翻上翻下，在巨石之间玩着徒手攀岩的游戏，这样的攀登绝对是非常痛苦和缓慢的过程，长时间弯腰弓背，四肢并用，一点点向上移动，最后用尽全力冲上海拔三千二百米的峰顶。

灿烂的夕阳照耀着群山，也照耀着我们的心。坐在山崖上，我凝视着远方，面对如此辽阔、壮丽的天空，内心满是胜利的喜悦。

鳌太月色

太阳开始缓缓沉落，我正想看一眼鳌太落日的壮观景象，旁边不知谁喊道："快看呀，营地到了。"我站起来，欣喜若狂地大喊一声："三山五岳开道，我来了。"

我顾不上欣赏落日余晖，背着沉重的背包，一溜烟来到了垭口。在狭窄的山梁上寻找可以扎营的地方。

落日在辉煌中很快沉下，壮丽的晚霞一笔抹过天空，点点繁星便在空中闪烁开来。晚霞渐渐褪去，天空很快暗了下来，四周山峦也隐入一片黢黑的世界之中。

零三煮了一锅香喷喷的大米稀饭。吃过晚饭寒暄一阵，我早早就钻进睡袋。不知疲倦的零三坐在帐篷外开始煮小保送来的普洱茶，并邀请小鸟和旋玉过来品尝他的秘制雪茶。帐篷外传来一片不知困倦的嬉笑声，来自长春的小鸟好可爱，说话声好像夜莺，清脆明亮，委婉动听。她一路都跑在前面，很少能够见上一面；来自上海的旋玉看上去虽然柔弱，但却沉稳内秀，一路上抱着单反机不停地“咔嚓”，看不出有丝毫的倦意；原本分配给方公子照顾的火焰驹，今天却在那边照顾有严重高山反应的方公子。

我坐在帐篷前，看着天边最后一道晚霞悄然退去，天色渐暗，风停月出。一轮金色的圆月从山梁那边缓缓升起，好大好圆好漂亮。我久久地仰望着月亮，心里不由得赞美鳌山的夜空。

鳌山的月夜，真美。

感受高山的空灵

凌晨五点，我又被一声长长的呼唤惊醒，虽然困乏至极，但还是要咬紧牙关爬起来。

今天又是一个难得的好天气。

吃过早饭，将融化的雪水灌满保温瓶，背上背包，开始去爬前面那座山峰。

我们照例是在山脊上行走。刀刃一般的峰脊分开了两侧的山梁和谷地，那些向两侧延伸的山脊像是血脉的分支，曲折地伸去远方。远望那些山峦，犹如起伏的波浪，一层层排列到了很远的地方。山坡的背阴面分布着一片片原始森林和石海，山坡的阳面则是开阔的高山草甸，在阳光的照射下，整座秦岭山脉都显得斑斑驳驳，影影绰绰。

两个小时后，我们登上了一座三千三百六十米的高峰，我躺在峰顶的草甸上，张开双臂与蓝天大地亲密拥抱。

我在遥远的旅途上，享受着人生中最快乐的时光。

山野路径

在峰顶休息后我们继续赶路，队伍穿行在低矮干枯的冷杉林中。晌午的阳光直射大地，毫无遮拦的山脊，将我们暴露在炽热的阳光之下，燥热中我们的步履更显艰难。

远远看见前面山垭口上有人躺在草甸上休息，以为到了今天的目的地，瞬间步伐轻松了许多。旋玉兴奋地说："小喜子还真能体贴人，今天早早就扎营了。"

谁知等我们奔到跟前，才知道这只是路途中的短暂休息，补充完水还要继续赶路。刚才的兴奋一下子消失得无影无踪，一屁股坐在草甸子上不想起来。

几位早到的队员已经下到旁边的深涧去打水。晴天和懒人在二十多米深的崖下负责灌水，风寒和跳跳站在崖上用绳子往上吊水。

趁着空隙，我吃了小喜子剩下的半碗方便面。方公子端着别人递给他的半碗

翻越石海

方便面笑着说："这是我今生吃过的最好吃的方便面。"

今天已经是鳌太徒步穿越的第四天，按照计划，我们今天应该和田田反穿的队伍在这里会合。

大家把所有水具装满后重新出发。我们一会儿走在光秃秃的山脊上，一会儿钻进茂密的冷杉林，一会儿踏上松软的草甸，一会儿又爬过低矮的竹林，没有停息地爬上了半山腰。居高临下，回头望去，不敢相信自己的眼睛。脚下曲曲折折的山脊一直延绵至遥远的天际。这些山路就是我们凭借两条腿走过来的。

夕阳下的营地

三个女队员巾帼不让须眉，小鸟一直走在队伍的最前面，一路上没见她几面。火焰驹好像也走出了状态，大步流星，越走越有劲。旋玉很有耐力，一直默默走着，永远不会表现出疲惫。

穿林踏草，爬山跃石，一路向上。前方又是一座巨大的山峰，待我奋力翻上山顶广阔的草甸时，身心已经到了崩溃的边缘。

突然，我远远地看见了草甸中有几顶帐篷。欣喜万分地向着那里奔去，嘴里念叨着："营地到了，营地到了！"

奔波一天后扎营休息，是我这几天最幸福和快乐的时刻。

建好了营地，才有空坐下来欣赏周围的风光。

夕阳真美，红彤彤的落日在天边的晚霞里沉浮，天空的色彩也变得生动而丰富起来。然而不经意间，今晚的美丽就变成了昨日的辉煌，大地慢慢沉浸在了一片肃穆的气氛之中。

我向火焰驹讨了一把大米，煮了一锅稀饭，啃了半个烧饼。

夜空清澈如水，繁星闪烁，几颗流星从头顶划过。

我躺在睡袋里，想着眼下的鳌太之行，也许今生就这一次机会，所以要努力地用眼睛、用心去收揽所看到的一切，转而又笑自己的贪婪之心。

几天没刮胡子，胡须疯长起来，像毛刺，挂扯睡袋。

旷野偶遇

半夜三更，零三直喊叫身子下面难受，一会儿又说冻得睡不着。后半夜我好不容易睡得香，又被零三的说话声惊醒，睁眼看时，天已微明，这一晚上过得好快。

依旧是凌晨五点起来，吃过喝过收拾完营地已是早晨七点半，大部队七点四十分准时出发。

刚翻过一大片长满冷杉林的山坡，突然看见前方巨大的草甸上有两顶鲜亮的红色帐篷。心里一震，在这里还能碰见徒步者，深感新奇，再仔细看时，只见帐篷旁几个人在向我们挥手，看着眼熟，猜想是田田他们。果然，是田田、山月和猫，另外两名男士不认识。我们和田田拥抱后，寒暄了几句，叮咛嘱咐一番，便挥手告别。走了很远回望，那两顶帐篷已经变成了小红点儿。

高耸的山脊连绵不绝，遍地的枯草在风中啸叫。

前方仍然是一眼望不到头的巨大山坡，队伍散开一条线，慢慢地往上移动。方公子双手拄着手杖从后面赶上来，有气无力地说道："走扯了，走扯了。"其实，这时候大家都已经精疲力竭。我对方公子说："听说明天的路就好走了。"虽然我在热情地鼓励别人，其实，我自己也早已疲惫不堪。

方公子看着前方，不再言语。

金字塔的石海山

前方是一座堆满乱石的高峰，远看像一座金字塔，尖尖的山顶一直插到了蓝天，足足有几百米高。我站在山脚下，寻找了半天，竟然看不到能够下脚的地方。这时已是下午四点，按常理，这个时间队伍早就应该准备寻找安营扎寨的地方，此时大伙儿的体能都处于极限的边缘，不想再去攀登新的目标。然而不幸的是，从对讲机那边传来了领队坚定的命令："继续前进，翻过金字塔再扎营休息。"

晴天看看我，一脸无奈的表情。我翻身坐起来，背上包对晴天说："一切行动听指挥，我们继续前进！"

面对乱石堆积的山峰，目标只有一个，就是那个插入云霄的山巅。大部队已经聚集在山脚下，他们铺开来，拉开打仗攻占山头的架势。我开始四肢并用，奋力地在大石头上攀登。爬一会儿就得停下来研究下一步该往哪里踩。在巨石堆上折来转去，爬了许久，距离顶峰还是那么遥远。

也许是人瘦轻巧，不一会儿，我就爬到了队伍的最前面。空寂中竟然有点儿孤独的感觉，越往上爬越乏力，最后干脆坐在巨石上，欣赏起西天的斜阳落日。

半山腰突然出现了几个人，仔细看是晴天、小鸟和战鼓。空中飘来了几句他们的对话声，好像是对此次攀登的无尽懊悔，虐人虐己，后悔不已。

战鼓说："其实，第一天我就后悔了，难度比想象的大得多。"

听战鼓说完，我很惊讶。这么强大的背包客竟然也喊后悔，这户外探险旅行真是让人百感交集。

说是说，做是做，既然已经走到了这里，大家还是要按照既定计划完成鳌太穿越的目标，坚持不懈，战斗到底。我们互相鼓励，咬紧牙关向着峰顶爬去，蓝天离我们越来越近，希望离我们越来越近。

最后五米，我几乎是摇晃着身体走过去的。下午七点三十分，我们登上了金字塔峰顶。

峰巅

我站在高峰之上四处眺望，远处的太白山主峰拔仙台在群山的衬托下，巍峨峥嵘，晶莹炫目，雪山带云，尖尖的山顶泛着夕阳的金晖，山腰的白云飘舞着，皎洁，舒展。我对小鸟说："那里就是我们此行的最高峰。"

大伙儿默默立在高峰上，享受着登高远望的幸福时刻。远方是一层层高耸的山峦，辽阔而悠远。在大自然面前，我再一次感受到了天地的博大寥廓和自己的轻微渺小。

我向东望着明天还要行走的山路，还要攀爬的山脊，还要攀登的高峰，心里竟然产生了一种渴望——太白山，我要来亲近你。

我的行走并不孤寂，身边有这么多亲密的伙伴，有这么多美丽的风景，高山给了我们那么多坚定的气韵，让我们不断地走向一个又一个高度。

站在山巅，我对大伙儿说——现在我们完全可以领会到汪国真说过的那句“没有比人更高的山，没有比脚更长的路”的深刻含义。

返璞归真

山连山，梁串梁，脊接脊，峰叠峰。翻过了金字塔，我轻松地沿着山脊往下方的垭口走去。此时灿烂的夕阳已经将附近的大小山峦照耀得通红，天地一片热烈。黄昏的温暖没有持续很长时间，吝啬的落日便将最后一丝暖意收回，整个世界又进入冰冷的夜晚。

营地建在海拔三千四百三十米的山脊上。这里大风劲吹，草木呜咽，几片残雪留在了山脊无尽的沉寂之中。

在一片雪窝里支起帐篷，我坐在里面化雪烧水，一旦松懈下来便不想说话，浑身无力，极度疲劳。听到隔壁帐篷里有人说：“终于尝到了什么是走崩溃的滋味。”远处又有人说：“想不到鳌太穿越的路途竟然如此艰辛。”

零三笑着问我：“咱们为什么要来这里受这样的罪？”

我双手抱头躺在睡袋上说：“这是一种无法解释的心理需求，也是一种连自己都说不清楚的山野情结。我感觉在我们的灵魂深处，总是涌动着不安分的追求和返璞归真的因素。不过我倒是愿意接受这种生活方式的挑战，我想你也一样吧。”

他点头。

夜晚山梁的风依然猛烈，忽紧忽慢，拍打着战栗不止的帐篷，吹打着迷茫惆怅的人心。

路过雷公庙

天色微明，又听见有人喊叫起帐上路。

东方一轮红日泛着耀眼的亮光冉冉升起，将所有的山峦照得通亮。我们迎着旭日，沐浴着朝霞，向着前面一座比一座高的山峰，向着那座高耸蓝天的太白山走去。

早晨八点准时出发。队伍先下到草甸，然后再钻进茂密的冷杉林，树林中的枯树断枝在身后发出“咔嚓咔嚓”的声响。偌大的草甸裹住了巨大的山梁，山坡上涓涓细流，纵横交错；山脊上枯草连天，乱石覆地。一丛丛小叶紫色杜鹃连天而来，这是一片广阔的高山草原。

正走着，突然发现一块大石头上立着一口明朝时期的大铁钟，驻足凝视，惊叹不已。在这如此荒芜偏僻之地怎么会有这个东西，是不是洋县太白庙里的那口镇庙之物飞来此地。当然，我没有把这个传说当真，这铁钟也许是古时候人们搬运来此地，想在这里修建庙宇，因为什么原因建庙的事情被搁置，荒原上只留下了这口大铁钟。

过了大铁钟，我们一路狂奔在寥廓的东塬上。不久就看到了荒原上那座即将倒塌的雷公庙。我走进雷公庙，抚摸那些早已腐旧的木板。距离上一次路过这里已经过去五年了，记得那年春节，暴风雪中我们从这里路过，在破庙里躲避风雪、烧水煮饭，一切还都记忆犹新，恍若昨日。

玉皇池的赵道士

下午两点二十分，队伍到达二爷海上方的垭口，二爷海湖面还未解冻，白色的冰封印记在湖面上绕了一圈又一圈，像凝固的涟漪。

除了我和风寒以及行者孙，大部分人都卸了背包去冲顶太白山最高峰拔仙台。我们仨因为以前都去过拔仙台，经领队同意，我们可以在前面先行，去今晚的宿营地药王殿。

等队员们都攀登到了顶峰最高处，我们三人便从二爷海出发去三爷海。三爷海也是一片冰封的湖面，旁边悬崖阻道，绕下湖边穿行。

过了三爷海不久就是玉皇池。这是太白山上第四个高山冰斗湖。在这里我遇到了看庙的赵道士，他还依稀记得我。二〇〇五年七月底，我带着一支队伍曾从这里路过。赵道士看去有五十多岁，穿一身藏蓝色粗布大襟衣，长长的白色高筒布袜搭一双黑色圆口布鞋。他见到我们来，双手合十，表示欢迎。

我们坐在湖边品尝了赵道士刚煮好的茶水，我问他，准备在这里待多久。赵道士说：“谁知道呢，年纪大了，背不动东西，敬香的人也少了，恐怕在这里也待不了多久。”

风寒在一旁对我耳语道：“他一个人待在这里这么长时间，一定有供养他的人。”

我问赵道士：“你是不是挺喜欢住这里？”

赵道士笑着说：“谈不上喜欢，应该是习惯了吧。这里清静，能使人的心态平和，修行之人，还是要避开喧哗吵闹的地方。”

我问他：“你不觉得孤独吗？”

他说：“那是肯定有了，有时候也会孤独，孤独了就念经。”

说完，赵道士盘腿坐在地上，微闭双目，双手合十，念起经来。

我不想打扰赵道士，休息了一会儿便和他告别。临别时，赵道士说：“你下次再来，我就不一定在这里了，出家人四海为家。你们走路小心。”

离开玉皇池时，我想类似赵道士这样的人，他们在这荒无人烟的地方一待就是几年，如果没有信仰的支撑，他们是无论如何也不会在这荒凉的地方长期待下去的。我敬佩有信仰的人。

药王殿的夜色

离开玉皇池，我们穿过石海，翻上石坎，走进茂密的冷杉林，一阵寒风吹来，掀起一片涛声，从我们头顶滚滚而过。眼前的森林草甸完全是一片神秘的世界，我们三人穿行在寂静的森林之中。行走中我左顾右盼，总想会突然遇到什么，羚牛或者黑熊。

走出森林，前方是一片开阔的山塬草甸，草甸的尽头立着一座破败的药王殿和一顶帆布帐篷。在这里，我们很意外地遇到一位姓王的看庙人。我问老王：“有没有啤酒？”老王说：“没有。”再问他为什么没有啤酒。他说去年五月进的啤酒一直到十月才喝完，最关键的是那些啤酒最后都是他们自己人喝完的，所以今年没有再买啤酒。

老王郁闷地说：“我这里今天啥也没有，没有酒也没有菜，你们想喝酒吃菜就去南天门吧。”

南天门距离这里不是很远，大概十来里路。风寒说他好想吃点儿东西，孙行者也说都最后一天了，没有在这里停留的必要。看看时间还早，又不知道今晚的确切宿营地，我们三人商量后，决定立即出发往南天门去。临走时让老王转告后面的人，我们去南天门打前站。

刚走出去一半路程，就听见后面有人喊叫。听得出是小喜子的声音，他叫我们三人立即返回。不一会儿，小喜子跑过来，说后面人都走不动了，今晚就在药王殿扎营。已经走了一半路程，实在不想退回去，然而心里虽然有一万个不情愿，但是作为一名队员，首先应该无条件听从领队的指挥。孙行者想解释什么，但欲言又止，我和风寒对视了一下，转身跟着小喜子往回走去。

返回药王殿，我们与大家会合。晚上我吃了风寒做的咖喱炒米饭，非常美味，大加赞赏他的出色厨艺，这是我在鳌太路途上第一次吃到的可口饭菜。吃罢风寒的炒米饭，又吃了零三的酸汤挂面，美味佳肴让几天来的饥饿感顿时消失殆尽。

我问老王要了一撮大米，给方公子煮了一碗稀饭。真正停歇下来后，才感觉到了身心的极度疲惫。我扯着两条沉重的腿，支起了帐篷。

我钻进寺庙旁的灶房去烤火，懒人坐在我旁边拿出小本子，向我详细询问有关徒步傥骆古道的一些细节，他说他也想去走一趟傥骆古道。

今夜是整个鳌太穿越路途上最舒适的一次露营。营地无风，除了此起彼伏的呼噜声，安静得没有任何细微声音。

在胜利的拥抱中完成秦岭主梁穿越

晨曦微明中，听见风寒和跳跳收拾了帐篷，说要去南天门为大家准备早饭。

药王殿距离南天门大概十多里路，我嘱咐风寒和跳跳路上注意安全，然后呼唤零三起床。我俩以最快的速度收拾了帐篷和营地，背上大包赶往南天门去与风寒和跳跳会合。

此时整座营地还在沉睡之中，几天来第一次没有人呼唤起床，大家享受着在山野之中睡到自然醒的幸福时刻。

清晨走山路，十分轻松，我们不知不觉就来到了南天门。

南天门海拔三千一百二十米。

上午十时左右，后面的队员陆续赶到南天门，等大家吃好、休息好，领队小喜子一声令下，我们又继续出发，沿着新路下撤去厚畛了。

今天是鳌太穿越最后一天，队伍行走的速度明显慢了下来。火焰驹已经走到了极限，无负重都会摔跤，看见石头就发怵。

路上我发现丛林中还有盛开的杜鹃花，兴奋地指给旋玉看："快看啊，杜鹃花。"

伴着漫山遍野盛开的杜鹃花，大家的心情也格外放松，在旋玉的倡议和鼓动下，我坐在石海上放声一曲陕北民歌："上一道道那坡坡，哎呦呦，下一道道梁，想起了我那小妹妹，哎呦呦，哎嗨，好喜欢……"直白高亢的歌声传了好远，就连对面山梁上的队员也报以热烈的掌声。

下午三点二十分，我们终于走出了太白山自然保护区铁甲树保护站的大门，走在后面的五名队员激动地拥抱在了一起。大伙儿异口同声地说："我们终于走

在山脊荒原之上

过了鳌太！”

写在后面

山脊上的故事太多，走过了茫茫山野，我最大的体会就是我们的生命是珍贵的，生活是幸福的，大自然总是为我们呈现出无比壮观的神奇景色，展示着绚丽多彩的生命气息。

虽然有一天，我们会像那些流星，从天际划过，但生命依然绚丽，阳光依然灿烂。

我们还要继续走下去，走遍千山万水，不管风雨阳光，山高水长……

2007 年 5 月 13 日

秦岭之巅，穿行在花海之中

——徒步穿越鳌山

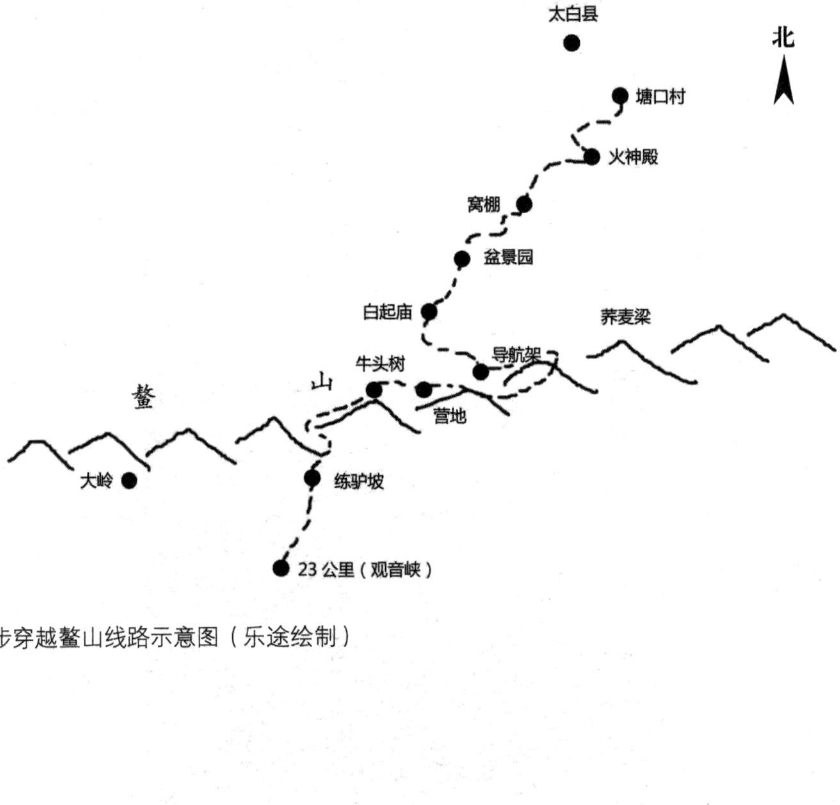

徒步穿越鳌山线路示意图（乐途绘制）

相约看花

我对杜鹃花有一种难舍的情怀，尤其是对高山杜鹃，更是怀有敬仰之情。每次登山都想看到她们，却总是阴差阳错难得相见。

小时候我在新疆生活，总以为杜鹃花是南方特有的花卉品种，离我们北方很遥远。后来到了西安，才知道秦岭也有许多杜鹃花品种。秦岭的高山杜鹃一般生长在海拔两千五百米以上区域，每年的开花季节在五月下旬到六月上旬，花期二十天左右。每到这个季节，漫山遍野都是鲜花的海洋，姹紫嫣红，让人流连忘返。

本来我想参加一家户外店组织的穿越鳌山活动，当我赶去报名时被告知，因天气情况活动取消，让人感到非常沮丧。既然找不到组织，那就索性自己去。回家的路上我群发短信寻找旅伴，并且言明："短信确认后不得放鸽子。"

确定了队友后，我们决定端午节出发，用三天时间去鳌山追花。

雨过天晴

不巧的是，天气预报说端午节三天将会有中到大雨。很多队伍都取消了户外活动。有人打电话问我："下雨怎么办？"

我回答："出发前没有收到我取消活动的通知，就是照常进行。"

6 月 7 日上午，等到从华北飞回来的蚂蚁后，队伍按时出发。逍遥看着阴霾的天空问我："如果雨下大了，怎么办？"

我回答："现在不是兴'应急预案'嘛，如果到了 23 公里（观音峡）雨下大了，能见度又很差，我们就改变方向，实施第二套方案，去核桃坪，顺着湑水河徒步去老县城。"

早晨我们冒雨出发。然而，令人意想不到的是，我们刚出西安市区不久，雨便停了。到了眉县，乌云散了。到了太白县，太阳竟然出来了。

高山雄鹰眼见云开雾散，急忙从西安飞奔而来，又是长途车，又是出租车，硬是在斜峪关追上了我们。我打心眼里佩服他对户外旅行的那种执着追求和旺盛激情。有雄鹰和蚂蚁两位强将参与，我相信路途一定顺利平安。

路上有农民晾晒麦子，空气中飘过一阵阵麦香，我不由得感怀时间的蹉跎，又到了麦收季节，一年又一年。

我们随心所欲地走，二百多公里路程，用了大半天时间。

23 公里的夜晚

中午我们在太白县咀头镇吃了午餐后，便一头扎进了雨后的深山峡谷。由鳌山延伸出来的山峦，云雾缭绕，崖石林立，树木葱郁，溪水潺潺。面对此景，阿澍大发感慨："这里简直太美了！"

下午四点，我们来到了海拔两千五百三十米的 23 公里（观音峡），破败的林场荒芜空寂。看来，在这里找不到向导了。蚂蚁和雄鹰让我不必担心路途的安全，我相信他俩的领队能力，不再去纠结山路的生疏艰难，组织大家将几间空房打扫干净，打上地铺，然后在院子里摆开架势，开始自助晚宴。

几盏营地灯亮起，大伙儿围着临时搭建的餐桌，边吃边唱，彻底放松了身心。晚上，大伙儿躺在地铺上，一个个兴奋得久久不能入睡，在享受回归大自然的快乐的同时，体验着户外生活的另一种幸福。

一觉睡到天色微明，收拾营地吃早饭，八点准时出发。

攀登鳌山最让人难过的是每人必须背上两大瓶水，夏天鳌山没有水源，即便是有水源，也未必能让我们碰上。

雄鹰打头阵，蚂蚁走中间，我收尾断后，各自领命，开始攀登。

"练驴坡"前"下马威"

起步第一脚便是所谓的"练驴坡"，光溜溜的山坡又陡又长，最少也有几百米，听说这是以前林场放木料的坡道。当我爬行在"练驴坡"上时，立即会想到"下马威"三个字。不知谁起的"练驴坡"这个名字，太形象，太准确，就这三个字，便将"下马威"的含义演绎得淋漓尽致。

我背着大包，闷着头，擦着汗，撅着屁股，弯着腰，跟着最后一名队员爬上了“练驴坡”。在垭口休息了一会儿，我们又沿着一条横在山腰的小路一直向北走去。这一截平缓的山路可以让我们舒缓一下因爬“练驴坡”而剧烈跳动的心脏。

钻过茂密的竹林，再爬过漫长的山坡，我们来到了一棵粗壮的老枯树前，有人说这棵树叫“牛头树”，我左看看右看看，却不出任何牛头的造型。大家继续向前赶路。攀爬中，我感觉到身上的大包越来越沉重，竟然压得我直不起腰。我停下脚步，喘口气，耸耸肩，勒紧腰带，继续翻坡下崖，绕林钻竹，一口气爬进了云海之中。远远听到有人欢呼，说是到了山脊。抬头看去，前方果真出现了一线亮光。我提振起精神，对落在后面的队员鼓劲加油。

小路歪歪斜斜地伸进了山脊上茂密的森林里，林间苔藓松软湿滑，走起来非常吃力。阿澍扶着手杖，满脸通红地说：“爬蒙了，我现在连裤裆里都在滴水。”

经过一上午的努力攀爬，中午十二点钟，我们来到山脊上一块开阔的绿色草甸。我卸去了沉重的背包，卧倒在草丛中，深呼一口气，拥有了高山上片刻的宁静与惬意。

草甸海拔两千九百五十米，从这里向下望去，深山峡谷中云海翻滚，近山淡绿，远山青黛，非常壮观。

淡蓝色的山峦一层层隐没在缭绕的云雾当中，忽隐忽现，影影绰绰，变幻莫测，完全是一幅亚热带雨林的优美画面。

抖落一树花瓣

离开草甸，我们往东北方向走进了一片茂密的森林。森林里遍布高大挺拔、参天蔽日的冷杉，到处散发着杜鹃花的清香。那些长在山坡上的杜鹃树枝头缀满了朵朵白色的和红色的花，洁白的花瓣飘逸着淡然，红色的花瓣洋溢着热烈，不由得让我们多看几眼。

从艳丽的花丛中走过，一丝微风吹过树梢，便将那些美丽的花瓣吹落，只见轻柔的花瓣在静谧的山林中悄然飘落，覆盖了绿色的苔地。看着散落一地的花瓣和花瓣铺就的山脊，曾经艳丽璀璨的生命，瞬间就变为一堆泥土，年复一年，永无止境。

离开杜鹃林，我们向右爬上一道山梁，拐过一个大弯，穿过松林，来到了一座山脊上。在这里，我们可以看见苍茫天地中的鳌山大梁。那些由第四纪冰川遗迹堆积起来的山峰，像一座座金字塔绵延起伏在我们的前方，高大雄伟，令人望而生畏。

海拔越高，天气变化越频繁。正在我们眺望之际，一片云雾飘来，遮住了眼前的一切。天空和大地立刻不见踪影，展现在我们眼前的只有山脊上的石海。同行拉着藏红花的手，慢慢走在石海下方。

花姐说："你看看他俩，这才真正体现出夫妻患难与共的深刻含义。"

逍遥爬上一块巨石，问蚂蚁："啥时候才能到营地呢？不是说不翻山嘛，这不是忽悠人呢。"蚂蚁笑笑，没有言语，他的笑让满脸疑惑的逍遥也漾起了笑容。邹憾对逍遥说："走吧，该到目的地时自然就到了。"

云雾中看不见鳌山大梁，我们走在缥缈的旅途上，沉浮的云海伴随着我们的脚步，没有方向，没有目标。

队伍后面永远都是铁骑和逍遥默不作声的身影，作为压队的我，走一会儿就得转身去呼唤他俩，以保证他们一直在我的听觉范围之内。

攀爬无尽的石海

我们顺着山脊行走，云里雾里，感受着缥缈的虚幻。

刚翻过一座陡峭的山崖，前面又是一座布满乱石的山岗，突兀的巨石散布于整座山脊，这些第四纪冰川时代遗留下来的自然地貌，深深吸引着初次行走鳌山的队员。在这些奇特的石头缝隙中生长着一丛丛长须草叶，绿色的草丛中盛开着紫色高山小叶杜鹃花，鲜艳的花朵一簇簇、一片片点缀在荒凉的山脊上，展示着高山生命的顽强。那些密布在石海边缘，被寒冷和狂风蹂躏的低矮冷杉，也已经换上了一身新绿，从山顶一直延伸到了深深的峡谷里。

攀爬在巨大的石头上，上看不到天，下望不到地，凌空攀爬的感觉非常刺激。虽然身体疲惫不堪，但是心里却乐此不疲。

第四纪冰川遗迹

远处山脊的最高处伫立着一堆高高垒起的巨石。这是亿万年前地质运动的结果，历经千百万年，这些高耸的岩石没有崩塌。

我刚爬上一个悬崖坎儿，就听到后面一阵轻轻的哭泣。回头望去，看见同行正跪在悬崖边上，用力拉着还在抹着眼泪的藏红花。

一阵风儿吹过，前方又是一座高耸的山峰。

坐看云起

我们在云雾和大风中艰难行走，不知道什么时候爬上了高高的山梁。站在云雾弥漫的山顶，不知道下一步该往哪里走。突然一阵大风掠过，将云雾吹散，我这才看见了开阔荒凉的山垭口还在前面。继续向上爬，听见山坡上有人喊，像是雄鹰的声音，估计是到了今晚的营地。我在攀爬中特别喜欢听到这种象征胜利的呼唤声。每次听到这样的呼唤声，我的心里就会兴奋，就会加快速度去与大家会合。

我努力地爬上了碎石山坡，透过云雾仔细眺望前方的山脊，隐约中瞅见了一顶金黄色的帐篷立在好高的天边。我拖着疲惫的身躯，爬上了巨大的山垭口，和先到的队员们击掌庆贺。

山垭口由草堆和石块组成，找一块平展的地方很不容易。我卸了包，顾不上喘口气，先帮助别的队员支起帐篷，这是我徒步旅行的“固定节目”。

王领导独自一人支起了我们的帐篷，虽然帐篷一边高一边低，但总能遮风避雨。我问同行：“藏红花刚才路上为何哭？”同行说：“昨天晚上切苹果把手指头割破了，今天爬山四肢着地，伤口痛得厉害，忍不住就哭了。”我叮嘱他照顾好藏红花，第一次这样大强度的攀登，已经很不容易，值得表扬。

忙完了营地，我抓住黄昏的最后一点儿时间，爬到山脊高处的石崖上，欣赏风停云止后千山万壑的壮观景象。只见西天一道霞光横空掠过，将远山和云层分隔开来，落日余晖从厚厚的云层里投射出万道霞光，将原本朦胧的远山照得透亮无比。倾泻的石海，像是一道道白色的河流，从山脊一直到深谷，在巨大的山坡上画出一条条白色痕迹。

看着山谷里云雾涌起，飞卷上山脊，然后被大风吹散，不留一丝痕迹，感觉这场面特别有意境。在这人迹罕至、荒凉无比的山脊上，我们走过了千年的沧桑，心中生出了风的感觉，那是由远及近的地质时代的长风，鳌山就在这地质时代的长风里，坚如磐石地存在了千百万年。

鳌山上的自然气息

夕阳在云缝中闪耀了最后一束光芒，然后被涌起的乱云遮挡在了苍穹之外。我还没有来得及欣赏深邃碧透的蓝天，天空便昏暗了下来。在氤氲的云雾和湿漉漉的空气中，飘溢着一股特殊的气味，我嗅闻了许久，才在鳌山之巅发现了这一诱人气味的来源。这是鳌山上芬芳的植物和苦涩的泥石混合而成的气息，这是令人心旷神怡的高山之气。

在鳌山的荒野幽谷、深山流泽中，到处都漫溢着这种自然的气息。在这广袤纯净的高山上，我呼吸着天地间自然的气息。同时，领略着秦岭山脉所拥有的浩

鳌山云海

然正气，这令我原本已经沉沦的心振奋不已。鳌山的天地凛然之气，给我脆弱的灵魂注入了强劲的精神动力。

太阳沉入西天，我望向鳌山之巅，带着欣赏，含着敬畏，存着追求。

我回到营地，巡视了每一顶帐篷，确认一切正常后返回自己的帐篷。我刚钻进帐篷，突然间寒风劲吹，草木呼啸，天地瞬间便被卷入黑夜之中。我带着一身透凉的颤抖，飞快地裹进睡袋。我和王领导一人一听啤酒，吃着凉拌黄瓜，庆贺我们今天顺利到达。随着夜晚临近，帐内帐外温度急剧下降，我的身体又开始哆嗦，赶紧蜷缩进睡袋。

不知过了多久，我才在睡梦中缓慢醒来。短暂的温暖将所有恐惧都隔绝在了帐篷之外，整个营地静悄悄的。

鳌山的夜晚是如此宁静，而这样的宁静也许是永恒的。

高山花海

在鳌山广袤的荒原上，有好长一段路，我们都走在沉默里，是什么让我们不再言语？是这里的长空大地，还是这里的高山杜鹃花？鳌山所拥有的壮美和艳丽劫走了我们丰富的想象力。

此时，展现在我们眼前的是五彩缤纷的花海世界，艳丽的高山杜鹃花铺满了广阔的高原，花朵或含苞，或怒放。姹紫嫣红的花朵令原本死寂荒凉的高山丰富多彩，灿烂绚丽。我行走在鳌山的万花丛中，沉浸在这一生一世也难得一见的壮美景色中，整个身心都沉浸在花的海洋里。

我喜欢高山杜鹃花，不仅仅是因为它花色艳丽，芬芳沁心，仪态万千，妩媚动人；更因为它生长在高寒地带的倔强性格，它曲若虬龙，苍劲古雅，纵横交错，完全颠覆了我日常对于娇弱花朵的刻板印象。

在鳌山广袤的山塬上，杜鹃花儿叠锦堆秀，灿若云霞，虽经历高山狂风的摧残，却烂漫绽放，淡然笃定，娇媚优雅，柔媚中透露着顽强，温婉中展示着大度。我看着漫山遍野的杜鹃花，打心眼儿里敬佩这些顽强执着地展现着生命热烈的高山花朵。

顷刻间，我竟不知道该抚摸哪一片叶子，亲吻哪一朵花，我只想把自己融入高山花海，与鳌山合为一体。

高山紫杜鹃

鳌山上的导航架

峰峦之上的祈愿

在地平线的尽头，几根木头支撑起来的导航架，渐渐出现在我们的视线之中。大伙儿向着导航架一点点靠近，一步步在无边的寂静中，艰难地走向鳌山最高峰。

半个多小时后，头顶的乌云慢慢飘散，阳光透过云层，又投射出万道霞光，艳丽的光芒将周围的大小山峦都涂抹上了一层耀眼的金辉，整个秦岭山脉无比恢宏、壮观而飘逸，远处的鳌山导航架在辉煌里静静立着。我们行走在云雾之中，犹如行走在寥廓的天际。

鳌山，多么美丽的地方，多么诱人的山野！它拥有清新的空气，朦胧的天地，雄伟的山峰。

站在导航架下，我们大家都了结了一桩长久的心愿——走过了鳌山。

我和方公子、王领导、邹憾顺时针绕着导航架转了一圈，希望风中的经幡能在这里长久地飘扬，祈福所有热爱秦岭的人们。

合影后我们离开了峰顶。回望去，导航架与经幡旗的彩色融进了千山万壑之中。

艰难跋涉

从导航架下去山垭口需要经过一片巨大的石海。大家排着队缓慢地从巨石坡上下到平缓宽阔的山脊，荒原上除了稀疏低矮的杉树，就是成片的艳丽的高山杜鹃花。

前方是一片无尽的石海，一块块花岗岩堆砌起来的巨大石壁伫立在山顶的最高处，队伍从巨石上艰难地爬过。我背着大包在石头上跳跃，一边跳，一边对正在下方举步维艰的方公子喊道："注意安全，慢点儿走……"话音还未落，只听得"吧唧"一声，我的身体重重地摔向下方一块巨石的边沿，然后被反弹到两块巨石之间的缝隙中……我仰面躺在石缝里，有气无力地望着天空，心里念叨着："遇险以不乱为定力。"先活动了一下腿脚，还能动，说明没有骨折，心中庆幸。然后忍着剧烈疼痛爬起来，扶着石头，浑身战栗，疼痛不已，摸摸小腿骨，好像没有大的问题。

我四肢跪卧着爬上前面的巨石，站起来，拄着手杖，一瘸一拐地继续向前走去。我对自己的意外遭遇懊悔不已，不住地告诫自己，走石海时，一定要全身心专注，绝对不能分神。

逍遥拔了一撮野葱走过来，对我说："你嚼一口，可以止痛。"我将信将疑，接过野葱咀嚼起来。野葱辛辣刺鼻，但对于腿部的疼痛却丝毫没有减缓作用。右小腿已经慢慢肿胀起来，腿上的几处伤口都在往外渗血，幸亏戴了护膝，才避免了更大的伤害。

难忘的旅程

我带着伤痛跟在大部队后面，继续在杜鹃花海中穿行。辽阔的山顶完全被鲜艳的花朵覆盖，远远看去简直就像是广阔无边的大草原，鳌山的壮观美丽已经远远超越了我见过的许多大草原。

眼前这一簇簇铺满大地的鲜艳花朵，让我们这次追花的旅途圆满而惬意。我们陶醉于眼前的美景，沉浸在这恢宏浩瀚的壮丽山野之中，完全让我忘记了身体的伤痛。

路过只剩下半截石墙的白起庙，大伙儿在这里休息吃路餐。蚂蚁说："前面不远就是盆景园，过了盆景园不远就开始下山，一路下坡。"

花姐奇怪地问："这地方咋还有座白起庙？"

我说："以前听领队说白起庙是附近山民建的，他们敬奉威震四海的秦国大将白起，用来震慑四方妖魔鬼怪，祈求平安无事。"

花姐点头道："嗯，有道理。"

在白起庙休息后我们再次出发，走进前方低矮的松林。这片松林因树木矮小弯曲而被人们称作"盆景园"。春雨滋润后的松林，新嫩的枝头舒展着翠绿，蓊蓊葱葱，苍黛青碧。林间空地上盛开着五彩缤纷的杜鹃花，姹紫嫣红的花儿遍布整座山塬。盆景园里翠绿的树木加上艳丽的花朵，构成了一幅立体的风景画，非常好看。东边峡谷里云雾缭绕，幽深的山谷被淡淡的云雾笼罩着。面对如此壮阔的景色，我顿感身心洒脱，气定神闲，就连行走的脚步也轻松了许多。

正在我沉醉在眼前美丽的景色中时，一阵风儿吹来，将峡谷里原本平静的云海翻腾起来，云雾犹如汹涌的海浪，从远处翻滚而来，携带着晶莹的冰粒打着旋儿，从天而降。我们进入了白茫茫的云雾之中，眼前的花草树木犹如隔着一层薄薄的白纱，似有似无，若隐若现。

天气骤变，我们在云雾中马不停蹄地向前赶路。随着乌云压顶而来，先前的细小冰粒逐渐变成了黄豆大的冰雹，紧接着晶莹的冰雹裹挟着倾盆大雨迎面袭来，铺天盖地砸向地面，只听天地间一片"啪啪"声，冰雹在地上弹起落下，大地瞬间洁白一片。冰雹打在我们身上，大伙儿弯腰抱头，快速从林间穿过。

我好久没有看见过这样大的冰雹，催促队伍放快脚步前进。大伙儿一个个如同奔跑的野兔，在林间落荒而逃，前面的队员转过几个弯就没有了踪影。冰雹和雨水不但遮盖了前方的脚印，也浇灭了我们行走的热情。我带着队伍在雨中边寻找路径边疾行，不一会儿裤子、鞋子就被淋得湿透，腿上的伤口也被雨水蜇得刺痛难忍，一跛一拐地落在了队伍的最后。

队伍走过山脊上的一片荒原，开始下坡，钻进一片森林，路过窝棚也不敢停下来休息。

我们无心去看四周的景色，大伙儿一个紧跟着一个，在蜿蜒曲折的山径疾行，重复着上坡下坡和左拐右绕。翻过了最后一道高坡，从火烧店山顶下来，再穿过一条长长的峡谷，就隐隐约约看到了远处的山口，看到了山口外那一条亮着银光的褒河水。

临近出山，一道练驴坡拦住了去路。大伙儿侧着身子，攀着细竹树枝，半蹲着身体慢慢挪到坡底，再顺一条溪流拐过一道山弯，来到了出山口，这里是一个完美的结束点。

远望开阔的山谷，太白县城就在眼前，夕阳的余晖将整座山谷涂抹成了温暖的红色，褒河河谷的黄昏依然是那样的美丽。

几位先前到达塘口的队员返回来帮助后面的女队员。我问他们距离塘口还有多远，回答说立马就到。

就这个“立马”足足让我们走了半个多小时。

我来到徒步的终点塘口村，卸去重担，靠在水泥台阶上，像一只没了气的皮球。我仰起头，将一瓶啤酒灌进肚里。

落日熹微中，我们告别了鳌山，驶离了塘口村。负了伤，便没有了万丈豪情；走扯了，也失去了风度傲然。

回程的路上，仍旧气宇昂扬的邹憾说：“我们还要继续走下去，风度翩翩地走下去。不管风雨阳光，山高水长。”看着这位依然斗志昂扬的年轻人，大家都笑了。

方公子对我说：“鳌山对咱们来说，就此画上了一个圆满的句号。”

我揉了揉受伤的膝关节，笑着点头。

2008年6月18日

探寻红军的足迹

——徒步穿越华阳、二郎坝

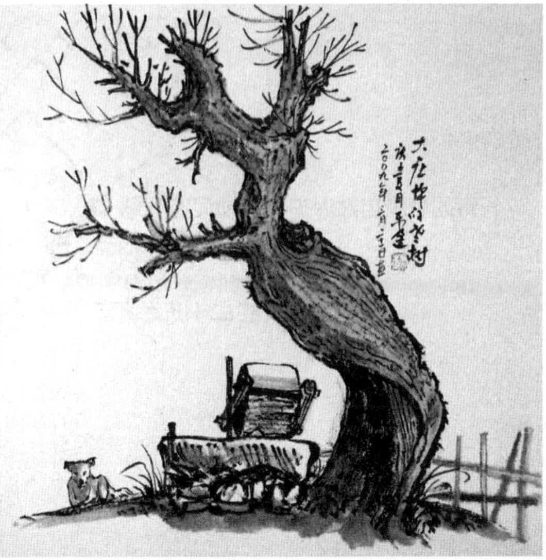

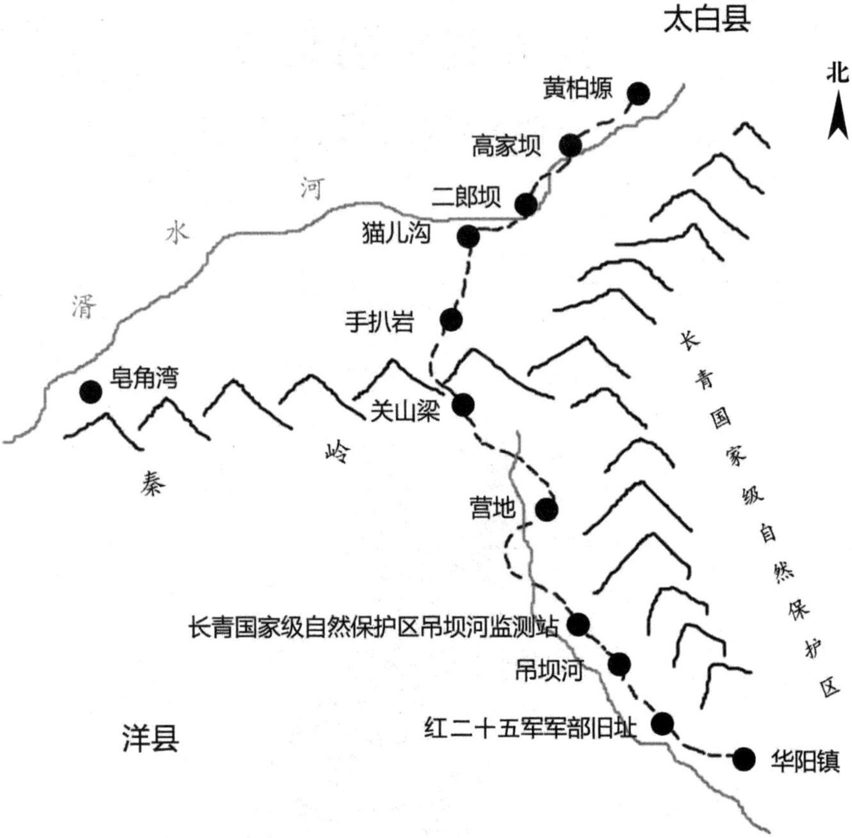

徒步穿越华阳、二郎坝路线示意图（乐途绘制）

华阳古镇

听一位朋友说，当年他下乡的地方陕南华阳古镇非常美，非常值得一去。从那时起，我便把华阳这个名字牢牢记在了心里，并为落实徒步穿越华阳的活动开始做准备工作。中秋节后我先派人去华阳打探线路情况，待具体信息反馈后，我便召集来几位户外爱好者，组成一支精干的徒步穿越小分队，决定第二天出发，风雨无阻。

十月十八日晚上八点半，我们一行十人踏上了南下成都的列车。在闹哄哄的车厢内晃了一夜。天明时分，我们到达汉中。冒雨出站，在车站附近吃了早餐，然后去长途汽车站搭上一辆去洋县的班车。雨没有停下来的意思，长途车在大雨中疾行了一个多小时来到了颇具南方特色的小县城洋县。在洋县，我们搭上一辆去华阳的长途客车。车到了华阳后，绵绵细雨停了。雨后的华阳小镇格外宁静，街道空无一人，小镇完全沉浸在秋雨后的湿润和静谧之中。我们穿过古老的街道，在做工精细的古戏楼前和迎接我们的董云光会合。董云光是吊坝河人，腼腆，不善言语。他先带我们参观了古镇街道，然后又带我们去将军石，沿着河堤去往吊坝河村。

华阳古镇建在河边上，街两旁的老屋大多住着人家。经过了艰苦年代的老建筑，虽然外貌略有改变，但仔细看，古老的神韵还隐藏其中。很多建筑物上的老标语还依稀可见。那些标语记录了华阳不同年代的历史变迁。读着那些标语，我如同走进了华阳的近现代史。

从老街道转回来，我们顺着吊坝河一直向北去，路过一座古老的院落时，董云光说："这院子原来是红二十五军的军部所在地，现在一直空闲着，我想把它收拾收拾，搞成一个红色历史博物馆，这事儿已经和县上谈妥了，各级领导基本同意利用这里的现有资源搞一处爱国主义教育基地。"

我对董云光说："你真厉害，是个人才。"

他笑着对我说："你下次来，就可以看到了。"

老宅子白色的外院墙上写着"只有参加红军，穷人才有饱饭吃""穷人要想

华阳古镇

有饭吃，有衣穿，只有参加红军”等标语口号，落款是红二十五军司令部。

董云光说：“咱们这次徒步就是沿着红军当年走过的道路重走一次。虽然路途不是很长，只是当年红军北进的一小段路程，但是，我们却可以从中体验和感受红军当年的艰难与不易。”

我说：“好啊，就把我们这次徒步旅行叫作‘探寻红军的足迹’。”

董云光笑着点点头。

长青自然保护区

我们背负重装，顺着河边土路向山谷里走了一个多小时，来到了村长家吃午饭。为了节约时间，两位女队员亲自下厨。肚子饿了啥都好吃，更不必说充满地方特色的饭菜。村长让大家好好吃，吃饱饭才能去爬山。

吃过饭，我给村长付了伙食费，背上包跟着董云光开始了翻越秦岭的征途。

董云光不知道是不是没有顾得上更换衣服，还是特意这身打扮，他身着蓝色西服，脚穿一双黑皮鞋，手提一个黑色人造革皮包，完全不像山里人，也许对他而言，这样的徒步根本不算啥。

天空慢慢放晴，远处起伏的青色峰峦上飘着淡淡的白云，周围的大山覆盖着茂密的植被，雨后的山野翠绿湿润，空气清新。一条小路从山村里弯弯曲曲延伸出来，一直通向大山。我们默默地跟在董云光身后，行进在坎坷曲折的山路上。远远看去，我们的队员如同一颗颗彩色的气球，飘移在万山绿丛之中。

前面传来狗吠，走近才发现左前方山坡上还有一户农家，路旁大树上拴了一头巨大的水牛，前面的队员已经走远。小曹看见水牛挡在路中间，有点儿胆怯，不知该如何是好，他拉着我的胳臂问咋办。我笑着说："没事，眼睛直视，跟我走。"

小曹拉着我的衣服紧贴着木栅栏企图绕过水牛，谁知那水牛纹丝不动地站在路当中，睁着两只硕大的眼睛紧盯着我们。我俩刚走过去，水牛头一扬，竟将小曹吓得坐在地上。刚走过水牛没有几步，跑在前面的小曹又停了下来，只见一条灰色的土狗正冲着他狂吠不止。我走上去让小曹先走，然后举起手杖对狗喊道："好狗不挡路，走开！"谁知那狗居然更加凶狠地冲着我俩狂叫。

远处农家有人出来呵斥了那狗，狗终于夹着尾巴灰溜溜地走了。

一位驼背老人站在土坡上说："不要理它，走你的路。"

我们走的川谷像一个喇叭口，越往里走，山谷越窄。最后当我们来到一处狭窄的山口时，又远远地听到了狗叫声。转过一道狭窄的山弯，这里还有一户农家，一男一女两位老人站在高高的土台上，望着我们一行人从他们家门前走过，在他们身后有一白一黄两只小狗在叫。本来我想问老人家是否见过红军，转而一想，他们这个岁数应该没有见过红军。

董云光说这是吊坝河村最后一户人家，过了这户农家，往前翻过山梁就是太白县的二郎坝地界。我们走到一个山口处，山口像一个险要的关隘，一栋白色建筑挡在了路中央，院门上挂着一块木牌，上面写着"长青国家级自然保护区吊坝河监测站"。听见有人来，从大门里出来一位身着迷彩服的老者，他和董云光说了些话，然后对我们说路上要注意安全，注意防火。

告别保护站的工作人员，我们正式进入长青自然保护区，开始了我们的探寻之旅。保护区内的植被明显比保护区外要旺盛许多，山坡上到处都是高大的阔叶林和针叶林，茂密的森林葱葱郁郁，树木参天，遮天蔽日，尤其是那些高山上的松树、桦树和杉树，它们与山峰一样挺拔俊俏，庇护着山野。

山野征途

过了保护站不久便没有了山路的印迹，山野完全处于原始状态之中，这里的山峰更高更险，山谷也更深更陡，原来的大路骤然间变成了一条尺宽的小道，并且随着我们不断深入，小道也逐渐模糊，最终了无痕迹。

峡谷里茂密的灌木林挡住了我们的视线，雨后的树枝叶蔓挂满了晶莹的水珠，穿行其中，衣服很快就被浸湿。雨后的山野小径湿滑难行，走起路来十分吃力。跟着弯曲的小路，我们从一片密林中钻出来，紧接着又拐进另外一道河谷。

河谷里乱石遍布，清澈的河水在石头下哗哗流淌。河滩里没有路，我们只好

没有路的林间

在乱石中穿行，在石头上跳跃。董云光说这条路已经废弃很多年，现在基本没有人行走，除了上山采药的人偶尔走一下。

斜阳早早落到了山的那边，山谷里凉风横灌，异常阴冷。在深山里奔波了一个下午，大伙儿早已精疲力竭，眼见天色昏暗下来，我心中着急，有点儿后悔没有在保护站扎营。随着暗夜到来，这种懊悔还在不断加剧。

我问董云光啥时候到营地，他总是含混不清地说走走看。

夜色中的深山，静悄悄的，没有一点儿声音。

董云光和小刘去前面探路寻找营地，喀什和周鹤玲不停地呼唤小刘和董云光，希望他们与大部队之间能够保持安全距离。然而，呼喊了半天也没有得到他们的回应。

河道的坡度慢慢变得陡峭起来，水流很小，一个个大石头狰狞地七扭八歪立在河道中央，突出的边沿棱角尖锐，让人无法攀登。垒满河道的石头湿漉光滑，走在上面需十分小心，加之天色已黑，队伍行进的速度更慢了。

此时手表指针刚刚指向六点，山里却早已光线昏暗。焦虑不安的情绪在队伍中蔓延，大伙儿齐声高声呼唤小刘和董云光，依然没有回应，我开始担心他俩的安全。

大伙儿打开头灯，在石头上跳跃，闷声不响地疾走，很长时间才听到从远处传来了他俩的声音。我的心里踏实了许多，叮嘱大家不要着急，看清脚下的路慢慢走，千万不要有什么闪失。

我走一步停三步，仰头看夜空，原本淡蓝色的天空变为深蓝色，两侧的山峦也已经变得黢黑，像是两扇黑色的大门，紧锁着天空和大地。

大家你扶我拉，总算顺着前方的声音看到了右侧半山腰的一束灯光。那星星般的灯光在半山崖上闪烁，好远好高。走到跟前才发现那是一道七八米高的悬崖，董云光站在半崖一道湿滑的小瀑布旁拉扶着队员们。

大伙儿用尽气力，连滚带爬总算上到了一块稍平的崖面上。小曹因为跨步太大，将冲锋裤扯了一个大口子，大家都没有带针线，他只好用一只雪套凑合绑住撕扯口处。

董云光说我们五六小时赶了十多公里路，真是了不起，让他刮目相看。

崖畔上的营地

营地建在岩架上一块不到十平方米的平台，十几个人拥挤在这么狭小的空间，实在是有些为难大家。我的帐篷紧靠崖边，幸亏有两棵树挡住，足以安心休息。

安排好营地后，董云光爬去侧面的山沟里寻找柴火。不久熊熊燃烧的篝火很快就把周围的潮气驱散，大伙儿将湿透的衣服、手套、鞋子和袜子都拿来烘烤，趁着烘烤的间隙开始做饭、吃饭，然后围着篝火享受静谧山野中的温暖时刻。吃点儿肉，喝点儿酒，说着笑着，便将城里的那些烦心事儿忘在了脑后，大伙儿一个个乐得像个孩子。我看着眼前的人们，突然想到了什么是“快乐”，什么是“幸福”，答案就在这简单的欢声笑语之中。

想起了台湾作家几米的一段话：“我们每个人在躁动的都市生活中都显得太紧张，我们应该放轻松些，试着回首感受过往的那些美丽时光以及掺杂其间的甜蜜、快乐、哀伤、焦虑等等生命的体验。我们每个人都可以安静地走自己的路，都可以自己发现一条鱼、一个太阳、一片绿色之类的东西，并拿来和其他同样平凡的人们分享。”

篝火映红了每个人的脸庞，久违的笑声回荡在静静的山谷里，旅途上短暂的放松，让我们体验到了出行的美妙。融融暖意中困乏袭来，我钻进帐篷，刚躺下，便嗅到一股烤香仔肠的味道，舔舔嘴唇，咽下口水，翻个身继续睡。精力旺盛的小曹在外面问谁吃香肠，估计大家都累了，竟然没有人应答。

一觉睡去，昏昏沉沉中听小刘在帐外叫我。我探出头看，帐外的天空已微微发亮，几个早起的人正围着篝火取暖聊天。我费力地爬起来，收拾了睡袋和帐篷，做早饭。

天亮了，站在崖上，看着深深的谷底，惊讶不已。昨晚我们是怎样爬上来的！举目望去，山谷里没有寸尺平地，真难得他们能寻见这样一个平台让我们度过难忘的一夜。我心里深感愧疚，难为董云光了。

翻越关山梁

收拾完营地，出发时已是上午九点四十分。

我们循原路依次从崖壁上爬下来，沿着湿漉漉的山谷继续向北走。老远看见了横在半空中的山垭口，蓝天下那个山口犹如一个马鞍形状，非常高远。山路呈“之”字形盘旋上升，在陡峭的山坡上折来拐去，走路的人头晕眼花，大汗淋漓直喊累。

走在这样的山路上，不由得想起了当年的红军。那时候，红军缺吃少喝，没有装备，没有给养，他们是凭借着信仰的力量，信仰的力量是无穷尽的，为了信仰，生命都可以献出，翻山越岭又有什么可怕！

我望着前方，不再言语。

满堂边走边唱歌，用唱歌来打发眼前无尽的困顿。走在前面的人已经爬上了关山梁，远远就听到了胜利的呼唤声。那呼唤声就像一剂强心针，让我立刻振奋起了精神，奋力爬上梁顶。

撂下背包，我站在高处，眺望远方。

垭口上光秃秃的，除了草甸就是石头，穿堂风由北向南呼呼吹过，浑身凉爽舒服。因为时间关系，大家在垭口合了影，便急匆匆往山下走去。

下山的道路比上山更加难走，董云光不停叮嘱大家要格外小心。山路迂回在陡峭的山崖边上，并被杂草树丛遮挡覆盖，我攀着所有能抓住的藤条树木，慢慢向下溜。山谷里湿气浓重，山石、树木都长了绿色的苔藓，小道湿滑难行，在过一座独木桥时，人高马大的喀什不慎重重摔了一跤，他坐在河沟的石头上龇牙咧嘴倒吸气。看他这样，大家都不敢去走光滑的圆木，转而涉水过河。

河对岸是茂密的竹林，繁盛的竹叶完全遮住了我们的视线，无法看见前面的小路，只好低头弯腰一个跟着一个在竹林里快速钻过。一口气钻出了竹林，队员们便被前方巨大的声响吸引，走过去看，是一条几十米高的瀑布从崖上轰然落下。大家站在冷气水雾的瀑布下方，享受着醉人的清凉。

此时突然感到一阵饥饿，我立即招呼大家停下来在此露餐。讲究完美户外的喀什不想凑合，在水潭边支起锅灶，吃了一顿热热乎乎的正规午餐。

山野秋实

董云光建议大家不要再带那么多吃的，能消灭就多消灭一些。他说，我们下午四五点就可以赶到二郎坝。大伙一听这话都争先恐后地“减负”，等到再出发时随身所带的食物所剩无几。听说余下的路程只有十多公里，大家心情愉快，加快了前进的脚步。

秦岭秋色总是一年当中最美丽的，满山遍野硕果累累。那些挂在枝头上的野香蕉、野毛栗子、野核桃、野猕猴桃、五味子等等吸引了我们。董云光采摘了一些果实让我们品尝，说实话，大部分野生果实没有自家种植的好吃，那个所谓的野香蕉就像一个豆荚，里面是黏糊糊黑色的籽，肉汁酸涩。野核桃皮厚肉少，只有野毛栗子和野猕猴桃还比较可口。然而，捡拾野毛栗子也不容易，搞不好就会被尖刺扎到。野猕猴桃的枝蔓缠绕在低矮的灌木树干上，唾手可得，既好吃又容易采摘。

有人在地上捡拾了许多野核桃塞进包里，虽然先前减了负，但是这些山货又增加重量。秋天的果实漫山遍野，但是没有看到最爱吃它们的野猪和黑熊，总感觉有那么一点儿遗憾。

董云光从后面赶来，手里拿着两个灰白色的东西，说这是天麻，很好的中药材。我以前听说过天麻，今天第一次在野外看见它，感觉非常新奇。董云光让我拿回去晾干了泡酒喝，可以治风湿病。

拾了几颗野核桃，路上就已经构思好了用野核桃做一幅立体装饰画，挂在店里，一定不错。

重走长征路

董云光一边走，一边说道：“当年程子华、徐向前率领红二十五军在华阳打了个大胜仗，然后顺着这条路去了太白县的咀头镇，去那里开辟苏维埃根据地。”

我问他："这么小的山路要过那么大的队伍，能行吗？"他说："怎么不行，前面有工兵开路，不要说人了，就是骡马炮车也照走不误，这也是中国工农红军万里长征的一部分。从某种意义上来说，我们今天重走了长征路（一小段）。"

我点头，心里默默重复着他说的话："我们今天重走了长征路。"

董云光就是站得高、看得远，一下就将我们今天的徒步旅行和红军长征联系起来，赋予了我们徒步旅行更加深刻、更加积极的内涵。

手扒岩和猫儿沟

前方进入一道狭窄的河谷，当地人叫它手扒岩，峡谷长十几米，两侧是光溜溜的崖壁，垂直的崖壁旁边就是河流和深潭，人们只能借助崖壁和深潭之间的光滑斜坡颤巍巍地走过，经过此危险地段时，必须四肢并用，抓着崖壁上突出的部分。否则很有可能重心不稳，掉进深潭。

过了一道河，再跨过一道栅栏，我们就来到了保护区外的大路上。此时天色渐晚，队伍前后拉开了距离，通过对讲机我才知道后面的几个人还在一公里之外，他们这时刚通过手扒岩。小刘说刚才过手扒岩时为保护别人自己不小心顺着斜壁溜了下去，幸好卡在了一个岩缝里，否则便要掉进深水潭。

不由得想起当年的红军，我问董云光："红军的马匹、炮队是怎样通过这个手扒岩的？"

董云光说："这点小困难对红军来说算什么，这只是长征途中的小菜一碟。"

醉卧二郎坝

整个下午的旅程就像是在梦中，一晃十几里山路便从脚下溜走，还没有清醒过来，就已经来到了山沟口的两户农家门前。

大伙儿坐在人家屋檐下的台阶上便不想再走了。按照预先计划，我们需要走到黄柏塬，才能与接我们的司机会合，这里距离黄柏塬还有十多公里山路，走与不走还是要征求大家的意见。我问大家："我们是继续赶去黄柏塬，还是在原地等待接我们的车。”大家几乎是异口同声地回答：“原地休息，不走了。”

我对董云光说不管怎么样，先安排农家做饭。然后给司机打电话通知他来二郎坝接我们。估计这家媳妇是第一次看见这种装扮的队伍，惊讶之后，立即拿来板凳，倒上热水，非常热情地让我们休息。当董云光给她说要给我们安排做饭时，农家媳妇傻了眼。她说从来没做过这么多人的饭，担心做不好。

经过董云光的沟通，农家媳妇勉强同意给我们做饭。她家里没有面粉，我们又不想吃大米，好说歹说，那农家媳妇才差人去一里外的地方找来一点儿面粉。董云光不知从哪里弄来几瓶土制苞谷酒，又要了农家的一碗咸菜。苞谷酒就咸菜，大家一阵猛饮，竟忘记了还有一大锅汤面条在等待着我们。

我端起碗，敬过董云光，便头重脚轻地昏睡过去。车什么时候来，我们什么时候走，董云光去哪里了，我全然不知，只感觉天地在摇晃。

不知道过了多久有人推我说：“老大，到家了。”

后悔自己喝了那么多酒，没有给董云光送行，没有吃上面条，没有和二郎坝的老乡告别，唉，这酒喝得……

小曹说回来的路上一共走了七个多小时，此时已是凌晨四点半，有三个人喝醉了。半夜时分大家都集聚在我的小店里，满堂搂着小刘的肩膀低声唱道：“我醉了，我为你快乐；我醉了，我为你疯狂；幸福的旅程，美丽的风光，我为你永远歌唱……”看来他真的醉了。

2002 年 10 月 21 日

南秦岭，光头山

——徒步穿越南秦岭光头山

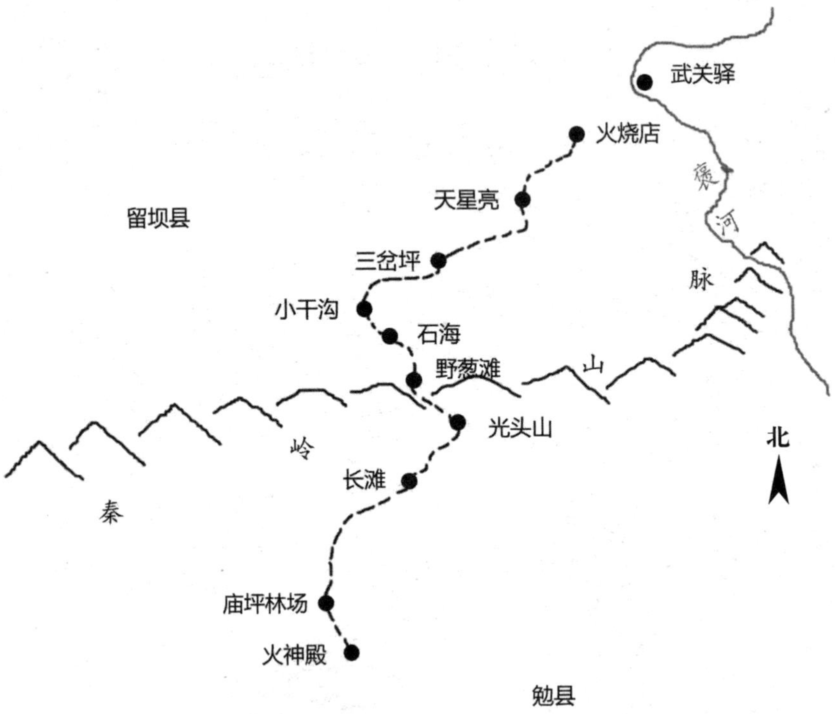

徒步穿越南秦岭光头山线路示意图（乐途绘制）

兑现徒步光头山的承诺

二〇一一年的岁末严冬，少了往年冰天雪地的料峭，时光在忙碌的脚步中悄声无息地流逝。已经有一年多时间没有摸过我的背包。我的背包虽然是一个无生命的物件，但却浸透着我的汗渍和血渍，在它那细纹密织的经纬网中，储藏了多少地北天南的尘土和路途上的磨砺。我的内心深处缠绵着对背包的深深依恋与情感，对背包唯一的爱恋之举，就是再次背起它，踏上未知的征途。

我将背包从柜底翻出来，用湿抹布将上面的尘土轻轻擦去。

眼看兔年即将逝去，想起二〇〇六年元旦的留坝—勉县徒步旅行，那次因为时间关系，非常遗憾地放弃了攀登南秦岭光头山的计划，队伍与光头山失之交臂。这事儿一直让我耿耿于怀，我发誓一定要去走一次南秦岭的光头山。随着新年元旦的临近，兑现承诺的机会终于来了。

秦岭山脉中有四座海拔两千米以上的山峰，俗名叫“光头山”，从东往西依次是位于华县海拔两千六百四十六米的草链岭，位于长安区海拔两千八百八十六米的麦秸摞，位于佛坪县海拔两千九百零四米的黄桶梁和位于留坝县海拔两千六百零七米的云雾山。在这四座光头山中我走过其中三座，只有南秦岭的这座光头山还在等待着我。

时间倒回至二〇〇四年九月初的一天，为了打探徒步穿越光头山的线路，我和袁哥等五人乘坐长途车来到留坝县火烧店。因为山里一直下雨，我们不得不在山脚下的天星亮村滞留了两天时间。

当天的日记是这样记录的：“上午九点半，我们背上大包从火烧店出发。跟随林场的小杨，冒着小雨，踩着山间泥泞小道，去天星亮村。我们顺着刘家河旁的崎岖山路，徒步十多公里路，来到山谷的尽头。小杨的家就在半山腰，山坡上一共有三户人家。狭小的院坝上有两条白色小狗对着我们这些陌生人狂吠不止，烟熏乌黑的房檐下挂满了金灿灿的苞谷。灰瓦屋顶上冒出一缕淡淡的炊烟，青烟袅袅，缭绕在山谷上空，蒙蒙细雨中愈发显出山村的宁静。小雨慢慢停了，雨后的山峦幽静而青翠，郁郁葱葱中弥漫着湿漉漉的空气。因为雨季我们无法按照计划去穿越光头山，只好心有不甘地放弃此行。我望着烟雨朦胧的光头山，发誓一定还要再来。返回的路上我们漫步徜徉，不想走离南秦岭。我望着高耸天际的云雾山，带着遗憾离开了天星亮村。光头山，我还会来的。”

从那时起，西光头山就在我心中打上了一个深深的结。有了结，就要去解。两年后的元旦，我又出发去了光头山，然而大雪封山，我再次与光头山失之交臂。

这一晃，又是五年。

决心

按照六年前留下的几个电话号码，我挨个儿拨打了一遍，其中大多是空号，偶尔打通了，对方也不敢应承大冬天带人去爬雪山。向导不确定，再加上车费上涨，我心里纠结不已。约了喀什、方公子、豹子几个朋友来家里商讨对策，查阅地图资料和气象信息。第二天豹子打来电话说：“卫星地图已经打印出来，翻上光头山就是废弃的林区路，向导可以在当地找，找不到就自己走，大不了走你们那年走过的路，留坝进，勉县出。一句话，今年元旦，你走哪，我们走哪。”

虽然我不赞同在没有向导的带领下自己去行走山野，但不管如何，这通电话给了我勇气和信心。我坚定了行走的决心后，开始给朋友发信息，心中并没有指望会有多少人踊跃参加此次活动，寒冬腊月谁愿意去受这个罪。

一年没有出门，收拾装备变成了一件陌生的工作。我坐在地毯上，铺开要携带的东西，一件一件往包里装，所有东西都好像是我生命的组成部分，缺一不可。对于元旦出行的队员进行严格筛选后，最后确定了十八位旅伴。

一切准备就绪，准备出发。

在路上

二〇一二年元旦，晨曦微明，我告别了简陋的小屋，迎着大雾离开城市。我和往常一样，一旦起身，心里即刻就会产生一种“在路上”的感觉。这种感觉很奇特，它不但可以让心灵得到放飞，更能让身体得到自由，我喜欢在路上的感觉。

在迢迢古道上

第一次看到“在路上”这三个字，是很多年前读美国人杰克·凯鲁亚克的小说《在路上》，读了那本书后，我便在心底产生了出行的冲动。我和他一样，一心想躲开喧闹的都市，寻找一处荒凉和遥远神秘的未开发之地。大自然就像一把打开未来大门的钥匙，那里有无数珍宝，我人生的所有希望都在里面。出发去大自然，体验“在路上”的感觉，我喜欢这样的出发。

褒斜道

汽车驶过沉沉浓雾中的环山路，上午十点多，我们进入眉县斜峪关，这里是褒斜古道的起点。清澈的石头河蜿蜒于山谷之中，宽阔的川道集聚着寒风冷气，撕扯的云雾渐渐淡去。一股寒气涌进破损的车窗。

我向外张望，努力寻找斜峪关的城关门楼和古道的痕迹。然而，除了崖壁上崭新的绘画和标语外，斜峪关的历史被石头河水库的一汪碧绿所淹没。

我走了许多次褒斜古道，却不曾与过去相遇，对古道的所有遐想都来自《三国志》和《三国演义》中的描述。许多人对曾经发生在这里的历史都耳熟能详，但是真正来过这里的人，恐怕少之又少。

翻过海拔一千七百米的衙岭，我们来到了“凉都”太白县所在地咀头镇，这里海拔一千六百八十米，四周高山隆起，中间地势开阔平坦，形成了高原独特的地理地貌。

冬日阳光灿烂，褒河水从上游静静流淌过太白县城，河流上凝结了晶莹剔透的冰，白色的冰面映着耀眼的阳光。高原上流淌过的不光是清澈的褒河水，还有褒斜道上那悠远绵长的历史时光。

见物思人，我望着窗外飞速回退的山水草木，想起了“鞠躬尽瘁，死而后已”的诸葛亮，想起了他的木牛流马和他的前后《出师表》，还有偏安一隅的蜀国，以及“扶不起”的阿斗。

关山今天很兴奋，他坐在车厢的后面侃侃而谈，操着一口湖南普通话说道：“我看到鳌山，就想起了白起庙；想到了白起庙，就想到了春秋战国时期的姜子牙。这一切都得从姜太公封书开始说起。”

于是只听得关山眉飞色舞地演绎起有关白起和大秦帝国的辉煌故事。

再过武休关

下午两点，路过姜窝子，这里距离留坝县十四公里，南面一公里就是著名的古关隘武关，史称武休关，是古代一所军事重镇。褒斜古道穿越武关驿全境，听说武关河上的孔雀台千梁无柱式古栈道遗址还保留完整，但是路过几次均没有看到。历史好像只是从耳旁吹过的一阵风，存留的是一种感觉，而真实的场景都已演变成了历史的词汇和古老的地名。

山谷里，只有清澈的褒河水和武关河，仍然像两千年前那样静静地流淌。柏油公路从武关镇穿过，在褒河与武关河的交汇处分道，一条向北去往留侯镇，一条向南去往汉中。强大的现代交通将弱小的古代栈道压缩在大山的一隅，过去的一切，都留在了史书和传说里。

重返火烧店

下午三点到达火烧店乡。

过了武关河大桥，去桥头一户人家询问有关向导的情况。女主人听了我们的情况后，惊讶地问："大冬天跑来这里干啥？"她搓着双手说："这个季节向导不好找，这鬼天气没有人愿意上山。"我在乡上没有耽误更多时间，便召集大伙儿继续往记忆中的天星亮村而去。

火烧店乡坐落在上西河北岸、武关河西岸的中西沟村，一条水泥马路从武关河大桥一直向西蜿蜒至街道的尽头，路面不宽，两旁是几间高低错落的铺面房，因为寒冬季节，只有几家零散的店铺开着门，冷清的街道上碰不到一个可以问路的人。

曾经记忆中的老房子，都已改头换面，变成了镶嵌着耀眼瓷片和铝合金门窗的现代建筑。似曾相识的繁华，让我在转瞬之间硬是没有认出它的原貌。最后，还是那扇红砖依旧的林场大门，让我回忆起了六年前的景象。

沿着新修建的"村村通"，我们一直往深山里驶去，小路随着山势忽高忽低，忽左忽右，不知道这条当年让我们走了一半就无法通行的道路今天通往了何处。

车在水泥路的尽头停了下来，一座破败的茅草屋挡住了我们的去路，屋檐下坐着一位老妇人正在认真地剥苞谷。我走过去向她打问向导的事儿，老妇人也许因为耳背，对我说的话没有反应，自顾自地继续剥她的苞谷。我无奈地四下张望，发现一位中年妇女正在远处注视着我们，于是赶紧跑过去问那位大嫂，能不能给我们找一个带路的人去山上。

大嫂上下打量了我一番，问道："大冷天的你们上山干啥呢？"

我回答："我们是搞地质勘探的，看看这里有没有可以开发的资源。"

她大笑着摇摇头说："不好找啊，以前经常有人来这里找矿，最后什么也没有发现。"

我几乎是恳求地对她说："麻烦您帮我们找一个带路的人，不白跑，有报酬。"

大嫂仰起头问我："你能给多少钱？"

我竖起食指："一天一百，管吃管住。"

大嫂沉默了片刻后，掏出手机，用类似四川的口音与对方说了很多。一会儿大嫂放下电话，让我等一下。大概两分钟后，从下面走上来一个穿着迷彩服的年轻人，问清我们要去的地方后，他说："勉县那边的路况我不熟悉，只能把你们带到山顶，另外我一个人不行，回来不安全，还得有一个人。"

我说："可以啊，其实两个人最好。"我边说边留下他的电话，然后恳切地对他说："我们晚上就在前面扎营，等你的回话，希望你能带我们去走光头山。"

小伙姓何，住在天星亮村四组，他笑着说："没有问题。"

有他的承诺，我的心里踏实了许多。有人问我："他们只是口头上说说，真的会来吗？"我说："山里人厚道，绝对不会说话不算数，大家尽管放心好了。"

这个地方叫柿园子，海拔一千一百六十五米。

我带着队伍继续往里走，远处的光头山巍峨挺立在山谷的尽头。明天，我们就要去那里，而现在我对那里的情况却一无所知。

阿澍私下再一次提醒我，路上一定要我走在他的后面，这样他才有心理保障。我肯定地说："你放心，保证在你后面。"宋哥也不忘提醒我："你千万不能走在我的前面。"我让他们放一百二十个心，凡是我组织的徒步活动，我都会走在最后一个。

王领导背着她的大包，默默地跟在我们后面，没有多余的言语，她负责我和她的后勤保障工作。

向导的事儿

顺着天星亮河旁的小路，我们一直往深山里走，两边的木栅栏护着一片片裸露的土地。路过六年前的杨家，一只小狗站在高坎上汪汪叫着。我爬上去，站在狭小的院子里凝视一番，依次排列的三间瓦房屋檐下仍旧悬挂着几串金灿灿的苞谷。从土屋陈旧的木门里走出来一位戴着棉帽子的老者，他笑着和我点点头，我也和他点点头，问他还认不认得我。老者张着黑洞的瘪嘴笑着摇摇头，我断定他早已想不起当年的事儿。

老人驼着背，看着我离开，很远了，他还一直站在那里。

山谷灰蒙蒙，一颗圆滚滚的大蜂窝悬挂在大树枝杈上，没有蜂的影踪。

穿过一片茂密的竹林，前面开阔了许多，一片竹林映着深暗的绿色，几间瓦房隐在竹林后面。路过一户人家，一个汉子笑着问我们哪里去。我说："我们要去光头山，你能带路吗？"他不说去，也不说不去，也不提钱的事。

我问他："你知道上山的路吗？"

他很自信地笑笑："当然知道啦。"

我对他说："你给我们带路吧，一天一百元，你看可以吗？"

他迟疑了一下，说道："那没问题，不过一个人恐怕不行，回来会很晚的。"我给他说了刚才遇到的小何，他不屑一顾地说："他来我们这里时间不长，不熟悉路。"

我伸出手，用力地握住他的手说："您贵姓？这事就这么定了，你和小何联系一下，你们两个人一起去。"

他说："我姓邓，叫邓双全。"

有许多户外爱好者因拥有大比例地形图，有 GPS 导航和轨迹指引，就对雇请向导的事儿嗤之以鼻，不屑一顾。而我则和他们的做法恰恰相反，凡是进入山野徒步旅行，不论路途艰难与否，一定要雇请向导。有了向导，我的组织工作也会轻松许多。当然了，向导也并非个个称职。许多时候，山这边的向导并不知晓山那边的情况。但是，山民对山区的特殊感觉，却是我们这些人所不具备的。他们在野外的生存状态要比我们强许多倍。

我们向深山里走了二点五公里路，来到了山谷最后一户人家，门前一位老太太瞪着一双大眼睛看着我们。我们担心影响她老人家休息，就去村边扎营。野地里虽有成片的枯草，但却平坦开阔，旁边还有一条小河，是一个非常不错的营地。

这地方叫三岔坪，海拔一千三百十四米。

仰望星空

刚把营地建好，天空就彻底黑了下来。关山拢起一堆柴，将篝火点燃。最后

高山营地

一家老太太的儿子扛着几根木头从山上下来，我问是否愿意带我们去爬光头山，他摇摇头："那点钱没人去。"一天一百的确不多，但是对于普通山民来说，两天挣两百元，再加上帮助队员背包，走一趟有三四百元的收入，也是很不错的营生。

大伙儿各自拿出好吃的东西，围坐在一起分享着美食。饭后又围坐在篝火旁诉说着各自的旅行梦想和出行计划。晚上九点多，天星亮村四组的老骆带着小何来到营地。他说他年纪大了，不适合上山，最好是小何与老邓带路，最后说好明天早晨八点准时从这里出发。

敲定了向导和出发时间，我的心里踏实了许多。

天空飘起了雪花，灯光照去，雪粒像是一颗颗流星，在暗夜中划过，大家欢呼雀跃，兴奋地享受着久违的雪夜。

雪停了，四周漆黑一片，天地相连，分不清哪里是山峦，哪里是天空，哪里是大地。已经没有灼热烈焰的火堆，几缕火苗轻轻地跳跃着，火光闪烁，传递着最后的温暖。大伙儿安静了下来，静坐在漆黑的夜中，享受着陕南深山中特有的静谧。远处帐篷里透出的点点微光，给营地增添了神秘悠远的意境，我从中隐约感受到了"在路上"的某种情怀。不知过了多久，篝火渐渐熄灭，大伙儿才顾得上抬头看一眼黑暗中没有星星的夜空。

小干沟

凌晨被冻醒，测了一下帐外温度，零下五摄氏度。

有人自言自语道："这睡袋太薄，帐篷太冷，今天晚上不能睡在山梁上。"虽然此时已是早上七点，但天空仍旧一片漆黑，东方的天边泛着一道灰白色，没有一点儿风。

刚吃完早饭，就看见从下面上来两个人，一个是老邓，一个是小何。两个人一人背了一个布袋，里面放了斧头、砍刀、烧饼、方便面之类的东西。

收拾完营地合影留念，九点队伍准时出发。

队伍穿过一片翠绿的竹林，再钻进一片茂密的森林，向着山谷深处进发。出发不久，就有人气喘吁吁地喊叫走不动了。阿澍眼看自己能耐有限，及时将自己的背包花一百元卖给了老邓，老邓当然乐意，而阿澍也为自己的英明减负而暗自庆幸。

老邓一边走一边说："这山顶上大得很，上面有野葱滩、长滩，夏天才美呢，到处是草，到处是花，到处是河流。"

老邓说的这些话，我在六年前的天星亮村就听说过。老乡们说光头山顶平坦如草原，滩上泽流蜿蜒，花草盛开，非常美丽。老百姓眼中的美才是大美，他们对光头山的赞誉，将我的心紧紧吸引了这么多年。

当年的日记是这样记载的，老罗坐在廊檐下，翘个二郎腿说道："岭上的草甸大得很，有几十里长，当年诸葛亮还在上面驻扎过几十万人的大军。长滩上的野草能到膝盖，好多小河来回弯曲，在草底下流淌，如果跟着那些溪流走，永远都走不出去，人就会在原地打转转呢，我们这里的人都把那里叫迷魂滩。一般陌生人走到那里都走不出去，而且岭上一年四季都有雾，方向特别难辨认。"

队伍顺着小干沟一直往上走，山谷遍布乱石，听得见流水声，看不见溪流。越往上走山谷越窄，小路在谷底左右迂回，一会儿爬上长满绿色青苔的山坡，一会儿穿过只是干枯树干的林间。

随着海拔上升，山路上渐渐有了积雪，路径越来越不明显，山坡也越来越陡峭，向上攀爬的次数也逐渐增多。藤蔓杂木缠绕林间，磕绊着我们行走的每一步。阳坡与阴坡差距明显，一面阳光温暖，一面积雪阴冷。

继续往上攀爬，在裸露的山石上，完全辨认不出道路的痕迹。偶然一处暗泉流淌，也结满了晶莹剔透的冰凌，遇到这些小小的冰瀑，也会让女队员们兴奋地尖叫一阵。

我颤巍巍地在覆盖着积雪的大石头上攀爬，努力辨认着前面队员留下来的脚印。山谷狭窄处只有一条缝隙可以通过，谷底布满了不知道什么年代塌下来的乱石。山间的树木开始变得稀疏，沿着雪地上一溜儿脚印向上行走，依然看不到山谷的尽头。

一道挺立的山崖挡住了去路，我伸长脖子仰望，山谷遥遥，道路迢迢，没有选择，耸耸沉重的背包，调动起浑身的力气继续向上爬。

挑战自我的攀登

队伍终于集中在了一块高高的山嘴上，老邓对大家说："你们可以在这里吃点东西，补充点体力，然后抓紧时间爬坡，慢了就要走夜路。"豹子不相信老邓说的话，拿出地图对老邓说："从这里到山顶最多不过两公里，很快就会到。"

老邓蹲在一块石头上，笑着说："不是我小瞧你们，接下来你们走这路，最快也要四个小时，不信你试试。"

我相信老邓说的话，建议大家在这里抓紧时间吃路餐，做好充分的准备去应对前方更加艰难的山路。

我们前方是一个巨大的崖壁，裸露的岩石高耸云天，远远看去不知该怎么去走，心里琢磨着刚才老邓说的话，估计前方的路更加难走。

队伍休息了二十分钟后开始出发。那些跑在前面的队员们，一个个像是山兔子，一溜烟儿奔下山谷，又跃上对面的山坡。一下一上便是几百米距离，远远看去，山坡那边的队员早已变成小如沙粒的影子。

我带着后面的七个队员，踏着前面队员留下的足迹，开始了此行最为艰苦的一段跋涉。

我们在接近四十五度倾角的巨石坡上，迂回在无数凸起的悬崖峭壁之间，为了保持平衡，身体向前弓着，迈着沉重的脚步一步步向上。绕过山崖时需要横切一段，乱石和积雪成了最大的阻力，耳旁听到的是碎石滑落声和黑妹的尖叫声。黑妹、天亮轮番摔倒，方公子和小何用力搀扶着他们。

路途上最危险的地方往往就会出现向导的身影。行走在这样的山路上，我真为找到了称职的向导而深感庆幸。因为道路太难走，关山站在前面的山脊上向我们喊话："一定要注意安全。"关山实在走不动了，把自己的背包卖给了向导小何。宋哥晚说一句，便不好意思再将背包卖给向导来背。我见宋哥走得吃力，便招呼同伴们将他包里的东西分一部分出去，尽量帮他减轻背包的重量。方公子高山反应严重还要帮助黑妹他们，看到方公子这般艰难，智水主动背上了方公子的帐篷。

走在这悬崖林立、艰难危险的道路上，黑妹说她想哭，只是没有流出眼泪来。我理解她此时的心情，我们男队员都深感攀爬的艰难，更何况是女队员们。天亮的状态好多了，她还不时帮助弱小的小茶。看着大家艰难地攀爬在危险而陡峭的山路上，我心里真有点儿后悔和内疚。

其实，这时候已经发生了几次极其危险的情况，方公子为帮助黑妹突然失去平衡滚下陡坡，受了轻伤；潇潇秋雨在爬崖壁时，两次失手摔下悬崖，幸亏背包着地才没有酿成大祸。所有这一切，走在队伍最后的我一无所知，我如果亲眼看到那些场景，不知道是否还会继续这样的旅程。

海拔一点点地升高，一千三百四十米，一千八百米，两千米，两千三百米……我频频回头望，攀爬的高度一再跃升，当我爬上了可以俯视来路的高山上时天色已暗。我站在高处，却没有时间和精神去欣赏那重峦叠嶂的壮观。因为茂密的森林阻挡了我的视线，只好鼓励自己继续向上爬，在峰巅一定可以广览美景。

我们在近乎垂直的山崖上一步步升高，犹如攀登天梯。

不知什么时候宋哥的背包已经绑在了老邓的脊背上，老邓看去好威风，背上捆了两个大包，脚步飞快地在崖上攀登。

我又翻上了一道高高的山脊，这已经是我们今天翻越的第三座高峰。前面巨大的崖壁下是一道陡峭的大石坡，有六七十度倾斜，几百米长，巨大的石头上覆盖着厚厚白雪，在那些巨石上已经有几个小人影在移动。这些巨石都是千万年前山崩地裂遗留下来的落石，它们之间的高差往往有一两米，攀爬这些巨石时，我们只能四肢跪着向上。

在这艰难的攀爬中，每向上走两步，我就会停下来歇一会儿。慢慢地我追上了走在前面的胡杨，他坐在一块石头上休息，很远我就能听到他自言自语地说："今天状态不好，背的东西太多，有五十多斤，你们慢慢走吧，不要等我。"

我忍受着胯骨剧烈的疼痛，以及右膝关节钻心的疼，低着头继续一步一步地往前走。我对王领导说："我本来计划今年去登雀儿山。现在我正式声明，坚决不爬雪山了，这跟登雪山有何不同呢，唯一不同的是背负重装和轻装的区别，其他的痛苦都是一样。"

王领导立即表示支持。

真想把包里背的三斤炒米饭扔掉，还有母亲带给豹子的十几个陕北小吃油圈圈。

当我们钻出一片灌木林，前方山垭口终于出现了一片亮光。越往前走，山垭口越宽敞，平坦的山垭上长着稀疏的树木，枯黄的草甸上是一簇簇低矮的灌木丛。"到顶了，到顶了！"我一边高声呼唤着，一边怀着兴奋的心情向前疾走，奋力地爬上了山垭口的最高处。

站在垭口的最高处，我的眼前豁然开朗，一眼望去，巨大的高山草甸从脚下一直延续到很远的地方，听说这地方就是野葱滩。

下午五点四十分，我们到达山顶草甸。

今天一天时间我们马不停蹄地攀爬了八个半小时，向导说得没有错。

野葱滩营地

营地建在滩中心的一片草地上，几顶彩色鲜艳的帐篷已经镶嵌在了白雪和枯草之间，一圈人正围着燃烧的篝火取暖。我拖着两条灌了铅似的双腿，跌跌撞撞走过去，放下背包，将一片积雪踏平，开始支帐篷。草地被冻得犹如坚硬的水泥地面，无法插入地钉，草甸上偶尔有一块石头也被冻得搬不起来，最后还是用潇潇秋雨的营地铲，才将地钉打进坚硬的冻土。荒野中支起了帐篷，才让我们有了一个遮风避雪的地方。

刚支完帐篷，一阵大风将阿澍的帐篷吹到了远处的灌木林，帐篷在草甸上不停滚动，阿澍狂追不止，大家都在笑那帐篷有意和阿澍作对。

老羊倌说他四点多就到了野葱滩，刚上来就发现有两只野羊在河边饮水，那两只野羊见了他后一溜烟跑了。我说在这里能见到野羊，说明这里的生态环境已经很好了。

老羊倌说他在溪流中挖了一个坑，里面垫了一些草须，将水过滤得很干净。我提了水桶去溪边汲水，一勺舀下去，只见七八个黑色小影子在勺中游动，打开头灯仔细看，竟然是一些小虾米，想不到在这高寒之地的秦岭山巅还有这些小生物存在。

野葱滩营地海拔两千五百米，气温零下十五摄氏度。今天一天我们负重拔高了垂直一千米，相当于攀爬了三百多层楼房。

外面已经一片漆黑，老邓过来问我要了半斤白酒，说他和小何准备在野葱滩那边的森林里拢上一堆篝火坐一夜。旁边帐篷里有人问他这样可以吗，老邓回答说："没问题，我们已经习惯这样的生活了。"

我汲取了昨晚受冻的经验，脱光衣服钻进睡袋，这样要比穿着衣服睡觉暖和一些。寒风透过内帐的纱网吹进来，脸上冷飕飕的。躺在睡袋里，我舒展了一下疲惫的身体，为今天能够顺利到达野葱滩营地而深感庆幸。

入夜后天空飘起了雪花，纷纷扬扬地敲打着帐篷。

峰巅之上的圣洁

一觉醒来，冬日的光芒已经照亮了大地，如丝的淡云从山谷中卷起，缓慢地弥漫在峰巅之上。雪花一夜纷纷扬扬地飘洒，草甸上覆盖了一层皑皑白雪。清晨的微风带来了一股清新的空气。我爬出帐篷，深深地嗅闻。吃过早饭，收拾了帐篷，将营地打扫干净，拍了合影后出发。

我们踏着厚厚的积雪，转过长长的山弯，远远看见老邓和小何蹲在一棵大松树下烤火取暖。他俩昨晚就是这样度过的，他们的行为让人无法理解。不理解归不理解，辛苦了一夜，向导费自然也要加上一倍，给他俩每人一天两百元向导费。老邓说他们可以将我们送到长滩的山垭口，找到下山的道路后，他们就原路返回。

队伍顺着积满冰雪的道路走过宽阔的野葱滩，来到了狭长的长滩。一眼望去，长滩犹如一片广阔平坦的草原，辽阔的草甸中央蜿蜒着一条冰冻的河流，四周低矮的山丘生长着茂密的针叶林、红桦林及巴山冷杉。眼前展现的森林、草甸、雪原、河流，竟然是在海拔两千五百米的山顶上，这样奇异的景致令人不可思议，简直太有趣了。我问阿澍："你是专家，请问这样的地理地貌是如何形成的？"阿澍说："除了板块运动和碰撞，还有造山运动和岩层下沉，这就和新场的烂泥湖和平河梁草甸及紫柏山一样。"我"嗯"了一声，到底还是没有听明白为什么。

我们走过长滩厚厚的雪地，钻进了透着蓝光的茂密森林，四周的山峦像是覆盖了洁白的纱，积雪将竹子、灌木与森林分割开来，形成了一片片小区域。我们静静地穿行在密林中，偶尔有风儿将树梢上的积雪抖落，一片片雪花在空中飘扬飞舞。空中的淡云已经飘散，碧蓝的天空上飘荡着无数条细如丝线的云，阳光在山峦上方泛着刺眼的白光，照耀着大地和行走的人。

我们来到了一个山口，一条长长的"U"形谷一直通到深深的峡谷底部，前方及两侧都是连绵不绝的山峦，再前面是一层层逶迤至远方的青山，那层层山峦就像是一波波蓝色的海浪，从我的眼前翻滚而去，一直到了灰色的天边。看着眼前这壮丽的景色，我不禁被深深感动，这就是我们雄伟壮丽的秦岭！

面对远方的雪峰，我思绪万千，慨叹不已。我的目光长久地搁浅在巍峨的秦岭主峰之上，那道恢宏、壮烈、辉煌的曲线，千山万壑、万水千山都转化成我心中的圣洁之情。顷刻，所有的感觉伴随着寒冬中的泪水，在心中潸然而下。

苦涩的旅程

晌午时分，我们来到长滩的最后一座垭口。在这里，我们与两位向导告别。

老邓握着我的手说："我们就把你们送到这里了，你们顺着这条沟一直走，就可以从勉县出去，赶天黑差不多就能到西安。"

我把报酬交到老邓手里，挥手和他们再见，目送着他俩踏着积雪消失在了寒

长滩

光冷雪之中。

告别了向导，也告别了长滩，我钻出干枯的森林，走上了积满白雪的林区大道。银色世界中，已经看不到前面队员的身影，洁白的雪地上只留下一串深深的脚印。曾经的林区大道蜿蜒在长滩边沿，在山坡上起伏，穿过茂密的森林，缓慢地向西南方延伸。

厚厚的积雪下方隐藏着大片冰层，走在后面的几名队员不停地摔跤，听着“咚”的一声，回头看是宋哥；又听见“咚”的一声，回头看是阿澍。听着持续不断的摔跤声，我已经顾不上回头看一眼那尴尬和狼狈的场面。

听说今天路途特别长，我催促大家抓紧时间赶路。因为不了解勉县这边的情况，我只能希望“村村通”工程能够将道路延续至庙坪。今天至少要走四十公里山路，按照每小时四公里计算，路上不停不歇，走到火神庙也要十个小时。

冰雪路面行进缓慢，我一边悠然自得地欣赏着周围的风光，一边等待着后面的队员。晴朗的天空飘着几丝淡云，平坦的山谷林木挺拔，洁白的积雪铺满山川，阳光在红桦林留下斑斓多彩的光影，路旁的汪家河洁净透明。瀑布跌落处，冰凌悬挂，冰沫堆积，激流从蓝色的冰层下流淌，“哗啦啦”跌落在圆形的水潭里，墨蓝色的水潭如一串串珍珠，镶嵌在河流的冰面上，碧绿清澈，让人看了心生喜悦之情。

时间随着河水的流淌，一点点地逝去，斜阳夕照从一个个山头划过，将最后一缕阳光柔和地映在我的脸上。崖壁上一堆堆冰锥不再反射阳光的温存，寒冷渐渐袭来，我穿上羽绒衣，守候着太阳落山后的寂静山谷。

天边的红光终于黯淡下去，黑暗开始笼罩悠长的山谷。半牙月亮从山那边升起，悬在深蓝色的天空。我仰望夜空，只有月亮闪着寒光。

不知过了多久，黑黢黢的山谷尽头有灯光在移动，几分钟后灯光走近，是天亮和小茶。小茶告诉我宋哥走不动了，要求让人去接他；如果没人接，他说今晚就住在上面。意外的情况让我的精神立即紧张起来，顾不上浑身疼痛，让天亮照看背包，我拉上小茶去找宋哥。我俩顺着来路往回走去，心里忐忑不安。他们已经分开四十多分钟，宋哥最起码距离我们还有一个多小时的路程。然而庆幸的是，当我们走出了一公里多，就远远看见了一束灯光，我们迎上去将宋哥的背包卸下，他一拐一跛地诉说着与队伍分开后的情况。

我们刚和天亮会合，就看见远处有汽车的灯光，小茶兴奋地说那是车灯。

坐上了林场的皮卡车，颠簸了许久才到了有灯光的地方。

晚上八点，我们到达庙坪林场，先前早到的队员都已经坐在车上了。

黑暗中路过火神庙，两个多小时后路过汉中。我饿得发昏，想着汉中那爽口的热米皮，不停地咽着口水。

凌晨两点回到家，吃了王领导做的一大碗酸菜汤面，冲个热水澡，钻进被窝。

长叹一声进入梦乡，我又走过了人生一段难以忘怀的旅程。

在对南秦岭光头山的第三次旅行中，我摆脱了常规平面化的游走形式，带着心灵的镜头，从深度和广度上与光头山进行了全方位的亲密接触，没有仰视的冲动，也没有俯视的自豪，而是把观察的视角放得很低：我为路途上几棵参天大树而欣喜，为高山上广袤的草甸而兴奋。

光头山的旅程已然成了往事，再提起时，我的心情会像刚爬上峰巅时那样平静。

2012年1月3日

深度穿越秦岭南部最高峰紫柏山

——徒步穿越紫柏山

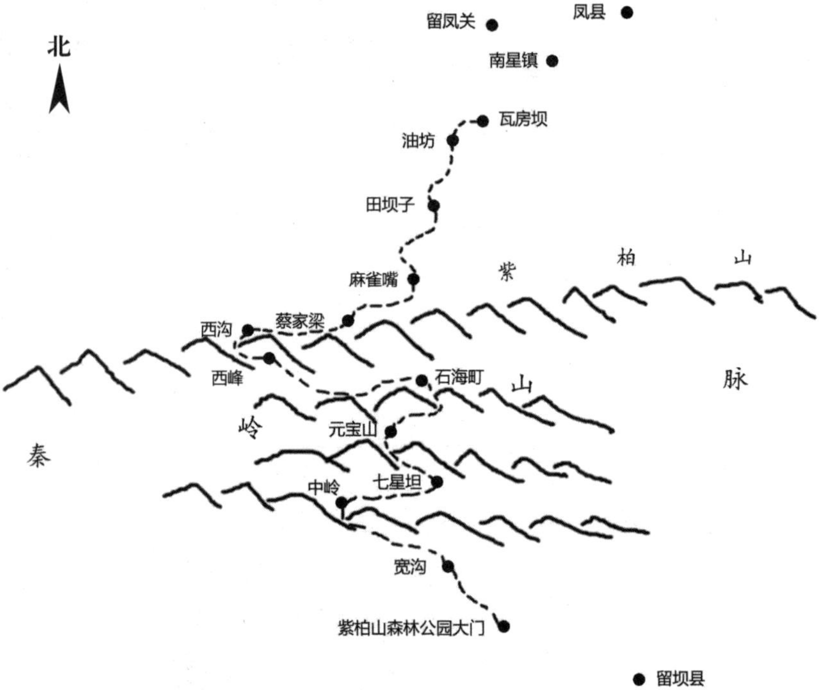

徒步穿越紫柏山线路示意图（乐途绘制）

关于紫柏山

紫柏山位于秦岭南麓留坝县西南面，北与凤县接壤，是汉中与宝鸡行政辖区的交界点，属于秦岭主峰太白山向西延伸的一条支脉，是古蜀道——陈仓古道途中最高的山峰，海拔两千六百米。

紫柏山的云雾

紫柏山因三国故事而著名，张良庙就在紫柏山脚下。紫柏山山势巍峨壮观，山上多古紫柏树，故名紫柏山。这里雨量充沛，气候凉爽，草木葱茏，苍翠欲滴，山势蜿蜒起伏，山顶云雾缭绕，山下溪水淙淙，青山绿水，风景如画，是陕西四大名山（其他三座名山是华山、骊山、首阳山）之一。

紫柏山顶部有着广阔的高山草甸，草甸天坑密布，直径上千米的锅形天坑逶迤相连，形成了著名的七十二洞，八十二坦，九十二峰。草甸上散落的银白色山石点缀着黑色斑纹，远看犹如绿色的地毯上镶嵌着宝石。

紫柏山因西汉名臣张良归隐此地而成为天下第一名山，诸葛亮失街亭后曾退守紫柏山下的营盘抵御张部追兵，紫柏山不仅拥有美丽的自然景色，还拥有悠久的历史文化，我喜欢拥有双重身份的紫柏山。

紫柏山情结

紫柏山是我在秦岭山脉徒步旅行计划中要穿越的最后一座著名高峰，从东往西，我依次走过了横亘在秦岭主脊上的华山、草链岭、箭峪岭、终南山、牛背梁、麦秸摞、冰晶顶、东梁、黄桶梁、首阳山、太白山、鳌山、光头山……最后剩下的就是紫柏山。

二〇〇三年夏天，我和韩超英等十余人去紫柏山，因为时间关系只探了几座巨大的石灰岩山洞，没有时间去徒步穿越紫柏山；二〇〇八年冬，我、王领导、同行和方公子四人计划徒步穿越紫柏山，当我们刚刚抵达瓦房坝，同行和方公子先后接到单位和家里电话，事大不能推脱，大家很无奈地放弃了筹划已久的穿越紫柏山活动。两次与紫柏山失之交臂，紫柏山成了我心中一个无法挥去的影子，我暗自发誓一定要去紫柏山穿越。

一晃多年过去，紫柏山依然高高地耸立在我的心中，与秦岭其他山峰一样，神圣而伟大，我要去亲近和探索紫柏山。有了动机，才会有激情；有了激情，才会有行动。

出行的时间定在中秋节，节日临近，天气预报又来凑热闹，高调宣称黄色预警：未来几天关中、陕南有中到大雨。

等待了多年，遇到这样的恶劣天气，心情郁闷极了，但这并没有改变出行的决定。

古关老铺

九月二十二号早晨六点，我背上大包出门，望着阴霾的天空，心中祈祷能有一个好天气。我们一行十人，乘坐两辆车，离开了雨中的城市。出城后雨渐小，再往西，便云开日出，湛蓝的天空清新透明，明媚的阳光照耀着大地。远处的秦岭山脉云雾缭绕，云淡风轻，近处的关中平原沃野千里，秋意正浓。开车的朱哥感慨道："你们看这景色，是不是感觉到了云南。"

一路疾行，过宝鸡，走益门，穿陈仓，进入大散关。巍峨峥嵘的秦岭雄关隘口一个接着一个从眼前闪过，大散关、清风关、石门关、留凤关……翻越秦岭高耸的主脊，沿着嘉陵江边的古陈仓道向南而行，眼前晃过一个铺又一个铺，石窑铺、黄牛铺、白石铺、双石铺、石佛铺、榆林铺、乱石铺……它们都是古道上的老铺驿站。

中午，我们在大散关银洞峡农家乐吃了午餐。

时值中秋，秦岭深山中的绿色却依旧苍翠葱郁，莽莽深山中除了绿色还是绿色，我们被各种绿色包围着，我喜欢这样的色彩。

瓦房坝

过了留凤关就是连云寺，古时候这里有一条捷径可以南去勉县，史书称为"连云道"。许多年前我就梦想着什么时候去连云道走一走，然而每当我走到连云道山脚下时，又不敢贸然踏出寻觅它的脚步。我心中明白，连云道上所谓的古栈道早已不复存在，最多就是崖壁上残留的一些孔洞和石榫，不看也罢，就让想象中的连云古道永远深藏在我心中吧。

连云寺前是一个岔路口，向西南方向走可以去瓦房坝乡，瓦房坝乡距离西面的甘肃两当县不到三十公里，古代的陈仓道从这里经过。现在的瓦房坝已经很难看到古道的痕迹，几千年的印迹都消失在了历史的尘埃之中。

在油坊村见到了两年前相约而不得相见的老何，大家都习惯称呼他为"何部长"，老何一家人热情地接待了我们。

油坊村在瓦房坝南，这里很久以前有一座油坊，四村八邻都来这里榨油，人民公社时期油坊关门了，只有这个名字保留至今。

油坊村海拔一千二百八十米。

紫柏山探洞

看时间还早，何部长叫来他的小舅子老张带我们去青龙寺浮岩溶洞探洞。

瓦房坝岩洞众多，横的、斜的、竖的，大大小小几十个遍布在深山各处。二〇〇二年夏天，韩超英带领我们来这里探过三个巨大的溶洞，一晃八年过去，我们站在这里竟然寻觅不到溶洞的具体方向。

问山民村子周围过去的事情，竟是一问三不知，令人惊愕。如今三四十岁的山里人，不为求生计去跋山涉水，不为走亲戚去翻山越岭，对眼前的山野情况基本不了解。外出行走早已是摩托代替了脚步，三轮车代替了人力车，对他们而言，过去的一切只存在长辈的传说中。

向导老张带着我们在山沟里转了好久，也没有找到那个能放进几十辆大卡车的巨大山洞。山谷里树木繁盛，到处生长着翠绿的苔藓，整条山谷湿润阴暗，光线下的草尖树叶都凝结了晶莹水珠。河道里石头光滑，无法踩踏，几里路走下来，所有人都是气喘吁吁，询问老张那个山洞到底在哪里。

老张无奈地摊开双手说：“记不得了。”

秦岭垭口

我笑着摇摇头，我说：“我记性不好，真还有不如我的啊。”

旅行以散心为主，探洞不是我们此行的主要目的，本来就是搂草打兔子——捎带的事儿。安慰老张，找不到没关系，尽心就好。

老张很不好意思，涨红着脸自责，看我这记性，在自家门口竟然迷了路。既然探洞不成，我们就跟随老张返回油坊。老李不坐车，心血来潮要一路小跑回去。

车翻上海拔一千六百米的九道弯垭口，大伙儿都说山里空气好，下车来呼吸几口新鲜空气，伸展身体，松弛筋骨。

老张说你们那个光头真厉害，这要几十里山路呢。

中秋节

回到油坊已经天黑，老何为我们第二天能够安全成功地穿越紫柏山，特意找来了两位向导。他说，山顶上到处都是坦（天坑），走不好不但会跌进天坑，还会迷路。盛情难却，我们雇请了两位向导。

夜幕中支起炉灶，垒砌烤炉，一边招呼老何多炒几个菜，做点儿汤面片，一边穿肉串烤肉。院坝上空漆黑一片，既看不到星星，也看不到月影。他们说十五的月亮十六圆。也许等到明天晚上可以在山顶上欣赏明亮的圆月，那意境一定很美。

一缕青烟飘过，带过些许孜然和辣椒的味儿。老曹买来一些新鲜的牛肉，大伙儿穿肉串烤肉吃肉，烧烤流水线有条不紊地进行着。夜幕下，大伙儿围着一个小方桌，推杯换盏，一瓶酒就见了底，也算过了一个热闹的中秋节。

清秋的风穿堂而过，打个寒战后浑身发抖，似乎整个身心被冷风凝在了陈仓古道的高处——紫柏山的峰巅。

田坝子村

早晨吃了当地特色磨榛，干稠的苞谷粥里放了山里的土豆，很好吃。

何部长拒不接受我们的饭钱，无奈之下只好买了两瓶酒，瓶底压了二百元，放在饭桌上。收拾完毕我们告别老何，背包出发。

清晨的小山村静谧无声，半山坡有一户人家正在盖新房，一只大狗带着一只小狗嬉戏奔跑。高耸的紫柏山被浓重的云雾笼罩，白云在沟壑间飘浮，起伏的山峦层层伸向远方。

看着山顶浓重的云雾，我担忧地问老张：“这天气不会有问题吧？”

老张笑着说没问题，这雾下午就会散去，晚上不会下雨。

山口还在五公里之外的田坝子，为了节约时间，搭了一辆拖拉机到五梁山自然保护区界碑处，我们另外一个向导老谭家就在田坝子。

老谭四十多岁，穿一身迷彩服，号称已将紫柏山踏遍数次，没有他不知道的和不能走的地方，我暗自庆幸能遇到这样的向导与我们相随，真是幸运。

田坝子海拔一千五百一十米，距离陈仓古道五十公里。

攀爬的感觉

前面山崖旁有一条沟，叫蔡家梁，曾经有人家住过。我们一钻进蔡家梁，就开始爬山，这里山路陡峭，林木葱郁，景色怡然。走在后面的老曹不停地喊叫前面走得太快，要求休息。这边老谭对大家说：“这里不能休息，得赶紧走。”

我问：“为什么？”

老谭说：“这里的蚂蚁太厉害，个个都能吃人呢。”

我知道他在吓唬人，但是被蚂蚁惹上绝对不是什么好事情。

队伍爬过昏暗潮湿的蚂蚁沟，在半山腰较平坦的地方休息。老李靠在我身旁的石头上说他的秦岭组画已经画完，嘈嘈切切拍了片子，麦兜设计了封面，准备制作成台历，送给关系好的朋友们，到时候也送我一本。

好啊，这很有意义，关键是这个主题非常好，秦岭，是我最喜欢的话题。

我们背着大包继续出发，开始体会攀爬的艰难。很多人曾经问过我，攀爬的感觉是什么。我一直没有认真地去回答这个问题。一位外地朋友曾经总结性地对我说过：“你们这是在汗流浃背、气喘吁吁、深度恐惧、死去活来和反复的感官刺激中，寻找一种从内心深处滋生出来的特有快感。”

高山草甸

细细想来，的确如此。不过这个总结只揭示了部分答案，还有一些内容，即追求旅途中极致的美感。

老张边走边说："紫柏山这路走得人恼火。城里人咋都喜欢走这样的破路，是不是想回到过去的年代？我们山里人可是想要奔现代化，不想走这样的路。你看现在'村村通'，政府将水泥路都通到了深山里。"

突然间天空下起了毛毛细雨，湿漉漉的山间静悄悄的，细雨中的攀爬别有一番情趣。

爬上一个大山坡，前面是一片绿茸茸的草甸，像一块巨大的绿色地毯，随着地势的起伏一直延伸到了山垭口那边。大伙儿见到如此广阔的绿色草甸，欣喜异常，忘记了疲劳。

老李看着远方说道："你看，这有多美呀！"

高耸的山顶淡云飞流，错落的山峦由远及近，绿树层叠苍翠，小路从林中蜿蜒而去，在草甸上画出一个长长的"S"形曲线。一阵风吹过，带来一片阴云，紧

紫柏山　老羊倌摄

接着雨滴变成冰雹，“噼噼啪啪”砸在草地上。朋克仰起头，任冰雹在他的脸上弹起落下，享受着这突如其来的凉爽。

云海之上

我们顺着一个叫作西沟的山谷一直向上爬，钻过一道铁丝网，就来到了留坝县地界。路上碰见两个挖药的山民，有队员问那两个山民今儿挖到了什么宝贝，山民说挖到了灯台七，一斤能卖七十元，卖得好一个月下来能挣五六千元。

山谷里湿气大，树干上长满了绿色的苔藓和鲜艳的蘑菇，老张提醒大家莫要动那些蘑菇。我们穿过草甸来到海拔两千四百米的垭口，一阵寒风吹过，冷得人浑身打战，温度突然降低了十摄氏度左右，刚才还温暖如春，现在如同在寒冬。巨大的反差让我们到处寻找可以暂时避风的地方，在一处悬崖下大伙儿补充了路餐，因为太冷，急忙填了肚子便又出发。

本来顺着铁丝网可以一直走小路到山顶，但是老谭拒绝我们去走小道，他说下雨天走那路太危险，必须跟着他走大路。按照户外的规矩，我们必须听向导的话。一条沙土路从山垭口一直盘旋到了山顶，像是一条简易公路。老谭说，这条路以前是拉木头的。物换星移，许多年以前的林区公路一转身就变成了旅游公路，用途变了，本质没有变，都是为了运输。

身在高处，居高临下，一切皆在脚下。白色的云雾沉在山间谷地，我们行走在茫茫云海之上，像飞翔的鸟儿，自由自在。

云海慢慢升起，将我们没入茫茫云雾，如丝的细雨在寒风中飘来，打在脸颊上如同针扎，掠过耳旁的是呼呼山风。

谁说了一句这里有川西的感觉。细细看去，深山峡谷，云遮雾罩，绿草如茵，细雨蒙蒙，还真有点儿像川西的景色。

高山之巅，乌云聚集，我们走在这似路非路的道上，一眼望去，两旁全是绿色的野草和低矮的灌木。中午十二点，我们到达海拔两千五百米的西峰。眼前白茫茫一片，像是站在一张无边无际的白色大幕前，我们像是一个个观众，想努力在这张大幕上看到些什么东西。

我在细雨中站立了许久，心中充满了遗憾。既然什么也看不到，那就继续前进吧。山顶的能见度只有十几米，只能看到周围的野草和脚下延伸的小道，我们紧跟着向导在弥漫的云雾中疾走。

坦中营地

下午三点半，我们钻过一片低矮的灌木林，来到一个坦（天坑）边，老张建议今晚在这里扎营。这是一个很大的坦，直径有一二百米，非常圆，好似用圆规画出一般，站在坑这边看不见坑那边的草木山石。

阵阵细雨飘来，格外寒冷，面对如此恶劣的天气，老李要求和我挤一顶帐篷，也好保障今晚睡觉的温度。

营地海拔两千四百米。

顶着寒冷的秋雨，我们在疙里疙瘩的草甸上支起帐篷，凹凸不平的地面非常不舒服，遇到这样的环境只有将就了。老谭在细雨中将篝火点燃，我坐在篝火旁拿出笔记本做一些记录。老张和朋克去半山腰打水，老李负责做饭，老李拿出一瓶自己浸泡的药酒让大家品尝，都说甘甜醇厚，味道在舌根。

大伙儿盘腿坐在湿漉漉的草地上，一边喝酒，一边聊天，篝火那边已经有熊熊火焰，温暖渐渐扩散开来，整座营地都沉浸在潮湿的温暖中。

老李说起了自己年迈的母亲，说母亲过八十五大寿时，一定送她老人家一幅油画。我不由得想，今年母亲八十大寿，我该送她老人家什么东西呢。

在野外，帐篷绝对是遮风避雨的最佳场所。雨雾中，前方高处两顶帐篷透出微弱的光亮，一点绿，一点红，朦朦胧胧中似有若无。风吹四周，山林涛声渐起，外帐“哗啦哗啦”响。深山的夜晚会给人一种异常诡秘的感觉，此时除了无边的寂静，还有一点心理上的恐惧。

雨中跋涉

大雨下了一夜，放在帐篷拐角的裤子湿淋淋的，像是刚从水里捞出来一样，只好借了朋克一条速干裤穿上。一切能在帐篷里做的事情统统在帐篷里搞定。早晨吃了老李做的烩饼，将背包打好，迅速钻出帐篷，冒雨将营地收拾妥当。

上午八点准时出发。

因为天气关系，今天队伍分成两拨，一拨由老张带领徒步穿越紫柏山，另一拨由老谭带领原路返回去取车。朱哥和老曹原路返回，负责开车去留坝县那边接我们。商量决定后，我们徒步穿越的五个人和大伙告别，开始了雨中穿行。

只要是能够安全顺利地穿过紫柏山，能不能看到风景已经是次要。重装徒步翻越紫柏山，今生也许就这么一次机会。与他们分开后，我们顶风冒雨在泥泞的山路上疾行，眼前仍旧是白茫茫一片，大有“前不见古人，后不见来者”的悠悠苍茫感。

九点五十分，我们走到海拔两千五百米的石海亭附近，十点整到达海拔两千五百四十米的元宝山，这里是紫柏山的最高点。大雾弥漫，山顶小道错综复杂。走了一会儿，老张说：“找不到路了。”他一边努力回忆，一边站在山路交叉口哨着方便面。我拿着指南针，顺着老张指的大致方向，带领大家在雨中疾行。

浓重的雨雾中，我们走过一个个巨大的天坑，却看不见辽阔的山野。一串串水珠流淌过眼镜片，前方的世界变得一片朦胧。那些展现在我们眼前的羊胡子草、高山杜鹃和斑驳裸露的灰色岩石，在雨中都变成了玻璃后面的影像。

又回人间

翻上一道山脊，穿过一片竹林，再横切过一座山峰，我们开始下山。这里的雨水小了许多，然而冰凉的水滴依然在顺着我的裤管往下淌，一直流进了鞋窝，脚浸在水中，一脚踩下去只听着“吧唧吧唧”响，这真是一个倒霉且有纪念意义的旅途。

走了许久，突然发现前方山坡上有许多绿色的指示牌，牌子上只有地名却没有方向和里程，什么七星坦、卧牛坦、百年杜鹃、石海、元宝山、玄女洞、神葱坦、百花坦……不看指示牌便罢，看了指示牌更加让人摸不着头脑。幸而透过一片云雾，发现了远处半山腰上一座白色的蒙古包，还有一条木栈道。

看守蒙古包的人姓冯，很健谈，他说这地方叫后山中岭，在这里看山也有一段时间了。他说这里没有水源，水都是从山下运来的。我取出朋克包里的大瓶矿泉水，让老李煮了热茶，大伙儿在蒙古包里暖一暖湿淋淋的身子。这里有微弱的信号，老张趁机给山那边的凤县打了电话，说老谭带的人还没有回去。老冯说从这里下山最近，虽说路途难走些，但是快。

后山中岭海拔两千四百六十米。

告别老冯，我们重新走进了寒风秋雨之中。

中午十二点三十分，我们到达缆车上站，这里空荡荡得没有人影儿。寻到缆车下方的小道，一步三摔跤，还没有走多远，就摔成了泥人。老张走在我的前面，他回头对我说：“在山顶时，我内心害怕，担心迷路，如果真迷路了，那样多对不起你们这么远来的客人。”我说：“你不必自责，我们现在不是安全出来了嘛。”

我们在山间小道上急速下撤，虽然危险，但是突围的决心和毅力让我们最终站在了缆车下站。

回望去，高耸的紫柏山隐藏在云雾之中，既神秘幽深，又苍茫深挚。

我笑着长叹一声，转过身，我们走了。

告别紫柏山

下午两点，我们到达宽沟，今天雨中徒步行走了六个小时。

顺着山脚下的大路向山外走了几里，就碰到前来迎接我们的朱哥。兴奋、成功、艰辛，让我们紧紧地拥抱在了一起。

翻上云雾迷蒙的柴关岭，峡谷中云海沉浮，聚齐飘然，斑斓璀璨。眼前所见，犹如一幅天然的立体画，美丽、神秘、朦胧。

云海下，雾霭氤氲，云蒸霞蔚，看不见峡谷里湍急的水流和汹涌的浪涛；云海上，凌云绝顶，神奇壮观，峥嵘雄伟，成就了紫柏山千山万壑中的珍宝翡翠。

高耸的紫柏山在我们的视线中渐行渐远，在若明若暗中渐渐隐遁，只有天空中翻滚的云雾，在陈仓古道上飘浮荡漾。

再见了，紫柏山！

2010 年 9 月 30 日

百草千花三滩路

——徒步穿越西秦岭的最后秘境三滩

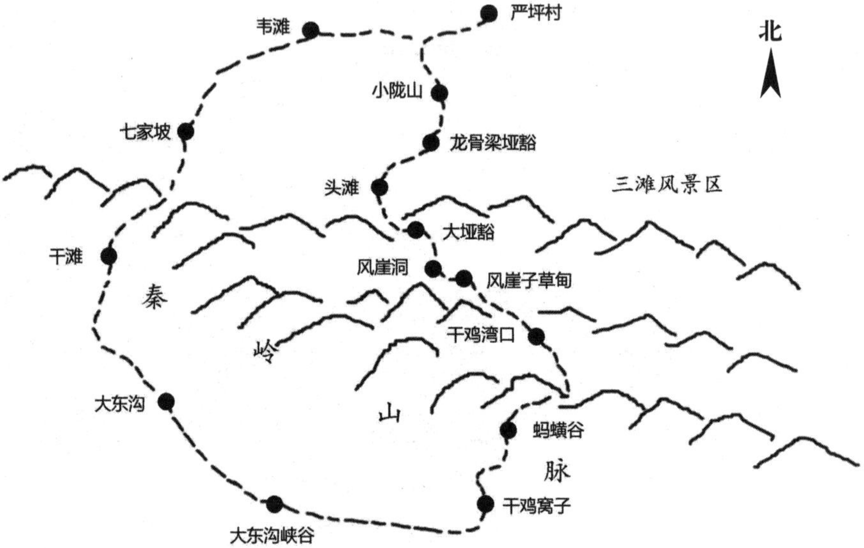

徒步穿越西秦岭的最后秘境三滩线路示意图（乐途绘制）

青泥何盘盘

在一次小型聚会上见到了追月。交谈中，她不经意间提到的一个地方引起了我的注意——甘肃陇南徽县的三滩。五一临近，晋城的小陈还没有确定太行山八径的具体线路，陇南的布衣不停地询问我到底走不走徽县。

我犹豫了两天，最后决定去走徽县三滩。伙伴已经联系好了徽县严坪村的向导，同行的鸽子保证让大家来回都能享受火车卧铺的优厚待遇，一切准备就绪，确定五一徒步穿越三滩，难度等级预设为二级。

同行的旅伴有探幽龙、鞋带、鸽子、小溪、黑妹、空谷传声。有探幽龙大哥随行，我的负担减轻了一半。鞋带跟我走过鳌山、黄桶梁、天华山，黑妹跟我走过大西线、鳌山，只有鸽子、小溪、空谷传声三人是第一次结伴旅行。不过，听说他们也经常在秦岭中徒步旅行，相信都是有经验的户外爱好者。

临走的那天晚上我几近失眠，辗转反侧不能入睡，满脑子都是“青泥何盘盘”那几个字。几天前遇见一位从汉中来的女孩，大学毕业后留在西安工作，她说“青泥何盘盘”是写她家乡宁强县的故事。我纳闷地说：“青泥岭分明是在甘肃的徽县。”她反驳道：“青泥河却在陕西的略阳。”一晚上我就纠缠在“青泥”里面不能自拔。

雨夜中的嘉陵镇

汗流浃背地挤公交车赶往火车站。

晚上八点，列车停靠在秦岭深山小站嘉陵镇。细雨霏霏，刘站长特意前来迎接我们。陇南的朋友布衣已经为我们预订了徽县宾馆，但听说徽县距离嘉陵镇还有二十多公里路程，权衡再三后，我打电话给布衣退掉了宾馆。刘站长叫朋友开了两辆车送我们去十五公里外的徒步起点严坪村。

黑暗中我们穿过一道道铁轨，在蓝光和红光的信号灯中走过狭窄的碎石空间。刘站长问这样的经历是不是没有遇到过，我说平生第一次。我们在火车站几乎没有停留，就离开了嘉陵江边的这座小镇。

车厢里和车厢外一样漆黑，什么也看不见，寂静的大山中只有汽车行驶的声音。安静的氛围被司机打断，他说道："我们这里有一个地方叫蛇窝湾。那里有数不清的蛇，没有毒，是当年和尚放逐的。和尚不许那些蛇外出害人。"停了一会儿，他又说道："距离严坪村最近的风景区是头滩、二滩、三滩，它们相隔都不远。"

我不住地点头。

将近晚上九点，我们到达严坪村的老严家。老严大名严建邦，为人随和，总是笑眯眯的，是附近有名的向导，对方圆几十里秦岭山的熟悉程度绝不亚于他家的庄稼地。

品尝了一桌丰盛的农家饭，尤其是那土鸡肉，是我近十年来吃过最好的鸡肉。饭后老严对我说他明天还要接待兰州来的一个团队，所以不能陪同我们上山，介绍他的一个亲戚来做我们的向导，一会儿他打电话叫来向导严建林（大严）并介绍给了大家。鸽子和小溪不想背负重装，要求雇请背工，老严满口答应。

一切安排妥当，我和探幽龙睡在客厅大沙发上，其他人都住进了客房。

雨淅淅沥沥地下着。我对探幽龙说："如果明天雨不停，咱们就坚决不进山，一定要等雨停了再出发，安全第一是户外活动的基本原则。"

雨中等待

睡到半夜，我被窗外'哗啦啦'的大雨惊醒，半夜不能入睡，担心我们的行程。正在迷糊中听到探幽龙在外面喊："快起来看呀，云海！"

急忙爬起来跑出去，黎明中四面山崖在云雾中若隐若现，覆盖在山坡上的植被经过雨水的沐浴更加青翠喜人，几家农舍隐藏在树林间，听不见鸡鸣狗吠，静谧的山村有点儿世外桃源的感觉。这是我喜欢的那种宁静，这种安静能使人心灵平和。

耐不住性子的空谷传声和黑妹建议向导老严尽早出发。老严摇摇头说不行，下雨爬山太不安全，拒绝了他们的要求。

小溪正在纠结雇不雇背工的问题，思虑再三还是决定雇请背工。她做出的这个决定让她少吃了很多苦头。黑妹没有穿登山鞋，懊悔之极，决定买一双军胶，最小四十号，三十六号的脚怎么穿那么大的鞋，我问女老板："你们女人不穿这鞋吗？"女老板说我们农村女人都不穿这鞋，这鞋是给男人穿的，这种胶鞋防水防滑，农村人走山都穿这鞋。可怜黑妹只好再买四双棉鞋垫才能勉强穿着走路。

雨渐渐变小，云雾慢慢散去，大山露出了青色的轮廓。大严指着东南方向的山垭口说道："如果天气好，我们就从那里翻过去。看来，今天我们不能从那里走了，下雨天泥太多，走不成。"我点点头，当然是怎么安全怎么走。

大严笑了，点上一支烟，坐在房檐下等雨停。

严坪村海拔一千一百三十米。

美丽的头滩

云开雾散，雨水骤停，雨后的小山村愈发显得清新安静。微风吹过，云雾散去，就像揭开了一层轻飘飘的薄纱，山村周围高耸的山崖清晰可见，巨大墙壁似的红色山崖直挺挺地没有错落感，造型简单，但气势磅礴，大家不约而同地赞叹小山村的旖旎风光。

九点多钟，老严叫来了一辆面包车，嘱咐司机将我们拉到距离头滩最近的地方。老严虽然不能带领我们穿越风崖子，但是凭着他已有的经验，坚持让大严背上一口铁锅，再带上一袋盐巴和一瓶菜油，所有这些东西都装在大严那白色的尿素袋中。大严背上袋子叫上背工老王和老潘，带领我们出发了。

路过小陇山林管站，我们进行了例行登记。过了保护站，沿途风光旖旎，绿色葱茏，植被茂盛，不时有野鸡从灌木林中飞起，我们的心情也随着美景而渐入佳境。随着海拔不断升高，植被景观带也在不断变化，我们从阔叶林进入针叶林。此时乌云也来凑热闹，一堆堆云雾在我们身边翻滚，我担心还会下雨。大严说："没事，下不了雨。"

我们的车子费力地爬到了海拔一千四百八十米的龙骨梁垭口，司机停下车，说前面路况很差，他的车不能走了。不好勉强他，大伙儿只好徒步前往头滩。

翻过龙骨梁垭口，眼前豁然一亮，此时云雾已经散去，晴朗的天空下整个山谷都被厚重的绿色覆盖着，山路两旁全是茂密的森林，阔叶乔木，阔叶栎木，针叶林，灌木林，杜鹃林，各种苔藓植物枝蔓虬盘，纵横交错。尤其令人惊叹的是植物彩色的丰富变化，在晨光的照射下，森林的颜色由浅入深，由暗到明，层层叠叠，苍翠欲滴。

雨后的天空晴朗如洗，一片亮丽，远近山峦经过雨水的冲洗和滋润显得郁郁葱葱，生机盎然。幽静的峡谷里清溪奔流，鸟语花香。透过葱茏的花木和青翠的山峦，我看到了一幅生机勃勃的大美图卷。

行走在这仙境般的深山峡谷里，天、地、人融为一体。每个人都好像忘记了自己的存在，用心感受着仙境中的纯净和圣洁。走过宁静的山谷，跨过清澈的激流，翻过铺满绿草的山坡，我们来到了一条被绿色包围的开阔山谷。眼前的景色让我惊叹不已，绿色的山川给了我强烈的审美刺激，我放声呐喊："啊，这绮丽至极的西秦岭！"

老严说："这里就是头滩。"

我怀揣着一颗激动的心，走过一片茸茸草地，坐在一块石头上，开始细细品味眼前令我心醉的风光。

这是一处巨大的山洼草甸，平坦的川谷里长满了绿色的青草，一条清澈的小河蜿蜒在绿色的草甸上，周围的山坡布满了五颜六色的植物。远处的山峦隐藏在迷蒙的云雾之中，起伏的山坡呈现着绿色的曲线，它们交错伫立在草甸的四周。整座山谷散发出芳香的气息，它拥有飘逸、优美的动感。美丽的头滩，流丽倜傥，绽放着动人的魅力。

青泥岭上难攀缘

我们在向导的引导下跨过了那条清澈的河流，再穿过一片长满干枯蒿草的开阔地带，就钻进了一片翠绿的密林。一条小道弯曲地穿过草地，蛇径盘绕在绿色的山坡上，一直通向远处的山崖。

茂密的林地里潮湿泥泞，树木参天，随处都是腐木倒卧，各种新嫩的野草铺满了山坡，一些干枯的树木穿插在绿色之中，变换着林间的色彩。

我背负沉重的行囊，攀爬在陡峭的山坡上，汗水早已将太阳帽浸透，就连发丝都滴着温热的汗珠。走几步我就要停下来歇口气，走累了，便仰起头来痴痴地看着直插天空的高大树木，心里盘算着这些树木的年龄和高度，它们有多少年不知道，但足有十层楼那么高。

远处山坡上的树木好像罩着一层细纱，朦胧地排列在高高的山脊上。几株红色蔷薇的花瓣上凝聚着晶莹的露水，绽放在无人问津的路途上。在山脊休息后，我们继续向上攀登，前方的植被更加茂密，林间潮湿闷热，到处生长着翠绿色的苔藓，许多树干上都裹着湿漉漉的青苔，无意中碰一下，就会将储藏在青苔中的水分挤出来，手套立刻被浸湿。

残留在树叶上的雨水偶尔会滴下来，打在帽檐上“噼啪”作响。闷头攀爬了半个多小时后，我突然听见了一声熟悉的呼喊。仰头看去，森林尽头闪现出一道亮光。钻过铺展在山坡上的一片墨绿色冷杉林，一点四十分，我们登上了海拔两千二百五十米的大垭豁。站在云雾中绿茸茸的大草甸上，我心中不由得涌起高声呐喊的冲动。

正在我准备扯开嗓子欢呼时，大严对我说：“不要喊叫，喊叫声会招来下雨。另外，咱们还得抓紧时间赶路，从这里到风崖子最起码还有两个小时的路程。”

我那刚聚起的热情，瞬间就像一缕清风，飘散得无影无踪。我只好打起精神，继续跟着向导在茂密的竹林里钻。走在密集的竹林里，上看不见天，下看不到地，只能听见前面传来的“沙沙”响声，还有向导的呼喊声：“大家跟紧了，不要拉开距离。”

不知道在陡峭的山坡爬行了多久，我们来到了一道山脊上。然后，再用吃奶的力气沿着异常陡峭的山脊一步步爬上了风崖洞。

大伙儿坐在高崖下的岩石上休息。探幽龙看我饥饿，递过来一块干锅盔。

大严说：“这个风崖洞是一个天然形成的山洞，过去采药的和打猎的人都会住在这里。”山崖周围是参天茂密的原始森林。森林和我们之间好像隔着一层薄纱，看着淡淡的云雾从我眼前流过，不经意间，我的心，也会随着这飞逝的流云飘向远方。

我背靠高崖，闭上双眼，感觉到人世间生命的漂浮。我问自己，我们的生命以及眼前这些巍然挺立的森林，是不是有一天也会如这流云一样了无痕迹。

风崖子的无尽雨夜

顺着山脊我们钻过一大片竹林，就来到了一片开阔的高山草甸。枯黄的草甸足足有几个足球场大，鲜嫩的绿色此时还孕育在荒草之下。大伙儿静静地来到草甸上，我踏着柔软的羊胡子草，在巨大的草甸上寻找扎营的地方。

下午三点半，我们到达风崖子草甸，这里海拔两千四百零五米。

一条溪流蜿蜒在草甸中心的洼地上，缓缓地向远处垭口方向流淌。营地建在一个避风的山坡上，向导顾不上休息，支帐篷，生篝火。帐篷支好后的第一件事就是煮茶喝，辛苦了一天先喝通透，再说其他的事儿。待我将一锅锅挂面煮完吃毕，天也暗了下来。一阵阵冷风裹挟着翻滚的乌云将雨滴泼洒下来，一时间，雨水横扫营地，将篝火扑灭。

我躺在帐篷里，在这深山安静的雨夜，听着淅淅沥沥的雨滴敲打着帐篷。野外露营是一种重返自然的生活体验。在这个过程中，我们能够体会到原始的回归，寻觅超越现实的宁静。

登高，俯视苍穹

雨声彻夜未停，微明中听见探幽龙煮稀饭的声音，雨不知什么时候停了。拉开帐帘看雨后的清晨，雨后的山野草木青翠，天空呈现出了一片蓝色。

大严在岩石边点燃篝火准备做早饭。他一边支铁锅，一边说道："昨晚在塑料棚下守着篝火坐了一夜，又冷又困，不过我们习惯了。"

吃过早饭，大严建议我们一定要去对面的峰顶看看，那里才是风崖子地势最高的地方，不去那里就等于没有来到风崖子。

没有犹豫，我呼唤大家跟着大严往对面高崖爬去。我们穿过巨大的草甸，沿着悬崖钻过一片茂密的竹林，再走过一片幽暗的森林，爬上了风崖子的最高峰。

我站在风崖子的高处，临风远望，眼前豁然开朗，远处的千山万壑呈现着淡淡的蓝色，在迷蒙的青黛色中，云雾像一片片棉絮，被风撕扯着浮在峡谷之中，苍翠的山峦变幻着各种绿色，深沉夺目，层峦叠翠，气象瑰丽。

大伙儿坐在山崖的最高处，凝视着眼前起伏连绵的山脉，感叹着大自然神奇的造化。我在下意识中审视着自己，审视着自然，审视着过往人生。这里虽然只是秦岭山脉的一个支脉，但是绵延不断的崇山峻岭依然巍峨峥嵘，苍翠蓊郁，白云悠然，诗一般装点着西部秦岭。我站在岩石上，这风光动人心魄，激扬起我对大自然、对秦岭的热烈的爱。

秦岭西，大美秘境

上午九点二十分，我们离开海拔两千三百一十米的风崖子草甸营地。

因为昨夜下雨，我与向导大严再三确认今天的线路是否安全。

大严说："我们原来计划走二滩、三滩，但走那边，路程会比较长，而且那条路也比较危险。这两天下雨，那路绝对走不成。我建议改变线路，带你们走一条比较好走的线路，而且离东沟峡也近。"

为了安全我赞同大严的建议，放弃二滩、三滩，直接从东沟峡出去。

清晨的高山草甸在微风的吹拂下，散发着极为清香的气息，晚来的夏日催生着高山上生命的复苏。我们沿着巨大而不规则的草甸向前走，穿过竹林、灌木林和冷杉林，一直来到了一座垭口上。

翻过垭口，展现在眼前的是一个巨大的漏斗形草甸，这是一个标准的塌陷天坑。站在垭口向远处望，山峦起伏的曲线上，覆盖着低矮的灌木林，整个山坳里草甸青青，花木峥嵘。

我们轻松地从天坑穿过，爬上一道山梁，走过结满露水的竹林，又来到了一个漏斗形草甸，这里的天坑比前面的那个天坑还要巨大和开阔。看着这异常美丽的草甸，我放慢了脚步，环顾四周，目光在天与地之间来回穿梭，我的心被这意外遇到的美丽深深震撼。

太阳一蹦一跳地从东面的山峦升起，沐浴在朝阳中的树木花草又焕发出勃勃

三滩最高峰风崖子

生机。大伙儿一个个懒洋洋地躺在草甸上，伸展着身体，享受着清晨阳光送来的温暖。我枕着背包，躺在草甸上，无比惬意地看着天空中飘过的云朵，静静地听着吹过草尖的山野风声。

远处鸽子和小溪正在乐此不疲地拍照，好像来到了仙境。

我们爬过天坑，站在高高的山崖上向远处望去，尽收眼底的壮观景色再次让我心潮澎湃，行走的脚步与美丽的景色如影随形。我一边默念着大美，一边张扬地伸开双臂，想让大自然的清流充满我的血管，融入我的身体。

所有人都好像初次与秦岭见面，毫不吝啬地夸奖、赞美、感叹之声不绝于耳。

朝阳的光辉缓缓隐入峡谷高处的云雾，空蒙的山谷只留下了我们行走的脚步声。

美景一路不断，我们钻竹林、下悬崖，来到了一个叫作“干鸡湾口”的山坡上。此时明媚的阳光照耀着山野，平缓的山坡上覆盖着一层绿茸茸的青草，新嫩的草儿经过雨水的冲洗和滋润，郁郁葱葱，生机盎然，整座山包绿草如茵，葱葱茏茏。见此景色，大伙儿干脆不走了，坐在草地上一边休息，一边欣赏美景。

在大严的一再催促下，我们离开覆盖着青青绿草的松软山包，穿过长满了弯曲树木的平缓山坡，迈着欢快的脚步走向山谷。今天遇到的景色让我心醉，我开始后悔没有带王领导，黑妹的感受没有和最亲的人来分享，心中有些遗憾。我对黑妹说：“秋天一定要带王领导来这里看看。”鞋带也说：“下次来一定带上小刘。”黑妹说：“下次来这里一定要带上亮妹。”

大伙儿面对眼前美丽的景色，不知该怎样形容心中的感受。我对大家说：“等到秋天，还是这位向导大严，我们相约再来三滩。”

意外负伤

我们顺着山坡向下走，前方的山谷开始收窄，一条长满绿色苔藓的石头河从山顶一直倾泻到谷底，石头缝隙中长了许多像荷叶一样的植物。向导说，那东西叫大黄。

石头河就是第四纪冰川留下来的地质遗迹，秦岭山脉在海拔两千米以上多有这种特殊的地貌。过了石头河，山谷不但更加狭窄，而且倾斜度进一步加剧，我们顺着山谷左侧，在山崖底部缓慢地向下挪动。

向导不断发出告诫：“大家慢点儿走，不要踏落石头。”山路开始变得陡峭异常，稍不注意踩上松动的石头，山坡上就会有飞石滚落，上面的人不时向下喊叫：“注意落石！”

话音还未落，就听见上面传来探幽龙急促的喊叫声：“别动，别动！小溪骨折了，骨折了！你看已经弯了！”

探幽龙的声音很清楚，并且一再重复着。大严和黑妹站在我的下方，我对大严说：“快把包放下，咱们上去看看什么情况。”叮嘱黑妹站在原地别动，说完我立即卸下背包，转身爬上去。

当我看见鸽子正用手扶着小溪的胳膊时，急忙对大严说：“赶紧砍几根树棍来。”探幽龙站在小溪的上方指挥鞋带将魔巾剪开，裹住小溪的胳膊，又将几根木棍缠在小溪的小臂上，最后用小溪的蓝色纱巾将手臂吊起来。

小溪的额头汗珠滚动，脸色煞白，嘴角抽动，不停地呻吟。我唯一能做的就是进行心理安慰和疏导，努力让她在精神上战胜痛苦。我让她动一动手指，小溪照办。我对她说：“没关系，手指能动证明没有骨折，不要惊慌，估计只是软组织受伤或者骨裂，回去拍个片子。”

过了一会儿，小溪稍微镇定后我对她说："有一次，我爬山不注意，髌骨粉碎性骨折。我当时的心情特别沮丧，心想后半辈子一定不能再爬山了。后来做了一次成功的手术，九年来我还在爬山，并没有影响我的生活。"

小溪听后点点头，我给她喝了饮料，不一会儿，她的脸色渐渐变得好看了。我对她说："户外旅行这么多年，我身上多处骨折，最多一次三根肋骨齐茬儿断了，你比我强，你很勇敢。"

听到此番话，小溪先是一惊，然后笑了说："你真厉害。"

小溪如此坚强，我把照顾小溪的艰巨任务交给了大严，并且反复叮嘱他一定要慢点走。大严安排老潘在前面探路，自己在中间搀扶着小溪，背工老王断后。

山谷里的树木依然非常茂密，往往几步的距离就看不见前面人的身影，大严走在后面，不停地喊老潘确定正确的方位。

听说今天的路途还很漫长，我心中不安起来。因为刚才意外的遭遇，我不再好催促大家，只好不停地说："大家走路小心点儿。"

已近花甲之年的探幽龙早已走得气喘吁吁。他不停地问我："如果这是二级休闲线路，那五级徒步线路是什么样子？我看这条线路六级、八级都有了，回去写游记，记得将文章名字写为'二级休闲'。"

黑妹说："来之前我以为真是休闲旅行，所有东西都完全按照两天休闲来准备的，谁料想会是这样艰难的路。不过，这样的路走起来还是蛮刺激的。"

鞋带好像找到了感觉，丝毫没有恐惧，他说："这样的徒步线路真棒！"

我的心里五味杂陈，不知道这究竟是去天堂的路，还是入地狱的门。

峡谷到处都有塌方，巨大的山石叠摞，让我们的攀缘更为艰难。大严望着已经陌生的山谷说："十几年没有走，我都认不得了。这应该是地震弄的，塌得都找不见路了。"

后面的探幽龙还一个劲地念叨着"二级休闲"。

我说："没想到，今天的路这么难走。如果再来三滩，绝对不走这条路。"

探幽龙说："下次来就自驾，在头滩扎营。"

蚂蟥谷

我正低头走着，忽然发现黑妹的鞋上有一只探头探脑四处蠕动的蚂蟥，指给她看，引得她一声惊叫：“妈呀！”老王听见赶紧过来用手捏起弹簧一样的蚂蟥，然后用烟头烧死，他说道：“别害怕，不咋地。”

一听说有蚂蟥，大家赶忙检查自己身上，一眼望去几乎所有人身上都出现了蚂蟥。鞋带小腿上的血已经凝固，裤管上洇了一大片血迹。忙乱一阵，抓完蚂蟥，大家提心吊胆地跟着老潘爬上陡壁悬崖的半山腰。此时，我人在山腰上小心翼翼地横切，心却在嗓子眼儿里跳动，难道这就是大严所说的那条好走的路。

我们每个人犹如猿猴般翻石爬树、攀岩抓枝，下到了一个非常狭窄的峡谷底部。峡谷前面就是断崖绝壁，无路可行，大严让大家坐在这里等候，他们三人去寻找可以行走的道路。我看着他们仨爬上几十米高的悬崖，然后消失在了悬崖那边，心中忐忑不安，不知下来的路该怎么去走。

大家都站着，没人敢坐，唯恐蚂蟥上身。

被蚂蟥“缠身”的鞋带

大概等了几十分钟，突然听到山那边传来大严的声音："架桥。"

大约半个小时后，大严从上面下来说桥架好了，过了这道山崖就可以到营地。

黑妹、空谷、传声、鞋带、探幽龙依次爬了上去，消失在了山的那边。山谷幽静，没有丝毫响声，沉默的山崖那边也没有传来惊呼和尖叫。轮到我们了，鸽子说让我先走，她留下陪同小溪最后走。我鼓起勇气，背着大包爬上悬崖，顺着半山腰刚踩出来的一条小道绕过一道垂直崖壁，在一道百米高的光滑崖壁上看到了那个所谓的"桥"。只见一根碗口粗、五六米长的树干横在光滑垂直的崖壁上，几根从崖壁缝隙中生长出来的小树枝干横着支撑着"桥"，三根挂在"桥"上方藤蔓中的细木棍用来固定身体，把这个"桥"叫作"栈桥"应该更加贴切些。老潘和老王站在栈桥两头，一个负责送人，一个负责接人。

我看着前面的队员晃晃悠悠地走过去，鼓起十二分的勇气，背着大包，手扶崖壁，踏上了这个临时搭建的空中栈道。我紧贴着崖壁，双手交换抓着上方的树棍，一点点、颤巍巍地移过悬在空中的独木桥。我走过去，站在栈桥的另一端，不敢向下看那光秃秃的百米绝壁。远远听见小溪的尖叫声，我的心脏也会随着她的叫声跳个不停。

过了栈桥，顺着陡峭的岩壁一点点下到侧面的山坡，然后钻过一片树林，就看见了悬崖下面的一片草地，估计那里就是今晚的营地。

站在一片乱石堆上，我长叹一声。如此危险的经历，让我既后怕，又庆幸。我对黑妹说："幸亏王领导没有来，太危险了。"

经过千难万险，五点四十分，我们到达海拔一千六百零五米的干鸡窝子营地，垂直下降了一千米。我卸了背包，坐在石头上，深深呼吸一口气，浑身瘫软了下来。

下午，一点五公里的路程，我们走了将近四个小时，大伙儿的血水、汗水早已浸透了衣裳。我仰望高崖上的那一"座"栈桥，不仅觉得高，而且觉得很危险，不敢相信我们都是从那里过来的。

看着探幽龙记录的等高线地图，我们今天走过的那条蓝色轨迹，密密麻麻纠缠在一起，像一团理不清的乱麻缠绕在高耸的山峰。

今天我们绕着悬崖来回穿梭，不知走了多少折叠往返的山路，随着队伍安全地来到干鸡窝子，我的心也跟着落了地。

温暖的营地

下到营地后，三位向导顾不上休息，就为大家平整营地，再帮助大家支起帐篷，这是我几十年来遇到过最好的向导团队之一。

天色渐渐暗了下来，大严拢起一堆篝火，大家围在一起，享受着深山夜晚的温暖和宁静。熊熊火光将我的身影映照在了巨大的崖壁上。

大严一边将铁锅架起，一边说道：“今后再也不敢带人走这条路了，太操心啦。”

我帮助小溪支起帐篷，她的骨伤问题不大，她还帮助鸽子用向导的大铁锅为大家做了一大锅汤面条。汤面上漂着一层油红辣子和西红柿鸡蛋，再加上白色的葱花，一看就让人食欲大增，每个人都美美地吃了一大碗。饭后大伙儿围坐在篝火旁，兴奋地谈论着今天路途上的经历，耳边飘过的大多是“刺激“和“惊险”的感慨。

我正准备接受黑妹的提议给大家唱一首歌，突然被黑妹的一声尖叫打断。大严从黑妹的雪套中抓出了两只蚂蟥。不一会儿，小溪又大叫一声，伸出胳膊叫大严，只见一只蚂蟥正在她的左手腕上吸血。突然出现的蚂蟥让老王、大严和老潘齐上阵，把眼睛看得见的蚂蟥统统抓住拔出来搓死。鞋带脱下外裤查看自己小腿上的蚂蟥伤口，鸽子的手腕仍然血流不止。一时间，蚂蟥恐惧症在营地蔓延开来，大家惊恐地翻着各自的衣裳寻找潜伏的蚂蟥，完全将篝火晚会的事儿忘在了脑后。

心有余悸，大家儿都急速钻进各自的帐篷，这场由蚂蟥主演的晚会就此落下帷幕。

东沟峡谷

上午十一点，我们来到了东沟峡谷。宽阔的河滩上遍布白色的卵石，一条清澈的小河从上游流淌下来，河床上自然堆积起了许多石坝，形成了几个幽静的水潭。大伙儿坐在水潭边休息，每个人的心情都和这幽深的水潭一样清澈。有了河流，就有了一种走出生命禁区的释然。

三位向导闲不住，在河滩里寻找当地特产“燕子石”。鸽子在河水中寻到一块漂亮的燕子石送给大严，大严不好意思地说：“这块燕子石就算暂时寄放在我家，等你下次再来就拿走。”我们相信这个原始的具有绝对诚信度的口头约定。休息好后，我们跟着老潘再次出发，队伍在河道上穿来跃去。我也给包里放了几块捡来的燕子石。

因为刚下过雨，许多石头都被淹没在水里，偶尔露出水面的石头也是异常光滑，带头的老潘用双脚在河边的沙地上蹭了蹭，然后蜻蜓点水般地向着对岸飞跑过去。

我学着老潘的样子，踏上那一溜儿光滑的石头，自以为身轻如燕，结果身子一歪，失去重心，一屁股坐进水里。

站在河岸上的老潘瞧见这一幕，立即撂下包，飞奔过来将我拉起，他说：“你要在沙子上蹭一蹭脚底板，那样踩到石头上才不滑。”我浑身湿透，如落汤鸡般地坐在河岸的石头上，很沮丧、很郁闷地脱了鞋子倒水，这才对老潘刚才为什么踩沙子的事儿恍然大悟。

我一身狼狈相，一瘸一拐地走在峡谷里，隐隐约约地感到尾巴骨痛。

幽深的水峡

过一道河时，老王为了搀扶黑妹失去重心跌入一米多深的河中。让人意想不到的是，就在老王坐进河水的刹那，黑妹不顾一切地扑入河水，从后面使劲拉住老王。我站在河对面高处，目睹了这一幕，心里对柔弱的黑妹产生了深深的敬意。

因为我们要赶晚上的火车，大伙儿心里都不敢松懈，前进的速度明显加快。路上遇见几个在河滩里寻找燕子石的山民，我们的突然出现使得这些山民惊愕不已。他们问我们从哪里来，我说从风崖子那边来。他们摇头不相信，说那路根本走不成。

遇到了这么多山民，我心里不再虚慌，这说明距离山口已经不再遥远。

我们顺着清澈的河水继续向前赶路，前方的山谷突然收紧，犹如两道黑色的大门，紧锁着东沟峡美丽而神秘的山水。透过一线天的狭窄山谷向外望去，黝黑的山崖外是明亮的天空和逶迤的青山。前方广阔的天地令我兴奋又激动，那种在黑暗中漫无目的行走就要结束了，我们终于见到了天日。

溢满峡谷的河水倒映着两侧崖壁，静谧的峡谷呈现出非常美丽的景致，我在惊叹美丽风光的同时，却也陷入茫然，前方路在哪里？仰望四周，均是高耸天际的绝壁悬崖，毫无攀登的可能。我踏着河水浅滩向前摸索，走近了才发现崖根处的栈道孔下有一排没入水中的石头。

黑妹的军胶鞋早已湿透，过河时索性不再脱鞋，大步流星涉水过河的身姿流露出一种山野精灵的美韵。我穿着湿透的登山鞋，蹚涉在蜿蜒的深山峡谷之中，追逐着峡谷尽头那一抹灿亮的天空。当我涉过最后一道河，走出峡谷，敞亮的前方是一大片绿色的草甸，河岸上有一户废弃的孤零零的农家。顺着弯曲的小路一直往前走，我们就来到了大东沟。

走在川道宽阔、绿草茸茸的大东沟，我在寻找那个传说中的原始村落，向四周望去，除了几间即将倒塌的农舍，什么都没有。对面山坡上有一座小庙，虽然破败倒塌，但在那传统的建筑上，依然可以看出当年精美的做工。

大严说这里叫干滩。

因为农户外迁，这里不再农耕，原本的田地慢慢荒废，漫无边际的野草再次回归。一位山民带着一队兰州游客从山上溶洞下来，听说我们从干鸡窝子出来，山民不胜感叹。

来兮归去

从干滩到严家坪十多里路基本是沿着东沟河岸行走。

走了一天的旱路、水路，脚底板火辣辣地疼，身上的东西也显得格外沉重，真想扔掉那些燕子石，只是看到黑妹在我前面奋力行走，才打消了减重的念头。

看到山坡上那些层层梯田，第一感觉是我们的目的地就要到了，第二感觉是山民们耕作辛苦，第三感觉是这些田地距离山村为什么那么遥远。

我们沿着一条看不见尽头的机耕路一直向前走，拐过一道弯又一道弯。远远看见半山腰上的严家坪，走过被几棵古柏围着的墓地，再穿过一条小街道，我就来到了老严家。

下午五点十八分，我摇摇晃晃地走进了严建邦家，没有说话的力气，连手杖也拿不住，坐下来就无法站起，什么也不想做。

我对探幽龙说："也许这是我最后一次背负重装行走。"

看一眼高耸村边的千尺绝壁，没有云雾的遮盖，清晰的崖壁纹理上点缀着一丛丛绿色的植物。此行走过了西秦岭的秘境之地，秦岭是不是应该在我的徒步旅行中有一个了断呢。

探幽龙继续摆弄着他平板上的那些软件。鸽子背了一天的背包，并没有显出一丝倦意。鞋带继续寻找裤子上的蚂蟥。黑妹换了一双拖鞋穿上。小溪状态很好，看来胳膊的问题不大。空谷洗了凉水澡说很爽。

我在对面小商店买了一双拖鞋和一双袜子，将登山鞋打包，吃过晚饭付了向导费后，我们与老严握手告别。老严不忘给大家一人发一张名片，嘱咐大家下次再来。我们坐上一辆面包车，在夜色中驶离严家坪，和来时一样，在夜里来，又在夜里离开。

夜色中，我们离开了嘉陵镇。

三滩之行，无法用级别准确定义。

我望着黑暗中的青泥岭说："没有平地不显高山，只要走过，难道还在乎它有几级？"

我默默地与严家坪告别，关上了心中那扇西秦岭的神秘大门。

2013 年 5 月 25 日

大秦岭的优胜美地

——徒步西秦岭最高峰措美峰

大秦岭西端的最高峰

第一次看到“措美峰”这三个字，是在《国家地理》杂志的一篇文章中。

在那篇文章里，我第一次知道了位于遥远甘南的措美峰也属于大秦岭山脉。措美峰是秦岭山脉中迭山山系的高峰，它西起甘肃省临潭县北、迭部县南的迭山（白石山），以昆仑山脉为界，向东经天水南部的麦积山、两当、徽县进入陕西。它东止于陕西与河南交界处的邙山、熊耳山、伏牛山。山脉南部则由陕西延伸至湖北郧阳区。秦岭山脉东西全长一千六百余公里，南北宽二百余公里，面积广大，气势磅礴，蔚为壮观。

迭山主峰措美峰怪石嶙峋，突兀耸立，一座座犬牙交错的山峰如同一把把银光闪闪的利剑直插天空，如云中女神，雾中天仙。世外桃源般美丽的小山村扎尕

西秦岭最高峰措美峰

那就在迭山脚下，大自然赋予了这片土地神奇的风光和亘古不变的灵性，美好的自然环境和奇特的生态系统令人赞叹与神往。

措美峰位于甘南迭部县卡坝乡，是广义上秦岭山脉的最高峰（海拔四千九百二十米）。对于大秦岭山脉的最新解释，更新了我的旧知，秦岭山脉最高峰不是太白山（海拔三千七百六十七米）而是位于遥远的迭山措美峰。

美丽的甘南

自从知道了措美峰，心中便又有了一个心愿：走进迭山，穿越措美峰。

上个月和老蔡斯聊起有朋友从卓尼徒步穿越扎尕那的事儿，我不禁赞叹白石山的雄壮，扎尕那的秀美。老蔡斯说："扎尕那算什么，你看看这张照片。"说着他拿出一张出自兰州摄影师之手的措美峰照片。画面前景是一片开阔的山谷，绿草如茵，牛马成群，远方是绿色蓊郁的山峦，山峦后边是连绵起伏的陡峭石峰，那些孤独的岩峰挺拔而俏丽，在蓝天下尤为壮美。

藏地牦牛

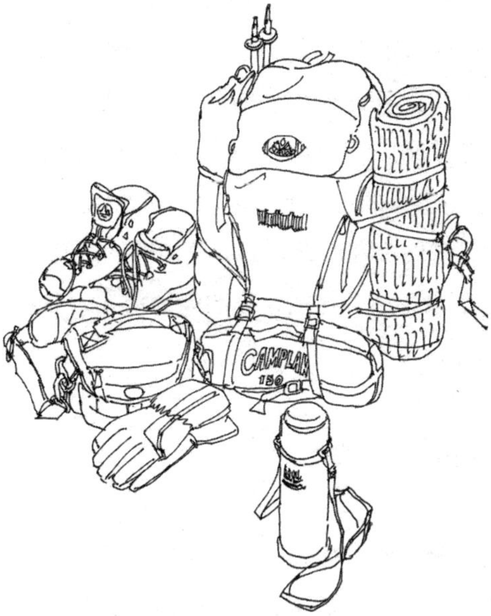

行头

我立即对老蔡斯说："你选个时间，我们去走一趟措美峰。"老蔡斯说："像措美峰这样的山峰，估计目前还没有人能登上去。"我对他说："我们只是去徒步措美峰，近距离欣赏它的壮美，就这么定了。"我们呼朋唤友，立即组成了一个车队，择日便出发去往甘南。从西安出发，我们用了一整天时间，行驶了七百七十公里来到了卓尼县。这是时隔十一年，我又一次开上自己的爱车穿山跨河来到了甘南。我们来到卓尼县的第二天，就去拜谒了距今已有七百多年历史的禅定寺。寺庙外围正在重新修缮，因为来得早，寺庙大殿空空荡荡，我们细致地观看了大殿里精美的壁画，欣赏整座寺庙的精美建筑。禅定寺是安多地区最古老、规模最大的名寺，非常值得一游。

离开卓尼县城，我们选择了一条鲜为人知的山间便道前往迭部县。车队在尘土飞扬和坎坷不平的山路上颠簸，穿行在耸立天际的白石山中，一路上翻越了几座飘扬着彩色经幡旗、海拔在四千米以上的垭口。我们在裸露如犬牙交错的岩石山中盘绕迂回，一座座山峰，一片片森林，一条条河流，一处处牧场，一顶顶毡房，一群群牦牛……面对陌生与壮美的景色，我想不通，这里也属于秦岭山脉。

眼前那一座座如利剑般直插天际的峰峦峭拔挺立，壮观无比，我不由得赞叹大自然的鬼斧神工和壮阔广袤。同时，也赞叹大秦岭的景色如此多样。老蔡斯说："这就是秦岭山脉迭山山系的主要地质地貌，多是光秃的岩石和原始森林。"

整整一天时间，我们都在西秦岭的莽莽山岭间穿行，藏蓝色的天空、灰白色的岩石和翠绿色的草原森林，这些色彩的强烈对比，铸就了措美峰的古朴深厚、沉雄啸傲的磅礴气势。

世外桃源扎尕那

下午五点，我们翻过参差林立、千仞绝壁的石镜山，来到了扎尕那垭口。大伙儿站在高高的垭口上，居高俯视着整座峡谷，山谷里的扎尕那呈现给我们世外仙境般的美丽。

"扎尕那"意为"石匣子"。这座小小的盆地，犹如一座完整的天然"石瓮"，像一座规模宏大的古堡，又似天然构筑而成的一座完整城池。扎尕那北面是巍峨恢宏、雄伟壮观、璀璨生辉的光盖山，也称"石镜山"，因灰白色岩石反光而得名；东边是俊俏挺拔、高耸入云的巨大崖壁白石山，也叫迭山；南边是两座拔地而起的石峰，相峙并立而成的石门山；再向南一直到东哇村、纳加村一带，也是峭壁矗立，峰峦错落。

扎尕那周围是一片片即将成熟的青稞田，金黄色的梯田从山脚一直连接到远处的山谷。村子中水磨飞轮，流转不息，鸡鸣牛哞，一派田园风光，安静的小村给人一种世外桃源的感觉。

这是我第一次来到传说中的扎尕那，顺着弯曲的下山公路，我们的车队穿过熙熙攘攘的扎尕那，直奔迭部县城而去。

扎尕那的空气中弥漫着燥热的气氛、烈日炎炎下尘土飞扬。

措美峰的格桑花

我们在迭部县城住了一晚，第二天一大早就起程去措美峰。

出了安静的小县城，穿过一道青山绿水的山谷，顺着盘山路翻上海拔二千五百米的马日拉则山垭口。垭口上的风儿将经幡旗搅动得“哗哗”作响，在这里我嗅到了高原的气息。

我们远远就看见了深藏于云雾之中的迭山主峰措美峰，在它周围是无数高低错落的山峰，那些峰峦造型各异，冷峻挺拔。

老蔡斯说：“据说，要想一睹措美峰的真容极其困难，有的人苦等十天半月也不一定能看到，还是我们与措美峰有缘啊。”

云层之上是朗朗晴空，整个峡谷清晰可见。不一会儿，我们就来到了措美峰脚下的尼贝村。在村头，我们碰到一位老妇人，她左手拨弄着念珠，右手摇着转经筒，双目注视着措美峰，神色平静而安详。

当她得知我们要去叩拜措美神山时，便转身去旁边的山坡上折了一束野花送给我。她用混合着藏语和普通话的语音说道：“拿上，拿上，这束花是捎带给神山的礼物。”

我把那束黄花放在挡风玻璃前，整个车厢立刻弥漫着淡淡的清香。我自语道：“忘了问这是什么花了。”

藤藤说：“应该是格桑花，格桑梅朵，它象征着我们在徒步措美峰的路途上吉祥平安和圣洁幸福。”

格桑花。

是啊，格桑梅朵象征着高原上所有生命力顽强的野花，它们美丽而不娇艳，我喜欢它们。

老妇人的形象深深印在了我的脑海之中，她那不可思议的举动，定格在我的心头，沉甸甸的。在我的记忆中，吸引我的不是她胸前的玛瑙珠和紫红色的面孔，而是透着顽强生命力的心境，她与格桑花一样吸吮着高原上的天地精髓，表现出一种涵养天地的浩然之气，就像一朵山风中站定的格桑花。

与措美峰热烈相拥

上午九点，我们来到了位于半山腰海拔两千九百米的措美峰旅行者之家。

这个接待中心是由村民互助成立的，专门用来接待徒步措美峰的游客。一位姓陈的兰州大学实习生接待了我们，他在这里做一项论文课题，是关于农牧区的旅游开发。这个题目很大，涉及精准扶贫的诸多社会问题，他来这里已经一个多月，再过几天，他就要回兰州大学去完成他的毕业论文。

小陈给我们介绍了有关徒步登山的注意事项和相关费用，并安排了一名年轻的藏族向导为我们带路。向导名叫南吉，十七八岁，腼腆少语，他牵来一匹黑马，说如果谁走不动了可以骑这匹马。一切准备就绪，我们便跟着南吉，向着远方高耸的措美峰前进。

大美山峰

队伍顺着一条“之”字形小路穿过松林，走过绿茸茸的草甸，钻过茂密的云杉林，就来到了将森林和草甸分割开来的山脊上。山脊的北侧是蓊郁的原始森林，南侧则是如茵的绿草。随着海拔不断升高，俯视和眺望的景色也随之不断变化，远山层层叠叠排列，一直连接到了遥远的天际，一堆堆白云将大地与天空分隔开来，悠远而辽阔。

翻上一座山，队员之间慢慢拉开了距离，我们在无比幽静的大山中缓缓而行，边走边看，心中充满了对措美峰的好奇，在没有路径也没有方向的高山上，难得有一种自我放松的激情。

我们沿着山脊翻过一座浑圆的山包，突然发现远处山顶上有许多黑色的牦牛。在我眼前，静止的生命和移动的生命同时出现，我抑制不住兴奋的心情，撒开双腿一口气爬上了对面的山顶。

我一路走，一路欣赏，一朵朵流云从头顶飞过，将一片片阴影留在山坡。我停下脚步，短暂地享受着山顶上的凉爽气息。

不一会儿，我在山顶的最高处追上了牵着马的南吉，他对我说：“我们的徒步到此为止。”我看看手表，这里海拔三千六百米，与措美峰峰顶垂直相差一千多米，怎么就停滞不前呢？

我向远处眺望，视线被前方飘扬的彩色经幡旗和风马旗遮挡。

南吉笑着指着右侧的群山说：“你看那里，你已经看到了措美峰。”

我顺着他手指的方向望去，几乎屏住了呼吸，默默凝视着前方那座从万山之中直插云霄的白色峰峦——措美峰。赶紧呼唤身后蹒跚爬上来的王领导，激动地指给她看：“你看，那就是措美峰！”

从这里俯视措美峰周围的群山，迭山、岷山，千山万壑尽收眼底，万山苍翠，雄浑肃穆，茫茫林海，松涛澎湃。远望峰岭峻拔的山间峡谷，遍布着浓密高大的云杉，茂密的墨绿色森林覆盖着整个大地。那些高山石峰间夹杂着绿茸茸的高山草甸，浑圆的山脊上是草原牧场。这里山同水相依，云与雾交汇，气势磅礴，自然清纯，一群群黑色的牦牛漫步山巅，蓝天白云下的景致异常壮观。

我想，在绵延千里的茫茫西秦岭山脉中，再没有比措美峰更挺拔、更俏丽、更神秘的山峰了。措美峰如同一座银色的金字塔，直插云天，守护着神圣、庄严

措美峰全景

与静穆的西秦岭，簇拥在它周围的大小山峦，更像是无数虔诚的信徒，向着措美峰顶礼膜拜。

看着这座凌云绝顶、摄人心魄的高山，我周身的血液都在热烈地沸腾，我匍匐在草地上，深深嗅闻着措美峰特有的气息，感悟着大美秦岭所拥有的深奥境界。

阳光下，我站在山脊的最高处，向着雄伟挺拔的措美峰，张开双臂，想紧紧拥抱它。

我对南吉说："下次，我还要来措美峰！到时候，你带我去穿越。"

南吉点点头，伸出手指比画着："需要三天时间，翻过那个垭口，从那里过去，海拔很高。"他指着措美峰旁边的一座山口说。

我笑着说："没问题。"

我爱措美峰，我爱大秦岭！

2016年8月21日

高天之下

——徒步西秦岭池扎拉山

池扎拉山

池扎拉山（当地人叫它“露骨山”）坐落于青藏高原和黄土高原的衔接地带，属于广义上的西秦岭山脉，海拔三千九百四十一米，比东秦岭主峰太白山高出一百七十四米，是西秦岭第五高峰。当地有民谣说“漳县有个露骨山，比天还高三尺三”，形容池扎拉山的险峻挺拔。站在池扎拉山上俯视大地，可以看到大片人工种植的当归田、成群的牛羊和山川河流，其景色艳美至极。

池扎拉山

国庆节前夕与作家叶广芩小聚，席间晚枫向我推荐了位于甘肃省漳县境内的西秦岭池扎拉山，并希望有机会可以一起去攀登或穿越。我在网上搜索了一些有关池扎拉山的登山攻略，大致了解了那里的民俗风情及地理地貌，心中有了数，便开始着手准备徒步的事宜。

滩歌古镇

十一黄金周第一天，免费的高速路上车流滚滚，大车小车混杂在一起，组成了一眼望不到头的钢铁洪流。

早晨从西安出发，经过七个多小时的奔波，下午五点多到达武山县滩歌镇。滩歌镇号称定西第一古镇，站在冷飕飕的古镇街口，透过高大的牌坊，目光所到之处均是一片败落景象。我们一行人在东张西望中步入了一条混杂着几个时代建筑风格的老街道。我边走边看，一条笔直的街道直通山脚，街道两旁到处是尘土和苞谷秆儿，连同建筑本身，整条街道十分单调，没有一点儿色彩。

小镇上空弥漫着一股浓重的烟熏味儿，只见一位老妇人抱着一堆苞谷秆儿正在往墙上的孔洞里塞。问她干吗，她说，天冷了要烧热炕哩。

静悄悄的老街正沐浴在夕阳斜照之中，几个老年人蹲在墙根眯着眼睛尽情享受着落日余晖的一丝温暖。其中有一位穿黑棉袄的老人吸引了我的注意力。他头戴一顶瓜皮帽，嘴里叼着一根旱烟锅，脚蹬一双白底黑布鞋，沧桑的脸庞上瞪着一双疑惑的眼睛，看着我们这些陌生人从他面前走过。

我认真地看了一眼这位老人，古镇悠远的感觉才慢慢地溢上我的心头。老人们是古镇历史的见证者，所有这些都可以从他们的穿着和历尽磨难的表情中看出来。我没有去打扰老人安静的时光，默默走开了。

日头落了下去，天边的乌云慢慢聚拢，冷风渐起，整条街道开始散发着呛人的烟熏味儿，家家户户都在烧热炕。街道两旁那些参差不齐的老旧建筑里的人们，都在忙活着各自的事儿。低矮的磨坊里发出了机器的轰鸣声，酿酒坊门口堆放的酒糟还在冒着热气，一股酒香味儿扑鼻而来；油坊门前摞起高高的圆坨油渣，老屋里有人正忙着垫压木杠，榨着菜籽油。牛的叫声将我的注意力转到了一间饲养室，一个戴着白帽子的老汉正将一头老黄牛拉进黑暗的牛圈，另外两人则在旁边的院子里用大铡刀铡草……眼前所看到的场景完全是北方农村过去的缩影，这里的一切还停留在二十世纪的记忆当中。看着眼前一幕，我似乎又回到了下乡的年代，好熟悉的气味，好亲切的记忆。

我们离开滩歌镇，天黑前到达马力镇，正遇镇子停电。黑暗中找到一家馆子吃了羊肉面片，然后就近在十字口安顿在了一家小旅社，小店的标准间三十元，便宜得让人不敢相信。老板娘待人特别好，她担心我们这些大城市来的人讲究，特意给大家换上了崭新的床单、被罩和枕套。

虽然只是秋季，这里的人们就已经用上了电褥子，我不由得感叹这高寒山川的冷寂。夜晚的小镇很安静，除了街角超市的彩灯还在闪烁，街道上早已经黢黑一片，没有行人。

身处偏远小镇，这里的环境让我好像又回到了从前。我在内心深处摘取着前半生相似的美好记忆，在这僻壤之地感受着慢半拍的生活节奏。

我喜欢这里的生活状态。

千佛洞

为了等待晚枫一行人，我们计划在武山多留一天。

一大早我们先去了木梯寺。然而，木梯寺正在维修，不得进入，我们便从木梯寺转而去千佛洞。国庆假期，小景区也是人满为患，游客大多是当地人。

买票进入，拾阶攀缘而上，徒步几公里来到了半山腰的一处摩崖造像前，历经千年的崖壁泥像已经所剩无几，令人遗憾。山下水帘洞大石佛浮雕却保留完整，且非常壮观，崖壁上还有许多残缺但依然精美的彩色壁画。

转到中午，肚子饿了，正好路过寺庙食堂，一个和尚说庙里有斋饭可食用，我们便拐进偏殿食堂院子，一位年长的尼姑正在收拾锅台灶具，她指着旁屋里几位正在吃饭的游人说："你们来晚了一步，他们刚吃完。"我遗憾地咽下口水，退出去，临走瞥了一眼那几个人的饭碗，美味的汤面片。

回到停车场，我们匆匆吃了自带的路餐，然后赶往金钟乡方向去和晚枫一行人会合。

一路县道，景色和陕北很相似，两侧都是光秃秃的黄土山峁，沟壑纵横，一望无际。刚翻过一道山梁就下起了太阳雨。此时空中乌云翻滚，大雨倾盆。但是，太阳却在云层的缝隙中将耀眼的光芒投射到大地。

池扎拉村

我们冒着太阳雨来到了寨子川村。村主任说这雨下不了多久，让我们不要担心和焦虑，明天一定可以上山。一个多小时后，晚枫一行人与我们会合，车队在雨后的黄昏经过纳仁沟来到了登山大本营池扎拉村。

到达村子时正值晚饭时间，场院四周围满了看热闹的村民。

经过村民指点，大家在场院上集中扎营，准备晚饭。建好营地，我便奉行一直以来的出行原则"有困难找政府"，拉上同行立即去村庄边缘的村主任家。村主任家很简陋，一个小院子，一间带热炕的大房子，一家几口人正坐在热炕上吃饭，没有菜，一人端一碗汤面条。

村主任姓齐，四十来岁，常年在外跑车，今天正好在家。

村主任媳妇热情地给我们倒水递烟，将大老远从西安来的客人视为贵客。我们说明来意后，齐主任立即打电话四处寻找可以为我们带路的向导。

不一会儿，他说："带路的人找见了，也姓齐，你们上山一定要有人领着，要不然雾来了啥都看不见，容易迷路走失。"

齐主任顾不上吃饭，带我们去向导小齐家。

小齐家在营地旁边，当着村主任的面，我们说好了出发时间和报酬。临走时小齐说明天爬山大概需要四五个小时就可以登顶，一天打个来回不成问题，并交代我们早点儿休息，为明天的登山做好准备。

热心的小齐看营地黑暗，把自家的太阳能路灯抱出来架在场院边上，整个营地立刻明亮温暖，如同白昼。

心怡感慨地说这里的人非常实在，也好打交道。

已经很晚了，场院边上还围着一些村民不肯离去。我们做了一些好吃的给当地的孩子们分享。这里的女人大多还穿着传统的中式对襟衣裳，年纪大些的老年人则穿着大襟衣服，十分传统。

池扎拉村海拔两千六百六十米，夜风吹过，寒意袭来，睡在帐篷里也不禁冷得直哆嗦，灯光下哈气成霜。我给脚下放一瓶热水，身体才慢慢恢复了温度，蜷缩在已经用了十八年的睡袋里，感受着山野中温暖的寒夜。

秦岭西，安静的夜。

艰难的攀登

一觉睡到鸡叫第二遍，六点钟爬起来，喝了油茶，吃了煎鸡蛋，再揣上两个牛肉夹饼、几个巧克力和一罐红牛，七点准时出发。

轻装的队伍跟着向导小齐顺着机耕道走了两公里，然后向左上山，绕过山坡上农民种植的党参地，开始了池扎拉山漫长的攀爬。

池扎拉山像一个巨大的倒扣的斗，梯形山峰横亘在我们面前，平台式的山峰顶部沐浴在晨光微曦之中，呈现着灿烂辉煌的金黄色。大家不约而同地停下脚步，仰望高峰许久。

山坡上分散许多照看药材的低矮土坯房，一般在这个季节，药农们都会在这里照看地里的药材。我们走过时，小齐都会告诫大家注意脚下，走田埂不要踩了老乡的地。远处山梁上有老乡的喊声，注意不要走地里。

路过一间土坯房，门口蹲着一位五十多岁的老汉，小齐和他打了招呼，并吩咐队伍里原路返回的人可以把不用的东西放在这里，返回时再取。几个队员把一些厚重的衣物寄放在老汉这里，尽可能轻装前行。

我趁着空闲和老汉聊了几句。老汉姓党，响应政府脱贫致富的号召，在山坡上种植了十几亩党参和当归，悉心照料年底会有好收成，比起种粮食，收入能够翻几番，现在大部分土地都种植药材，这里各家都一样。

我祝党老汉有个好收成。老汉高兴地笑了，双眼眯成了一道缝，忘不了说一句："归根到底，还是国家的政策好嘛。"

爬到垭口才看见一条弯弯曲曲上山的小路。"之"字形的山路，在荒芜的山坡上左拐右拐一直通到了高山上的另一座垭口。大伙儿奋力向上爬，绕着大山横切。前面垭口有一个人影，小如芝麻，看上去是那么遥远。爬上那个垭口，再爬过前方的一个垭口，才看见一轮冉冉升起的太阳。

远远看见超英和老崔的身影，两个人在深深的"U"形槽中慢慢晃动。远看那个山谷非常陡峭，感觉就是直立的崖壁。穿红衣服的老崔和他们分开，选择从另外一个山豁口爬上去。不一会儿，又看见桃夭弯着腰一闪翻上了山崖，一道红色掠过，山谷重又恢复了宁静。

我不知该怎么走，坐在垭口等小齐。

一群动物在山脊上移动，是野羊，我拿起相机刚准备拍，机警的野羊便消失在了山的那边。

太阳一出来就将山路的冰融化，山坡上冰雪混合，泥泞不堪，走得异常辛苦。阳面依旧是一条长长的小道，走到巨大的流石坡前，向导小齐说爬正面的流石坡非常危险，建议我们从侧面山崖绕过去，也就是刚才老崔走的线路。

我四肢并用，连爬带跪，爬上了一条阴暗湿滑的槽谷。山谷上方是一座小山崖，站在垭口上，问向导怎么走。他说顺着小路一直走。于是我和爆米花、王领导便顺着小道一路攀爬，爬过一片危险的崖壁，来到了对面的山垭口上。我站在垭口四处张望，到处是悬崖绝壁，远处的崖壁上还有野羊。

我向远处的向导小齐摇手说没有路，向导小齐又示意我们原路返回。我心情沮丧无比，颤颤巍巍爬过岩石崖壁，小心翼翼地选择脚下的每一步。心想向导小齐是不是对这里的道路不熟悉，才让我们既陷入危险之中，又损失了宝贵的时间，心里无奈地长叹一声。

队伍会合后，我们又向左前方山脊爬去，这里没有路的痕迹，我们只能在荒草与乱石间向上攀爬。一边爬，一边向上仰望，看见两只老鹰在我们头顶盘旋。

爆米花说："大概是害怕我们侵扰到它们的巢窠，它们才会出来监视我们，咱们得小心才是。"

大概一个多小时，我们才爬到了"U"形槽的上方，躲开了最艰险的那一段路。前方依然还是危险的山路迂回在陡峭的山谷中。向着前方峰顶与蓝天交汇的地方，我们奋力地迈着双腿。大口喘气中我看见了山顶上的巨大草甸，不禁欢呼起来，兴奋地向下面人挥手："加油啊，就要到了。"

西秦岭的云天之上

山顶的草甸很开阔，分为高低几个平台，最高处还很遥远。我一口气爬上第二个平台的顶部，这里已经够高。停下脚步四处眺望，平缓起伏的高山草甸像一块巨大的地毯，覆盖着整座池扎拉山，在广阔的草甸之上则是碧蓝的天空和洁白的云朵，几只灰黑色的老鹰在空中盘旋。我鼓足劲疾步走向更高处的草甸，站在草甸的最高处向远处眺望，池扎拉山的主峰就在眼前，在那一片高耸的灰色之中，一半是荒草一半是岩石，这就是西秦岭的高峰。

我们处在主峰南侧，举目望去，整个世界都是光秃秃的，一览无余，高山草甸覆盖了远近所有山峦。山的北侧与南坡截然相反，山势陡峭，森林蓊郁，云杉、冷杉和高山杜鹃、灌木林遮蔽山坡，顶峰之下是一池碧水，酷似高山冰湖，主峰倒映其中，水波天际，神秘圣洁。

我坐在高处，晒着太阳等待后续队伍。这里海拔三千五百米，距离顶峰垂直距离还有四百米，按照常规，一个小时我们便可以攀登顶峰。正准备出发去峰顶时，向导小齐阻止了我，他说从这里去主峰顶至少需要两个小时，现在已经十一

池扎拉山的高山草甸

广阔的山梁

点半，你最快来回也要用三四个小时，恐怕来不及了。而且，乌云已经聚拢，一旦下雨，下山会很危险。

我在心里掂量着小齐说的话，犹豫再三后，最终决定放弃登顶。

看见很远的山洼里有几个人也在那里徘徊，估计是超英和老崔他们。

不一会儿，远远看见两个小人影开始向峰顶方向移动，猜想应该是桃夭和豹子，心里暗暗希望他们能够顺利登顶。

放弃了登顶，便躺在草甸上仰望，在这里我感受到了辽阔、空旷、悠远、苍茫。

有人说根据手机地图显示，我们现在身处卓尼地界。小齐指着远处的一座山峰说：“翻过那座山就是卓尼县。”

我坐在山顶晒着太阳喝着啤酒，等大家陆续到齐已是下午一点，眼见得一大块乌云飘来，遮住了太阳。乌云笼罩下的山顶寒风彻骨，我将一件薄羽绒衣给年纪最大的花姐穿，大家歇息一会儿便集合下撤。

风雨下撤

还有几名队员没有回来，我让向导小齐待在山垭口等待接应他们，我们先顺着来路返回。为了赶时间，我们计划从陡峭的山谷直接下去，上来时我们避开了那段危险的路段。

天空飘来了冰雹和雪粒，我再三叮嘱向导一定要等到后面的九个人一起下山，一个都不能少。向导点头答应，说要变天了，让我带领前面的七名队员安全下撤。

我们进入荒芜的山谷，穿过乱石林立的山崖，来到了“U”形槽上方，站在山崖上，感觉下方就是一个断层，有七八十度倾斜，碎石山路异常陡峭，向下望去，巨大的槽谷中，已经有几个黑点在缓慢移动。

我心中担心害怕，但是又不能不走，告诫走在前面的爆米花，身子向里倾斜，侧着身子小步挪动，用好手杖。

已经有一个人影下到了槽谷底部，向右横切，定睛看是王领导。心里真是佩服她的胆大，不知道她是如何跑得这么快的。

我们用了半个多小时下到槽谷底部，没有停留立即横切到了第二个垭口。垭口上的一块草地被透过云层的阳光照得非常明亮，又是太阳雨。走到一段略微好走一点儿的路上，大伙儿才定下心来休息片刻。刚休息一会儿，大片的乌云又铺天盖地而来，紧随其后的便是绿豆大小的冰雹。我赶紧招呼大家起身，回头望去，乌云已经将整座山顶遮盖，冰雹越下越大，不一会儿就变成了黄豆大小，密集的冰雹像是倾盆大雨，劈头盖脸而来，打在衣服上“噼啪”作响，山路上一会儿就覆盖了一层白色的冰雹。

我边走边回头，担心山上的人，向导是不是还在等待，这天气真的难为向导了。走了一半路再回头望去，云层里突然钻出来一个穿红色衣服的人，我让爆米花仔细看，他说是鞋带。刚下到土坯房，鞋带便到了，他浑身已经湿透，说向导去找晚枫他们四人，超英、老崔、豹子和桃夭已经从大梁那边下撤。他们说这条路太危险，让咱们不要等他们。

得到了确切消息后，我们马不停蹄地在雨中狂奔，踏过泥泞的山路，急速奔到山脚下。我们刚走到大路上，便风停雨止，乌云也渐渐退去，阳光重又普照了大地。

挥别池扎拉山

雨后的池扎拉山非常宁静，草尖上挂着晶莹剔透的水珠，小狗躲在屋檐下呆呆地看着我们走过，袅袅青烟从散落的村庄上空升起，整个山谷都散发着泥土的芳香。

这真是惬意的一天，也是惊心动魄的一天。

超英和老崔已经坐在场院上的帐篷外喝茶了，不一会儿，豹子和桃夭穿着雨披也回到了营地。一个小时后，向导小齐带着其他四人安全返回。

大家坐在一起分享今天的感受，虽经历艰难险阻，但是，美丽的景色还是令人震撼。看守营地的心怡去向导家付了报酬，并一再感谢他的付出。

天还未黑，场院已经略干，我们决定拔营起身，告别池扎拉。

临别时，一位大娘走过来对我说："明年你们再来，六七月间最好，满山是野花，现在这季节山上没啥看的。"

我答应了老人家，向站在场院上的村民挥挥手。

再见了池扎拉山，再见了西秦岭。

2018 年 10 月 3 日于索隆古堡

池扎拉山上的野羊

秦岭的告别之旅

——徒步终结地西塬

再见鳌山

对于秦岭山脉第二高峰鳌山的喜爱由来已久。二〇〇七年五月第一次走过那里，鳌山壮美的身影便烙在我心间。我喜欢它的高远、壮阔、神秘、苍凉、高傲。

距离最近一次徒步鳌山，已经过去了将近十年。

随着年龄的增长，徒步总有止步的那一天。我决定趁现在尚有能力之时，择机再走一次鳌山，来一次彻底的告别之旅。

3月初的一天，太白鹇在微信中对我说："我们去走一次鳌山吧。"

看着窗外逶迤绵延的秦岭漫天飘舞的雪花，我掂量了一下自己的身体状态，信心满满地对他说："走，我们去和鳌山告别。"

事不宜迟，说走就走，立即出发，踏上我第六次亲近鳌山的征途。

乱七八糟的东西塞了满满一背包，一再精简，还有十五千克重。身上携带的东西除了背包和腰包，还有永远少不了的两样东西——一个是单反相机，一个是

攀登鳌山

保温水壶。这两样东西成了我户外旅行的标准配置。原来说好一起出行的山村因为临时有事不能同行，正好有鞋带及时替补上，我们的队伍依旧是六人。

三月八日早晨准时出发。

搭了鞋带的车，一路向西，沿着褒斜古道，翻越海拔一千七百米的秦岭主脊衙岭，上午十点三十分，到达太白县城所在地咀头镇，与先前到达这里的太白鹇、李戍、王彬三人会合。我们和往常一样在咀头镇小吃城品尝了地道的岐山臊子面，每人吃了一大碗，这是为了给下午的艰难攀爬储备足够的能量。

饭后我们包了一辆加长面包车去出发地观音峡。天公不作美，刚出太白县城不久便飘起了小雨。不一会儿，细小的雨滴变成了洁白的雪花。随着海拔不断升高，地面的积雪也越来越厚，深雪导致许多车辆抛锚在山路上。幸亏我们的司机早有准备，及时给车轮安装上防滑链。看着那些神情郁闷的被困者，我们也无法施以援手，心里感觉很无奈。

沿途有许多壮观的冰瀑引人注目，那些悬挂在崖壁上的冰凌，晶莹剔透，银光闪烁，透明的冰晶泛着纯净的淡蓝色，幽深而神秘。那一根根长短不一的冰凌像一把把尖锐的利剑，闪烁着寒光，从空中垂下，直指地面。

公路两旁山坡上是成片的红桦树，苍凉中显得非常奇特。一棵棵红色的树干从雪地中拔起，爆裂的桦树皮像一张张写满爱恋话语的红色纸签，在风雪中轻轻飘扬，传递着人们与大自然的挚爱之情。温暖的红色和圣洁的白色，两种反差巨大的色彩巧妙地组合在一起，构成一幅严冬中最美丽的山水画卷。

翻过大岭，天空立即变得更加昏暗起来，浓重的云雾布满山间谷地，到处白茫茫一片。天光雪色里，雾霭弥漫中，看不清入山口的位置。我们在离山口很远的地方下车，在雪地上仔细寻觅辨认，许久才在天地朦胧中瞅见了去鳌山的那条小路。

站在深雪中，我仰首对鳌山轻声说道：亲爱的鳌山，我来了。

练驴坡

到达进山口已是下午两点三十分，这里海拔两千三百米。云雾弥漫，白雪皑皑，什么也看不清，将近半米深的积雪覆盖着道路和山林，低沉的乌云遮掩了所有人的视线。

卸下背包，穿上雪套，两点四十分开始爬山。

积满深雪的山路直通所谓的“练驴坡”。我深深呼吸一口气，对自己说，艰难的第一步已经跨出，走到这里已经没有退路，接下来留给我的只有勇敢地面对和永不退缩地坚持，没有第二条路。

我拄着双杖，踩着太白鹇蹚出来的雪路，一路上行。山坡两侧是茂密的松树林，所有山石树木都被厚厚的积雪覆盖，白的山，白的树，白的草，白的路，就连干枯的树枝都被白色霜雪包裹起来。伸出的松树枝被大雪压着垂向地面，形成了一层层洁白的雪伞，如同童话故事里的美丽画面。我们奋力攀爬，说着笑着，不知不觉中就爬到了练驴坡最高处。

穿过云雾，听到前面太白鹇的声音：“到了。”

奋力几步爬上垭口，登高回望，我问：“今天爬‘练驴坡’为何没有感觉到艰难和疲惫？”

零三说：“也许是在云雾中攀爬吧。看不到上面和下面，也就感觉不到辛劳。”

太白鹇说：“也许是心里起劲，害怕被追逐。”

我笑了，也许两个原因都有吧。

寻找牛头树

在垭口拍了合影，大伙儿继续赶路。

依然是太白鹇、李戌和王彬三个年轻人在前面轮流蹚雪，横切的小路较为平缓，小路两旁长满了干枯的箭竹林，被雪压弯了腰的竹子遮挡了前方的视线。我跟着前队猫着腰一头钻进了竹林，顾不上抖落竹叶上的积雪，于是雪花便不停地灌进脖子，融化，后背一阵阵冰凉。

记忆中前方不远处应该有一棵歪脖枯树，每次走到那里，我们都会歇一歇。李戌不停地问太白鹇距离那棵树到底还有多远，太白鹇总是回答一句，不远了。结果一个小时过去了也没有看见那棵树。李戌边走边叹息：“以后大家不要再相信太白鹇说的话，他说话太不靠谱儿。”

就在我们疑惑道路是否走错时，浑身缠满经幡旗被誉为“鳌山第一树”的牛头树出现在了我们的视线之中。多年不见这棵老树，它如今只剩下了光秃的树干和虬龙盘绕的树根。左弯右曲的粗壮树干上有两个尖尖翘起的分叉，像是一对牛角，也许这就是“牛头树”名称的由来。

原始森林，银色雪塔

大家在牛头树前合影留念，休息片刻后便抓紧时间继续赶路。

我们踏着深雪还没走出去多远，天色便昏暗起来，刹那间乌云翻滚，遮天蔽日，风起雪飘，松涛呼啸。暗灰色的云雾笼罩了大山，天地一片迷蒙，空气中充满了阴翳和恐惧。钻过一片低矮的松树林，我们来到了茂密挺拔的原始森林，眼前这些高大的冷杉林完全被白雪覆盖，像是一座座银色的雪塔，显出寒冬的肃穆与静谧。

前方的原始森林像一堵围墙，严严实实地挡在我们的面前，昏暗中没有路的痕迹，在前面蹚雪的李戌停下来，让大家打开头灯，分散开去寻找道路，希望能凭借大伙儿的记忆撕开森林的缺口，找到正确的路径。

我们六个人在森林里散开来，各自寻找着向上的通道。几束灯光在昏暗、茂密的林间闪烁，大伙儿踏着深及大腿根的积雪，爬过一棵棵参天笔直的大树，在林间慢慢寻找。

深雪中走几步就会累得大喘气，不时倚靠着大树歇息一下，轻轻地碰撞树干也会抖落树冠上的积雪，雪花纷纷扬扬飘落。仰首望去，雪花便在脸颊上融化开，融融的凉意，好美的感觉。

被深雪覆盖的山野密林布满了巨石，那些隐藏在积雪下的石头，像一个个浑圆洁白的馒头，虽然柔润不张扬，但却暗藏危机。森林犹如一座巨大的迷宫，很容易让人失去方向感，前面开路的人不停走错方向，李戌只好不停地按照轨迹纠正线路。就这样，大伙儿在莽莽森林里不知走了多少冤枉路。

不知过了多久，黑暗中忽然传来李戌的呼唤声：“弟兄们，到了，到了。”

雪地荒原

营地

听到李戍的呼唤，大家的精神为之一振，都向上方的灯光会聚。我寻着脚下那一串弯弯曲曲的脚印来到了平直的山脊上，这里林木依然茂密，林间空地被厚厚的积雪覆盖。随着脚印继续向前延伸，前面的灯光已经到了很远的地方。

路过林间一块空地，太白鹇问，今晚能不能在这里扎营。我环顾四周后否决了他的建议。这里地处山脊，夜间风大，还是再向前赶赶，找个背风处扎营。

正走着，前面的灯光突然停下来，有人说道路不对。李戍拿出手机看了路线说，路没错。零三说记忆中应该从草甸那边绕过去，说着返回去找路。因为大致方向没错，我们没有停留，继续沿着陡坡向前摸索，不一会儿，前面有人说看到了零三的灯光，两条路可以会合。

茂密的原始森林覆盖着较为平坦的山脊，我们一直向密林深处走去。太白鹇问我明天几点出发。我说和以往一样，七点起床，八点准时出发，这次雪路难行，我们赶早不赶晚。

雪地里的营地

沿着山脊，我们继续向东北方向穿行，前方的山脊越来越宽阔，森林也越来越茂密。前方就是一块宽敞的林间空地，记忆中我曾经在这里露过营，建议大家今晚就在这里搭建营地。

森林里无风，深深的积雪覆盖着平展的地面，是一个露营的好地方。

晚上八点四十分，我们到达海拔三千零五米的营地。

到达营地的幸福感是那样强烈，它让我忘却了一路辛劳，心中期望着晚餐，梦想着雪中柔软的睡眠——紧接地气，与大自然共眠。

雪中露营

我卸下背包和零三踩平一片雪地支起了帐篷，一阵忙活后，嗓子眼儿开始冒火，身上却冷得发抖。穿上两件羽绒外套，坐在雪坑旁开始化雪烧水，露天化雪既费时又费力，费了很长时间才将一锅雪水烧开，用纱布过滤水中杂质，泡了一大锅红茶，一口气喝下几杯，身子慢慢热乎起来，身体才感觉舒服了许多。

帐篷外面大概有零下十摄氏度。才一会儿工夫，登山鞋就被冻得像石头一样坚硬。我站在雪地里透过树冠的缝隙，在深邃的夜空中看到了缀满繁星的苍穹，灿烂的银河，深邃的宇宙……太冷，我一头钻进帐篷，裹上睡袋，浑身像筛子一样抖动了半天。

零三带来的帐篷既短又窄，甚至不如一顶单人帐，最要命的是外帐既无法绑风绳，也没法打地钉，幸亏今晚森林无风，才得以安稳地度过一夜。零三说，这顶帐篷是别人送给他的，只是因为轻巧才带上它，却完全没有想到这顶帐篷如此简陋，并不适合在恶劣的野外环境中使用。

喝完茶水，开始品尝零三特制的白斩鸡。这是零三最拿手的户外食品，每次野外旅行，他都会带上一只。十几年来，这似乎已经形成了一种惯例。在野外露营，如果没吃上零三的白斩鸡，那么，这个旅程就不算完美。

零三将蘸料倒进已经冻结的鸡块里，再取出一瓶从南方带来的黄酒，准备好好享用今晚的美食。喊太白鹇过来拿了几块鸡肉，鞋带已经睡了，大概累过了头没有食欲。

一斤白斩鸡两个人吃，第一次吃得这么过瘾。

我与零三频频举杯："来，干了，告别鳌山。"

我说这次走鳌山是我今生最后一次鳌山行，我是来向鳌山告别的，今后不会再走。零三说："我也是最后一次重装行走鳌山。"我问他是不是还想再走。他摆摆手说："不走了，这是陪你走最后一次。"

半瓶酒下肚，又煮了一大锅臊子面，酒足饭饱后我们又聊了很久，直到困意袭来，钻进睡袋，呼呼睡去。

偶尔可以听到一阵松涛声，从头顶掠过。

独占鳌头

早上七点起来烧水做饭，饭后抓紧时间收拾了营地，我坐在背包上欣赏森林中清晨的美景。

雪后初霁，天空晴朗，阳光明媚，空气清新。森林中高大的冷杉身披洁白的积雪，在阳光下泛着耀眼的银光，一阵风儿吹过，刮起树枝上的雪花，纷纷扬扬，漫天飞舞。清晨的阳光透过森林将树影投射在林间空地，一条条墨色曲折的线条被整齐划一地铺在雪地上，像是一道道五线谱，谱写着春寒料峭中的美妙韵律。

参天大树遮挡了我的视线，但是透过树枝的空隙，依然能够看见湛蓝的天空，感受到一种纯净的温柔。这是鳌山上的苍穹，它透明、清澈、强烈。

李戍大概太累了，将近九点才爬起来收拾营地吃早餐，出发时已经是上午九点二十分，比预计出发时间晚了一个半小时。

离开营地我们向北行走了两百多米，然后右拐爬上一道长长的雪坡。漫长的雪坡没有尽头，我踏着前面队员留下的脚印，在曲折的深雪中慢慢向上移动。太白鹇和李戍轮番在前面蹚雪。积雪太深，没有明显的路径，我们只能在林间走走停停，按照李戍的轨迹调整行进线路。

海拔逐渐升高，原本高大茂密的森林慢慢变得稀疏，山脊北坡的积雪更加深厚，行走更加艰难。费尽力气钻过一片低矮的松林，爬上一道裸露的山脊，前方视野突然开阔，大家不由得惊呼起来："快看，鳌太（大梁）！"

在我们右前方耸立着一道白雪皑皑的山脊，那座巍峨的雪山一直向东连绵不绝，最后消失在了视线的尽头。这是壮观的鳌太（大梁），这是真正的雪山。我们行走在山脊之上，感受着鳌山所拥有的高远与空旷，在明媚的阳光下，秦岭山脉毫无遮拦地展示着它的雄阔和壮丽、苍茫与冷峻。

翻过一座山峰，我们来到了一个垭口。在这里，我们可以更加清晰地观赏鳌山雄伟的山脊。挺拔的荞麦梁巍峨耸立，霸气十足，展示着一种强悍的雄性力量。山脊向东依次排列着几座金字塔般的石海山，它们一座紧挨一座，一直连绵到了遥远的东塬。

零三说他眼睛好，可以看见太白山主峰拔仙台。

我眺望一番，不能认定遥远处哪一座才是太白山主峰。

我回想起二〇〇七年五月行走鳌太线，虽然那已经是十几年前的事情，但是当年行走的画面依然历历在目，难以忘怀。

走过几次鳌山，从来没有在鳌山那块著名的石头上拍过照片。太白鹇闻言，路过鳌头时特意提醒我别忘了留个影。山顶上有第四纪冰川堆积而成的许多巨大岩石，其中有两块尖锐的巨石向前突出翘起，远看非常像鳌头，或者说是鳄鱼头。人们都说这里就是鳌山的鳌头，走过这里的人，都会站在鳌头上留个影，貌似拥有“独占鳌头”的气魄。

第一次站上鳌头，我踩着巨石上的积雪，挺胸抬头，远望群山，塑造着一种气吞山河的宏大气势，释放着内心深处的自由与狂野。

深雪中我们不停歇地攀爬，翻过几座山峰，再爬过几道危险的山脊，一次比一次站得高，每一次都能从不同的角度领略横亘在我们前方的一座座山峦峰巅。太阳在云层里忽隐忽现，雪山反射着刺眼的光芒，戴上太阳镜，隔着玻璃看世界，天地就变得朦胧一片。

一路经过的山石树木，我感受到了熟悉的影子，熟悉的山，熟悉的崖，熟悉的草，还有熟悉的气息……就让我走过鳌山的心永远驻留在这里吧。

壮丽的鳌山

顺着最后一座峰峦东侧横切过去，踏过没膝的深雪，绕行一段惊险之路，再翻上一道垂直高崖，我们就来到了山垭之上。站在被深雪覆盖的山脊上，鳌山峰顶的那一线山塬便袒露在了我的眼前。一眼望去，山脊上尽是荒芜的巨石、冷寂的峰峦和极度的苍凉。悠远空旷的鳌山，以它雄壮的气势充分展现着大自然的神奇造化。

鳌山平缓的山脊在晴空下则显得更加气象瑰丽、苍凉肃穆。我一边欣赏着鳌山壮美的景色，一边打起精神沿着山脊一路向上攀爬。前望山峰高远，乱石嶙峋，道路逶迤；回望山高谷底，人如沙粒，浩渺无垠。边走边感慨，努力攀登着鳌山最后的高度，这也是攀登鳌山过程中最后一段考验我们意志的艰难旅程。

白雪皑皑，山峦高耸，远处山脊上摇晃着太白鹇的身影，好远好高，蓝天下显得尤其高大。我踩着深雪中的脚印，向着山脊冲刺，不知不觉爬上了大梁最后一个垭口。

巍峨的秦岭

我坐在海拔三千四百米的山垭上休息，居高临下欣赏着夕阳落日下鳌山的壮丽景色。此时整个西天都被落日映照得通红，夕阳将最后的余晖洒在了鳌山的山脊之上，一座座突兀耸立的岩石沐浴在黄昏前的辉煌里，整座鳌山都沉浸在飘逸和朦胧之中，苍茫而肃穆。

正在这时，只见一大片乌云从远处翻滚而来，飞快掠过我的头顶，飘去了鳌山峰顶。虽然此时乌云遮蔽了夕阳，但是万道霞光冲破了厚厚云雾的笼罩，将璀璨的金色投射到远处的大小山峰之上，使得整座鳌山都显得无比恢宏而壮丽。

迷失在山脊的夜

到达垭口已是下午六点，这里海拔三千四百米，距离海拔三千五百七十米的导航架还有一百多米的距离，一般情况下行走这段路程需要两个小时左右。

太白鹇不想再走了，建议今晚就在山垭口扎营。看着荒凉光秃的山垭口，我建议另外寻一处避风地扎营。零三也建议抓紧时间到导航架下面的垭口扎营，原因是在这样光秃秃的地方扎营，他的帐篷肯定无法抵御恶劣的天气。

鞋带看表后说现在正好六点，这个季节七点半天黑，我们还有一个半小时可以赶路，顺利的话，能够赶到导航架下面的垭口。

否决了太白鹇在此扎营的议案后，我们立即起身往导航架走。刚爬上大梁不久，大片的乌云便从四面八方汇聚而来，遮天蔽日，没一会儿，整座鳌山山脊便陷入昏暗之中，好像进入了黑夜，能见度不到十几米。前面依然还是三个年轻人轮番蹚雪，大伙看不清前进的方向，只能顺着太白鹇所指的大致方向前行。

鳌山的黄昏非常短暂。

走了一个多小时后隐隐约约看见了导航架的身影，灯光投射过去，由几根木头支撑的导航架已经坍塌了一半。记忆中下石海的方向应该在导航架以北三百米左右，按照以往的经验我们慢慢向北移动，寻找着可以下去的地方。

这里到处被深雪覆盖，天地混沌一片，根本寻不见可以行走的路径，我们在雪原上绕起了圈子。走着走着突然看见远处山坳里亮着两盏灯光，我有点儿不相信自己的眼睛，揉揉眼睛问太白鹇那里是灯光还是星星。他说不是星星是灯光。我疑惑起来，荒野之地怎么会有灯光呢，莫不是徒步者的营地。大家仔细辨认，那两点黄色的灯光不像是来自营地，而像是山谷里的人家。李戌查看轨迹后说我们现在处于青峰峡上方的山脊，那灯光应该来自青峰峡景区。

白白兴奋了一场，四周一片漆黑，我们已经迷失了方向。

黑暗中一阵沉默，大家都像是泄气的皮球，站在原地郁闷不已。

荒原营地

太白鹇建议原路返回再去寻找下石海的路，我建议大家不能再像无头苍蝇乱撞了，还是各自找地方原地扎营，等待明天天亮了再找路也不迟。看大家没有反应，我便宣布："现在已经九点，大家就在原地找合适的地方扎营吧！"

我拉上零三去前面一个相对平缓的地方开始挖雪坑支帐篷。零三的帐篷既没有风绳也没有地钉，只好将雪坑挖得尽量深些，这样即使有暴风雪也不会出现大问题。

走了一天，肚里空空，也没有热水，站在雪域荒原上，有点儿失温的感觉，浑身冷得直打哆嗦，我赶紧穿上羽绒衣和羽绒裤，再裹上睡袋，坐在雪地浑身发抖，这是身体失温的前兆。零三用铝锅奋力挖出一个一米深的雪坑，将帐篷放进去，我俩立即钻进帐篷，支锅化雪。喝了一大杯热茶，勉强吃了一小碗挂面，才感觉稍微缓过来一点神儿。

给两个保温瓶灌好热水已经是夜里十一点，我们挤在小帐篷里，听着外面“呜呜”的风声，发愁明天登山鞋该怎么穿进去。今夜很奇特，在高山开阔地带，竟然没有一丝寒风，这让我纳闷不已。

仰望导航架

早晨六点半太白鹇就喊大家起床，说昨天早晨走得晚，影响了当天的行程，今天务必八点准时出发，不管多晚，今天也必须走出去。

我不敢怠慢，赶紧起来收装了睡袋。先喝了一杯热水，又接过零三冲的一碗奶粉鸡蛋汤，泡了一个烧饼。初升的太阳染红了地平线上堆积的乌云，暗红色的朝霞显得异常沉重，清晨的阳光透过幔纱般的云层，将艳丽的霞光照射到我们身上。然而好运不长，我们刚刚享受到一点儿清晨的温暖，一堆乌云便从远方滚滚而来，迅速吞噬了山脊，淹没了营地，飞流的云雾弥漫着整座鳌山，起风了。

站在空旷中，我才发现昨晚扎营的地方是一望无际的雪原，四周一片空寂，无遮无拦，心中暗自庆幸昨夜没有遭遇狂风暴雪的袭击。

八点我们准时出发，走出去很远，回头看营地，茫茫雪原上那棵被冰雪包裹的低矮树干只露出一点儿白色的尖顶，它孤独地立在荒原上。

当我们重新返回导航架时，大部分乌云已经散去，太阳时隐时现。

趁着乌云散开的机会，我们爬上高处向下望，整个西塬在阳光的照射下显得壮阔峥嵘、晶莹炫目，山间带云，皎洁舒展。眼前这壮观的景象，给了我们前所未有的力量，多美的鳌山呀！

突然一阵寒风掠过山塬，乌云再次袭来，天地一片苍茫，能见度不足十米。面对浓云迷雾，我的情绪又一次低落了下来。

沿着山塬边的所有巨石都积满了厚厚的白雪，我们来回寻找，仍然找不到可以下去的路径。太白鹇站在崖顶无奈地望着远方，想去远处绕行。李戌拿着轨迹图叫大家不要乱跑，跟他从石海上慢慢滑下去。总之，一切都需按照轨迹来走。我叫回太白鹇紧跟着李戌和王彬开始向下试探。巨石上的积雪非常厚，到处都暗藏危机，为了防止踩空跌进巨石缝隙，我们坐下来慢慢向下滑动。那些巨石间的落差往往有一米以上，从一块巨石下滑到另一块巨石，掌握不好平衡就会来个倒栽葱，趴卧在雪坑里半天动弹不得。大家前后相隔很远，没有办法施以援手，只能依靠自己摆脱困境。

向下溜到一半时，听到上面的鞋带喊："老大，你的照相机掉了！"回头一看，鞋带举着单反相机站在半山腰上。忙乱中相机什么时间掉了我都不知道，好在鞋带在后面。

刚下到垭口，浓重的云雾便紧跟着我们的脚步飞驰而来，雾气重重中无法辨认前进的方向。回望一眼乱石堆砌的山顶，乱云飞处，虚无缥缈，快要倒塌的导航架如同梦幻中的圣地。多少年来，每次路过那里，都会在那里停留休息合影，甚至扎营过夜。导航架是鳌山的地标性建筑，是行走者心中的灯塔。我无论何时仰望导航架，它都是那样的古朴、厚重、清晰。虽然此时乌云笼罩了它的雄姿，但在我心中，它和鳌山一样仍然是那样高大。

我想到了第一次见到它时的激动和深情的拥抱。十几年一晃而过，这一次，我只能远远地眺望，默默地祝福。

白起庙

垭口上遍布乱石，云雾弥漫，能见度极差。我们只能根据李戌提供的大致方向摸索前进。在雪原上连续行走了几个小时后，我们爬上了西塬最高处，这里依旧是一片莽莽雪原。顺着西塬西北方向行走，下午两点，我们来到了几乎被风雪埋没的白起庙。原本不高的一圈石墙被积雪埋进去了一半，只露出墙头小部分残垣断壁。看着荒原上的这座破落的白起庙，我纳闷半天，搞不清是哪年哪月又是谁在这寥无人烟的地方建起了这座武安君神庙。

白起是秦国著名的军事将领，在秦帝国横扫六国的过程中，他功不可没。不管是为了纪念白起，还是保佑出行平安，白起庙已经成了鳌山上的一个坐标，它与导航架一样，经年不变。

踏着白起庙前涌起的深雪，我们向远处的盆景园走去。在前面蹚雪的李戌和太白鹇累得挪不动脚步，整个队伍行走的速度明显慢了下来。

迷失的盆景园

神奇的是，我们刚走过白起庙，便风停雪止，明晃晃的太阳从云缝中钻出来，照耀着茫茫雪原。前方雪原上出现了一片低矮的松林，那里应该就是所谓的“盆景园”了，因为被深雪覆盖，松林只露出了一点儿树梢，显得异常低矮。

跟着李戌进入松林，在深雪中走了一个多小时，一圈转回来，发现我们又回到了原地。

太白鹇一再让李戌确认轨迹，李戌说我们就在轨迹上。

站在深雪里，大伙儿都处于无助的迷惘中，道路究竟在哪里？

杉木松林几乎被大雪掩埋了一半，空旷的地方都是雪深没膝，松林前的积雪则更深，往往一脚踩下去雪便深至大腿根。一时找不到前进的目标，队伍受阻于林中，眼看时间一点点流逝，我心里焦急无比。

眼看队伍行进如此缓慢，急不可耐的零三自告奋勇去队伍最前面探路蹚雪。他一边往前走一边说今天无论如何都得走出去。也许是心里焦急，零三蹚雪的速度明显加快了许多，很快便绕过了盆景园迷宫似的松树林，向着前方宽阔的雪原走去。

踏着零三的足印，朝着远处那棵松树的方向，我们顺利穿过了盆景园。

辽阔的雪原

过了盆景园，前方豁然开朗，是一片一眼望不到头的广阔雪原。

行走在广袤的雪原上，我感觉到了前所未有的无拘无束，我像一匹野马，在

雪原

空旷和坦荡的天空下奔驰。阳光给了我想象的空间，眼前的优美雪景画，让我更加深刻地体验到鳌山所特有的空旷和静谧，这种感觉带给我心灵巨大的冲击！

雪原左侧边缘是一道茂密的冷杉林，右侧峡谷对面则是壮阔的鳌山西塬，绵延向东的鳌山犹如一座雄伟挺拔的雪山，宏博雄起，空旷逶迤，莽莽苍苍。我边走边看，心旷神怡，将美丽的风光尽收眼底。

眺望鳌太大梁

雪原尽头是茂密的原始森林，钻进原始森林便是一路下坡，记忆的闸门突然被打开，阳光下我们不会再迷失方向。我心中不由得涌动起兴奋之情，随之加快了脚步，在林间深雪中飞奔。

森林中积雪仍然很深，陡峭的山坡亦是如此。放松的脚步与放松的心情，加快了行走的速度。仅用了半个多小时我们就来到了一座山垭口。

记得二〇〇七年走鳌太线时，曾经站在这里向东眺望，看着历历在目的鳌太山脊，凝结起豪迈的心情，准备去接受最残酷的挑战。一晃十几年过去，故道重游，内心多了一些感慨。同样的地点，同样的方向，不一样的时间，不一样的岁月，东望鳌太的心情也大不一样了。

站在垭口，风吹雪飘，揉揉眼睛，心里默念，希望秦岭山脉的壮丽能够永远这样保持下去。

此时的我，人与山相辉映。

我对鳌山轻轻挥挥手。

转过身，走了。

日夜兼程

离开垭口，关于下一步怎么走，李戌和太白鹇又产生了分歧。太白鹇建议爬上对面山坡横切去火烧店，那样走不但积雪浅，而且也是一条捷径。李戌拿着轨迹问横切走捷径能否保证大家不再走错路，太白鹇摇摇头，表示不能保证。李戌摆手直接拒绝，我也赞成李戌的方案，本着走熟不走生的原则，顺老路从窝棚下撤。

眼看时间不早，大多数人赞成走熟悉的路，不去冒险。

在垭口耽搁了十几分钟后我们继续出发，按照轨迹一直往窝棚走。幸运的是雪路上印有一溜模糊的足迹，应该是不久之前有人走过这里。路上的积雪没有想象中那样深，再加上是下坡路，队伍行走的速度非常迅速。然而紧赶慢赶还没走到窝棚，天色就已暗了下来，接下来的六七个小时我们都在黑夜中赶路。

七点二十分到达海拔两千九百米的水源附近，休息片刻，继续赶路。李戌仍然一个人在前面蹚雪探路。八点四十分到达火烧店，在路旁小息时我拿出剩下的酱牛肉分给大家。过了火烧店便是一路上坡，四周漆黑一片，什么也看不清，远处的山峦也只显示出一条起伏的曲线，唯有夜空中清丽的月亮伴着我们的脚步。

月光下的鳌山，群峰积雪，冷艳生动，闪烁着瑰丽的光泽，整座秦岭山脉都显得那样柔和朦胧。伴随着月光，我们一路上行，经过半个多小时的攀登，翻过了小岭，前方又是漫长而陡峭的下坡路。

山路陡峭，积雪连天，走在前面的零三不停地摔跤，估计他的体力已经严重透支。我不停地叮咛他走慢点，小心点。紧跟在零三后面，借助着他的灯光，马不停蹄地疾行，心中暗暗叫苦不迭。放眼前方，深谷幽暗中，是走不完的雪路。在几近疯狂的行走中，我的腿脚麻木了，大脑迟钝了，心情急切，更觉口干舌燥，饥肠辘辘。我拿起已经空了的水壶，仰起头让最后一滴冰凉的水润进嗓子眼。

零三口渴，不停地抓雪吃。

精疲力竭时我想起了一首古诗，恰与当下的境况相吻合，不由得叹息一番："冰霜凛凛兮身苦寒，饥对肉酪兮不能餐。夜闻陇水兮声呜咽，朝见长城兮路杳漫。"边走边感慨，情由境生，情移境换，山路苦寒，遥遥无期。

拐过一道山嘴，又看见了月亮。那弯月牙仍旧挂在西天，将清丽的月光洒在夜空之中，并将朦胧的山野照得通明。行走在如此幽静的山野里，意境之美丽令我不禁赞叹起来。

鞋带一个人走在最后，为了安全，一路上都让他的灯光处于我们的视线之中。鞋带说因为高山反应，他将早晨吃的东西全吐了，今天一天就吃了半块面包和三个大白兔奶糖。惊讶之余，我便是由衷地敬佩鞋带，只有拥有这样的铁人精神，才能坚持到最后。

告别鳌山

无尽的夜路走得人眼花缭乱，看什么东西都会产生错觉。我问零三以前为什么没有觉得下山的路如此漫长，零三说以前咱们背着重装从这里上山也没觉得这么累。是啊，那都是十二年前的事儿了，岁月不饶人，十二年前我们年富力强，这一晃就到了花甲之年，如何不累！

我用力眨巴着双眼，尽量睁大眼睛，提起最后的精气神，迈着不听使唤的双腿。就在我昏头涨脑、胸闷乏力、神情恍惚时，忽然听见前面有人说练驴坡到了。顺着小路迂回几个急转弯，绕过了骇人的练驴坡，来到了黑暗的谷底。

跨过一条小河，前方就是林区大路。

怀着胜利者的兴奋心情，我们走向山外。虽然此时大家已是极度疲惫，但迎接胜利的急迫心情，却让我们加快了脚步。

零点整，我们走出了山口，前方黑暗中闪烁着几盏灯光。

我转过身，对黑黢黢的鳌山凝视片刻后，轻轻挥挥手：“鳌山，再见了！”

几经辛苦，鳌山终于在我心里画上了一个句号。我调整好心态，准备迎接下一次深情的告别。

写在后面

零点二十分，我们到达塘口村。

马不停蹄地走了十六个小时，顺利出山。本想在太白县住一晚上，好好休息一下，明天再返回西安。听司机说太白县除了网吧和加油站有卖方便面的，其他地方，包括酒店，什么吃的都没有。随即决定不在太白县停留，去加油站吃一盒泡面，然后连夜返回西安。

恍惚中，凌晨五点到家。

2019年3月10日

后 记

没有结束的旅程，我仍然在路上。

喜欢大自然是我与生俱来的本能，并时常被美丽的风景和壮丽的风光所感动，震撼之余便喜欢写几句心得体会，画几笔山石草木，用于抒发对大自然那种似懂非懂的情感。适逢比较早地遇到了户外旅行这个概念传入中国的时机，毫不犹豫地投入其中。在二十多年的户外旅行中，我依然习惯于揣着小笔记本和背着画本不停地写写画画，将旅途上的所见所遇所感，用文字和线条记录下来。

每次旅行回来，我都会很认真地写一篇游记，发到论坛里，与大家分享旅途中的酸甜苦辣，奇闻逸事。经常会收到热心的读者让我出一本书的建议。起初并没有把这个建议当一回事儿，时间长了，朋友们说得多了，也会让我认真思考是不是应该在我人生的旅途中留下一点儿什么可以留存的东西?

近几年来我渐渐放缓了徒步旅行的脚步，并开始着手整理手中的文字。在缓慢的整理过程中，等待着出版发行的那一天早日到来。

关心我的朋友们依然认为我还在路上，不管脚步是否停下，心一直在远行。我喜欢“在路上”这三个字，更喜欢老狼的《我依然在路上》那首歌。我不是“行者”，更不是“旅行家”，只是走过了一些路，凭着一点儿经历和一支笔，在我的梦境中书写绘画，记录着我的户外生活一次次谈不上传奇的平淡故事。

当我在上百篇秦岭游记中遴选出几十篇文字，组成了此部《守望秦岭（上下）》的章节时，距离整理初稿已经过去了整整两年时间。敲完最后一个字，我长出口气，窗外已经是寒风凛冽，雪花飞舞的严冬季节。

整理文字犹如在旅途中负重前行，既付出了精力与艰辛，也在这个过程中享受了快乐与幸福。本书以图文并茂的形式真实地展示了隐藏于浩大秦岭山脉的千年历史，描绘了大秦岭震撼人心的自然景观，并穿插了我对行走秦岭过程中所触发的思考与感想。

所有的文字如我内心深处的温暖，终于可以静静地掩卷回顾一番，并将力穿纸背的努力与真诚，毫无保留地传递给同样热爱秦岭的读者们。

对中国龙脉秦岭的热爱，促使我背负行囊，从秦岭东走到秦岭西，长途跋涉中完成对秦岭的亲密接触。

秦岭山脉到处遗留着丰富的历史故事，为了厘清这里蕴藏的悠久历史，我走过一条条楚道与蜀道，在千里寻觅中，我感悟着历史，眷恋着山川，体验着人生，思考着命运。

在行走中，我听着当地人的讲述，又将这些远方的故事，用文字传达给热衷于秦岭文化的读者，也许，这才是“在路上”的真正内涵与真实意义。

秦岭山脉的自然景观如同它所蕴含的历史故事一样让人震撼，令人感动，使人折服。于是我便不停歇地行走在高山峡谷，森林河川，在高山之巅寻找通往天堂的路径，这样的过程往往非常美妙，令人难忘。

在这些探索自然的旅途上，可以遇到各种各样的新鲜事，许多都是我平生第一次遇到，它们不但丰富了我的知识，也充实了我的生命，让我认识了这个奇幻的世界。

岁月流逝，多少次我高唱着歌曲《再不疯狂我们就老了》，背上行囊，踏上旅途，寻找一种自我意识的觉醒，在旅途中让生命之火重新燃烧。

在路上，我会思考：我们为什么去旅行，远方究竟有什么东西在吸引我们的眼睛？面对社会主流价值观，我该如何坚持自我追求？

有了清晰的认识，漫漫旅途便没有困惑和疑虑，当我经历了最初的茫然后，便是脚踏实地、执着攀登。

人生没有来世，走好今天的路，就是为自己而活，为理想而活，才会不枉此生。我希望把我在路上的遇见分享给更多的人，这些经历或故事犹如一盏盏明灯，照亮你憧憬生命的心火。

为自己喜爱的事情奔忙，这应该是我们最渴望的人生旅程，远方在向我们招手，前方是辽阔的天空。虽然人生旅途漫长，我们怎么去走，都走不完，但是只要认定了目标，我们就绝不放弃，绝不动摇，直至攀登上人生旅途的最高峰。

户外旅程是大家所共有的经历，我们一起攀登，我们一起行走，我们一起露营，我们一起追寻美好的梦想。旅途中的人不会说客套话，你我有缘相逢在旅途，就一定是秦岭的拥趸。

《守望秦岭（上下）》能够付梓出版，我要真心地感谢你们的无私支持与鼎力帮助，感谢的话说的再多都不能表达我心中对你们的感激之情，在此特别感谢支持我的朋友：十八、林夕、喀什、同行、保刚、榕树、渔夫、张丽、李进、邹憾、平虎、九姐、刘琼、李延、红小兵、紫苏、爆米花、方公子、李东宁、云烟、君成、零三、袁哥、十一哥、王领导……

因为篇幅关系，不能把帮助我的朋友们一一感谢，在此，谨致于行走大秦岭旅途上每一位同行的朋友和遇到的每一位行者与路人。

感谢我的家人，因为如果没有他们的支持、理解和爱护，我是走不到今天的。

再次真挚地感谢所有为本书出版付出过努力的人。

远方在向我招手，我将继续走去，在路上的心灵，没有结束，只有开始。

乐途 2020 年 11 月于西安曲江